U0525645

威科法律译丛

美国宪法：个人权利

案例与解析

（第五版）

〔美〕阿兰·艾德斯
克里斯托弗·N.梅　著

项焱　译

商务印书馆
2014年·北京

By Allan Ides
Christopher N. May

CONSTITUTIONAL LAW—INDIVIDUAL RIGHTS: Examples & Explanations

Fifth Edition

This is a translation of Constitutional Law — Individual Rights: Examples & Explanations, 5th edition, by Allan Ides and Christopher N. May, published and sold by The Commercial Press, by permission of Aspen Publishers, New York, New York, USA, the owner of all rights to publish and sell same.

本书根据威科集团下属的 Aspen Publishers 2010 年版译出

© 2010 Aspen Publishers

出 版 说 明

我馆历来重视迻译出版世界各国法律著作。早在1907年就出版了第一套系统介绍外国法律法规的《新译日本法规大全》81册,还出版了《汉译日本法律经济辞典》。1909年出版了中国近代启蒙思想家严复翻译的法国著名思想家孟德斯鸠的《法意》。这些作品开近代中国法治风气之先。其后,我馆翻译出版了诸多政治、法律方面的作品,对于民国时期的政治家和学人产生了重要影响。新中国成立后,我馆以译介外国哲学社会科学著作为重,特别是从1981年开始分辑出版"汉译世界学术名著丛书",西方政治法律思想名著构成其中重要部分,在我国法学和法治建设中发挥了积极作用。

2010年开始,我馆与荷兰威科集团建立战略合作伙伴关系,联手开展法学著作中外文双向合作出版。威科集团创立于1836年,是全球最大的法律专业信息服务和出版机构之一。"威科法律译丛"是我们从威科集团出版的法律图书中挑选的精品,其中涉及当前中国学术界尚处在空白状态、亟需研究的领域,希望能够对中国的法学和法治建设有所助益。除了引进国外法律图书外,我们同时也通过威科集团将中国的法律思想和制度译介给西方社会,俾使中国学人的思想成果走向世界,中华文明的有益经验惠及异域。

商务印书馆编辑部

2011年8月

译 者 序

对依宪而治的美国来说，宪法无疑是其法律体系的核心。对美国法学教育来说，宪法学课程亦具极重要的地位。本书为美国法学院学生学习宪法学课程的辅助读物之一，为庞大而复杂的美国联邦宪法之个人权利体系勾勒了基本线索与脉络，使学生更易于掌握不同主题下个人权利案件的处理。这一特征也使之成为美国法科学生心目中的权威参考书。

对中国的读者来说，本书还具有以下五个方面的意义：

第一，本书展现了美国宪法中个人权利规范体系的构成。我们知道，美国宪法对个人权利的保护是通过宪法修正案的形式实现的，这些一、两百年前通过的修正案条文显然无法应付纷繁复杂的权利需求。因此，在个人权利法律规范的发展过程中，美国法律体系中的个人权利保护逐渐形成了其规范体系，即以宪法（修正案）为最高准则，以各单行立法为具体架构，以联邦最高法院的判例为补充。其中1868年内战修正案的通过因将联邦人权标准扩及各州而成为具有里程碑意义的事件，也是作者之所以开篇就论及第十四修正案的原因。在论及各类具体个人权利争议的过程中，本书详尽展示了国会立法、最高法院判例和宪法原则之间的有机联系。

第二，本书展现了联邦最高法院在美国宪法中的重要地位。美国宪法是著名的刚性宪法，联邦最高法院对宪法的解释是其"刚性"的制度保障。尽管本书对美国宪政史着墨不多，但纵观书中对经济正当程序、堕胎、个人隐私、性别歧视、种族歧视、言论自由、宗教信仰自由等几乎所有个人权利领域的理论、案例及判决的阐释，我们不难发现联邦最高法院在保证美国宪法对个人权利的保护适应时代需要方面所起的关键作用。

第三，本书深入展示了美国法的法律方法和判例法的适用方法。对初涉美国法的读者来说，教科书的编排体例看起来有些凌乱，似乎不像我们的教科书那么逻辑清晰、层次分明。这实际上是美国法法律方法的一种具体体现,即更注重司法技术和实际运用,通过具体案件的处理来发展法律规范,在这一过程中,法官、律师关注的重点就在于如何解决争议,而非理论上的逻辑推演。

学界通说认为,美国联邦最高法院并未严格贯彻遵循先例原则。本书深入展示了美国联邦最高法院在个人权利案件中适用判例的方法,即通过区分、类推和综合的方式来决定是否适用事实近似的判例,使我们明了美国联邦最高法院未严格贯彻遵循先例原则的原因和具体做法。值得注意的是,本书作者在制作案例时,往往就同一事件附加一些仅有细微差异的事实条件,促使读者思考这些事实条件对案件最终结果带来的不同影响,从而更深刻地理解并学会运用这些不同的判例适用方法。

第四,本书在一定程度上展现了美国法学院的培养模式。美国法学教育为职业教育,法学院的目标在于培养学生像律师那样思考。和大部分类似的教科书不同的是,本书的案例都是作者根据判例制作的虚拟案例,作者在前言就已提醒读者,应根据案例中提供的条件去考虑如何解决问题并提高自己的分析能力。随着我国法学教育改革的深入,这种以解决问题为导向的教科书编排方式显然值得借鉴。

第五,尽管联邦主义并非本书主题,但本书在一定程度上可帮助我们了解美国联邦法律体系和州法律体系的关系。美国有联邦和州两套法律体系,区分二者的适用范围是学习美国法的必经程序。本书虽未专设章节明确说明联邦法和州法在个人权利领域的管辖范围,但在涉及如亲权、隐私、诽谤等各具体领域时仍不可避免地涉及这一问题,使我们对两套法律体系的存在和适用具有初步的了解和认识。

总之,在译者看来,本书对我国宪法学特别是外国宪法学的研究具有较强的理论意义,对我们研究中国特色社会主义的宪法学也有一定的借鉴意义。

为方便读者阅读和理解,现就本次翻译作以下说明:

第一,原书的章以下编为§1.1.1,为符合中文习惯,译文改为"章、节、目"。

第二，原书注释为页间注，为符合中文著作习惯，译文全部改为页下注。

第三，原书涉及大量案例，译文正文中将案例名全部表述为中文，同时在注释中注明了案例的英文名。为方便读者查阅，原书附录中的案例列表以中英文对照的方式附在书末。另外，原作者在引用同一个案例时，常以"Id. at ××"（××为数字）作注，意为"同前注，第××段"，其中××为案例判决中的段落，为方便感兴趣的读者核对原案，译文对这类注释采取"同上，at ××"的处理方式。

第四，原书的人名翻译采取四种方式处理，一类是作者虚拟案件中的人名，译文直接译为中文；第二类是现实中存在的美国历史人物或联邦最高法院的大法官，首次出现时译为中文再附上英文，再次出现时不再附英文；第三类为案例中出现的人名，从案例处理方式；第四类为原作者在极少量注释用引注了英文著作，译文中对这类注释采取中英文对照的方式译出。

第五，原作者附录了索引，译文制作了索引中文版，但索引中的页码为原文页码，即本书页边码；对原作者未包含在索引中、但译者认为有助于读者理解的少数专有名词，译者另行制作了中文的专有名词列表。

第六，文中少量内容涉及一些背景知识，译文以译注的形式进行了说明。

美国宪法之个人权利内容丰富，体系庞大，原作文笔流畅、通俗易懂。但对译者来说，将这部广为流传的著作译为明白晓畅的中文仍非易事，尤其是法院判决内容的翻译对译者的水平的确是一种考验。受商务印书馆之邀翻译本书，是个人的荣幸，也有沉甸甸的责任。文中的错误、疏漏在所难免，敬祈方家不吝赐教！

项　焱

2013年9月5日

于珞珈山麓

目　　录

题　签 ··· 1
前　言 ··· 3
致　谢 ··· 5

第一章　个人权利导论 ··· 1
第一节　绪论与概述 ··· 1
第二节　第十四修正案：导览 ······································· 3
　一、第十四修正案第一款的文本 ····································· 3
　二、一个简短的历史考察 ··· 5
　三、解释第十四修正案的早期司法倾向 ·························· 8
第三节　吸收原则 ··· 10
第四节　政府行为原则 ·· 15
　一、分类的途径 ·· 19
　　（一）一项公共职能的私人体现 ································ 19
　　（二）私人协议的司法强制执行 ································ 23
　　（三）州和私人主体的联合行为 ································ 26
　　（四）政府对私人行为的认可 ··································· 32
　二、两段式路径 ·· 33
　　（一）一个异常的政府行为之行为人 ·························· 41
第五节　实施内战修正案的国会立法 ·························· 42
　一、第十三修正案的实施 ·· 43
　二、第十四修正案的实施 ·· 47

（一）并行实施 ·· 49
　　　（二）非并行实施 ·· 51
　　　（三）国会的解释 ·· 60
　　三、第十五修正案的实施 ·· 62

第二章　实质性正当程序 ·· 65
第一节　绪论与概述 ·· 65
　　一、正当程序条款的渊源 ·· 65
　　二、程序性正当程序与实质性正当程序 ···························· 66
　　三、行政权力滥用 ·· 67
　　四、司法审查标准 ·· 69
　　五、经济的正当程序和非经济的正当程序 ·························· 69
第二节　经济正当程序的兴盛与衰落 ·································· 70
　　一、洛克纳时代的经济正当程序 ·································· 70
　　　（一）缔约自由 ·· 71
　　　（二）洛克纳诉纽约州案之判决 ································ 71
　　二、洛克纳时代的终结 ·· 75
　　三、当前的财产和经济自由 ······································ 77
　　　（一）惩罚性损害赔偿 ·· 81
第三节　非经济自由的发展：从洛克纳案到卡洛琳公司案 ················ 87
　　一、洛克纳时代和非经济自由 ···································· 87
　　二、卡洛琳公司案之脚注四 ······································ 88
第四节　格里斯沃尔德案和未明确规定的权利的复兴 ···················· 90
　　一、灰色地带与延伸领域 ·· 91
　　二、替代性方案：自由和第九修正案 ······························ 92
　　三、保护未明确规定的权利的风险 ································ 94
　　四、变动的基本权利模式 ·· 96
　　　（一）基本的基本人权模式 ···································· 96

（二）干涉的含义 …………………………………………… 97
　　（三）严格审查基本模式的变种 …………………………… 98
第五节 隐私权和个人自治 …………………………………………… 100
　一、婚姻 ………………………………………………………… 100
　二、家庭的完整性 ……………………………………………… 104
　　（一）关于家庭的现有安排 ………………………………… 104
　　（二）亲子关系 ……………………………………………… 107
　　（三）非亲缘探视权立法 …………………………………… 109
　三、亲密关系权 ………………………………………………… 112
　四、堕胎权 ……………………………………………………… 115
　　（一）罗伊诉韦德案和三月规则 …………………………… 115
　　（二）计划生育联盟诉凯西案和三月理论的终结 ………… 117
　　（三）过重负担规则 ………………………………………… 119
　　（四）表面上的争议和适用中的争议 ……………………… 124
　五、性关系 ……………………………………………………… 127
　六、医疗措施 …………………………………………………… 130
　　（一）选择特定医疗措施的权利？ ………………………… 130
　　（二）拒绝非自愿医学治疗之权利 ………………………… 132
　七、拒绝维持生命的水和营养的权利 ………………………… 132
　八、自杀和安乐死 ……………………………………………… 136

第六节 其他受保护的自由 …………………………………………… 139
　一、行动自由 …………………………………………………… 139
　　（一）避免身体强制的自由 ………………………………… 139
　　（二）迁徙自由 ……………………………………………… 141
　二、获得法律保护和照顾的权利 ……………………………… 143
　三、向法院起诉的权利 ………………………………………… 146

第七节 生命怎么了 …………………………………………………… 147
　一、堕胎 ………………………………………………………… 147

二、生存权 ······ 147
三、死刑 ······ 148
四、政府官员导致的死亡 ······ 149

第三章 征收条款 ······ 151
第一节 绪论与概述 ······ 151
第二节 征收和反向征收 ······ 151
第三节 公共用途的条件 ······ 153
第四节 分析反向征收问题的一种进路 ······ 156
第五节 实际占有与限制之间的区别 ······ 157
第六节 实际占有和侵夺 ······ 158
第七节 限制型征收 ······ 162
一、剥夺财产价值或使用价值 ······ 163
（一）不动产 ······ 163
（二）动产 ······ 165
（三）价值损失的衡量：分母问题 ······ 165
二、部分征收 ······ 167
三、妨害例外 ······ 170
四、对临时规制型征收的救济 ······ 172
第八节 与建设许可相关的条件 ······ 173
一、仅适用于特定的条件限制 ······ 175
二、实质关联性要求 ······ 176
三、基本比例要求 ······ 177
（一）设置条件的属性 ······ 177
（二）设置条件的程度 ······ 178

第四章 合同条款 ······ 180
第一节 绪论与概述 ······ 180

第二节　一些入门问题·· 181
　一、是否存在一种合同义务·· 181
　　（一）隐含的合同义务··· 182
　　（二）作为一种隐含合同义务的州法································ 183
　二、州法的变化是否损害了合同义务···································· 184
　三、是否存在实质损害··· 185
第三节　平衡审查与权力保留主义·· 187
第四节　合同的一方当事人是政府的特殊问题························ 191

第五章　程序性正当程序和不可举证推翻之推定·················· 194
第一节　绪论与概述·· 194
第二节　是受保护的自由还是财产利益···································· 196
　一、自由的构成是什么··· 196
　二、财产的构成是什么··· 199
　三、习惯和惯例的相关性·· 204
第三节　何种行为构成了权利的剥夺······································ 205
第四节　告知的内容·· 206
第五节　应提供何种听证··· 208
　一、"好坏都照单全收"的方法·· 208
　二、马修斯诉埃尔德里奇测试··· 210
　三、事前听证的要求·· 212
　四、事前听证要求之例外情形··· 214
　五、事前听证的形式·· 218
第六节　不涉及自由或财产权益时可能的剥夺后救济··············· 220
第七节　不可反驳的推定原则·· 221
　一、可反驳与不可反驳之推定··· 221
　二、该原则在其全盛时期·· 222
　三、该原则在当下··· 224

第六章　平等保护：常规分类、"可疑"分类和"准可疑"分类 …… 226
第一节　绪论与概述 …… 226
第二节　平等保护：一般原则 …… 229
一、发现歧视：表面上的歧视、有目的的歧视及适用上的歧视 …… 229
（一）表面上的歧视 …… 229
（二）有目的的歧视 …… 230
（三）适用上的歧视 …… 230
二、初步证明的案件 …… 231
（一）不成比例的影响 …… 232
（二）歧视性的目的 …… 233
（三）立法史 …… 236
（四）被通过的方式 …… 236
（五）从影响和其他情境证据中推出目的 …… 237
（六）从适用中推出意图 …… 237
（七）凯斯案推定 …… 238
（八）目的要素的难点 …… 240
三、对初步证明案件的反驳 …… 241
第三节　平等保护的合理依据标准 …… 244
第四节　基于种族或民族的分类 …… 247
一、作为可疑分类的种族 …… 247
（一）早期联邦最高法院对种族问题的处理 …… 247
（二）严格审查的基本原理 …… 249
二、作为合宪性措施的严格审查 …… 251
（一）紧迫的利益 …… 252
（二）恰当契合 …… 253
三、公立学校的种族隔离 …… 255
（一）布朗诉教育委员会案 …… 255
（二）布朗案的实施 …… 257

四、区际补救措施……259
　（一）证明区际违法……260
　（二）对白人搬迁的回应……261
五、大学层面的隔离补救措施……263
六、对废止种族隔离命令的其他限制……265
　（一）将联邦干预程度最小化……265
　（二）联邦废除种族歧视命令之期限……266
七、平权措施……270
　（一）对平权措施的严格审查……270
　（二）紧迫的利益……272
　（三）恰当契合……277
第五节　基于外国人身份的分类……283
一、州和地方法律的标准……283
　（一）严格审查的原因……283
　（二）治理或政治功能……285
　（三）非法移民的外国人……286
二、联邦法的标准……288
第六节　基于性别或合法性的分类……288
一、性别作为准可疑性分类……288
二、作为合宪性措施的中度审查……291
　（一）重要和合理的目标……291
　（二）真实目的之证明……292
　（三）与目标实质相关的手段……293
　（四）性别歧视和种族歧视审查的对比……299
三、合法化……300
第七节　其他一些可能不被赞成的分类基础……302
一、拒绝认可新的"可疑"和"准可疑"类型……302
二、跨州的差别对待……303

三、对智力缺陷的歧视 …… 304
四、基于性取向的歧视 …… 306

第七章　平等保护：基本权利 …… 311

第一节　绪论与概述 …… 311
第二节　平等保护与基本权利 …… 311
第三节　投票的权利 …… 313
　一、绝对投票权 VS 平等投票权 …… 313
　二、选择性否定选举权 …… 315
　三、个人选票被稀释："一人一票" …… 321
　　（一）问题：选票的不平等影响力 …… 321
　　（二）"一人一票" …… 323
　　（三）整体代表选举方案 …… 324
　　（四）重新划分选区 …… 324
　四、群体选票的稀释 …… 327
　　（一）贬低集体选票之影响力 …… 327
　　（二）通过整体代表选举的选票稀释 …… 328
　　（三）通过改划选区实现选票稀释 …… 329
　　（四）运用大选区来稀释选票 …… 330
　　（五）选票稀释和无种族群体：偏袒的政治选区改划 …… 331
　五、非稀释的基于种族的选区划分 …… 335
　六、参加竞选的权利 …… 340
　七、不平等的计票 …… 342

第四节　迁徙权 …… 344
　一、居住期限要件 …… 345
　二、定点和固定日期的居住要件 …… 349
　三、替代严格审查的平等保护 …… 350
　四、真实居住的要件 …… 351

第五节　向法院起诉的权利 ………………………………………… 353
第六节　福利与生存 ………………………………………………… 356
第七节　享有基础教育的权利 ……………………………………… 358
第八节　平等保护的滑动指标法 …………………………………… 361
　一、三层次模式的问题 …………………………………………… 361
　二、马歇尔的滑动指标处理法 …………………………………… 361
　三、普莱勒诉无名氏案 …………………………………………… 362

第八章　第一修正案：言论及出版自由 ……………………… 365
第一节　绪论与概述 ………………………………………………… 365
第二节　基本问题 …………………………………………………… 366
　一、概念界定：言论和媒体 ……………………………………… 366
　二、受保护的言论和不受保护的言论 …………………………… 371
　三、有关事前限制的难题 ………………………………………… 372
　四、过于宽泛和模糊原则 ………………………………………… 378
第三节　基于内容的言论限制 ……………………………………… 382
　一、基于内容的限制之构成 ……………………………………… 382
　二、鼓动非法行为："清晰而即刻的危险"标准 ………………… 384
　三、挑衅言论、真实威胁和仇恨言论 …………………………… 394
　四、对诽谤（及其他侵权行为）的言论自由限制 ……………… 397
　　（一）实质恶意标准施加的举证责任 …………………………… 398
　　（二）适用实质恶意标准的情形 ………………………………… 401
　　（三）私人原告提起诉讼的审查标准 …………………………… 402
　　（四）第一修正案对诈骗诉讼的限制 …………………………… 404
　五、竞选资金、竞选支持以及对倡议程序的限制 ……………… 405
　　（一）竞选资金和竞选支持 ……………………………………… 405
　　（二）对民众立法程序的限制 …………………………………… 413
　六、商业言论 ……………………………………………………… 414

（一）商业言论的定义……………………………………415
　　　（二）保护商业言论的根据…………………………………418
　　　（三）中央哈德逊案标准……………………………………420
　七、直白的性言论——淫秽和色情…………………………426
　　　（一）淫秽的定义……………………………………………427
　　　（二）非淫秽的直白性言论——色情………………………431
　　　（三）不雅或恶俗言论………………………………………434
　　　（四）不雅言论与互联网……………………………………436
　八、对不受保护言论类型的内容歧视………………………441
　九、强制言论……………………………………………………443
　十、特殊权衡标准………………………………………………445
　十一、政府雇员和其他政府项目志愿参与人的言论自由权……446
第四节　内容中立的言论限制：时间、地点和方式标准………450
　一、内容的中立性………………………………………………451
　二、与促进一重要政府利益恰当契合…………………………453
　三、表达的替代渠道……………………………………………457
　四、事前限制……………………………………………………459
　五、禁制令………………………………………………………459
　六、有关版权的特殊问题………………………………………460
第五节　公共论坛的性质…………………………………………461
　一、传统的公共论坛……………………………………………463
　二、指定公共论坛………………………………………………466
　三、非公共论坛…………………………………………………470
　四、公立学校的学生言论………………………………………471
第六节　政府言论…………………………………………………474
第七节　第一修正案上的结社权…………………………………478
第八节　有关媒体的特殊问题……………………………………488
　一、知情权………………………………………………………488

二、参与刑事司法程序⋯⋯⋯⋯⋯⋯⋯⋯⋯⋯⋯⋯⋯⋯⋯⋯⋯ 489
三、刑事程序中的禁言令⋯⋯⋯⋯⋯⋯⋯⋯⋯⋯⋯⋯⋯⋯⋯ 489
四、发布真实的、合法获得的信息⋯⋯⋯⋯⋯⋯⋯⋯⋯⋯⋯ 490
五、保护秘密线索⋯⋯⋯⋯⋯⋯⋯⋯⋯⋯⋯⋯⋯⋯⋯⋯⋯ 492
六、强制开放媒体版面：平面媒体⋯⋯⋯⋯⋯⋯⋯⋯⋯⋯⋯ 493
七、第一修正案与现代科技⋯⋯⋯⋯⋯⋯⋯⋯⋯⋯⋯⋯⋯⋯ 494
　（一）广播媒体⋯⋯⋯⋯⋯⋯⋯⋯⋯⋯⋯⋯⋯⋯⋯⋯⋯ 494
　（二）新兴技术⋯⋯⋯⋯⋯⋯⋯⋯⋯⋯⋯⋯⋯⋯⋯⋯⋯ 497

第九章　第一修正案：宗教自由⋯⋯⋯⋯⋯⋯⋯⋯⋯⋯⋯⋯⋯⋯ 500
第一节　绪论与概述⋯⋯⋯⋯⋯⋯⋯⋯⋯⋯⋯⋯⋯⋯⋯⋯⋯⋯ 500
第二节　禁止设立国教条款：主旨、理论与测试⋯⋯⋯⋯⋯⋯⋯ 501
　一、分离论⋯⋯⋯⋯⋯⋯⋯⋯⋯⋯⋯⋯⋯⋯⋯⋯⋯⋯⋯⋯ 501
　二、中立论⋯⋯⋯⋯⋯⋯⋯⋯⋯⋯⋯⋯⋯⋯⋯⋯⋯⋯⋯⋯ 502
　三、折中的方式⋯⋯⋯⋯⋯⋯⋯⋯⋯⋯⋯⋯⋯⋯⋯⋯⋯⋯ 503
　四、莱蒙检验⋯⋯⋯⋯⋯⋯⋯⋯⋯⋯⋯⋯⋯⋯⋯⋯⋯⋯⋯ 503
第三节　禁止设立国教条款的适用：宗教间的歧视⋯⋯⋯⋯⋯⋯ 509
　一、禁止官方"设立"宗教⋯⋯⋯⋯⋯⋯⋯⋯⋯⋯⋯⋯⋯⋯ 509
　二、对给予偏爱地位的限制⋯⋯⋯⋯⋯⋯⋯⋯⋯⋯⋯⋯⋯ 510
　三、限制给予不利地位⋯⋯⋯⋯⋯⋯⋯⋯⋯⋯⋯⋯⋯⋯⋯ 512
第四节　禁止设立国教条款的实践：无歧视性的宗教促进⋯⋯⋯ 513
　一、对教会学校的公共援助⋯⋯⋯⋯⋯⋯⋯⋯⋯⋯⋯⋯⋯ 515
　二、公立学校中的祈祷⋯⋯⋯⋯⋯⋯⋯⋯⋯⋯⋯⋯⋯⋯⋯ 525
　三、其他情形⋯⋯⋯⋯⋯⋯⋯⋯⋯⋯⋯⋯⋯⋯⋯⋯⋯⋯⋯ 533
第五节　信仰自由条款⋯⋯⋯⋯⋯⋯⋯⋯⋯⋯⋯⋯⋯⋯⋯⋯⋯ 535
　一、信仰与行为的区别⋯⋯⋯⋯⋯⋯⋯⋯⋯⋯⋯⋯⋯⋯⋯ 535
　二、对宗教信仰的保护⋯⋯⋯⋯⋯⋯⋯⋯⋯⋯⋯⋯⋯⋯⋯ 537
　（一）宣示宗教信仰的权利⋯⋯⋯⋯⋯⋯⋯⋯⋯⋯⋯⋯⋯ 539

（二）传教士的纠纷……………………………………… 541
　　三、对出于宗教动机的行为的保护……………………… 542
　　　（一）对出于宗教动机的行为的蓄意限制…………… 543
　　　（二）对出于宗教动机的行为的非蓄意规制………… 546
　　　（三）对出于宗教动机的行为的附带负担…………… 551
　第六节　为宗教提供便利………………………………… 553

第十章　持有和携带武器的权利………………………………… 557
　第一节　绪论与概述……………………………………… 557
　第二节　哥伦比亚特区诉海勒案………………………… 558
　　一、解释第二修正案……………………………………… 558
　　二、第二修正案的适用…………………………………… 561
　第三节　海勒案的适用…………………………………… 562

案例列表……………………………………………………… 566
索引…………………………………………………………… 597

专有名词……………………………………………………… 608
大法官名录…………………………………………………… 611

译后记………………………………………………………… 614

谨以此书献给 辛迪和芭芭拉

前　言

大部分法学院的毕业生在进入法学院的时候，头脑里都有那么一点对我国宪政体系的认识。一般来说，我们都知道联邦政府被分为三个分支，也知道《权利法案》保护着我们的基本权利。这种认识最初可能来自小学的感恩节游行，通过中学里各式各样的美国历史与政府之类的课程得以深化，最终，对我们当中的某些人来说，在宪法学的本科课程中达到巅峰。除教育途径之外，宪法事宜也通过大众传媒时不时地提及的堕胎、言论自由、宗教、种族与性别歧视、同性恋权利等话题得以传播。

然而，作为法学院的学生，我们很快就学会了一件事，那就是，对宪法的研究根本就不是对陈词滥调的冥想，而是对它的背叛。我们在熟悉宪法的同时仍要经历晦涩难解，而不得不努力应付一团乱麻般的原则、区别和限定性条件。的确，当我们在司法可适用性、贸易权力、州行为和其他形形色色看来似乎从未成为新闻的主题中苦苦追问时，这种熟悉很快就消失了——即便这些引起人们共鸣的主题是以一种最不寻常的处理方法呈现于我们面前的。除此而外，再加上一堆摇摆不定的原则、赞同或反对的观点、最高法院不断变化的人事安排，种种复杂性足以让我们不知所措。

我们的目的就在于起点儿辅助作用，我们已经撰写了两本旨在为读者奠定对宪法学的原则和方法以及宪法学争论的基本认识的著作。第一本名为《国家权力和联邦主义》，包括联邦法院、国会和总统的权力，权力分立和联邦主义原则以及宪法对州权力的一些限制。第二本著作名为《个人权利》，涵盖了宪法关于保护我们免受政府干涉的规定，包括收入与合同条款，正当程序和平等保护条款以及第一修正案的言论、出版和宗教自由条款。

这两本书试图引发读者对宪法中一些更大的议题的深入思考。这两本著作并非概述，也不是对宪法的所有细微之处都加以研究的学术专著，相反，通过对宪法的重要原则的阐述——那些被经典宪法学课程涵盖的重要原则，这两本著作给出了一种以问题为导向的指导，在对重要原则进行阐述时，我们强调了如何考察这些原则运行的各种背景中出现的争议。别忘了，律师是解决问题的人，这些书就是为解决宪法问题的人准备的工具（也是为无法回避期末考试的学生准备的工具）。

我们还得说明一点，我们的书并不能替代您的宪法课或基本的案例汇编，更不能代替您亲自阅读那些案例。然而，我们希望，这两本书能够使您的课堂经历更加丰富和更容易理解，事实上，我们自己的经验是，学生们在阅读传统案例的同时也涉猎了这些材料后，已经发现那些案例变得更加易于理解和总结了，参与课堂讨论不仅不那么困难而且还颇有收获。我们坚信读者您也能获得同样的感受。

在我们看来，方法非常简单。在您的宪法课上到某一个主题时，阅读《国家权力和联邦主义》或《个人权利》的相关章节，您将由此获知相关领域的概貌以及该领域内各原则如何适用的基本认识。不过，在阅读这些章节的时候，不要只阅读那些问题——去回答那些问题！换言之，仔细思考那些问题并在阅读相关的解释前尝试回答这些问题的解决方案，这有助于提高您的分析能力。接下来，在您阅读您的案例时，在这两本书的相关章节中找到参考，并判断每个案件如何与最高法院培育的整体框架相契合，看看这些案件与前面的问题和后面的解释是否相符，要具有批判精神。最后，在完成了一个主题的所有内容后，重新复习一遍该章节，从而增强您对所有资料的掌握程度的信心。学生也会发现这些资料是帮助他们准备期末考试的有益补充，毕竟期末考试都是些容易解决的问题。无论如何，不要只读这些书，而要用这些书来提升您的理解能力和技能。

祝您好运，愿您在学习和今后的职业生涯中都能成为一个善于解决宪法问题的人。

阿兰·艾德斯
克里斯托弗·N.梅
2009年9月

致　　谢

在此,我们向为我们准备此书提供帮助的诸位致以谢忱,首先要感谢我们在罗伊育拉(Loyola)法学院和华盛顿及李(Washington and Lee)大学的研究助理们:

罗伊育拉法学院1998届[①]莉莉·金(Lilly Kim),罗伊育拉法学院1998届劳伦·拉斯金(Lauren Raskin),罗伊育拉法学院1999届埃里克·恩森(Eric Enson),华盛顿及李大学1996届詹姆斯·V.德罗西第四(James V. DeRossitt IV),华盛顿及李大学1997届阿什利·德莫斯(Ashley DeMoss),华盛顿及李大学1995届劳伦斯·斯特莱利(Lawrence Striley),罗伊育拉法学院2001届克里斯滕·斯特兰(Kristen Strain),罗伊育拉法学院2002届卡沙·阿里安娜·哈肖(Kasha Arianne Harshaw),罗伊育拉法学院2005届杰西卡·莱文森(Jessica Levinson),罗伊育拉法学院2007届梅甘·穆尔(Megan Moore),罗伊育拉法学院2007届吉利恩·斯塔德威尔(Gillian Studwell),加利福尼亚大学洛杉矶分校2011届丹尼尔·科斯塔(Daniel Costa),罗伊育拉法学院2011届马里奥·格里姆(Mario Grimm),罗伊育拉法学院2011届川口正志(Mashashi Kawaguchi),北卡罗来纳大学2011届范达·朗(Vanda Long),和罗伊育拉法学院2011届杰奎琳·莫尔(Jacquelyn Mohr)。同时还要感谢我们的秘书,罗思·布施(Ruth Busch)和戴安娜·科克伦(Diane Cochran)。

此外,我们还要对华盛顿及李大学和罗伊育拉法学院为我们提供的经济上的支持致以诚挚的谢意。

[①] 原文为LLS'98,下文中W&L译为华盛顿及李大学,UNC译为北卡罗来纳大学,"'98"则为美国大学对学生毕业年份的通用表达格式。——译者

第一章 个人权利导论

第一节 绪论与概述

从某种意义上说，宪法的主体设计就是为了保护个人权利。实际上，宪法制定者中的大多数都相信，宪法所创立的政治结构是保护人民权利基本和首要的工具。其中，包括诸如权力分立、制约与平衡、两院制、权力列举和联邦主义等结构上的手段被看作反抗政府暴政的坚实保障。亚历山大·汉密尔顿(Alexander Hamilton)走得更远，认为一部详细的权利法案肯定相当危险，因为权利法案"会包含各种各样的权力的例外情况，而这些权力的行使并未得到授权，而且，正因如此，法案将为要求更多授权提供一种似是而非的借口。"①

最初的宪法文本就反映了这种结构上的偏见——宪法中仅有一些今天我们普遍视为个人权利的特殊保护，②但汉密尔顿在政治结构方面的看法并未得到普遍赞同，很多人都意识到，权利法案的缺位是拟议中的宪法的一大缺陷，很多州批准宪法的前提都是要求对宪法进行修改以包含这样一项权利宣示。③直至拟议中的权利法案已获国会通过并提交各州批准后，北卡罗来纳和罗德岛两州才批准了宪法。

---

① 《联邦党人文集》(*The Federalist*, No. 84, at 513, Clinton Rossiter ed. 1961).

② 可参见如第一条第九款第二和第三项(人身保护令的免责权，褫夺公民权和溯及既往的法)，第三条第二款、第三项(在刑事案件中由陪审团审判的权利)。

③ 可参见乔纳森·埃利奥特：《几个州在关于采纳1787年费城推荐的一般文本的协议之争议》(Jonathan Elliot, *The Debates in the Several State Conventions on the Adoption of the Federal Constitution as Recommended by the General Convention in the Philadephia in 1787*), at 657-661.(由弗吉尼亚州提出修正案)。

为了回应以上和其他一些担忧,詹姆斯·麦迪逊(James Madison)在第一届国会召开之际提出了一系列供审议的宪法修正案。1789年获国会通过并于1791年得到各州批准的《权利法案》,就是麦迪逊所提出议案的一个直接成果。该法案包括对宪法的十条修正案,其中九条涉及个人权利,第十条则重申了宪法规定的政府的有限性本质。在实践层面上,《权利法案》限制了联邦政府的权力,使之无法超越该法案规定的权利;换言之,《权利法案》中列举的权利就是联邦行使权力的终极制约。

早期的联邦最高法院主张《权利法案》只限制了联邦政府的权力而未限制州政府的权力。[1]因此,尽管宪法的主体包含了一些特定的个人权利对州权力的限制——例如第四条的特权和豁免条款以及第一条第十款的合同条款——总体而言,我们还可以在几个州各自的宪法中发现个人权利保护对抗州权力侵犯的规定。至少,这就是整个19世纪大部分时间里的状况。

然而,1868年的第十四修正案完全改变了公民权利保护对抗州干预中宪法和联邦政府的作用,根本上确立了联邦在公民权利领域的至上地位。下文我们将会看到,通过一个合并程序,第十四修正案成为法院将《权利法案》的绝大多数条款适用于各州的一种宪法手段。此外,第十四修正案的平等保护条款最终成为平等原则的一个强有力且具有司法效力的原则。最后,第十四修正案还授予国会一项广泛的权力,即强制执行公民权利对抗州权力侵犯。因此,随着第十四修正案的生效,辅以随后的司法解释和国会的解释,宪法现在为个人自由免受联邦和州权力侵犯提供了实质上的保护。

在随后的章节中,我们将考察实体和程序上个人权利对政府权力的限制程度,这些限制引起了很多更重要而频繁的诉讼。而本章主要提出几个基本问题,首先是对第十四修正案的一个简短的历史性和描述性看法,旨在为建立于第十四修正案之上及其相关的大量原则提供一个基础。尽管我们也应该关注《权利法案》的各条款,但第十四修正案对政府体制的重大变革所起的作用是非常突出的。然后,本章将考察与个人权利保护直接相关的

---

[1] *Barron v. Mayor & City Council of Baltimore*, 32 U.S. (7 Pet.) 243 (1833).

三个首要原则上的议题——即吸收原则、政府行为原则以及第十三、十四和十五修正案——或曰内战修正案——之下国会的强制执行权的范围问题。

第二节　第十四修正案：导览

一、第十四修正案第一款的文本

第十四修正案第一款由两个句子组成。第一句规定："所有在合众国出生或归化合众国并受合众国管辖的人，为合众国和其所居住的州的公民。"这个句子说明了两个问题：首先，它创设了美利坚合众国公民身份的定义（所有在合众国出生或归化合众国的人），其次，它规定了州公民身份的定义（"居住"）。直至今日，这两方面仍未引起争议，而且一般都认为这个句子的表述正好就是其字面上的意思。"受合众国管辖"一词则需要进一步的考察，该考察将会揭示，"受合众国管辖"一词的原意就是排除两类人群——被敌国占领期间敌人的子女和其他国家外交代表的子女。我们也可以挑剔一下"居住"的含义，但不会有什么重大成果，我们可以发现一个可行而且相对不那么矛盾的含义，即，正式的住所地或永久居住地。简言之，尽管我们需要在很小的程度上考察特定表述背后的含义，但第一个句子仍以相对明确的术语在联邦和州层面上界定了公民身份。

尽管第一个句子相当明确，但引用一些历史资料还是很有益处的。在内战前，最高法院主张作为奴隶出卖的非洲裔美国人不是合众国公民，[1]德雷德·斯科特案的判决否认了奴隶和做过奴隶的人及其子孙的公民身份，被共和党人看作一个突如其来而又声名狼藉的发动内战的理由，第一款的第一个句子的目的正在于撤销前述判决。这个特定目的对同时代的人来说可能很清晰，但是对现代的读者来说就有那么一点模糊了。然而，即便考虑

---

[1] *Dred Scott v. Sandford*, 60 U.S. (19 How.) 393 (1857).

到潜在的目的,该修正案的表述也远比简单地推翻德雷德·斯科特案所需要的更宽泛,它包含了所有出生于或归化了合众国的人,不仅仅是当过奴隶的人,换句话说,它设定了公民身份的一般定义,且我们不再需要在真实的语词后面追寻定义了。

第一款第二个句子既复杂也不明确,它被分成了三个部分。第一部分规定:"任一州不得制定或实施任何剥夺合众国公民的特权和豁免权的法律",但是该文本并未定义何为"合众国公民的特权和豁免权",人们马上会想到宪法第四条的特权和公民权条款,该条款保护了"几个州的公民的特权和豁免权",①在第十四修正案正式通过的时代,司法裁决已为受宪法第四条保护的"基本权利"增添了一些内容,②那么这两个条款指的是同样的基本权利,还是合众国公民享有的特权和豁免权以及特定几个州的公民享有的特权和豁免权之间是有区别的呢?换言之,是否为与新创设的合众国公民的定义相一致而对基本权利的分类进行了新的划分?如果真是如此,那么新的基本权利是什么?单独的修正案文本并未为前述问题提供答案。

第二个句子的第二部分规定,"未经正当法律程序,任一州不得剥夺任何人的生命、自由和财产。"这个部分看起来简单些,在某一州要剥夺一个人的生命、自由或财产前,必须提供某种被称为正当法律程序的东西,这意味着,生命权、自由权和财产权并不是绝对的,只要满足了正当法律程序的要求,剥夺这些权利就是可以容许的。"程序"一词意为"诉讼程序","正当"一词意为合适、恰当或者适度。因此,一个人在被剥夺生命、自由或财产前被赋予了恰当的诉讼程序的资格。据推测,相关的公认惯例将就何种程序被认为是满足了正当法律程序提供指导。我们还应该注意,"人"的范畴比"公民"的范畴看起来要大,所有的公民都是人,但所有人并不必然是公民,正当法律程序条款所保护的范畴更为广阔。

---

① 参见克里斯托弗·N.梅、阿兰·艾德斯:《宪法:国家权力与联邦主义》,第九章2010年第五版(Christopher N. May & Allan Ides, *Constitutional Law: National Power and Federalism*)。

② 参见 *Corfield v. Coryell*, 6 F. Cas. 546, 552 (C. C. E. D. Pa. 1823)。

最后，第一款还规定："(任一州)不得拒绝给予在其管辖下的任何人以平等的法律保护。""平等的法律保护"意为至少其他中立的法应以一种对所有处于这些法保护下的人有利的、公平无私的方式适用。此外，它是不是就意味着州法律就不应区别对待或分类了呢？换句话说，它是否要求法律本身是公正无私的？假定真是如此并且我们不应忘记所有法律都在一定程度上有差别，那么这种潜在的对分类的禁止是否限制了特定种类的区别对待呢？如果果真如此，什么类型的区别对待受到了禁止？修正案的文本仍未回答这些问题。

对第一款文本的这一粗略考察至少说明了两个问题：对宪法文本的阅读尽管开启了——但并未解决——对其含义的追问，这一表述应放入其背景中考察，该背景不仅包括周围的历史事件，也包括导致该立法的特定事宜。当然，第一款第二个句子含义模糊的表述也证实了这一点，在那些看来清晰的表述中，这些观察也是正确的，清晰的地方也会因我们对历史背景缺乏理解而变成幻象。例如，我们可能会觉得我们知道法律的平等保护是什么意思，但是该文本的作者们可能是从这个短语的一个非常不同的理解上来下笔的。简言之，我们不能在历史的真空中去解读文本，要想更深入地理解文本的含义，需要在最低限度上附带地熟悉第十四修正案产生的历史背景。

二、一个简短的历史考察

我们可以把采用第十四修正案的背景简单地归结为奴隶制度、废奴运动、内战以及对内战后的南方事务重建的反应，包括《黑人法典》(Black Codes)的制定。第十四修正案的起草者们以及那些支持该修正案的人——无论是在国会中还是在各州代表大会上——都深陷于这些事务中，他们以这些事务为生且对这些事务作出了自己的回应。

第十三修正案废除了奴隶制，并于1865年通过，但显而易见的是(或者被认为显而易见的是)，奴隶制度被另一种制度代替，而这种制度设计就是为了使原先的奴隶保持一种实质上的被奴役状态。被大多数南部州通过的

《黑人法典》严重限制了前奴隶的公民权利,包括签订契约、购买不动产和担任陪审员的权利。而且,有证据显示,前奴隶并未得到其他中立的法完全而不偏不倚的保护,无论是正式还是非正式的方式,前奴隶得到的都是非公民待遇。

为了回应上述状况,国会通过了1866年《民权法》(Civil Rights Act)[1],在相关部分规定如下:

> 特此宣告,所谓"所有出生于合众国且不受任何外国权力管辖的人"都是合众国公民,而各种族和肤色的这类公民,无论任何先前的奴隶或非自愿的奴役状态,……应在每一州和合众国领土上享有和白人公民同等的权利,包括签订和履行契约的权利,起诉、成为诉讼一方和提供证据的权利,继承、购买、租赁、出卖、保有和转让不动产和动产的权利,并为保证个人和财产安全而充分并平等地享受所有法律和程序上的益处,同时也应承担惩罚、痛苦和刑罚……

6 安德鲁·约翰逊(Andrew Johnson)总统因民权法案违宪而否决了该法案,而且尽管国会推翻了总统的否决,但许多支持这一措施的共和党人担心该法将超越国会的明示权力,这种担心为第十四修正案提供了最初的动力。第十四修正案的初衷之一在于保证国会拥有制定诸如1866年《民权法》一类立法的权力,该修正案第五款明确地规定了这一点,即授予国会执行第十四修正案的权力,包括前述所谓的第十四修正案第一款实质性规定。[2]

第十四修正案的支持者们可能把第一款的特权和豁免权条款(Privileges and Immunities Clause)理解为包含了1866年《民权法》所述的"民权或豁免权",而那些"民权或豁免权"显然与宪法第四条的"特权与豁免权条款"中规定的基本权利类似,而且和该条款相似的是,《民权法》禁止在实现这些权利时给予公民歧视性待遇。如果该解释能够成立,则第十四修正案的"特

---

[1] 14 Stat. 27.
[2] 参见第一章第五节。

权或豁免权条款"的一个目的就在于防止各州否认美国公民——其定义由第十四修正案的第一款明确——享有平等地行使《民权法》所述的那些民权和豁免权之基本权利。

第十四修正案的立法历史证实了上述解释,这一历史过程充斥着与《民权法》的相互参照,以求《民权法》和拟议中的修正案的高度相似性。这种解释也与以下观念相吻合,即通过第十四修正案,国会试图重建一项使先前的立法生效的宪法规定。实际上,第十四修正案刚刚生效,1866年《民权法》又重新作为执行第一款权利的手段通过了。

历史的另一个分岔则表明,"特权或豁免权条款"也许意在一种更广阔的适用范围。在巴伦诉巴尔的摩市长及市议会案[①]中,法院主张《权利法案》只限制了联邦政府的权力,而未限制各州的权力。内战前,废奴主义者拒绝承认巴伦案的公正性,基于各种各样的原因,他们相信宪法的前八条修正案要么已经、要么应该完全适用于限制州权。许多共和党人也持有这种观点——其中很多人原本就是废奴主义者,这些共和党人参与了第十四修正案的起草和通过。而且,即便是那些并未明确表示赞同前述全部理论的共和党人可能也认为,除1866年《民权法》中列举的权利外,"特权或豁免权条款"至少还保护了一些额外的基本权利。例如,出版和言论自由是美国公民享有的基本权利,这是一直被广泛接受的共识,然而,人们不能确凿无疑地说,"特权或豁免权条款"的目的是部分或全部地吸收宪法的前八条修正案,当时的历史环境无疑具有这种可能性,但能得到的信息远非决定性的。[②] 这里,我们得到的是一种模糊的记录和不确定的含义。

如果"特权或豁免权条款"实际上立意于防止否认特定的基本权利,那么制定"正当程序"(Due Process)和"平等保护"(Equal Protection)条款的

---

① *Barron v. Mayor & City Council of Baltimore*, 32 U.S. (7 Pet.) 243 (1833).
② 参见拉乌尔·伯杰:《司法系统的统治》(Raoul Berger, *Government by Judiciary*)(1977)。该书主张《权利法案》的前八条修正案并非通过吸收"特权或豁免权条款"而限制各州。迈克尔·柯蒂斯:《没有州须限制》(Michael Curtis, *No State Shall Abridge*, 1986),则明确提出相反意见。

目的何在？"正当程序条款"独立的重要性不难想象，它规定了对剥夺生命、自由或财产的程序性保护。基于一些正当理由，共和党人再次被说服了，即个人——特别是前奴隶们和南方联盟的同情者们——未经恰当程序而被剥夺了基本的民权，而"正当程序条款"特别表明了这一关注。

相似的在于，"平等保护条款"的独立目标看来就是保证所有可能适用于个人的法都以一种公平的方式适用。再来看1866年《民权法》的措辞："公民，无论其种族和肤色，……为保证人身和财产安全而充分并平等地享有所有法律和程序上的益处，享有和白人公民相同的权利，同时也应承担惩罚……和其他……"。平等保护条款直接表达了以下关注——法律的平等保护，在第十四修正案通过的那个时代，北方和哥伦比亚特区一样都积极地实行着分离政策，这一事实意味着平等保护条款并未被视为对种族歧视的一般性禁令。另一方面，特权和豁免权条款的确在该条款所保护的权利的语境中提供了对抗种族歧视的保护。

把前述问题放在一起考察的话，我们可以对第十四修正案第一款得出什么看法？首先，特权或豁免权条款似乎意在防止国家在基本民权上的歧视，例如那些由宪法第四条的特权和豁免权条款保护的权利等基本民权；其次，特权或豁免权条款可能被视为还包含由权利法案设定的一些其他特定的基本权利，例如出版自由和言论自由；第三，特权或豁免权条款可能被设计为吸收宪法的前八条修正案；第四，正当程序条款要求各州在剥夺生命、自由或财产前规定公平或合理的程序；第五，正当程序条款的设计也许就是仅为某一州对法律之不平等适用提供救济。

三、解释第十四修正案的早期司法倾向

第十四修正案批准四年后，联邦最高法院对屠宰场案[①]作出了判决，争议中的事项是一部路易斯安那州的制定法，该法在路易斯安那州的三个区域授予了屠宰业的垄断经营权。对该制定法提出质疑的屠宰商们除了别的

---

① *Slaughter-House Cases*, 83 U.S. (16 Wall.) 36 (1872).

事项外，还主张该垄断经营权违反了第十四修正案的特权或豁免权条款。屠宰商们的主张的前提是，第十四修正案第一款已经吸收了先前由宪法第四条的特权和豁免权条款保护的实质性的特权和豁免权，其中就包括一般意义上宪法第四条中特权和豁免权条款中的权利。

法院①的多数意见否决了这一论点，理由是，由于第十四修正案在合众国公民和某一州公民之间作出了区分，那么特别保护了合众国公民的特权或豁免权的第十四修正案的内容必然和宪法第四条的特权和豁免权条款不同，后者保护的是一州之公民在访问另一州时的权利。因此，联邦的特权或豁免权不应复制宪法第四条所保护的基本自由和财产权利，相反，联邦的特权或豁免权应为那些适用于作为整体的联盟的权利，例如向联邦政府请愿的权利。在此，法院的结论与那些撰写第十四修正案第一款的人的初衷是相反的。法院的这一解释的实际效果是严重限制了第十四修正案的特权或豁免权条款的效用。②

屠宰场案的判决对随后第十四修正案的司法解释具有几个重要影响：首先，从19世纪晚期开始，法院开始把"正当程序条款"作为包含《权利法案》的各种规定以对抗各州的工具，在这种情况下，正当程序的重要性就不限于仅为一种程序性权利的保障，《权利法案》的"选择性包含"持续了整个20世纪以至于《权利法案》的大部分现在都已经被第十四修正案吸收。③ 在这个意义上，"正当程序条款"在一定程度上发挥着逐渐过时了的特权或豁免权条款替代品的功能。

大概就在同时，联邦最高法院也开始将"正当程序条款"解释为，该条款为《权利法案》中未必然包含的实质性权利提供了保护。例如，契约自由被

---

① 此处的"法院"指的是美国联邦最高法院。文中未特别注明的地方均指联邦最高法院。——译者

② 关于对特权或豁免权条款可能的复兴的讨论，参见克里斯托弗·N.梅，阿兰·艾德斯：《宪法：国家权力与联邦主义》(Christopher N. May & Allan Ides, *Constitutional Law: National Power and Federalism*)，第九章第三节第一目"第十四修正案特权或豁免权条款"，以及本书第七章第四节"迁徙权"。

③ 参见第一章第三节。

认为是非经足够的正当理由不得被各州侵犯的基本权利。① 再次说明,这种对正当程序的"实质性"接近被用作司法上被去除的"特权或豁免权条款"的替代方案。

最终,在19世纪晚期,联邦最高法院不再仅将"平等保护条款"作为一个法律的平等适用的规定来适用。例如,在斯特劳德尔诉西弗吉尼亚案②中,联邦最高法院取消了一部禁止非洲裔美国人担任陪审员的制定法。通过强制执行基本民权背景下的平等观,这种对"平等保护条款"的解释也填补了由屠宰场案的可疑判决留下的缺陷,而且,不论人们可以把导致适用该修正案的特定关注描述得多么有限,联邦最高法院都将"平等保护条款"解释为适用于所有种族,③然而,这种反歧视的有力推动受到了普莱西诉弗格森案④中确立的"隔离但平等"原则的限制。

简言之,到19世纪末,第十四修正案的现代法基础已经建立,这种基础是由文本的组合、批准前后的历史过程、立法意图以及一种发展中的解释和适用的法理学构成的。这一基础包括承诺给予实质性和程序性权利的司法保护,以及一种逐渐显现的法律下平等的理念。

第三节 吸收原则

前已说明,《权利法案》的效力仅及于联邦政府的行为。然而,由于吸收原则的存在,《权利法案》现在完全适用于州和地方政府行为,吸收原则意味着《权利法案》的特定规范已被第十四修正案的"正当程序条款"吸收。因此,如果公立学校的学生主张其言论自由权受到侵犯,第一修正案,因被第十四修正案的"正当程序条款"吸收,将为学生们的主张提供宪法基础。之

---

① *Allgeyer v. Louisiana*, 165 U.S. 578, 589 (1897).
② *Strauder v. West Virginia*, 100 U.S. (10 Otto) 303 (1880).
③ *Yick Wo v. Hopkins*, 118 U.S. 356 (1886).
④ *Plessy v. Ferguson*, 163 U.S. 537 (1896).

所以如此,是因为基于第十四修正案,第一修正案实际上发挥着限制州政府和地方政府权力的作用。

吸收的过程开始于19世纪晚期,当时法院认为,为公共用途征收私人财产且未给予公正的赔偿,违反了"第十四修正案所要求的法律的正当程序。"[1]然而,审理芝加哥,伯灵顿案的法庭并未把"征收条款"(Taking Clause)描述为已被第十四修正案所吸收,相反,其结论是,对我们的民权制度来说,公正赔偿原则是"基本的",且第十四修正案的"正当程序条款"包含了所有这样的基本原则。因此,在任何情况下,问题不在于某一《权利法案》之规定在某种技术层面上确实成为了第十四修正案的一部分,而在于人们所主张的权利对我们的司法体系来说是否为基本权利。在这种路径下,并不是所有《权利法案》的规定都能被吸收为正当程序的一部分。[2]

被吸收为正当程序的基本权利在特文宁诉新泽西州案[3]中得到了重申。在该案中,法院拒绝考虑作为整体的《权利法案》是否已被第十四修正案吸收,法院认可的是适用基本权利模式的先前判决所取消了的"重要论点",该论点赞同完全吸收。根据审理特文宁案的法庭之意见,某一权利受"正当程序条款"之保护,不是因为该权利被前八条修正案列举,而是因为其具有被法律的正当程序之概念包含的那些特性。[4]

对被吸收为正当程序的基本权利之最清晰、经常被引用的描述,是卡多佐(Cardozo)大法官对波尔寇诉康涅狄格州案[5]发表的法官意见。到该案判决的时代,联邦最高法院已经认可,通过第十四修正案,《权利法案》的几项规定对各州具有效力,包括言论和宗教自由、集会的权利以及某种程度上的劝告权。波尔寇案的争议点在于,第五修正案的"一事不再审条款"是否应列入基本权利的阵容中。被告特别提出主张,为与正当程序相一致,一州

---

[1] *Chicago, Burlington & Quincy Railroad Co. v. Chicago*, 166 U.S. 226, 241 (1897).
[2] 参见 *Hurtado v. California*, 110 U.S. 516 (1884).第五修正案中大陪审团控告的要求并未包括在第十四修正案的正当程序权利中。
[3] *Twining v. New Jersey*, 211 U.S. 78, 98 (1908).
[4] 同上,99.
[5] *Palko v. Connecticut*, 302 U.S. 319 (1937).

不能在陪审团审判后就某一无罪宣告提出上诉。在否决这一论点时，法院试图在包含于正当程序保护的权利和排除于正当程序保护的权利之间划出原则性的区分。

得到陪审团审判的权利和非经控告免受起诉的权利（这两项权利在波尔寇案判决时均被排除在正当程序之外）应具有价值和重要性，即便如此，这两项权利并不具有一个有序自由体制的本质，取消这两项权利并不违背一项"根植于我国人民的传统与良知，以至于被视为基础的正义原则"，几乎没有人会狭隘和守旧到要维持以下观念，即认为没有这两种权利，一个公正和开明的司法体制就难以为继。陪审团审判是正确的，而且诚如诸多先例显示的那样，免于被迫自证其罪也是正确的。我们可能已经丧失了这些而正义仍然存续……

当我们转向特权和豁免权，而特权和豁免权已经被联邦权利法案的早期条文接收并通过一个吸收过程被带入第十四修正案的时候，我们达到了社会和道德价值的不同层面……如果第十四修正案吸收了它们，则吸收的过程渊源于以下信条：如果这些价值被牺牲的话，则自由和正义将不复存在。例如，对思想自由和言论自由来说就是这样，基于这种自由，人们可以说，在必不可少的条件下，这就是几乎每一种其他类型的自由之范本。①

法院适用了这些原则，并得出结论，至少在事实所表明的一事不再审的范围内，并没有任何基础性的正义原则受到侵犯。"该州并不是想通过大量的案件和逐渐累积的审判使得被告筋疲力尽，它所要求的不过是针对该被告的案件能够一直持续下去，直至出现一个免受实质性法律错误之腐蚀的审判。"②

卡多佐大法官的正当法律程序之原则性进路并不必然导致关于界限标准的结论。显而易见的是，对某一有序的自由体制来说，任何特定权利是否

---

① *Palko v. Connecticut*, 302 U.S. 319 (1937), at 325-327.
② 同上，at 328.

为至关重要者,在决定该事项时某种程度上的主观判断是不可避免的。联邦最高法院后来的判决就不赞同卡多佐的结论,即获得陪审团审判的权力和一个人不得自证其罪的特权并非基本权利。然而,波尔寇案对基本权利的适用说明了联邦最高法院的基本倾向,即在裁定一项权利被第十四修正案所"吸收"方面比较审慎。

布莱克(Black)大法官则提出一种完全不同的吸收路径,在亚当森诉加利福尼亚州案①中,他发表了著名的异议意见,他认为第十四修正案的起草者们本意是通过该修正案的第一款使得宪法的前八条修正案的全部规定适用于各州。换言之,在布莱克看来,第一款的目的之一就是推翻巴伦诉巴尔的摩市政厅及市长案并使得整个《权利法案》对各州具有完全的效力。为了支撑其完全吸收的观点,布莱克在该异议意见中详细地追溯了第十四修正案的立法过程。② 他还对吸收的基本或"自然"权利模式的合宪性提出了挑战,认为这种路径授予司法体系以一种未经授权的权力,使得司法体系得以根据当时流行的观点来拣选权利。③ 按照布莱克的观点,法院所采取的这种方式的最终结果就是,司法体系可以对《权利法案》最核心的原则置之不理,同时在未获宪法授权的情况下创设新的权利。照他看来,这两种做法都与有限政府的原则以及成文宪法的基本理念背道而驰。

在沃伦法院(Warren Court)④期间,约翰·马歇尔·哈兰(John Marshall Harlan)大法官成为波尔寇案所描绘的各式各样基本权利模式的主要的拥护者。⑤ 在他看来,第十四修正案之正当程序包含着不断演进的宪法标准,这一标准仅仅取决于基本公平和既定自由的概念,而这两者的概念都来自《权利法案》之规定或受其约束。哈兰认为,《权利法案》和正当程序之

---

① *Adamson v. California*, 332 U.S. 46, 68 (1947).

② 参见 *Barron v. Mayor & City Council of Baltimore*, 332 U.S. at 92-123.附录:布莱克大法官的异议意见。

③ 同上, at 86-89.

④ 指 1953—1968 年埃尔·沃伦(Earl Warren)担任美国联邦最高法院首席大法官的时期。——译者

⑤ 参见 *Duncan v. Louisiana*, 391 U.S. 145, 171-193 (1968),哈兰大法官之异议意见。

间的任何重叠都是"偶然的"。[1] 即便人们发现第十四修正案的"正当程序条款"保护了某些《权利法案》所保护的权利,《权利法案》中的类似规定并不能照字面上理解为被第十四修正案所"吸收"。相反,两类权利应仍保持其独立存在,也许彼此非常相似,但仍是分立和有区别的。而且,哈兰的正当程序模式包括了一种可能性,即包含宪法中未提及的权利的可能性。[2]

自1960年代早期以来,联邦最高法院就已遵循了一种吸收程序,该程序在极小限度地定义何为在美国法律体系中自由和正义之根本作出的同时,越来越集中于《权利法案》的一些特别规定。[3] 例如,在邓肯诉路易斯安那州案[4]中,法院认为案件焦点不在于既定自由的理论体系,而在于所声称的权利是否为"美国正义体制中的基本权利"[5]。通过这一方式,基本权利模式和完全吸收模式开始趋同。其后果就是,《权利法案》的大部分条款——尤其是那些与刑事程序相关的条款——通过一种被描述为选择性吸收的程序最终被第十四修正案吸收。尤为重要的是,法院在逐个个案的基础上得出结论说,每一项吸收的规定在美国的正义和自由体系中都是根本性的。

照目前的情况来看,《权利法案》的以下条款已被第十四修正案的"正当程序条款"吸收:

- 第一修正案整体
- 第四修正案整体
- 第五修正案,刑事诉讼中大陪审团起诉的请求除外
- 第六修正案整体
- 第八修正案所禁止的残酷和非常之刑罚

法院同时也主张,无论是第二修正案之携带武器的权利,还是第七修正

---

[1] 参见 Duncan v. Louisiana, 391 U.S. 145, 171-193 (1968),哈兰大法官之异议意见,at 177.

[2] 参见 Poe v. Ullman, 367 U.S. 497, 522, 539-555 (1961),哈兰法官之异议意见:隐私权。

[3] 参见 Benton v. Maryland, 395 U.S. 784, 793-796 (1969),该案推翻了波尔寇案并主张一事不再审原则所提供的保护对正当法律程序的目的来说是根本性的。

[4] Duncan v. Louisiana, 391 U.S. 145 (1968).

[5] 同上. at 149.

案之民事案件中获得陪审的权利,都未被第十四修正案吸收。① 至于携带武器的权利,法院在哥伦比亚特区诉海勒案②中暗示该院乐于重新考虑吸收的问题。这样做的后果是,在海勒案之后,各联邦巡回法院之间对携带武器的权利是否已被第十四修正案吸收就存在冲突。③ 法院现在某一案件中已允许提出对这一争议的审查④,但尚未对第三修正案禁止士兵驻扎民房之规定和第八修正案禁止过高的保释金和罚金之规定的吸收问题作出任何规定。

尽管法院并未就该争议达成一致,考量政府行为的合宪性标准与某一被吸收了的《权利法案》之规定可能不一致,但与援引相同规定作为联邦权力的直接限制时所适用的标准是完全一致的。⑤其中,哈兰大法官就反对这种联邦条款逐渐被引入第十四修正案的方式。⑥ 然而,哈兰大法官极力主张的,适用于政府行为的、更为灵活的正当程序标准并未得到回应。

第四节　政府行为原则[⑦]

第十四修正案明确限制了某一"州"在违反该修正案第一款所设立之实体和程序权利上的权力,换言之,第十四修正案所行使的乃是对"政府行为"的限制——即,由某一州或地方政府实施的行为。然而,其"正当程序"和

---

① 参见 *Presser v. Illinois*, 116 U.S. 252 (1886),携带武器的权利;*Walker v. Sauvinet*, 92 U.S. 90 (1876),民事案件中获得陪审的权利。

② *District of Columbia v. Heller*, 128 S. Ct. 2783, 2813 n.23 (2008).

③ 可比较 *Maloney v. Cuomo*, 554 F. 3d 56, 58-59 (2d Cir.), *cert. pending* (2009),第二修正案未被第十四修正案合并,以及 *Nordyke v. Steel*, 563 F. 3d 439, 457 (9th Cir.), *reh'g en banc ordered*, 575 F, 3d 890 (9th Cir. 2009),第二修正案被第十四修正案合并。

④ *McDonald v. City of Chicago*, 2009 WL 1631802 (2009).

⑤ 参见 *Benton v. Maryland*, 395 U.S. 784, 795 (1969); *Malloy v. Hogan*, 378 U.S. 1, 10-11 (1964)。

⑥ 参见 *Duncan v. Louisiana*, 391 U.S. at 181。

⑦ 原文为 The State Action Doctrine.——译者

"平等保护"条款并未对单纯的私人行为施以任何宪法上的限制。因此,当"州"这一术语被广泛定义为包括州和地方政府的所有方面,该定义就不再包括性质上更具私人特征的那些行为了。例如,基于"平等保护条款",某一公立学校可能不会采取种族歧视的行为,但对一所纯粹的私立学校的类似行为就没有这样的宪法性限制。原因很简单:一所私立学校并不是"州"。(当然,州和联邦的民权法会使私立学校的歧视行为归于非法)

第十四修正案对政府行为的要求并不是独一无二的,它遵循了多数宪法性限制的形式。例如,权利法案限制了联邦政府的权力,但并未对私人主体施以限制。与之相似的是,宪法文本中对联邦和州政府权力的限制并未对私人行为施加障碍。① 这种形式的一个重要例外在于第十三修正案,该修正案在公共领域和私人领域都废除了奴隶制,不过第十四修正案遵循的是一般规则而非例外。简言之,第十四修正案对政府行为的要求规定,凡一般被视为政府和私人行为之间的宪法性差异得在任何情况下遵循由第十四修正案所施加的限制,包括那些被"正当程序条款"吸收的限制。

这里我们关注的是第十四修正案的适用,因此我们面临的问题就是"政府行为"。然而,读者应牢记,在关于适用于联邦政府的宪法条文适用时,就会产生一个相似类型的"政府行为"问题,从技术上说,这类问题属于"政府行为",但在这种语境下的核心原则与适用于"政府行为"的原则完全相同。

当某一州或其任何分支,如某州的专门机构或一城市或某县,要么直接地要么通过某一官员或雇员,实施了争议中的行为时,则政府行为原则就会付诸实施。在多数情况下,政府行为原则至多作为一种顺手的参考,州所采取的行为,无论直接还是间接,都是第十四修正案下相当简单的政府行为。例如,试设想,某市一位警官在执勤的时候采取了一项可能引起争议的不合理的搜查,那么在一项依第十四修正案对该行为提出的挑战中,对政府行为的要求就轻易得到了满足,因为争议中的行为是根据州法律授权由该州的一位代理人采取的。而且,即便是该警官在实施搜查行为的时候违反了州

---

① 参见第一条第九和第十款,说明了对联邦和州权力的各种各样的限制。

法,政府行为要求仍然得到了满足。① 只要该警官依职权采取行动,则满足了对政府行为的要求。②

然而,政府行为原则并不像前面提及的例子那么简单。尽管第十四修正案并未直接限制私人行为,但政府行为和私人行为之间的区别有时相当隐蔽,而且政府行为的问题在区别相当关键的情况下总是会被提出来。例如,尽管私立学校一般并不被视作一个政府行为主体,但如果该州深深介入了该私立学校的日常运行,则私立学校就不一定不是政府行为主体了。在这种情况下,问题就变成了:该州是否足以介入私人行为使得后者(私立学校)的行为变成了政府行为。相似的是,如果某一州将其政府权力授权给了一个私人实体或某一个人,则该私人实体或该人,在该授权的范围和性质内,成为第十四修正案下的政府行为实施者。

政府行为原则的目的在于决定表面上的私人行为是否受宪法限制的支配——例如,私人行为是否被视为政府行为,或在更不常发生的情况下,表面上的政府行为在性质上是否属于私人行为从而不受宪法限制的支配。法院在作出这些判决时创设的工具并不完全是确定的,也就是说,并没有发现政府行为的数学公式。诚如法院所表达的那样,政府行为的构成"是一种标准上的考量,而且其标准并不是僵化的简单形式。就能够在某一单个特征背后指向州的条件范围内,没有哪一项事实发挥着全面地认定为政府行为的必要条件的作用,也没有任何一组条件完全充分,因为总有那么一些补偿性的原因使我们不能把行为归因于政府。"③ 作为一项普遍的事实,对政府行为的探究取决于特定事实和政策边界。

沃伦法院和其后的伯格(Burger)、伦奎斯特(Rehnquist)和罗伯茨(Roberts)法院在政府行为原则的恰当范围问题上,可被视为存在哲学上的冲突,这一冲突加剧了前述原则的不确定性。为了某种程度的过分简化,沃伦

---

① *Adickes v. Kress & Co.*, 398 U.S. 144, 152 (1970).
② 本段中所讨论的一般规则也有一种有限的例外,本文将在第一章第四节第二目详加讨论。
③ *Brentwood Academy v. Tennessee Secondary School Athletic Assoc.*, 531 U.S. 288, 295-296 (2001).

法院对政府行为采取了一种相当宽泛的概念,从而扩展了第十四修正案适用时宪法保护的背景,特别是在种族保护和平等保护方面。最近以来,最高法院越来越不愿意裁决政府行为了,不过这种不情愿并未导致沃伦法院的先例之被推翻。相反的是,晚近以来的政府行为法理是在那些先例中发展起来的,要么就区分了这些先例,要么重新解释了这些先例。最终的结果是,法律的实体之内既具有规则的张力也为解释的弹性留下了一定的空间。

但人们不必感到失望!任何政府行为的潜在难题都相当简单:该州所受质疑的行为是否足以使适用第十四修正案为正当?而且,一些重要的里程碑式的判决——至少在这些判决所适用的特定语境下——提供了一些解决这一问题的参考。不过,别指望从头至尾的连贯性和数学上的一致性,因为法院经常会注意到,对政府行为的调查很大程度上受事实和政策的限制,因此每个案件可能会呈现独一无二的考量。

一种有效发展政府行为原则之能力的途径是,从考察政府行为问题的四种方式入手,这四种方式产生于新政后和沃伦法院时期,法院努力解决潜在规则的问题。每一种方式或种类集中于特定种类的政府行为问题并对更广泛的政府行为问题有着深刻的洞见。在考虑了这些一定程度有所区别的分类及其演进之后,下一步就是考察现代法院在决定政府行为必须满足的事项上所采用的更普遍的做法。在受质疑的政府行为中主要考察州的责任上,前述四种方式在一定程度上合理化为一种统一的模式,而法院所采取的更普遍的那种做法也成为一种取代了合理化了的四种方式的分类途径。下面的讨论将围绕着这些原则展开。

值得注意的是最后一个关键点:许多政府行为案件都涉及 42 U.S.C. § 1983——即《联邦民权法》——的解释,该法规定了对"以州法名义"采取的行为提供私法上的救济。"政府行为"和"以州法名义"被视为同义语。① 我们也将采用同样的定义。

---

① *American Manufacturers Mutual Ins. Co. v. Sullivan*, 526 U.S. 40, 50 n.8 (1999); *Lugar v. Edmondson Oil Co.*, 457 U.S. 922, 928-929 (1982).

一、分类的途径

对政府行为的分类途径来自作出政府行为的四种背景。每一种分类表现了政府行为问题的一个特定种类,且在每种分类中发展出了特定的原则性规范以帮助划定该分类的范围。然而,这些分类之间并不能完全区别开来,它们遵循着一种共同的思路,即试图决定某州与可能被质疑的行为之间的关系。而且,在现实世界中提起的诉讼经常会涉及不止一个分类中的诸多因素。的确,人们会发现从不同分类的角度去考察潜在的政府行为问题是相当管用的。

(一) 一项公共职能的私人体现

在某些情景下,一项公共的或政府职能的私人表现可能被视为政府行为。稍微不同的表述是,如果某一州允许一个私人主体行使明显为政府职能的权力,那么该私人主体的行为将被视为第十四修正案下的政府行为。这一原则所指向的是公共职能原则、政府职能原则或统治职能原则。我们将在各种案件中看到,在理论上,这一原则的范围可能显得相当宽泛,但实践中其范围则是相当适中的。

最重要的公共职能案之一是马什诉阿拉巴马州案。[①] 一位耶和华见证会(Jehovah's Witness)教士主张一项第一和第十四修正案的权利,要求在某城镇的街道和人行道上散发资料,这些街道和人行道完全由一个私人公司拥有和管理。法院是这样描述的,"该镇及其购物区通常是向公众敞开并自由使用的,除了该地产的名称(包括那些街道和人行道的名称)属于一家私人公司外,并无其他可以将该镇与其他城镇和购物中心相区分的地方。"[②] 除了该镇的私人私有权和私人治理外,法院赞成将第一和第十四修正案完全适用于所呈现的情景。更重要的是,通过在该镇垄断了所有的政府职能,该公司已经充当了一个政府的角色,因此也就同样受第一修正案对

---

① *Marsh v. Alabama*, 326 U.S. 501 (1946).
② 同上,at 503.

州和地方政府所施加之限制的约束。后来法院在马什案中这样写道:"该公司的业主所行使的权力正是市政权力的全部范围且完全站在政府立场上。"①

公共职能原则也在史密斯诉奥尔莱特案②中得到成功运用,该案系德克萨斯州的一些非洲裔美国选民就其未获民主党初选的参与权而提出的诉讼,而民主党是根据该州的法定权力而举行初选的。而且,初选的结果指定了能参与州大选投票角逐的人。初选因而成为大选体系的一个必不可少的组成部分。鉴于这些事实,法院得出结论,民主党作为州的代理履行了一项政府职能。因此,民主党实施的种族歧视行为构成政府行为。③

1960年代晚期,法院稳步推进着公共职能原则,当时法院主张一个私人所有的购物中心受第一和第十四修正案的约束。④ 法院的理由是,该购物中心与马什诉阿拉巴马州案⑤中的"商业地区发挥的作用是相同的",因此也满足了政府行为的条件。然而,罗根·韦洛伊案的判决也命不久矣,在四年后的洛伊德公司诉坦纳案⑥中,法院对此前判决继续存在的合理性加以严重质疑从而以这种方式强调了罗根·韦洛伊案的重要性。审理洛伊德案时,法院拒绝在大致相同的事实中找寻政府行为的踪迹,而强调了马什案事实中的独一无二的特性,尤其是马什案中公司权力的广泛性,从而主张公共职能原则的范围应相对狭窄。最后,在赫金斯诉NLRB案⑦中,法院明确推翻了罗根·韦洛伊案的判决并再次强调了马什案判决以及一般意义上的公共职能原则中未及深入的部分。⑧

---

① *Lloyd Corp. v. Tanner*, 407 U.S. 551, 569 (1972).
② *Smith v. Allwright*, 321 U.S. 649 (1944).
③ 亦可参见 *Terry v. Adams*, 345 U.S. 461 (1953),在关于一项私人性的"预初选"问题上,法院得出了类似结论,该"预初选"从实际上看限制了州投票角逐的准入。
④ *Amalgamated Food Employees Union v. Logan Valley Plaza*, 391 U.S. 308 (1968).
⑤ 同上,at 318.
⑥ *Lloyd Corp. v. Tanner*, 407 U.S. 551 (1972).
⑦ *Hudgens v. NLRB*, 424 U.S. 507 (1976).
⑧ 同上,at 518.

法院也拒绝在杰克逊诉大都会爱迪生公司案①中适用公共职能原则。该案的原告试图控告大都会爱迪生（Metropolitan Edison）公司——一家私人所有的公用事业公司——解除给予她的服务违反了第十四修正案。除了别的一些主张外，原告还主张由于大都会公司提供了一项"至关重要的公共服务"，因而其履行公共职能的行为应受第十四修正案之规制。② 法院对此未予支持："当然，我们已经发现在一个私人主体行使权力时所表现出的政府行为在**传统上排他地**（traditionally exclusively）由州保留。"③黑体部分正意味着而且也有效地限制了公共职能原则。许多市政当局规定了公共事业服务，同时这类服务的私人规定也被视为一种重要的公共利益，公共事业服务之规定并非"传统上排他地"由各州保留，但却与公域和私域都是紧密联系在一起的。通过对照，法院指出："如果我们所处理的是由该州委托授权给大都会公司行使的权力，而这些权力在传统上与主权是相联系的，例如优良的管理，那么该案将完全改观。"④杰克逊案的信息非常明确：不得再宽泛地解释"公共职能"的概念了。

而且，政府已为公共目的或公共福利为一私人公司拨款，这一事实并不必然导致该私人公司履行公共职能。从现代公共职能原则的角度看，问题并不在于政府是否为私人行为买单，而在于该私人行为能否被适度地定性为传统上专属于州的特权。因此，在伦德尔—贝克尔诉科恩案⑤中，法院主张，尽管一所为心理失调的高中生设立的私立学校从州政府得到其预算的90%，以教育那些被公立学校开除的学生，该校并不是在履行一项公共职

---

① *Jackson v. Metropolitan Edison Co.*, 419 U.S. 345 (1974).
② 同上，at 352.
③ 同上，着重为原判决所有。
④ 同上，at 352-353，亦可参见 *American Manufacturers Mutual Ins. Co. v. Sullivan*, 526 U. S. 40, 54-57 (1999)，本案关于私人保险公司的判决，拒绝给付医疗服务的费用，原因在于该要求并非传统上的一种专门的公共职能。*Flagg Bros. v. Brooks*, 436 U.S.149, 160 (1978)，该案主张根据州法之规定，私人所有的货品甩卖并非政府行为，因为在商业世界的争议解决并非"权力当局的专属性权利"。
⑤ *Rendell-Baker v. Kohn*, 457 U.S. 830 (1982).

能,给这类学生提供特殊教育机会的规定不是州的一项传统上排他的职能。①

案例 1-A

甲州要求居住在本州的所有 16 岁以下的人都必须进官方认可的小学和中学,该州设立了一个全面的公共教育体系,该体系由纳税人出资的地方学区来运作。同时,为数众多的私人团体——无论是宗教的还是非宗教的——则提供能够达到该州认可标准的私立学校。15 岁的玛丽进的是得到该州认可的优良价值私立学校,玛丽认为,学校因她佩戴抗议同学被开除的臂章而对她进行惩处侵犯了第一和第十四修正案赋予她的权利。那么,该学校是否因为学生提供州认可的教育而履行了一项公共职能呢?

案例分析

人们可能会想当然地认为,优良价值这类学校履行了公共职能,其代替了公立学校并提供了符合该州强制性教育规定的服务。然而,考虑到公共职能原则的限制,法院可能并不会在该特定情形下认为该校履行了一项公共职能。由私人部门提供的教育完全具有公共服务的特征,可能甚至是一项至关重要的公共服务,教育本身并非在传统上排他的州的权力。确实,公共教育这一"传统"是一个晚近的现象,而且,涉及到该案,私立教育更像杰克逊案中争议的私人所有的公用事业,而不像史密斯诉奥尔莱特案中所涉及的由私人机构运作的初选。教育和公用事业服务很久以来都是由私人部门提供的,而作为政府治理的必不可少之程序的一部分,初选才代表治理过程中政府职能的精髓。而且,一所私立学校行使的权力并不像马什案中由公司所有的城镇所行使的准政府权力那么全面。相反,私立学校更像一个私人所有的购物中心,二者所行使的权力都在一个有限的私权范围内。简言之,由于法院相当严格地适用公共职能原则,优良价值学校并未履行一项公共职能。

---

① *Rendell-Baker v. Kohn*, 457 U.S. 830 (1982), at 842. 参见 *Blum v. Yaretsky*, 457 U.S. 991, 1011-1012 (1982),根据该案,获得州拨款的私人所有的护理中心并未履行一项公共职能。

案例 1-B

JRU是一家拥有和经营监狱的私人公司,该公司代表了试图将其监狱经营私有化的市政府。JRU公司从其政府当局接收囚犯时签订了一套每日费用的合同。囚犯一旦入住JRU监狱就要受所有JRU规范和纪律的约束。杰弗里是一个定罪了的商店窃贼,被麦托勒克斯市送到JRU监狱的,杰弗里主张JRU的纪律程序违反了第十四修正案。JRU的行为是否具有公共职能原则下的政府行为性质?

案例分析

通过与JRU公司签订的合同并安置杰弗里,麦托勒克斯市已将其政府权力授权给了JRU公司,且作为后果,该公司是作为市政当局——即州的代理来经营的。而且,由于对犯罪的惩治是传统上排他的州的权力,代表一市政当局安置囚犯系一项在公共职能原则范围内的公共职能。的确,从代表政府管理的关键职能的意义上说,管理囚犯与实施初选或管理一个公司所有的城镇是类似的。[①]

(二) 私人协议的司法强制执行

第二种分类是私人行为的司法强制执行,该类型在相当受限的情形下可能会满足政府行为的条件,其中最重要的案件是谢利诉克雷默案[②]。该案中法院对一项合同的司法强制执行是否符合第十四修正案之要求进行了审查,该合同限制了向白种人出售不动产。法院认为该私人间的歧视性合同并未违反第十四修正案,因为合同是私人主体之间的。[③] 然而,由一位司法官对该合同的强制执行将州的权力带入了该事项,且法院的结论是该州

---

① 参见 *Rosborough v. Mgmt. & Training Corp.*, 350 F.3d 459, 461 (5th Cir. 2003),一个私人矫正机构的雇员行使着一项"根本性的政府职能";*Street v. Corrections Corp. of America*, 102 F.3d 810, 814(6th Cir. 1985),与州政府签有合同的私人监狱主张其系履行了一项公共职能的政府行为之行为人;*Ancata v. Prison Health Servs., Inc.*, 769 F.2d 700, 703 (11th Cir. 1985),在向囚犯提供所需之医疗服务时,发挥了公共职能的私人卫生机构雇员就是政府行为的行为人。但参见 *Holly v. Scott*, 434 F.3d 287, 293-294 (4th Cir.), *cert. denied*, 547 U.S. 1168 (2006),本案认为与联邦政府签有合同的私立监狱的雇员不是政府行为的行为人。

② *Shelley v. Kraemer*, 334 U.S. 1(1948).

③ 同上,at 13.

的介入满足了政府行为所需的条件。① 换言之，私人契约的司法强制执行将该契约变成了政府行为。

人们可能会假设，如果谢利案中的决定性因素是司法执行的行为，那么想必任何时候只要某法官强制执行了一项私人契约，则该私人契约就将归因于政府。因此，在当事人试图强制执行某私人契约之规定的任何情形下，反对强制执行该契约的另一方当事人都可主张该被强制执行的契约规定符合第十四修正案。由于司法的介入，私人契约由此变成了一项政府行为。相似的是，照这种理论，一个驱逐非法闯入者的私人决定可能会变成政府行为——如果该地产所有人诉诸司法程序的话。后果就是，仅基于非法闯入者的宗教信仰而将其驱逐的决定将不会因违反第一和第十四修正案而无法强制执行。

然而，谢利案并未沿着上述路线发展。② 一项私人契约或私人决定的司法强制执行并未自动将潜在的私人行为变成政府行为，持相反的意见就是将几乎无穷无尽的一系列私人事务——从合同到遗嘱再到财产的遗嘱处分——宪法化。实际上，谢利案的关键性因素并不只是抽象的私人契约的司法强制执行，更是一类特殊的私人契约的司法强制执行，这类特殊的私人契约就是一个在种族上进行限制的契约，该契约限制了一个有出卖意愿的出卖人向有购买意愿的买受人转让其财产。司法机构对这些当事人的干预，尤其是强迫出卖人基于种族采取歧视性行为，提供了在认定政府行为时的关键性因素。通过强迫出卖人采取歧视性行为，法院——亦即政府——成为了其他私人歧视行为的同谋。

案例 1-C

1911年，威尔斯通将军通过信托遗赠了大片土地以成立一所男子军事学校。根据信托条件，如果学校接收女性学生，则财产将归还威尔斯通将军

---

① *Shelley v. Kraemer*, 334 U.S. 1(1948), at 19-20.

② 参见 *Bell v. Maryland*, 378 U.S. 226, 326-335 (1964). 布莱克大法官持反对意见，判决将谢利案理解为仅限于某些情形，在这些情形下，司法制度的介入是为了防止财产所有人行使由第十四修正案保证的权利。

的继承人。受托人得出结论,认为仅允许男性进入学校的政策不具有可持续性,并投票通过将允许女性进入学校列入其以后准入条件中。如果一州法院发布命令,禁止受托人违反信托之条件,这种做法是否满足谢利诉克雷默案所适用的政府行为原则之条件呢?

案例分析

答案是肯定的。诚如谢利案中的法庭命令,这里的命令是对愿意产生法律关系的双方当事人的一种司法干预,而且该命令要求其中一方当事人采取歧视行为,如果该歧视行为有州参与其间的话,则是一种违反了第十四修正案的方式。① 和谢利案一样,这样一个采取歧视性行为的司法命令满足了政府行为原则的条件。

然而,如果在案例 1-C 中,法院适用了州法的中立原则,该原则要求法院强制执行威尔斯通将军遗嘱的返还条款——将该财产返还将军的继承人——的话,那么政府行为原则在这种条件下是否得到满足呢?毫无疑问,法院的命令是政府行为——别忘了法院是州的官方代表。但法院的命令自身是中立的,该命令并无歧视性行为,而且也未要求任何人采取歧视性行为。因此,尽管法院的命令满足了政府行为原则,但并未违反"平等保护条款"。更准确的问题是法院的命令是否将威尔斯通将军的私人歧视企图转变为政府行为,答案是否定的。既然法院本身没有也未要求别人采取歧视行为,那么,在其他的中立原则下,威尔斯通将军遗嘱条件的强制执行将不会把私人行为转变为政府行为。② 这一假设与谢利案背景之间的差异在于,法院是在谢利案中才真正参与了歧视性的行为。

谢利案的原则似乎也适用于第一修正案之言论和出版自由的情形,尽管并不明确。例如,在科恩诉考尔斯·梅达公司案③中,法院在某案中发现

---

① 参见第六章第六节。
② 参见 *Evans v. Abney*, 396 U.S. 435, 445-446 (1970)。
③ *Cohen v. Cowles Meida Co.*, 501 U.S. 663 (1991).

政府行为的条件得以满足,该案中一家报纸因违反其保密承诺被一个私人主体控告,这家报纸则以第一修正案为抗辩理由。在对政府行为的简单讨论中,法院解释道:"该案说明,州法院在以限制第一修正案之自由的方式适用州的法律规则时,就构成了第十四修正案下的'政府行为'"。①诚如在谢利案中,法院限制第一修正案之自由的命令本身就违反了公认的宪法权利。

案例 1-D

《国家刺探者》发表过一篇文章,这篇文章说一个"东北大都市"的警察局长深深卷入了有组织的犯罪行为。这显然指的就是纽约市的坎纳局长,坎纳以诽谤的名义起诉《国家刺探者》。在审判中,坎纳并未提供任何文章失实的证据,不过法院仍然判决坎纳获得50万美元的赔偿,理由是,根据州法,考虑到《国家刺探者》陈述异乎寻常的特性,其陈述的错误性是不言自明的。强制执行这一判决的司法命令能否满足政府行为的条件呢?

案例分析

能够满足。在州法院以宣称限制第一修正案之自由的方式适用州的法律规则时,就构成了第十四修正案下的"政府行为"。根据《纽约时报》诉沙利文案②,在坎纳诉《国家刺探者》案中判令赔偿损失违反了"真正的恶意"标准,该标准是第一修正案对那些涉及公众人物诽谤的案件中要求的。③因此,强制执行该判决将构成政府行为。

(三) 州和私人主体的联合行为

如果一个私人主体和一州从事了一项联合行为,导致他方的宪法权利被剥夺,该私人的行为可被视为政府行为,从而和其他私人行为人的类似行为一样,要受第十四修正案中适用于政府的同等限制和同样的救济。④决

---

① *Cohen v. Cowles Meida Co.*,501 U.S. 663 (1991),at 668.
② *New York Times v. Sullivan*, 376 U.S. 254 (1964).
③ 参见第八章第三节第四目。
④ 参见 *Dennis v. Sparks*, 449 U.S. 24, 27-28 (1980); *Adickes v. Kress & Co.*, 398 U.S. 144, 152 (1970).

定性因素在于私人主体和州之间关系的性质和范围。与其他的私人行为相比，被视为满足政府行为条件的这类联合行为有两种形式，第一种指的是一政府行为人和私人行为人一致或合谋的行为，其目的在于剥夺另一个人的宪法权利，第二种指的是一政府行为人和私人行为人形成了一种互利关系，其中私人行为人采取的行为违反了第十四修正案而该行为得到了州的允诺。在这两种情况下，私人行为都被视为政府行为，我们将分别考察这两种情形。

第一种形式很容易发现和适用。如果一政府行为人和一私人行为人采取一致的行为，该一致行为导致另一个人的宪法权利被剥夺，则私人行为人的行为将和政府行为同等对待。政府行为人的出现引发了政府行为原则，同时行为的"联合"性质使得私人行为人采取的任何相伴随的行为都在该原则的范围内。因此，在阿迪克诉克莱斯及公司案（*Adickes v. Kress & Co.*）中，法院认为，一位克莱斯公司的雇员与一个警察合谋剥夺一位学校教师的第十四修正案权利，这一主张足以构成因其违反上述权利而针对克莱斯——一家私人公司——的诉讼理由。

案例 1-E

哈里森系一报业辛迪加"政治现实"节目的记者，其工作的一个组成部分是在城市警察执行职务的时候拍摄"随行纪实"。在他拍摄的其中一个随行纪实中，哈里森说服了卢卡斯警官闯入了贾柏的棚屋，在两次闯入之后，哈里森拍摄了卢卡斯搜查贾柏的棚屋以寻找对其不利的证据。贾柏因此控告哈里森和卢卡斯警官，声称两次非常搜查其棚屋违反了他的第四和第十四修正案权利。哈里森的行为是否符合政府行为的条件呢？

案例分析

符合。作为某城市的警官，卢卡斯警官是一位政府行为的行为人，他所采取的任何在他职责范围内的行为都具有政府行为的资格。因此，在本案的既定事实中，卢卡斯闯入并搜查贾柏的棚屋的行为就是政府行为。而且，尽管哈里森是一个私人主体，他参与的闯入和搜查也被视为政府行为，因为哈里森与一位政府行为的行为人保持了一致。

案例 1-F

里伍塞博士起诉了弗林特上尉,目的在于禁止后者拿走一些特定的珍贵艺术品,该艺术品是在里伍塞声称具有产权的地产上发现的。然而,弗林特贿赂了主持审判的法官——希尔弗法官,法官因偏见而驳回了该诉讼。案件被驳回后,弗林特携带艺术品潜逃了。里伍塞现在同时对希尔弗和弗林特提起诉讼,主张他们合谋在违反了正当程序的基础上剥夺了他的财产,那么弗林特的行为是否满足政府行为的条件呢?

案例分析

答案是肯定的。希尔弗法官是一个依职权而采取行动的政府行为的行为人。因此其驳回里伍塞之起诉的行为是政府行为,弗林特对希尔弗的贿赂使得弗林特成为该政府行为的共谋人,从而使弗林特受第十四修正案的限制。①

如果某州和某私人主体进入了一种对双方有利的状态,或具有一种"共生关系",在这种关系中,该私人主体采取了可能违反第十四修正案的行为而该行为又被政府接受,在前述情况下,私人行为亦可被视为政府行为。这种形式的经典范例是伯顿诉威尔明顿停车公司案②。法院在该案中发现了一种共生关系,即拥有和运营停车楼的某城市及其租户——坐落在该停车楼中一家饭店——采取种族歧视的行为构成了共生关系。构成政府行为的关键在于以下事实,即"在政府运营该项目的计划中,饭店是构成该计划的一个根本上和财政上不可或缺的,而且确实是必不可少的自运营部分。"③而且,用法院的话来说,

> 毫无疑问的是,饭店与其所在的停车设施之间的特有关系给予彼

---

① 参见 *Dennis v. Sparks*, 449 U.S. 24 (1980),该案的主张是,即使接受了贿赂的法官完全被免除了民事责任,但基于相似事实的私人主体仍受第十四修正案的限制。
② *Burton v. Wilmington Parking Authority*, 365 U.S. 715 (1961).
③ 同上,at 723-724.

此一种附带的对双方有利的联系。饭店的客人得到了方便停车的地方……相应地,方便就餐可能为(政府的)停车设施提出额外的要求。①

简言之,该政府和该酒店之间的彼此依赖和共生利益关系足以使私人拥有和运营的饭店所采取的种族歧视行为等同于政府行为。本质上,该政府被视为该私人歧视行为的"共同参与人"。②

并非所有的政府和私人主体之间的关系都会将私人主体的行为转变为政府行为,关键因素在于政府和私人行为人的相互依赖。例如,在穆斯·洛奇诉艾维斯案③中,原告主张某私人俱乐部的种族歧视行为违反了"平等保护条款",他认为,政府向该私人俱乐部颁发酒类营业执照足以说明政府和该私人俱乐部之间形成的关系保证了该俱乐部的行为可被作为政府行为。法院反对这一观点,为了与伯顿案相区分,作了以下说明:

> 本案没有伯顿案中出租人和租户之间的共生关系,在前述案件中,私人租户因位于州设立的停车管理部门所拥有的建筑物中而获得了利益,而停车管理部门因此而完成其提供停车区域的公共目的,通过的是方便地将该建筑物为公共目的而设的部分出租给像私人饭店这种商业租户。④

尽管在穆斯·洛奇案中,政府和俱乐部从政府的执照发放和规范体系中得到了某些共同利益,但单单这一点不足以构成满足政府行为原则中的必不可少的依赖关系。

审理穆斯·洛奇案的法庭进一步强调,仅有政府的规制或某州发放执照的制度不足以将私人行为变成政府行为。⑤ 只有在州的规范授权某被质疑的特定行为时,其他私人行为才能被视为政府行为。⑥ 因此,在穆斯·洛

---

① *Burton v. Wilmington Parking Authority*, 365 U.S. 715 (1961), at 724.
② 同上, at 725.
③ *Moose Lodge v. Irvis*, 407 U.S. 163 (1972).
④ 同上, at 175.
⑤ 同上, at 175-176.
⑥ 同上, at 178-179. 与 *American Manufacturers Mutual Ins. Co. v. Sullivan* 案相一致, 526 U.S. 40, 52 (1999).

奇案中,法院认为政府行为的表现在于州法要求该俱乐部遵循其细则,即采取种族歧视行为;然而,一旦该州法被禁止,则俱乐部的歧视行为就不再是政府的强制性要求,从而也就不再构成政府行为。

案例 1-G

案例 1-A 中考察了在为满足州的义务教育规定而提供私立学校的选择的情况下,一家私立中学是否发挥了公共职能。在那个例子中,玛丽主张,学校因其佩戴一个臂章而惩罚她这一行为侵犯了她的第一和第十四修正案权利,我们的结论是,构成政府行为的公共职能原则未得满足。然而,在同等情况下,该私立学校和政府之间的关系是否构成伯顿诉威尔明顿公司案之理论中的政府行为呢?换言之,该政府和该私立学校之间关系中,其共生利益的程度是否使得该私立学校可将错误归咎于政府呢?

案例分析

人们当然可以认为政府和私立学校是互利关系。州的义务教育法为私立学校的出现创设了潜在的市场,通过将学生从公立学校中转移出去,私立学校也减少了政府在公立教育中的总体花费。然而,在有利于发现共生关系上,该案要比穆斯·洛奇案中所争议的发放执照制度更明显,在穆斯·洛奇案中政府只是给私人行为人发放了执照并进行规制。另一方面,此案中的关系也不像博滕案中的经济上的互利关系那么具有互相依存性。在伯顿案,私人饭店的运营是作为"政府将其项目作为自运营部分之计划的不可或缺的部分。"[1]如果缺乏这种互相依赖的关系,则法院不可能裁决为政府行为。作为后果,政府和私立学校之间所享有的更加抽象的互利行为不足以将学校的行为认定为政府行为。

而且,由于政府并未要求学校为明确的目的规范佩戴臂章的行为,因此也不能判定为政府行为。

---

[1] 365 U.S. at 723—724.

在政府拨款的私人行为的背景下，伯顿案的潜在路径也在一定程度上受到了限制。纯粹的事实是，政府为私人行为出资或提供津贴并未形成政府和私人行为人之间的共生关系。例如在伦德尔－贝克尔诉科恩案①中，招收心理失调高中生的一所私立学校从州获得其资金的90%，法院就驳回二者存在共生关系的主张。尽管该州和该私立学校之间存在互利关系，但没有证据表明该州从该被诉的确切行为——即学校的人事政策——中获得了任何利益。在与伯顿案相区分时，法院强调了在案中政府"从饭店的歧视行为中获利了"②，在伦德尔－贝克尔案中，尽管州从其与学校的关系中获利了，但并未从该被诉的人事政策中获得特殊利益。

审理伦德尔－贝克尔案的法院对伯顿案的解释似乎有点过于严格了，因为并无证据证明伯顿案中州从饭店的歧视行为获得了任何利益。然而，这种重新解释与现代法院坚持下列主张是一致的，即只有当州在某种程度上应为受质疑的具体行为负责时，才能将私人行为归咎于州。③ 法院之政策的关注点也支持了这一点，如果持相反主张的话，那么将导致大量的私人行为——包括政府的承包商和获得任何形式的政府帮助的所有人——都要受宪法的约束。

案例 1-H

T州的农业部与一家私人机构——布里大学达成了一项协议，根据该协议，T州同意拨付全部资金供该校农业系研究特定食物添加剂对孕妇的影响，研究的目的在于为州农业部提供在该州范围内对农业产业促销有用的信息，研究项目的细节和方法由该校自行决定。参与这些实验的孕妇——尽管是志愿者——并未被告知这些实验对她们自身及实验期间孕育的孩子的健康的潜在危险。几年以后的现在，许多孕妇及她们的孩子都承担着该实验的严重后果。她们主张该校未完全告知潜在风险一事违反了第十四修正案的正当程序条款。该大学的行为是否构成第十四修正案下的政

---

① *Rendell-Baker v. Kohn*, 457 U.S. 830 (1982).
② 同上，at 843.
③ 参见第一章第四节第二目。

府行为？

案例分析

可能构成。和伦德尔－贝克尔诉科恩案的背景不同的是，T州与被诉的特定项目具有直接的利益关系。因此，伦德尔－贝克尔案中的政府与私立学校的人事政策之间没有利害关系，而本案中的T州则与现实中的实验具有很强的利益关系。确实，这些实验是为了T州的利益才进行的，因而这看起来就成为了州与私人主体之间的共生关系的一个典型事例。①

（四）政府对私人行为的认可

第四种情况指的是政府授权或鼓励的私人行为违反了第十四修正案，而该政府又参与了该行为。典型的案例是莱特曼诉马尔基案②，该案的争议焦点在于，加利福尼亚州宪法的一项规定使得在房屋买卖和租赁中私人的种族歧视行为合法化了。该规定不仅废除了当时已存的公平的房屋法，而且认定种族歧视在所有将来"州政府任何层次的立法、行政和司法规范"住房供给中为合法。③ 法院面临的问题在于，根据该规定所采取的一项私人歧视行为是否构成政府行为。最高法院认为该行为构成了政府行为，很大程度上是因为加利福尼亚州最高法院的结论，即争议中的该规定"明显地鼓励和支持该州在私人歧视行为中的作用。"④的确，该规定的发展历程表明，其目的就在于授权和豁免这类歧视行为。

在莱特曼案中构建政府行为的关键因素在于裁定了争议中的规定肯定地授权和鼓励了种族歧视行为。⑤ 如果该立法仅仅只是撤销了现存的民权立法从而使得该州在住房供给中的种族歧视问题上保持中立的话，那么政府行为的判断就不能成立。⑥ 然而，对其他的私人种族歧视行为的正面认

---

① 参见 *Craft v. Vanderbilt Univ.*, 18 F. Supp. 2d 786 (M.D. Tenn. 1998)，该案基于类似的事实得出了结论。
② *Reitman v. Mulkey*, 387 U.S. 369 (1967).
③ 同上，at 377.
④ 同上，at 381.
⑤ 同上。
⑥ 同上，at 376.

可足以说明州在歧视行为上已经满足了政府行为的条件。

案例 1-I

Q 州的一项立法要求州内的有线电视运营商禁止在商业有线频道——即签有商业合同的频道（如 HBO 电影频道）——播放"下流的"节目。CTO 在 Q 州内拥有一项符合上述规定的有线电视特许权，CTO 试图在其获得播放的频道中规制"下流"内容，几家受其行为影响的商业节目供应商因而对 CTO 提起诉讼，主张他们的第一和第十四修正案权利受到了侵犯。CTO 的行为是否构成了政府行为呢？

案例分析

CTO 的行为构成政府行为。本案中的 Q 州不仅鼓励而且要求了特定的受诉行为。换言之，该州不仅未采取中立立场，而且还肯定地命令有线电视运营商禁止播放下流节目。因此，如果该禁令违反了第一修正案，则履行该禁令的私人行为就可归因于州。

"州之认可"亦可在其他种类的政府行为判断上发挥作用。例如，谢利诉克雷默和伯顿诉威尔明顿停车公司两案都有的一个潜在的关注点，即州对私人的歧视行为的认可可能带来的认识。在谢利案中，某一州法院对一项限制种族的合同的强制执行可能被视为对这类合同的司法认可。[1]与此类似的是，伯顿案中停车楼的公共属性似乎借助了在租户饭店的歧视性政策上州的权威。

二、两段式路径

在卢格诉埃德蒙森油品公司案[2]中，法院试图从其基本要素中提炼出政府行为原则：

我们的诸多案件已坚持认为由剥夺一项联邦权利引起的行为应归

---

[1] 334 U.S. at 20.
[2] *Lugar v. Edmondson Oil Co.*, 457 U.S. 922 (1982).

因于政府。这些案件反映了对这一问题的"公平属性"的两段式路径。首先,剥夺行为必须由州所创立的一些权利和特权的行使导致,或由州授权的行为规则导致,或由某个州为其行为负责的个人导致……其次,应对剥夺行为负责的主体必须是一个完全被视为政府行为之行为人的个人。这可能是因为他是州政府官员,因为他与州政府官员共同行为或获得其重大帮助,或因为其行为可归因于政府。[1]

路加案的两段式路径并未创设一种考察政府行为的新方法。相反,这种两段式路径的目的在于强调那些被人们认为至关重要的因素,在这些因素中最重要的就是一种事实约束和环境驱使下的追问,即任何特定行为在何种程度上可以被视为第十四修正案下的政府行为。这一两段式路径的第二部分涉及我们前面考察过的四种分类,而卢格案之方式的第一部分则在四种分类赖以成立的情形中隐含着。因此四种分类描述了政府行为的条件得以满足的特定背景。例如,人们可以通过卢格案来分析谢利诉克雷默案,谢利案中所主张的权利被剥夺是由州法创立的权利引起的——即创设限制种族的合同之权利——且被控采取剥夺行为的当事人是政府行为的行为人,因为他从一位州政府官员——即那位发布禁令的法官获得了重要帮助。简言之,路加案中的两段式综合了早期的一些案例并将我们的注意力放在了追问每个政府行为时所需注意的特定问题上:州是否足以涉及受诉行为以致该行为具有政府行为的特征?

两段式路径的这两部分都具有足够的延展性,从而在适用主观判断时给予较大的自由度。结果就是,人们能够在一定程度上预判根据卢格案得出的结果,取决于事实的比较、相关政策的关注点和司法见解。当然,对这些分类更加详细的划分途径来说,这也是正确的。我们不应用这种两段式的分类途径完全取代前述分类途径。不同的分类说明了两段式途径的因素,特别是第二段中的因素,而且包括最高法院在内的各法院,继续在事实

---

[1] *Lugar v. Edmondson Oil Co.*, 457 U.S. 922 (1982), at 937.

有必要时使分类相融合。①

案例 1-J

罗拨向埃德蒙森借款,埃德蒙森为了借款担保而请求对罗拨的某些财产进行诉前扣押,他主张罗拨对该财产的处置导致其债权的丧失。根据一项州立法的规定,埃德蒙森仅提供一份片面的请愿书以申明前述事实就可以获得扣押。根据埃德蒙森的请愿书,州法院的书记员签署了扣押令并由县司法官执行了该扣押令。罗拨随后向联邦法院提起诉讼,主张埃德蒙森和州联合起来剥夺了其财产,且未遵守法律的正当程序。其诉求的前提基于两个不同的理论:其一,他挑战了州的诉前扣押制度本身,其二,他主张埃德蒙森滥用了司法程序。政府行为的条件是否得以满足?

案例分析

根据卢格案的路径,我们首先应决定受诉的剥夺行为是否"由州创设的某些权利和特权的行使导致,或由州授权的一个行为规则导致,或由一个州应对其行为负责的个人导致。"②罗拨的第一个诉讼请求针对的是州立法创设的扣押权,因而在这一点上,该案的第一个要素得以满足。然而,就第二个诉求而言,该要素未获满足,主张埃德蒙森滥用州的扣押程序而该滥用并不是由州创设的,也不是由州授权的和州应对其行为负责的个人导致的。相反,滥用州创设的扣押制度是埃德蒙森本人独立行动的结果。由于卢格案的两段式路径是相联系的,我们可以因此得出结论,罗拨第二个诉求不构成政府行为。

其次,就第一个诉求而言,我们必须判断埃德蒙森是否"可被公平地视为政府行为的行为人,可因为他是州政府官员或其行为可归因于州。"③尽管埃德蒙森并非州政府官员,但他的确和州政府官员共同行为并得到其至关重要的帮助,此处的官员是指法院书记员和县司法官。应该注意到,这一

---

① 参见 *American Manufacturers Mutual Ins. Co. v. Sullivan*, 526 U.S. 40 (1999),本案将分类法与两段式路径结合起来。
② *Lugar*, 457 U.S. at 937.
③ 同上。

结论直接源自分类方法中"共同行为"的分类,因而满足了第二个要素。结果就是,在其第一个诉求——对州的诉前扣押制度的质疑方面,罗拔证实了政府行为的存在。①

案例 1-K

布鲁克斯的货物存放在弗拉格的仓库里,布鲁克斯拒绝支付存放费用后,弗拉格通知她其财产将被出卖,因为州法允许私人出卖这种情况下存放的货物。布鲁克斯向联邦法院提起诉讼,主张该出卖威胁将侵犯第十四修正案下的"正当程序"和"平等保护条款"。弗拉格出卖布鲁克斯的财产会不会构成政府行为呢?

案例分析

首先,认为权利被剥夺的这一主张是不是由州创设的某些权利和特权的行使或由州授权的行为规则或州应对其行为负责的个人之行为造成的呢?的确,弗拉格出卖布鲁克斯财产之权利是州创设的,因此,该要素已经得到了满足。

其次,弗拉格是不是一个政府行为的行为人呢?也就是说,他是不是一位州政府官员,是否与州官员共同行为或获得了州官员至关重要的协助,或其行为是不是可归因于州呢?当然不是,弗拉格并不是州官员,而且出卖本身也无须州官员在场和参与——相比之下,案例 1-J 中扣押令的颁布则需要州官员的参与。因此本案无共同行为,而且弗拉格所行使的由州创立的权利并不足以主张州应对该行为负责。② 因此,第二个要素未获满足,弗拉格拟议中的出卖并不构成政府行为。③

当然,人们也可以提出异议,认为弗拉格所行使的权力是由州授权给他的,因此理论上说,州应该承担该权力行使后的责任,因为这种做法在政府的传统职能中引入私人行为,特别是弗拉格行使的该职能具有公共性质时

---

① 参见 Lugar, 457 U.S. at 939-942, 根据类似事实得出了类似结论。
② Reitman v. Mulkey, 说明了在住房安置中采取歧视行为的宪法权利牵涉了私人行为中的州。
③ Flagg Bros. v. Brooks, 436 U.S. 149 (1978), 该案基于相似事实得出同样的结论。

更是如此,因而可以归因于州。① 不过,审理该案的法庭否决了这一主张,由此说明对政府行为应采取一种更为严格的方式。

案例 1-L

全国大学运动协会②是一家拥有近 960 名公立和私立大学会员的志愿协会,其作用在于在会员大学之招募、加入、学术资格以及对学生运动员的财政支持标准等方面制定管理规则。该协会的规则委员会获得了展开犯规调查、作出裁决和施以惩罚的明示授权,各会员大学在契约的基础上同意遵守委员会的裁决并服从任何制裁。委员会对卡西诺大学的男子乒乓球项目进行了调查,该校为一所州立大学,同时也是全国大学运动协会的会员。委员会发现杰瑞·沙卡尼安——卡西诺大学的乒乓球主教练——违反了一系列的招募规则。结果是协会对卡西诺大学施以制裁并签发了一项命令,以说明除非卡西诺大学解除沙卡尼安的主教练职务否则将签发进一步的制裁。该校决定解除沙卡尼安的职务以避免受到协会的进一步制裁。沙卡尼安因而起诉卡西诺大学和协会,主张该委员会的听证程序违反了第十四修正案的"正当程序条款"。全国大学运动协会的行为是否构成政府行为?

案例分析

首先,我们应该考察被诉的剥夺行为是否由州创设的权利和特权的行使导致,或由州授权的行为规则导致或由州应对其行为负责的个人之行为导致。尽管沙卡尼安质疑的程序并不是由州而是由协会创设的,但是行使调查之特权却是由州(即卡西诺大学,一所州立大学)授权给协会的。因此,通过举行听证和对卡西诺大学施以制裁,协会行使的就是一项如无州之认可就无法行使的特权,而且,卡西诺大学对大学人事事务进行授权使得协会成为一个"州应对其行为负责的个人"。

假设我们的第一个结论是正确的,接下来我们必须考察协会是否政府行为之行为人。协会的确和州官员有共同行为。协会进行了一项调查并施

---

① *Flagg Bros. v. Brooks*,436 U.S. at 168-179,斯蒂文斯大法官(Stevens, J.)所持的反对意见。

② The National Collegiate Athletic Association,下简称"协会"。——译者

以制裁,而受与全国大学运动协会的合同约束的该大学拥护委员会的裁决并解除了沙卡尼安的职务而非冒险等待进一步的制裁。因此,卡西诺大学和协会在剥夺沙卡尼安的工作上采取了共同行动,这与一个贿赂了州法官的私人当事人使之作出不利于对方的裁决并由此剥夺对方的财产一样。①

因此,看起来协会的行为构成了政府行为。不过,法院基于前述事实作出了相反的裁决,即不构成政府行为。② 五人组成的多数意见认为,州立大学并未将其权力委托给全国大学运动协会,因为大学仍可在任何时候脱离该协会,而且法院还说,被解雇的教练——杰瑞·塔卡尼安——是被大学而非全国大学运动协会解雇的。由于最终的行为是由州作出的,那么全国大学运动协会最初的行为就不能解释为政府行为,特别是在州仅脱离该协会就可对协会的命令不予理睬的情况下。因此,多数意见认为,该州立大学和该协会之间不存在共同行为。③ 在卢格案的两段式路径下,被诉的剥夺其正当程序的行为仅为私人行为——协会的听证程序——的结果,且不是一项由州创设的权利或特权行使的结果。全国大学运动协会也不是政府行为的行为人,它并未与州采取共同行为,该州立大学可以在任何时候脱离该协会。

四人组成的反对意见对多数意见提出了质疑并提出,本案的事实模式说明了一个州和一个私人行为人共同行为的寻常范例。④ 的确,一种强有力的观点是,该州立大学和该协会之间形成了互利和相互依赖的关系。不过当然,多数派否决了这一观点。

案例 1-L 包含了一个重要经验。基于前述事实,人们可以主张支持和反对政府行为的裁决,无论路加案的两段式路径还是四种分类法都无法对

---

① 参见 Dennis v. Sparks, 449 U.S. 24 (1980),已在第一章第四节第一目"州和私人主体的共同行为"讨论过。
② National Collegiate Athletic Assn. v. Tarkanian, 488 U.S. 179 (1988).
③ 同上,at 191-199.
④ 同上,at 199-203. 见怀特大法官(White. J.)的反对意见。

这个问题作出准确的回答,同时也不能完全依靠先例。这些方法最多只是有助于我们的讨论从而强调相反的观点在重要原则上的差异。但是这些原则上的差异可能会掩盖处于政府行为判决核心的政策判断。塔卡尼安案就是这一现象的典型例子。如果法院裁决政府行为成立,那么全国大学运动协会的一系列行为将受合宪性审查,从而会产生新的、范围和结果都不明确的宪法诉讼。塔卡尼安案通过相当单薄的原则推理排除了前述宪法诉讼的可能性,让人们去考虑限制司法审查的范围这一愿望是否在法院的判决中占有一席之地。

法院对塔卡尼安案的判决可与其后对布伦特伍德协会诉田纳西中学运动协会案①相比较。后案的争议焦点在于一个私人组织的行为是否应视为政府行为,该私人组织——田纳西中学运动协会(Tennessee Secondary School Athletic Association)(TSSAA)因监督田纳西州内的包括公立和私立学校在内的校际体育比赛而受到指控。机械地适用塔卡尼安案的话可能会得到一个负面的结果,因为就会员学校运动比赛的管理而言,田纳西中学运动协会跟全国大学运动协会处于类似的境地。不过,法院的结论则是因两个案件的事实不同而拒绝采用塔卡尼安案的"严格标准"。②一开始田纳西中学运动协会是在一州之内运行的,因此该协会与州的关系比全国大学运动协会与任何一个州之间的关系界定起来更清晰。而且,田纳西州的公立学校不仅受该协会成员资格的影响(84%),而且也允许其雇员(负责人、校长、副校长和教师)在工作时间为该组织的运行提供支持,为该协会提供大量的资金支持并将所有校际比赛的准入管理权都转让给该协会,并且逐渐授权给该协会以"规制公立中学不可或缺的部分"之权力。③法院还认为,州教育委员会的成员依职权而获得了在田纳西中学运动协会的职位。基于所有这些事实,法院解释道:

---

① *Brentwood Academy v. Tennessee Secondary School Athletic Assoc.*, 531 U.S. 288 (2001).
② 同上,at 297.
③ 同上,at 299.

因此,与州教育委员会交织在一起是显而易见的,同样与公立学校会员相交织也是无法回避的。这种彼此交织的关系支持的是以下结论,即一个表面上具私人性的组织应具有公共的性质并受宪法标准的衡量。这里所显现的交织程度说明其需要受到宪法规制。①

法院的裁决结果是,此案不存在可能导致其他结果的政策考量。特别之处在于,法院拒绝认可田纳西中学运动协会提出的观点,认为其没有事实根据——该协会认为若裁决其行为构成政府行为可能会导致基于第1983条提起的针对类似组织的爆发性诉讼,②因为那些联邦巡回法院尚未将这类校际监管组织视为政府行为的行为人。③

值得注意的是,法院对布伦特伍德协会案的判决体现了政府行为分类中"共同行为"的一个范例,这种行为在一定程度上介于合谋和相互依存关系之间,因为法院并未考虑是否存在合谋关系或互利关系。仅仅是双方关系的交织程度就已经满足了政府行为的条件。从这个意义上说,法院适用的"交织关系"原则反映了潜在原则之适应性和政府行为问题的重要特性,即,在既存的事实和背景下,表面上的私人行为是否应受宪法规制。

案例 1-M

　　一个白人刑事被告因袭击一非洲裔美国人而在州法院受审,他试图行使其无因回避④权将非洲裔美国人排除在其陪审团之外。起诉方反对被告歧视性地运用无因回避的做法,理由是该做法违反了可能的陪审员的平等保护权。一刑事被告不陈述理由而要求陪审员回避的做法是否构成政府行为?

案例分析

　　首先,无因回避的存在和范围都是由州法创设的。因此,基于已有事

---

①　*Brentwood Academy v. Tennessee Secondary School Athletic Assoc.*, 531 U.S. 288 (2001), at 302.

②　该条全称为 42. U.S.C. § 1983,从《美国法典》的编排体例来说,译为"《美国法典》第42卷第1983条"。——译者

③　同上, at 304.

④　Peremptory challenge,指民事诉讼或刑事诉讼中的当事人可不说明理由,拒绝或阻止某人充任本案陪审员,法院即应更换陪审员并召集另一陪审员。——译者

实,主张平等保护权受到剥夺是一项基于州的权力之权利或特权的后果,因此卢格案之两段式路径的第一部分已得到满足。

至于该两段式路径的第二部分,被告之行使无因回避与州之间构成共同行为,因为如无州法官的协助则该权利无法行使。的确,整个陪审团选任制度取决于州官员的参与和州法的效力。结果就是,基于种族歧视、行使无因陪审员回避权的刑事被告将被视为政府行为之行为人,政府行为的条件也由此得以满足。①

案例 1-M 就是基于佐治亚州诉麦科勒姆案列出的。该案也表现了政策在政府行为裁决中所起的作用。在对路加案分析的那一部分,法院强调了允许刑事被告人行使无因回避之权利的负面后果。"不论谁来促成陪审员的免职,刑事审判的观念和现实将是,法院基于种族允许陪审员离开,这是一种应归属于州之权力。"②这也是在审理谢利诉克雷默案时驱使法院作出裁决的政策考量,在审理那个案件时,法院认定强制执行了一项种族歧视性合同的州法院违反了"平等保护条款"。在那一点上,"观念和现实"应该是法院在面对采取种族歧视行为的私人主体时的观念和现实。在伯顿诉威尔明顿停车公司案中,相似的观念可能也发挥了作用,该案中采取种族歧视行为的饭店坐落于冠以城市名称和悬挂州旗的一栋建筑物内。

(一)一个异常的政府行为之行为人

就目前所见而言,政府行为的问题主要集中在何种情形下私人主体的行为可能会成为政府行为。当被告是一位州官员或州雇员,困难就不再存在了,怀特(White)大法官就在卢格案中指出,两段式的追问就合为一个原则。③ 一位正在行使其职权的州官员,就是一个政府行为的行为人,其行为

---

① 参见 *Georgia v. McCollum*, 505 U.S. 42, 50-53 (1992),该案基于类似事实得出同样的结论。亦可参见 *Edmonson v. Leesville Concrete Co.*, 500 U.S. 614 (1991),该案主张行使无因回避之私人诉讼主体为政府行为之行为人。

② 505 U.S. at 53.

③ 457 U.S. at 937.

源自州法创设的权利或特权。因此,在这种背景下,政府行为的条件易于满足,不过该原则仍具有限的例外。

在波克郡诉多德森案①中,法院认为,一位公设辩护人(public defender)在正常程序中代理一位刑事被告的行为并不构成政府行为。尽管该公设辩护人系公职人员,但法院的解释是,作为律师的公设辩护人在代理其当事人时具有专业上的独立性且实际上处于州的对立方。实质上,公设辩护人的行为是一项不能归因于州的私人事务。② 因此,律师及其当事人之间关系的特殊性取代了政府行为的一般原理,即州官员或雇员的行为构成政府行为。

法院并未把波克郡案适用于此后的特定情形。③ 在韦斯特诉阿特金斯案④中,法院认为尽管医生具有专业地位,但与某州签有合同的一位医生的行为构成政府行为,法院区分了波克郡案中作为州之对立方的刑事案件辩护人独一无二的道德义务。⑤ 因此,一般来说,根据卢格案,与州签有合同或受合同约束的专业人士的行为可以归因于州。⑥

第五节 实施内战修正案的国会立法

第十三、十四和十五修正案都包括一个条款,授国会以实施所涉及的修正案之权力。本国的大部分民权立法都是以这些实施条款为前提的。因此,这些条款的范围具有非常重要的意义。不过,我们也应该注意到民权立法也可能以其他授予权力的规定为前提,包括宪法第一条

---

① *Polk County v. Dodson*, 454 U.S. 312 (1981).
② 同上,at 319-324.
③ 参见 *Tower v. Glover*, 467 U.S. 914, 920 (1984),该案认定公设辩护人和其他州官员为了保证刑事被告被定罪而采取的合谋行为构成政府行为。
④ *West v. Atkins*, 487 U.S. 42 (1988).
⑤ 同上,at 50-52.
⑥ 同上,at 52.

第八款。① 然而,在接下来的这个部分,我们主要讨论内战修正案②创设的实施权。当然,读者也可以根据自己对国会权力的全面理解参照前述资料。

一、第十三修正案的实施

美国宪法的第十三修正案明确废除了美国范围内的奴隶制:

> 在合众国境内或属合众国管辖的任何地方,不准有奴隶制或强制劳役的存在,但惟用于业经定罪的罪犯之惩罚者不在此限。③

这里所说的废除是自动生效的,且不同于第十四修正案的是,其效力及于政府和私人行为。④ 因此,随着第十三修正案的通过,所有形式的奴隶制和强制劳役——无论是公共的还是私人的——在全美国范围内都受到禁止。

不过,尽管废除奴隶制本身是自动生效的,第十三修正案的起草者也承认,该立法也要求授予自由实施的权力。因此,第十三修正案的第二款规定,"国会有权以适当立法实施本规定。"这一授权"为国会通过任何必要和适当的立法以废除美国所有奴隶制的标志和事件提供了依据。"⑤考虑到第十三修正案的范围,这一权力可用于处理公共和私人行为。

在民权案例⑥中,法院列出了一部分可以被视为奴隶制的标志和事件的行为:

---

① *Heart of Atlanta Motel*, *Inc. v. United States*, 379 U.S. 241 (1964),肯定了运用商业条款使 1964 年《民权法》生效的做法;*Katzenbach v. McClung*, 379 U.S. 294 (1964),同上;克里斯托弗·N.梅,阿兰·艾德斯(Christopher N. May & Allan Ides)著:《宪法:国家权力与联邦主义》,第五章(*Constitutional Law: National Power and Federalism*)。

② Civil War Amendments,指美国南北战争后通过的三条宪法修正案,即第十三、十四、十五修正案。——译者

③ 美国宪法修正案第十三条第一款。

④ *Civil Rights Cases*, 109 U.S. 3, 20-23 (1883).

⑤ 同上,at 20,着重为原文所有。

⑥ *Civil Rights Case*,民权案例是美国联邦最高法院于 1883 年审理的 5 个系列案件的总称,这些案件都涉及非洲裔美国人的权利,法院在这 5 个案件中认定国会未对私人个人和组织的种族歧视行为做出规范。——译者

为主人的利益而强制奴隶提供服务,除主人同意外限制其活动,在以下方面无行为能力:拥有财产、签订合同、具有起诉资格、作为控告白人的证人以及类似的义务和无能力,这些都是该制度不可分割的事件。①

根据该修正案第二款,国会有权通过任何旨在根除所有这类做法的立法。

解释和适用第十三修正案最重要的现代案例是琼斯诉阿尔弗雷德·H.迈耶公司案,②该案的争议在于一家私人公司拒绝向一对非洲裔美国夫妇出卖房子,这对夫妇根据《美国法典》第42卷第1982条提起诉讼,该法是根据第十三修正案制定的。1982条规定:

所有美国公民在任一州和任何地方都具有同等的权利,白人公民能享有的权利其他公民同样可以享有,包括继承、购买、租赁、出卖、拥有以及转让动产和不动产的权利。

地方法院驳回了诉讼并认为1982条仅适用于政府行为。对最高法院来说,主要存在两个问题:其一,该法是否适用于私人行为? 其二,如果适用,该法是否为国会实施第十三修正案之权力的有效行使?

最高法院首先指出,该法的原文禁止所有的出售和租赁地产的种族歧视,包括公共的和私人的。③ 其次,法院解释了第十三修正案第二款中授予国会的权力,该权力包括制定直接规制私人主体行为之法律的权力。④ 之所以如此是因为第十三修正案本身指向的是所有形式——包括公共的和私人的奴隶制,⑤因此,仅有的问题就在于国会是否有权决定财产取得的种族障碍为奴隶制的标志和事件。在回答这一问题时,法院采取了一种顺从理性基础上的准则:

---

① *Civil Rights Cases*, 109 U.S. 3, 20-23 (1883), at 22.
② *Jones v. Alfred H. Mayer Co.*, 392 U.S. 409 (1968).
③ 392 U.S. at 422-436.
④ 同上,at 438.
⑤ 同上。

国会当然有权根据第十三修正案合理地决定什么是奴隶制的标志和事件,国会也有权将该决定转化为有效的立法。我们也不能认为国会已经做出的这个决定是不合理的。本院长久以来就认为,无论奴隶制的标志和事件——其"义务和无能力"——可能涉及什么,都包括对以下方面的限制:"那些对公民自由来说至关重要的基本权利,即继承、购买、租赁、出卖、拥有以及转让动产和不动产的、与白人同等享有的权利。"①

法院在后面的判决意见中还指出,"如果国会不能说一个自由人就意味着(以上)这些,那么第十三修正案不过是做出了一个民族都无法兑现的承诺。"②

因此,根据琼斯案,国会实施第十三修正案之权力范围取决于国会对下列事项之合理性的决定,即国会所规制和禁止之行为是奴隶制的标志或事件。这是一个顺从的标准,意在认可第十三修正案第二款授予国会的具有广泛自由度的权力。

案例 1-N

《美国法典》第 42 卷第 1982 条规定,"所有归于美国管辖的人应在每一州都享有……签订和履行契约的权利……如同白人公民享有的一样……"通过司法解释,1981 条被适用于私人行为。根据 1981 条之规定,一个非洲裔美国孩子的父母因孩子的种族被一所私立学校拒绝接收而起诉了学校。他们主张,该校因其肤色拒绝与其产生合同关系。法庭首先认定 1981 条适用于该事实,因为拒绝孩子入学就是拒绝产生合同关系,由于拒绝是种族问题引起的,因而适用 1981 条之规定。根据该解释,1981 条是否代表了国会根据第十三修正案行使其宪法权力?

案例分析

答案是肯定的。和购买财产的权利一样,签订合同的权利是一项基本

---

① *Jones v. Alfred H. Mayer Co.*, 392 U.S. 409 (1968), at 440-441.(引自 *Civil Rights Cases*, 109 U.S. at 22)

② 392 U.S. at 443.

的民事权利,奴隶是无法行使该权利的。后果就是,否定这两种权利在民权案例中都被视为奴隶制的标志和事件。[1] 因此,国会可以合理地决定,为签订合同设置种族障碍就是奴隶制的标志和事件。情况既然这样,1981条正好处于第十三修正案第二款授予国会的实施权范围内。[2] 1981条对私人行为进行规范的事实不能改变这一结论,因为第十三修正案既限制私人行为,也限制公共行为。

案例 1-O

约翰和茱莉亚都是非洲裔美国大学生,他们暑假在密西西比州的一个很大的农业县为一个选举登记项目从事志愿工作。有一天晚上他们驾车通过一条乡间公路,三个本地白人用枪指着他们逼停了汽车,其中两个人用枪指着他们,第三个人狠狠地打了约翰和茱莉亚并威胁他们如不离开这一社区就杀了他们。约翰和茱莉亚随后根据《美国法典》第42卷第1985条第三款[3]对这三个袭击者提起了诉讼,该法律条款规定了针对共谋剥夺"任何人或任何阶层之平等法律保护或根据法律的平等特权或豁免权"行为的诉讼理由。根据正确的假设则1985条第三款可适用于给定的事实。该法律规定是否属于第十三修正案第二款国会之权力范围?

案例分析

答案是肯定的。约翰和茱莉亚所从事的事情是行使其基本民权,即使用公共高速公路和大道的权利。这是一项法律为所有自由的社会成员提供了保障的权利。因此,一项否认非洲裔美国人可享有该权利的私人共谋行为可被合理地视为奴隶制的标志和事件。

前述案例基本上来自格里芬诉布雷肯里奇案[4]的事实,法院对该案这

---

[1] 109 U.S. at 22.
[2] 参见 *Runyon v. McCrary*, 427 U.S. 160, 179 (1976). 对类似事实作出同样判决。
[3] 42 U.S.C. § 1985 (3).
[4] *Griffin v. Breckenridge*, 403 U.S. 88 (1971).

样说道：

　　（国会）可在刑事上加以惩处和在民事上给予救济的各式各样的私人行为远远超出了奴隶制和强制劳役的实际状况。根据第十三修正案，我们承诺我们已经成为一个民族，这个民族相信原先的奴隶和他们的后裔永远自由了……我们只能得出结论，该黑人公民成为共谋和种族歧视的私人行为的牺牲品，该私人行为意在剥夺黑人公民的基本权利，而该基本权利是法律为所有自由人提供了保障的基本权利，国会完全有权在第十三修正案第二款的权限范围内以制定法为权利受到侵犯的黑人公民规定诉讼理由。①

然而，奴隶制的标志和事件的概念并非完全具有弹性。例如，在孟菲斯诉格林案②中，法院就认为，关闭一条街正好在白人和黑人社区之间设立了一道屏障，这种做法不是奴隶制的标志和事件。不过，如果有其他证据证明这条街的关闭就是蓄意隔离这两个社区的话，则法院的结论肯定会大不相同。

法院随后主张实施第十三修正案的权力可以在超过种族歧视的范围内行使。③ 不过，法院也将实施第十三修正案的制定法解释为除非洲裔美国人外对其他人的歧视。④

二、第十四修正案的实施

第十四修正案的第五款规定，"国会有权通过合适的立法实施本条之规定"。国会有权根据该授权，采取其认为必要和恰当的措施履行或实施该修正案第一款之规定——特别是特权和豁免权、正当程序和平等保护条款。

---

① *Griffin v. Breckenridge*, 403 U.S. 88 (1971), at 105.
② *Memphis v. Greene*, 451 U.S. 100, 124-129 (1981).
③ *Bray v. Alexandria Women's Health Clinic*, 506 U.S. 263, 269 (1993). 拒绝裁决对妇女的敌意是否在 1985 条第 3 款规定的范围内。
④ 参见 *Shaare Tefila Congregation v. Cobb*, 481 U.S. 615 (1987), 本案中犹太人后裔根据 1981 条说明了其诉讼理由。*Saint Francis College v. Al-Khazraji*, 481 U.S. 604 (1987), 本案中阿拉伯人后裔根据 1982 条说明了其诉讼理由。*McDonald v. Santa Fe Trail Transp. Co.*, 427 U. S. 273, 285-296 (1976), 本案中白人根据 1981 条说明了其诉讼理由。

鉴于屠宰场案①对第十四修正案的特权和豁免权的解释相当有限,因此实施第十四修正案之权力——如非排他性的——已经成为保障正当程序和平等保护实施的权力。

作为一项一般性的事务,实施第十四修正案之权力的范围,与宪法第一条第八款之"必要和恰当条款"(Necessary and Proper Clause)授予国会之权力范围同样宽泛。② 因此,法院对麦卡洛克诉马里兰州案③的判决说明了以下指导性原则:

> 该结果具有正当性,也处于宪法的范围之内,而且所有恰当的、能清楚地用于该目的的、未受禁止但与宪法文本和精神相符的手段都是合宪的。④

然而,麦卡洛克案的标准授予国会的权力并不是一种不受审查地解释第十四修正案的权力。相反,至少在法院看来,第五款授予国会的只是一种自由裁量权——无论该权力多么宽泛,这种自由裁量权在于选择"各种手段",通过这些手段去实施潜在的宪法保障,而该宪法保障的界定在很大程度上仍在司法特权的范围之内。换言之,第五款之实施权并未授权国会界定第十四修正案权利之范围,相反,它授予国会的只是制定防止权利受到侵犯和提供救济之立法的权力,而该权力最终是由司法审查之程序来界定的。当然,在实施宪法权利时,国会必须采取一种解释的过程,但无论国会采取何种解释,该解释都受司法审查之限制。其后果就是,在我们判断任何行使实施权的特定行为是否合宪之前,我们必须首先界定被实施的权利之范围。

围绕着第五款之实施权适用的问题可被视为以下三种救济手段的问题:

1. 要求原告证明存在违反司法上被视为第十四修正案权利的情形;

---

① *Slaughter-House Cases*,系美国联邦最高法院于1873年判决的三个案件的总称,也是法院最早对第十四修正案作出司法解释的案件,在早期的民权案件中占有重要地位。——译者
② *Katzenbach v. Morgan*,384 U.S. 641, 650 (1966).
③ *McCulloch v. Maryland*, 17 U.S. (4 Wheat.) 316 (1819).
④ 同上,at 421. 参见 *Katzenbach v. Morgan*, 384 U.S. at 650-658,适用了 *McCulloch* 案在实施第十四修正案之权力上的标准。

2. 不要求原告证明存在违反司法上被视为第十四修正案权利的情形，但要求原告证明存在违反了司法上认可的、其立意在于救济或防止权利受到侵犯之权利的情形；且

3. 旨在创设不被司法体系认可的第十四修正案的权利之行为。

我们将第一种分类称为并行实施（parallel enforcement），第二种称为非并行实施（nonparallel enforcement），第三种称为国会之解释。

（一）并行实施

当国会创设了包含司法上认可的第十四修正案权利之所有要素的救济方式，就形成了并行实施。特别重要的是这里的标准在于合理性。国会能否合理地认为所采纳的实施机制——例如一项针对金钱损失的私人诉讼，其目的在于为宪法权利的侵犯提供救济——就是一种"恰当地"为该受侵犯的权利提供的救济和保护的手段呢？与麦卡洛克诉马里兰州案的法理相一致的是，法院很不可能在这一结果上对国会的判断放马后炮。这种"并列的"私人权利诉讼的创设代表了一种标准和实施第十四修正案权力的宪法实践。

考虑一下针对种族歧视的平等保护规定。我们将在第六章更加详细地考察以下问题，即在"平等保护条款"之下，某一州——包括其下属部门和官员——不会故意采取基于种族的歧视行为，除非在最为狭义的情形下。为了确立该平等保护原则被违反，这种歧视行为的受害人必须证明政府行为、表面上蓄意的种族区分之要素和不成比例的种族影响等之存在。为了实施这项权利，国会可为金钱损失创立一种私人的民事救济且（或）平等的救济。只要制定法体系要求原告证明一项平等保护之所有要素的存在——即政府行为、蓄意的种族区分和不成比例的影响——国会所创设的救济方式将非常容易地集合成一种行使第十四修正案实施权的行为。这种并行手段代表了一种实施潜在的和司法上受认可的宪法权利的合理方法。

案例 1-P

尤金是一个日本裔美国人，原受雇于州立大学，声称他因其亚洲血统而被解雇。他对其上司史密斯提起诉讼，要求复职并支付欠薪，理由是史密斯

的行为否认了他的"法律的平等保护"权。在诉讼中,尤金依据的是一部联邦法,即制定于1871年的《美国法典》第42卷第1983条,该法为对抗"任何人"的以下行为规定了法定的或平等的救济并提供了诉讼理由,即在州法的"幌子下"采取了违反他人的联邦宪法权利或制定法权利的行为。根据该法,那些可能作为被诉者的"任何人"包括城市、县和其他州的下级政治分支,以及州和地方政府官员个人。然而,根据1983条,诉讼不能针对某一州本身和某一州级别的机构。本案中所适用的该制定法是否代表了国会依照宪法规定行使了第十四修正案实施权力?

案例分析

答案是肯定的。如果我们假定尤金的控告中声称的"法律的平等保护"意味着司法分支界定的平等保护的话,那么尤金需要提供具有说服力的、表面上违反了平等保护的证据。而且,诚如前文所言,所谓"州法的幌子"的条件是实质上等于政府行为。因此,联邦制定法在适用于该案时代表了一种适用第十四修正案实施权的寻常情形,通过适用该权力,国会已经为违反司法上认可的第十四修正案权利提供了一种救济,要想表明这种救济机制不合理是无济于事的。

法院从未判定并行实施机制超出了国会之第五款实施权。法院也作了如下解释,即国会在规定联邦宪法权利的并行实施时,可以创设诉讼理由,使原告可以选择在州法院起诉还是联邦法院起诉,各州不得拒绝接受这类诉讼——仅因这类诉讼针对了州官员,州机关会因此而对这类诉讼抱有敌意,或因他们认为其法院已经人满为患。① 因此,在案例1-P中,尤金具有根据1983条向州法院或联邦法院起诉的选择权,这取决于他认为何者最为方便和有利。

---

① 参见 *Haywood v. Drown*,129 S. Ct. 2108 (2009). 判定一项纽约州制定法无效,该法禁止原告根据1983条在州法院提起针对州内待改进的官员的诉讼。

(二) 非并行实施

国会为一项司法上认可的宪法权利之实施创设了一种救济方式,但允许在不要求原告证明权利受到侵犯时援引该救济方式,在这种情况下就构成了非并行实施。例如,国会可能并未要求原告证明其宪法权利的每一个要素,或者国会可能会创设一种全新的制定法权利以防止宪法权利受到侵犯。为确立这类措施的合宪性,国会必须表明该非并行实施系为司法上认可的宪法权利提供救济而创设的,且为达成前述目的会对该救济进行调整。该准则的特征有时被认为具有合理性基础,尽管最近法院似乎已经采取了一种有些严格的审查措施。这种严格审查部分地遏制了在任法院对州主权的关切。

案例 1-Q

假定案例 1-P 中的制定法作了以下规定:如果原告表明因其作为少数族裔的一员而被解雇,而代替其职位的人并不属于该少数种族,则蓄意的种族歧视就应得以认定。则该州只有表明该解职为合法的、非种族的及业务所必须的,才能驳回前述假定。因此,根据该法,尤金无须证明平等保护权利受到侵犯——即蓄意的歧视之必要要素的存在。这样一个制定法可否因国会行使第五款之实施权而有效?

案例分析

国会这一行为的合宪性取决于国会在创设这种救济方式时是否采取了合理行为。换句话说就是,国会是否具有合理的理由相信,在这种情形下,一个拟议中的假设对实施一项司法上认可的第十四修正案权利是恰当的?答案可能是肯定的。假定国会得出结论,认为在州的雇佣歧视案件中,证明以种族为动机的意图特别困难——因为这种意图极少见诸正式的文本,也很容易被表面上中立的正当理由掩盖。而且,假定国会认为,由于这类证明问题的存在,在州的雇佣问题上为澄清人们对平等保护权的质疑而作的所有努力都会受到威胁。在这种情形下,法院可能很容易得出结论,国会就是在其第五款实施权的范围内行事的。在制定法较狭窄地集中于某一特定种类的问题,即州雇佣中的种族歧视,且该制定法规定了一种州能够驳回假定意图的机制时,实际情况更是如此。其后果就是,该救济方式可能不会被视为对州雇佣政策的过度干预。①

第二种分类,即非并行实施的另一种情况是,制定法创设了联邦权利,但该权利并不在第十四修正案权利的范围内,而是旨在保障第十四修正案权利的全部理由。这就是法院在卡岑巴赫诉摩根案②中面临的那类问题。本案所争议的问题是 1965 年的《选举权法》(Voting Rights Act)中的某条款,该条款禁止各州否认特定的、不会读写英文的波多黎各人的选举权。换言之,《选举权法》创设了一项联邦权利,禁止在特定情形下进行读写能力测试。法院先前判定第十四修正案并未创设任何这类权利,③但是,法院后来判定《选举权法》的该条款是对第十四修正案实施权的恰当行使。法院这样说道:

> 对投票的波多黎各的少数族裔(进行读写能力测试)的要求,使得联邦具有干预任何州在英语读写能力要求上的正当性,这完全在国会的权限范围内。作为三权中唯一有权作出该决定的分支,只有国会才能评估和权衡各种相互冲突的利益考量——**政府服务中歧视的风险性和普遍性**,取消州在选举权上的限制并以之作为解决祸害的手段之有效性,替代性救济的充分性及其可获得性,以及取消英语读写能力要求后受影响的州利益的特性和重要性。……我们无须审查国会如何解决这些要素,我们能够意识到国会可能会基于某种前提解决冲突——诚如它已经采取措施这样做了——这就已经足够了。④

简言之,法院遵从了国会的判断,即在政府服务的规定中,禁止读写能力测试是一种使平等保护免受种族歧视之侵犯的合理手段。

---

① 参见 *In re Employment Discrimination Litigation Against the State of Alabama*, 198 F. 3d 1305 (11th Cir. 1999), 根据 1964 年《民权法》第七条,基于类似的事实得出了类似的结论。
② *Katzenbach v. Morgan*, 384 U.S. 641 (1966).
③ *Lassiter v. Northampton Election Bd.*, 360 U.S. 45 (1959).
④ 384 U.S. at 653. 着重为原文所有。

卡岑巴赫案判决时正是法院高度遵从国会权力之行使的时期,特别是在民权问题上更是如此。尽管该案继续得到权威性的引用,但读者也许注意到了,法院比原先更不愿意肯定国会权力的广泛性,特别是当这类断言侵入了法院认为在传统上归属于州的特权之领域时,更是如此。① 这种司法系统不那么遵从国会的态度导致了标准的严格化,由此第五款实施权的非并行实施现已调整。在这些新标准下,如果国会创设了一种非并行的制定法上的权利,那么只有在该制定法上的权利既符合司法上认可之宪法权利,在其规定的救济条件下又是相称的,国会行使的实施权才能得到支持。也就是说,创设制定法上的权利真的是为了保护一项司法上认可的宪法权利且其救济与侵犯宪法权利之范围是成比例的,国会的立法行为必须明示上述要求。我们将会看到,对前述符合和相称的司法审查并不那么遵从国会的意愿。

法院首先在伯尼市诉弗洛里斯案②中适用了这些原则。法院在该案中判定,国会制定《恢复宗教自由法》(Religious Freedom Restoration Act)(RFRA)的行为超越了其第五款权力,《恢复宗教自由法》是为回应法院对就业部诉史密斯③一案的判决而通过的,在史密斯案中,法院判定被第十四修正案吸收的"信仰自由条款"(Free Exercise Clause)并不能阻止州对印第安人教会的教士使用仙人掌的行为实施惩罚。尽管摄取仙人掌本身就是该教会礼拜仪式必不可少的一部分,法院仍持这种观点。由于从宗教的角度看争议中的法是中立的——例如,该法适用于所有使用仙人掌的情形而不管使用者的宗教信仰或行为——法院认为除了该法对印第安人教会活动的影响外,"信仰自由条款"并未被违反。根据审理史密斯案的法庭意见,只要该法不是蓄意指向宗教活动,就可以在不违反"信仰自由条款"之规定的前

---

① 参见克里斯托弗·N.梅,阿兰·艾德斯:《宪法:国家权力与联邦主义》(Christoper N. May & Allan Ides, *Constitutional Law: National Power and Federalism*),第四章第二节第八目,对国会废除第十一修正案之豁免权的限制。第五章第三节第四目,对商业权力的限制。

② *City of Boerne v. Flores*, 521 U.S. 507 (1997).

③ *Employment Division v. Smith*, 494 U.S. 872 (1990).

提下得以实施。即便该法偶然和事实上介入了一项宗教活动,前述论断仍然有效。① 因此,根据史密斯案的判决,只有立法目的在于因某一宗教活动的宗教性质而禁止这一活动的法会与第一和第十四修正案相抵触。

制定《恢复宗教自由法》的目的在于推翻史密斯案的判决,并规定了如下要求,即任何级别的政府制定的任何法实质上规定一项宗教活动时,无论该法的本意是否中立,都要采取紧迫之州利益标准。例如,根据《恢复宗教自由法》,一项禁止使用仙人掌的中立的法不能在针对印第安教会成员的诉讼中适用,因为其中缺乏一项紧迫之州利益,也缺乏证明能够说明该禁令表示了最少量的足以促进该利益的限制性措施。

《恢复宗教自由法》的支持者们认为,该法的性质在于救济并因此处于卡岑巴赫诉摩根案对第五款权力解释的范围内。在他们看来,《恢复宗教自由法》的立法目的在于找出表面上中立、实际上基于宗教偏见而制定的法。所以,《恢复宗教自由法》实际上是作为一种非并行的救济或预防性的措施而实施的,其目的在于履行史密斯案定义的那种精确的自由信教权,即刻意制定以规范或禁止宗教活动之禁止性的法。不过,法院并未接受这一论断。

在伯尼案中,法院一开始就提出以下论点:"预防性规则有时是恰当的救济措施,但在使用的手段和要达到的目标之间必须具有一致性。"②随后法院考察了《恢复宗教自由法》的立法过程并判定该法缺乏"基于宗教偏执而通过的、一般地可适用的法之现代范例"的特征。③尽管其立法过程的确包含了中立的法相反地影响了宗教活动的现代范例,但并无证据表明那些偶然出现的问题就是宗教偏执或偏见的结果。法院这样表述:"国会的关切是偶然出现的问题而非该立法的目的和指向。"④因此,从这一立法过程来看,《恢复宗教自由法》的立法目的并不在于澄清一项司法上认可的权利,而

---

① 参见第九章第五节。
② 521 U.S. at 530.
③ 同上。
④ 同上。

是创设了一种新权利,扩大了目前受司法分支认可的所有自由信教权利之范围。

不过,比立法历史的缺位更为重要的是,缺乏法院所说的"均衡性",即《恢复宗教自由法》"包罗万象的覆盖范围"——一种适用于所有级别的政府和各方面的、永久且一致的禁止性规定和任何被觉察到的违反第十四修正案的行为之间的均衡性。

> 包罗万象的覆盖范围保证了其得以介入各级别政府,保证了其代替其他法律并禁止几乎所有类型的官方行为而不论其主管……《恢复宗教自由法》并无终止之日或终止机制,任何法律在任何时候都应受主张其宗教信教自由承受了实质性负担的任一个人之质疑。①

法院还注意到,第五款权力的优先行使已谨慎地设计为处理特定和有时臭名昭著的违反第十四修正案权利的行为。因此,《选举权法》(Voting Rights Act)中各州受司法部审查之规定,仅适用于那些历史上在选举中有蓄意的种族歧视的州。法院认为:

> 当然,这并不是说该涉及第五款之立法要求终止日期、地理上的限制或异乎寻常的预期。然而,当一项国会立法尽力为违宪的政府行为提供救济并防止违宪行为的同时完全地禁止了合宪的政府行为时,这种倾向于保证国会之方法的限制相应地终止了第五款之下的合法性。②

简言之,《恢复宗教自由法》未能通过合宪性审查,因为在法院看来,国会所创设的更为广阔的救济实质上更多地侵犯了州的特权,而不是使以下一致的担忧正当化,即表面上中立的法可能会导致宗教偏见。因此,在伯尼案之后,国会的救济并不要求一方当事人证实第十四修正案权利受到侵犯——即非并行救济,该救济必须与被察知的第十四修正案权利受侵犯的情形相一致和成比例。在这一观点中应加以考虑的因素包括,辨识国会试

---

① 521 U.S. at 530, at 532.
② 同上, at 533.

图救济的具体宪法性罪行、救济的广度、所处理问题的深度和全面性,以及任何可能限制国会试图给予救济的具体问题的实际救济范围之因素。所涉及的罪行和国会对其的回应越一般化,且国会对州特权的侵犯越多,则法院就越可能判定一致性和成比例性未获满足。

案例 1-R

克里斯蒂系一所州立大学学生,被大学足球代表队的一个成员强奸。这个强奸者后来公开散布其行为,而且,在一次大学纪律委员会的听证中,他供称他在克里斯蒂两次对他说"不"的情况下跟她进行了性接触。他被认定为性侵犯的行为成立且其学制被延长两个学期。在上诉中,该大学因"过于严厉"而取消了对他的惩罚。克里斯蒂随后根据一项联邦制定法——《针对妇女的暴力法》(Violence Against Women Act)——向强奸者提起了民事诉讼,该联邦制定法规定了对以性别为动机的暴力行为受害者提供联邦民事救济。为了证实其诉求符合《针对妇女的暴力法》,克里斯蒂必须出示数量上具有优势的证据,证明她是被告之暴力侵犯的受害人且该侵犯至少是部分地由她的性别造成的。

在正式通过《针对妇女的暴力法》之前,国会认为听证说明了在州司法系统对基于性别的犯罪具有一种全国范围内的偏见。除此而外,国会还认定这种形式的偏见经常导致对以性别为动机的犯罪的调查和起诉不充分,以及对那些实际上犯下这类罪行的人令人无法接受的宽容惩处。国会并未调查每一个州,但国会搜集到的信息使得它得出了对这个问题具有全局性的结论。《针对妇女的暴力法》旨在为州的法律实施和司法系统中这种显然的性别歧视规定一种部分的救济。《针对妇女的暴力法》创设的这种民事救济是否代表着国会的第五款实施权的恰当行使?

案例分析

要评估《针对妇女的暴力法》中民事救济的合宪性,我们必须考察"一致"和"相称"原则是否得到了满足。我们先从一致性和潜在的宪法权利——即免受各州的司法管理中的性别歧视的权利——入手。这样说来,国会试图救济的潜在权利看起来与法院要求在"平等保护条款"下避免性别区分的标准是一致的。① 由于关注点在于州的刑事司法制度,因此政府行为的条件也得以满足,而且性别歧视的基本要素似乎也得以满足——如蓄意性和影响。因此,与伯尼市诉弗洛里斯案的情况不同——在那个案件中,国会试图保护的权利是一项法院并未认可的权利,而根据《针对妇女的暴力法》,国会正试图对违反一项根深蒂固的宪法权利的行为实施救济。接下来再看相称性,民事诉讼救济是包罗万象的而且看来也是永久的,但它并未以任何形式侵入州政府的程序,这和伯尼案中的救济方式不同。而且,救济的广度——如全国范围内的可获得性——可作为以下论断的一个合理回应而具有正当性,即说明了在大量的州司法体系中性别偏见的存在。在伯尼案中,通过比较的方式,救济的广度很容易扩展到了任何能感知到的违宪行为。

另一方面,人们也可以认为,一致性和相称性并未得到满足。对一致性来说,在《针对妇女的暴力法》规定的诉讼理由中任何政府行为的条件之缺位,说明州司法体系和《针对妇女的暴力法》中在性别歧视上实际的一致性是虚幻的。举例而言,该救济并非对潜在违法行为的纠正,因为根据《针对妇女的暴力法》提起的私人主体的诉讼并不会改变州司法体系的歧视形式。而且,即便没有潜在的违反宪法的行为——亦即即便州完全起诉并惩罚所有以性别为基础的暴力行为——《针对妇女的暴力法》中提供的救济也是可以适用的。简言之,在国会想要保护的潜在权利和国会创设的救济之间并没有明显的关联。我们再来看相称性,由于任何潜在的违反宪法的行为均可适用《针对妇女的暴力法》所提供的救济,因此要证明相称性,人们可能需要表明性别偏见的形式是如此全面,以至于一种更仔细地划定了界限的救济可能无效,这只能说明相当数量的州的司法体系中都存在性别偏见的问题。一种更相称的救济可能是直接作用于那些确立了性别偏见之存在的司法体系——诚如卡岑巴赫诉摩根案中的情形。从这个角度看,《针对妇女的暴力法》规定的民事救济并不合宪。

---

① 参见第六章第六节。

在美国诉莫里森案①中,法院基于类似的事实且采用了与前段类似的推理方式,认定《针对妇女的暴力法》中创设的民事救济超越了国会的第五款实施权限。② 审理莫里森案时法院也认定《针对妇女的暴力法》并非对商业权力③的有效行使。④

法院已在五个案件中适用了伯尼案中的一致性和相称性规则,这五个案件都涉及国会试图取消州的第十一修正案豁免权。其中的三个案件,法院认定国会采取的措施不符合前述标准。在涉及联邦专利法实施的佛罗里达预付高等教育费用委员会诉大学储蓄银行案⑤中,法院认定在取消州的豁免权和任何潜在的宪法权利之间缺乏一致性和相称性,特别是,由于没有证据表明州侵犯了专利权人的宪法权利,因此对国会来说,第五款实施权并非取消州的豁免权之恰当手段。与此类似的是,法院在基梅尔诉佛罗里达董事会案⑥中判定,《雇佣中的年龄歧视法》(Age Discrimination in Employment Act)之规定和任何潜在的免受年龄歧视的宪法权利之间并无一致性或相称性,因而不得因《雇佣中的年龄歧视法》而提起对州的诉讼。最后,法院在阿拉巴马大学理事会诉加勒特案⑦中判决,《美国残疾人法》(Americans with Disabilities Act)的第一条中试图剥夺州的最高豁免权是无效的,因为《美国残疾人法》的实质性规定与已确立的、州侵犯司法上认可的对残疾人的平等保护权利之任何规范之间并不一致也不相称。实际上,《美国残

---

① *United States v. Morrison*, 529 U.S. 598 (2000).
② 同上,at 619-627.
③ commerce power,指国会管理州际商业活动的权力。——译者
④ 同上,at 608-619,参见克里斯托弗·N.梅,阿兰·艾德斯:《宪法:国家权力与联邦主义》,第五章第三节第四目(Christopher N. May & Allan Ides, *Constitutional Law: National Power and Federalism*).
⑤ *Florida Prepaid Postsecondary Education Expense Board v. College Savings Bank*, 527 U.S. 627 (1999).
⑥ *Kimel v. Florida Board of Regents*, 528 U.S. 62 (2000).
⑦ *Board of Trustees of the University of Alabama v. Garrett*, 531 U.S. 356 (2000).

疾人法》创设的是超越了第十四修正案之规定的平等权,而且,在试图依第十四修正案第五款取消州的最高豁免权时,国会超越了其宪法权力。这三个案件的缺陷在于,国会未能将其创设的救济与司法上认可的宪法权利的保护结合起来。①

然而,在第四个案件中,法院支持了 1993 年的《家庭和医疗假期法》(Family and Medical Leave Act),该法规定在特殊情况下给予州雇员结婚或履行父母义务的假期。法院认定,《家庭和医疗假期法》中的假期规定及其相伴随的起诉作为雇主的州的权利,与受司法认可的免受州机关的性别歧视的权利是一致和相称的。基于雇佣福利计划中性别歧视的历史过程,包括州机关的歧视行为,法院的结论是,《家庭和医疗假期法》发挥了恰当的调整作用从而防止了进一步侵犯该宪法权利的行为,因而,在这种背景下剥夺州的最高豁免权意味着对第五款实施权的恰当行使。② 希布斯案和前面三个案件之间的重要差别在于,希布斯案中存在司法上认可之第十四修正案权利,同时也存在充足的侵犯该权利的形式。

田纳西州诉莱恩案③说明了法院在一致性和相称性标准方面的最新进展。和加勒特案一样,莱恩案也涉及一州对《美国残疾人法》某一条款之合宪性的质疑。不过,和加勒特案相比,法院在莱恩案中支持了所争议的特定条款之规定。我们应该注意到,在加勒特案中,法院认定《美国残疾人法》之反歧视原则(第一条)与司法上认可的、残疾人免受不合理之歧视的权利之间不具有一致性和相称性。相较而言,莱恩案的原告根据该法第二条提起了诉讼,这一条款规定各州必须为特定的公共服务设施设立残疾人通道,林恩案中所争议的特别之处在于州法院未能提供残疾人通道,而这是一项潜在地违反了司法上认可的、进入法院的基本权利。④ 因此法院的结论是,与

---

① 参见克里斯托弗·N.梅,阿兰·艾德斯:《宪法:国家权力与联邦主义》,第四章第二节第八目(Christopher N. May & Allan Ides, *Constitutional Law: National Power and Federalism*)。
② *Nevada Dept. of Human Resources v. Hibbs*, 538 U.S. 721 (2003).
③ *Tennessee v. Lane*, 541 U.S. 509 (2004).
④ 参见第二章第六节第三目和第七章第五节。

加勒特案中的情形不同的是，莱恩案原告提出的"进入法院"的诉讼请求与司法上认可的基本权利是一致的。在相称性方面，法院认定，第二条包含了基本的公共服务设施（如法院）和非基本的公共服务设施（如公有的冰球场），尽管其含义广泛，但《美国残疾人法》规定的金钱赔偿和原告的特定权利诉求——即进入法院——是相称的。换言之，相称性针对的是原告提出的特定权利诉求，而非原告所依据的更宽泛的制定法。在其他情形下适用该规定时，第二条可能会被认定为国会超越了其第五款实施权。[1]

希比斯案和莱恩案的判决都适用了一致性和相称性原则，并在采纳和适用该标准时都在一定程度上比早先的案件更顺从国会的意愿。尽管这种司法上有着细微差别的态度并未必然导致对早先案件的否定，然而，这的确表明了法院在继续致力于精确界定一致性和相称性的范围。因此，大量特定的主观性可能反映在判决中。

（三）国会的解释

在某种意义上，第十四修正案实施措施的第三类和第一类一样简单。根据其第五款权力，国会能否创立独立的第十四修正案权利——如既不受司法认可的又不是其目的在于实施司法上认可之权利的那一类联邦权利？换言之，国会能否将第十四修正案解释为包括那些不仅仅是司法分支认可的权利？例如，如果最高法院准备判定妇女无权堕胎，国会能否仅仅根据其第五款实施权创立一项符合第十四修正案的制定法上的堕胎权？有一种合理的看法认为国会的确拥有这样一项权力，毕竟实施第十四修正案的权力授予了国会，而为了行使这项权力，国会必须将其规定解释为可实施的。不过伯尼案后对这个问题的回答可能是否定的，用法院在该案中的话来说就是，"认为根据第十四修正案国会拥有一种实质的、非救济性的权力的任何

---

[1] 参见如 Zied-Campbell v. Richman, 2007 WL 10331399, at *11 (M.D. Pa., March 30, 2007)，就在州福利制度中规范宾夕法尼亚州安置残疾人之义务而言，与第二条相关之救济的程度与想要解决的宪法缺陷不具有一致性和相称性，该想要解决的宪法缺陷的目的在于有效地取消各州的第十一修正案豁免权。

看法都未获我们的判例法的支持"。① 而且法院还进一步解释道：

> 如果国会能通过改变第十四修正案的含义而定义其权力，宪法就不再是"至高无上的法，通过一般途径无法改变的法"了。宪法将会成为"与一般立法同等地位的法，且和其他立法一样……立法机关愿意修改就可以修改"。② 按照这种方式，很难想出一种能够限制国会权力的原则……获得立法机关的多数议席就可以修改宪法，从而有效地避开繁琐而困难的、由宪法第五条规定的修改程序。③

为了强调这些要点，法院在伯尼案中并未给以下论点以进一步的考虑，即《恢复宗教自由法》反映了一种国会对自由行使之保证的解释，这种解释比法院解释的含义更加广泛。的确，法院判决中隐含着以下结论，即如果真是如此，那么创设这种实质性权利将大大超越国会的立法特权。

简言之，国会在第十四修正案下的权力仅限于救济，国会不得利用这些权力去创设不被司法体系认可的权利。④

最后，由于国会不能扩展第十四修正案权利，国会也不能运用其第五款权力限制司法上认可的权利之范围。因此，在密西西比女子大学诉霍根案⑤中，法院驳回了以下主张，即 1972 年《教育修正案》（Education Amendments）的第九条能够有效地缩小司法上认可的、免受性别歧视的平等保护权的范围。用法院的话来说就是：

> 然而，根据第五款确定之国会权力"仅限于采取措施实施该修正案之保障；第五款并未授予国会限制、削弱和取消这些保障的权力。"⑥尽管我们对国会的决定和分类表示尊重，但不管是国会还是某一州都不

---

① 521 U.S. at 526.
② *Marbury v. Madison*, 1 Cranch, at 177.
③ 同上，at 529.
④ 亦可参见 *Oregon v. Mitchell*, 400 U.S. 112 (1970), 法院的多数意见否决了国会具有解释第十四修正案的足够权限的观点，但并未决定性地认定国会绝对不具有创设单独的第十四修正案权利之权力。
⑤ *Mississippi University for Women v. Hogan*, 458 U.S. 718 (1982).
⑥ *Katzenbach v. Morgan*, 384 U.S. 641, 651, n.10 (1996).

能制定否定第十四修正案所保障的权利的法。①

三、第十五修正案的实施

第十五修正案得以通过是由于,在对防止各州剥夺刚刚获得自由的奴隶的选举权方面,第十四修正案涵盖面不够广。第十五修正案的范围仅限于选举中的种族限制,其第一款这样规定道:

　　合众国或任何一州不得因种族、肤色或以前的奴隶身份而否认或剥夺合众国公民的选举权。

第二款规定,"国会有权以适当立法实施本条规定"。对这一实施权的解释与对第十四修正案实施权的解释异议,都具有本质上相同的形式和相同的范围。

一个人认为自己被选为州官员的权利因种族问题而被否定,可以根据《美国法典》第42卷第1983条提起一种"并行"实施的诉讼,而诚如我们前面所述,第1983条为那些以州法的名义剥夺某人的联邦宪法权利的行为规定了诉讼理由。多数案件在解释第十五修正案实施权的范围时都包括了我们在讨论第十四修正案实施权时划分在"非并行"分类中的那些问题。衡量这两种权利之标准是相同的。② 因此,在罗马市诉美国案③中,法院认为,"根据第十五修正案第二款,国会应禁止其活动,并要求他们自己不违反该修正案第一款,只要针对投票中的种族歧视之禁止是'合适的',就像麦卡洛克诉马里兰州案中的条件一样。"当然,像前引注释一样,第十五修正案权力行使的前提仅与选举中的种族歧视相关。

案例 1-S

联邦的《选举权法》颁布于1965年,作为一项临时性的措施仅有5年的有效期。然而,国会随后又多次延长了其有效期,——1970年(延长了5

---

① 458 U.S. at 732-733,也可参见 *Saenz v. Roe*, 526 U.S. 489, 507 (1999),国会不得给予各州违反第十四修正案的权力。

② 参见第一章第五节第二目。

③ *City of Rome v. United States*, 446 U.S. 156, 177 (1980)。

年),1975 年(延长了 7 年),1982 年(延长了 25 年),2006 年(延长了 25 年)。该法规制了在选举上有过证实了的种族歧视行为的各州和地方社区的选举法,并要求联邦对这些地方与选举相关的法律进行事先审查和批准。希尔斯市正好在该法的管辖范围之内,该市最近基于种族中立的原则修改了其地方选举制度,但其种族中立的方式却削弱了少数族群在选举中的影响。尽管并无证据表明其修改具有蓄意的歧视动机,《选举权法》禁止了该市实施其计划,因为该计划可能具有在该法所界定的种族的基础上限制选举权的"影响"。该市认为,如果这样适用《选举权法》,则该法就超越了国会实施第十五修正案的权力。为了说明其主张,该市还提出,由于第十五修正案只禁止了蓄意的歧视,国会不得以下方式利用其第二款之实施权——仅因其歧视性的后果而限制选举活动。该市还认为,无论该法在其最初颁布时的有效性如何,其 2006 年的延期超越了国会第二款实施权的范围。假定第十五修正案第一款禁止的仅仅是蓄意的歧视行为,那么《选举权法》在最近一次延期时,是否超越了国会的第十五修正案实施权?

案例分析

根据前面引述的罗马城案确立之标准,国会之第十五修正案第二款权力允许其国会禁止自身违反该修正案第一款之行为——只要该禁止合理地指向的是该修正案之潜在原则的实施。在罗马城案中,法院因而认可了 1975 年对《选举权法》的再授权,并解释道:由于"国会能够合理地得出以下结论:根据在选举中可证实的、蓄意的种族歧视历史,管辖机关对选举制度进行了变革,而这种变革增加了蓄意的歧视风险,所以禁止这一具有歧视性影响的变革是恰当的。"[1]法院认为,在对这一情况予以认真的考虑后,"国会认定对该法进行的为时 7 年的延期是必要的,尤其是对该法'受限且脆弱的'成果并促进选举中歧视的改善是必要的。"[2]本案中争议的焦点在于更晚的 2006 年之再授权——在《选举权法》首次通过后续期 41 年并将其有效

---

[1] 446 U.S. at 177.
[2] 同上,at 181.

期延长到2031年。为确认这一延期是国会对其第十五修正案第二款权力的恰当行使,即便是根据一种严格的审查标准,仍需证明以下做法是必要的:即为涵盖在该法范围内的各区域设定之诸多条件保证了这些措施的继续适用于这些区域,同时本国的其他区域则免受任何联邦的事前审查,可自由进行可能对少数族群造成不良影响的选举权变革。这个问题的解决因而可能就转向国会在2006年延期时所搜集之证据的性质。

审理西北奥斯汀市政设施第一区诉霍尔德案①时,法院并未裁决国会2006年对《选举权法》的延期是否为对其第十五修正案第二款实施权的恰当行使,但非常强烈建议这不是对其实施权的恰当行使。法院在有8位法官参与的意见中提出下列看法,在联邦实现审查规定已经得到认可时,"南方的情况已经发生了变化……可能这些进步还不够而且根据该法那些条件仍继续保障事前审查,但该法规定了目前的责任且必须由当前的需要证明为正当。"②而且,法院还认为,"(该法)蓄意施加的邪恶不应集中于挑选出来作事前审查的区域了,该法涵盖的规则是基于35年前的数据,而且有明显的证据表明,该法未考虑当前的政治条件。"③该案随即根据制定法进行了裁决。由于法院并未解决宪法问题,目前《选举权法》的延期是否构成国会恰当地行使了其第十五修正案实施权仍是一个悬而未决的问题。

---

① *Northwest Austin Municipal Utility Dist. No.1 v. Holder*, 129 S. Ct. 2504 (2009).
② 同上,at 2511-2512.
③ 同上,at 2512.

第二章　实质性正当程序

第一节　绪论与概述

一、正当程序条款的渊源

宪法第五修正案和第十四修正案分别规定了两个正当程序条款。前者针对的是联邦政府的权力,后者则主要针对各州。二者在各自领域内确保任何人"非经正当程序,其生命、自由或财产"不被剥夺。由于这两个条款本质上以同样的方式运作——尽管它们针对的是不同的统治机构,我们还是将其统称为"正当程序条款"。

正当程序条款的基本涵义源自 1215 年英王钦定的《大宪章》第 39 条:"任何自由人,如未经其同级贵族之依法裁判,或依据国法,皆不得被逮捕、监禁、没收财产、剥夺法律保护权、流放,或加以任何其他损害。"尽管这一条款严格限缩了君权,国王不能非法逮捕、监禁个人或没收其财产,但它没有限制议会"依据国法"的行为,如果议会通过(一个荒诞的)立法,囚禁任何一个母亲的名字以 V 字开头的人,那么国王就可以这么做。

虽然美国一些州早期的宪法沿用了《大宪章》的规定,但联邦《权利法案》第五条[①]却用一个更加模糊的表述"法律的正当程序"替代了"依据国法"。我们可能会认为,这一条款与《大宪章》的表述差异甚小。如果这样理解的话,一个政府根据立法机关制定的法律剥夺个人生命、自由或财产,将当然合乎正当程序条款的要求。但是,法院在默里的租户诉霍博肯地产及

[①]　即美国宪法第五修正案。——译者

发展公司案①中否定了这个观点。法院认为,此类剥夺权利的行为,即便符合国会立法,也并不当然意味着它符合第五修正案的正当程序条款。

> 显而易见的是,这一条款并未给立法机关留下厘定何谓(正当)程序的空间。该条款对立法机关施加了限制,正如它限制了行政权和司法权一样,我们不能认为,该条款给国会留下了足够的空间,使其能够单纯依据自身意愿阐释何谓"法律上的正当程序"。②

同样的原则也认定,州立法机关之立法亦受第十四修正案的正当程序条款之规制。③ 简言之,正当程序条款是对政府权力之行使进行的一项独立审查。

二、程序性正当程序与实质性正当程序

正当程序条款所施加的限制可区分为两种截然不同的类型:程序性的和实质性的。程序性的正当程序意味着,当政府对个人生命、自由或财产进行剥夺之时,它必须依据一种被认为公正的程序进行。在第五章中我们可以看到,程序性正当程序通常要求一个人在其权利被剥夺前享有知情权,并得到听证的机会。

本章将着重探讨实质性正当程序的问题。程序性正当程序关注的是法律实施过程中的程序,而实质性正当程序则着眼于法律本身是否公正、理性并具有充分的正当理由,而不考虑实施该法律的程序是否公正或充分。因此,一部法律因规定了个人的知情权和充分的听证机会可能被视为符合了程序性正当程序,却可能因为它明显有失公正或缺乏理性而违背了实质性正当程序。这种实质性正当程序保护,独立于以宪法及其修正案为基础的其他任何文本上的保证。因此,即便没有任何其文本上的权利受到侵犯,实

---

① *Murray's Lessee v. Hoboken Land and Improvement Co.*, 59 U.S. (18 How.) 272 (1856).

② 同上,at 276.

③ *Davidsom v. New Orleans*, 96 U.S. 97, 102 (1878),它否认了以下观点,即各州"议会能够根据自身意愿,规定任何事物符合法律的正当程序条款之要求"。

质性正当程序仍保护着保护"生命、自由和财产"。

案例 2-A

一项州法规定罹患艾滋病的任何人将被监禁在一个特定场所,同时该法还规定,任何人未经终局(full)司法程序认定患有艾滋病之前,不得受监禁。疑似患者将会在指定的法律顾问支持下,接受一个法庭审理式的听证,如遇该法庭的不利判决,将有权上诉至州最高法院。该法是否有违正当程序原则,剥夺了艾滋病患者的自由呢?

案例分析

就程序性正当程序而言,该法是合宪的。这一制度安排规定了相对人在自由被剥夺前的知情权和获得听证的机会。但就实质性正当程序而言,该措施很可能是违宪的。(这一制度的)反对者会主张,不管该法的实施程序如何公正,但该法律实质上非常不公平、丧失理性以至于违背了正当程序。尽管阻断艾滋病传播、保护公众是国家的重要目标,但显然无须以如此激烈的、使个人自由受此严重侵害的方式达成这一目标。

三、行政权力滥用

大多数程序性和实质性正当程序案件,都包含了所谓的由立法行为——例如基于制定法或行政法规授权——导致的对生命、自由、财产的剥夺。在这些情况下,我们知道政府有理由采取剥夺权利的行为,唯一的问题在于这种剥夺是否违背了正当程序条款。但在有些情形下,对生命、自由或财产的剥夺源于行政权力的运用,而法律并未对此进行特定授权。例如,一辆消防车撞上了另一辆汽车并导致该车司机死亡,或一名狱警失手毁掉了一个囚犯的电视机。在此类情况下,尽管公职人员是在其官方职能范围内行事,但剥夺生命和财产的行为并未得到制定法和行政法规的认可,相反,这些侵权的起因在于政府官员可能的玩忽职守行为。根据正当程序条款,这些行政的剥夺行为可诉吗?如果是,那么正当程序条款可能发挥着侵权法相同的功能,即无论行政官员在何时对公民及其财产造成损害,它都将提供宪法上的救济。

最高法院拒绝对正当程序条款进行这样的解读,他们认为该条款的核心在于"保护个人,免于政府专断"。① 法院的解释是,"在行政权力滥用的诸多判例中我们已反复强调,只有最过分的行政行为才能被视为'宪法意义上的专横任意'……"②立法行为与行政行为的这一区分对"维持宪法诉求的宪政成分,使宪法免于降格为我们所称之侵权法的一类"③是至关重要的。法院因而认定,"在行政行为受正当程序挑战时,第一个门槛就是该政府官员的行为是否足够恶劣、出格,使得我们可以客观地将其视为对当代社会良心的践踏。"④若非如此,该项剥夺就跟宪法没什么关系,而必须通过现存的任何制定法或普通法进行救济。

行政行为是否足够专横任意、恶劣跋扈、挑战公众良心以表明一项正当程序的诉求,取决于政府官员所作所为的具体场景。但无论如何,一项单纯的疏忽并不导致以下观点的成立:"宪法并未保障政府官员的合理注意;违反注意义务导致损害无疑在宪法的正当程序范围内。"⑤就极端情况而言,"在某些方面政府利益显得不合理而试图造成损害的行为就是那种最可能挑战公众良心的官方行为。"⑥在两种极端之间还有一些情况,它们"在程度上超过了疏忽但'又比故意的行为轻微,如玩忽职守或"重大过失"'",这取决于有多少审议、反馈、筹划的机会。⑦ 在萨克莱门托县案中,一个摩托车手在警察高速追捕的过程中丧生,法院认定只有那一瞬间存在"故意导致"的伤害才能满足一项正当程序的诉求。相反的是,法院认为,在囚犯、审前羁押者要求医学治疗的案件中,"草率的忽视"或"蓄意的差别对待"就足以支持正当程序的诉求。

---

① *Wolff v. McDonnell*, 418 U.S. 539, 558 (1974).
② *County of Sacramento v. Lewis*, 523 U.S. 833, 846 (1998).
③ 同上,at 847 n.8.
④ 同上.
⑤ 同上,at 849.
⑥ 同上.
⑦ 同上,at 849, 851.

四、司法审查标准

一项法律是否因过于专断任意、显失公平、欠缺理性以至于缺乏足够的正当性,从而违背了实质性正当程序,对这一问题的判断取决于法院采用的标准。现在法院一般适用两项基本标准来判定一部法律是否违背了实质性正当程序。如果一项基本自由权(fundamental liberty interest)受到限制,法院适用的是严格审查标准,除非有证据表明一项法律是实现紧急之国家利益且代价最小之方式,否则法院通常将推翻该法。另一方面,在那些只关涉财产或其他非根本性的自由权的案件中,法院适用的则是一种合理依据审查(rational basis test)标准,在这一标准之下,如果一项法律具有一个正当的目标,而一个理性的立法机构可能已考虑过达成这一目标的手段——无论实际上这是否为该法的目标,或该法是否真正达到了这一目标,该法都会得到支持。严格审查标准和合理依据审查标准是法院对实质性正当程序进行审查的两项基本进路。但是,在诸如堕胎等特定的语境下,法院会采取有别于惯常的严格审查标准的不同思路。

五、经济的正当程序和非经济的正当程序

在探讨实质性正当程序时,有必要区分经济的正当程序(economic due process)和非经济的正当程序(noneconomic due process)。经济的正当程序,是指法院在保护不动产或动产和审查对经济自由的潜在损害——如缔约自由、商业自由、占有自由时适用的正当程序原则。审查所有经济的正当程序案件之标准均为合理依据标准。非经济的正当程序则用以处理侵害公民或个人自由的法,如婚姻自由、免于身体强制的自由(freedom from physical restraint)等方面的法。如果该个人自由关涉基本人权,那么应适用严格审查标准,否则即适用合理依据标准。

尽管法院在这两个领域内的判决已采用了不同的路径,但最初在经济和非经济的正当程序问题上并无任何差别。因此,最早对实质性正当程序进行厘清的案件中,法院主张个人财产应得到与个人自由同等程度的正当

程序保护:"财产权与人的权利紧密联系并同处第五修正案的保护下……"①不过尽管正当程序条款在文本上给予自由和财产以同等保护,现在的法院并未将财产或经济自由视为一项基本权利。但是,从19世纪80年代末到20世纪30年代末,在大约50年的时间里,最高法院对经济利益的保护远甚近日,至少将其与个人自由平等对待。在讨论目前法院在财产及经济自由案件中如何适用实质性正当程序原则前,我们将简要考察这一被称之为"洛克纳时代"的时期。

第二节 经济正当程序的兴盛与衰落

一、洛克纳时代的经济正当程序

第十四修正案及其正当程序条款制定于1868年。此后不久,法院驳回了大量针对州法的实质性正当程序的案件,这些州法律涉及财产或经济自由。②法院在芒恩案中宣称,虽然州法在经济上的管制有时会过度,但"人民应当通过投票的方式来避免立法机关的权力滥用,而非向法院起诉。"③

不过,到1887年,法院在人事及指导思想上都发生了重大变化。在穆格勒诉堪萨斯州案④中,爱荷华州颁布的禁止酒类制造、销售的法令受到实质性正当程序挑战,但这一挑战被法院驳回。但和对芒恩案不予干涉相反的是,法院宣称,当州法行使其警察权(police powers)时,司法机关具有一种"独立评价事物本质的义务";如果一项法律"与那些目标缺乏真实、实质上的联系,或本身就是对受基本法律保障之权利的侵害,法院有义务进行裁

---

① *Dred Scott v. Sandford*, 60 U.S. (19 How.) 393, 450 (1857).

② 参见如 *Munn v. Illinois*, 94 U.S. 113 (1877),认可州对有升降设备的谷仓等级之规制;*Slaughter-House Cases*, 83 U.S. (16 Wall.) 36 (1872),认可路易斯安那州授予新奥尔良屠夫的垄断权。

③ 94 U.S. at 134.

④ *Mugler v. Kansas*, 123 U.S. 623 (1887).

判,并在此适用宪法。"①联邦和州法院此后开始将实质性正当程序条款作为打压平民主义者和革新主义(Populist and Progressive)的改革政策的手段,这些政策基于农民、消费者、工人、儿童的利益对公司和行业进行管制。这些被宣告违宪的立法包括税率和物价的控制,妇女和儿童在工作场所的保护措施,薪金和工作时间标准,以及促进集体谈判的法律。

(一) 缔约自由

法院在经济正当程序的一些判决约束了政府对财产权利的无端限制,在很多案件中仍出现了一些剥夺经济自由、缔约自由的情形。这种自由权首先在阿尔热耶诉路易斯安那州案②中得到了法院认可。法院认定受正当程序原则保障的缔约自由是为了生计而"进入一切适当、必要、核心的合同"的自由。法院在之后的案件中主张,缔约自由也暗含在正当程序条款的"私有财产权"中,③因为对财产的取得、使用、处分而言,缔约自由至关重要。

第五和第十四修正案的正当程序条款所保护的缔约自由,包括根据个人选择的条款和条件缔结契约(enter into contracts)。该自由不同于美国宪法第一条第十款规定的缔约条款,后者禁止的是各州以干涉现存合同的方式"损害缔约义务"。④

(二) 洛克纳诉纽约州案之判决

法院对经济正当程序的态度发生转变的一个重要时期就是洛克纳时期,这一时期得名于一个重要案件——洛克纳诉纽约州案⑤。法院以一个5:4判决否决了一项纽约州立法,该法为保护面包师的健康而禁止其每天工作超过10小时或每月工作超过60个小时。法院认为,该法违背了正当程序原则,因为它是"一种非理性、不必要且专横任意地对个人权利的干涉,

---

① *Mugler v. Kansas*, 123 U.S. 623 (1887), at 661.
② *Allgeyer v. Louisiana*, 165 U.S. 578, 589 (1897).
③ *Coppage v. Kansas*, 236 U.S. 1, 14 (1915).
④ 参见第4章。
⑤ *Lochner v. New York*, 198 U.S. 45 (1905).

这种个人权利意味着个人可以……根据自身判断,缔结对他来说适当或必要的、与劳动有关的合同。"① 法院在驳回纽约州这一立法中采取的进路包括三个重要特征,这通常用以说明法院在洛克纳时期经济正当程序案件之特征。

第一,法院在审理洛克纳案时界定了自由的一个特定方面——缔约自由——一项在宪法中既未列举又未提及的自由,法院将这种自由提升到较高位阶使之得到特别保护。虽然法院认为,法律可以在"公正、理性、适当"的标准——一个看来非常谨慎的标准——下对自由进行必要限制,但大法官们非常细致地从手段和目的之间的关系审视了纽约州立法及其所称的警察权(police-power)目的,尽管在案件提交的证据中有一部分令人印象深刻,它们是关于面包师长时期工作且健康堪忧的证据,法院还是判定"对工作时间的限制……与雇员的健康并无直接联系或实质影响,这无法让我们将其视为一部健康法(health law)。"② 法庭还认为,由于还有其他方式来保障这些工人的健康,因此纽约州立法并不具备必要性——即便州政府已实施了这些措施。③ 因此,根据洛克纳案之规定,除非法院确信某项措施对直接促进某一重要政府目的之实现具有必要性,否则任何干涉缔约自由的法律均违反了正当程序条款。法院在之后的案例中解释道,在这样的思路下,"缔约自由是……一项遏制例外情形的普遍规则;立法机关只能基于特定的例外情形对其进行限制。"④

第二,为判定纽约州关于缔约自由的限制是否因具备重要的政府目的而具有正当性,法院对实际存在的事实并无兴趣,反而依赖于其自身对具体情况的理解。虽然有大量证据证明长时间工作对面包师的健康造成了损害——哈兰大法官在其异议意见中总结了这些证据,但法院多数意

---

① *Lochner v. New York*, 198 U.S. 45 (1905), at 56.
② 同上, at 64, 着重为原文所有。
③ 同上, at 61-62.
④ *Adkins v. Children's Hosp.*, 261 U.S. 525, 546 (1923). 该案废止了妇女和儿童的最低工资法。

见仍然认为,"基于社会共识,面包师并未被视为一个有损健康的职业。"①此后的马勒诉俄勒冈案②中,法院支持了一项为在工厂和洗衣房工作的妇女设定最高工作时间的法律。该案中,当时还是波士顿著名律师、以后成为大法官的路易·布兰戴斯(Louis Brandeis),提交了一份长达116页的报告——其中有113页都是证明长时间工作有损妇女健康的数据材料。尽管马勒案和洛克纳案一样,在事实证据方面没有关联,人们通常都把洛克纳案和马勒案在结果上的差异通常都归因于"布兰戴斯报告(the Brandeis Brief)"。在马勒案中,法院认为布兰戴斯提交的数据只是证明了法官已知的一些事情——例如一项"广为人知并流传深远的见解",即"女性依靠男性生活"③。但在洛克纳案中,事实与大法官先入为主的判断相背离,法庭因而忽视了这些事实,并以该法是对缔约自由的粗暴侵犯为由废止了该法。虽然洛克纳案的多数意见辩称,他们"没有运用法院的司法判断,而是用立法判断的方式"④,但事实上法院就是这么做的。

第三,政府为财富、谈判地位的不公提供救济,而洛克纳案则否认了政府这一努力之合法性。此外,为说明纽约州调整和限制面包师工作时间的理据并不充分,法院坚称该法的促进健康只是个幌子。"很多这类法律都以保护公众健康和福利而行使警察权为名得以通过,但实际上其目的并非如此,我们对这一事实不能视而不见。"⑤相反,法院认为该措施是一部"纯粹而简单的劳动法。"⑥因为其"实际目的和意图在于规范雇主及其员工的关系,并限制劳动时间……"⑦因而该法无效。

劳动法又怎么了? 审理洛克纳案时法院认为,政府唯一的合法目的在

---

① *Lochner v. New York*, 198 U.S. 45 (1905), at 59.
② *Muller v. Oregon*, 208 U.S. 412 (1908).
③ 同上,at 421.
④ 198 U.S. at 56-57.
⑤ 同上,at 64.
⑥ 198 U.S. at 56-57,at 57.
⑦ 同上,at 64.

于促进公共福利。劳动法试图消解私人主体之间的不公,实际上是将财产从一个人(雇主)手中转到另一人(雇员)手中,而"公共利益在该法中丝毫未受影响"。① 因为这类法律都超越了州政府警察权的合法范围并缺乏合法目的,因而违背了正当程序条款。之前法院的一些论断也指出,将A的财产给B的立法不仅违背了自然法,②也违背了实质性正当程序。③ 审理洛克纳案时的法院认为劳动法正好落入了这种禁制中。

为了对抗纽约州法院消减面包师及其雇主间之不平等的努力,洛克纳案采用了社会达尔文主义的观点,认为政府干涉社会的自然选择和优胜劣汰是错误而且无意义的,纽约州则试图通过帮助这些无法自我生存的面包师们来干预这一过程。洛克纳案的多数意见直截了当地说:"我们不相信这种认识能赋予该法以合法性。"④法院后来还进一步坦言:"事物发展的自然规律表明,缔约自由和私有财产权的行使中存在着机会不平等,如无对前者的认可则缔约自由和私有财产权将无法得到维护。"⑤

霍姆斯(Holmes)大法官在洛克纳案中发表了强有力的反对意见,认为法院不应将赫伯特·斯宾塞(Herbert Spencer)——一个著名的社会达尔文主义者的观点奉为圭臬。他写道,"一部宪法不应试图包含某种特定的经济理论,不管这种理论将公民与国家间的关系视为家长式的还是一种自由放任(laissez faire)式的。"⑥相反,除了极罕见的情形,"当第十四修正案中所说的'自由'一词阻碍了主流意见的自然结果时,这种自由就被歪曲了。"⑦与洛克纳案的多数意见不同,在根据正当程序条款进行司法审查的问题上,霍姆斯采取的是一种极为谨慎的标准。

---

① 198 U.S., at 57.
② *Calder v. Bull*, 3 U.S. (3 Dall.) 386, 388 (1798).
③ *Davidson v. New Orleans*, 96 U.S. 97, 102 (1878).
④ 198 U.S. at 61.
⑤ *Coppage v. Kansas*, 236 U.S. 1, 17 (1915), 废除了州政府的一项关于禁止"黄狗契约"的禁令,该类契约要求工人不得参加工会。
⑥ 198 U.S. at 75.
⑦ 同上, at 76.

二、洛克纳时代的终结

1930年代前,法院采取的都是洛克纳案中阐述的经济正当程序之内涵。一些商业规章得到支持,包括一些对健康、安全明显必要的措施以及关于垄断、公用事业和其他一些"有关公共利益"的事项的价格限制措施。但也有很多其他法律因干涉缔约自由而被认定为无效,其中包括工资和劳动时间的立法、保护集体谈判的立法以及"不涉及公共利益"的产业中的价格管制。

这一趋势在1930年代中期的大萧条后发生了变化。在内比亚诉纽约州案[1]中,纽约州为挽救农民的损失制定了一项设定牛奶最低价格的法律,最高法院支持了这一立法。在大萧条达至顶峰时,最高法院放弃了原先的论调——即认为不存在一个可进行价格管制的"封闭的、受公共利益影响的商业系统或类别";相反,价格管制对任何商业类别而言都是有效的,包括日用品工业。[2] 法院在内比亚案中同样放弃了之前对干涉缔约自由的法律采取的那种严苛的审查标准。在对洛克纳案发表的一项有些含糊其辞的批评意见中,法院提出如下警示:

> 这些政策是否明智,制定法律以促进其实施是否充分、有效,法院对这些问题没有能力亦无授权进行处理……虽然法院可能就法律规定提出异议,但除非它超出了立法权的权限范围,否则不得就此宣告其无效。[3]

法院认为,在决定一项法律是否违背正当程序的问题上,"任何可能的假设都应有利于实现该法的效力……"[4]

在三年后的西海岸旅馆公司诉帕里什案[5]中,法院支持了一部为妇女

---

[1] *Nebbia v. New York*, 291 U.S. 502 (1934).
[2] 同上,at 531-537.
[3] 同上,at 537-538.
[4] 同上,at 538.
[5] *West Coast Hotel Co. v. Parrish*, 300 U.S. 379 (1937).

儿童设定最低工资标准的州法,从而推翻了阿德金斯诉儿童医院案①的判决——该案为一项洛克纳时期推翻哥伦比亚特区一项类似立法之判决。在西海岸旅馆公司案中,法院拒绝适用洛克纳案中将缔约自由视为一项基本自由的高认定标准。尽管缔约自由仍被视为自由权的一个方面,但已不再被定义为一种特别保护。休斯(Hughes)首席大法官这样写道:

> 宪法并未提及缔约自由。它强调自由并避免在正当程序之外对自由的剥夺……一部规章,如果与其主题有理性的联系并为社会大众的利益设定,即为正当程序。
>
> 一般情况下,对自由的这一重要限制特别地统领了缔约自由。②

法院反复强调,在这些案件中应对立法机关采取谦抑谨慎的态度。"即便政策的恰当性问题存在争议且其效力有待考量,但立法机关获得的正是进行这类判断的权力。"③

法院拒绝在西海岸旅馆案中采纳洛克纳案的另一个论点,即试图促进集体谈判中的力量均势的法律违背了正当程序,原因在于这些法律并未促进公共利益。在政府最近在大萧条中的"经济经验"时,首席大法官解释道:

> 对工人阶级的剥削体现在集体谈判中的不平等地位以及无法获得基本生活所需工资时的弱势地位上,这种剥削不仅有害于他们的健康和福利,更将养活他们的直接负担加诸社会。工人在工资中损失的部分得由纳税人来补贴。④

在法院仍坚持法律应促进公共利益的同时,公共利益的范围已较洛克纳案时代大大扩张了。

西海岸旅馆案中扩大了的公共利益概念实际上符合审理洛克纳案时法院的一项原则。从这个意义上说,洛克纳案埋下了自我毁灭的种子。洛克纳案的基本观点认为,为维护一个弱势的、难以保障自身生存的团体之利

---

① *Adkins v. Children's Hospital*, 261 U.S. 525 (1923).
② 300 U.S. at 391-392,着重为原文所有。
③ 300 U.S. at 399.
④ 同上。

益,政府可以进行干预。因为假如这一群体发挥着一种有用的社会功能,那么作为整体的公众就会因该群体的消亡而蒙受损失。在洛克纳时代,法院在适用时对这一例外情况进行了狭隘的解读——适用于地下矿工[①]和妇女[②],但未被适用于面包师。因为洛克纳案中法院认为,"没有任何人会主张面包师是这样一个阶层:如无政府护持,面包师们将无法主张其权利或照顾好自己。他们没有理由得到政府的守护。"[③]但在洛克纳案的框架下,如果变动的经济和社会情况使得大多数工人无法在自由市场中保护自身权利,政府干预也将在更广泛的基础上具有正当性。这也正是大萧条中所发生的事情。

到 1937 年,最高法院已否定了洛克纳时代维护经济正当程序的三项基本理由。第一,尽管缔约自由仍受正当程序条款的保护,但它不再被视为一项被侵犯后将引发严格审查的基本自由;第二,既然缔约自由仅为一项普通权利,则法院在审查一项削弱该权的立法时将不再用自身的判断代替立法机关的判断,并首先假设这些措施合法;最后,为保障特定群体的利益而试图为经济和谈判地位上的不平等提供救济的法律,将不再因未促进公共利益而被推翻。

法院在西海岸旅馆案中对立法机关表示了极大的尊重,这一态度延续至今。结果是,立法对财产或经济自由领域的干涉并因此导致的对实质意义正当程序的质疑几乎全告失败。我们下面将考察当下法院对经济正当程序案件的处理进路。

三、当前的财产和经济自由

法院现在采用合理依据审查对以下事宜进行判断,政府剥夺财产或经济自由是否过分专断或缺乏理性以至违背了实质性正当程序。合理依据标

---

① *Holden v. Hardy*, 169 U.S. 366 (1898).
② *Muller v. Oregon*, 208 U.S. 412 (1908).
③ 198 U.S. at 57, 着重为原文所加。

准首次适用于美国诉卡洛琳产品公司案①。该案涉及一项将非乳制品的奶制品公司排除在州际交易外的联邦法,该法因而遭到实质性正当程序原则的挑战,但法院最终支持了该法。这类产品制造商主张,该法降低了其产品价值,侵害了他们与其他州的消费者之间的缔约自由。但是,法院否决了其主张,并认定一部"影响了通常的商业交流"的法律如果本身为"基于立法者的知识和经验进行的理性判断",那在实质性正当程序上就是有效的。②为满足这一标准,立法者无需证明立法目的何在,也无需证明立法何以能够进一步实现该目的。"甚至在缺乏这些支撑之时,仍将假设那些足以支持立法判断的事实存在……"③因此,"立法判断遭遇质询之时……争议点就在于是否为人知悉或可以合理推断的事实依据用以支撑该判断。"④

在合理依据标准之下,法院可能对受质疑的法所欲促进的立法目标是否符合合理假定这一行为进行纯粹的推理。而无论这是立法实际促进的目的,抑或该法可能促进的目的,都无关紧要。唯一的问题在于,立法机关是否为法律设定了一个可能的目标。因而在威廉姆森诉李氏眼镜公司⑤案中,法院支持了俄克拉荷马州的一项立法,该法明显降低了该眼镜公司的营业能力:"如果有一种坏的情形即将到来,这就足以说明特定措施的正当性和相关法律的合理性。"例如,该法禁止了眼镜框广告并未违背实质性正当程序原则,原因在于:"如果镜片广告受到禁止或控制,则镜框的广告也应受到同样限制;立法机关可能就是这么考虑的"⑥。

在李氏眼镜公司案中,法院的措辞与最终的判决廓清了法院对经济正当程序原则适用进路的回归,即回到了19世纪末期、洛克纳案之前的不干涉主义。法院在李氏眼镜公司案的措辞上选择了"重新强调"芒恩诉伊利诺

---

① *United States v. Carolene Products Co.*, 304 U.S. 144 (1938).
② 同上,at 152.
③ 同上。
④ 同上,at 154,着重为原文所有。
⑤ *Williamson v. Lee Optical Inc.*, 348 U.S. 483, 488 (1955).
⑥ 同上,at 490,着重为原文所有。

伊州案①中的表述,这是一个前洛克纳时代关于实质性正当程序原则的经典案例:"为避免立法权力的滥用,公民应通过投票来寻求保障,而非通过司法机关。"②就结果而言,李氏眼镜公司案与另一个前洛克纳时代的经济正当程序案件——屠宰场案③——颇为引人注目地相似,该案支持了路易斯安那州的屠宰业垄断法。在这两个案件中法院都认为这些严重限制公民个人职业选择权的法律没有违背正当程序。

当今,在经济正当程序案件中采用的合理依据标准过于谦抑以至于缺乏意义。为一部遭遇挑战的法律假定一个可以想见的目的总是可能的。在某些情况下,法院甚至连这一考虑都免了。④ 尽管宪法的其他条款——如"潜在的商业条款(Dormant Commerce Clause)"、"征收条款(Takings Clause)"、"平等保护条款(Equal Protection Clause)"——都可能保护财产和经济自由,以避免政府干涉,但基于实质性正当程序条款所进行的对立法的质疑则不可避免地失去作用。不过,我们可以在第五章看到,财产和经济自由的确得到了程序性正当程序的保护。

案例 2-B

奥克维尔市有一项条例,禁止任何拥有宠物的人从事巴士司机的工作。玛丽最近获得了一个黄色的金丝雀作为生日礼物。她向同事提及此事后不久,旋即不再担任巴士司机并被奥克维尔学区辞退。玛丽就该事项起诉,主张它违背了第十四修正案所规定的正当程序条款。玛丽可能胜诉吗?

案例分析

从程序性正当程序的意义上说,若玛丽提出的是程序性正当程序诉求,而该市未告知玛丽并在辞退前给予听证机会的话,她应当胜诉。⑤ 然而,玛

---

① *Munn vs. Illinois*, 94 U.S. 113, 134 (1877).
② 348 U.S. at 488.
③ *Slaughter House Cases*, 83 U.S. (16 Wall.) 36 (1872).
④ 参见如 *Ferguson v. Skrupa*, 372 U.S. 726, 731 (1963),该案中,法律限制律师进行债务调整(debt adjusting)业务,法院认为该项立法并未违背正当程序,因为"堪萨斯州的立法机关有自行决定是否制定法律规控债务调整业务的自由。"
⑤ 参见第五章。

丽很可能在实质性正当程序上败诉。尽管该条例限制了她获得工作和缔结劳动合同的自由,法律的维护者或法院要做的只是说明该市合理地考虑过该法所要达到的某些已设定的目的,几乎所有的情节都会这样。该市可能认为,拥有宠物的巴士司机将试图携带宠物去上班,这会影响他们安全驾驶。该市也可能考虑到,可能有动物毛发、鸟的羽毛、蛇鳞在这类司机的眼中,导致他们无法看清路面。无论哪种推测都可能使得该项条例具有充分的理性基础。即便对促进这些安全目标而言该条例是愚蠢且没有必要的,也是于事无补的。在经济正当程序的领域里,根据法院对芒恩案和李氏眼镜公司案的意见,这些愚蠢或专横的法律之纠正应诉诸立法机关而非法院。

法院在实质性正当程序上,对财产和经济自由、公民权利和个人自由两个问题进行了极为关键而显著的区别。前者采用的只是合理依据标准,实际上意味着根本没有保护;后者通常采用的是严格审查标准。然而,特定的经济自由——如追求个人生存的自由——和特定的财产权利——如个人的住宅和基本工资——都和最重要的个人自由同等重要。斯图尔特(Steward)大法官认为:

> 个人自由和财产权之间的分野实际上是虚假的。财产并不具有权利,只有人才享有权利。作为一项真实的"个人"权利,享有财产且不受非法剥夺的权利,并不比言论自由、迁徙自由低等,不管这种"财产"是一种福利账单、一个家宅或一个存款账户。事实上,个人自由和财产权利之间存在着相互依存的关系——没有哪一项能够脱离另一项独立存在。[①]

进一步而言,财产自由和个人自由之间的界限并不那么容易区分。例如,在洛克纳案中,虽然在雇主看来缔约自由只是一项单纯的经济问题,但

---

① *Lynch v. Household Fin. Corp.*, 405 U.S. 538, 552 (1972).

对面包师而言这却是关系到健康和生存的问题。然而法院并未表现出对经济自由和一些关系到个人生存的核心利益进行区分的意图。

(一) 惩罚性损害赔偿

财产或经济自由的限制一般不受实质性正当程序之审查,但一个引人注目的例外就是惩罚性损害赔偿的问题。在北美宝马公司诉戈尔[1]一案中,卖方在未加说明的情况下出售了一辆被部分涂装的新车,最高法院认定,阿拉巴马州拒绝卖方援引实质性正当程序而对其课以两百万美金的惩罚性损害赔偿,而原告的实际损失不过四千美金,损害与赔偿之间的比例达500∶1;法院拒绝"在宪法上可接受的惩罚性损害赔偿上划一条明确的分界线",但得出结论说,"本案中明显过度的赔偿金超越了宪法的极限",因此前述剥夺宝马公司财产的行为违背了正当程序。[2]

在库珀工业公司诉莱瑟曼工具集团公司案[3]中,法院认定,对一项惩罚性损害赔偿是否过渡到超过了第十四修正案含义的判断,说明了法律本身的问题,这一问题应由一审或上诉法院重新审理才能判定。[4] 进而言之,法院解释说,在"评估一项惩罚性损害赔偿的适当性时,(法院)必须考虑三项标准:(1)被处罚人过错的程度或责任性质,(2)对原告的损害(或潜在损害)与惩罚性损害赔偿数额之间的对应性,以及(3)在相关案例中,由陪审团施加的惩罚性损害赔偿与直接课以的民事罚款之间的差异。"[5]这种三因素审查的目标在于限制惩罚性损害赔偿,使其不至高于法院认为符合正当程序的数额。

应受惩罚性,作为"惩罚性损害赔偿是否合理的最为重要的标志",由下述标准认定:(1)损害是人身的而非经济的;(2)行为体现为对他人健康、安全的漠视与漫不经心;(3)行为的对象在经济上较为脆弱;(4)行为包括连续

---

[1] *BMW of North America, Inc. v. Gore*, 517 U.S. 559 (1996).

[2] 同上,at 585-586. See also *TXO Production Corp. v. Alliance Resources Corp.*, 509 U.S. 443, 458 (1993),惩罚性损害赔偿可能"太'明显过度',以至于违背了正当程序条款的实体部分"。

[3] *Cooper Industries, Inc.v. Leatherman Tool Group, Inc.*, 532 U.S. 424 (2001).

[4] 同上,at 436-440.

[5] 同上,at 440, citing Core, 517 U.S. at 574-575.

的活动或是一个孤立的事故;(5)伤害可能是出于恶意、欺诈、哄骗,也可能仅仅是一个偶然事件。[1] 在确定行为是否应受谴责时,尽管原告可能提供证据证明被告对他人造成了类似伤害,但不能根据这些不同的伤害而对被告加以惩罚。相反,被告应仅因对原告的伤害受到惩罚,即便这种伤害的恶劣程度可能与被告对待他人的方式有密切关系。单纯基于被告对其他未到庭相对人的行为实施惩罚,有违程序性正当程序之要求,因为被告被剥夺了有效辩驳的机会。[2]

案例 2-C

在一起机动车事故中,坎贝尔造成了一人死亡、数人重伤的后果。其保险公司——国家农场公司对承担责任提出了质疑,并拒绝援引政策限制来解决接下来的诉求,尽管该公司的事故调查员提出了相反的意见,他们发现坎贝尔在该案中存在过错,并很可能在案件审理过程中承担责任。在案件起诉过程中,国家农场公司使坎贝尔确信他本人对事故不承担个人责任,国家农场公司将代表其利益且他不需要单独的代理律师。案件进入审理阶段后陪审团判定了 185,000 美元的赔偿,远超 50,000 美元的政策限制。国家农场公司拒绝处理坎贝尔的上诉且一开始就拒绝偿付超过政策限制的损失,同时还告诉坎贝尔最好卖掉自己的房子。大约 18 个月之后,坎贝尔上诉失败,国家农场公司履行了全部判决。之后,坎贝尔起诉国家农场公司,理由为违背信用、欺诈和有意施加精神压力。在诉讼中,坎贝尔提出证据证明国家农场公司在其他州的一些做法,意在表明该公司在全国范围内推行一项控制支出以达到财政目标的政策。陪审团判决坎贝尔获得 260 万美元的实际损害赔偿,后又削减为 100 万美元。陪审团还判决给予坎贝尔 1.45 亿美元的惩罚性赔偿,这一赔偿先被一审法院削减为 2,500 万美元,后又被州最高法院恢复为原先的数额。这里的 145∶1 的惩罚性赔偿数额严重过度了吗?

---

[1] *State Farm Mutual Automobile Ins. Co. v. Campbell*, 538 U.S. 408, 419 (2003).
[2] *Philip Morris USA v. Williams*, 549 U.S. 346, 353-355 (2007). 关于程序意义上的正当程序原则,参见第二章第一节和第五章第一节。

案例分析

基于类似的事实,美国联邦最高法院认为,此类惩罚性赔偿的确是严重过度了。[1]就戈尔案的第一个要素[2]而言,即责任承担的问题,法院认为,虽然国家农场公司的行为"不值得鼓励",一定形式的惩罚性救济是必要的,但是,"对这一应受谴责的行为采取更为谦抑的惩罚应该已经满足该州立法的客观标准。"[3]考虑到前述五项用以归责的标准,我们认识到:第一,由于国家农场公司并未将任何人的健康或安全置于危险中,因此这一损害只能被视为纯粹的经济损失,但国家农场公司的行为造成了原告极度的精神压抑,包括使他担心他可能不得不卖掉自己的房子。第二,国家农场公司的行为清晰地反映了该公司对原告生活的漠不关心和无动于衷,它最初保证原告不会承担任何个人责任,之后又拒绝上诉,拒绝赔付原告,并告知原告卖掉自己的房子。第三,考虑到原告的经济困难,至少国家农场公司相信坎贝尔很可能不得不卖掉自己的房子以进行赔偿,这很可能使他身无长物。第四,原告提供了证据证明国家农场公司在其他州的类似举措,然而,这些举措可能并不同于针对坎贝尔的行为,而且该举措在那些州很可能是合法的,最高法院对此也表示了关切:

> 当跨州境(out-of-state)的行为在法律上是被告人在相关州作出的慎重、可追责的行为时,即便该行为构成侵权行为,这一行为仍可能具有证明力,但是,该行为必须与原告遭受的特定损失之间具有某种联系。进而言之,陪审团必须得到指引,以明确他们不能以跨州境行为为证据,来惩罚被告合乎本州法律的行为。[4]

在这里,关系到责任承担的跨州境的证据与本案缺乏明确联系,陪审团也未获相应指引,以明确该证据不得用以惩罚国家农场公司的这些截然不同的错误。第五,需要明确国家农场公司对坎贝尔的行为是单纯的偶然性事件

---

[1] *State Farm Mutual Automobile Ins. Co. v. Campbell*,538 U.S. 408,419 (2003).
[2] 即在前述案例中明确的惩罚性救济的确立标准。——译者
[3] 同上,at 419-420.
[4] 同上,at 422.

还是故意欺诈。若国家农场公司有一项明确宣称限制支出的举措，就表明其行为是故意欺诈而非单纯的偶然性事件。

73　　就戈尔案的第二项要素而言，即惩罚性救济与补偿性救济之间的比例问题，法院在本案中试图描画出一条比戈尔案更明确的界限。虽然法院慎重地宣称"不存在一个惩罚性救济不能跨越的基准"，法院仍指出，"在现实中，如果惩罚性救济与补偿性救济之间的比例超出了一个单一数值比例（single-digit ratio），几乎都无法满足正当程序的要求……"①法院认为："所谓的单一数值比例，虽然仍体现了州政府在这个问题上欲达至的威慑、补偿目标，但相较于500∶1的赔偿比例，或者本案中145∶1的赔偿比例，更能体现正当程序原则的要求。"②在这个特定案件中，法院认为"一个4∶1的赔偿比例应该较恰当地合乎宪法要求。"③因此，当145∶1的赔偿比例在本案中遭遇挑战时，它在本质上是无效的，至少应当被推定为违宪。④但是，法院仍然强调，这种标准应较为灵活：

　　一种特别糟糕的行为导致了很小数额的经济损失，在这种情况下，高于我们原先认可之比例与正当程序应该是相符的。反之亦然……当补偿性救济已经足够时，一个更小的比例——可能仅仅等同于补偿性救济的赔偿——才能满足正当程序原则所应施加的限制。⑤

在这一特定案件中，原告获得了100万美元的补偿性救济，这表明低于4∶1的比例可能较为合适。

最终，考虑到戈尔案的第三个要素，亦即是否与其他相似的民事惩罚措施相差悬殊的问题。法院指出，1.45亿美元的惩罚性救济使州法上其他相关的民事处罚都相形见绌，例如对民事欺诈的处罚应为1万美元。⑥法院最终指出，"将戈尔案的指导方针适用于本案，特别是考虑到实际所获得的

---

① State Farm Mutual Automobile Ins. Co. v. Campbell, 538 U.S. 408, 419 (2003), at 425.
② 同上。
③ 同上。
④ 同上, at 426.
⑤ 同上, at 425. 省略了原文中的引文。
⑥ 同上, at 428.

补偿性救济……有必要确立一个惩罚性救济数额,以与补偿性救济的数额相同或相近"——例如,一个约 100 万美元的惩罚性救济标准。① 但是,这一观点很可能缺少相应的支持,1∶1 的比例是宪法规定的上限。确切地说,法院认为,"在我们所确立的原则下,具体的惩罚性赔偿金额的计算应当由一审的犹他州法院进行。"②

该案发回重审后,犹他州高等法院把最高法院 1∶1 赔偿额度的建议视为"一种建设性意见而非命令"。在慎重考虑了戈尔案要素之后,州法院认为,9∶1 的比例——亦即最高的单一数值比例——较为合适。③ 之后,州农场公司再次上诉,但最高法院拒绝受理。④

除法院试图设立一个确定惩罚性赔偿数额的具体标准外,州法院和联邦下级法院还继续努力突破正当程序在该领域内的限制。一些法院认为,国家农场公司案论及的单一数值比例问题,即所谓"戈尔案第二要素",仅适用于其他戈尔案要素无法发挥显著作用之情形。一些法院同时强调,在国家农场案中,将弥补经济损失和人身伤亡的救济区别对待,后者可能应获更高的赔偿额度。在威廉姆森诉菲利普·莫里斯公司案⑤中,俄勒冈州最高法院支持了一个 97∶1 的惩罚性救济,该案中一个寡妇的丈夫因吸烟导致肺癌去世。法院解释称:"在通常的案件中单一数值比例能够确立赔偿的边界,然而,明确标准原则(bright-line rules)缺失时,另两项标准——可归责性和惩罚的适当性——能提供一种超越了先前考量的标准,而这种考量源自双重的数值比例(double-digit ratio)。"

---

① *State Farm Mutual Automobile Ins. Co. v. Campbell*, 538 U.S. 408, 419 (2003),at 429.
② 同上。
③ *Campbell v. State Farm Mutual Automobile Ins. Co.*, 98 P. 3d 409, 417-419 (Utah 2004),该案支持了一个 9,018,780 美元的惩罚性救济。
④ 543 U.S. 874 (2004).
⑤ *Williams v. Philip Morris, Inc.*, 340 Ore. 35, 63, 127 P. 3d 1165, 1181 (Ore. 2006), *cert. dismissed*, 129 S. Ct. 1436 (2009).

国家农场公司案还表明,在异乎寻常的情形发生并仅导致了经济上的微小损失或并未导致经济损失时,受害者很可能没有起诉的动力,肇事者也没有改正其行为的动力,这也可能使得超越了单一赔偿比例的赔偿得到支持。在此基础上,在一起因非法逮捕和搜查引发的民事赔偿案件——门德斯诉圣伯纳迪诺县案①中,法院认定5,000美元的惩罚性救济是恰当的,尽管陪审团仅判决了2美元的象征性损害赔偿——一个2,500∶1的比例(这仍远低于陪审团最初认定的250,000美元的惩罚性救济)。相反的是,最高法院认为,既然高额的惩罚性救济意在鼓励诉讼,如果一起诉讼为代表众多原告的集团诉讼,这一鼓励诉讼的理性基础也就不复存在,"合乎宪法的赔偿限制应为1∶1。"②

州法院和联邦下级法院同样试图挑战了戈尔第三要素——如在应对类似的错误行为时如何施加民事或刑事惩罚。一些法院已经判定,对一些应受处罚的行为施加严重超出相应处罚标准的惩罚性赔偿,如未适当告知被告人其行为可能导致的经济后果,将被认定为违反了正当程序。③ 其他法院将相应制定法规定的惩罚视为一种指导意见,而非针对惩罚性赔偿的严格限制。④ 在国家农场公司案中,最高法院也认为,成文法赔偿标准只能被视为指导意见,而非一种严格限制。在该案中,针对上诉人国家农场公司之错误行为的民事处罚至多为1万美元,最高法院查明这一点后仍认为100

---

① *Mendez v. County of San Bernardino*,540 F. 3d 1109 (9th Cir. 2008).

② *Exxon Shipping Co. v. Baker*,128 S Ct. 2605, 2634 n.28 (2008).

③ 如:*Clark v. Chrysler Corp.*,436 F. 3d 594,607-608 (6th Cir. 2006),该案中,过失致人死亡在遭到法定惩罚的同时,其惩罚性赔偿比例确定为2∶1;*Bains LLC v. Arco Products Co.*,405 F.3d 764,774-777 (9th Cir. 2005),该案中,因民事侵权导致的补偿性赔偿是5万美元,因此将原判的500万美元惩罚性救济降低为30万美元到45万美元之间,其中30万美元是一个相当的(comparable)赔偿,45万美元则是依据9∶1的赔偿比例确立的;*Lincoln v. Case*,340 F.3d 283,294 (5th Cir. 2003),该案中,法院根据制定法规定,将一个10万美元的惩罚性救济降低为5.5万美元。

④ 如:*Flax v. Daimler Chrysler Corp.*,272 S.W.3d 521,539 (Tenn. Sup. Ct. 2008),*cert. Denied*,129 S. Ct. 2433 (2009),认定了1,300万美元的惩罚性救济,而依据戈尔案第三要素,这一标准应在12.5万元以下,该院认为,"最高法院从未宣称第三指导意见是具有决定意义的",该案中的惩罚性赔偿与补偿性赔偿的比例仅为5.35∶1),*Willow Inn, Inc. v. Public Service Mutual Ins. Co.*,399 F. 3d 224,237-238 (3d Cir. 2005),认定了15万美元的惩罚性救济,这可能是相应民事处罚的30倍。

万美元的惩罚性赔偿也符合正当程序——而这是民事处罚最高额的 100 倍。①

第三节　非经济自由的发展：从洛克纳案到卡洛琳公司案

一、洛克纳时代和非经济自由

在阿尔热耶诉路易斯安那州案②中，最高法院开始界定"自由"一词在正当程序条款中的含义，这不仅包含了没有形诸文本的经济自由，例如缔约自由、工作权等，法院同时还认为，这一条款还保护一些未被列举的个人自由，如免于人身强制的自由、发挥个人才能的自由、迁徙自由。③

在洛克纳时代的高峰时期，法院在一系列案件中促进受正当程序条款保护的一系列未被列举的个人自由。在迈耶诉内布拉斯加州案④中，最高法院宣告内布拉斯加州的一部法律无效——该法规定在学校教授德语或其他外语是一种犯罪行为。法院认定该法专横无理地干涉了好几项受正当程序条款保护的自由，包括父母让其子女学习德语的自由。⑤ 在迈耶案中，法院采取了一个宽泛的观点，认为公民的一些没有形诸宪法文本的个人自由受正当程序条款保护。在引述阿尔热耶案和洛克纳案判决的同时，迈耶案拓展了那些案件的要旨，该案判决进一步宣称，受第十四修正案保护的权利包括"获得有用知识、婚姻、建立家庭、养育子女……以及那些长久以来受普通法承认的、自由人必须享有的有序追寻幸福的权利。"⑥两年后，在皮尔斯

---

① 538 U.S. at 429.
② *Allgeyer v. Louisiana*, 165 U.S. 578 (1897).
③ 同上，at 589.
④ *Meyer v. Nebraska*, 262 U.S. 390 (1923).
⑤ 同上，at 399-401.
⑥ 同上，at 399.

诉姐妹协会案①中，法院遵循迈耶案的先例推翻了一项俄勒冈州法律，该法强制家长将其子女送入公立而非私立学校就读；法院认为该法违背了正当程序，因为它"无理干涉了家长和监护人将子女抚养和教育置于自身控制下的自由。"②

在迈耶和皮尔斯案中，法院对特定个人自由采用的对策有别于洛克纳案——洛克纳案关注的是缔约自由问题。在这两个案件中，法院首先将未被列举的自由界定为受正当程序条款保护的权利，然后再将未被宪法明确规定的那些个人自由提升到使之具有"基础性"地位，并使之得到严格的司法保护。在洛克纳时代，法院利用正当程序条款，运用一些司法创造的自由（它可能是经济自由，也可能是非经济的），使得一些立法归于无效。

二、卡洛琳公司案之脚注四

1930年代晚期，联邦最高法院摈弃了在经济领域因适用实质性正当程序而导致的干预立场后，认为也有必要撤离另一领域。在美国诉卡洛琳公司案③中，法院主张审查限制缔约自由的法律时只适用合理依据标准。但在该案的脚注四中，斯通（Stone）大法官代表法庭指出，合理依据标准同样应适用于限制其他未被列举的自由。斯通写道，更严格的司法审查应仅适用于如下三个例外情形：(1)如果"立法内容在宪法的**特别限制范围之内**，例如宪法的前十条修正案"；(2)如果立法"**限制一定的政治程序**，而这一程序通常意味着废止不恰当的立法"，例如对选举权的限制；(3)如果立法之目的在于"**隔离和孤立少数人**"，由于这一群体所遭遇的偏见，使其难以通过通常的政治程序保护自己。④ 这些例外情况中的第一种涉及正当程序条款本身。另外两种则主要关乎平等保护条款，本书将在第六章和第七章中进行讨论。

根据脚注四所论及的第一种例外情况，如果一项未被列举的自由处于

---

① Pierce v. Society of Sisters, 268 U.S. 510 (1925).
② 同上, at 534-535.
③ United States v. Carolene Products Co., 304 U.S. 144 (1938).
④ 同上, at 152-153 n.4, 着重为原文所有。

危险中，如在卡洛琳案本身所争议的缔约自由问题，法院将仅适用合理依据的判断标准，而会导致更为严格之审查的仅仅是那些在《权利法案》中特别列举的自由。为达到这些目的，如果《权利法案》的一项条款已被第十四修正案吸收从而适用于各州，那么即便第十四修正案并未提及，该条款也将被视为"平等地特别"针对各州。①

针对正当程序条款的脚注四意在将宪法保护的自由在整体上区分为两个类别：一是如言论自由等《权利法案》提及的权利；二是如缔约自由等未被列举但仍被法院视为应保护的权利。在斯通大法官看来，第一类别为文本上的权利，应得到更高程度的保护，第二类别的权利则只能得到合理依据标准下的最低限度保护。

卡洛琳公司案因而含蓄地否定了在迈耶案和皮尔斯案中采取的实质性正当程序的进路——这两个洛克纳时代的典型案件处理的都是个人自由的问题。在这两个案件中，法院采用了一种严格的审查标准以推翻限制宪法未列举的自由之州法，这些自由包括获得知识、抚育子女的自由。根据脚注四，由于这两起案件都只涉及那些未列举的自由，州法仅受基于合理依据的正当程序条款之审查。卡洛琳公司案的判决中，法院认为迈耶案和皮尔斯案之所以适用严格审查标准，其理据应为平等保护条款。② 因为都涉及针对少数群体的立法，而这些群体都是极度偏见的受害者——如迈耶案中的德裔美国人、皮尔斯案中的罗马天主教民。尽管迈耶案和皮尔斯案在平等保护的条件下可能具有说服力，但作为实质性正当程序案件，它们已经被推翻了。

自然而然地，在卡洛琳案后的数十年间，最高法院极少推翻那些干涉未列举之权利的法律。1930 年代末实质性正当程序的崩溃影响了所有未被列举的自由。那些未被宪法文本特别列举的自由，无论是经济性质的还是人身性质的，都因此一般被排斥在实质性正当程序的保护范围外。但也有

---

① *United States v. Carolene Products Co.*, 304 U.S. 144 (1938), at 152 n.4.
② 304 U.S. at 153. n.4.

一些例外，在阿普特克诉国务卿案①中，法院宣告一项禁止特定共产党员持有护照的联邦法律无效，认定该法因限制了未列举之"出境自由权"而违反了正当程序条款。② 斯金纳诉俄克拉荷马州案③涉及一项允许对重罪累犯进行强制性绝育的州法，法院采用了严格审查标准以保障一项未列举的生育权，虽然法院是通过平等保护条款而非正当程序条款来做到的。

第四节　格里斯沃尔德案和未明确规定的权利的复兴

　　1930年代，实质性正当程序在财产权和经济自由方面的崩溃是永久性的。但从1960年代中期开始，随着格里斯沃尔德诉康涅狄格州案④的出现，这一原则开始在个人自由领域复兴，这一复兴一直持续到现在。

　　格里斯沃尔德案挑战了一项康涅狄格州的法律，该法规定使用避孕用具或建议他人使用避孕用具是违法行为。法院认定作为对已婚夫妇的建议，该法侵害了婚内隐私权，并允许政府干预"不可冒犯的婚后的卧室区域"，从而违背了正当程序。⑤ 这项婚内隐私权是一项新的、被认可的权利，尽管宪法未明确规定，但它被认为存身于"依据若干基本的宪法保障而产生的隐私权"中。⑥ 法院并未考虑该州制定该法的任何可能依据，迳行采用了一个极为严格的标准进行审查，并宣告该法无效。

　　格里斯沃尔德案的判决使得实质性正当程序之复苏仅限于个人自由领域。法院明确地拒绝了恢复洛克纳案的判决，并指出法院不能"作为一个超立法机构去判断那些涉及经济问题、商业事务和社会状况的法律之理性、必

---

① *Aptheker v. Secretary of States*, 378 U.S. 500 (1964).
② 同上，at 505.
③ *Skinner v. Oklahoma*, 316 U.S. 535, 541-542 (1942).
④ *Griswold v. Connecticut*, 381 U.S. 479 (1965).
⑤ 同上，at 485-486.
⑥ 同上，at 485.

要性和正当性。"①道格拉斯(Douglas)大法官解释说:该案与洛克纳案不同的地方在于,该案所涉法律"直接关系到亲密的夫妻关系及其医生在这一关系中扮演的角色。"②然而,他并未解释如何区分经济事务和个人事务,也没有说明如何进行这种关键性的区分。他也没有解释为何在洛克纳案中法院扮演了一个"超立法机构"的角色,而格里斯沃尔德案中并非如此。

一、灰色地带与延伸领域

格里斯沃尔德案中,法院对新近发现的宪法上的婚姻隐私权提供了一个异乎寻常的解释。在早期的案例中,如阿尔热耶诉路易斯安那州案(1897)、迈耶诉内布拉斯加州案(1923),法院主张,特定的自由被包括在受正当程序条款保护的"自由"中。道格拉斯大法官代表最高法院撰写了格里斯沃尔德案的判决意见,他选择不遵循前述两案的原有思路。相反,他小心翼翼地将婚姻隐私权与权利法案保障的特定权利联系起来。道格拉斯说:第一、第三、第四和第五修正案,"都有灰色地带(penumbras),它们是赋予了这些条款生命力和实质性延伸领域(emanations)。"③婚姻隐私权正是藏身于这些灰色地带——第一修正案规定之结社权、第三修正案和第四修正案规定之家宅不可侵犯、第五修正案之禁止自证其罪的阴影中。

道格拉斯大法官坚持将婚姻隐私权和权利法案的特定条款联系起来,而非简单地宣称这是一项正当程序条款保护下的自由,主要是由于如下几个原因:第一,他可能试图将他的进路与法院在洛克纳时代采取的进路相区分;之前的法院惯于确立一项新权利,而在格里斯沃尔德案中,法院实施的是司法自制,即仅保护那些可从宪法文本中衍生出来的权利。不过,这种灰色地带和延伸地带的进路,几乎不能算是一种实现司法自我克制的手段。道格拉斯大法官之婚姻隐私权产生于权利法案的灰色地带的见解远非不证自明,它至少需要司法理念的一个小跃进。进而言之,灰色地带和延伸地带

---

① *Griswold v. Connecticut*, 381 U.S. 479 (1965),at 482.
② 同上。
③ 381 U.S. at 484.

的进路完全可用以论证任何一项法院想要创设的权利。事实上,洛克纳案也可能在这一基础上被轻易地重述和正名,它也同样可被视为若干宪法条款的延伸地带和灰色地带——包括正当程序条款所保护的"财产权"和宪法第一条第十款所规定的缔约条款(Contract Clause)。

道格拉斯的灰色地带和延伸地带理论也同样可使格里斯沃尔德案与卡洛琳公司案保持一致。我们可以看到,法院在脚注四中提出,只有一部法律违背了宪法的"特别限制",才能根据正当程序条款适用严格审查标准。尽管脚注四仅具宣告性,但道格拉斯仍因循这一看法。他也同意布莱克大法官的立场,认为根据第十四修正案第一款之规定,法院不应采用一种"自然法下的正当程序"(natural-law-due-process)的立场,去创设任何针对州的、超出权利法案明确规定之额外的权利。①

然而,正如布莱克大法官在格里斯沃尔德案的反对意见中指出的那样,运用这种灰色地带和延伸地带理论来决定权利法案的适用范围,实际上将权利法案在相关问题上的"特别保障"这一用语的特定含义完全消解了。从这一事实可以看出,法院在格里斯沃尔德案中采用这种逻辑挽救并复活了洛克纳时代关于个人自由的两起判例——迈耶诉内布拉斯加州案(1923)和皮尔斯诉姐妹协会案(1925),不过,这两起判例在当时是否为卡洛琳公司案的先例判决尚存疑问。迈耶案和皮尔斯案的判决在灰色地带和延伸地带的理论下得到了重新解读和再次确认。格里斯沃尔德案后公民学习德语的自由和教育子女的自由之所以得到保护,正是由于它们潜藏于第一修正案的阴影中。②

二、替代性方案:自由和第九修正案

灰色地带和延伸地带理论并未得到格里斯沃尔德案中持多数意见的全

---

① *Adamson v. California*, 332 U.S. 46, 68-92 (1947), 布莱克大法官和道格拉斯大法官持异议;另见 *Duncan v. Louisiana*, 391 U.S. 145, 162-171 (1968), 布莱克大法官和道格拉斯大法官协同意见。参见第一章第三节。

② 381 U.S. at 482.

部成员之认可。哈伦大法官在其独立的协同意见中反对了这一方案。他认为婚姻隐私权的基础在于第十四修正案正当程序条款下的"自由"一词,且未将该权利与权利法案的任一个条款相联系。因为婚姻隐私权"隐含在有序的自由(ordered liberty)概念中",因而是受宪法保护的权利。① 尽管灰色地带和延伸地带的理论给法院提供了一个摆脱困境的机会,哈伦大法官仍强调,任何基于灰色地带和延伸地带理论产生的"司法自制""更近于虚伪而远离真实"。② 在另一个独立的协同意见中,怀特(White)大法官同样拒绝采用灰色地带和延伸地带理论,和哈伦大法官一样,他坚持认为这就是在正当程序条款中包含的"自由"。

另外三个在格里斯沃尔德案持多数意见的大法官也同意哈伦大法官的意见,认为婚姻隐私权就是正当程序条款中确立的一种"自由",但他们通过第九修正案补强了自身的结论。该修正案指出:"本宪法对某些权利的列举不得被解释为否定或轻视人民保有的其他权利。"③尽管道格拉斯也顺便提及了该修正案,但戈德伯格(Goldberg)大法官——沃伦首席大法官和布伦南(Brennan)大法官加入了其意见——坚持认为,在解释第十四修正案的正当程序条款时,他们有权将宪法未明确规定的权利包括进来。戈德伯格大法官写道:"第九修正案的文本和历史都表明,宪法的起草者相信,除前八条修正案特别提及的权利外,还存在其他免受政府侵害的基本权利。"④虽然没有"一种独立的权利来源以保护其免受联邦或州政府侵害",⑤但第九修正案为法院提供了一项解释宪法其他条款的原则——如对正当程序条款中的"自由"一词的解释。在此基础上,戈德伯格大法官的结论是没有明确规定的"婚姻关系中的隐私权是……一项在第九修正案涵义内的'由人民保留的'个人权利",因而就是受"第十四修正案的保护,免受各州的侵害"的"基

---

① 381 U.S. at 500.
② 同上,at 501.
③ 着重为原文所有。
④ 同上,at 488.
⑤ 同上,at 492.

体的"个人自由之一。①

戈登伯格大法官对宪法第九修正案的倚重,挑起了斯图尔特(Stewart)和布莱克大法官的反击,他们坚信"第九修正案和它的伙伴条款第十修正案一样……都是为了明确权利法案的通过并未改变以下制度设计,即联邦政府是一个权力明示且有限的政府,所有未授予联邦的权利和权力都由人民和各州保留"。② 它应被视为一种"州权对抗联邦权力干预"的手段,而不是用以认可未被列举的权利并据以对抗州或联邦政府的基础。③ 然而,斯图尔特大法官和布莱克大法官的解读之困境在于,它使得第九修正案和第十修正案具有同等的意义从而使其显得多余了。第十修正案并未表明,表面未让渡给联邦的权力就应当保留给各州或人民,但第九修正案的表述则大相径庭——除《权利法案》列举的权利外,人民还享有其他对抗政府之权利。如果这些其他权利在司法上不可适用,如果对这些权利的侵害没有救济手段,则在严格意义上它们就不是权利,而是政府官员可以忽视和侵害的单纯的规范和陈词滥调。我们很难相信,制定者会为了达到这样一个目的而费神制定第九修正案。

三、保护未明确规定的权利的风险

尽管格里斯沃尔德案中持多数意见的七名大法官提出了各种各样将婚姻隐私权视为基本人权的理论,但他们都赞成法院应当保护这些未在宪法中明确规定的权利。换言之,一个明确的多数意见认为,不能对宪法进行过于严苛的文本解释,从而只保护那些在文本中完全表达出来的特定自由——如第三修正案规定的拒绝士兵在和平时期驻扎民房的权利。从布莱克和斯图尔特的反对意见出发对之进行解释,就会导致对正当程序条款所保护的"自由"的极为狭义的一种解读,而且也与制定者的明确意图相违背——他们制定第九修正案的目的就在于避免这种对宪法未列举权利的模

---

① 381 U.S. at 500, at 499.
② 同上, at 529-530, 斯图尔特和布莱克的异议意见。
③ 同上, at 520, 斯图尔特和布莱克的异议意见。

糊解读。

　　自格里斯沃尔德案之后,法院增加了受正当程序条款保护的个人权利。通过这些案件,法院否定了道格拉斯大法官的灰色地带和延伸地带学说,[1]并坦率地承认必须对"第十四修正案中公民自由的概念"进行诠释。[2] 甚至法院内的一些更为保守的大法官也认可了这一司法途径的合法性。在索恩伯勒诉美国产科和妇科医生学院案[3]中,怀特大法官——在伦奎斯特大法官的附议下——宣布:

　　　　本院不同意以下过分简单化的观点,即宪法之解释可能被限制于对宪法文本的"简单含义"(plain meaning)或对立宪者主观意图的探寻。宪法不是用以对其所处理事物设定精确准绳及边界的具体规则;相反,它是一个用承载了价值诉求的话语设定基本原则的文件,它提供了充足的空间以便通过解释和适用宪法来进行规范的审判活动。

与之相似的是,在里士满新闻公司诉弗吉尼亚州案[4]中,伯格(Burger)首席大法官撰写了多数意见,表明"尽管在解读宪法中未予明确界定之权利时应当保有适当的谨慎,但法院仍然认为,特定的未明示权利仍应得到文本外的保障。"

　　大法官们之间的分歧继续存在,不过争议焦点并不在于该院是否应给予未在文本中明确列举的自由权利以宪法上的保护,而在于应对这些权利采用何种渊源来进行这样的判断和应如何解读这些渊源。例如,法院仅需考虑立宪者的特定意图,还是要考虑立宪者意欲保障的更为宽泛的理念?历史和传统是否为合理的指引?如果是的话,应在哪些问题上和何种程度上对它们进行考察?法院应在何种程度上遵循先例?哲学、政治学和社会

---

[1] *Whalen v. Roe*, 429 U.S. 589, 598 n.23 (1977).

[2] Roe v. Wade, 410 U.S. 113, 152-153 (1973).

[3] *Thornburgh v. American College of Obstetricians & Gynecologist*, 476 U.S. 747, 789 (1986).

[4] *Richmond Newspapers, Inc. v. Virginia*, 448 U.S. 555, 579 (1980).

学的原则之间有什么关联性?①

当法院试图界定和保护宪法文本中未予明确规定的权利时,它必将面临一定的体制性风险。一个风险在于,如果法院将某些大法官的个人信仰和偏见奉为圭臬就可能丧失公众信任。另一个风险在于,如果缺乏严密的文本依据,法院很可能保护那些与公众严重缺乏联系的价值以至于人民拒绝接纳法院的判决。这些危险在洛克纳时代都出现过,当时的法院以缔约自由为名义,继续在一个正在经受大萧条的国家奉行自由放任的方针。鲍威尔(Powell)大法官在穆尔诉东克利夫兰市案②中写道:

> 实质性正当程序原则,在一段时间内被视为本院的危险领域。当司法权对特定的实质性自由予以更严格的保护时,如果缺乏权利法案更明确的指引,的确有诸多危险。洛克纳时代的历史表明,这种担心自有其原因——这种唯一的对司法干预的限制正好成为某一时期本院大法官们的偏好。那段历史要求我们更谨慎和克制,但并不意味着放弃……③

四、变动的基本权利模式

自格里斯沃尔德案以来,宪法上的隐私权已大大超越了已婚夫妇采取节育措施的自由。这一基本权利已扩展到未结婚的个人,并囊括了其他与生育、结婚或家庭有关的个人决定。在分析对这些基本自由的侵权案件时,法院确立了一种可能被视为正当程序的基本模式的做法。在一些案件中,法院采用的是该模式的变种。我们首先解读一个基本模式,并进而对一些变种进行分析。

(一) 基本的基本人权模式

在格里斯沃尔德案中,大法官道格拉斯代表法庭提交的多数意见在一

---

① 克里斯托弗·N.梅,阿兰·艾德斯(Christopher N. May & Allan Ides)在其著作《宪法:国家权力与联邦主义》(*Constitutional Law: National Power and Federalism*)一书的第一章中对这些重要问题进行了探讨。
② Moore v. City of East Cleveland, 431 U.S. 494, 502 (1977).
③ 着重为原文所有,省略了脚注。

个本身归于无效的原则下宣布一项康涅狄格州的法律无效。此后的法院通常在关于基本权利的正当程序案件中采用一种更加微妙的进路。这一基本进路包含如下五个基本步骤：

1. 该案所涉及的利益是否为正当程序原则所保护的自由？

2. 该自由是否为基本权利？

3. 该被质疑的法是否以一种足以严重的方式侵犯或过分加重了对该自由的束缚因而干涉了该基本自由，从而导致严格审查？

4. 如果该自由被侵犯或承担了过分的束缚，法律是否在实质意义强化了一项紧迫的政府利益？

5. 为实现这一利益，政府是否采用了**最小代价手段**？

这一基本模式的第一步，通常是没有争议的，因为事实上所有个人自由都多少与正当程序保护有一定的关系。① 不过，在第二步中，如何确定一项特定权利需要作为基本权利加以特别保护要更困难一些。在本书第二章第五节和第六节，我们将讨论法院如何认定一些权利为基本权利（或非基本权利），同时也将讨论法院得出其结论的过程。当然，格里斯沃尔德案中的不同意见为这一过程奠定了基础。由于最低限度的干预不会引发严格的审查，因此第三步需要对自由权所受的束缚进行评估；最终，第四步和第五步判明了严格审查的适用性——例如，如未能证明被质疑的法律和行为促进了一项紧迫的政府利益，它将被视为违反了正当程序条款。然而，除非我们在第一、二、三步中得到了确定的结论，否则第四、五步骤将不会展开。如果前三项的任一项的答案是否定的，则法院将仅采用合理依据标准。

（二）干涉的含义

在确定何谓干涉或不当加重负担时，有以下几个重要问题值得注意：第一，从实质上看，我们根据宪法享有的所有权利都是消极的而非积极的权利。换言之，它们是避免政府干预的手段，而不是政府救助的保障。法院这

---

① 参见第五章第二节第一目，但从 *Paul v. Davis*, 424 U.S. 693 (1976)来看，名誉权并非受正当程序条款保护的一项自由。

样解释道：

> 正当程序条款是对国家的限制……它禁止国家未经法律上的正当程序而剥夺个人生命、自由或财产，但是它的语言表述并未给国家施加任何的积极义务，以采用其他手段来保障公民未受侵害的利益。[1]

政府并无任何积极的宪法义务保证任何人行使、享有或实现某一特定权利。例如，婚姻自由、使用避孕用具、堕胎都是受正当程序条款保护的基本自由，但政府并无宪法上的义务去支付婚礼费用、购买避孕用具的费用，或为无力支付堕胎费用的人提供免费服务。[2] 宪法通常要求的只是政府不要主动干涉——无论是通过刑事处罚还是其他手段——我们行使我们的宪法权利。

第二，即便在那些政府干涉了我们受保护之自由的领域里，也不是所有的政府干预都严重到了侵害我们的宪法权利的程度。不当侵犯和过重负担之条件的目的在于，将不太重要的政府行为和严重得足以引发严格审查的行为区分开来。例如，购买避孕用具需要缴纳的营业税，就可能不会被视为侵害了公民的生育自由，但一项将销售这些用品的行为视为犯罪的法，就应算是在该自由上施加了过重负担而应受严格审查。

（三）严格审查基本模式的变种

在分析法律是否严重侵害了公民基本自由时，法院并不总是遵循上述五个步骤。一种变种的分析方式省略了后两个步骤而仅关注前三个问题。在这种方式下，对基本自由权利施加了"过重负担"的法律将归于无效；未施加过重负担的法律将受合理依据标准的审查。在接下来的章节中我们将看到，当前这一变种被适用于干涉女性堕胎权的法律。[3]

第二种变种则省略了最后一步，它止于第四步的探究。如果一项法律限制了一项基本自由（满足了第一、二、三步的条件），则唯一应考虑的问题

---

[1] *DeShaney v. Winnebago County Dept. of Social Servs.*, 489 U.S. 189, 195 (1989).
[2] See *Poelker v. Doe*, 432 U.S. 519 (1977)，公立医院无须提供堕胎服务。
[3] 参见第二章第五节第四目。

在于该法是否促进了一项具有重要意义的政府利益；如果真是如此，无论其是否囊括了政府可能施加的最小负担，该法都将得到支持。这种变种适用于杨伯格诉罗密欧案①：一个人身受到限制的精神病人认为医院侵害了他在安全、人身自由上的权利，法院根据这一标准驳回了其诉求。②

第三个变种省略了第二、三步，实际上就是承认一项基本自由受到限制，随后以政府行为是正当的为理由认可该法。通过这一路径，法院避免了不得不认定某一争议中的利益是否为正当程序条款下的基本自由的难题。法院在克鲁赞诉密苏里州卫生部案③中就沿用了这一路径。该案中，密苏里州的一项法律禁止了父母撤走其处于植物人状态和接受医学看护的女儿的人工哺育设备，法院支持了该法。法院拒绝认定州是否限制了这个女儿享有的拒绝继续维持生命的食物和水的自由。相反，法院认定即便该州过度地干涉了这一自由，该州也有足够的理由去这么做。④

最后，法院可能发现，即便根据合理依据标准，被质疑的法律或行为也未达到标准，这就使确定一项自由是否为基本权利变得毫无必要，如果是这样，法院也可能避免采用严格审查标准。在劳伦斯诉德克萨斯州案⑤中，法院就采用了这一思路：法院将德克萨斯州一项认定同性成年人之间性行为为犯罪的法宣告为无效。法院认定正当程序条款保护的权利之一就是成年人私下进行同性性行为的权利，但法院并未讨论这一新认可的权利是否为一项基本权利的问题。相反，异议意见指出，法院认定该法无效正是基于"合理依据标准……"，⑥该案中的多数意见实际上可能适用了一个比一般的理性审查标准更严格的标准，通过这一方式，法院避免了不得不确认受质疑的自由是否为基本权利的困境。

---

① *Youngberg v. Romeo*, 457 U.S. 307 (1982).
② 参见第二章第六节第一目。
③ *Cruzan v. Missouri Department of Health*, 497 U.S. 261 (1990).
④ 参见第二章第五节第七目。
⑤ *Lawrence v. Texas*, 539 U.S. 558 (2003).
⑥ 同上，at 594，斯卡利亚大法官的异议意见。

第五节　隐私权和个人自治

在 1965 年最高法院对格里斯沃尔德案具有开拓意义的判决中,婚姻隐私权得到了承认,并迅速扩展到了未婚人群和家庭之外发生的隐私行为。法院认定未婚人群①和未成年人②,与格里斯沃尔德案保护的已婚人群一样,同样具有使用避孕用具的基本自由权。隐私权同样应适用于保护已婚和未婚女性选择堕胎的自由,即便这项措施通常发生在医生的办公室而非家中。③ 随着格里斯沃尔德案的延伸,我们很难再说受质疑的某项权利只是一项隐私权,因而其保护程度也应低于婚姻隐私权。因此法院重构了格里斯沃尔德案确立的自由权,认为它保护的是"在养育子女问题上不受国家不正当干预的个人决定权"。④ 隐私权问题也因此首先是一个个人自治的问题,它是一项"个人独立进行特定的重要决定的权利"。⑤ 虽然法院仍然继续谈论宪法上的隐私权,但该词已被普遍用作个人自治的同义语。我们在本节的剩余部分讨论法院视为应予保障的个人决定权时,会交替性地使用这两个词语。

一、婚姻

婚姻权是个人自治权保护下的基本自由之一——例如,确立婚姻关系的自由,在洛文诉弗吉尼亚州案⑥中,法院将婚姻描述为"'人的一项基本权利',对我们的生存和延续具有基础性作用。"法院后来还解释道:"隐含

---

① *Eisenstadt v. Baird*, 405 U.S. 438 (1972).
② *Carey v. Population Servs. Intl.*, 431 U.S. 678 (1977).
③ *Roe v. Wade*, 410 U.S. 113 (1973).
④ *Carey v. Population Servs. Intl.*, 431 U.S. 687, 着重为原文所有。
⑤ *Whalen v. Roe*, 429 U.S. 589, 599-600 (1977).
⑥ *Loving v. Virginia*, 388 U.S. 1, 12 (1967).

于……正当程序条款中的基本'隐私权'。"①不当侵犯或过分加重婚姻自由负担的法应受正当程序条款的严格审查。不过,法院也认为,由于在传统上婚姻由各州管理,因此确立法律是否对结婚权予以过多限制并适用严格审查标准,可能比处理其他的基本自由案件更困难。

在试图确定干涉结婚权的法应受正当程序条款下的严格审查标准之审查时,根据平等保护条款裁决的案件可能具有建设性意义。这是因为在反歧视的基础上,限制婚姻自由的法同样应受平等保护条款下之严格审查②,既然这些侵犯行为的条件是类似的,限制结婚权的案件应受正当程序下的严格审查标准之何种限制,应从平等保护案件中得到启发。

直接并严重侵害结婚权的法——如禁止某一个人行使该权的法——施加了一个权利上的"过重负担"并引发了一项普遍性的具有重大意义的严格审查。③

另一方面,"一个没有明显干涉结婚权的合理规制"不应"受到过分严苛的审查"。④ 传统上施加的要求只是延迟这项权利的行使——如结婚年龄的限制、离婚前的等待期(一项法定的再婚先决条件)——都不太可能受到严格审查的限制⑤。即便有些传统性的限制受到了婚姻裁决的永久性干预,如反对重婚和乱伦的法律,但这些限制都不能被看作是对婚姻权施加了过重负担。⑥ 但是,其他一些限制了结婚权的传统则应得到严格审查,无论这些传统是何等久远。⑦

---

① *Zablocki v. Redhail*, 434 U.S. 374, 384 (1978).

② 参见第七章第二节。

③ 参见 *Zablocki v. Redhail*, 434 U.S. 374 (1978),该案中,法律限制部分拒绝付给子女抚养费的父母结婚,法院认为该法违背了正当程序原则;*Loving v. Virginia*, 388 U.S. 1 (1967),禁止白人和有色人种结婚的禁令违反正当程序原则。

④ *Zablocki v. Redhail*, 434 U.S. at 386.

⑤ 参见 *Sosna v. Iowa*, 419 U.S. 393 (1975),该案适用了一个比严格标准低的标准,从而认可了平等保护条款下离婚的一年等待期,但未明确地说明该法对结婚权的影响。

⑥ *Zablocki v. Redhail*, 434 U.S. at 392,斯图尔特大法官附议意见;id. at 398-399,鲍威尔大法官附议意见。

⑦ 参见 *Loving v. Virginia*, 388 U.S. 1 (1967),该案采用严格审查的方式,推翻了弗吉尼亚州的一项禁止白人和有色人种通婚的禁令,该项禁令源自17世纪,并在其他一些州也有反映。

由于一项法律是否可被视为对结婚权的干涉通常是并不明确,因此出现疑问时采用一种双重分析方法就是个好办法。第一个进路是假设相关法律施加了过重的负担,第二个进路则是假设相关法律并未如此,然后分别进行分析。

案例 2-D

爱丽丝是一个 16 岁的女孩,她最近结婚了。在她婚后不久,州政府终止了她每月 550 美元的福利津贴,根据是一项法律规定 21 岁以下的未婚公民才有权领取福利津贴。该法是否侵害了爱丽丝在第十四修正案下正当程序条款所享有的权利?

案例分析

爱丽丝可主张该法侵犯了其婚姻自由。由于结婚权是一项受保护的基本自由,正当程序的基本权利分析模式的前两项也就得到了满足。爱丽丝面对的问题在于,这是否为一项过重负担。州并未通过禁止结婚来直接侵害其结婚权。另一方面,州对爱丽丝结婚实施了间接惩罚,其结果就是剥夺了其生存利益。在卡利法诺诉乔布斯特案[①]中,法院认定终止已婚未成年人的社会保障权并非在婚姻自由上施加的障碍;不过,该案中的经济利益相对较低且不是为了满足生存需要。爱丽丝则主张,由于这一利益至关重要的特性,她的案件有别于乔布斯特案,因而州政府侵犯了其结婚的基本权利。

如果法院同意,该法将受到严格审查。根据第四步骤,州政府将很可能主张以下做法具有紧迫利益,即鼓励享有福利津贴的未成年人在组建自己的家庭前去工作或接受教育,从而减少他们以后依靠福利津贴生活的可能性。爱丽丝则会认为,单纯的省钱并非一项紧迫利益;如果这也是紧迫利益的话,政府也可以削减我们最重要的自由权——如言论自由、集会自由,因为这些自由都太费钱了。即便省钱算得上重要价值,爱丽丝也会根据第五步骤主张,州可采取其他更宽和的方式来达到这一目的,如只要求享有福利津贴的未成年人去工作或上学而无论其是否结婚。因此,如果法院适用严

---

① *Califano v. Jobst*, 434 U.S. 47 (1977).

格审查,该法可能被推翻,因为州政府完全没有必要为削减福利开支而限制爱丽丝的结婚权。另一方面,如果法院适用合理依据标准,该法将可能得到支持,因为一个理性的立法机关能够合理地对该法是否可有效减少对福利的长期依赖进行判断。

不过我们还得提出一个关键问题:婚姻是作为何种类型的关系适用基本权利予以讨论的呢?法院认可这一权利的案件全都与一夫一妻制和异性结合相关,这些特征是否界定了该权利的边界呢?有可能。例如,法院在雷诺兹诉美利坚合众国案①中认定多妻制为犯罪,并就此宣称认同被视为传统的西方婚姻模式——一个女人、一个男人。因此,这可能导致结婚权受该传统模式的限制。从另一个角度说,正当程序承认的"不仅是这个国家所形成某一事物所产生的传统,也包括这个国家摧毁某一事物所产生的传统"。②一个法官或大法官对这一逐步形成的传统的更灵活的模式表示赞同,可能会导致一种更加广泛的婚姻定义,这一定义可能更好地包含了现代社会对道德与正义的看法。

现在,对结婚权范围的争论主要集中于同性婚姻上。宪法上的结婚权在司法上是否应被定义为包含了此类结合呢?对这一权利的主张是否"隐含在有序的自由(ordered liberty)之概念"中,或它应否为一项第九修正案下的未列举之权利呢?如果不是,法律将婚姻限定为异性婚姻是否合理?马萨诸塞州最高法院根据其州宪法认定,该州限制同性婚姻的法律侵害了公民"选择是否结婚、和谁结婚的自由权利",因此该法不符合合理依据标准的要求。③尽管这一判决仅适用于马萨诸塞州,但引发了全国范围的讨论,其中就包括制订一项在全国范围内禁止同性婚姻的宪法修

---

① *Reynolds v. United States*, 98 U.S. 145 (1879).
② *Poe v. Ullman*, 367 U.S. 497, 542 (1961), 哈伦大法官异议意见。
③ *Goodridge v. Department of Public Health*, 440 Mass. 309, 329, 331, 798 N.E. 2d 941, 959, 961 (Mass. 2003).

正案的呼吁。① 进而言之,其他州法院并不同意马萨诸塞州最高法院基于合理依据标准的判决。例如,在埃尔南德斯诉罗布尔斯案②一案中,纽约州高等法院的结论是,对同性婚姻的禁止并未侵犯任何正当程序保护下的基本自由,而且它是在合理依据标准之下通过的,因为立法机关"可能认为,婚姻的一项重要功能就在于以创设稳固和持久的关系以使下一代得以出生。"③审理埃尔南德斯案时,法院的结论是"立法机关有理由相信,在其他条件相同的情况下,如果孩子能在一个既有父亲又有母亲的环境下成长会更好一些。"④

读者在读过后面的材料后,可以考察目前最高法院会采用何种进路处理这一争议。法院对结婚权的界定究竟会具有何种程度的普遍性或特殊性?在审查限制同性婚姻的法时法院会采用何种审查标准?这些法律能通过严格标准的审查吗?⑤

二、家庭的完整性

(一) 关于家庭的现有安排

结婚权被视为一项基本自由,其部分原因在于婚姻确立了"我们社会中构成家庭之基础的关系",⑥家庭构成了个人生活和私人生活的核心场景。为保护这一场景免受无正当理由的政府干预,法院已经认定维系家庭的完整性是受正当程序条款保护的、作为基本权利的隐私权的一个重要方面。

---

① 因此,拟议中的婚姻保护修正案这么写道:"美利坚合众国的婚姻,仅包括一男一女组成的结合。本宪法,或任何州的宪法都应满足如下安排,即承认婚姻或因某一结合关系组成的法律事实只能是一男一女的结合。"S.J. Res. 43, 110th Cong, 2d Sess. (2008); H.R.J. Res. 89, 110th Cong., 2d Sess (2008). 该提案目前尚未获得参议院或众议院通过。

② *Hernandez v. Robles*, 7 N.Y. 3d 338 (Court of Appeals NY 2006).

③ 同上,at 359.

④ 同上,另见 *Anderson v. King County*, 158 Wash. 2d 1, 10, 138 P. 3d 963, 969 (Wash. 2006),华盛顿州的法律禁止同性婚姻,但法院认为,这并未违背该州宪法所规定的正当程序条款,因为该法"与一个合法的州的利益,也即人类繁衍和子女抚育的利益之间存在合理的关系"。

⑤ 我们将在本章第五节第五目(性行为)、第六章第七节第四目(基于性的歧视)中对这些问题进行再次讨论。

⑥ *Zablocki v. Redhail*, 434 U.S. at 386.

通常说来，当政府干预家庭生活的安排使得家庭成员无法共同居住时，这种自由权就会发挥作用。①

案例 2-E

一个城市的条例规定，一户人家不得同时有两个以上的 10 岁以下的小孩居住。根据这一条例，有三个 10 岁以下小孩的苏特罗家族将被赶出他们居住了长达 12 年的公寓。苏特罗家族能否因该条例违反了其第十四修正案下的正当程序原则而免于被驱逐呢？

案例分析

摩尔案认可的基本自由权保护的是有血缘或婚姻关系的人们生活在一个大家庭中的权利。该市的条例禁止苏特罗一家保持家庭单位的完整性，从而直接在本质上干涉了这项权利。为避免被驱逐出公寓，他们唯一能做的就是将一个孩子送到其他地方生活或将这个孩子给别人收养。该条例显然侵害了家庭的基本自由权。毫无疑问，苏特罗家可作为一个家庭在其他城市一起生活，这对摩尔案中的家庭也确实是一个选择，但这并不足以避免在摩尔案中适用严格审查。

由于正当程序审查模式的前三项都已满足，除非市政府能够提供证据表明这一举措是为了促进一项紧迫政府利益，而且这样做所造成的负担最小，否则该条例就将被废止。该市政府会主张其利益在于维系安宁、和平的居住环境，因为有太多孩子的家庭通常会打扰他人，特别是老年公民。我们很难清楚地了解到，该利益重要，使一部干涉到家庭生活核心的法律具有合法性。孩子从来都是美国的风景，他们所制造的噪声也是生活中无法避免的事实。

即便一个法院认为该利益为紧迫之利益，但仍有一些可实现该市的目的而侵害更小的举措，如制定噪音控制条例、允许房东限定特定住宅只允许老年公民居住，甚至划定特定的城市区域给成年人居住。

---

① 参见 *Moore v. City of East Cleveland*, 431 U.S. 494 (1977)，一项条例禁止祖母、她的儿子和两个孙子共同居住在一起，法院宣告该条例无效。

然而，和婚姻自主权一样，并非施予家庭共同居住权以负担的法律都有必要受到严格审查。

案例 2-F

某州为有需要的有子女家庭提供了一项福利计划。该州每月给每个孩子付 150 美元，每个家庭不超过 450 美元。玛丽和乔·埃尔特和他们的 6 个孩子生活在一起，每月获得了 450 美元的福利金。这并不足以满足他们的基本需要。如果乔和其中三个小孩搬到另一公寓居住，他们将获得额外的 450 美元，因此这个家庭整体将获得每月 900 美元的福利金。州政府的该"最高福利"规则是否因强迫贫困家庭分开居住而违背了正当程序条款呢？

案例分析

可能没有。与摩尔诉东克利夫兰市案和案例 2-E 相比，州并未禁止家庭成员共同居住。虽然该福利计划可能给有需要的家庭提供一个拆解家庭的动机，但这种动机可能很微弱。虽然埃尔特家可通过拆散家庭来使其福利金翻倍，但新增的房屋租金和总体支出很可能比他们新增的收入还多。因为州政府很可能并未侵害埃尔特家在家庭完整性上的自由权，该州的最高福利规则在合理依据标准下得到了维持。① 在我们假设的案件中，严格审查应适用于州政府拒绝向超过 3 个孩子的家庭支付任何福利金的情形，因为如果这样的话，某一有需要的家庭很可能无可抗拒地分裂开来。

保持家庭完整性的自由并不能保护所有希望共同生活的人们。虽然法院在摩尔案中希望将宪法对家庭的保护扩展到不限于传统的由父母及其子女构成的核心家庭，法院主张在对家庭的定义应如何根据正当程序进行延

---

① 参见 Lyng v. Castillo, 477 U.S. 635 (1986)，该案中，政府给家庭成员的食物券，随着人员增多而平均数量递减，家庭成员可以分开居住以获得更多的食物券，法院认为，这不构成对维持家庭完整性的自由的限制；Dandridge v. Williams, 397 U.S. 471 (1970)，该案支持了有子女家庭补助计划（AFDC）的最高福利金限制。

伸上是有限制的。在贝尔·特尔村诉博拉斯案①中,一项社区条例禁止了6个大学生共同居住于一栋房子,法院对此采用了合理依据标准并支持了该项禁令。摩尔案和贝尔·特尔案的主要差异就在于,在后一个案件中,禁令"只影响了没有亲缘关系的个人。它特别强调允许所有具有'血缘、收养和婚姻'关系的人住在一起……"②然而,没有亲缘关系的个人虽然不能援引在家庭完整性上的自由权,但其共同居住权仍能通过另一基本自由权——即保持亲密关系的自由——得到保护。③

(二) 亲子关系

维护家庭完整性的自由权与父母抚养子女的意愿密切关联。事实上,亲子关系居于我们家庭概念的核心。法院在摩尔诉东克利夫兰案中认定,获得家庭生活安排是一个基本权利问题,法院这样做依托的是一些诸如迈耶诉内布拉斯加州案、皮尔斯诉姐妹协会案等早先的案例,这些案例承认父母享有养育子女的自由权。当政府试图侵扰亲子关系,如剥夺父母的监护权或否定其探视权时,这一相同的自由权也隐含其中。

并非所有的亲子关系都受家庭中的自由权的保护。法院试图在摩尔案中说明,血亲、收养或婚姻关系是组成"家庭"的一个必要因素,只有这样的家庭才能导致在维持家庭关系时的自由权,然而,这些纽带的存在并不总是能够创造一个足以受宪法保护的家庭组织。在迈克尔·H.诉杰拉尔德·D.案④中,迈克尔主张他与其生女维多利亚之间的父女关系是一项基本权利,而州政府则试图通过否决其探视权来终止这一关系。尽管早期案例承认家长——包括未婚的父亲们——在亲子关系上享有一定基本自由,但法院仍驳回了迈克尔的请求。斯卡利亚大法官撰写了多数意见,强调了迈克尔是一个不贞的父亲,孩子的母亲是在和另一个男人结婚并共同生活后生下这个孩子的。因为一个不贞的父亲及其子女之间的关系并不受我们的社

---

① *Village of Belle Terre v. Boraas*, 416 U.S. 1 (1974).
② Moore, 431 U.S. at 498,着重为原文所有。
③ 参见第二章第五节第三目。
④ *Michael H. v. Gerald D.*, 491 U.S. 110 (1989).

会保护，迈克尔和维多利亚之间的关系不能被视为正当程序条款之下"受到保护的家庭单位"。结果就是，无论迈克尔还是他的女儿都不能基于其双方的亲子关系而主张宪法上的自由权。

迈克尔案的判决是作为不同个体的大法官们在解释宪法时采取截然不同路径的明证。尽管没有哪个大法官认为正当程序条款中的"自由"的含义仅限于第五修正案和第十四修正案的起草者心目中的含义，但大法官们在解释应采纳的方法上产生了分歧。斯卡利亚大法官认为——其意见有伦奎斯特首席大法官加入，正当程序原则只保护那些"根植于历史和传统……"的自由。① 在确定是否需要进行这一判定时，斯卡利亚坚持认为，自由权应被限定为"现存的最为特殊的传统……"②因此，在迈克尔案中的相关调查集中于"与一个不贞成性的父亲的权利有关的历史传统，而不是更泛泛地讨论'家长权是否为一项在历史上引起我们关注和保障的权利'。"③既然没有一项权利保障通奸的父亲，斯卡利亚和伦奎斯特就得出结论，认为迈克尔无论如何都没有保持其与维多利亚关系的自由。

其他大法官则对该案采取了较为宽松的方法，奥康纳（O'Connor）大法官和肯尼迪（Kennedy）大法官同意斯卡利亚提出的法院有义务关注历史传统的意见，但是他们拒绝采用他的这一"单纯倚重历史分析的方式"；相反地，他们相信有时更合适的做法是考虑"与所主张的权利在普遍意义上相关的传统，而非所谓的'现存的最特殊的传统'。"④布伦南大法官、马歇尔大法官、布莱克门（Blackmun）大法官则既反对斯卡利亚针对历史传统所采取的狭隘进路，也反对多数意见关注历史和传统从而排除了其他司法解释的可能渊源。布伦南法官认为，虽然历史和传统并非毫不相关，但法院不能"在以自由之名保护任何事物前都去探求历史上的依据"。⑤ 在布伦南看来，法

---

① *Michael H. v. Gerald D.*, 491 U.S. 110 (1989), at 123.
② 同上，at 128 n.6.
③ 同上，at 127 n.6，着重为原文所有。
④ 同上，at 132，奥康纳、肯尼迪大法官部分赞同。
⑤ 同上，at 141，布伦南、马歇尔和布莱克门大法官异议意见。

院在先例中寻求理由,通过追问所主张的自由是否与"与我们之前已经视为'自由'的某个方面的权利具有足够的相似性"①。怀特大法官倾向于采纳与布伦南大法官类似的见解。

(三) 非亲缘探视权立法

美国所有的五十个州都通过了相关立法,允许未成年人父母之外的人在获得法庭许可后对该未成年人享有探视权。然而,谁可能享有探视权、在何种情景下探视权的申请会得到批准、申请人在法院面前应有何种表现从而可获批准,在这些问题上各州法律区别很大。如果监护孩子的父母愿意孩子的祖父母或其他第三人进行探视,这个问题通常会得到友好的、非正式的解决而无须司法介入。因此,各州在非父母探视权上的立法更倾向于仅在孩子的父母拒绝第三方探视时才发挥作用。如果法院在这种场景下授予探视权将会侵害父母决定子女抚育方式的基本自由。另一方面,允许父母单方面地拒绝孩子的祖父母或已经与孩子有一定的亲密关系的人员的探视,也可能侵害孩子在维系家庭关系和类似家庭的人际关系的自由,并削弱了这个国家保护儿童远离侵害的价值。非父母人群的探视权立法也因此引起了实质性正当程序的一些复杂问题。

在特罗克塞尔诉格兰维尔案②中,最高法院在这些问题上出现了第一次尖锐的分歧。该案涉及华盛顿州的一项立法,该法允许"任何人"在"任何时候"申请探视权,如果接受申请的法院认为"探视有利于孩子的最大利益",即可不顾父母的反对而批准探视权。该州的一个法院根据该法批准了特罗克塞尔夫妇——父亲自杀了的两个孩子的祖父母——的申请,法院的授权比孩子们的母亲托米·格兰维尔所希望许可的探视更加广泛。在上诉中,华盛顿州最高法院认定该法明显无效,因为它违宪地限制了家长抚育子女的基本权利。最高法院以 6∶3 的比例认可了华盛顿州的判决,但这 6 个意见并无任何一个形成了法庭的多数。尽管 7 名大法官都赞同,非父母探

---

① *Michael H. v. Gerald D.*, 491 U.S. 110 (1989), at 142.
② *Troxel v. Granville*, 530 U.S. 57 (2000).

视权的立法有时可能会侵害父母决定子女抚养方式的基本权利,但他们并未清晰地表述这一领域中的任何普遍规则。相反,在由奥康纳大法官起草、另有三名大法官加入的多数意见中,她指出[1]:

> 我们没有也不需要在当下界定父母在探视权问题上的正当程序权利之准确范围。在这个意义上,我们赞同肯尼迪大法官的意见,任何探视权标准的合宪性问题都取决于适用该标准的特定方式,我们也赞同这一领域内的宪法保护措施最好能够"细加推敲"。由于多数州法院在该情景下进行的是就事论事的判决,因此我们需要进一步考虑,特定的非父母的探视权是否在实质上违背了正当程序条款。

多数意见的结论是本案适用的制定法是违宪的。多数意见并未采用严格审查的基本模式或其任何已得到认可的变种,[2]而是宣称该法无效——因为它"糅合了几种因素"从而使州政府可轻而易举地侵害格兰维尔在"她决定两个女儿抚育问题上的基本权利。"[3]首先,没有任何人认为孩子们的母亲不合格,如果"家长能够适当地照顾其子女,那么一般来说州政府也就没有理由将自己卷入该家庭的私人领域中,进而质疑家长在为自己的孩子作出最好的决定上的能力。"[4]第二,在判定祖父母的探视就是孩子们的最大利益上,法律并未要求华盛顿州法院——不同于其他州法院——尊重或权衡母亲的反对意见,从而使该院忽略了"适当的父母行为就是对其子女利益的最好保障这一假定"。[5] 最后,格兰维尔并未要求完全禁止探视,只反对祖父母探视的频率和时间。多数意见认为,如果某一州比华盛顿州更尊重一位称职的家长之主张,比方说,如采用一种可以反驳的推定,即第三方的探视不符合孩子的最佳利益——则这样的一项规定了非父母之探视权的立法可能是有效的。如果有明确的证据证明家长不称职,或家长试图否认

---

[1] Troxel v. Granville, 530 U.S. 57 (2000), at 73.
[2] 参见第二章第四节第四目。
[3] 同上,at 68.
[4] 同上,at 68-69.
[5] 同上,at 68.

一切与孩子有亲密关系的人之探视权,州在干预此事上的利益将会更加显著。

苏特大法官提出了独立的协同意见,他支持了华盛顿州最高法院的意见,认为该法表面上看就是无效的,因为它允许州政府根据"任何人"在"任何时间"的申请去损害父母与其子女的关系,理由仅仅是法官可能觉得自己比孩子的家长更明智。① 不同于多数意见,苏特大法官并未讨论一个更狭义、更谦抑的立法能否通过违宪审查。

多数意见和苏特大法官的意见都主要关注父母的权利问题,在这个意义上说,斯蒂文斯大法官和肯尼迪大法官在其独立意见中则认为,孩子也应享有相应的自由以维系其与父母之外的其他人的关系。斯蒂文斯大法官写道:"这类案件并不是家长和州就谁有权决定孩子的最佳利益而进行的两极化斗争,这里至少有一个第三人——孩子,其利益隐含在适用立法的所有案件中。"②孩子们应享有"维系已存家庭关系和类似于家庭的关系的权利",这一权利允许州保护孩子们免受"父母滥用其权力,因为该权力的行使实际上并不是为了保障孩子的利益"③。根据类似的思路,肯尼迪大法官写道,在一些情况下,"第三方因在某一重要阶段发挥了照顾孩子的作用,从而与孩子之间产生了一种并不必定从属于父母之绝对否决权的关系……在对探视权法进行设计和具体安排时,各州可能被赋予了一项职责,以考虑这一特定关系是避免伤害的重要方面,因此在某些情况下家事法庭有必要考虑这种最大的利益标准。"④史蒂文斯大法官和肯尼迪大法官似乎和多数意见一样,支持一项不是像华盛顿州法律那样泛泛地规定"任何人"、"任何时候"均可探视的探视权法。

同样毫无疑问的是,斯卡利亚大法官会支持该法,因为只有他一人认为华盛顿州的这部法律在其文本和应用过程中都没有宪法困境。在他看来,

---

① *Troxel v. Granville*,530 U.S. 57 (2000),at 79.
② 同上,at 86.
③ 同上,at 88-89.
④ 同上,at 98-99.

由于正当程序条款并未保护父母养育孩子的这一未列举的权利,因此非父母的探视权立法并未导致宪法上的考量。托马斯大法官可能同意这一观点,其协同意见的前提在于现存的判例承认家长对子女的抚育权是一项基本权利。然而,托马斯直截了当地指出,既然没有哪方当事人质疑法院所进行的"实质性正当程序审查是错误的",以后他再讨论以下问题,即"对正当程序条款最初的解释是否排斥了法院根据该宪法规定实施未列举的权利。"①

总而言之,虽然特罗克塞尔案的判决确认了在州赋予第三方探视权时,父母将享有一项自由权,但该权绝非不受限制。恰恰相反,如果有一部较具体的法律意在于保护已存的关系,而政府又有更强大的证据来证明探视权的必要性,这种权利就很可能屈服。然而,证据要强大到什么程度仍是一个有待解决的问题。华盛顿最高法院认定简单地"维护孩子的最大利益"远不足以解决第三方探视的正当性问题。相反,这种对母亲抚育权的干涉只有在避免对小孩的"伤害或潜在伤害"的时候才是正当的。虽然史蒂文斯大法官和肯尼迪大法官已经赞成适用"最大利益"标准,但其他大法官都不支持这一关键问题。

三、亲密关系权

家庭完整性的基本自由仅及于因血缘、收养和婚姻产生的关系。其他的一些群体关系,比方说在贝尔·特尔案中存在的想要成为大学室友之关系,就不受家庭自由的保护了。不过,一些非家庭团体也可能基于隐私权或个人自治权的另一方面而享受宪法的保护——比方说,亲密关系(intimate association)权。② 和家庭完整性的自由非常类似,这一基本自由为"特定种类的高度个人化的社会关系提供了一种实质上的手段从而使之免于受政府的不当干涉"③,这些关系促进了个人自治的发展,因为这类关系"成为个人

---

① *Troxel v. Granville*,530 U.S. 57 (2000),at 80.
② 参见第八章第六节。该节讨论第一修正案的结社权。
③ *Roberts v. United States Jaycees*, 468 U.S. 609, 618 (1984).

与国家权力之间的关键缓冲器"。① 进而言之,既然"个人从与他人的亲密交往中获得了情感上的丰富",亲密关系权"独立地保障了个人在界定其身份上的能力,而这一身份是自由概念的核心所在。"②当这项自由权付诸实践时,如果政府试图解散该团体或迫使该团体接纳其不愿意接纳的人员时,就可能促使一个团体对抗这种行为。

对一个需要得到亲密关系权保护的团体而言,它必须具备一些家庭所有的特征,比方说"相应的小范围,在开始和维持这一关系上的高度选择性,以及在某些关键方面的限制以拒绝他人进入。"③而且,法院还会考虑该团体的意图和亲密无间的特性。

在罗伯茨诉美国国际青年商会案中,国际青年商会主张,州人权法要求该组织接纳女性会员的决定违背了该组织根据正当程序条款享有的亲密关系权。不过,法院认定国际青年商会不能援引这项权利,因为该组织地方分会的规模都非常大且其会员制度根本没有什么选择性。④

在监狱的问题上,法院曾短期支持一个观点,即"任何亲密关系权都随监禁而终止,或自始与囚犯无关",其他很多自由权一样,这项权利因监禁事实之存在而受到严重限制。⑤ 因此,奥弗顿案判决指出"结社自由是一项与监禁最难共存的权利",对家属和具有亲密关系的同伴探访囚犯所进行的限制仅需"证实其与监狱管理的合理利益之间有理性联系"。⑥ 在此基础上,法院推翻了第六巡回法院的一项判决——密歇根州的一部法律限制了囚犯得到未成年人(包括囚犯自己的孩子)、亲属、已释放的囚犯、朋友探视的权利,哪怕是隔着玻璃板的非接触式的探望也不行,同时该法还规定,滥用药物的囚犯在两年或两年以上的时间内不得接受律师和牧师以外的人之探

---

① *Roberts v. United States Jaycees*, 468 U.S. 609, 618 (1984), at 619.
② 同上。
③ 同上, at 620.
④ 另见 *Board of Directors of Rotary Intl. v. Rotary Club of Duarte*, 481 U.S. 537 (1987),否决了接纳女性成员之政府命令违背该组织亲密关系权之诉求。
⑤ *Overton v. Bazzetta*, 539 U.S. 126, 131 (2003).
⑥ 同上, at 132.

望,第六巡回法院宣告该法无效。法院的确认为,如果这些限制各自受到挑战或在特定场景下得以适用的话,那么部分这类限制不一定能通过审查,但是"上述看法并不足以支持上诉法院将该法中规定的所有非接触式探望全部推翻。"[1]尽管考虑到法院的裁决"符合实质的、对监狱管理者的专业判断的尊重"[2],但更加集中的质疑也不太可能取得成功。

案例 2-G

贝弗莉拥有一栋有 10 个卧室的房子。她和 10 个没有血缘、婚姻或收养关系的 8 位成年寄宿者一起住在这栋房子里。在很多年里,这一团体成员间发展出了牢固的社会、经济、情感联系。他们分享支出,轮流值日,并共进晚餐。他们还经常一起看电影,打保龄球和度假。然而该市的社区条例规定不存在血缘、婚姻或收养关系的人共同居住在一栋房屋中不得超过五人。该市向法院起诉要求禁止令并主张贝弗莉违反了该条例。贝弗莉可以因该条例侵害了她根据第十四修正案正当程序条款享有的权利而拒绝执行吗?

案例分析

贝弗莉不能主张保护家庭生活的基本权利,因为该权利仅适用于具有血缘、婚姻或收养关系的团体。但是,她可以援引以隐私权为基础的亲密关系权。和贝尔·特尔案中的学生不同的是,她的房客更多具有一个类似于传统家庭的属性。贝弗莉可以辩称,这一团体局限于小范围内且意气相投,她非常谨慎地选择谁可成为其房客,且该群体的目的已不仅仅在于简单的便利。她和她的房客们已经形成了亲密而持久的关系,并类似于那些已形成的传统家居环境。

如果法院认定贝弗莉和她的房客们受亲密关系权之保护,那么该市试图拆散该团体的行为就侵害了这一权利从而引发严格审查。即便该市存在某些限制人口密度、控制噪音、减少居住区的车辆等方面紧迫利益,他们也

---

[1] *Overton v. Bazzetta*, 539 U.S. 126, 131 (2003),at 136,着重为原文。

[2] 同上,at 132。

有更好的方式达到这些目标,而非过度侵害他们的亲密关系权。①

四、堕胎权

(一) 罗伊诉韦德案和三月规则

最高法院第一个关于隐私权的判决涉及一部禁止使用避孕用具的法,该法迫使人们违背自身意愿生育子女并成立家庭。为推翻这一类型的法,法院认为正当程序条款保护的一项基本权利就是"决定是否养育或生育孩子的自由",②这一决定权不仅受禁止堕胎的法律之侵害也受到了禁止使用避孕用具的法律之侵害。1973年,法院认识到这一问题,认为避孕药具和家庭的隐私权"已足以涵盖女性决定是否终止妊娠的权利"。③

罗伊案(Roe)涉及德克萨斯州的一部立法,该法规定,如非母亲生命安全之必须,禁止进行堕胎手术。该法通过绝对禁止多数堕胎手术限制了女性选择堕胎的基本自由;因而引发了根据正当程序条款进行的严格审查。因此德克萨斯州必须证明其干涉个人隐私权"支持一项重要的州利益所必须的举措……"④法院赞同州在规制堕胎的决定上具有两项紧迫利益——保护母亲健康和可能出生的生命。在布莱克门大法官(Justice Blackmun)撰写的意见中,法院认定在妊娠开始时这两项利益均不存在。相反的,保护母亲的健康之利益仅在怀孕头三个月(即开始怀孕后的三个月)后才成为紧迫利益;在此之前,堕胎比生育更能促进母亲安全。从另一方面来说,政府在可能出生的生命上的利益,在怀孕后大约第二个三个月(即怀孕六个月后)结束后才成为紧迫利益;只有在此之后,胎儿才能存活——这意味着胎儿能在母亲的子宫外存活。

根据三月规则,州在规制堕胎上的利益随孕期的延长而变得更重大。

---

① 参见 *City of Santa Barbara v. Adamson*, 27 Cal. 3d 123, 610 P. 2d 436 (1980),社区条例拆散了共居的无家庭联系但又具有很多家庭特征的12人,州宪法禁止了这一做法。
② *Eisenstadt v. Baird*, 405 U.S. 438 (1972).
③ *Roe v. Wade*, 410 U.S. 113, 153 (1973).
④ 同上,at 156.

在第一个三月,州政府没有禁止堕胎的紧迫理由。第二个三月出现了一个保护母亲健康的紧迫利益。这一利益允许州施加严格限制以确保安全的堕胎程序,但它不能作为整体性地禁止堕胎行为的依据。到最后三个月出现了保护胎儿的紧迫利益。此时州可能"限制甚至禁止堕胎,若非根据适当的医嘱,出于保护胎儿生命或母亲健康之必要,不得为之。"[1]一旦胎儿可独立存活,州将严格限制或全面禁止非治疗性堕胎(nontherapeutic abortions)——例如,那些并非在医学上为保护母亲的健康或生命所必须的堕胎;然而,州政府不会禁止女性选择治疗性堕胎(therapeutic abortions)。

尽管罗伊案使禁止第一阶段和第二阶段的堕胎归于无效,但该判决仍给各州对堕胎程序的规制留下了空间。根据三月规则,如果这些规范允许第一个三月过去后因保障母亲健康而进行堕胎,或这些规范完全排除第三阶段的堕胎,这意味着这类规范未对堕胎决定权施加过重负担,因此就能得到支持(也就不会引发严格审查)。

罗伊案后的若干年里,州和地方政府为确定这一决定的界限,制定了大量法律以约束女性的堕胎权。这些措施受到了各式各样的挑战,也迫使各低级法院和最高法院进一步适用和明确罗伊案确立的规则。法院支持了一些在第一个三月阶段和第二个三月阶段实施堕胎的限制,包括:要求女性提供书面同意书;医生保留特定的记录;留存供病理学研究的组织样本;未成年人堕胎应经父母同意,或父母同意堕胎后等待 48 小时,除非法官允许跨过这个阶段。不过,胎儿可存活阶段前的许多其他限制则被宣布无效,包括:所谓的告知同意条款(informed-consent),该条款要求医生必须对女性进行有关胎儿的特定陈述;成年人堕胎者的 24 小时等待期;堕胎必须在特定的医院和持照诊所进行;禁止特定廉价堕胎手段;要求所有未成年人,不论发育完全与否,其堕胎必须获得家长或法官的同意;要求医生将堕胎者的个人信息告知政府。法院同时也推翻了一些第三个三月阶段的禁令,这些

---

[1] *Roe v. Wade*, 410 U.S. 113, 153 (1973), at 165.

禁令要求保障胎儿，却损害了母体健康。

法院在很多案件中都存在严重的意见分歧。多数意见通常采用一个较低的门槛来确定某一限制是否施加了过重负担或侵害了女性的基本自由，并因此需要进行严格审查。作为一项规则，法院的多数意见认为，如果某项规制引起了延迟、劝阻或增加堕胎费用的后果，就构成了对该权的侵害。另一方面，持反对意见的大法官们则采用了一种较高的判断标准，各项规制只要未构成对堕胎的绝对禁止就会因符合合理依据标准的审查而得到支持。①

到 1989 年，法院意见的分裂达到了临界点，四个大法官——伦奎斯特、怀特、斯卡利亚和肯尼迪——公开主张罗伊诉韦德案要么被推翻，要么应仅限于非法堕胎方面的立法；仅限制堕胎程序的法律受合理依据标准的审查。② 看起来只需再多一票就能够推翻罗伊案。当罗伊案的铁杆支持者布伦南大法官和马歇尔大法官在 20 世纪 90 年代初退休时，乔治·布什总统选择了大卫·苏特(David Souter)和克拉伦斯·托马斯(Clarence Thomas)继任其职位。考虑到布什在竞选时已承诺要选择反堕胎的法官担任大法官，人们都希望新任的大法官们能够提供推翻罗伊案必要的那一票。致命一击始自计划生育联盟诉凯西案，③该案挑战了《宾夕法尼亚州堕胎控制法》。

(二) 计划生育联盟诉凯西案和三月理论的终结

在计划生育联盟案中，法院认定宾夕法尼亚州堕胎法的一部分——除非有特殊情况已婚女性在堕胎前必须告知其丈夫——违法，法院支持了该法的其他方面，包括：告知同意条款，即医生必须对女性进行关于胎儿的特

---

① 例如 City of Akron v. Akron Center for Reproductive Health, Inc., 462 U.S. 416, 461-475 (1983)，奥康纳、怀特和伦奎斯特大法官持异议意见，涉案法律规定了 24 小时的等待期，并规定在第二个三个月阶段必须在医院堕胎，并要求医生向孕妇说明胎儿的情况，反对意见采用合理依据标准支持了该法律。

② See Webster v. Reproductive Health Servs., 492 U.S. 490, 517-522 (1989)，伦奎斯特、怀特和肯尼迪大法官意见；同上, at 532，斯卡利亚大法官意见；Thornburgh v. American College of Obstetricians & Gynecologists, 476 U.S. 747, 786-797 (1986)，怀特和伦奎斯特大法官的意见。

③ Planned Parenthood v. Casey, 505 U.S. 833 (1992).

定陈述；24小时等待期；对未成年孕妇的堕胎应由家长同意；堕胎实施机构应保留堕胎记录并进行报告。为了支持这些条款，法院必须推翻一些宣告类似举措违宪的先例判决。凯西案在维持了罗伊诉韦德案判决的"核心内容"的同时，否定了罗伊案的三月规则，代之以一个新的"过重负担"（undue burden）原则以判断所有堕胎限制的合法性。

凯西案的判决是法院高度分化的结果。四个大法官——伦奎斯特、怀特、斯卡利亚和托马斯——投票反对罗伊案并试图推翻其全部的判决，维护本案所质疑的全部规则。布莱克门则站在另一边，坚持维护罗伊案的全部内容并相信涉案的宾夕法尼亚州法律在整体上都是无效的。史蒂文斯大法官也支持罗伊案，认为涉案的宾夕法尼亚州法律大部分无效。当法院分裂为一个4∶2的格局时，判决结果掌握在奥康纳、肯尼迪和苏特大法官三人手中。他们共同提出了一个联合意见，从而在完全废止和全部支持罗伊案之间确立一种中间立场。由于他们的观点发挥了非常重要的作用，因此我们需要进行详细的阐述。

提出联合意见的大法官中有的曾对罗伊案持严重质疑，但他们在联合意见中指出，遵循先例原则使得他们不能整体废止罗伊案。肯尼迪大法官的投票非常令人惊讶，因为在三年前的韦伯斯特案（Webster）中，他加入了伦奎斯特首席大法官推翻罗伊案判决的意见。奥康纳、肯尼迪和苏特大法官在这个案件中主张，"罗伊案的核心内容应当保留并且得到重述。"①这个核心内容在于一个女性"有权……在胎儿具有生存能力之前选择堕胎，并不受州政府的过分干涉"，而在胎儿具有生存能力之后，当有危及自身健康和生存之时，母亲仍有权选择堕胎。②

不过，提出联合意见的几位大法官"反对三月规则，因为该规则并非罗伊案的核心内容。"③这一规则在他们看来太过粗陋，因为"它低估了女性孕

---

① 505 U.S. at 846.
② 同上。
③ 同上，at 873.

育的未出生的生命中所包含的国家利益。"①虽然罗伊案认定这一利益仅在胎儿能独立生存后才成为重大价值,但几位大法官认为,"在妊娠中未出生的生命本身就蕴含了明显的国家利益"。②这种在未出生的生命上国家利益的升级使州政府在第一个和第二个三月阶段对堕胎进行控制具有更充分的理由,同时也剔除了区分第一、第二个三月阶段的理由,因为州已经具有了从妊娠开始就对堕胎进行干预的重要理由。另一方面,联合意见的作者们拒绝放弃区分第二个三月阶段和第三个三月阶段之间的"独立生存界限",他们认为,"罗伊案核心内容的一部分就在于胎儿的独立生存是一个起点,标志着关于胎儿生命的国家利益在宪法上已足以作为立法上禁止非治疗性的堕胎行为的正当理由。"③因此,在胎儿独立生存前,即便堕胎行为并非出于女性的生命和健康考虑,女性仍然有权选择堕胎。而在胎儿独立生存后,州可将除为维系母亲的生命健康所必须外的堕胎均规定为非法行为。

(三) 过重负担规则

在放弃了罗伊案的三月规则的同时,奥康纳、肯尼迪和苏特大法官反对采用在正当程序原则下审查基本权利的严格审查标准。在这一标准下,对基本权利有所侵害或过分加重负担的法律,仅在其目的在于具有重要意义的政府利益且施加的负担最小化的情况下,才能得到支持;政府施加了过重负担的事实本身并不具有决定性意义。④然而,联合意见构建了一种新的过重负担标准以确定堕胎法律的合宪性问题。在这一标准下,加重了女性堕胎自由之负担的法律或行为将自动归于无效。换言之,"过重的负担就是违宪的负担。"⑤乍一看来,过重负担标准看起来增进了对堕胎自由的保障,因为政府似乎不再有机会为施加了过重负担的行为正名。然而实际上,和罗伊案的规定相比,新的标准使政府更容易对堕胎进行规制。

---

① 505 U.S. at 846, at 875.
② 同上, at 876.
③ 同上, at 860.
④ 参见第二章第四节第四目。
⑤ 505 U.S. at 887.

根据过重负担标准,"如果一部法律的意图或效果为在胎儿独立生存前为女性堕胎权设置实质上的限制",那么该法将被视为施加了过重的负担。① 就这一目的要素受到的关注而言,如果某法"被视为……限制"女性的自由选择权,则该法就会被认为施加了过重负担。② 如果州政府的目的在于"劝说女性选择生育而非堕胎",则该要素就未受违背。③ 政府因此可"采取劝说性的措施以利于生育而非堕胎,即便这个措施没有促进健康的价值。"④ 由于任一州几乎总能声称其目的在于"劝说"而非"限制",如果任何法律由于其目的被认定为构成过重负担,那将是难以想象的。

如果考虑到过重负担标准的效果要素,那么,这一规则将比罗伊案及之后的案例更加不可能确认一部法律在女性堕胎权问题上过重地负担。根据联合意见,政府干涉女性堕胎权的条件在于该措施不能实际上阻碍或"禁止任何女性在胎儿独立生存前作出最终的堕胎决定"。⑤ "一项法律……使实施堕胎具有偶然性的困难或使之更昂贵,这一事实不能成为废止该法的充足理由。"⑥ 之前,造成堕胎更困难或昂贵的规定通常被视为限制了女性的选择权,并通常会被废止。⑦ 凯西案部分推翻了阿克伦案和索恩伯格案的判决,这两个案件废止了涉案的宾夕法尼亚州法律中出现的冷静期和告知同意条款,但凯西案又支持了这些规定。

虽然过重负担标准仅得到了凯西案中的三个法官的同意,但它仍表明了法院在该案中的立场。"当法院在裁决某案四分五裂并无法形成有五位大法官支持的合理解释时,'法院的立场就被视为在最狭隘基础(narrowest

---

① 505 U.S. at 887,at 878,着重为原文所有。
② 同上,at 877.
③ 同上,at 878.
④ 同上,at 886.
⑤ 同上,at 879.
⑥ 同上,at 874.
⑦ 例如:*City of Akron v. Akron Center for Reproductive Health*, *Inc.*, 462 U.S. 416 (1983),涉案法律设置了冷静期并要求特定的堕胎行为在医院进行,同时设定了一些限制,增加了堕胎的费用或使堕胎难以实现,该法遭到废止。

grounds)的判决上取得共识的大法官们的立场……'"①由于布莱克门大法官和史蒂文斯大法官附议的理由是罗伊案的整体都应被修正,因此过重负担标准就成为使配偶同意规定失效的最狭隘基础。对过重负担标准的所有质疑都在斯滕伯格诉卡哈特案②中得以消除——法院的多数意见③认可了将这一标准适用于判断规制堕胎的法之合宪性的做法。

案例 2-H

一州法规定,堕胎前女性必须与医生进行两次至少相隔 48 小时的个人咨询,第二次诊察后要另经 48 小时才能堕胎。在每次咨询中,医生都必须试图劝说该女性不要进行堕胎。该法是否违背了正当程序条款下的女性权利吗?

案例分析

该法应当无效。在过重负担标准下,州可以制定其明确目的在于阻碍女性堕胎的法律。然而,挑战该法的人会主张州的目的在于阻止女性进行自由选择,而州则可能成功地回应道这只是劝说而非阻止,并且州也在试图确定女性在堕胎问题上经过了深思熟虑和得到了足够的信息。

由于该法的目的并未违背过重负担标准,因此只有在这一措施通过防止女性实施堕胎从而为女性的选择设置了实质障碍时,该措施才是无效的。咨询和等待期的要求无疑造成了堕胎费用的增长和难度的增大,因为女性必须往诊所、医院或医生办公室跑三趟。然而增加的费用或增大的难度并未单独构成一项过重负担。若无证据证明该法具有防止堕胎的实际效果,这一措施仍将根据过重负担标准得以维持。

案例 2-I

内布拉斯加的一部法律规定,除非为保障母亲的生命,否则禁止进行"部分分娩堕胎术(Partial birth abortion)"。该法将部分分娩堕胎术定义为"一种堕胎程序,即操作者在杀死未出生的孩子和完成引产前,将活着的

---

① *Marks v. United States*, 430 U.S. 188, 193 (1977).
② *Stenberg v. Carhart*, 530 U.S. 914 (2000).
③ 布雷耶、史蒂文斯、奥康纳、苏特、金斯伯格(Ginsburg)和肯尼迪大法官。

胎儿通过阴道部分地进行引产的程序。"在第二个三个月阶段,有两种部分分娩堕胎术,最常用的是"子宫颈扩张刮除术"(dilation and evacuation,简称标准 D&E 法),即胎儿在子宫里被肢解后再用手术钳分 10 到 15 次取出这些碎片。另一个方法是"完整扩张取出术"(dilation and extraction,简称完整 D&E 法),作为 D&E 法的一种变种,这种方法一次性取出胎儿或基本完整地取出胎儿,手术钳会较少深入阴道。尽管这类做法的必要性尚存争议,但对一些女性来说采用完整 D&E 法要比标准 D&E 法安全一些。内布拉斯加州禁止了上述两种方法,尽管该州主要针对的是完整 D&E 法。违反该法的医生将被处以 20 年监禁和 25,000 美元的罚金并自动失去医师执照。内布拉斯加州的这部法律是否违背了女性选择终止妊娠的正当程序权利呢?

案例分析

基于以下两个原因,该法会受攻击:第一,根据罗伊案和凯西案,即便胎儿已经成型,政府也不能全面禁止"在适当的医学判断之下,为维护母亲的生命或健康所必须的"堕胎。[①] 内布拉斯加州的法律允许为挽救母亲生命所必须的部分分娩堕胎术,不过对医生认为某种堕胎法是实施堕胎最安全的方法的情形,法律未给出例外规定。罗伊案和凯西案均要求有保障健康的例外规定,但内布拉斯加州的这些法律未加提及,该法因迫使部分女性选择较为危险的方法堕胎或完全放弃堕胎而违宪。

第二,内布拉斯加州的这部法律对女性在胎儿成型后堕胎的权利施加了"过重的负担"。因为该法对部分分娩堕胎术的界定过于宽泛——既包含了整体 D&E 法,也包含了标准 D&E 法,而后者是胎儿成型后的第二个三个月阶段所采用的最常见的方法。因此,该法在效果上造成了女性选择堕胎的实质障碍。[②]

---

① *Roe v. Wade*, 410 U.S. at 165.着重为原文所有。

② See *Stenberg v. Carhart*, 530 U.S. 914 (2000),该案采用这一逻辑废止了内布拉斯加州的禁止部分分娩堕胎术的法律。

案例 2-J

斯滕伯格诉卡哈特案[①]后，国会根据其商业权力条款通过了2003年《部分分娩堕胎术法》(Partial Birth Abortion Act)。该法禁止整体D&E法而允许采用标准D&E法。如为女性生命安全所必须则不适用前述禁令，若仅因女性健康处于危险中则无例外，即仍不允许使用整体D&E法。在采取这一措施时，国会宣称，"为了能够体现道德意义、医学价值和伦理精神的统一，实施(整体D&E法)……是一个可憎的、不人道的程序，它在医学上从无必要，并且应当被禁止。"在国会看来，允许这一堕胎术会因"引产过程侵蚀了医生所应扮演的适当角色的公众认知"而伤害了医学职业团体。该法是否违背了第五修正案中规定的正当程序条款？

案例分析

在起草该法时，国会试图弥补斯滕伯格案中被废止的内布拉斯加州制定法中的一个关键漏洞，即同时废止了整体D&E法和标准D&E法。而这部联邦制定法恰当地规定禁止前者而允许使用标准D&E法。

根据凯西案的过重负担标准，若该法的目的或效果对女性在胎儿独立生存前堕胎设置了实质障碍，它将被视为违宪。就目的而言，议会的立法目标表现为对残忍、不人道的方法合法地设置障碍，这些方法的使用可能损害对人类生命和医学职业共同体的尊重。国会对应用更为广泛的标准D&E法未加限制，意在从根本上避免以下争议，即该法的真实目的是为女性试图在胎儿独立生存前的堕胎设置实质障碍。

考虑到该法的效果问题，该法对女性堕胎设置的障碍比斯滕伯格案中的内布拉斯加州制定法中设置的障碍显得不是那么关涉实质。然而此处施加负担的边界最终取决于国会认定被禁止的程序"绝无医学必要"的结论是否正确。在一个类似的宪法案件中，法院并未受立法机关这一结论的约束。因此，如果在诉讼中有证据表明被禁止的整体D&E法在保障女性健康方面具有医学上的必要性，则该法——至少这些案件中——将会被视为违宪。

---

① *Stenberg v. Carhart*, 530 U.S. 914 (2000).

然而，如果缺乏这些证据，该法将因满足了凯西案的两方面要求而得到支持。①

（四）表面上的争议和适用中的争议

一部堕胎方面的法是否违背过重负担标准主要取决于该法面对的是表面上的正义还是适用中的争议。在表面争议下，通常只有在发现一部法律"发挥作用的场合并不存在"时，它才会被废止。② 为方便实践起见，一部法律被认定为表面无效，将会整体从立法中移除且不能再约束任何人。相反，仅在运行中违宪的法通常并非表面无效；它必须在适用中受到主张其实施为违宪的挑战。如果该法在适用性审查中被宣告无效，它仍可在其他场景继续适用——除非其他适用性审查进一步限制了其适用。

法院在凯西案中稍稍修订了堕胎法律的表面审查规则。五名大法官（包括三个联合意见的作者和史蒂文斯、布莱克门）都赞同宾夕法尼亚州规定的告知配偶在表面审查规则下是违宪的，因为它"可能阻止大量的女性堕胎。"③ 即便告知配偶规定的适用可能在任何情况下都不违宪，但这一规定表面上仍是无效的；因为"适用了这一条款的大部分案件中，它会对女性实施堕胎造成实质障碍。"④ 这已足以说明问题了。

案例 2-K

如果禁止采用整体 D&E 法的联邦立法（案例 2-J）遭遇了表面审查——该案中的确如此，那么只有在原告能够证明该法造成了大量女性不能堕胎的情况下，该法才能被废止。然而，法院的结论是原告"并未证明该法可能在大部分相关案件中都是违宪的"。⑤ 还有其他途径成功挑战这一

---

① 参见 *Gonzales v. Carhart*, 550 U.S. 124 (2007)，面对一个基于表面的争议，该案维持了 2003 年部分分娩堕胎术法，认为没有充分证据证明该法的目的或效果在于为女性在胎儿独立生存前堕胎设置了实质障碍，特别是该法在其所禁止的堕胎方法外保留了一个替代方法。

② *United States v. Salerno*, 481 U.S. 739, 745 (1987)；另见：*City of Chicago v. Morales*, 527 U.S. 41, 55 n.22 (1999)，史蒂文斯大法官的意见，苏特和金斯伯格大法官加入，主张萨莱诺案的标准仅为一个判词，并不具有被作为可以持续适用的表面审查的标准。

③ 505 U.S. at 893，着重为原文所有。

④ 同上，at 895，着重为原文所有。

⑤ *Gonzales v. Carhart*, 550 U.S. 124, 167-168 (2007).

禁令吗？

案例分析

该法对妇女施加了实质障碍，可以代表那些妇女提起一项对适用的争议。法院在冈萨雷斯诉卡哈特案的判决结尾处强调了这一选择，指出"政府已经意识到，在法律实施前仍可对该法进行适用性审查。如果有证据表明在一些单独的、可以准确区分的场景下已经或可能会发生一种特定状况，在这种状况下必须使用该法所禁止的方法，那么采用适用性审查就是保护该女性健康的恰当方式。"①例如，由于某些女性特定的医学状况或其胎儿具有某些反常状况，采用整体 D&E 法将更为安全，那么该女性本人或其代表可提起诉讼。而且，一个在这些情况下实施了整体 D&E 法的医生也可将适用性审查作为根据该法提出刑事追诉的抗辩理由。

我们已经假设，根据过重负担标准，即便州有证据表明对堕胎限制施加更重的负担是为达成一项紧迫利益必不可少的，该州也不具备认定这一限制措施为正当的时机。不过这也不是绝对的。凯西案的联合意见认为，如果州法禁止一种堕胎方法以保障"寻求堕胎的女性之健康或安全"的话，必须同时提供一个负担最小的替代措施；在前述情况下，如果该限制被认定为"非必须的"就会被推翻，②否则就会得到支持而无须考虑是否为女性寻求堕胎施加了实质障碍。

案例 2-L

X 州的法律要求堕胎必须在持有执照的医生处进行。而该州只有一个持有该执照的医生。对很多女性而言，到这个医生处或邻近州的医生处的时间和费用都过分高昂。根据过重负担标准，这一持照医师的要求是否有效？

---

① 550 U.S. at 167.
② 505 U.S. at 878.

案例分析

该州可能会主张,该规定是为了保护母亲的健康和生命。罗伊诉韦德案认定,州政府可以保护健康安全为理由要求堕胎仅由持照医师进行。① 既然这部法律的目的是有效的,那么问题的关键就在于其效果是否施加了过重负担。在表面审查中,它可能被证明对该州的"大部分"女性施加了一个实质的障碍。若非如此,该规则无疑也对贫穷的和/或住所地远离堕胎医师的女性施加了实质障碍。

不过,如果能证明这是一项必要的健康和生命安全措施的话,即便该法看起来施加了过重负担,该法仍可得以维持。质疑者可能试图证明,持照医师的要求加重了负担而超过了保护女性健康之必须,例如,因为持照护士和医生一样,完全可以安全地胜任特定类型的堕胎。然而,如果该法被认定为未施加超过保护女性健康和安全的必要限度时,该法仍会被维持,即便它给想堕胎的女性设置了实质障碍。

通过使政府规范和限制堕胎更容易,最高法院在凯西案中明显削弱了其1973年判决的罗伊案的影响。在介入堕胎领域高度分化的争论20年间——其间司法系统废止了大量的州和地方堕胎立法,最高法院对凯西案的判决标志着一种退让。罗伊案在法庭内外都引起了强烈而持久的反对。过重负担标准表明了希望完全废止罗伊案的怀特、伦奎斯特、斯卡利亚大法官,与希望完全支持罗伊案判决的布莱克门、布伦南、马歇尔大法官之间的妥协。

联合意见的撰写人则想方设法否定法院在政治或公众压力前的妥协立场。② 不过看起来政治压力和公众压力的确该判决施加了重要影响。里根总统和布什总统均在竞选中承诺运用其任命大法官的权力达到推翻罗伊诉韦德案的目的。参与判决凯西案的大法官中有五名是里根总统和布什总统

----

① 410 U.S. at 165.
② *Casey*, 505 U.S. at 864-869.

任命的,他们都主张废止罗伊案,其中有两位大法官——斯卡利亚和托马斯——主张完全废止罗伊案,另外三位——奥康纳、肯尼迪和苏特——则采用过重负担标准作为削弱罗伊案的效用的一种手段。

尽管最高法院不是一个经选举产生的实体,但它仍受制于特定形式的多数控制。如果人们严重不赞同法院的意见,他们可以通过选举愿意运用其法官遴选权以改变法院的意识形态构成的总统和参议员来"改变法院的立场"(pack the court)。凯西案也部分反映了这种"法院的立场改变"(courtpacking),但也仅在一定程度上,该判决的确使法院更接近美国大众的多数意见。① 另一方面,凯西案的判决也让最反对罗伊案的人群感到失望,因为它保留了罗伊案的"核心立场"和个人隐私的宪法保护原则。自凯西案判决以来,法院采取的中间立场持续影响公众意见。在 2009 年,53% 的美国民众赞同法院的判决,认为堕胎在特定——而非所有——情况是合法的,这基本和 1992 年的统计持平。和至少部分大法官一样,公众开始区分其个人信仰和他们对法律的期许。因此,虽然 2009 年 75% 的被调查者认为堕胎在某些或所有情况下应是合法的,但只有 42% 的人群认为他们会优先考虑选择而非优先考虑生命。②

五、性关系

法院对正当程序条款保护的实质自由最近的一次扩张在于保障成年人"在最为私密的场所——家中"③进行包括同性性行为在内的性行为的权利。为作出这一判决,法院推翻了鲍尔斯诉哈德威克案④的判决,该案中两个成年男子在家中发生了性行为,而佐治亚州有将鸡奸行为视为犯罪的制

---

① See *Gallup Poll Monthly*, Jan. 1992, at 5-9, 64% 的公众反对推翻罗伊案,但是更多人赞同禁止宾夕法尼亚州法律涉及的那些堕胎方法。
② See Lydia Saad, More Americans *"Pro-Life" Than "Pro-Choice" for the First Time*, http://www.gallup.com/poll/118399/more-americans-pro-life-than-pro-choice-for-the-first-time.aspx (May 15, 2009).
③ *Lawrence v. Texas*, 539 U.S. 558, 567 (2003).
④ *Bowers v. Hardwick*, 478 U.S. 186 (1986).

定法,该法得到了法院的维持。法院将鲍尔斯案的争议焦点确定为"联邦宪法是否将同性恋之间的鸡奸行为视为一项基本权利。"[1]而未将该案视为关涉个人自治和"独立作出特定种类之重大决定的权利"的案件。[2] 根据法院在审理劳伦斯案时的看法,同样是讨论前述争议,鲍尔斯案"未能意识到处于危险中的自由的范围。把这个问题说成……只是一个进行特定性爱行为的权利问题,就贬低了这一个人主张,就像把一对夫妇结合贬低为其意义仅在于有权性交一样。"[3]

　　成年人的性行为是一项受保护的自由,为了得出这一结论,法院在劳伦斯案中引用了一系列的依据,包括:最高法院先前的一些隐私权方面的判决;将鸡奸定为犯罪的州从1960年的50个迅速减少为2003年的13个的事实;欧洲人权法院和其他国家的法院承认这类权利为"人类自由的有机组成部分"的判例;而且可能最令人惊讶的是还包括五个州法院在解释本州宪法时拒绝遵照鲍尔斯案的判决。[4] 审理鲍尔斯案时法院的错误仅在于他们相信"禁止此类行为自有其历史根源"[5],由于这一事实,最高法院在推翻该判决上的意愿变得极为高涨。审理劳伦斯案时法院小心地论证道:"这个国家没有一个长期存在的直接规定同性性行为的法律。"[6]相反,"美国关于同性伴侣的法律在20世纪的后三分之一才得到发展"[7]而且禁止鸡奸行为的19世纪的州法一般"也未针对在私人环境下的双方同意的成年人中间实施"。[8] 不过,法院在劳伦斯案中同时也忽视了州法以同性性行为为目标的现代背景。即便美国确实有一个早已确立的、禁止这类行为的传统,法院仍注意到,"历史和传统是实质性正当程序的出发点,但并不是所有案件的落

---

[1] Bowers v. Hardwick, 478 U.S. 186 (1986), at 190.
[2] Whalen v. Roe, 429 U.S. 589, 599-600 (1977).
[3] 539 U.S. at 567.
[4] 同上, at 576.
[5] Bowers v. Hardwick, 478 U.S. at 192.
[6] 539 U.S. at 568.
[7] 同上, at 570.
[8] 同上。

脚点。"①

肯尼迪大法官在劳伦斯案中代表法院发表的意见非常谨慎地回避了这一新权利是否为正当程序原则下的"基本"自由的问题。相反,两个男性申诉人由以定罪的德克萨斯州禁止鸡奸的法律,"并未增进任何可为其侵害人格和个人的私生活提供正当理由的合法国家利益,"对法院来说,已足以得出上述结论,②然而斯卡利亚大法官在其反对意见中重申,多数意见采用的仅仅是"合理依据标准",尽管可能在适用时比通常适用时要更温和一些,如果州法律连合理依据标准下的必要性标准都无法满足,法院也就没有必要去考虑这该争议是否为一项基本权利的问题。因此,法院可能在未来的案件中认定,他们在劳伦斯案中给予如此细致勾勒的权利实际上就是一项正当程序下的权利,这是完全可能的。

法院未能解决基本权利的判断问题,这可能反映了一定程度的谨慎和一定程度的不确定性——也就是不知道州可能在何时及何种场景下限制这类新出现的权利。法院仔细区分了本案和将来可能出现的其他案件:

> 现在的案件并未涉及未成年人,也未涉及可能被伤害或强迫的人,或那些处于难以轻易地回绝的关系下的人。它不包括公开行为或者卖淫,也未考虑政府是否应当给予同性恋试图进入的某种关系以正式承认的问题。③

简言之,法院在意欲设置一项新的自由权时选择了谨慎从事,而未采用罗伊诉韦德案的那种野心勃勃但又最终失败的进路——法院在罗伊案中试图非常细致地勾勒另一新确认权利的范围和界限,但不久后不得不做出一种被视为重要退缩的行为。④ 根据先前案例中获得的经验,法院在劳伦斯案中就更谨慎地在个案基础上寻求对这个新承认的权利的最终判断。

劳伦斯案是否揭示了法院如何评价限制同性婚姻的州法呢?当然有,

---

① *Bowers v. Hardwick*, 478 U.S. at 192, at 572,省略了原文的引注。
② 同上,at 578.
③ 同上。
④ See *Planned Parenthood v. Casey*, 505 U.S. 833 (1992),并参见第二章第五节第四目。

法院判决的轨迹是朝着更广泛的同性恋权利发展的。而且,将鸡奸禁令视为一个实质性正当程序而非平等保护问题,法院在这一特定语境下将异性恋问题和同性恋问题相提并论,或许在婚姻的语境下这种相提并论是正确的。关于法院判决轨迹的进一步证据体现在罗默诉埃文斯案[1]中,法院在该案中推翻了一部广泛歧视女同性恋和男同性恋的法律。另一方面,前述段落的引用表明,法院谨慎地抽离了对州就"同性恋想要进入某种关系的正式承认"这一问题的合宪性判断,而这明显指的是同性婚姻。换言之,法院放弃了解决这一特定的基本权利争议,而留待今后的辩论解决。

六、医疗措施

(一) 选择特定医疗措施的权利?

"独立作出特定种类的重大决定"的隐私权[2],扩展到关于一个人所期望获得的医学治疗的一些判决上。在罗伊诉韦德案[3]中,法院认定即便在胎儿可独立存活后,如有保护女性健康或生命之医学必要,女性仍然有权选择堕胎。这一立场在斯滕伯格诉卡哈特案[4]中得到重申。这意味着罗伊案认定的自由权包括两项直接标准:第一,女性根据任何理由选择堕胎的一般权利;第二,女性根据自身健康选择堕胎的权利,如采取治疗性堕胎的权利。在胎儿存活后,保护胎儿的国家利益超越了第一项自由;然而,这一国家利益并未强大到限制第二项自由——即女性选择必要的、保障自身健康或生命的医疗程序的自由的程度。

即便罗伊案和其后续判决都承认了选择保护一个人的健康所必须的医疗程序的基本自由,法院仍不愿将这项自由从堕胎问题扩展到其他政府规定为非法的治疗或药物运用上。法院可能认可其中隐含了一项基本自由,

---

[1] *Romer v. Evans*, 517 U.S. 620 (1996),本书将在第六章第七节第四目——"基于性倾向的歧视"中加以讨论。

[2] *Whalen v. Roe*, 429 U.S. 589, 599-600 (1977).

[3] *Roe v. Wade*, 410 U.S. 113, 164-165 (1973).

[4] *Stenberg v. Carhart*, 530 U.S. 914 (2000).

同时他们通常很快地得出结论，认为政府在禁止使用所期望的药物或治疗方面是合法的。① 相比堕胎领域而言，政府认定为非法的选择药物或医疗程序的自由至少在当时受到了较大限制。

案例 2-M

罗伯特罹患一种尚无公认的治疗方式的癌症。在已经过去的几个月里，他一直在使用一种由法国药厂生产的新药，该药尚未获得美国食品与药物管理局（FDA）认可。罗伯特曾被告知，根据一项州法，使用这种未被FDA 认可的药物将构成犯罪。罗伯特能否以州政府因禁止其用药自由而违背了其第十四修正案正当程序下的个人隐私和自治权为抗辩理由？

案例分析

即使法庭愿意承认基本隐私权扩展到个人希望接受的医学治疗决定，法院仍需决定州是否有足够理由干涉这一权利。州将会主张其在保护公众健康和安全方面具有紧迫利益，而且只有药物得到 FDA 认可，才能有效地保障药物不会对使用者造成严重的伤害甚至死亡。如果法院采用基本的严格审查模式的一个变种，并仅仅要求确认政府是否具有一项紧迫之利益，②罗伯特将很可能败诉，因为国家在公众健康上的利益很可能超越个人选择其医学治疗方式的自由。

从另一个角度来说，如果法院采用基本的正当程序严格审查标准，并坚持——根据第五步骤——政府必须运用为达成重大利益而采取的损害最小措施，那么适用于罗伯特的法就可能是违宪的。由于他罹患绝症，对他适用该法就是一种超出必要限度的负担，因为即便存在这种国家利益，这种做法对国家利益的促进也微不足道。对政府而言，一个负担更小的方式可能是

---

① 参见 *United States v. LeBeau*，985 F. 2d 563 (table)，1993 WL 21970 (7th Cir. 1993)；*United States v. Burzynksi Cancer Research Inst.*，819 F. 2d 1301，1314 (5th Cir. 1987)，cert. Denied，484 U.S. 1065 (1988)，拒绝了使用未注册之药物的个人请求；但参见 *Rutherford v. United States*，438 F. Supp. 1287，1298-1301 (W. D. Okla. 1977)，*aff'd*，582 F.2d 1234 (10th Cir. 1978)，*rev'd on other grounds*，442 U.S. 544 (1979)，政府因禁止使用杏素而违背了癌症患者的基本隐私权。

② 参见第二章第四节第四目。

确保罗伯特意识到这些风险的存在,但一旦州充分得知其决定,这一决定将会超越保护公共健康和安全的国家利益。

(二) 拒绝非自愿医学治疗之权利

在堕胎案中的个人健康决定权包括决定获取或承受特定医学程序的权利。这一自由也可能在决定拒绝采用非自愿治疗的情景下发挥作用。在判决于洛克纳案巅峰时代的雅各布森诉马萨诸塞州案①中,他们认可了拒绝非自愿医学治疗的自由权的存在,现代法院已经重述了这一自由。② 这一自由首先被视为身体完整权的一部分——即一个人的身体不受国家干涉的权利。在更近的一些年里,这项自由被视为隐私权和个人自治的一个方面。

和其他自由权一样,拒绝非自愿医学治疗的权利并不是绝对的。法院在雅各布森案中认定预防天花的国家目标足以超越个人拒绝接种天花疫苗的自由。在华盛顿诉哈珀案中,法院规定,在监狱的环境下宪法权利处于被贬抑的状态中,如果囚犯被诊断为精神失常,以至于可能导致对自己或他人的伤害,政府对其强制使用精神药物就没有违背正当程序条款。在哈珀案中,州无需证明该精神药物的采用对目标的达成是必要的,只要该措施能合理地与合法的狱政价值一致即可。然而,法院在哈珀案也指出,在不涉及囚犯的环境中,"州政府……必须满足一个更加严密的审查标准。"③

七、拒绝维持生命的水和营养的权利

拒绝非自愿治疗的权利有时等同于选择死亡的时间和方式。例如,如果一个罹患致命疾病的人被告知除非服用特定药物,否则她将死亡,那么拒绝服用该药物的决定实际上就是一个死亡的决定。在特定药物或特定医疗程序的选择自由上同样如此。在知情的情况下,服用致命剂量的吗啡止痛

---

① Jacobson v. Massachusetts, 197 U.S. 11, 24-30 (1905).
② 例如:Washington v. Harper, 494 U.S. 210 (1990),认定了囚犯具有拒绝强制使用精神病药物的自由;Vitek v. Jones, 445 U.S. 480 (1980),囚犯有权拒绝强制的行为矫正治疗;Parham v. J.R., 442 U.S. 584 (1979),个人在非必要的情况下有不住院治疗的自由。
③ 494 U.S. at 223.

的决定和死亡决定具有同样的效果，即便其意图可能非常复杂。在我们先前关于采用或拒绝特定药物或医疗的讨论中，个人选择并不直接伤害生命或造成死亡。这种医学治疗的自由权是否能及于包含死亡的权利呢？

这个问题在克鲁赞诉密苏里州卫生部主任案[①]中以一个狭隘的形式提出。该案中，密苏里州最高法院拒绝移除一个病人的生命维持系统，而该病人已处于持续植物人状态，法院的理由是没有"明确和可信的证据"证明这一移除措施符合病人意愿。病人的父母挑战了州法院的判决，理由是这一判决违背了其女拒绝接受非自愿医学治疗的权利。这一观点得到了相当部分的州法院判决的支持，他们认为这一权利是普通法的内容，在某些情形下还是宪法隐私权的一部分。

在伦奎斯特首席大法官撰写的一份意见中，联邦最高法院已经相当接近承认这一自由权了，但仍突然终止了。伦奎斯特承认，"一个有能力的人享有受宪法保护的拒绝非自愿治疗的权利，该原则可从我们早先的判决中推知。"[②]而且，他同意"这些案件的逻辑"应包含"强迫的生命维持治疗，甚至包括人工提供生命所需的食物和水。"[③]然而即便如此，当行使权利可能导致死亡时，州政府限制这些权利仍是合法的，这是因为"拒绝这类治疗的严重后果将提出以下追问，即剥夺这一权利是否为宪法许可"。[④] 在玩弄了这一主张后，法院拒绝认定以下主张，即拒绝非自愿医疗的自由并不包含拒绝生命维持治疗的自由。相反，法院认为，"基于本案的目的，我们假设联邦宪法会允许一个有能力的人享有受宪法保护的自由以拒绝维持生命所必须的水合物和营养。"[⑤]虽然克鲁赞案的五个法官认为这项权利确实存在。[⑥]他们的观点对判决的做出并非必须，因而未形成该案的立场。法院之后认

---

① *Cruzan v. Director, Missouri Department of Health*, 497 U.S. 261 (1990).
② 同上，at 278.
③ 同上，at 279.
④ 同上。
⑤ 同上，着重为原文所有。
⑥ 同上，at 287，奥康纳大法官之附议意见；Id. at 304-314，布伦南、马歇尔、布莱克门大法官之异议意见；Id. at 330-344，史蒂文斯大法官之异议意见。

为,克鲁赞案"假定,并强烈主张"——但不认定"正当程序条款保护拒绝非自愿的生命维持治疗的传统权利"①。

一旦审理克鲁赞案的法院假定一个有能力的人享有拒绝生命维持治疗的基本自由,而这一权利将胜过任何相抵消的国家利益,该案的新难题会随即出现,即撤掉食物和水的决定并非来自病人,而来自其父母和监护人。既然如此,密苏里州主张必须确保其代理人移除生命维持系统的决定表达了其真实意愿,以此保障(而不是阻挠)病人的利益。即便父母的动机毫无疑问是纯粹的,州政府仍具有一项有效利益,即确保其死亡权程序不会被那些声称代表无能力人利益的人滥用。密苏里州最高法院认为,仅当病人签署过一份正式的"生前遗嘱",或有其他的"明确、有说服力、本质可信的证据"证明该决定和病人在有能力时的意愿相符,才能从一个无能力的病人身上移除生命维持系统。州法院认为,该案未满足上述任一条件。②

联邦最高法院证实,州法院的严格审查标准并未违背正当程序条款。该法院采用一个修改过的严格审查标准,根据这一标准平衡了国家利益和病人利益之间的冲突。③法院发现,国家在维持生命和确保个人死亡决定之真实性上的利益足以压倒任何可能的病人自由权。反对意见则认为,这个不那么严格的程序性要求并不足以平等地保护国家利益,④但法院并不要求州证明这些负担较少的替代措施是为了一些并不充分的理由。

在认定任一州干涉病人自由的行为为正当后,审理克鲁赞案的法院否定了州侵害了病人家庭的自由权之主张。任何拒绝生命维持系统的自由都排他性地属于病人个人,而不是其家庭、朋友或法定监护人。州没有任何义务"将一项'替代决定'权赋予"其他人;"我们认为正当程序条款并未要求州政府将这些问题的决定权交与除病人外的任何人。"⑤因此,"州应根据病人

---

① *Washington v. Glucksberg*, 521 U.S. 702, 720 (1997).
② 497 U.S. at 268-269.
③ 参见第二章第四节第四目。
④ 497 U.S. at 321-326,布伦南大法官的异议意见。
⑤ 同上,at 286.

的意愿行事,而不能将决定权赋予近亲属。"①法院留下了一种可能性,即当病人已明确表达一项意愿,由病人自己决定终止其生命维持系统,法院可能会要求州听从这一替代方案。②

案例 2-N

由于道路交通事故,詹姆斯失去了两条腿且必须借助呼吸机才能呼吸。他 36 岁,已婚,有两个小孩。过去的一年,詹姆斯在多个场合切断了其呼吸机,但每次都因护士援引一项要求采取一切可能措施维持病人生命的州法而得到及时修正,詹姆斯因此起诉,主张该州法律违宪,他应当有权切断呼吸机并选择死亡。法院会怎样判决该案?

案例分析

和克鲁赞案不同,本案无需考虑病人的意愿问题。詹姆斯是一个完全行为能力的人,也以准确无误的术语表达了其意愿。唯一的问题克鲁赞案判决中并未明确的问题——例如,州是否应阻挠一个有行为能力的个人拒绝生命维持系统的决定。

假定法院认可拒绝生命维持系统的基本自由,克鲁赞案表明这一权利必须与国家利益相平衡。本案中的州政府可能声称有如下利益:维系生命,预防自杀,保护如家庭成员和爱他的人们等无辜第三方。法院在克鲁赞案中认为这些利益的强度根据个人的病况和预后状况而有所不同。

詹姆斯的生活质量当然受其截瘫和对呼吸机的依赖这一事实的影响。然而,和其他更典型的死亡权案件相比,其状况既非昏迷不醒,也非正在遭受一个极度痛苦且无药可救的疾病。因此,保护生命和避免自杀的国家利益看来相当强烈。而且,既然詹姆斯有妻子和两个年幼的孩子,和涉及单身或/和年老患者的案件相较而言,保护无辜第三人的国家利益更加引人注目。

詹姆斯将回应道:其"进行有关个人尊严和自治的选择"的基本自由③

---

① 497 U.S. at 321-326,布伦南大法官的异议意见,at 286-287.
② 同上,at 287 n.12.
③ *Casey*, 505 U.S. at 851.

允许他自己——而不是州——来决定应依赖人工手段维持多长时间的生命。然而,基于上述原因,国家利益仍可能被认定为凌驾于詹姆斯拒绝生命维持系统的自由之上。

八、自杀和安乐死

与克鲁赞案中争议密切相关的一个问题是,那些罹患永久性疾病的人群是否享有在医生帮助下终结自己生命的宪法权利。在这种情景下的个人,不同于那些试图拒绝生命维持治疗的个人——就像克鲁赞案一样,希望接受终止生命的医学操作。不过这两种情形都包括一项基本自由,即死亡的权利。

凡认为克鲁赞案隐含了宪法上具有开放性的"死亡权"的看法都因华盛顿州诉格兰斯伯格案①和瓦寇诉奎尔案②而平息下来。格兰斯伯格案以全体一致的结论否决了对华盛顿州的一项法律违背正当程序条款的挑战,该法将帮助他人自杀任何人——包括医生——的行为都认定为犯罪。瓦寇案则认定纽约州的一部类似的法未违背平等保护条款。

法院在格兰斯伯格案中写道,"在实质性正当程序案件中,我们曾要求对涉案的基本自由进行'仔细的描述'",③因为华盛顿州的法律禁止"帮助他人实施自杀",这里的议题并非如第九巡回法院所称的那样是一个囊括了"死亡权"或"决定死亡时间和方式的自由",④相反,法院认为"问题在于这项受正当程序特别保护的包括自杀权在内的'自由',是否包括帮助他人自杀的权利。"⑤

根据这一界定,法院规定,"所谓帮助他人自杀的'权利'不是一项由正当程序条款保护的基本自由权"。⑥ 这个国家的历史和传统拒绝接纳这一

---

① *Washington v. Glucksberg*, 521 U.S. 702 (1997).
② *Vacco v. Quill*, 521 U.S. 793 (1997).
③ 521 U.S. at 721.
④ 同上,at 722-723.
⑤ 同上,at 723.着重为原文所有。
⑥ 同上,at 728.

权利,因为长久以来帮助他人自杀都是被几乎所有州共同禁止并视为违法的。该自由也不能从法院先前判决的实质性正当程序案件中提炼而出。在很多这类案件中,如罗伊案和克鲁赞案都承认了"个人自治"的宪法权利,但这"并不能得出一个扩张了的结论,也就是任何和所有重要、紧密和个人的决定都能得到这样的保护……"①从那些案件中可以推断出一个结论,即特定的处于危险中的行为和决定,是"深植于我们的历史和传统,或者说对我们的宪政秩序下的自由具有非常基本的意义,这是它们受第十四修正案保护的原因。"②因此,由个人自治权的行使导致自杀,这一事实并不足以抬高这项并非基于传统的权利,使其成为一项基本的自由。

基于如下事实,法院更不愿在格兰斯伯格案中确认一项基本权利:这一确认导致一场激烈的国内辩论,它关系到辅助自杀和有关人性尊严、终止生命决定的独立性等相关问题。因为对法院而言,如果干涉并宣称辅助自杀是一项宪法权利就会终结这种争论。相反的,正如法院在其意见的结论部分指出的那样,"我们的立场允许这一争论的继续,因为在民主社会中应该如此。"③

一旦法院在格兰斯伯格案中认定该案不存在一项基本的自由权,它就很容易在合理依据标准下维持华盛顿州关于辅助自杀的禁令。该项禁令被认为与一系列的合法的国家利益相关,包括保护生命,确保给予患有抑郁或精神疾病的人以适当的治疗,维系医患信任,避免弱势群体(例如穷人、老人和残疾人)选择过早死亡,并防止安乐死。④ 法院因而在表面意义上支持华盛顿州关于辅助自杀的禁令,并且"同样适用于有行为能力的、身患绝症的成年人,试图用其医生开出的药物加快死亡的情形"。⑤

格兰斯伯格案提供了一种可能性,即将来辅助自杀禁令可能遭遇挑战,

---

① 521 U.S. at 721.
② 同上。
③ 同上,at 735.
④ 同上,at 728-735.
⑤ 同上,at 735.

并形成一项新的基本自由权,不过法院也警告道,任何这样的主张必须与本案未加认可的"在医生的协助下结束他人生命的自由"存在"相当差异"。① 如果存在这样一项权利,法院也并未进行说明。然而,一些大法官认为,他们会倾向于支持"一个精神正常并正遭受巨大痛苦的人,有可以为宪法认可的、控制自己即将经历的死亡的自由。"② 这一避免痛苦的自由权并未隐含于华盛顿州和纽约州的立法中,因为这两部州法都允许医生给病人提供足以控制痛苦的药物——即便该药物可能加速病人的死亡。③ 史蒂文斯大法官,虽然认为没有一项"辅助自杀并非一项无限制的宪法权利",但他也相信"在某种情形下,加速死亡是合法的"并且"可以得到宪法上的保护"。④ 因此,可以想见的是,无法治愈的病人有可能创设一项受保护的在医生辅助下的自杀权,但法院在瓦寇案的判决中写道,他或她"需要提供"和华盛顿州和纽约州的案件"不同和更具说服力的主张"。⑤

在瓦寇案中,法院认定纽约州的辅助自杀禁令并未违背平等保护条款。因为该案未牵涉基本权利和可能的基本权利类别,所以仅需要进行理性标准审查。⑥ 原告主张,纽约州的法律不能通过这一审查,因为该州遵照克鲁赞案,允许有行为能力的个人拒绝进行生命维持治疗而选择死亡,但否认有行为能力的个人有权通过服用致命药物获得相同结果。法院不同意这一观点,认为"对辅助自杀和去除生命维持治疗的区分,是在医学职业和我们法律传统中得到普遍承认和认可的区别,它是重要而且合乎逻辑的,当然是理性的。"⑦

法院指出,这两种行为在死亡原因和行为者意图的情况各所不同。当移除一个无法治愈的病人的生命维持设备时,死亡的原因在于潜在的疾病;

---

① *Vacco v. Quill*, 521 U.S. 793 (1997),at 735. n.24.
② 同上,at 736. 奥康纳、金斯伯格和布雷耶大法官的附议意见;亦可参见同上,at 791,布雷耶大法官之附议意见:"避免与死亡有关的严重身体痛苦"是一项基本权利。
③ 同上。
④ 同上,at 741-742,史蒂文斯大法官之附议意见。
⑤ 521 U.S. at 809 n.13.
⑥ 参见第六章第三节。
⑦ 同上,at 800-801.

然而当一个人获得致命药物时,死亡的原因在于医学治疗。至于意图问题,在移除生命维持设备时,病人及其医生的意图并不必然导致死亡,也可能是脱离非自愿的医学技术、手术或药物而生存。另一方面,在辅助自杀的情形下,病人和医生的意图至少有一部分是故意导致病人的死亡。法院认为,"长久以来,法律通过分析行为人的意图或目标来区分这两种行为。"①进而言之,其他很多州采用类似的界定方法来区分移除生命维持设备和医生辅助的自杀,这本身也就支持了纽约州法律的合理性。

第六节 其他受保护的自由

一、行动自由

(一)避免身体强制的自由

法院已经认定,正当程序条款保护的自由包含迁徙自由。这一基本自由权可能在许多情形下受到政府的侵害。这包括使得一些人受到"个人的身体强制",②"免于身体强制的自由一直以来都被视为正当程序条款之免于专断的政府行为之自由所保护的核心内容。"③该自由通常在某些机构场景中提出,如医院、监狱,这些地方的囚犯或住院病人主张政府对人身行动施加了过度限制。法院并不特别同情这类主张。

在监狱的场景中,法院已经认定有罪控诉和徒刑判决消灭了免于监禁的自由,和免于在监狱内转送或处于更严酷的监狱环境的宪法自由。④ 即

---

① *Vacco v. Quill*, 521 U.S. 793 (1997), at 735. n.24, at 802.
② *Allgeyer v. Louisiana*, 165 U.S. 578, 589 (1897).
③ *Youngberg v. Romeo*, 457 U.S. 307, 316 (1982),引自 *Greenholtz v. Nebraska Penal Inmates*, 442 U.S. 1, 18 (1979),鲍威尔法官之协同意见。
④ 参见 *Hewitt v. Helms*, 459 U.S. 460 (1983),囚犯不享有免于独囚的正当程序权利; *Meachum v. Fano*, 427 U.S. 215 (1976),囚犯没有免于转送到一个束缚更多的高安全等级监狱的正当程序权利。

便这些情景下未牵涉基于宪法的自由，囚犯在一些情况下仍援引其他正当程序自由权，如亲密关系权①，或有证据表明由一制定法或法规保护的程序意义上的正当程序所保护的权利②。囚犯也可援引其他的宪法条文——如第八修正案禁止酷刑条款的保护——来挑战其囚禁环境。同时，正如法院在扬诉哈珀案③中所承认的那样，经假释或其他类似情形有条件释放的囚犯在继续享有自由的问题上通常享有受一项制定法创设的权利，即如其假释被撤销或终止，他们享有程序意义上的正当程序原则保障。

对于那些公立精神病院病人的自由问题，法院仅会稍微多一点保护。在扬伯格诉罗密欧案④中，法院认为，和囚犯不同，精神病院病人享有身体活动的自由以及"合理的非拘束的住宿条件"的宪法权利。然而，法院拒绝进行标准的严格审查标准，该标准要求州政府证明任何这类限制对一项紧迫利益的达成而言是必不可少的。相反，法院采纳了一个平衡的标准，并认为国家在运营这类符合根据专业技术标准的机构上的利益，胜过任何病人在保有其身体自由方面的利益。因此，只要"专业判断认为，（这些限制）在确保安全和提供必要治疗方面是必要的"，这类限制也就会当然有效。

对涉及驱逐或可能被驱逐的外国人而言，免于身体强制的自由呈现出一种稍微有点不同的结果。在扎德维达斯诉戴维斯案⑤中，这个问题表现为，当一个外国人被认定为在美国非法居留，当政府正在找一个可以接纳他的国家时，他是否可被无限期拘禁。多数意见认为，这是一个正当程序条款下的"严重的宪法问题"，为了避免这个问题，法院对一部联邦法律进行狭义解释，从而允许这种情形下的无限期羁押。⑥ 因此，争议中的制定法被解释为，一旦有理由相信，将有关人员驱离美国是不可行的（也就是说，由于没有其他国家接收该滞留的外国人），就没有权力进行超过 90 天期限的羁押。

---

① 第二章第五节第三目。
② 第五章第二节第一目。
③ *Young v. Harper*, 520 U.S. 143 (1997).
④ *Youngberg v. Romeo*, 457 U.S. 307, 324 (1982).
⑤ *Zadvydas v. Davis*, 533 U.S. 678 (2001).
⑥ 同上，at 690.

在这些情况下,这名外国人在附带一定的条件和监督的情况下就应当获释。①

另一个案件中则反映了以下问题,一个享有永久居住权的外国人被联邦政府认定为应驱逐出境,缺席了一次潜逃风险的会面,是否应受在遣返聆讯前受到羁押且不许保释?② 法院认定该案未违背正当程序。法院首先指出,"国会定期制定涉及外国人的规范,将这些规范适用于本国公民是不可接受的。"③ 究其根本,法院认为确保一位应受驱逐的外国人出席遣返听证的政府利益,足以压倒无论是否具有潜逃风险都实施羁押的措施在宪法上的反对意见。而且,法院还认定,之前的扎德维达斯案与本案相比有两方面的不同:首先,扎德维达斯案中的羁押发生于遣返已不可能的情况下,④ 其次,不同于扎德维达斯案中的无限期羁押,等待遣返聆讯的羁押是一个较短的、有限的过程。

蒂莫尔案的判决大体上与法院不愿介入移民归化问题的体制性因素存在联系。⑤

(二) 迁徙自由

身体活动的正当程序权利同样可体现为免受政府干预的个人迁徙自由。个人的迁徙自由意味着从一州旅行到另一州的自由,这一自由与许多宪法条款有关,包括宪法第一条规定的商业条款、第四条的特权和豁免权条款、第一修正案的请愿权、第十四修正案的平等保护条款和特权或豁免权条款。

迁徙自由同样受正当程序条款的保护。该正当程序权利曾被用于推翻对国际旅行的限制。⑥ 在限制公民单纯走一走或到处行动的法律中同样隐

---

① *Zadvydas v. Davis*, 533 U.S. 678 (2001), at 698-700。
② *Demore v. Hyung Joon Kim*, 538 U.S. 510 (2003)。
③ 同上, at 522, 引用 *Mathews v. Diaz*, 426 U.S. 67, 79-80 (1976)。
④ 同上, at 527-528。
⑤ 参见第六章第五节第二目,关于外国人地位的联邦法之合理依据。
⑥ *Aptheker v. Secretary of State*, 378 U.S. 500, 505-514 (1964), 法律禁止给共产党员发放护照,该法无效的部分原因在于违背了第十五修正案确定的出国自由。

含了这一自由权。① 在芝加哥市诉莫拉莱斯案②中,法院推翻了芝加哥的一项反帮派和到处游荡的禁令。法院的三个大法官写道,"正当程序条款下的'自由'"包括"基于无害的目的闲逛的自由"、"根据喜好从一地到另一地的自由"、"基于个人决定选择是否留在某一公共场所的自由……"③然而,法院并未因其对实质性正当程序自由权的影响而推翻这项禁令,而是宣称因该措施过于模糊而违宪。

活动的正当程序自由可能与许多当代制度相关,这些制度包括针对未成年人的宵禁令,禁止在公共场所跟踪他人的反跟踪禁令。然而,即便迁徙自由受到法律的禁止,这并不必然意味着该法就是违宪的;和其他基本自由权一样,该法律是否有效取决于它能否满足严格审查标准。

案例 2-O

格伦伍德市规定了一项宵禁令,规定晚 11 点至早 6 点任何 18 岁以下的人在街上出没都为违法。该宵禁令的目的在于保障未成年人免遭犯罪侵害或进行犯罪。这项宵禁令是否违背了宪法第十四修正案规定的正当程序条款?

案例分析

根据基本的严格审查标准,由于该法限制了未成年人的行动自由,该市必须证明,宵禁令对一项紧迫之政府利益的达成是必要的。当然这是假设法院会将这一权利视为一项"基本"自由。保护未成年人并使其免受犯罪侵害是一项合法的目标,但这一目标也很难成为该严重损害基本权利的行为之正当理由。因为如果这项目标对未成年人而言足够重要,宵禁令也应用于在其他被视为容易受侵害的弱势群体上,如老年人、女性和残疾人。事实上,如果这类限制有效,那么实施一项普遍的宵禁令也就是正当的了,因为任何人都可能成为街头犯罪的潜在受害者。该市避免未成年人犯罪的目标

---

① 参见 *Papachristou v. City of Jacksonville*, 405 U.S. 156, 164 (1972),法院语义含糊地宣告关于游荡的禁令无效,但认为正当程序条款保障闲逛和散步的自由。
② *City of Chicago v. Morales*, 527 U.S. 41 (1999).
③ 同上,at 53-54,史蒂文斯、苏特和金斯伯格大法官意见。

也有类似的困境。如果这种严重侵害未成年人行动自由的做法被视为正当,它也意味着允许针对任何人的宵禁令,因为我们无法得知谁会是潜在的犯罪分子。

退一步说,即便这些目标被认定为重大的目标,该市还必须证明该法在达到相应目标上为必要。很多不至于对行动自由施加过多负担的替代措施,都有可能达到城市的目标,包括加强警察力量;更好的街道照明;给未成年人提供更好的教育、就业和娱乐机会;要求晚上在街上的未成年人由家长陪同或由家长签字许可。为使该禁令通过严格审查,市政府必须证明前述较为温和的措施对实现目标而言无法奏效。

市政府可能要求采用合理依据标准,或者至多用一个中间标准,因为该法仅仅干涉了未成年人的宪法权利。法院承认,由于"未成年人易受侵害的特性"和"他们无法进行成熟和有根据的判断",以及尊重"家长在未成年人成长中的角色",未成年人享有的宪法权利可能比成年人要少。① 然而,任何一项削减未成年人宪法权利的原因在这里都不存在:第一,可能没有证据证明未成年人在街头犯罪上特别易受侵害;第二,除了非常小的孩子,作出晚上离家的决定对成年人来说与未成年人并无不同;第三,宵禁令干涉而非尊重了父母在子女教育中的作用,因为它篡夺了父母决定其子女在晚上11点后是否应当外出的权利。②

二、获得法律保护和照顾的权利

前已述及,正当程序条款保护的自由是消极自由,在这个意义上,这一自由通常只赋予公民在其能力范围内自由行动并免于政府干预的权利。一

---

① *Bellotti v. Baird*,443 U.S. 622, 633-639 (1979),多数意见。
② 比较如下案例:*Anonymous v. City of Rochester*,13 N.Y. 3d 35, 2009 WL 1585815 (N. Y., June9, 2009),适用一个中间审查标准,废除未成年人宵禁令,因为它违背了第十四修正案确定的未成年人行动自由的正当程序权利;*Nunez v. City of San Diego*,114 F. 3d 935 (9th Cir, 1997),采用严格审查标准,废止未成年人宵禁令,部分因为它违背了未成年人行动自由的正当程序权利。*Hutchins v. District of Columbia*,188 F.3d 531(D.C. Cir. 1999) (en banc)和 *Schleifer v. City of Charlottesville*,159 F.3d 843 (4th Cir. 1998),*cert. denied*,526 U.S. 1018 (1999),采用一个正当程序条款的中间审查标准,支持了未成年人宵禁令的合法性。

般说来,政府承担消极义务以保证公民享有自由,如因某些原因公民无法完全享有这些自由时,正当程序条款才发挥作用。①

不过,这一规则存在一种例外情况。如果政府假定或介入一项与个人的"特别关系",该特别关系会导致"通过监禁、收容或其他类似方法限制个人自由,从而限制个人为其利益的活动"——政府可能会负有一项"保护和照顾的积极义务",以确保这些人的自由权得到保障。② 获得保护和照顾的权利仅存在于政府限制了个人"为其利益进行活动的自由",这会使得个人比其他情况下"更容易受到侵害"。

在扬伯格诉罗密欧案③中,法院援引了这一原则来认定州对非自愿关押在所有州立精神病院的人负有保护和照顾的义务。这些病人享有免受州对其身体安全和人身自由进行干涉的消极自由,也有"得到适当的医学照顾以保障其安全、增进其能力,以使其无须再受身体强制"的积极自由。④ 除了这些保护和训练的积极自由,州还需对这些个人承担一般意义上照顾的积极义务。随着洛克纳时代的结束,获得生命必需品的权利通常被视为一项消极自由,它只作为谋生自由的一部分得到最低限度的保障。然而,扬伯格案中的医院病人享有一项积极的正当程序权利,即州应提供其生存所需的权利。⑤ 法院后来解释道:"州在积极行使自身权力时限制了某一个人的自由,从而使其难以照料自己,同时也无法为自己提供生存所需——如食物、衣物、住所、医疗和合理的安全保障,这就超过正当程序条款对州行为的实质性限制。"⑥

在德夏妮案中,法院指出了该案与扬伯格案的区别,并认定州在保护一个孩子免受其父责打方面不负积极的宪法义务。由于该案中孩子生活在家中而非处于州的监护和照顾下,法院认定该案中不存在可与扬伯格案中存

---

① 参见第二章第四节第四目。
② *Deshaney v. Winnebago County Dept. Of Servs.*, 489 U.S. 189, 197-200 (1989).
③ *Youngberg v. Romeo*, 457 U.S. 307 (1982).
④ 同上,at 324.
⑤ 同上。
⑥ *Deshaney*, 489 U.S. at 200.

在的"特别关系"。而且即便州知晓这个孩子面临与其父共同生活的危险,州仍无保护这个孩子的积极义务,因为州"并未创设这一危险,也未使之更易受到伤害。"①

即便有证据表明,根据一项制度政府有积极的宪法义务保护和照顾某一个人,法院也不会因其雇员或代理人的疏忽而认定政府违背了这一义务。对政府而言,在正当程序条款的含义之内"剥夺"个人生命、自由或财产,必须证明这种违背正当程序段的行为要么是由部分政府官员审慎决定的,要么可能是由轻率鲁莽导致的。②

案例 2-P

露西是中部州立大学的一名新生,居住于校园内的宿舍内。最近,一个入侵者半夜强行进入其上锁的宿舍并袭击了她,门上唯一的球形锁上只有一个推钮,门外的人可用一张信用卡塞到门闩和门框之间打开门。这次袭击前的几个月,一群学生要求学校要么换锁,要么允许学生自己花钱换锁。学校拒绝这些请求,理由是他们不愿把宿舍变成堡垒。露西可以该校侵害了其在第十四修正案的正当程序条款下的权利而起诉该州立学校吗?

案例分析

露西可以主张,由于她住在学校宿舍,由此产生了一种特殊关系,使州政府具有一项积极的宪法义务以保障其人身安全的正当程序权利。学校会回应说,露西自愿选择进入这所大学,这就不同于扬伯格案中州立医院的病人被迫受约束的情形。露西可能回应说,无论进入大学的决定是否自愿,只要她在那儿都应得到州的保护和照顾;这也不同于德夏妮案中的孩子,露西并未与其父母生活在家中。而且作为一个新生,学校要求她必须住宿舍。进而言之,学校禁止她换一把更好的锁,从而限制了露西保护自己的自由,也使她更容易遭遇危险。

如果法院也认为学校具有保护露西之安全的积极的宪法义务,那么学

---

① Deshaney, 489 U.S. at 200, at 201.
② 参见 Davidson v. Cannon, 474 U.S. 344 (1986),因监狱官员的疏忽,导致一名囚犯被另一名囚犯袭击,本案并未涉及囚犯在监管期间的积极自由问题。同时参见第二章第一节。

校拒绝换锁的行为就会成为足以关涉正当程序条款的审慎决定:学校已得到了对这一问题的建议并决意不采纳任何对策。对比如下情形:露西的门安上了一把合适的锁,而由于学校的玩忽职守,这个锁没发挥作用;这种玩忽职守不会适用正当程序条款。一旦露西构建了其权利保护受到剥夺的事实,学校就必须证明自己不换锁的行为满足了一项重大利益,这种证明将会极为困难。①

三、向法院起诉的权利

法院已经认可了一项向法院起诉的有限的正当程序权利,这一权利可能受限制一方当事人起诉的政府行为侵害。向法院起诉的主张本质上有两种类型:(1)政府制造了呈递诉状的障碍之情形;(2)政府在之前限制起诉,使得该诉讼现在归于无效。第一种向法院起诉的主张通常被视为可能违背了平等保护条款。如设置诉讼费以限制穷人获得司法救济的做法即可归入此类。②第二种类型涉及一种更适于认定为实质性正当程序权利的规则。这类主张的本质在于,政府行为使得一项有价值的主张遭到灭失或减损。

为了确立一项向法院起诉的正当程序权利,原告必须证明存在一项之前存在而现已消灭的诉讼权。原告必须同时证明,她通过向法院起诉的权利寻求的救济已无法通过现存任何其他形式的权利主张加以实现。③ 在这一意义上,向法院起诉的权利附属于那项现已归于无效的主张。这项权利要满足如下两个条件:一是有一项此前存在的主张,二是只有行使了向法院起诉权,目前的救济才能奏效。在哈伯里案中,原告的丈夫作为反政府领袖被危地马拉政府逮捕,美国政府对其夫的去向保密,原告主张,这一行为侵害了她在其丈夫被捕时向美国法院起诉的权利,这可能会挽救其丈夫的生

---

① Cf. D.R. By L.R. v. Middle Bucks Area Vocational Technical School, 972 F.2d 1364, 1368-1373 (3d Cir. 1992), cert. denied, 506 U.S. 1079 (1993),州未履行积极义务以保障公立高中的学生免受其他学生的骚扰。
② 关于对这类向法院起诉的平等保护问题的讨论,参见第七章第五节。
③ Christopher v. Harbury, 536 U.S. 403, 414-415 (2002).

命。然而,她未能证明在当时的背景下,如果她获知实情的话,她的确会提出该实体主张。更重要的是,她未能解释为何她请求以经济赔偿作为向法院起诉权的救济手段,这一救济手段并不存在于现有的侵权主张。因此法院认定她未能证实一项可承认的向法院起诉权主张。

第七节　生命怎么了

我们已经讨论了什么样的自由和财产作为实质性的正当程序事项得到保护的限度问题。然而正当程序条款涉及的首要利益——列在自由和财产之前的利益——是生命。但奇怪的是,法院几乎未在任何有关政府行为损害公民基本生命权的案件中,适用过实质性正当程序原则。

一、堕胎

生命权的问题并不直接体现在堕胎案中,因为法院认为胎儿并非正当程序条款意义上的"人"。因此,允许堕胎的州法并不导致对第十四修正案含义范围内的人的"生命"的剥夺。[1] 然而,堕胎案也包含有对生命权的次要考虑,因为法院的确注意到堕胎为保护女性生命所必须时,州无权禁止堕胎。[2]

二、生存权

生命权在涉及联邦和州福利、医疗、住房、食物帮助计划等的案件中未发挥作用。政府否定、中止或者削减这些利益的决定并没有限制(因而也未引发)宪法上的生命权,无论这些决定对个人生活有多严重的实际影响。法院认定,"即便这些帮助对保障政府自身不可能侵犯的生命、自由或财产的那些利益而言至关重要",正当程序条款"通常不支持那些要求政府帮助的

---

[1] 参见 Roe v. Wade, 410 U.S. 113, 156-158 (1973).
[2] 参见第二章第五节第四目。

积极权利……"①因此政府只有确保公民行使其自身宪法权利的义务,在确保公民生活必需上,政府并无过多义务。② 当政府决定影响个人在这些方面的利益时,可能会产生一个制定法上的主张或指向其他宪法条款——如平等保护条款、程序意义上的正当程序财产权——生命的正当程序权利不会卷入其中。唯一的例外在于,某些案件中存在一种特殊关系使政府负有保护公民生命、财产和自由的积极义务。③

根据我国宪法,政府一般在保障个人生存方面负有消极义务,《世界人权宣言》(the Universal Declaration of Human Rights)第 25 条第 1 款则规定:

> 人人有权享受为维持他本人和家属的健康和福利所需的生活水准,包括食物、衣着、住房、医疗和必要的社会服务;在遭到失业、疾病、残废、守寡、衰老或在其他不能控制的情况下丧失谋生能力时,有权享受保障。

与之类似,即便由于现实原因,很多这类条款都无法实施,很多国家的宪法也规定了积极生命权。

三、死刑

在生命的实质意义正当程序权利问题上,死刑将占据一个显要的位置——但不是独立的位置。实质性正当程序条款在这个领域内发挥的作用,不同于第八修正案中规定的反酷刑和私刑条款(Cruel and Unusual Punishment Clause)。后者被解释为对死刑施加特定的实质和程序限制。④

---

① *Deshaney v. Winnebago County Dept. of Social servs.*, 489 U.S. at 196.
② 参见如 *Harris v. McRae*, 448 U.S. 297 (1980),政府没有为无力负担堕胎费用的贫困妇女提供资金的宪法义务;*Lindsey v. Normet*, 405 U.S. 56, 74 (1972),政府没有提供适当住房的宪法职责。
③ 参见第二章第六节第二目。
④ 参见如 *Kennedy v. Louisiana*, 128 S. Ct. 2641 (2008),对强奸儿童但未致使儿童死亡,也无意致使该儿童死亡的犯罪人,第八修正案禁止对其施加死刑;*Roper v. Simmons*, 543 U.S. 551 (2005),第八修正案禁止对犯罪时未满 18 周岁的人施加死刑,*Atkins v. Virginia*, 536 U.S. 304 (2002),第八修正案禁止对精神障碍患者施加死刑;*Woodson v. North Carolina*, 428 U.S. 280 (1976),要求陪审团决定施加死刑时,须有更高的确信程度;*Gregg v. Georgia*, 428 U.S. 153 (1976),要求在死刑案件中引导陪审团进行判断。

然而,甚至在这些第八修正案的保障得到尊重时,实质性正当程序条款仍会发挥更基本的作用,使政府维持其判处死刑的决定而非适用一个更加轻缓的刑罚。

正当程序条款明确提到了生命。它当然与任何自由权具有同等重要的基础地位,因为没有生命,也就没有自由。由于死刑用最直接和最严酷的手段侵害了生命,政府就似乎有一项证明义务,以说明死刑不仅促进了一项紧迫之国家利益,而且如果不适用死刑就无法良好地达到目标。即便这项产生于权利救济、普遍预防和/或使犯罪人无力犯罪(特殊预防)的国家利益足够紧迫,政府也应有附带的证明责任,以说明死刑实现了这一目标,且比禁止假释的终身监禁,或任何其他形式的刑罚更有效。有鉴于多数关涉死刑的学说和数据所具有的高度缺乏结论的属性,政府很难完成这样的证明。然而,基于一些无法说清的原因,最高法院并未采用实质性正当程序条款来分析死刑问题的合宪性。①

四、政府官员导致的死亡

在萨克莱门托县诉刘易斯案②中,一辆警车高速追逐一辆摩托车时碾过摩托车上的乘客刘易斯,从而导致其死亡。原告主张称"刘易斯因违反实质意义上正当程序原则的行为而被剥夺了生命……"③法院则认为,行政官员的这一"轻率鲁莽的过失"并不是足以产生一项正当程序上的主张极坏的、挑战公众良心的行为。④因为多数意见将"极坏"的行为视为一个"门槛"或"先决事件",也没有说明是否存在"一个免受此类行政措施的正当程序权利……",⑤史蒂文斯大法官则认为"这个问题棘手且尚未解决",⑥只有肯尼

---

① Cf. Commonwealth v. O'Neal, 339 N.E. 2d 676, 677-678 (Mass. 1975),陶罗首席大法官之附议意见。根据马萨诸塞州宪法规定,采用实质性正当程序原则废止了死刑。
② County of Sacramento v. Lewis, 523 U.S. 833 (1998).
③ 同上,at 840.
④ 参见第二章第一节。
⑤ 同上,at 847 n.8.
⑥ 同上,at 859.

迪大法官和奥康纳大法官愿意承认"这里体现了宪法文本保护的一项利益：州的行为是导致死亡的因果链条中的一环。因此，我们对确定是否具有一项需援引正当程序的利益没有明显的疑义。"[1]另一方面，斯卡利亚和托马斯大法官从文本、历史和程序支持的匮乏出发，反对这里所宣称的"免于'为抓到嫌犯高速竞逐并由此产生对生命的蓄意或漫不经心的侵害'的自由"，[2]只有两个法官认为，这类案件潜在地提起了一个正当程序下的"生命"问题，这一事实反映了正当程序条款中的"生命"已经变得多么的边缘化。

---

[1] 参见第二章第一节，at 856.
[2] 同上，at 862.

第三章 征收条款

第一节 绪论与概述

宪法第五修正案规定的征收条款(Taking Clause)也被称为公平补偿条款(Just Compensation Clause),该条款规定,若联邦政府未支付公平补偿不得以公共使用为由征收私人财产。该条款也通过第十四修正案适用于各州。[①] 本章将讨论的问题是,何时政府的行为被视为征收了公民的个人财产。而公平补偿的构成问题通常不是这一基本的宪法问题的组成部分,公平补偿通常是在财产所有人丧失财产的公平市场价值的条件下进行考量的。

第二节 征收和反向征收

征收条款运用过程中最为明显的制度安排就是政府何时可启动征收权以占有或没收私人财产。征收权允许主权者为公共需求征收私人财产。州政府和联邦政府可通过购买的方式获得财产,但可能会出现某私人所有者要么不愿意出售财产,要么要价奇高。征收权允许政府违背财产所有者的意愿而获得财产。不过,如果政府真的这么做的话,第五修正案和第十四修正案要求财产所有人必须获得公平补偿,补偿应按公平的市场价格计算。

一些州将征收权视为对促进全民福利的警察权之补充。联邦政府的征

---

① 参见第一章第三节。

收权未获宪法的明确列举,然而联邦政府仍可根据"必要和适当条款(Necessary and Proper Clause)"运用该权。由此,联邦政府可能使用这一权力来征收建设邮政所需要的土地——根据美国宪法第一条第八款的规定,设立邮政所对政府而言是必要且适当的举措。①

如果联邦政府或州政府想实施其征收权,通常会提起针对涉案财产的诉讼。当该政府开始该征收诉讼程序时,它认为该财产已经被征收;问题通常仅在于究竟多少赔偿方为恰当。如何正当地进行征收,是不动产和征收课程中讨论的主题,而非宪法课程的内容。

根据征收条款进行财产征收,还有第二种更巧妙的方式。在这种情况下,政府并未通过征收诉讼而援引其征收权,而是实际占有了私人财产但不承认它启动了征收权,也不提供公正的补偿。在这种被称为事实上或构成上的征收案件中,财产的所有人可能被迫进行一项反向征收诉讼,要求法院以原告财产被政府实际获得为由,命令政府支付公正补偿。和政府承认其获得了财产的征收程序不同的是,在反向征收中的关键争议在于征收是否已经发生。

例如,假设汤姆在艾尔姆(Elm)城外有四英亩未开发的土地。如果该市希望使用这块土地建立一个多功能的公园,它会试图从汤姆手中按其报价购买该土地。如果汤姆拒绝出售或要价超出合理范围,市政府可援引其征收权提起一项征收诉讼,请求法院确定一个适当的补偿价格。不过,在这两种情形下,该市都会给向汤姆支付土地价款——即要么根据汤姆自己的报价,要么以公正的市场价格为基础来确定的公正补偿。

如果市政府不这样做,而是通过了一个规划办法,只允许该项土地用作娱乐用途呢?或者它制定一项法律允许公众在周末休闲中使用该财产呢?或者政府禁止汤姆在该土地上进行任何建设呢?尽管这些措施都可能促进政府将该地用于公众休闲的目标,但在这些措施中,市政府都未行使其征收权,也未同意向汤姆支付补偿。市政府规定了汤姆或公众使用该地的限制,

---

① 参见第一章第八节。

但不承认可能会发生一项征收行为。在这类情形下,汤姆可提起一项针对市政府的反向征收诉讼,要求法院认定该市对其土地实施了一项事实上的征收行为且进行公正补偿是恰当的。

本章中我们要讨论的是,政府对私人财产的管制与处理在何种情况下会被视为征收并需要因此支付公正补偿。不过,我们首先要解释一项与通过征收获得财产的政府权力有关的宪法原则——公共用途原则。

即便以下的多数事例都关系到不动产,征收条款仍适用于个人的所有财产,这包括个人的有形财产(如马匹和汽车)和无形财产(如银行账号、商业秘密)。我们还应注意,"州政府不能否认长久以来州法认可之传统财产利益以回避征收条款。"[1]

第三节 公共用途的条件

如果个人财产经由征收程序被征收,唯一可用的救济措施通常只是获得公正补偿。财产所有人一般无法得到阻止政府继续进行被诉行为的禁止令。不过,由于第五修正案要求即便已进行补偿,征收也必须是为公共用途,如果有证据证明征收不是用于公共用途或出于公共目的该政府行为可能将被禁止。法院已"多次警告,即便支付了补偿……个人财产也不能因另一私人利益被剥夺。"[2]

关于公共用途的要求看似限制了政府征收财产的能力,但实践中根本无法以此为理由阻止征收。这是因为,"征收条款中的'公共用途'的范围'与至高无上的警察权之范围相差无几'。"[3]即便是直接受益人为其他一些私人主体而非一般意义上的公众时,该条件也被认定为得到了满足。只要

---

[1] *Phillips v. Washington Legal Foundation*, 524 U.S. 156, 167 (1998), 该案认为, 德克萨斯州不应否认律师的信托账户为"私人财产", 从而规避征收条款对其的保护。
[2] *Thompson v. Consolidated Gas Utilities Corp.*, 300 U.S. 55, 80 (1937).
[3] *Ruckelshaus v. Monsanto Co.*, 467 U.S. 986, 1014 (1984).

这类财产再分配"与可预期的公共目的有合理关联"就能够得到支持。①

案例 3-A

新伦敦市已面临数十年的经济衰退。为振兴经济,该市在进行充分地公开听证后,采取了一项意在招商引资的经济发展计划。计划的一部分是引进一家大型药厂价值 3 亿美元的研发机构。该发展计划着眼于建设与该研发机构毗邻的区域,包括一个水滨会议酒店、一个包含了私人公寓、旅馆、商店的小城区,以及一个用于休闲和商业的和游艇码头。为了完成该项计划,该市需要购买或征收一些民居。最终这一地产可能将转让给新的私人所有权人,如旅馆、私人住宅、饭店等的所有人等。苏珊家坐落在新规划区内,但她拒绝出卖其房屋。她还主张市政府不得行使征收权,因为该项征收并非出于公共用途,而是为了那些将从市政府获得财产的私人之利益。她的说法对么?

案例分析

她的说法不对。上述事实出自最高法院在凯洛诉康涅狄格州新伦敦市②一案的判决。法院解释称,尽管当局不得"仅以将一项私人财产转移给另一私人团体为目的"征收该财产,但该当局仍可"将一项私人团体的财产转移给另一个私人团体,如果该项财产的未来用途"意在促进公共用途。③法院认为,在解释"公共用途"一词时,法院长期以来就"回避僵化的规范标准和侵入性的审查,给予立法权以广阔的空间来决定何种公共利益对征收权而言是正当的"。④ 换言之,既然实施这一判断与某一可能的公共目的具有合理关联,这一判断就将获得支持。因此上述事例中提出的问题就在于,该市采取的这一综合发展计划是否体现为对该市数十年来经济衰退的理性应对。当然如此。在这一背景下,一个城市能合理地得出结论,认为该市之经济欠发达地区的这一综合发展计划能够促进该城市总体经济发展的公共

---

① *Hawaii Hous. Auth. v. Midkiff*, 467 U.S. 229, 241 (1984).
② *Kelo v. City of New London*, Conn., 545 U.S. 469 (2005).
③ 同上, at 447.
④ 同上, at 483.

意图。即便这一计划的价值或可行性存在对抗且合理的争议,甚至有些财产会从某一私人转移给另一私人,也不能影响这一结论。用法院在凯洛案中的话来说,城市"考虑到该区域已太萧条以至于必须采纳一项经济复苏计划,我们应尊重这一决定"。① 因此,该"计划无疑服务于一项公共目的。"②

显而易见,公共用途原则适用于征收程序的情形——即政府通过这些程序正面地寻求取得个人财产的法定资格,即便采取的是一种相当站不住脚的方式。至于能否适用于政府的"在效果上"类似于征收的管制活动中——即所谓的反向征收问题——尚有争议。③ 然而,作为实质性正当程序原则的一项内容,任何政府行为必须至少和一定的合法结果存在合理关联。④ 这一基于理性的实质性正当程序之主张,明显适用于反向征收的情形,可被视为与公共用途要求相对应的标准。两项标准都同样服从于立法判断,而且其后果在于,无论采用何种标准结果都相同。换言之,探讨一个特定的政府行为是否与一个可欲的公共目标存在理性关联,本质上等同于探讨该行为是否与一定的合法的行政效果存在理性关联。

以前,很大程度上基于最高法院判决意见中包含的观点,人们认为,在反向征收案件中征收条款要求一种更高程度的结果—手段的审查。⑤ 最高法院最近开始放弃这一观点,认为从征收条款来看,反向征收程序的首要问题在于,政府行为是否"在功能上等同于传统征收,也即政府直接获得私人财产或剥夺该私人之所有权的做法。"⑥换言之,关键问题在于在这种情形

---

① *Kelo v. City of New London*, Conn., 545 U.S. 469 (2005), at 483.
② 同上, at 484.
③ 参见第三章第六节、第七节。
④ 参见第二章第二节第三目,"当前的财产和经济自由"。
⑤ 参见 *Agins v. City of Tiburon*, 447 U.S. 255, 260 (1980), 在反向征收的情形下,法院进行实质意义上的审查。
⑥ *Lingle v. Chevron U.S.A., Inc.*, 544 U.S. 528, 539 (2005).

下实际上是否存在征收。因此,该调查的关键就在于政府施加之负担的严重性,而不在于对政府目的的结果—手段的审查。① 当然,在林格尔案后,提出反向征收诉讼的一方当事人仍可根据实质性正当程序条款提出对政府行为合理性的审查。② 而且,该正当程序的争议在适用于征收的情形时可大体对应公共用途原则。

第四节 分析反向征收问题的一种进路

要确定一项针对私人财产、应获补偿的征收是否发生,需要进行一系列追问。当政府选择行使其征收权时,这一进路并无必要,因为政府已宣告征收这一财产并需要给予补偿了。这里所谓追问主要适用于涉及事实征收的案件,政府在这些案件中并未承认发生了征收,也不认为应当予以公正补偿。

这些追问的目的在于辨识政府实现征收的三种方式:

- 实际上(physically)侵占、占有或获得私人财产;
- 限制私人财产的使用;
- 对财产的处分施加限制。

这些追问包括:

A. 政府是否导致了对私人财产的实际侵占?如果是的话,

1. 这是一个永久性的实际侵占并因此构成征收本身?或者
2. 是否存在一个对所有者造成的损害超出了所获得的公共利益的暂时性实际侵占?或者说,政府行为是否专断或者超出了基本的合理期待?

B. 政府是否限制了个人财产的使用?如果是的话,

---

① *Lingle v. Chevron U.S.A., Inc.*, 544 U.S. 528, 539 (2005).
② 参见同上,at 548-549,肯尼迪大法官协同意见。

1. 是否因限制禁锢了财产的所有使用和价值而存在一项征收？
2. 是否因该限制明显降低了财产的价值而存在一项征收？
3. 如果该限制导致了一项征收，是否属于妨害公共利益的例外？

C. 政府是否应为一建筑物承担责任，从而允许彻底导致了一项征收的条件成立？如果是的话，这将导致一项征收，除非以下两项追问都得到肯定答案：
1. 该条件是否与一项合法的政府目标存在实质联系？
2. 该条件的属性和程度与发展规划的结果是否存在基本比例？

我们将在本章的剩余部分讨论这些步骤或要求。

第五节　实际占有与限制之间的区别

判断是否存在征收财产的第一步就是确定政府行为的特征。为了达到这类目的，政府可根据两种不同职能采取行动。在某些情形下，政府行动导致了公共部门或第三方实际占有或侵占财产。在其他情况下，政府仅规定了所有者对财产的使用。

有一种简单的方法可用于区分实际占有或侵占和对财产使用权的限制。在实际占有的情况下，政府或经由政府允许的第三方获取或使用了个人财产。相对的是，在限制的情形下，财产所有者未受强制许可他人使用其财产，而仅被限制使用他/她的财产。

案例 3-B

X州在考虑采用两种方法之一使得公众在沿着海岸线旅行时，能够更好地观看海洋。第一种方法是要求海岸线上的财产所有者在其土地上提供一个参观点，让旅行者可以停留并观看海洋。第二种方法则要求海岸线土地所有者在其地产周围留出15英尺的通道，不得建造任何建筑物。这些要求在征收问题的视野下应如何定性？

案例分析

第一种要求涉及一种实际占有或侵占,因为它授权第三方——即公众——使用私人财产。第二种要求则是对使用权的限制,因为所有人对使用权受到限制时,政府、第三方都未获授权可侵占或占用该土地。

在个人财产的语境之下,政府对财产的占有或没收等同于实际占有。因此,在韦布医药公司诉贝克威思案①中,当共同诉讼基金产生的孳息被一郡占有,并将该资金存储于法院书记员处时,就构成了征收。

最高法院曾说过,实际侵夺的征收比政府仅限制财产使用的征收更易于认定。部分原因在于,与纯粹地限制使用相比,由政府或第三方进行的实际征收更可能严重侵害财产的使用和享有。进而言之,实际侵夺更可能破坏所有者的基本期待。尽管我们可以轻易地接受对自己的财产使用上的限制,但我们对"一个陌生人直接侵害并占有我们的财产"更缺乏预期。②

第六节　实际占有和侵夺

法院更愿意将对财产的实际侵夺认定为征收,而未将仅限制财产使用认定为征收,其结果就是确立了一项永久性的实际侵占构成一项基本征收(per se taking),而该规则正是这种倾向性的反映。这种基本征收规则并不考虑财产所有者的损失程度及可能产生的公共利益的重要性。③

例如,如果政府或第三方根据其所获授权可以无期限地持续使用私人财产,就发生了一项永久性的实际征收。在洛雷托诉电子提词器曼哈顿有

---

① Webb' Fabulous Pharmacies, Inc. v. Beckwith, 449 U.S. 155 (1980).
② Loretto v. Teleprompter Manhattan CATV Corp., 458 U.S. 419, 436 (1982).
③ Cf. Tahoe-Sierra Preservation Council, Inc. v. Tahoe Regional Planning Agency, 535 U.S. 302, 319-343 (2002),基本征收规则并不适用于对使用权的临时限制,该限制过程中并未发生对财产的实际侵夺。

线电视公司案①中,纽约州要求某公寓所有者允许有线电视公司在其建筑物中装设闭路电视线,法院认定这构成一项基本征收。该电缆占据不到 2 立方英尺的空间且对所有者的损害非常小,以上实施并不影响征收是否发生;这些因素仅与纽约州应支付的公平赔偿之总数相关。永久性侵占不限于土地附着装置所处的位置。如果一个州规定公众享有一项地役权,可在白天或晚上的任一时段穿过一私人海滩,即便这项权利多数时候无人行使,它也构成了永久性侵占。②

永久性实际占有中的基本征收规则,也可能适用于公众获得授权,可在特定的日子或年份使用一项私人财产时——也即,政府永久性地许可第三方定期但不连续地使用私人财产。

案例 3-C

艾尔姆市给予公众每周末在汤姆的 4 英亩土地上休闲的权利。这是一项基本征收吗?

案例分析

虽然公众并未获得在任何时候使用汤姆之地产的权利,但仍享有一项无限制地定期且循环使用该土地的权利。占有的残缺性和间断性并不影响基本征收原则的适用。否则,政府就可以为了避免构成基本征收而允许公众在 1 年的 11 个月中或 1 天的 20 个小时内使用私人土地,而不是允许其全时段使用。公众只能在周末使用汤姆的财产,这仅仅与补偿数额是否公平有关,而不能改变基本征收已经发生的结论。

案例 3-D

华盛顿州要求所有律师将代理费存在一个可产生孳息的信托账户里。而由于该账户的设立和管理费用已超过了利润所得,这笔代理费本身不能为客户产生利润,且与律师利润信托账户(Interest on Lawyers Trust Account)中其他客户的资金混同。律师利润信托账户所产生的利润转移给了

---

① *Loretto v. Teleprompter Manhattan CATV Corp.*, 458 U.S. 419 (1982).
② 参见 *Nollan v. California Coastal Common.*, 483 U.S. 825, 831-832 (1987).

华盛顿法律基金(Legal Foundation of Washington)，该基金则将利润所得用于包括给贫民提供法律援助在内的慈善用途。乔治是一个将资金存在律师利润信托账户中的当事人，他认为华盛顿法律基金将其利润拿走的做法构成了一项对其财产的基本征收，并要求公正补偿。查明的事实在于，如果乔治的资金放在一个单独账户中就没有产生净利息。换言之，管理费已超出了利润所得。然而，另一个事实是，乔治的资金的确在律师利润信托账户中产生了利息。乔治应当得到公正补偿吗？

案例分析

最高法院认为，当事人资金所获得的孳息是当事人——即本金所有人之财产。① 因此，政府强制将该利润转移给第三方的行为构成一项基本征收，从而使财产所有人具有获取公正补偿的权利。基于类似事实，在布朗诉华盛顿法律基金会②一案中，法院的多数意见认为构成了一项基本征收："菲利普斯案已明确认定，律师利润账户所产生的利润是本金所有人的'私人财产'，既然如此，该项财产向（华盛顿法律）基金的转移看起来就更类似于洛雷托案中对屋顶空间的占有问题。"③不过，尽管这被视为基本征收，但法院认为无须公正补偿，因为当事人的资金仅在个人账户不产生净利息的条件下，才储蓄在律师利润账户中。因此，当事人取走律师利润账户中产生的孳息时，并未遭受净损失。④ 在布朗案中持反对意见的四位大法官则认为，补偿应以当事人资金在律师利润账户中产生的"净利息"为基础，其数额为资金在该账户获取的收益，其花费少于客户将资金移除出去的花费。⑤

法院坚持认为，私人财产交由政府或公众定期使用，等同于一种基于基本征收规则的永久实际占有。"当政府的代理机构或公众全体'定期'使用

---

① *Phillips v. Washington Legal Foundation*, 524 U.S. 156, 172 (1998).
② *Brown v. Legal Foundation of* Washington, 538 U.S. 216 (2003).
③ 同上, at 235.
④ 同上, at 237-240.
⑤ 同上, at 245-246.斯卡利亚大法官等人的异议意见。

或'永久'占有一些先前被人们认为处于私人控制的空间、财产,且政府故意作出上述行为时,就毋庸置疑发生了一种需要补偿情形(缺乏通常意义的征收)。"[1]只要定期使用有一个永久的或不定的期限,它就应被视为一种永久的实际占有和基本征收,并支付公正补偿。

如果一项实际占有只是暂时而非永久的,法院不会采用基本征收规则。相反,法院会采用一个更灵活的权衡方式,一种权衡公共利益的重要性和对所有权人的影响的方式。在涉及对使用的限制时,法院也可能会与那种限制的情形类似的方式来评估暂时的实际占有。[2] 虽然法院也似乎有意暗示,它会扩张基本征收规则的使用,将其适用于所有的(包括永久性的、暂时性的)实际占有,[3]但该项规则目前仍然仅适用于永久性地占有或侵夺财产的情形。

并非每一项赋予公民进入或停留于私人财产之权利的法律都构成一项征收条款意义上的实际占有。如果财产的所有人已邀请了公众的一部分基于特定目的使用其财产,政府可能会对该所有人施以限制,使其不得排除另外一部分公众的进入,且不被视为实际占有。各州可据此避免房东将缴纳了租金的顾客逐出,诚如人权法会禁止旅馆、饭店和其他经营场所的所有人基于顾客的种族而排斥其入内。这类法律具有以下效果:允许私人财产被特定个人占有,而该特定个人正好是所有人意欲驱逐的人,但就征收的意义而言,它仅为对使用的限制而非国家强制下的实际占有。是产业的所有人而非国家来决定将其财产交给公众使用。产业的所有人保留了在任何情况下通过改变财产的用途而停止将其交给公众使用的权利。[4]

案例 3-E

艾尔姆市城告知汤姆,他必须允许公众在每年夏天在其土地上宿营,且不得以种族为由拒绝任何人入内。这构成一项征收吗?

---

[1] *Loretto v. Teleprompter Manhattan CATV Corp.*, 458 U.S. at 427 n.5. 引述弗兰克·麦克尔曼(Frank Michelman)教授的观点支持判决。

[2] 参见第三章第七节。

[3] See *Lucas v. South Carolina Coastal Council*, 505 U.S. 1003, 1015 (1992).

[4] 参见 *Yee v. City of Escondido*, 503 U.S. 519 (1992).

案例分析

该市的做法构成了一项基本征收，它是一项永久性的实际占有，因为汤姆并未邀请公众使用他的财产。然而如果汤姆决定将该地用作公共的露营地，城市要求他不得歧视的行为就将被视为一项纯粹的规制行为，尽管这意味着汤姆必须接纳一些他希望驱逐的人。

第七节　限制型征收

政府也可能发挥管理者的角色进行征收条款意义下的征收，在这种情况下，政府并不实际占有或授权他人占有私人财产，而是对个人处置其财产的权利施以限制。在某些情形下，某一法院可能认定，这些限制性干预的实质和内容有可能构成一项需要进行公正补偿的限制型征收。

较之实际侵占型征收，法院对限制型征收更加宽容。这源于以下事实：在一个有组织的社会中，基于公共利益限制个人行为是无法避免的。与此同时，所有由州政府和联邦政府施加的限制实际上都对某些财产利益产生了消极影响。如果所有政府造成的财产利益减损都会构成征收并需要进行补偿，那么任何级别的政府都会裹足不前。联邦最高法院拒绝对征收条款进行能够导致这一结果的解读。

法院已经认可政府必须具有免受征收条款干涉的规制[①]权，同时，法院也强调，"如果限制偏离得太远将被视为一项征收"。[②] 困难在于法院一直无法指出"任何'既定范式'（set formula）来决定多远是'太远'，他们更倾向于'采用一种实际上更变通、更现实的思路'"。[③]

尽管缺乏"既定范式"，一项行政法规在如下两种情况下会被视为征收：

---

　① 原文为 regulation，由于该词既有"规制"的意思，在美国法的语境下，也有行政法规的意思，因此后文根据上下文灵活处理。——译者
　② *Pennsylvania Coal Co. v. Mahon*, 260 U.S. 393, 415 (1922).
　③ *Lucas v. South Carolina Coastal Council*, 505 U.S. at 1015.

(1)该法规实际上剥夺了财产的价值或致其无法使用;(2)该法规明显减损了财产的价值。如果这两项标准中的任一项得到验证,该法规都可能被视为构成了一项表面征收(prima facie taking)。征收因所谓的妨害例外规则(nuisance exception)而发生,但政府也可能会反驳这一观点。我们将在本章以下部分讨论这些因素和妨害例外。

一、剥夺财产价值或使用价值

在关于财产使用的限制实际上剥夺了财产的全部用处或价值时,法院会认定构成一项表面征收。损失的程度是否足以产生该项征收,取决于这项行政法规所涉及的是不动产还是动产。

(一)不动产

在涉及不动产的情况下,如果一项行政法规剥夺了土地的经济价值或生产价值致使其在经济上毫无用处,法院将会直接认定构成了表面征收。导致这类效果的使用限制有时被称为"没收型行政法规"(confiscatory regulations)或"完全限制征收"(total regulatory takings)。[1] 法院宣称,只有在"极为特殊"且"相对稀少"的情况下,一项行政法规才可能被视为剥夺了一项不动产的所有经济价值以至于引发该绝对规则。[2] 法院进一步认定,暂停当前的土地开发并将之延长 32 个月并施以一项土地使用的综合规划的做法,并不会触发这类规则——即便在暂停期内土地所有者不得在该土地上享有任何经济利益。[3]

案例 3-F

汤姆在艾尔姆市拥有 4 英亩土地,他打算在上面盖 12 栋房子。这个城市最近通过了一项分区条例,该条例禁止汤姆在其土地上设立任何永久性建筑物。结果是他的财产贬值了 80% 且只能作为农用地。汤姆能否主张

---

[1] *Lucas v. South Carolina Coastal Council*, 505 U.S. at 1026, 1029.
[2] 同上,at 1017, 1018.
[3] *Tahoe-Sierra Preservation Council, Inc. v. Tahoe Regional Planning Agency*, 535 U.S. 302, 319-343 (2002).

这构成了一项表面征收?

案例分析

无论该项法律的影响有多么严重,汤姆都不能基于土地价值的损失而直接证实这构成了一项表面征收,因为他的土地仍具市场价值。① 然而,我们将会发现,虽然汤姆无法启动完全限制征收的绝对规则,但由于其财产遭受的实质损失,他也能主张该行为构成一项部分征收。②

如果有证据表明,一项对使用的限制之影响在于剥夺了不动产的所有经济价值,法院就会根据其绝对规则认定构成了一项表面征收,即便该财产仍具有一些经济以外的用途。因此,在案例 3-F 当中,如果汤姆能证明该禁令剥夺了其财产的全部市场价值,那么,虽然他仍可基于自身的目的使用其地产,如宿营、打猎、放风筝等,这些都不能改变表面征收已成立的结论。

进而言之,如果该条例的通过禁止了汤姆对该地的任何可能的经济上的使用,且该市拿出 5 万美金从汤姆手中购得了该土地,同样会构成一项表面征收。一旦某一行政法规剥夺了财产的任何在经济上可能的用途,则该州无法避免以下认定,即政府仅因购买或提供资金购买该财产并将其用作空地,即导致了征收的成立。当某一行政法规之效果在于禁止某不动产在经济上可能的所有用途时,并使得该资产残存的唯一价值就是被政府当做空地使用,征收也就发生了。如果像本案假定的那样,政府给付的价格比该财产受这种没收型行政法规前所应具有的公平市场价值,政府应补足它与公正补偿之间的差额。否则,政府就可根据这一规则用一个象征性的价格或远低于市场价值的价格购买该财产,从而避免被认定为一项完全限制征收。③

---

① 参见 Palazzolo v. Rhode Island,533 U.S. 606,631 (2001),"一项规定土地所有者在 18 英亩的土地上,只能建筑一个永久性建筑的规则,并没有使得该项财产在'经济上无用'"。

② 参见第三章第六节第四目(原书错误,应为"参见第三章第七节第四目"。——译者)

③ 参见 City of Monterey v. Del Monte Dunes at Monterey, Ltd.,526 U.S. 687 (1999),政府反复否决该土地的开发许可,之后又从土地所有者手中用 450 万美元的价格购买该项土地,法院认为构成了一项没收型规制征收。

(二) 动产

在涉及动产的案件中,通过分析行政法规所产生的对使用或价值的影响来确定是否构成了一项表面征收,是一件更困难的事。与不动产案件不同的是,我们必须证明对动产的使用限制已剥夺了该动产的所有价值(包括经济价值和非经济价值)。该动产已完全丧失了市场价值的单一事实并不足以说明问题。法院认为,关于商业的管制更容易导致动产丧失经济价值,并据此为这种区别对待正名。在安德勒斯诉阿拉德案[1]中,法院认为,禁止贩卖鹰羽使之不再具有市场价值的联邦法,并未构成征收,因为鹰羽对其所有者而言仍具价值,所有者仍可收藏、展出、赠与或遗赠这些鹰羽。

法院坚持,只有在动产的所有经济价值和非经济价值都被剥夺时,才能构成征收。这一观点对可能牵涉的动产而言几乎毫无意义。只有政府占有或没收该财产时,该标准才可能得以适用。如果占有是永久性的,则很可能构成一项实际占有型的征收。然而,如果没收仅为临时性,规制型征收的规则,就有可能使其确立一项"临时征收"。[2]

(三) 价值损失的衡量:分母问题

为了确定一项行政法规是否剥夺了不动产或动产的所有市场价值,我们有必要确定财产之价值被减少的范围。如果政府的管制措施造成某人拥有的 160 英亩土地中的 40 英亩完全丧失市场价值,那么究竟是这 40 英亩土地价值的全部丧失,还是 160 英亩土地价值 25% 的丧失呢?因为这项关于限制型征收的标准要求法院"将财产中被剥夺的价值与财产中尚存的价值进行比较,其中的关键在于确定财产的构成,'其价值构成了这个分数的分母'。"[3]

法院在如果解决所谓的分母问题上存在相互抵触的意见。它有时候坚持将这一地块当做一个整体,包括那些没有被行政法规影响到的地块。而在另一些情况下,法院则认为应当只关注受到行政法规直接影响的那部分

---

[1] *Andrus v. Allard*, 444 U.S. 51 (1979).
[2] 参见第三章第七节第四目。
[3] *Keystone Bituminous Coal Assn. V. DeBenedictis*, 480 U.S. 470, 479 (1987).

财产。

适用作为整体的方式的案件为潘中央交通公司诉纽约市案①。法院认为,纽约市文物保护法对纽约中央火车站上部空间进行保护的做法并未造成对其所有市场价值的剥夺。"征收的法理并未将一个整体的财产分割为几个部分,并以此确定在某个特定部分是否存在整体的剥夺……法院更多关注的是根据干预的内在属性和程度,将财产视为一个整体——在本案中,纽约市将该地块视为'地标',并加以限制。"②在这种进路下,如果一块160英亩的土地中的40英亩之经济价值被完全剥夺,损失应被视为整个地块的25%,而非40英亩的100%。

案例 3-G

汤姆将埋藏于其土地下的所有煤矿卖给了阿贾克斯矿业公司。阿贾克斯公司希望挖走其中所有的煤矿,但州法律要求,必须留下足够的矿产,以使地表免于坍塌。这就使得阿贾克斯公司无法挖走位于汤姆的土地下的2%的煤矿。既然那些埋在地下无法挖走的煤矿已毫无市场价值,那么阿贾克斯公司能主张构成一项表面征收吗?

案例分析

在潘中央公司案的进路下,为了确认阿贾克斯公司的财产是否遭受了完全损失,我们必须确定有无价值或有何种价值在作为整体的那部分财产中得到了保留。既然阿贾克斯公司拥有汤姆的土地之下的所有财产,那么作为整体的那部分财产应当包括所有的煤矿资源;而根据征收的目的,必须保留的那部分煤矿,并不构成一个独立的煤矿资源。阿贾克斯公司因此仅仅承受了其财产2%的市场价值的损失,因此,无法构成表面征收。

案例 3-G 取材于基石沥青煤炭协会诉迪本尼迪克提斯案,③在多数意

① Penn Central Transp. Co. v. City of New York, 438 U.S. 104 (1978).
② 同上, at 130-131.
③ Keystone Bituminous Coal Assn. V. DeBenedictis, 480 U.S. 470, 497 (1987).

见并不认为发生了征收的同时,伦奎斯特大法官和另外三人提出了异议。异议意见反对潘中央公司案的进路,并主张将必须留存的煤矿视为一个可分割的财产利益;在此基础上,他们认为,由于州政府的行政法规"消灭了可区分的部分财产的整体利益",因此构成一项征收。[1]

卢卡斯诉南卡罗来纳海岸委员会案[2]扭转了在基石协会案中持异议意见的大法官们的地位。斯卡利亚大法官在该案中代表法庭中的 5 名成员进行了如下陈述:

> 如果一项行政法规要求开发者必须使其拥有的农村土地的 90% 保持自然状态,究竟是应视为受限土地之所有权人的所有经济权利都被剥夺,还是应看作土地所有权人的土地价值受到减损,这一点是难以判定的。

这表明时至今日,案例 3-G 的案件(也包括基石案)的判决可能会有所不同——例如,法院可能会认定构成一项征收,理由是州政府剥夺了阿贾克斯公司不得不遗留下来的煤矿的全部价值。

如不考虑如何解决这个分母问题,一所有人享有的财产越少,就越有可能因财产的全部损失而形成一项表面征收。因此,在潘中央公司案中,如果中央火车站的所有人把车站上方的空间卖给了打算建一栋摩天大楼的开发商,而城市的文物保护法限制了该空间的全部经济用途,该开发商就可因此主张表面征收的构成。而且即便是在整体性的进路下,用以考量损失的那部分财产也仅为车站之上的空间而非车站的全部,因为开发商只拥有这一空间。相类似的是,在前述关于 40 英亩土地的例子中,若 160 英亩土地中的剩余部分归他人所有,则 40 英亩土地的所有人即可主张表面征收,因为他/她所拥有的土地遭遇了全部损失。

二、部分征收

即便一项行政法规并未剥夺不动产的所有经济价值,但造成了重大的

---

[1] *Keystone Bituminous Coal Assn. V. DeBenedictis*, 480 U.S. 470, 497 (1987), at 517-518.
[2] *Lucas v. South Carolina Coastal Council*, 505 U.S. at 1016 n.7.

价值损失,法院仍有可能认定其构成了一项部分的限制型征收。单纯的价值减损并不当然构成征收——换言之,这里不适用绝对规则。相反,法院会根据个案对这类部分征收进行考察。因此,在卢卡斯诉南卡罗来纳海岸协会案①中,法院认为"至少在**部分**案件中,遭遇95%损失的土地所有人会一无所获,而遭遇了100%损失的土地所有人则获得了全额赔偿。"然而,法院也指出,也不能简单地认定,因为一个所遭遇的损失比全额损失少一点的所有者无法"**主张我们的绝对化规则之权益**",所以公正补偿原则就对其不再适用。在一些情况下,"财产几近于完全被剥夺的土地所有者",也可基于上述案件获得赔偿。②

这里并不存在一个"既定标准"来确定何谓足够重大的价值损失从而造成一项征收。③ 在个案中,调查都是专门的和以事实为基础的。④ 在进行调查时,法院会审查如下事项:"首先,'该限制对原告造成的经济影响,特别是该限制对投资预期造成的直接影响之程度。'"⑤同时,还要评估"该限制与政府行为之性质之间的关系"——例如,它是更接近于一项实际征收,还是仅通过"一些公共项目调整了经济生活中的利益和负担以促进公共福利",从而影响了财产利益。⑥ 潘中央公司案中这一要求的意义在于,"廓清了限制型征收行为的范围,认定这类征收在功能上可与政府直接获取个人财产或使得所有者脱离对财产控制的传统征收相提并论……由于行政法规措施的经济效果及其对合法财产权利的影响不同,潘中央公司案的要求——尽管并非排他地——仍在很大程度上发生了变化"。⑦

案例 3-H

1972年,就在清洁水资源法(Clean Water Act)通过前,佛罗里达磷矿

---

① *Lucas v. South Carolina Coastal Council*, 505 U.S. at 1019 n.8.
② 同上。
③ *Penn Central Transp. Co. v. City of New York*, 438 U.S. 104, 124 (1978).
④ 同上。
⑤ *Lingle v. Chevron U.S.A., Inc.*, 544 U.S. 528, 538-539 (2005),引用潘中央公司案。
⑥ 同上,at 539.
⑦ 同上,at 539-540.

公司购买了一块湿地以挖掘地下蕴藏的矿石。当时在湿地之下采矿是合法的。1977年,陆军工程兵团(Army Corps of Engineers)援引规章,要求湿地所有者根据清洁水资源法的第404条获取许可。先前已在该地上进行开采的佛罗里达磷矿公司申请了许可,但工程兵团认为,这项正在进行的开采会导致湿地生态价值不可回复的丧失,并造成无法预测的水体污染。许可申请因而被否决。作为结果,佛罗里达磷矿公司的地块价值减少了73%。佛罗里达磷矿公司因此对陆军兵团提出了一项反向征收的赔偿请求,法庭会怎么判呢?

案例分析

工程兵团的行为并未导致湿地经济价值的完全丧失,因而无法适用卢卡斯诉南卡罗来纳海岸协会案的那类规则。然而,佛罗里达磷矿公司也可能证明,在潘中央公司案的规则下,佛罗里达磷矿公司遭遇了应进行补偿的财产的部分征收。多达73%的价值损失当然对佛罗里达磷矿公司投资造成了严重经济影响。而且,既然开采矿产的行为在购买该地产时是合法的,佛罗里达磷矿公司可主张否决其许可申请的行为,损害了其合法的、对投资回报的预期。最后,尽管这项被否决的许可看来是政府项目的一部分,其意在调整平衡损益以促进公共福利——即它不同于实际占有的情形——这种行为在功能上可被视为等同于实际征收,它使湿地的所有者被迫承担所有负担。因此,在潘中央公司案的规则下,佛罗里达磷矿公司可坚定地主张其应因遭到财产的部分剥夺而获公正补偿。[1]

使这个问题变得重要的语境在于,政府限制了一部分财产的所有价值,从而给财产所有人特定的"可转移的开发权"(transferable development rights,简称TDRs)。由于该开发权可转让,购买者可以运用这些权利开发

---

[1] 参见 *Florida Rock Indus., Inc. v. U.S.*, 18 F.3d 1560 (Fed. Cir. 1994), cert. denied, 513 U.S. 1109 (1995),要求基于类似事实,遵照潘中央公司案的判决;*Florida Rock Indus., Inc. v. U.S.*, 45 Fed. Cl. 21 (1999),根据适用潘中央公司案的要求,认定了一项部分征收。

自己的财产,因此这些开发权本身具有市场价值。政府是否能够通过给予财产所有人一些可转移开发权,然后主张土地的所有市场价值并未完全被剥夺,从而政府据此主张不存在一项限制型征收呢?或者说,可转移开发权的回报是否并不与征收的存在相关,而是仅与所有人就任何可转移开发权之上的额外赔偿相关?如果法院认为一项限制型征收可基于市场价值的部分剥夺而成立,在这个意义上,应如何对待可转移开发权都无关大局;在所有情况下,财产所有人的任何受到政府影响的财产价值损失都应获得公正补偿。另一方面,若仅整体性的征收中才能认定限制型征收,则可转换开发权规则的使用很可能对政府极为有利。例如,通过交付给财产所有人1,000美金的可转移开发权,政府就可获得一块价值250,000美金的地块并避免被认定为征收。最高法院因此就解决了在限制型征收案件中如何看待的可转移开发权问题。①

三、妨害例外

如果一项行政法规因过于专断任意或超出基本预期,或剥夺了财产的所有价值或使用价值,而被证明可能构成一项表面征收,政府仍可通过证明该行政法规符合"妨害例外"(nuisance exception)而避免其被认定为征收。

这项妨害例外一度被扩大解释,以允许政府禁止任何可能被视为"有害的"或者造成妨害的财产使用,而无论其是否构成普通法意义上的妨害。近年来,法院开始限制这类行政法规的例外情形,从而更明确定义了那些"隐藏在国家财产法原则的限制和已施于土地所有权之妨害"。② 这种妨害例外不适用于那些将"先前得到相关的财产和妨害原则许可的积极行为"规定为非法的行政法规。③ 这项被禁止的对财产的使用必须是一项在普通法原

---

① 参见 Suitum v. Tahoe Regional Planning Agency, 520 U.S. 725, 728 (1997);但参见 id. at 747-750,斯卡利亚大法官、奥康纳大法官、托马斯大法官之协同意见,即主张可转移开发权不应放在"等式中征收一侧而非公正补偿的一侧",因而与是否构成征收无关。

② Lucas v. South Carolina Coastal Council, 505 U.S. at 1028.

③ 同上,at 1029-1030.

则下"一直都是非法"的使用,因为根据普通法,被禁止的使用不能发端于所有者的"一揽子权利"的任一部分。① 尽管政府有权对财产使用施加新的限制,以避免普通法上可接受的损害,但如果这些措施构成了一项征收,妨害例外规则并不能用以规避公正补偿。②

案例 3-I

汤姆得到了艾尔姆城的许可,以在其土地上建设一个核电站。在电站投入使用一年后,市政府下令关闭该电站,因为人们发现该电站坐落在一个地震点上。汤姆主张构成了一项表面征收,因为该市的行为剥夺了其财产的所有市场价值,并损害了他在政府允许建设核电站上的期待。该市能主张一项妨害例外以避免法院认定其行为构成应公正赔偿的征收吗?

案例分析

该市所禁止的使用是一项根据普通法原则可能构成公共妨害的对财产的使用,因为它对公共健康和安全的造成了严重威胁。即便普通法并未规制核电站,但其可能造成的损害——人命的伤亡——就是一种普通法上的公共妨害所要防止的损害。因此该市可主张一项妨害例外以对抗汤姆关于其财产被征收的主张。

————————

如果某州规定财产的某项常规使用违法,州法院认定未发生征收,因为被禁止的使用构成了普通法上的妨害,那么该州对妨害争议的行政法规并不必然受宪法上的征收条款的审查。联邦最高法院会审查州的司法裁决,以确保该裁决的确是建立在"一个客观上合理地采纳了相关的先例"的基础上。③ 如果最高法院认定州法院试图改变普通法中蕴含的原则,则不得适用妨害例外,而州政府必须支付公正补偿。

————————

① *Lucas v. South Carolina Coastal Council*, 505 U.S. at 1028, at 1027, 1030.
② 亦可参见 *Palazzolo v. Rhode Island*, 533 U.S. 606, 629-630 (2001),如果一项规制措施导致财产所有权的转移而未能进行补偿,将有违法律的原则,而被视为违宪。
③ *Lucas v. South Carolina Coastal Council*, 505 U.S. at 1032 n.18.

案例 3-J

汤姆在艾尔姆市拥有的 4 英亩土地中包括未开发的湿地和沼泽。许多附近的这类湿地的业主为了能在上面进行建设都填埋或抽干了他们的土地。然而,1980 年州最高法院认为,填埋或抽干湿地是一项普通法上的妨害。根据这一裁决,该州最近通过了一项法律,禁止对本地现有湿地的作任何变更。结果汤姆的财产丧失了所有的经济价值。该州能否援引妨害例外规则以避免支付公正补偿吗?

案例分析

尽管州法院对何谓本州之普通法意义上的妨害具有最终决定权,但联邦最高法院仍有权决定该州所宣称的妨害是否征收条款的妨害例外。在这种情况下,如果一项被禁止的使用长期得到州政府承认,该事实本身就强烈表明,在"财产和妨害的州法原则下",它并非"总是非法的"。正如法院在卢卡斯案中所说:"若其他类似情况的所有者长期采用同一项常规使用方式,则通常就不存在普通法意义上的禁止……"[①]在我们的例子中,州可基于当时之需要通过法律规定何谓妨害,同时它也必须因剥夺了汤姆之土地全部经济价值而支付公正补偿。

四、对临时规制型征收的救济

我们已经认识到,如果一项行政法规达到了一定的程度,就可被认定为构成征收。当该行政法规最初通过时,政府可能并未意识到其用以主张应给付公正赔偿之征收的存在。一旦该举措的真实成本被知悉,政府应决定撤销或放弃这一举措。然而,政府仍需对这一法规生效期间发生的临时性征收支付公正补偿。

案例 3-K

艾尔姆城的规划条例禁止汤姆在其土地上进行任何永久建筑物的建设。汤姆就此向法院提出一项针对该市的反向征收诉讼,认为该禁令因否

---

① 505 U.S. at 1031.

决了汤姆对其土地的任何经济意义上的利用而构成一项征收。该诉讼持续了3年时间,法院作出了有利于汤姆的判决。城市立即撤销了这一条例,并告知汤姆有权在其地产上进行建设。城市还需给付汤姆任何公正补偿吗?

案例分析

通过撤销该禁令,该市确认了不会进一步对该地产实行征收。然而,自该条例适用于汤姆之地产到撤销这一条例期间,仍发生了一项临时性征收,而根据征收条款,这一临时性征收应获公正补偿。当法院认定其构成征收时,该市不能仅通过撤销该法规来规避其公正补偿的义务。[①]

如果政府未撤回该条例,而是此后从汤姆手中以低于条例通过前之市场价值的价格购买该项财产,案件的处理结果仍然相同。尽管征收措施导致的财产利益损失是临时性的,并且在汤姆将土地出卖给该市时就终止了,汤姆仍可就条例的实施和他出卖财产期间的损失主张公正补偿。[②]

第八节　与建设许可相关的条件

在授予建设许可时,若州要求所有者将财产充为公用或施以特定的使用限制,则也可能构成征收。与其他类别征收不同的是,在这些所谓的强索型案件中,政府并未绝对坚持地产应对公共用途开放,也未禁止特定用途。相反,它给财产所有人一个选择的机会:要么同意政府的条件,要么放弃对土地进行开发的权利。由于开发许可通常是土地开发之必要条件,州会试图利用许可程序作为对财产所有人强索某些东西的手段,否则,州就不得不

[①] *Lucas v. South Carolina Coastal Council*, 505 U.S. at 1011-1012; *First English Evangelical Lutheran Church of Glendale v. County of Los Angeles*, 482 U.S. 304 (1987).

[②] 参见 *City of Monterey v. Del Monte Dunes at Monterey, Ltd.*, 526 U.S. 687 (1999),维持关于一项"临时限制型征收"的认定,该案中的市政府在10年内一直拒绝批准19处开发计划,土地所有者只得将土地卖给政府。

支付公正补偿。

案例 3-L

艾尔姆城想建一座公园,但唯一适合的地段就是汤姆位于城市边缘的 4 英亩土地。市政府会怎样达到该目的呢?

案例分析

通常情况下该市将不得不购买汤姆的土地,也可动用征收权并给予公正补偿。然而,如果碰巧汤姆想在自己的土地上建一栋房子而需申请建设许可,政府可能会为该许可设置条件,要求汤姆贡献出 1 英亩的土地用以建设公共公园。如果这项计划得以实现,则艾尔姆城将获得一个公园而无须支付任何费用。

许可程序中的这种诡计是无效的,因为它包含了一项违宪的先决条件。政府将相对人的一项自由处分利益之获得(即建设许可)与其宪法权利(即公正补偿的权利)相联系。如果该条件的设置是绝对的,那么它将构成一项汤姆应获公正补偿的实质征收,因为它导致了一项永久性的实际占有。市政府要求汤姆放弃其土地所有权的一部分以换取许可,这实际上是运用其对政府权益的控制来交换汤姆获得公正补偿之宪法权利。

为了避免政府利用其许可程序作为侵害公民获得公正补偿之权利的手段,法院对设置建设许可采取一种特殊的判断标准,如果该建设许可的条件是绝对的,那么它将构成一项征收。以下是这一判断强夺式征收的两步式标准:

1. 在正当的政府利益和许可条件之间必须存在实质联系;
2. 许可条件必须在属性和程度上与拟开发的影响相关。

如果这里的任一标准得不到满足,许可或强索都将被认定为构成一项征收并需支付公正补偿。[①]

[①] *Dolan v. City of Tigard*, 512 U.S. 374 (1994).

一、仅适用于特定的条件限制

法院的强夺征收标准(exactions test)并不适用于所有附条件的建设许可。只有当政府之许可为绝对的并因此构成强索时,这一标准才能用以认定征收。如果这项条件仅为一项不构成征收的普通要求,那么政府在许可程序中运用其控制权以避免给付公正补偿就不存在什么危险了,这种两步式的强夺式征收标准也就无须适用了。这一标准的适用因而通常被限定于"以将财产充为公用为条件的对土地开发的许可决定"[1]。

案例 3-M

汤姆因在其位于艾尔姆市的土地上建设一个 300,000 平方英尺的仓库而申请许可,市政府授予许可的条件是汤姆必须同意在其土地上种植 45 棵树,且该建筑的高度不得超过 70 英尺。市政府对其他业主施以类似要求。这一限制的后果是降低了财产的价值,但并未限制将该土地用于建设仓库。施加这些限制会不会启动强夺型征收的审查呢?

案例分析

这些条件不属于使法院启动强夺型征收审查的类型。如果这些条件已经作为一种强制性的要求而非建设许可程序中的条件,根据我们对征收的通常判断标准,该措施不能作为征收对待。该措施不涉及政府或公众的实际占有;由于其他人也受到同等对待,也不存在任意专横的举措;没有迹象表明汤姆确信他本人不受这些条件的约束;这些条件也没有使得财产变得毫无经济价值。因此,市政府利用许可程序规避支付公正赔偿没有任何风险。正因如此,强夺型标准并不适用。

相反的,如果市政府要求汤姆不得开发其位于市中心的一块空地作为许可条件,而这导致该地块丧失了全部市场价值,就可能导致强夺型征收规则的适用,因为这种限制本身是绝对的而不仅仅是一项许可条件,从而可能构成一项表面征收。

---

[1] City of Monterey v. Del Monte Dunes at Monterey, Ltd., 526 U.S. at 702.

二、实质关联性要求

如果一项建设许可条件得到了绝对性的(outright)适用从而构成征收,那么除非该许可符合法院的强夺型征收判断,否则就视为构成征收。该标准的第一部分坚持在合法的政府利益和许可条件之间必须存在实质联系。

诺兰诉加利福尼亚州海岸委员会案[①]就未能满足这一条件。该案中,加利福尼亚州许可财产所有人在其土地上建设一栋大房子,条件是在其地产的海滩空地上设置一项公众通行地役权。如果该条件被绝对适用,则会涉及一项永久性的实际占有和一项实质征收。州政府提出施加这一条件的原因在于拟议中的建房许可会干扰公众从房后的路上观看大海的视野。法院承认州政府保护公众观看大海的视野之目的合法,与此同时,法院还认为这一目的与公众穿行于该土地海岸线的地役权之条件之间缺乏联系。允许公众在海滩上穿行并不能促进公众在高速公路上观看大海的目的。法院写道,如果政府要求房屋所有人在其土地上开放一些可以看到大海的地点就可以满足实质联系的要求,因为这一条件能够促进公众观看大海之目标的实现。

案例 3-N

汤姆申请在其拥有的艾尔姆城的一块地上建设一个小型购物中心。市政府提出授予其许可的条件是汤姆必须在其地产上建设一个1,000个车位的车库。强夺型征收在此是否适用?如果适用,是否满足实质关联性的要求呢?

案例分析

强夺型征收适用于这种情况,因为如果这一条件的设置是绝对性的,则导致一项永久性的实际占有并构成一项实质征收。强夺型征收标准的第一项,即实质关联性的要求,在这里得到了满足,因为城市确保有足够停车位之立法目的在以汤姆建设该公共停车场为条件时显然得以实现。

[①] *Nollan v. California Coastal* Commission,483 U.S. 825 (1987)。

三、基本比例要求

如果实质关联性要求得到了满足,政府必须同时证明该项许可条件的属性和程度对开发所造成的影响合乎一项基本比例的要求。换言之,如果政府希望避免承担公正补偿的义务,就必须证明,设置限制之所获与许可该措施所造成的负面效果相比并无不当。

(一) 设置条件的属性

与建筑许可有关的条件,在属性上应当与争议中的开发预料中的影响相关。否则,即便一项条件设置促进了一项合法的政府利益因而满足了实质关联性要求,也会构成一项应予补偿的征收。

例如,在前述诺兰案中,加利福尼亚州为给其举措正名,也可能主张之所以让诺兰一家给予公众在其海滩上的通行地役权,不是因为这一条件促进了公众从高速公路上看到大海的目的(事实上也做不到),而是因为这一条件增进了公众跟大海的身体接触。这一条件可以满足实质关联性的要求,因为它显然促进了合法的政府目标,不过仍无法满足强夺型征收判断的第二个要求,因为没有证据证明,拟议中的开发会减少公众跟大海的身体接触。该条件的属性和由建设一栋新房子引起的任何消极影响之间并不存在逻辑联系。

多兰诉泰格德市案[①]就提出了同样的问题。该案中,市政府许可土地所有人扩建五金店并推平停车场,条件是土地所有人不得在靠近洪泛区的那部分土地上进行建设,并将这部分土地交给市政府供公众休闲。要求多兰不得在洪泛区建设的条件满足了基本的比例要求,因为这一限制会降低因扩建五金店和空地而带来的洪水造成的危险。然而,要她将该土地转让给市政府这一额外要求在属性上与土地开发造成的消极影响之间缺乏关联性;它并不会消除或减轻任何由这个新店铺带来的可辨识的负担。该市利用许可程序获得了一块可供公众休闲的土地,而未进行补偿。

---

① *Dolan v. City of Tigard*, 512 U.S. 374 (1994).

案例 3-O

在上述案例 3-N 当中，艾尔姆城许可汤姆建设一个购物中心时设置了一项条件，即要他建设一个公共停车场。由于新的购物中心会增加公共停车需求，该条件在属性上与工程可能造成的影响存在联系。假如市政府为了给住在附近的人提供更多的休闲机会而要求汤姆在购物中心旁建设一个公共游泳池。该市的行为是否符合强夺型征收标准？

案例分析

因为一个游泳池会促进城市在休闲方面的目的，这一要求可能需要符合实质关联性的考察。然而，由于游泳池在属性上无法消除或减轻由购物中心建设导致的消极影响，因此它不能满足基本比例要求的第一项判断标准。

（二）设置条件的程度

即便所设置的条件之属性与拟建设的建筑物所带来的公共需求之间存在一定的联系，但该条件的程度或范围，同样应与该建筑所预期的效果之间存在基本比例关系。否则，如果政府设置的条件远超解决建设所带来的问题之合理必要，政府就是以许可之名行征收之实且未支付公正补偿。

在多兰诉提加德市案中，施于土地所有人的诸多许可条件中有一项未满足这一条件——即，为扩建其五金店，她必须向该市交出一个 15 英尺宽的狭长地块用作人行道和自行车道。与另一项要她将洪泛区交予该市的条件不同的是，这一条件在其属性上与该建筑本身造成的负面影响是合理相关的，因为这条小路的目的在于缓解新店铺所带来的交通问题。然而，市政府未能证明该条件的程度或范围与该建筑造成的负面影响之间存在基本比例关系，因为该市未能证明，如果顾客能够通过人行道和自行车道到达该店铺，那么在何种程度上建设项目会使预计中增加到 435 辆/天的车流量减少下来。法院解释道，"虽然我们并未要求明确的数学计算……但市政府仍需采取一些努力来量化其结论，以证明人行道和自行车道的设置有助于满足因建设而增加的交通需求。"①

---

① *Dolan*, 512 U.S. at 395-396.

案例 3-P

在我们先前关于汤姆建设一个购物中心的例子中,我们发现,要他建设一个 1,000 个车位的停车场的要求与购物中心建设带来的消极影响之间在属性上是合理相关的。尽管如此,该条件可能构成一项应获补偿的征收吗?

案例分析

答案是肯定的。除非政府证明,该条件在**程度和范围**上与该建筑造成的停车需求之间存在基本比例关系,否则该条件就构成了征收。市政府必须估算因顾客光顾汤姆的购物中心可能造成的新停车位需求的数目。除非这个数字和 1000 非常接近,否则该条件就无法满足基本比例的要求。

我们要特别强调的是,用强夺型征收标准来认定征收是否存在并不适用于政府使用土地的所有法规。事实上,它只适用于与建设或开发许可有关的条件设置,并且仅在该条件被强加于相对人是才可能构成一项征收。因此,在蒙特里市诉蒙特里市的德尔·蒙特·杜内公司[①]一案中,法院拒绝适用这项规则,该案中,市政府在未设置任何许可条件的情况下拒绝了开发许可。法院解释道:

> 我们未将多兰案中的基本比例判断标准扩至特定的条件设置的语境之外……多兰案中适用的规则,审查的是那些作为许可条件的赠与要求与开发带来的影响之间是否存在比例关系。这一规则的初衷不是,也不能轻易地适用于那些完全不同的问题,例如本案中的土地所有人的诉求不是基于过度的条件设置而是基于拒绝开发,就属于此类完全不同的问题。我们据此认为,在多兰案中的这项基本比例判断标准,在本案案件中并不适用。

---

① City of Monterey v. Del Monte Dunes at Monterey, Ltd., 526 U.S. at 702-703.

第四章 合同条款

第一节 绪论及概述

合同条款(Contracts Clause)限制了一州改变由已存的合同关系确立之法律义务的权力。特别是美国宪法第一条第十款作出规定:"任何一州都不得通过任何剥夺公民权利的法案、追溯既往的法律或损害契约义务的法律。"然而,这一明显的绝对禁止现已被调和用于解释"国家固有之警察权以保障其人民切身利益。"[1]换而言之,合同条款从属于国家为保护其公民之健康、安全和财富而保留的权力。因而,根据合同条款,并非所有改变了合同义务的州法都归于无效。一般来说,判断标准之一是合理性,在审查中法庭需要考察缔约各方的预期、损害的严重程度以及所涉及的公共利益。

从分析的角度而言,每一项根据合同条款进行的审查都从三个问题开始,如果每一问题都获获肯定的回答则构成一项对合同条款的潜在违反:

- 是否存在一种合同义务?
- 州法律的改变是否损害了这种合同义务?
- 是否存在实质损害?[2]

如果每一个问题的回答都是肯定的,那么下一步就要判断该州的行为在当时的情形下是否合理。[3] 这里,要衡量州利益之实质性与损害程度之间的

---

[1] *Energy Reserves Group*, *Inc. v. Kansas Power & Light Co.*, 459 U.S. 400, 410 (1983).
[2] 参见 *General Motors*, *Inc. v. Romein*, 503 U.S. 181, 186 (1992).
[3] *Energy Reserves Group*, 459 U.S. at 411-413.

关系。① 这一分析的特定要素将在下文予以阐述。

根据合同条款之表述,该条款并不适用于联邦政府。然而,一个对已存在的合同关系具有实质的溯及效力的联邦立法可能会触发联邦宪法第五修正案之正当法律程序条款的审查。这种对具有溯及效力的立法活动之审查涉及一种适当提高合理性标准的审查。②

我们要小心,不要混淆了正当程序的概念、契约自由和合同条款所保障的利益。在正当程序条款下的缔约自由涉及的是订立合同之自由,而合同条款则保障订约人已订立的合同关系免受政府的不合理干预。换而言之,合同条款毫无例外地限制了州在立法方面的能力,即州不得预先立法规定将来的合同中应包括的权利义务条件,也不得预先立法规定将来的合同成立之条件。一项违反合同条款的行为,其本质在于州法律的变更,而这一变更改变了已订立的合同中确定了的义务。

第二节 一些入门问题

一、是否存在一种合同义务

就合同条款的目的而言,一项合同义务的存在与否最终是一个联邦法的问题。③然而,尽管人们经常谈到这一规则,但我们也不能指望大量的联邦合同法会阐明诸如要约、承诺和对价等问题。事实上,这一初步考察的重点在于最常见的关于合同法的一般原则,包括任何州和地方在这些原则上的变化。毕竟,这些原则取决于缔约各方所缔结的合同关系的意义何在。因而,合同一词在该词的通常意义上使用,即意味着两方或多方为使自身对

---

① *Energy Reserves Group*, 459 U.S. at 411-413.
② 参见 *United States v. Carlton*, 512 U.S. 26 (1994),认定联邦税法在合理性审查的基础上具有溯及既往的效力,但也注意到与适用于将来相比较,溯及既往的合理性要求往往更高。
③ *General Motors. Ins. v Romein*, 503 U.S. at 187.

相关他方负有义务而达成对价的协议。①

"联邦"意义上的这一基本问题更多地是作为一种潜在的优先于州法原则而存在，这些州法原则可能被用于看来是合同权利之精华的用途。换而言之，尽管州法为确定是否存在一项合同规定了指导，但是州法不得以抹杀当事各方对合法合同的预期的方式来追溯地界定合同法，从而规避合同条款提供的保护。

（一）隐含的合同义务

在关于合同条款的争议中很常见的情况是，合同中明确规定了合同义务或权利的存在，关键的问题在于该义务受到了实质性的修改。然而，有时争议在于一项未明示的义务或权利是否应被视为合同中的默示部分。例如，罗敏案涉及的就是一个对1987年密歇根州成文法的挑战。这一成文法要求通用汽车公司和福特汽车公司必须向工人支付它们根据一项1981年成文法之规定所扣留的工人的补偿金。根据密歇根州最高法院的解释，1981年之成文法允许雇主通过向已从其他来源获得了一些利益的工人——包括那些在1981年成文法生效日期前受伤的工人——给付减少了的补偿金的方式来平衡利益。1987年，州议会修改了1981年之成文法，要求对在1981年成文法生效前伤残的工人进行全面而非缩减的福利补偿。其结果法院命令通用公司和福特公司从扣留的补偿金中支付额外的2500万美元。两家汽车制造商主张1987年之成文法对这笔退款的"追溯"征收违反了合同条款之规定。

两家汽车制造商之主张的实质在于，他们和雇工已存在的合同隐含了以下条件，即雇主有权认定过去的伤残付款期限已经结束，而1987年的成文法损害了这一合同义务。在对汽车制造商的裁决中，联邦最高法院解释道，合同的条件可能是默示的，但根据以下事实，这一隐含的意思并不恰当："密歇根州的法律并未明确暗示一合同之条件允许雇主可以认定过去的伤残赔偿金期限已经结束。而且，对讨价还价的当事各方而言或就合同整体上的可执行

---

① 参见 *Louisiana v. New Orleans*, 109 U.S. 285, 288 (1883).

性而言,这一权利并不显得那么重要,以至于它必须被视为合同的条件。"①在得出这一结论时,联邦最高法院遵从了密歇根最高法院"值得尊敬的考虑和极具重要性的观点",即密歇根州最高法院也认定争议中的雇佣合同并不包含通用公司和福特公司声称的隐含条款。② 因此,联邦最高法院对这个"联邦"问题的解决得到了州法的强力表述。

(二)作为一种隐含合同义务的州法

有时,提出一项合同条款诉求的当事人一方会主张州法之一被废止的条文是一合同之隐含条件,通过废止该法州即损害了一项合同义务。然而,典型的情况是,"仅当州法影响合同的效力、达成及执行时"或当州法是当事人各方讨价还价的一部分时,那些州法才作为隐含的合同条件。③ 例如,特定表现形式的救济就是一种用以执行特定类型合同的法律手段。因而,如果获得特定表现形式的权利在合同缔结时是州法的一部分,那么这一权利就是合同中的隐含条件。如果废止这种救济方式使得已成立的合同无法执行,那么这一救济的废止就会与合同条款相冲突。另一方面,允许雇主为受伤的雇员平衡利益之某一州法规定与某一合同之效力、成立及可执行性无关。相反,该州法条款规定了一项当事各方可能会也可能不会协商的实质性的权利。所以,只有在利益平衡是当事人之间讨价还价的一部分时,州法的这一条款才是一项雇佣合同的隐含条件。

案例 4-A

1985 年 7 月 1 日,比尔和泰德签订了房地产融资协议,双方约定比尔借给泰德十万美元购买新房。这笔贷款的担保是被购地产,还款期为三十年,泰德必须按月支付贷款。协议达成时,州的终止抵押品赎回权法规定,只要违约债务人未放弃该地产,则该违约债务人在取消抵押品赎回拍卖的一年之内都可赎回被担保之地产。然而,在违约债务人放弃地产的情况下,州法未规定赎回期限和购买者在抵押品赎回权取消时可直接占有该抵押

---

① 503 U.S. at 188-189.
② 同上,at 187.
③ 503 U.S.at 189.

物。几年后当该协议仍在履行时,是州法作出了修改,规定即使是被放弃的地产也有一年的赎回期限。原先的州法中关于赎回的规定可否被视为比尔与泰德协议的一种隐含条件？

案例分析

可能是的。因为对债权人和债务人的合同履行来说,赎回是一种重要的救济手段,所以在1985年7月1日仍具效力的州法关于抵押品赎回权的规定,很可能是比尔与泰德订立的合同中的一项隐含条件。根据该法,如果泰德在还贷上违约并放弃该地产,比尔就有取消抵押品赎回并立即变卖抵押品实现抵押权的权利,比尔没有义务要给予泰德赎回该地产的机会。根据修改后的法律,泰德会重新取得了在一年赎回期内赎回财产的权利,从而改变了比尔根据合同可立即执行的权利。

二、州法的变化是否损害了合同义务

一旦一项合同义务已确定,那么下一步要考虑的就是这一义务是否因州法的变化而受损害。这种考察几乎没什么困难,只需简单对比合同创设的义务条件与受挑战的州法规定即可。如果州法的变化导致合同创设之义务的增加、减少或消失,则州法就损害了这一义务。正如案例4-A所示,州法在赎回权上的变化为被放弃的地产创设了赎回期限,而这种变化导致了比尔默示的赎回权之缩减,并因而损害了由原有合同创设的义务。人们也可以把州法的变化视为增加了泰德的赎回权。无论前述两种情况的哪一种,合同义务都已发生变更且受到了损害。

案例 4-B

位于明尼苏达州的一个联合经营工厂为其40名员工制定了公司资助的退休金计划,该计划规定员工在65岁时有权领取退休金,退休金的数额是根据一个将员工的服务年限和年薪都考虑在内的公式计算出来的。除非员工已为企业服务了15年以上且在离职时至少60岁,否则在65岁前离开该企业将失去所有的退休金福利。由于经济不景气,该联营已宣布了关闭其在明尼苏达州的工厂之意图。结果是该工厂的大量雇员将丧失领取退休金的资格。作为回应,明尼苏达州通过立法要求该企业和其他取消设在该州分支机构的有类似情况的企业,为有10年或以上资历的员工解决退休金问题。最终结果是,该企业必须支付185,000美元以支付这些新规定的退休金。这项立法是否损害了企业与员工之间的合同义务呢?

案例分析

答案是肯定的,通过既往追溯雇主的退休金责任,州已经损害了当事人之间的合同义务。假设雇主和雇员已商讨了一个特别的福利计划,根据这一计划,如果雇员满足特定的条件则雇主有义务支付退休金。实际上,追溯性地修改这一计划就是改写这一讨价还价的条件。根据这一改变了的合同,雇主的义务增加了,员工的责任减少了。无论从哪个角度去审视这一损害,关键的问题是州已经强行干涉了已订立的合同。只要某一州未通过修改已订立的合同条款来变更合同当事各方对合同的期待,而只是前瞻性地调控退休金的归属,就是符合合同条款规定的。①

三、是否存在实质损害

只有对合同义务构成实质性的损害才会引发进一步的合同条款审查。②稍有不同的表述则是,如果认定合同义务的改变只有较小或微量幅度,就不会引起审查。然而在实务中,法院很少明确认定对合同义务的损害微不足道以至于无须进行进一步审查。相反,现在的趋势是通过衡量损害的"实质性"及"严重性"来调整对已知损害的司法审查力度。因而,一个真正实质性的损害将导致对州之正当理由的周密审查,而一个轻微或不那么实质性的损害将会导致一个程度相当的审查。

那么在何种情况下法院才认为一项损害之实质性足以导致周密的司法审查?回答这个问题并不那么容易。我们可以肯定地说,一项实质性的损害并不意味着合同权利的全部减损,问题的关键在于要确定损害的实质性

---

① 参见 *Allied Structural Steel Co. v. Spannaus*, 438 U.S. 234 (1978).
② *Allied Structural Steel*, 438 U.S. at 244-245.

程度是否使州损害了合同当事各方的合理期待。

在确定当事人的期待合理性上,法院至少考察以下四个因素。第一个因素关注的是当事人试图或希望通过合同关系实现的东西;[①]第二,某一特定的合同期待的核心越在于讨价还价,那么对这一期待的损害就越被视为实质性损害;第三个因素是州法变更的经济后果;[②]经济后果越是重大,则法院越可能认定一项实质性损害,特别是如果合同的订立是为了避免州法的变化带来的特定经济负担,则该认定就更是如此;最后,如果合同的标的与先前已被州严格控制的领域相关,则法院就特别不可能置经济负担的规模于不顾而认定实质性损害的存在,采取某一受规制行为之合同一方不能合理地期待其规避今后之州法规制的合同权利。

案例 4-C

回到案例 4-B 的事实,州关于退休金义务之溯及既往的规定是对雇主和雇员之间的合同义务的实质性损害吗?

案例分析

我们必须确定在多大程度上州干涉了合同当事人合理期待。第一,毫无疑问,雇主希望退休金的缴纳只能与雇佣合同的特别条款相一致,雇主也很可能根据那些期望作了退休金投资,而且没有任何事实表明员工还有其他期望。即使员工们可能期待着或假设企业能够存续足够长的时间以保证其退休金缴纳,但是合同中似乎没有条款来支撑这种期望。第二,尽管退休金计划并非雇佣合同的关键构成部分,但对合同双方而言,该计划很可能并不具有很大意义,因为它肯定是补偿方案的一部分。第三,州法变更导致的经济后果是严重的,即一笔不曾预料到的 185,000 美元的罚款由一个相对较小的企业承担。最后,在没有相反信息的情况下,没有证据表明,州以提醒雇主预计州法变更后果的方式规制了退休金的管理。综合考虑这些因素,这种对合同义务的损害可能被认为是实质性的。[③]

---

① *Energy Reserves Group*, 459 U.S. at 411.
② *Allied Structural Steel*, 438 U.S. at 246-247.
③ 参见 *Allied Structural Steel*, 438 U.S. at 245-247.

案例 4-D

为了给公共教育系统提供经费,德克萨斯州出卖了成千上万亩的土地,而只要求购买者以支付土地价值四十分之一的首付和每年支付本金及利息的方式来履行合同。合同规定了因不能按期付款而终止合同并没收土地的条款。然而,只要第三方的权利未予干预,且违约的购买方支付了拖欠的利息,则该购买人即享有一项在任何时候无限制的恢复请求权。

另一方面,州内政策要求任何被没收的财产应立即出售,从而增加了第三方在当事人提出恢复请求前进行干预的可能性。在合同履行了 30 年后,德克萨斯州通过了立法,将潜在的恢复期限限制为从没收之日起最多 5 年。这一规定对购买合同创设的合同义务是否造成了实质性损害?

案例分析

可能未造成损害。可能被损害的义务就是合同中规定的条件,即给予购买方在支付了拖欠的利息后无限制地恢复所有权的权利。通过减少这一权利,五年的期限损害了合同义务。这种损害是否为实质性损害很大程度上取决于合同当事各方的期望。如果购买者的期望在于永远保有赎回被没收财产的权利,而他们是根据这一合理期望签订合同的,那么新实施的限制就可以视为对该期望的严重损害。然而,考虑到非常现实的可能性,即由于州的政策规定应立即售卖没收财产,第三方的权利将介入,那么任何对永久赎回权的期望看起来似乎都是幻想。而且购买方很难证明,在最初签订合同时,这种假想中的无限制的赎回权是合同的核心部分。更可能的情况是,订立这些合同的目的在于遵守其条款从而避免被没收。然而,尽管有这些"非实质性"的结论,但法院仍有可能考虑州的正当理由——虽然根据的是一种宽松的审查标准。[①]

第三节 平衡审查与权力保留主义

如果损害达到了足以引起更为严格的司法审查的程度,法院将在废止

---

① 参见 *EI Paso v. Simmons*, 379 U.S. 497, 509-517 (1965),根据类似事实作出裁决。

有争议的合同义务中权衡义务的损害与公众利益的关系。不过,一种强有力的假定是各州保留了其促进和保护健康、安全及本州公民福利的固有权力。换言之,"人们的权利受到州的限制,但是州不得行使其权力,订立一个与这些权利相关的合同来剥夺人们的权利。"①由于这一假定的结果有利于各州行使其警察权,因而很难出现违反合同条款的情况——尽管并非不可能。

平衡审查关注的是被质疑行为的合理性。用法院的话来说,就是"立法必须基于合理的条件和以公共目的为其制定的正当理由之恰当性来调整合同当事人权利和义务……不过,习惯上在审查经济和社会法规时,法院会适当遵从立法机关对某一特定措施之必要性和合理性的判断。"②简而概之,州的行为在当时的情形下必须具有合理性,这是一种经典的正当程序型的模式。

虽然合理性是一般的标准,但司法审查力度不尽相同。"损害的严重性由州法必须明确的障碍之程度进行衡量……严重的损害……将推动对州立法活动之本质和目的进行周密审查的质询。"③相反的情况也是如此,一种较轻的损害将"推动这种质询"走向对该立法的几乎完全的遵从。此外,下面进一步讨论,如果某州试图减少自己的合同义务,则遵从原则不再适用且司法审查将更加严格。④

案例 4-E

在大萧条时期,美国各地都面临大量的失业、房地产市场的崩盘以及如瘟疫般泛滥的家庭丧失抵押品赎回权的情况。为应对这一危机,明尼苏达州通过了按揭延期履行法[Mortgage Moratorium Act (MMA)],该法授予各县法院延长户主赎回抵押物期限的权力,其实际效果则是在延长期内有效地防止银行行使其取消赎回权的权利。不过户主仍需向抵押权人支付司

---

① *Hudson Water Co. v. McCarter*, 209 U.S. 349, 357 (1908).
② *United States Trust Co. v. New Jersey*, 431 U.S. 1, 22-23 (1977).
③ *Allied Structural Steel*, 438 U.S. at 245.
④ *United States Trust Co.*, 431 U.S. at 26.

法赋予的延长期内之合理租金,并承担任何应计利息或不足。按揭延期履行法仅在"出现紧急情况时"有效,但在任何情况下都不得超过两年。鉴于按揭延期履行法损害了合同上的赎回权,那么它是否违背了合同条款?或者,用司法调查的术语来表述,按揭延期履行法对合同权利的调整是否"依据合理的条件以及以公共目的为其制定的正当理由之恰当性"?

案例分析

首先,我们必须考虑损害的严重性。毫无疑问,按揭延期履行法变更了抵押权人的合同权利,因为抵押权人在延长期内不能享有和转移这一权利。在这个意义上,抵押权显然被缩减了。另一方面,按揭延期履行法并未变更抵押合同中的其他任何义务,它只是通过规定在延长期内房主应支付合理的租金而为抵押权人提供了一种补充性的保障。因而,从某种意义上讲,损害是实质性的,因为这种损害已经明显地变更了当事人的合同期望;不过,从另一种意义上看,这种损害又是相对较小的,因为它只延长了赎回期,在此期间抵押权人的其他利益仍然受到保护。然而,不管是从何种角度来考察,损害的实质性程度都足以引起进一步的司法审查。

在确定对合同权利的损害的确足够严重后,下一步就是要查明在当时的情况下这种损害是否合理。由于取消抵押物赎回权和强制迁出导致广泛存在的混乱,一州有合法且甚至是实质的利益防止这种混乱的蔓延。而且,该州采取的手段看来是适于公共目的的,因为他们仅在为实现这一公共目的而必要的限度内将其限制为紧急期限而对合同期望进行了干预。尤其是,这种损害是暂时的,是为解决该州正在面临的危机所作的调整,其目的在于以其他方式保障抵押权人的经济利益。因此,鉴于本国内通常对州的尊重,以及该损害的相对有限性,按揭延期履行法并不违反合同条款。[1]

案例 4-F

在案例 4-B 和 4-C 中,我们考察了州法因企业将中止在该州的业务而

---

[1] 参见 *Home Building & Loan Assn. v. Blaisdell*, 290 U.S. 398, 444-447 (1934).

溯及既往地加重该企业缴纳退休金责任的现象。我们的结论是,考虑到各方的合同预期与因义务加重给当事人带来的相对较大的经济压力,这种对雇佣合同的损害是实质性的。假设,本案例的目的在于,该州之所以既往追溯加重雇主缴纳退休金的责任是为了保障那些因企业决定终止在本州的业务而退休金"无着落"的员工的利益。那么这种对合同义务的损害是否"依据合理的条件以及以公共目的为其制定的正当理由之恰当性"?

案例分析

州所称的公共目的,即对那些因企业决定终止在本州的业务而退休金无着的员工的保障,当然是正当的,而且从受影响的雇员的角度来看,甚至是相当重要的。然而,与案例 4-E 中所讨论的利益相比,这并不能算是公共利益,因为在案例 4-E 中州面临的是经济大萧条导致的严重经济困境。没有任何事实表明,明尼苏达州面临着相似的情形。而且,在对当事人合同预期的干预上,本案比明尼苏达州的按揭延期履行的情况更加严重。按揭延期履行是暂时的,目的在于将对抵押权人的经济影响减至最低。另一方面,本案中对雇主的影响是立即的、剧烈的和永久的。因而,考虑到损害的实质性和正由州解决的相对分立的问题,法院可以很轻易地查明州超越了其所保留的权力之范围。换而言之,这一对合同义务的损害没有"依据合理的条件以及以公共目的为其制定的正当理由之恰当性"。[1]

通过案例 4-B、4-C、4-F 的讨论,可以得出以下结论:合同条款是审查各州有关追溯既往地损害合同义务的法律之合宪性的一个有力武器。然而,这些案例所建基的判决——联合结构钢铁公司诉斯潘诺斯(*Allied Structural Steel Co. v. Spannaus*)——并未导致合同条款法理学的复兴。联邦最高法院对合同条款的整体方式仍保持一般意义上的遵从,并辅以偶尔和基于事实不断增加的司法审查。

---

[1] 参见 *Allied Structural Steel*, 438 U.S. at 244-251.

第四节　合同的一方当事人是政府的特殊问题

到目前为止，我们考察的大部分案例所涉及的都是政府权力干涉私人合同（private contracts）——即订立合同的双方当事人都是私人主体。当政府的权力干涉公共合同（public contracts）——即政府本身是合同的一方当事人——那么，与私人合同的适用相比，合同条款的分析在两个方面有所不同。首先，权力保留原则可能导致合同条款完全不能适用于某些特定公共合同。其次，如果合同条款的确适用，则其审查标准也会低于私人合同。

权力保留原则适用于公共合同时有着特殊的重要性。根据权力保留原则的这一方面，州不能受任何声称"放弃其主权的关键特征"之合同义务的束缚。① 换而言之，"立法机关拿一州的警察权力做交易"。② 实际结果是"一个立法机关不得"——以限制其继任之立法机关在保障社会之健康、安全和福利方面之权力的方式——"削减该继任之立法机关的权力"。③ 因此，一个在某州同意不对工作场所的安全条件进行规制的合同就是自始无效，所以随后的立法机关将有权忽略该规定而不再考虑合同条款。④

权力保留原则在这一方面的精确含义尚未得到法院的界定。不过，法院已经解释清楚，该原则不能把州"纯粹的"财政义务与合同条款的审查相分离。⑤ 因而，在特定的情形下，州可以通过合同义务授予一项税收减免或在行使其花钱的权力时停止付款。同时，对任一试图免除自身的这类义务的州，合同条款都将成为一种实质性的障碍。当然，这种假设的前提是财政

---

① *United States Trust Co.*, 431 U.S. at 23.
② *Stone v. Mississippi*, 101 U.S. 814, 817 (1880).
③ *Fletcher v. Peck*, 10 U.S. (6 Cranch) 87, 135-139 (1810).
④ 亦可参见 *West River Bridge Co. v. Dix*, 47 U.S. (6 HOW.) 507 (1848)，关键领域的权力不得因合同而放弃。
⑤ *United States Trust Co.*, 431 U.S. at 25.

义务并未阻碍或禁止州行使其警察权。如果违背了这一前提,那么该义务就是无效的和不受合同条款保护的。例如,一个州决定运营一座核反应堆,并同意将特定年数的收入作为运行反应堆的收益担保债券。从抵押品作为债券持有人之担保的意义上来说,这个合同是商业性的,但如果该州后来发现该电站处于地震频发的断层带上,尽管从表面上看,合同义务是商业性的,但仍不能阻止该州关闭这个核反应堆。

案例 4-G

新泽西州港口管理局,一个州政府下属机构,在同意不把作为担保抵押的债券的财政收入用于补贴轨道交通运营的情况下发行了债券。其后,新泽西州通过立法溯及既往地废除了该担保条款,废除该条款的目的在于腾出更多的资金改善公共交通设施以鼓励私人汽车用户换乘公共交通工具,从本质上看,该举措是努力缓解交通拥堵严重问题的一个步骤。债券持有人提起了诉讼,理由是这种立法废除违反了合同条款。权力保留原则是否能将这种立法废除与合同条款分析相分离?

案例分析

因为该州实际上是合同的一方当事人,所以第一个问题就是该合同义务是否与权力保留原则相抵触。换而言之,港口管理局与债券持有人之间的合同是否缩减了该州的警察权?当然,完善公共交通设施肯定属于州警察权行使的范围。对各州来说这都是确定无疑的,如新泽西州,其高速公路拥堵问题已非常严重。因此,人们可以主张,债券条款限制了州行使其在管制轨道交通时的警察权。但债券条款并没有阻止或妨碍该州完善轨道交通设施或促进公共交通;它只是排除了该州用特定的财政收入去做这些事。因而,为了完成其目标,该州不得不动用一些其他的财政资源。在管制轨道交通方面,该州并没有缩减其警察权。因而,在权力保留原则下,这种义务是纯粹金融性质的,且并不是无效的。[1]

---

[1] 参见 *United States Trust Co.*, 431 U.S. at 23-25.

如果权力保留原则不能使一项公共合同自始无效,那么合同条款将会比州干预私人合同的情形得到更为严格地适用。当一州试图减轻其自身的合同义务时,就不难理解法院会更怀疑其动机。这种怀疑虽然不会改变已被法院考虑在内的因素,但的确会导致大大减少对该州行为依据的尊重。因而,在美国信托公司案中,法院解释道,当同样的宪法标准处理私人合同与公共合同时,"将该标准适用于(公共合同)时,完全尊重一项立法对合理性和必要性的评估是不恰当的,因为该州自己的利益已岌岌可危。"①这一结果虽不必然是关键性的,但却提高了审查标准。从本质上讲,该州必须证明其行为对重要的公共目的而言是**合理和必要的**。②

案例 4-H

在案例 4-G 中,我们的结论是在权力保留原则下合同规定并非自始无效。继以相同的事实,该州的废除是合理的吗?

案例分析

在评估该州废除行为的合理性时,由于该州是这个合同的一方当事人,因而它不能得到正常的遵从。相反,该州必须表明,这种废除行为对达成一些重要的公共目的而言是合理和必须的。除非该州可以证明交通拥挤问题非经该废除行为无法解决,否则是不可能符合这个标准的。如果有合理的替代办法,如鼓励合用汽车或利用其他资源,那么合同条款将不会允许该州减轻其合同义务。③

---

① 431 U.S. at 25-26.
② 同上。
③ 参见 *United States Trust Co.*, 431 U.S. at 25-32.

第五章　程序性正当程序和不可举证推翻之推定

第一节　绪论与概述

第五和第十四宪法修正案的正当程序条款禁止联邦和各州"未经正当程序"剥夺一个人的"生命、自由和财产",根据正当程序条款,一部法律无论是因其实体内容或执行程序损害了自由或财产利益,该法都将被废除。第一个无效的原因涉及实体性正当程序,而第二个则涉及程序性正当程序。正如我们在第二章看到的,一项关于**实体性**正当程序的诉求认为某法之所以无效是因为政府缺乏足够的原因或正当理由去颁发干涉自由或财产的禁止令。另一方面,**程序性**正当程序认为法律无效的原因则是执行或适用的方式不公平。

程序性正当程序通常要求政府在损害一个人的生命、自由或财产利益之前,必须给予他/她告知和合理听证的机会。通过政府在实施法律时强迫其运用一种"公平的决策程序",程序性正当程序的目的在于,"确保对个人抽象的公平对待"和将因政府基于错误信息的作为而导致的"不公平或错误的剥夺"减少到最低限度。[①]

实体性正当程序和程序性正当程序的区别可通过一个案例知悉得更为清晰。

案例 5-A

X 州的一部法律规定医生在一个月里只能实施一例堕胎手术;任何违反该法的医生都被禁止继续从医。玛丽·琼斯医生最近从 X 州获知,她因

[①] 参见 *Fuentes v. Shevin*, 407 U.S. 67, 80-81 (1972).

在去年三月实施了两起堕胎手术而被吊销其行医执照。琼斯医生应如何挑战州行为的合法性？

案例分析

琼斯医生首先可以主张该法实体无效，因为该法干涉了其从事自己职业的自由，或者因为它在其病人作出堕胎决定的自由权上增加了额外的负担。如果这两个理由中任一个获得成功，该法将作为关于实体性正当程序的问题而被废止，而琼斯医生也将会被允许保留其执照。

不过，如果挑战该法之实体有效性失败了的话，琼斯医生也可主张其程序性正当程序权利遭到侵犯，因为该州将这部可能无效的法律适用于她时，并没有采取一种公平的决策程序。她可以主张在 X 州未首先告知她并给予听证机会的情况下，不应允许撤销她的执照。如果琼斯医生在程序性正当程序的理由上获胜，该州就不能在未准予听证的情况下撤销其执照，从而使琼斯医生有证据表明该州认定其违反法律是错误的，或在此情形下对她适用该法是不公平的。

作为琼斯医生的代理律师，你很显然更愿意以实体性而不是程序性正当程序理由获胜，即便你的客户违反了法律，但基于实体性正当程序的胜诉将使州无法吊销其执照。相反，一项程序性正当程序的主张将只能为你的客户提供一个听证的机会并证明州对其行为的处理是错误的。不过，程序性正当程序的挑战仍是有价值的，因为如果你的客户获得了一个陈述她对这一事件的看法的机会，她就能劝说政府改变主意。

程序性正当程序并不在政府行使立法权时启动——即当它制定或采纳某一特定规则或政策时。相反，程序性正当程序仅在政府行使其裁决权时适用——即当它将前述之规则或政策适用于特定个人之时。因此，如果当某一州福利部门发布了一项规章规定任何个人领取福利不得超过两年，程序性正当程序并不赋予领取福利者或任何其他人以与该规章之适用相关的获得听证的宪法性权利。在这一立法或规则制定阶段，公平和正当程序以其他方式获得保障,例如通过选举权、向政府请愿以及言论和出版自由。但是,之后如果政府试图通过终止那些已获得最长福利年限的人之福利来执行该两年规则的话,那些因终止行为而受到威胁的人就拥有获知和得到听证的机会之程序性正当程序权利,以避免不公平或错误地被剥夺这些利益。

在分析程序性正当程序问题时有三个步骤:

1. 只有在一项已受保护之生命、自由或财产利益受到政府行为的威胁时,正当程序才会被启动。

2. 已受保护之生命、自由或财产权利需足以严重才能启动程序性正当程序。

3. 如果适用程序性正当程序的约束条件,所要求之听证的时间和性质都将有赖于特定案件中的特定情形。

为平衡本章,我们将探讨程序性正当程序分析的每一个步骤。我们也会考察不可举证推翻之推定的相关原则。不过,我们不讨论与生命相关之程序性正当程序,因为该主题已被包括在刑事程序的相关课程中了。

第二节 是受保护的自由还是财产利益

一、自由的构成是什么

受程序性正当程序保障的自由权可能来自各种不同的渊源,包括宪法、制定法、行政法规,以及纯粹的官方习惯和惯例。

符合实体性正当程序目的的所有实体性自由权同样受程序性正当程序的保护,比如言论自由的自由权。[①] 这些权利包括基本自由权,如言论自由和隐私权,同样也包括"普通"自由权,如签订合同和从事贸易的自由。尽管

---

① 参见第二章。

基本自由和"普通"自由在实体性正当程序下受到不同的对待,但在启动程序性正当程序权利时,这些自由都基于平等的立场。所以,在案例 5-A 中,该州吊销了玛丽·琼斯的行医执照,这损害了她从事其职业的自由权;尽管该权在实体性正当程序下几乎无法获得有意义的保护,但其损害已足以启动琼斯医生获知和得到听证的程序性正当程序权利。

为了实现程序性正当程序的目的,自由权也可能来自非宪法性的渊源,例如联邦或州的制定法、行政法规和政策。如果,通过上述任一途径,政府创设或认可了特定的自由权并规定这些权利只能因某种原因而受到损害,这些非宪法性自由权就获得了全方位的程序性正当程序保障的资格。但是,另一方面,如果政府创设了一项自由权且并不限制该权利可能被撤销的理由,那么该权利在受到损害时不会启动任何程序性正当程序的保护。

案例 5-B

史密斯因盗窃罪被判十年监禁,一部州法批准基于犯人的优良表现强制减刑。根据该法,犯人可赢取快乐时光奖励,这一奖励仅在"极坏的或严重错误行为"时才会被取消。监狱官员以史密斯在其牢房内私藏了一把小刀为由取消了其快乐时光奖励,本来这一被取消的奖励可让史密斯提前 6 个月出狱。在州取消其快乐时光奖励前史密斯有获知和得到听证机会的程序性正当程序权利吗?

案例分析

史密斯在因良好行为而获得快乐时光奖励上并无基于**宪法**的自由权。宪法并未强迫监狱官员以这种方式对好的行为给予奖励。但是,史密斯可以证明他享有一项缩短刑期的非**宪法性**自由权,因为州法似乎允许快乐时光奖励仅因特殊的原因被取消,即"极坏的或严重的错误行为"。如果史密斯能够证明这些理由在对监狱官员的自由裁量构成强制性限制的意义上是排他的,那么他将拥有受正当程序条款保护的州创设的自由权。① 在那种

---

① 参见 *Wolff v. McDonnell*,418 U.S. 539 (1974),基于类似事实认定了受保护的州创设之自由权。

情况下,史密斯的正当程序权利就可能因州未履行告知和给予听证机会就取消其好快乐时光奖励的行为而受到侵犯。

---

177 法院已经类似地认定当囚犯被有条件的假释或在一种相似的提前释放计划中,通常都存在着制定法创设的自由权。只要州明示或暗示地承诺只要违反了释放条件,这个人都将被再度监禁,那么这里就存在受保护的自由权。①

对囚犯提出的有关其监禁环境或监禁程度变化的程序性正当程序的诉求,法院已不那么愿意接受了。在这些案件中,只有在剥夺权利的性质达到了"相较于监狱生活中的普通事件而言,给犯人强加了非同一般和重大的困难"的程度,州创设的自由权才能得到宪法性保护。② 囚犯监狱生活待遇的改变并未"与一般条件相差过大"将不会启动程序性正当程序的保护——即便州法承认这些变化的发生是有原因的。③ 在桑丁案中,法庭认定将一个囚犯转为单独监禁30天"并不表现为对州想象中创立的一种自由权之非同一般的、非常严重的剥夺"。④ 但是,法院强调,囚犯监禁之"期间"的一种重大改变——例如案例5-B中史密斯遇到的那种情形——作为一种州创设的自由权符合程序性正当程序之保护条件。⑤

案例 5-C

俄亥俄州立监狱(OSP)是一所有着高度限制条件的最高安全级别的监狱。其设计目的在于隔离最危险的犯人与一般犯人。对安置于OSP的囚犯来说,几乎所有的人际交往都被禁止,即使是牢房间的谈话都不可能;犯人牢房的灯光很暗但24小时都开着;而且犯人每天可以在一个狭

---

① 参见 Young v. Harper, 520 U.S. 143 (1997),在中止假释前释放时,政府必须给予程序性正当程序;Morrissey v. Brewer, 408 U.S 471 (1972),政府取消假释时必须提供程序性正当程序。
② 参见 Sandin v. Conner, 515 U.S. 472, 484 (1995)。
③ 同上,at 485。
④ 同上,at 486。
⑤ 同上,at 486-487。

小的房间内活动1小时。基本上，OSP的犯人几乎被剥夺了所有的环境性和知觉性的刺激及所有的人际交往。更有甚者，囚犯在OSP的安置处于不确定的期限内，仅受囚犯刑期之限制。犯人在OSP的安置状况每年只审查一次，而且在被安置于OSP期间，符合条件的犯人也得不到假释的考虑。被监禁于俄亥俄监狱系统中的犯人是否享有不被转移到OSP的自由权？

案例分析

犯人是否拥有受保护的自由权——即是否赋予其正当程序的权利——取决于OSP的安置是否"相较于监狱生活中的普通事件而言，给犯人强加了非同一般和重大的困难"，[1]在桑丁案中，法院的结论转为30天的单独监禁并未达到这一标准。尽管OSP的安排对犯人的隔离与一般的单独监禁相似，但其监禁的时间长得多并可能终身监禁。而且，那些被安置于OSP的犯人在同样不确定的期限内丧失了假释的资格。因此，桑丁案显然与威尔金森诉奥斯汀[2]是可以区分的，且联邦最高法院也基于相似事实认定威尔金森案。在法院看来，隔离条件的严酷、安置条件的不确定性再加上假释资格的缺乏与监狱生活的普通时间相比，都对犯人施以非同一般的重大困难。因此，安置在OSP的犯人拥有受保护的自由权益。

二、财产的构成是什么

财产权益非由宪法创设，而来自于其他渊源，例如州或某些情况下的联邦法律。正当程序条款意义内的财产包括所有传统形式的不动产和动产。因此，如果政府试图对不动产实施留置，扣押个人的工资，查封银行账户，则适用程序性正当程序保障，因为所有这些财产形式早已得到州法的认可。

为实现程序性正当程序之目的，财产这一术语还包括许多公共福利和曾被视为不受宪法性保护而仅为特权或赏金的制定法上的权利。福利金、

---

[1] 参见 *Sandin v. Conner*, 515 U.S. at 484.

[2] *Wilkinson v. Austin*, 545 U.S 209 (2005).

失业补助金、税收豁免、社保退休金、公共雇佣,从事一项贸易或某一职业的执照许可以及如今无数的其他政府福利都符合程序性正当程序的目的。法院已拒绝认可"权利/特权的区分",在这一划分下,政府有权在处理特权或公共福利时对宪法置若罔闻。

如果一项政府福利仅因特定原因被拒绝或撤回,则该福利就具备作为实现程序性正当程序目的之财产形式的资格。判断政府福利是否为受保护的财产形式的这一测试,与判断政府创设之自由是否有资格获得程序性正当程序的保护一样:即,州是否已同意仅因特定条件才拒绝或损害该权益?如果政府根据制定法、行政法规、合同或其他形式已经作出规定,个人就享有在该受损之权益相关的问题上获知和得到听证的机会。

案例 5-D

在上面的案例5-A中,如果州试图吊销琼斯医生的行医执照,她是否享有程序性正当程序保护的资格?

案例分析

答案是肯定的。该州已威胁了其自由和财产权益。前已说明,吊销执照会侵犯琼斯医生追求其职业生涯的宪法性自由权。此外,由于州只将从医执照颁发给那些符合特定标准的人且只能因特定原因(如实施过多的堕胎手术)才取消执照,因此行医执照是一种法定的权利,该权利也是一种受程序性正当程序保障的财产形式。

相反,如果政府并未就限制否决或撤回福利的理由对自身进行限制,那么不仅未涉及任何财产权益,而且只有在自由权受损时,程序性正当程序才会被启动。

案例 5-E

查克曾受聘为国家首席检察官办公室的夏季律师助理。他希望可以在6、7、8月份工作,但是在7月2日被解雇了。当他问及原因时,他的老板说他不能泄露理由。查克有权获知被解雇的理由和并得到听证的机会吗？

案例分析

为了证实他在夏季实习期间拥有财产性权益,查克必须证明有一些理由可说明他应合法且客观地期望不被无缘无故地解雇。如果在这一点上没有制定法、行政法规、书面的办公室政策或正式的合同,查克可以通信或刊登此职位的广告为证据。例如,如果有一封给予他3个月实习期的信件或首席检察官办公室声明这个职位需要3个月的工作时间,法院可能会认定一个暗示性的承诺——除非有充分理由,否则这份工作在这期间内不应被终止,这对创设一项该职位上的财产权益已经足够了。

如果查克不能证实该职位之财产性权益,他也不可能以自由权受损为由启动程序性正当程序。尽管他拥有争取受雇的自由权,但他仍可自由寻找其他工作,而且因为没人对终止其雇佣作出解释,他名誉上的自由权也未受直接损害。[①]

案例 5-F

与杰西卡分居的丈夫违反司法禁制令将他们的孩子从杰西卡家中带走,在获知其丈夫的行为及禁制令的内容后,警察拒绝采取任何行动。几小时后,在杰西卡的反复要求警察介入后,她丈夫已谋杀了孩子。杰西卡已提起了对市警察局的民事诉讼。此外,她主张市警察局拒绝实施禁制令的行为侵犯了她在该禁制令中的财产利益。为了支持这一主张,她依据的是一部州的制定法,该法规定,"治安官应该运用每一种合理手段来执行禁制令并实施逮捕,或,如果在某些情形下逮捕可能不切实际,当治安官获知的信息得出可能之理由时,可以对被禁制的人发出逮捕证。"杰西卡足以主张一项应获正当程序保障之财产权益吗?

案例分析

关键的问题在于州法是否创设了一项执行权以至于警察不享有执行之自由裁量。不过,如果州法允许警官们在是否执行一项禁制令时行使其自

---

① 参见 *Board of Regents of State Colleges v. Roth*, 408 U.S. 564 (1972).

由裁量权,那么这种资格就未被创立。前面引述的法定用语看来是强制性的,但是这一法定用语必须在刑事司法系统的背景下进行解读,在该系统中,警察们通常获得了一种宽泛的执行自由裁量权。换言之,看起来具有强制性的法定用语意味着仅仅是在执行时对行使其自由裁量权之强烈告诫。在一项最近的判决和基于类似的事实中,法庭以7∶2的多数意见判决没有可执行的财产性权益。① 法院认定"法律实施之自由裁量所具有的根深蒂固之本质"需要立法意图比法定用语中所表明的"更为明确的指示",以反驳执行之自由裁量的假设。② 在这样的判决中,法院认为许多刑事制定法都包含了类似的"命令性"用语,但并未被视为已经排除了警察执行的自由裁量权。由此,法院认定州并未创设任何可执行的财产权益。而且,法院强烈质疑以下说法,即应同等对待"执行权"和财产权益,部分原因在于该权益没有明显的金钱价值,部分原因则在于该权益是间接权益。③

很多政府提供的福利根据制定法或行政法规之规定,赋予符合特定资格条件的人以享有那些福利的权利。对驾照、福利金、失业保险、房税豁免、社保、工人的补偿金以及从医执照来说,都是如此。因而我们才可以说,某一个人拥有基于其**诉求**之财产权益,在这个意义上,政府依法不得否决某一符合资格标准之个体的诉求或申请。另一方面,一个人只有在其被认定为符合资格条件时,才能就福利本身拥有财产权益。一旦福利被授予符合条件的个体,界定资格条件的同一制定法和行政法规就给接受福利的人提供了保证,即福利非因特定原因不会被撤回或终止。接受福利的人因而就福利本身拥有了财产权益。简而言之,一个人可能在特定福利上拥有取得财产权益的**请求权**,但对福利本身却不享有财产权益。

如果一个人只享有财产权益的请求权——即一种除特殊原因外该请求

---

① 参见 *Town of Castle Rock, Colo. v. Gonzales*, 584 U.S. 748 (2005).
② 同上,at 761.
③ 同上,at 766-768.

权不应被否决的合理期待——则权利被剥夺前听证的正当程序权利仅仅意味着申请被**最终拒绝**和案件终结前,申请者都必须获得听证的机会。但是由于单纯的**申请人**对福利本身并不拥有财产权益,剥夺权利前听证的权利并不意味着政府必须在听证期间给予申请人福利。相反,在听证期间获得福利或帮助的权利仅由某一接受福利的人享有——该接受人已被认定为具有资格且对福利本身具有财产权益。

案例 5-G

德洛雷斯曾因受过工伤而被认定为具有接受工人补偿金福利的资格。一部州法规定,那些有资格接受工人补偿金的人也同样有资格要求他们的雇主或雇主工人补偿金的保险人支付该工人所有"合理和必要"的医疗费用。如果某个工人的医生提交了账单,则决定医疗开支是否"合理和必要"的"使用审查"听证召开前,保险人可对医疗开支提出质疑并扣留应付之医疗费用。德洛雷斯对这一程序提出质疑,她主张未给予剥夺前之告知和赋予听证机会就拒绝支付医疗费用,州侵犯了她的程序性正当程序的权利,法院应如何对这个宪法性的诉求进行裁决?

案例分析

州并未侵犯德洛雷斯的程序性正当程序权利。尽管她具有享受工人补偿金福利的资格,但仅在特定支出是"合理且必要"的条件下,获得医疗费用支付的资格才存在。德洛雷斯显然在医疗支付之*诉求*上拥有财产权益,因为其诉求非因特定原因不被否决,与此同时,只有首先确定受质疑的治疗为合理且必要后,她才对任何*医疗支付*拥有财产权益,只有这样,医疗支付的财产权益才存在。因此,被剥夺财产前的听证权并不意味着仅在听证发生后才能扣留医疗费用。[①]

另一方面,如果德洛雷斯所接受的一系列治疗费用上被认为是合理的且必要的从而具有获得医疗费用的资格,她就有可能在保险人拒绝支付后期治疗费之前享有获知和听证的权利。在这种情况下,德洛雷斯对医疗费

[①] 参见 *American Manufacturers Mutual Ins. Co. v. Sullivan*, 526 U.S. 40 (1999).

用本身——而非仅在索要费用的诉求上——具有财产权益。①

三、习惯和惯例的相关性

即使没有明确的制定法、行政法规或合同条款表明自由和财产权益非因特定的原因不得被剥夺或终止,我们也可以证明该受保护的权益之存在。即便没有正式的条款确立某一自由或财产权益之存在,只要有证据表明存在"不成文的普通法"习惯或惯例,程序性正当程序的保障也可能发挥作用,根据这种习惯或惯例,某一特别的特权或福利仅因特定理由才能被取消。②

如果惯例和习惯不相关,州可通过在每部法律中加入一个对政府福利或工作的形式条款来规避程序性正当程序的非难:"法律规定的福利或就业可在任何时候终止,不论是否有原因。"如果某一项目的实施是为了创设一种合理的期望——即其福利非因特定理由不得被拒绝或取消,那么程序性正当程序的保证就存在于其中。

因此,法院将习惯和惯例作为认定内布拉斯加州犯人享有不被送往精神病院的受保护的自由权之基础。法院认为,"实践中,只有在犯人们被确诊为有精神疾患时,他们才能被转移到精神病院……这一'客观的期待,深深地根植于州法和官方复杂的刑事实践中'",创立了一种自由权并启动了程序性正当程序的保护。③

案例 5-H

在前述案例5-E中,查克如何根据习惯和惯例来证明在他的职员职位上享有受保护的财产权益?

案例分析

即便没有明确的制定法、行政法规或合同条款限制其可被解雇之理由,查克也能够证明,除非首席检察官办公室对夏季雇员们的工作不满意,否则根据已确立的惯例,该办公室必须为雇员们保留整整三个月的夏季工作时

---

① 参见同上,at 63,布雷耶大法官、苏特大法官的协同意见。
② 参见 *Perry v. Sindermann*, 408 U.S. 593, 599-603 (1972)。
③ 参见 *Vitek v. Jones*, 445 U.S. 480, 489-490 (1980)。

间。如果查克能够证明这一点,程序性正当程序对他保护的力度将和州法规定的一样,即仅因特定原因才能在工作期间解雇这些夏季法律职员。

第三节 何种行为构成了权利的剥夺

不是政府所有侵犯自由或财产权益的行为都会启动程序性正当程序的保护。首先,如果剥夺权利仅因政府官员未尽到应有的注意义务,正当程序条款不会发挥作用。正如法院在丹尼尔斯诉威廉斯案①中所言,"正当程序条款不能仅因政府官员疏忽行为造成的对生命、自由或财产非故意损失而受牵连。"在这类案例中,宪法未赋予诉讼人以救济,如果有救济的话,那么这种救济取决于政府允许它自己在多大的程度上因侵权行为被诉。法院对"有些不是故意的行为,如鲁莽或者'疏忽大意'是否足以启动正当程序的保护"保持开放的态度。②

其次,只有对自由或财产权益的故意侵犯行为越过了一定的门槛才会启动程序性正当程序的保护;如果法院认定这个影响只是"微小"或"不足够",③不可适用正当程序条款。这与有时适用于实体正当程序案例的原则非常类似,也就是说,除非一项法律对基本权利强加了不适当的负担,否则该法不受严格审查。

在州立学院评议理事会诉罗思④中,法院根据的就是最小损害(de minimis)理念以避免启动程序性正当程序。在那个案件中,大法官们否决了一个大学教授的主张——州拒绝与他续签一年的合同损害了他的名誉及未来就业之保障。法院随后承认,州未重新雇佣罗思"可能使他对其他雇主来

---

① *Daniels v. Williams*, 474 U.S. 327, 328 (1986).
② 同上, at 334 n.3.参见 *County of Sacramento v. Lewis*, 523 U.S 833, 853-854, 863 (1998);参见第二章第一节。
③ *Goss v. Lopez*, 419 U.S. 565, 576 (1975).
④ *Board of Regents of State Colleges v. Roth*, 408 U.S. 564 (1972).

说不那么具有吸引力……但把一个人仅因不能继续受聘于某一职位且仍像从前一样可自由地去寻找其他工作说成是剥夺了其'自由',实在离剥夺自由的概念相差太远。"[1]在法院看来,对罗思之自由权益伤害的程度太微不足道了,根本不值得启动程序性正当程序。

案例 5-I

案例5-A中涉及州吊销琼斯医生的行医执照,我们知道这一行为可能侵犯琼斯从事她职业的自由以及执照本身所包含的财产权益。但是,假定琼斯医生被告知执照吊销几周后,州告诉她吊销执照的行为是个错误,是由于秘书无意中放错了档案。琼斯医生是否仍可主张州侵犯了她的程序性正当程序权利?

案例分析

如果州能证明吊销执照的行为仅因疏忽造成,则不能简单地适用正当程序条款。不过,如果秘书的行为达到了重大过失或鲁莽从而忽视了琼斯的权利,琼斯医生可提出违反程序性正当程序的主张,因为她未获告知或得到听证的机会。州可能会辩称:如果吊销执照仅持续了如此短暂的时间因而并未影响到琼斯行医的能力,那么对琼斯之自由和财产权益造成的任何损害都是很微小的。

第四节 告知的内容

一个具有威胁性的政府行为将造成对受保护的自由或财产利益的剥夺,通过证实以上事实,我们就解决了前两个障碍,程序性正当程序也就启动了。剩下来的问题就集中在应提供的告知类型和听证种类上了。

告知的正当程序体现在民事诉讼法的一些细节中。我们可从法院涉及

---

[1] *Bishop v. Wood*, 426 U.S. 341, 348 (1976).

告知的经典陈述中获知,诚如马兰诉汉诺威中心银行及信托公司案[1]中阐明的那样:

> 任何与终局相一致的诉讼中存在的一个最基本和最根本的要求是告知得到合理地考虑——在所有的情形下——通知未决诉讼之相关各方并赋予他们陈述自己反对意见的机会……告知必须在根本上能够合理地传达所需要的信息……并且必须为相关各方提供一个合理的时间以使他们能够出席……除非在对案件的可行性和特殊性予以适当关注的情况下,这些条件合理地满足了宪法所需之要求。

在民事诉讼课程中,最根本的问题是个人享有的告知之类型——例如是否总是需要亲收送达,信函送达是否足够,以及公告送达是否足够。在这方面,马兰案指出,"采取的方式必须是一种真正能知会缺席的人可合理采纳以达成的方式。"[2]。

这里我们关注的是告知的内容。政府要终止或取消福利或服务,法院有时要求告知应包括特定信息的回执,这些信息应包括挑战造成威胁的政府行为可适用的救济和程序,这样个人就可以充分保障其利益。在孟菲斯供电、天然气及供水部门诉克拉夫特案[3]中,法院认为正当程序条款要求市政公用公司在终止顾客的公用服务前必须提前告知顾客并提供听证的机会。法院认为,这个通知必须"'得到合理估计'以能够告知他们享有对账单表示反对的机会,"而且必须"告知顾客们将拟议中终止公用事业的行为视为不合理时所能采取的反抗之程序。"[4]

孟菲斯水电气公司案要求告知必须使个人得知挑战政府的行为时可以利用的救济,以及如何启动这些救济,这些要求只是例外而非常规。在西科

---

[1] Mullane v. Central Hanover Bank and Trust Co., 339 U.S. 306, 314-315 (1950).

[2] 同上,at 315. 最近适用这一原则的案例,可参见 Dusenberry v. United States, 534 U.S. 161 (2002), 由监狱官员签署附回折的挂号信,以这种方式告知联邦犯人,这一告知方式就是一种民事没收程序中告知犯人的合理方式。

[3] Memphis Light, Gas & Water Division v. Craft, 436 U.S. 1 (1978).

[4] 同上,at 14-15.

维纳市诉珀金斯案①中,法院认为,市警察局根据一纸搜查令没收了屋主之物品——在搜查期间屋主是缺席的,并不需要告知屋主关于返还物品可适用的法定救济和程序;法院认为,唯一必须的是,屋主应该被告知其财产已经被警察拿走。法院没有接受以下主张,即认为程序性正当程序同样也要求告知现存的法定救济,在此,法院依照以下理由区分了孟菲斯供电、天然气和供水部门案:

> 争论中的行政程序在任何公开的文件中都未被提及……虽然孟菲斯供电、天然气和供水部门案认定,用以保护人们的财产权益的程序是隐秘的且文件中未阐述为可对公众公开,对这类程序来说,告知是必须的,但并不意味着告知救济和程序就是一般原则。②

相反,如果"州法的救济……是由已公布的、一般可适用的州制定法和判例法确立的,"去咨询"这类公共资源以获知对其可行的救济程序"取决于个人,"市政府无须采取其他的步骤告知其选择。"③

第五节 应提供何种听证

如果告知已经实现,剩下的正当程序问题就关系到需要何种听证。这涉及两个独立的考虑:首先,是关于时间的,在权利被剥夺之前,必须提供听证的机会,或者权利剥夺后的听证是否充分?其次,听证的正式或非正式的程度如何?我们将简要讨论地考虑以上两个问题。

一、"好坏都照单全收"的方法

在回答必须提供何种听证时,法院的一部分大法官认为:如果涉及的是政府创设的自由或财产权益,政府可以自己决定采用何种程序——如果有

---

① *City of West Covina v. Perkins*, 525 U.S. 234 (1999).
② 同上,at 242.
③ 同上,at 241.

的话——这一程序是影响前述权益的决定相伴随的。例如,伦奎斯特大法官在阿内特诉肯尼迪案①——一个涉及解雇联邦职员的案件中写道,"实体性权利的授予与对用以决定该权利的程序的限制是紧密地联系在一起的,原告……接受了其中好的部分,也要接受不好的部分②。"

但是,法院的大多数一致反对"好坏都照单全收"的方法,因为"正当程序权利是由宪法保障而授予的,而不是立法机关的恩赐。立法机关可能投票决定不授予一项财产(或自由)权益……但一旦授权后,不可能合宪地授权在未予恰当的程序保障下剥夺这一权益。"③因此,不论所涉的是何种自由或财产利益,一旦启动了程序性正当程序,所要求的听证时间和性质是根据宪法标准而非由所涉之联邦法或州法决定的。

案例 5-J

海伦受聘为普莱恩维尔市的公立学校老师。根据她的合同,只有在负责人认为解雇她可实现该市的最佳利益的情况下,她才可能被解雇。合同规定,如果海伦被解雇,她有权迅速获得载明解雇理由之终止通知及书面回应的机会。如果海伦被该市解雇且只得到了合同规定之特定程序,她能主张该市侵犯了其正当程序权利吗?

案例分析

通过在海伦的合同中表明其仅因特定原因被解雇,该市选择用这种方式赋予其财产权益;而且,终止合同显然剥夺了其权益。因此,程序性正当程序的要求适用于此。该市并不是必须给予海伦一项在其工作上的财产权益,既然已经这样做了,那么就是正当程序条款而非其合同条件来决定她获得的程序是否充分。因此海伦有权主张:该市的行为是违宪的,理由是解雇前未给予告知和听证的机会,我们将在本章第三部分中探讨事前听证要求。

---

① *Arnett v. Kennedy*, 416 U.S. 134, 153-154 (1974).
② take the bitter with sweet,原意为苦中带甜,此处意为好坏都照单全收。——译者
③ *Cleveland Board of Educ. v. Loudermill*, 470 U.S. 532, 541 (1985).

二、马修斯诉埃尔德里奇测试

在解决何时必须听证及听证的详尽程度时,法院经常运用一种考虑以下三方面因素的平衡测试:(1)受政府行为影响的私人利益之重要性;(2)其他程序性保障可能减少错误的风险之程度;(3)快捷且有效地解决争议之公共利益。这一测试,源于马修斯诉埃尔德里奇案①,涉及成本—收益分析,即法院——通过平衡该程序为一受侵害之个体所添加的利益与其对政府和公众造成之负担——来权衡这个特殊程序的必要性。在马修斯案中,法院指出,"在有些情况下,对受行政行为影响个体和对该行为之正当性增加了保障的社会而言,额外保护所造就的利益可能远高于成本。"②法院同时还警告,在适用马修斯案测试时,"就那些认定所挑战的程序是充分的裁决而言,应对判决之善意的实体性重要性予以考虑。"③

不过,即便有些案件采用的程序可能并未满足马修斯案诸因素认定的程序性正当程序的要求,法院仍得出结论,如果看起来在适用正确的程序对案件的结果没什么影响方面"排除了合理怀疑",那么"任何违反正当程序的行为都是无害的"。④

案例 5-K

在过去的五年里,多萝西因使她无法工作的背部问题接受了政府的残障补助金。最近该政府认为背部问题不再影响她的就业而终止了其补助。在终止行为前,该政府向多萝西出示了载明原因的拟议终止说明,给予了她查阅政府之证据的机会、以书面形式回应政府的机会以及提交进一步证据的权利。政府同时也告知了她,她可随后向国家残障上诉委员会申请完整的审判式听证——如果该委员会认为终止补助行为错误的话,它有权追溯

---

① *Mathews v. Eldridge*, 424 U.S. 319, 335 (1976).
② 同上,at 348.
③ 同上,at 349.
④ *Tennessee Secondary School Athletic Assn. v. Brentwood Academy*, 551 U.S. 291, 300-304 (2007).

既往地恢复其补助。多萝西能否成功地主张因该州政府终止其补助前未赋予其审判式听证之权利而侵犯了其程序性正当程序权利吗？

案例分析

由于州法规定残障补助仅因特定原因而终止，多萝西在持续接受那些补助上拥有受保护的财产权益，从而可以启动程序性正当程序的保护。给予她的程序是否充分必须由马修斯案测试决定。

首先，受影响的私人利益在此显然非常重要。对有资格接受残障补助的人来说，该补助可能意味着最重要或唯一的收入来源。但是，由于一项较为详尽的事后听证权利的存在——该权利可使被终止的补助得以追溯既往地恢复，那么与没有随后听证的权利的情况相比，个人的利益就不会那么强烈。

其次，法院将会考虑"现存的补助金终止前程序之公正性和可靠性，以及额外程序性保障的可能价值——如果有这些价值的话。"①在此，由于补助金终止给付的决定在很大程度上依赖于医师和专家的医学报告，政府现有程序造成错误的可能性很小。一个有证人作证和律师交叉盘问的审判式听证无疑会改善事实发现的程序，但可能不是一笔很划算的买卖。相反，如果证人的可信度和真实性得到更直接的考虑，证据性听证的额外收益将会更多；例如，如果因接受补助者隐瞒了其可能使其不具备政府资助资格的收入而终止了其补助，情况则更是如此。

最后，马修斯案测试要求法院必须考虑以下公共利益，即避免提供更详尽的终止前程序所需的开支、迟延和其他社会性费用等方面的公共利益。在此，亲自参与的审判式听证所产生的负担显然高于仅仅以书面申请形式的听证。而且，对那些事实上并无接受补助资格的人来说，事前证据听证所导致补助终止的迟延意味着这些人仍将在很长时间内接受补助。尽管政府可能要回这些已支付的补助，但接受者可能无力履行判决。

基于平衡以及法院对政府所选程序之尊重，多萝西的程序性正当程序

---

① *Mathews*, 424 U.S. at 343.

的挑战在这里很有可能就失败了。①

三、事前听证的要求

在时间问题上,法院认为"正当程序条款'最本质的要求'"是"个体在被剥夺任何重大自由或财产权益前,都应获得听证的权利。"②考虑到程序性正当程序意在保障将政府错误地侵害自由或财产权益的机会减至最低,事前听证的要求就显得更为明智。尽管以损害赔偿金或强制性救济为形式的事后补救可补偿因政府错误行为而造成的损害,不过,显然一开始就避免这种损害是人们更愿意接受的一种方式。

还有一个首先要考虑的因素。即便一方已被剥夺了一项受保护之权益,根据相关的实体法律规则,只有具备质疑这一剥夺的依据,听证才是必须的。例如,如果政府基于某 A 的车在一犯罪团伙中使用过而要没收该车,某 A 否认有任何使用,那么某 A 必须获得听证以质疑政府的事实主张。但是,某 A 并不享有为证明不相关事实——例如,在犯罪行为实施之时,某 A 不在城里——而召开听证的权利。这一相关原则适用于康涅狄格州公共安全局诉无名氏案③中:被定罪的性侵者质疑他被列入了性侵者记录中,其论点在程序性正当程序上,他享有证明自己目前不具有危险性的权利。法院认为他被列入性侵犯者的名单剥夺了他被诬蔑为性侵犯者的自由权,但认定他并不享有事前听证的机会,理由是把他列入性侵者记录中并不取决于当下他是否具有危险性。在法院看来,"即使被告能够证明当下他可能不危险了,康涅狄格州也已决定所有性侵者——不论当下危险与否——的记录都必须公开。除非被告能够证明该法的实质性规则是有缺陷的(与宪法的某一规定相冲突),任何关于当下危险性的听证都是一种无根据的做

---

① 参见 Mathews v. Eldridge, 424 U.S. 319, 335 (1976),根据相同的事实认定未违反程序性正当程序。

② Cleveland Bd. Of Educ. v. Loudermill, 470 U.S. at 542.

③ Connecticut Dept. of Public Safety v. Doe, 538 U.S. 1 (2003),Doe 在美国法案例中用以代替不能在案件中透露姓名的当事人。——译者

法。"①鉴于被告没有提出这类实质性的质疑,他没有获得听证的权利。总之,只有当事人对政府行为的挑战与剥夺行为的不合法相关时,听证才是必须的。

案例 5-L

奥利被 Z 州聘为高速公路的巡逻员。该州在收到一份关于奥利的匿名信后解雇了他,匿名信称奥利以不给摩托车司机开超速罚单为交换而收受了他们的贿赂。根据 Z 州法律,高速公路巡逻员只能因特定原因被解雇。被解雇的官员可以向州民事服务委员会(State Civil Service Boar)申诉,该委员会可要求该州给奥利恢复原职并支付欠薪。Z 州在解雇奥利前未给予事前听证的行为是否侵犯了奥利的程序性正当程序权利?

案例分析

此案可以启动程序性正当程序。奥利在其工作上享有财产性权益,由于奥利仅能因特定原因而被解雇,而解雇使他完全丧失了该财产权益。Z 州可能辩称奥利不享有事前听证的权利,因为听证对该州造成的负担远远大于他从中获取的利益。然而,根据马修斯诉埃尔德里奇案的平衡测试,奥利仍可能拥有事前听证的权利。

首先,处于危险状态中的私人利益是继续受雇并以此谋生是非常重要的私人利益;当奥利被解雇时,这一利益受到了严重损害。其次,由于裁决完全取决于事实争议,事前听证能大大降低州错误地损害该利益的风险。在此,州仅根据一份匿名文件就解雇了奥利;除非决策者能更充分了解信息,否则错误几率是很高的。第三,奥利从事前听证中获取的利益很可能高于该听证对州造成的负担,由于听证无须非常详尽,听证本身对州的负担是很低的。② 同时,奥利继续上岗也不会给公众的健康或安全带来危险,因为所指控的奥利的错误行为仅在经济上对州造成损失。即使有更为严重的危险存在,州可以暂时让奥利停职——无论是否给付报酬——而不是仓促地

---

① *Cleveland Bd. Of Educ. v. Loudermill*, 470 U.S. at 542, at 7.
② 参见第五章第五节第五目。

解雇他。因此,该州很可能因未向其提供事前听证的机会而侵犯了其程序性正当程序权利。①

四、事前听证要求之例外情形

除在对自由或财产剥夺之前必须提供听证机会这一普遍原则外,法院有时也允许仅在权利被剥夺后给予听证。这些例外情形涉及以下情形:事前听证是不可能的或不切实际的,或法院相信错误、严重的剥夺行为的风险性很低。

在极少数情况下,对政府来说提供事前听证实际上是不可能的,其中一例就是赫德森诉帕尔默案②:狱警在搜查时故意毁坏了囚犯的私人财物,由于狱警的行为是"任意的且未经授权的",在财产受损前,州无从举行听证。法院认定,根据州法中囚犯可以援引剥夺权利后的侵权救济,程序性正当程序得以满足。

事前听证的大多数例外都涉及以下情形:在权利剥夺行为发生前举行听证是有可能的,但由于这样或那样的原因使得事前听证不具可行性。在考虑是否因不具可行性而采例外情形时,法院经常在事前听证所获收益与其对政府和公众造成的负担之间进行权衡,有时会特意援引马修斯诉埃尔德里奇案的平衡测试三因素。

因不可行而允许政府放弃事前听证而采取事后救济的典型情况即紧急状况的发生,即需要采取迅速行动以避免对公众造成严重伤害。因此,如果食品与药品管理局(Food and Drug Administration)认为在市场上有一种被错误标示、一旦摄入就会致命的药物,那么它可在给予药品生产商听证机会前就下令没收这些药品。③尽管事前听证可明显地降低政府错误没收行为的风险,但如果采取事前听证,则对公众造成的损害将大于为保护该公司的利益所获之收益。

---

① 参见 Cleveland Bd. of Educ. V. Loudermill, 470 U.S. 532 (1985).
② Hudson v. Palmer, 468 U.S. 517 (1984).
③ 参见 Ewing v. Mytinger & Casselberry, Inc., 339 U.S. 594 (1950).

在某些非紧急情况下,法院同样允许政府忽略事前听证规则。在英格拉哈姆诉赖特案[①]中,法院支持了一部佛罗里达州的制定法,该法授权对学校学生实施体罚前无须为他们提供听证。由于对孩子身体安全造成了自由权损害,法院赞同程序性正当程序的启动。但在运用马修斯诉埃尔德里奇案平衡测试时,法院认定在这种情形下要求事前听证不具可行性。法院的结论是,对孩子过分或错误地实施杖刑的风险非常之低,以至于该听证对老师和学校官员造成的负担大于任何所获收益。因此,根据州法为学生们提供的权利剥夺后的普通法救济足以满足程序性正当程序之要求。

案例 5-M

埃德温的车停在一个不准停车的区域。结果,该市将他的车拖走并征收了保管费。在支付了 134.5 美元的费用后,埃德温把车开回来了。之后他要求一项质疑该拖车行为的听证,并声称有一棵树阻挡了他的视线以至于未看到禁停标志。该市在 27 天后准予他听证。如果他无支付保管费的能力,该市本该在 48 小时内准予他听证,这种情形每年差不多都要发生近 50 次。但是,该市主张,考虑到法庭空间和警力的有限,在安排其他 1,000 起或更多的涉及有能力支付保管费者对保管费质疑的案件时,需要更强的行政灵活性。这种情形下的听证——如保管费已支付——安排在事件发生后的 30 日内听证。该市是否因未更及时地为埃德温提供听证而违反了正当程序呢?

案例分析

运用马修斯诉埃尔德里奇平衡测试的话,我们首先要关注处于危险中的私人利益。埃德温已被剥夺了金钱,这显然是一项财产权益,但就剥夺行为造成的伤害来说,相较于剥夺一个人的生计或使用汽车,或者,在生存边缘剥夺了其福利,前者要轻微得多。其次,剥夺行为之错误风险并不取决于这一特定的事后听证时间,也不存在证据消失或归于无效的重大风险。有可能的是,可以给那棵碍事的树拍张照片。最后,在高效地管理其项目的问

---

① *Ingraham v. Wright*, 430 U.S. 651 (1977).

题上,该市具有合法利益。综合这些因素,可以看出,正如法院在类似的事实中裁决的那样:并无违反正当程序之情形,用法院的话来说就是,"延迟 30 天听证是一种行政管理实质上所必需的常规延迟。"①

案例 5-N

霍默是一所州立大学的警察,在地方检察官通知该校霍默因藏有大麻而被捕并控告后,霍默被该校停职且未支付薪金。在勒令停职前,该校既未告知他也未给予听证机会。在被勒令停职一周后,对霍默的刑事指控被撤销。两周后,该大学的官员就霍默拥有大麻之认定给予听证;结果是他被降职为看管员。霍默的程序性正当程序权利是否因听证时间而受到了侵犯?

案例分析

该大学的两个行为可能侵害了霍默的程序性正当程序权利:勒令停职以及三周后的降职。由于在降职前他得到了告知和听证的机会,关于该行为的听证时间不存在问题。然而,三周的停职行为未予告知和听证导致了明显的程序性正当程序问题。

假定根据该州大学的规则,霍默仅因特定理由才被停职,则其财产权益就因停职而受到侵害。因勒令停职是没有薪金且持续了三个星期,这种对权利的侵犯程度不是微小的。因此,勒令停职行为启动了程序性正当程序。

一项剥夺前听证是否必须由适用马修斯案测试来决定。首先,处于危险中的私人利益——霍默之谋生手段——就是一项重要的私人利益,不过和案例 5-L 的奥利不同,霍默只是暂时停职而非被解雇,他只是暂时没有报酬,但其他工作福利仍然存续。其次,相较于奥利的情况,本案中事前听证的缺失对事实认识错误的风险要低得多。该大学作出行为根据的不是匿名文件,而是来自区检察官的信息,该案外独立一方很可能有足够的理由认为霍默已经犯下了严重的罪行。无论霍默实际上是否就该罪名被定罪,逮捕和控告作为客观事实,为该校提供了对其某一雇员停职之有效根据。由于该校的行为是基于可靠的信息,任何为防止错误剥夺而召开事前听证所产

---

① *City of Los Angeles v. David*, 538 U.S. 715, 717-719 (2003).

生的额外利益都是相对较低的。最后,基于州这边的平衡,在令公众相信该大学全体警察在未被指控犯有重罪上,该大学有着确凿的利益。在这些情形下,该校在停职前未予听证很可能是正当的。[1]

在卢汉诉G&G灭火仪器公司案[2]中,法院面对的是剥夺前听证主题的一种很有意思的分支。该案中,根据合同,州扣押了给G&G公司——该公司是一项公共工程项目的转包商——的应付款,理由是州认为该公司未遵守州劳动法规定的通行工资标准。扣押款项之前既无告知也无听证。事实上,G&G公司唯一可行的办法就是在州法院起诉以寻求对扣押款项权利之确立。法院[3]认定这一处理方式并未违反正当程序条款。在这样判决的同时,法院适用的并非举行剥夺前听证的不可行性,相反,法院的结论是,考虑到处于危险中的财产权益之偶然性——一项已获证明之权利请求——G&G公司采用的剥夺后民事诉讼程序就是所有正当的程序。用法院的话来说就是,

> [G&G]公司的所有现存之权利并未被否决。G&G公司坚决主张的款项是根据合同应获得之给付,对这一款项的剥夺是基于州对该公司未遵守合同条件而作出的决定。G&G公司仅有的一项诉求是其的确遵从了这些条件并因而享有得到全部款项的权利。尽管我们假定为实现本案的裁决目的,G&G公司在其要求给付的诉求上具有一项财产权益,但是这是一项……通过一般的违约诉讼完全能够得到保护的权益。[4]

---

[1] *Gilbert v. Homar*, 520 U.S. 924 (1997),基于类似事实认可了即决停职。但将案件发回重审,要求裁决以下情形:在检方放弃指控16日后才召开停职后听证,该延迟是否违反了程序性正当程序;在重审中,地区法院认定"延迟并未达到违反程序性正当程序的程度……"。*Homar v. Gilbert*, 63 F. Supp. 2d 559, 570 (M. D. Pa.1999).

[2] *Lujan v. G & G Fire Sprinklers, Inc.*, 532 U.S. 189 (2001).

[3] 此处的法院意为联邦最高法院。——译者

[4] 同上,at 196.

在所主张的剥夺源于与政府机构之间的合同关系,而该政府机构应为剥夺负责时,卢汉案的范围应限定于这类案件。在这类情形下,一方的请求权总是取决于对是否遵从合同的证明。

五、事前听证的形式

如果正当程序要求事前听证,"听证的形式和程序要求会随所涉利益之重要性以及随后程序之性质的变化而改变。"[1]对行政实体或机构的相应行为,法院通常不要求完全的审判式听证,但法律另有规定的除外。在涉及到行政行为时,法院倾向于支持相对而言非正式的事前听证程序,经常根据马修斯诉埃尔德里奇案平衡测试来说明其正当性。通常情况下,政府告知公民其拟采取的行动及其理由,同样给予他们书面或当面回复的机会就已足够。如果以一种完整的行政听证、司法审查或独立的侵权行为为形式的更详尽的剥夺后救济是可行的,则这些基础性的程序就极有可能足够了——通常情况下就是如此。

案例 5-O

在案例5-L 中,试想根据Z州的法律,在高速公路巡逻员的奥利被解雇前,他必须获知解雇他的理由并获得解释为何他认为不应采取这一行为的机会[2]。为与该程序一致,奥利的老板把他叫进了办公室,告诉他之所以被解雇是因为其受贿。奥利认为这不是事实且肯定有误。之后他就被解雇了。老板告诉奥利可向州民事服务委员会提出申诉,而且——如果有必要的话——还可获得司法审查,奥利的程序性正当程序受到了侵犯吗?

案例分析

这种情况下奥利的权利很有可能并未被侵犯。诚如前述,由于州法赋予他在其职位上的财产权益,解雇他的行为剥夺了其权益,因而他拥有程序性正当程序权利,这不属于因不可能或不具可行性而无法提供事前听证之

---

[1] *Boddie v. Connecticut*, 401 U.S. 371, 378 (1971).
[2] 即他不应被解雇的理由。——译者

情形。但由于剥夺后的行政和司法救济都可资运用,那么,在被解雇前奥利所获的全部权利就是获得告知以及陈述自身理由的机会。[1]

但是,如果剥夺后救济并不存在,抑或如果因错误剥夺行为造成的损害无法挽回从而使救济几乎毫无用处,则事前听证必须提供更加全面的程序性保障。因此,在戈德堡诉凯利案[2]中,法院认定,在福利被终止前,接受福利者必须获得审判式听证;即使州为接受者提供了完整的剥夺后救济,但错误中断补助造成的损害也可能是严重和不可挽回的。

相类似的情形还发生在维泰克诉琼斯案[3]中,法院认定,在犯人可能被转移至精神病院进行治疗前,正当程序所要求听证的机会包括引入证据的权利,出示并交叉询问证人的权利,获得律师或其他有能力之帮助的权利,一个独立的裁决者,及一份书面的裁决书。如果犯人被错误地强制接受这种治疗,那么所造成损害之性质与州显然未向犯人提供转移后救济的事实是相伴而生的,从而使得在转移治疗前为犯人提供审判式听证成为必要。

受独立决策者裁决的权利——正当程序诸多要求中最重要的一个——并不意味着法院或行政听证官不能与此案或双方当事人有事前的接触。例如,在维泰克案中,法院认定"对犯人转移治疗进行听证的人无须来自监狱或医疗机构之外。"[4]如果缺乏法官"实际上持有主观偏见"的证据——这种证据总是难以获得的——是很难符合正当程序"调查必须客观"的要求的,因为调查要求"一般的在位法官是否可能中立,或违宪的偏见倾向"。[5] 在卡珀顿案中,法院认定以下案件违反了正当程序:一位新选任的州最高法院大法官已接受了上诉人所在公司董事会和主要官员一笔"数额惊人的"竞选

---

[1] 参见 *Cleveland Bd. Of Educ. v. Loudermill*, 470 U.S. 532 (1985).
[2] *Goldberg v. Kelly*, 397 U.S. 254 (1970).
[3] *Vitek v. Jones*, 445 U.S. 480 (1980).
[4] 445 U.S. at 496.
[5] *Caperton v. Massey*, 129 S. Ct. 2252, 2262 (2009).

赞助,仍拒绝撤换自己。①

在行政听证体系中应提供何种特定程序的问题,已完全包括在行政法课程中。

第六节 不涉及自由或财产权益时可能的剥夺后救济

前已说明,即便争议中的福利最初并无宪法权利,但政府能创设可获程序性正当程序保障的自由或财产权益。正基于此,当一州试图取消犯人的假释、终止福利、解雇公共雇员或取消学生的奖学金时,就存在听证的权利。程序性正当程序与这些非宪法性利益是否相关的关键在于,这些利益是否因特定原因而被拒绝或取消。如果政府基于其选择的任何基准保留了拒绝或终止这些权益的权利,则不涉及任何自由或财产权益,正当程序也就无从适用。

但根据违宪条件原则,即使政府保留了没有任何理由拒绝或终止特定福利的权力,仍有些裁决理由是宪法禁止州采用的。如果个人能够证明一项纯粹自由裁量的福利在没有宪法性禁止理由的情形下被拒绝给付,那么在剥夺后程序中,除非政府能够证明其行为具有合理之理由,否则就可能被迫赋予或恢复该福利。

案例 5-P

弗兰妮是一位未获公立学校终身教职的老师,其合同未获延期。她认为之所以未获续约是因为她在一期广播访谈中批评了该市市长。没有任何制定法或合同条款明确规定非终身教职的教师在缺乏理由的情况下被重新雇佣,对这一结果也无任何习惯或惯例。弗兰妮的任何宪法性权利是否因未获续雇而受到侵犯?

---

① *Caperton v. Massey*, 129 S. Ct. 2252, 2262 (2009), at 2256.

案例分析

弗兰妮不享有被解雇前听证的程序性正当程序权利；由于她不享有其工作职位的财产权益，因此她可毫无理由地被解雇，不续雇也不会侵害她继续就业的自由。[1] 不过，如果弗兰妮能够证明，影响她未获续雇的一个驱动因素是她通过在广播中的言论行使了其宪法第一条修正案权利，则除非该市能证明即使弗兰妮未从事这一受宪法保护的行为也必须离开，否则就必须重新雇佣她。否则，该市就得到了许可，可以对非终身教职的教师续雇强加违宪的条件——例如，若要继续受雇，他们必须放弃自己的宪法第一修正案权利。[2]

第七节　不可反驳的推定原则

前已说明，程序性正当程序的目的在于为抵抗可能错误剥夺自由或财产的行为提供保障。自由或财产权益受政府适用法律威胁的个人有权获得听证，在听证中，他们可以举证政府认定的事实是错误的，因此他们不受有问题法律的制约。但是，个体所要求的听证也可不纠正政府对事实的看法，而只是反证某一法律中明示或暗示的推定。

一、可反驳与不可反驳之推定

假设有某市的一部条例规定，任何一个体重超过 300 磅的警官都将会被解雇——除非该警官能证明他/她仍然能够有效胜任该职位。该法包含着一个可反驳——体重 300 磅的警官不可能完成其职责。如果马克斯被告知他因体重为 310 磅而被该市警察局解雇，他可以基于以下两个非常不同的目的要求听证：首先，根据程序性正当程序，由于他只能因特定原因被解

---

[1] 见本章第三节。
[2] 参见 *Mount Healthy School Dist. v. Doyle*, 429 U.S. 274 (1977)。

雇，马克斯享有工作上的财产权益，因此，他很有可能享有听证的权利以证明该市对其体重的认知是错误的且该条例不适用于他。其次，如果马克斯的确超过了300磅从而适用该法，他仍可要求听证来反驳他太胖而无法胜任警官的推定。

该市可能代之以重新起草这部法令使之包含不可反驳之推定。该法可能这样表述："一个体重超过300磅的警官无法胜任并将被解雇。"如果马克斯被告知根据这部法律他仍将被解雇，他仍可要求听证以证明即便其体重为310磅，其体质仍是合适的。不过，由于该市并未向他提供在这一问题上听证的机会，该推定就是不可反驳的。尽管马克斯仍有获得听证的权利以质疑该市所主张的他超过300磅的事实，但如果该市的信息是正确的，那么这对他几乎没有任何用处。

与先前包含明确假设的两个例子不同的是，该市可能起草该条例以使作为其基础的不可反驳之推定仅在措施中予以暗示，但在表面上并不体现出来。这样一部法律可能这样解读："任何体重超过300磅的警官都将被解雇"。一旦辨别了该法之目的，我们就能看出该法之潜在推定。如果该市的市议会会议或市律师为维护该条例而指出其目的在于确信警官们的身体条件合适，那么显然这一措施就依赖于暗示的不可反驳推定，即任何一个超过300磅的警官都是不能胜任的。

如果该市想适用这一不可反驳之推定——不论明示还是暗示，那么马克斯可通过证明这一推定无论对别人来说多么真实，对他都是不真实的，来主张他有权获得挑战这一推定的听证。换句话说，他可能辩称，该市必须将不可反驳之推定转化为可反驳之推定，从而为他提供一个在本案中该条例的一般原则不适用于他的机会——即尽管其体重超过了300磅，其体质实际上仍是适合的。

二、该原则在其全盛时期

根据弗兰蒂斯诉克兰案[①]的裁决，马克斯的主张很可能获胜。"当对假

---

① *Vlandis v. Kline*, 412 U.S. 441 (1973).

定事实上不必然或普遍地正确时,而且当政府作出重要决定时有合理的替代方式来时,"弗兰蒂斯案禁止政府使用永久的不可反驳之推定。① 基于这一理由,马克斯有权享有证明自己无论体重如何都可胜任职务之机会。首先,不是任何一个体重超过 300 磅的人都无法胜任这一职务;为他提供听证并非不具可行性,因该市无疑已实行定期考核以确保每位警官和申请者都符合工作要求。

但是,作为一个实际问题,以该条例包含一个不可反驳的推定为理由,允许马克斯挑战该条例的后果就是要求该法就其目标而言不得完全过度宽泛。通常情况下,仅在某一法律根据平等保护条款要求更严格的审查——要么是由于其加重了基本权利的负担,要么是由于其涉及怀疑或准怀疑的分类——的情况下,一项过于宽泛的分类将被驳回。② 这些因素都未体现在马克斯所面临的情形中,因为在雇佣上不存在基本自由权且体重也不是怀疑或准怀疑的分类。

从原告的角度来看,弗兰蒂斯案所表达的不可反驳之推定是一种恩惠。因为它允许对一系列法规的分类进行挑战,即使根据平等保护条款没有援引高度审查的理由,允许对大量制定法分类进行挑战仍有可取之处,因为事实上每一部法律都依赖于不可反驳之推定。如果推定未现于制定法之字面,那么一旦明了所采取措施之目的也就可以识别出该推定。例如,一部限速的法不可反驳地推定了任一超过速度限制的驾驶都是不安全的,一部要求只有通过律师资格考试的人才可担任开业律师的法不可反驳地推定了任一未通过考试的人就不符合这一职业要求,一部设置强制性退休年龄的法不可反驳地推定了任一超过这一年龄的人都不再有效地工作,等等。由于这些措施采取了在事实上并不普遍准确的一般标准,而且由于为那些认为潜在的推定并不存在于其情形提供个性化的听证也是可能的,根据弗兰蒂斯案中确立的不可反驳之推定原则,所有这些措施在遭到挑战时都是有弱

---

① *Vlandis v. Kline*, 412 U.S. 441 (1973), at 452.
② 参见第六章和第七章。

点的。

三、该原则在当下

最高法院在温伯格诉萨尔菲案①中大幅度地限缩了这一途径的冲击。该案涉及《社会保险法》(Social Security Act)的一个条款，该条款规定，对与已去世的雇佣劳动者之间的亲属关系存续时间少于9个月的寡妇或继子来说，不得向其发放生还者福利。立法史揭示采用这一资格条件条款的目的在于阻碍为社保福利而缔结的婚姻。地区法院认为该法包含一个暗示的不可反驳之推定——即雇佣劳动者死亡前、存续时间少于9个月的任一婚姻都是骗局。因为这个推定在事实上并不普遍正确，审判庭认定原告有获得听证以证明该法对她实施了过于宽泛的分类之权利——即她的婚姻是名副其实的，她也因而有权获得寡妇的福利。

最高法院推翻了这一判决，将不可反驳之推定原则的适用限定于根据平等保护条款需要高度审查的那些案件。否则，政府即可根据涉及不可反驳之推定的一般性自由立法。如果政府"可合理地得出结论，即一般性的原则对其目的和关注点是恰当的"，则这类推定——不论暗示还是明示——都是合宪的。②

不可反驳之推定原则在根据平等保护条款授权的中度或严格审查情形下仍具有价值。在这些情形中，法院不是宣布一部法律完全无效，而是可能允许政府继续使用正在争议的分类，但是要求政府给予每个人辩驳作为该分类基础的推定的机会。

案例 5-Q

X 州法律规定任一实施过家庭暴力的人都不得再婚。基于何种理由该法无效？

案例分析

如果该法是根据平等保护条款受到挑战的，那么它应受严格审查，因为

---

① *Weinberger v. Salfi*, 422 U.S.749 (1975).
② 同上，at 785；参见 *Usery v. Turner Elkhorn Mining Co.*, 428 U.S. 1 (1976).

这一措施使得一类人群都丧失了结婚的基本自由。① 通过认定州在打击家庭暴力的利益上不足以使禁止结婚具有正当性,或认定应要求另一实现这一目标、更少歧视性的方法——即在再婚前须告知新配偶之前的罪行,法院可以根据平等保护条款宣布该法无效。

但是,一个法院可能反而适用不可反驳之推定原则。根据这一方法,该州法应被分析为包含暗示的不可反驳之推定,即所有实施过家庭暴力的人都有相当可能再犯这种罪行,所以才禁止他们再婚。法院可能同意该州的观点,即在关注事前定罪的同时不能使全面禁止再婚成为正当。因此,法院可以坚持以下看法,如果该州想运用这一推定,它必须是可反驳的,从而为被定罪的家庭暴力施暴者一个机会以证明其再婚不具危险性。

因此,只要涉及州,不可反驳之推定原则允许法院援引一种更少侵入性的救济。不是禁止州使用任何特殊的分类方案,而是如果州以一种非总结性方式来采用这一标准,则该州可继续使用该分类。在适用这一原则的情形下,其效果就是给予个人在其他情况下不存在的听证之权利。

---

① 参见第七章第二节。

第六章　平等保护：常规分类、"可疑"分类和"准可疑"分类

第一节　绪论与概述

宪法规定了州和联邦政府不得拒绝给予任何人平等的法律保护。第十四修正案第一款规定："任一州不得……拒绝给予在其管辖下的任何人以平等的法律保护。"尽管宪法文本未对联邦政府作出类似的明文限制，但联邦最高法院将第五修正案正当程序条款解释为"包含了一种平等保护的元素，它禁止国家在个人或群体中间进行不公正的歧视"[①]。绝大多数情况下，这些修正案中"保护"的范围是相同的。[②] 在本章中，除非特别指出，术语"平等保护条款"包括第五和第十四修正案下有关平等保护的所有保障。

平等保护条款似乎禁止政府采取任何类型的歧视行为。不过如果这只在字面上正确，那么实际上没有任何法律是合宪的。每部法律都会基于特定基准进行分类，要么施加负担要么授予利益，对某些人或行为给予不同于他人的对待。执行限速规定的警察会截停超速司机而让其他司机畅通无阻。规制童工的法律会区别对待雇佣10岁儿童的雇主和雇佣25岁青年的雇主。如果平等保护条款禁止政府作出任何区别对待，上述每一部法律都会违宪。

平等保护条款从未被解释为所有形式的区别对待都不合法，而是禁止政府作出任意或不公正的歧视——例如，禁止采用任何无法以合法政府利

[①] *Washington v. Davis*, 426 U.S. 229, 239 (1976).

[②] 但也有例外，如 *Hampton v. Mow Sun Wong*, 426 U.S. 88, 100 (1976)，在歧视外国人语境中的不同标准。

益为正当性基础的分类,以及禁止那些其采用仅为伤害某一特定群体的分类。因为政府对情况类似的人区别对待,或是对情况不同的人同等对待,违背了公平的基本标准。政府官员作出这类任意的行为,表明他们要么是任性地胡作非为,要么是滥用权力为朋友谋取私利或公报私仇。无论哪种情形,对人们作出任意的区分的政府行为都违背了法律面前人人平等的民主原则。

法院在适用平等保护条款时面临的问题是,如何判定一种分类过于武断而违宪。为歧视性法律辩护的人该如何解释才能说服法官该分类与一合法的政府利益相关呢?

案例 6-A

一部州法规定,要成为一名木匠,必须具有高中文凭和160磅以上的体重。该法以教育程度和体重为基础分类,歧视了没有高中学历和体重低于160磅的人。该法生效后不久,一名黑人木匠希拉被解雇了,因为她仅有125磅且没有高中文凭。希拉能否成功地以该法违背平等保护条款为由挑战该法的效力?

案例分析

答案取决于法院审查该法辩护者提出之理由的严密程度。辩护者可能主张,最低体重确保了木匠在工作时能够安全地抬起木材,高中文凭条件有助于确保木匠能看懂设计图并计算出满足构架安全的必要标准。如果某一法院接受这一解释,该法划定的分类就不是任意的或不公正的,因为它们推进了州在安全方面的合法利益。

尽管如此,一个打算更严密地检视这一标准的法官可能会认为上述理由不具说服力。如果力量真的是必要条件,为什么州要以体重而非木匠能举起的特定重量为标准?如果看懂设计图和计算的能力是如此重要,为什么要求的是高中文凭?高中文凭并不能保证拥有它的人具备上述能力,而州原本可以通过测验判断候选人是否具备这些技能。正如为他人作嫁衣裳,该法根本不符合它所宣称的安全目标,这足以表明它是出于其他目的制定的。如果某一法院适用了这个更为严格的审查标准,它会否定安全理由,并在欠缺任何其他合理理由的情况下，判定这种任意歧视的做法违背了平等保护条款。

―――――――――

正如上述例子所示，根据平等保护条款，某一法律是否无效很大程度上取决于某一法院所适用的审查标准的严格程度。联邦最高法院在分析绝大多数平等保护问题时，依据的是一种包含三种可能的审查标准的三层次模式。如果某法或惯例是基于种族、国籍、民族血统而歧视，或选择性地对基本权利的行使施加负担，法院将适用严格审查标准（strict scrutiny）。如果歧视性措施是基于性别或非婚生身份的，则适用不那么严格的中度审查标准（intermediate scrutiny）。最后，其他分类中的绝大多数适用的是高度谦抑的合理依据审查标准（rational basis standard）。前两种审查标准有时被称为"高级别审查标准"（heightened scrutiny）——一个既涵盖严格审查标准又包括中度审查标准的术语。

解决平等保护问题的关键首先是确定所涉的歧视类型。如果法律对任何会启动严格或中度审查的理由进行了区别对待，那么它将很有可能被认定为违反平等保护条款。另一方面，如果区别对待措施属于仅受合理依据标准审查的类型，则几乎所有支持此种分类的理由都会满足该标准。因此，在案例6-A中，如果希拉能够证明，高中文凭的要求会不成比例地将少数种族排除在外且这就是该法的目的，某一法院会适用严格审查标准且几乎肯定会宣告该要求无效。相类似的是，如果希拉能够证明体重要求将绝大多数妇女挡在木匠职业之外，该要求将受到中度审查且可能被撤销。不过，如果希拉无法证明该法是基于上述任一分类区别对待的，法院可能仅适用合理依据审查标准，并且很可能会维持该歧视性要求。

分析平等保护问题必须回答三个基本问题：

1. 所涉的歧视是什么类型的？
2. 如果歧视类型属于高级别审查标准的适用范围，原告是否已提起了一个初步证明、被告未能驳倒的案件？

3. 法律的辩护者是否已经证明,依据可适用的审查标准区别对待是正当的?

本章下一节将探讨前两个问题,本章余下的各节和下一章将考察第三个问题,并检视三层次模式在不同形式歧视中的应用。我们将看到,联邦最高法院对平等保护的处理,一定程度上比三层次模式所揭示的更微妙、更多变。即便联邦最高法院在形式上仍遵从这一模式,但该院通过精妙的调整已使该模式的适用具有一定的灵活性。

第二节　平等保护：一般原则

一、发现歧视：表面上的歧视、有目的的歧视及适用上的歧视

在平等保护案件中,要确定所应适用的审查标准,我们必须识别出所涉的歧视类型。它是属于应受严格审查或中度审查的类型,还是仅应受合理依据标准审查的类型?有几种判定方法:首先,我们可以通过法律的文本从表面上检视法律所作的分类是什么(表面上的歧视);其次,我们可以考察法律背后以探究其有意设计所要应对的是何种区别对待(有目的的歧视);最后,我们可以考察法律是如何被执行和适用的(歧视性的适用)。

(一) 表面上的歧视

考察法律由以分类之基础,最明显的地方就是考察法律本身——如其文本。在案例 6-A 中,从表面上看,规制木匠职业资格的法律歧视了未获高中文凭和体重低于 160 磅的人。表面歧视的法律并不要求基于特定理由使用特定词语进行表明上的歧视,只要从文本上看该法显然以特定方式进行歧视就可以了。一部规定"所有奴隶的后代都不得拥有土地"的法律,和"黑人不得拥有土地"的解读一样都是种族歧视。而且,即便某一法律并未对特定群体内部的每一成员都施加负担,仍会被视为表面歧视。一部规定"外国人只有在本州生活满十年才可在大学就读"的法律,构成国籍上的表

面歧视。该法在外国人群体内部成员也根据居住时间长短而区别对待的事实,并不能改变这一举措在表面上对外国人进行不利对待的事实。因此,在赖斯诉卡耶塔诺案[1]中,法院认定,即便特定"人群"的后代并非都有选举权,但限制其选举权的州宪法条款构成了种族歧视,"原因仅在于以血统而非种族为分类标准,并不足以保证该分类是种族中立的。"[2]

(二) 有目的的歧视

法律可能以从文本上看不明显的方式作出分类。表面中立的法律,却可能是被设计以达成某种类型歧视的。如果一部法律对某一群体造成不成比例的负担,并且有证据表明这种歧视包含在该法的立法目的和意图之内,即便该法表面上中立,仍会被认定为涉及对这一群体的歧视。在案例 6-A 中,要求木匠体重不低于 160 磅的成文法,可能是一种将绝大多数妇女排除在木匠行业之外的巧妙方式,正如高中文凭要求可能意在将少数种族排除在外。如果希拉能够证明该法具有这些效果且它们是该法目的之一部分,根据平等保护的宗旨,上述规定将适用强审查标准,因为它既涉及性别歧视也涉及种族歧视。

(三) 适用上的歧视

一部表面上中立且不以某一方式达成歧视的目的的法,在适用时仍可能是歧视性的。正如法院最近所重申的,"第十四修正案中平等保护条款的目的在于,确保处于州管辖下的每个人能够对抗故意和任意的歧视,而无论这种歧视是源于成文法的明文规定还是适当构成之政府机构的不当执行。"[3]一部成文法规定车速超过 55 英里每小时是非法的,这既不是损害任何超速驾驶者群体的表面歧视,亦非有目的的歧视。然而,如果有证据表明执行该规定的警察仅向女性司机开具罚单,该法会因涉及性别歧视而受到根据平等保护条款进行的挑战。相类似的是,在案例 6-A 中,即便高中毕

---

[1]　*Rice v. Cayetano*, 528 U.S. 495 (2000).
[2]　同上,at 516-517.
[3]　*Village of Willowbrook v. Olech*, 528 U.S. 562, 564 (2000),引用了 *Sunday Lake Iron Co. v. Township of Wakefield*, 247 U.S. 350, 352 (1918).

业要求有目的地歧视少数种族,如果有证据表明州政府通常会对白人申请者免除该要求,该法仍会被视为涉及种族歧视。

二、初步证明的案件①

原告欲提起一项平等保护挑战必须提出一个初步证明的歧视案件。要确立一个初步证明的案件,原告必须提出并证明两个因素,即法律的影响和意图——例如,原告必须证明:(1)法律对某一特定群体产生了不成比例或不同的影响;且(2)在该法源于歧视性的立法目的或意图的意义上,对该特定群体的这一影响是有意的。这些因素表明了划定歧视基线的标准。因此,一部不成比例地损害女性多于男性并且有目的地追求这种效果的法,就是一部以性别为标准进行歧视的法。

如果原告寻求高级别审查,则影响因素和意图因素都必须指向能启动高级别审查的标准。例如,如果原告能够证明一部法律对某一种族群体有不成比例的影响,且该法有目的地设计为具有这一影响,则适用严格审查标准。不过,如果缺失其中任一因素,该分类标准就可能因属于"无嫌疑"类型而适用合理依据审查标准。

当某一法律对特定群体构成表面歧视时,法律文本本身就足以构成歧视该群体的初步证明的情况。一部法律规定"小学老师必须是美国公民",显然对外国人有不成比例的影响——因为该法仅限制外国人而非任何其他人群。至于这种歧视是否为有意针对外国人,则是毫无疑问的,因为外国人正是被法律文本明确挑选出来进行特殊对待的。

然而,如果法律无表面歧视,初步证明之案件的提出就会非常困难。原告必须通过审视该法的字面背后隐含的意思,主张并证明存在不同的影响和歧视性的立法目的。需要再次强调的是,要获得高级别审查,法律的影响和意图都必须指向特定的、受保护的分类,如种族或性别。

---

① prima facie case,根据《元照英美法词典》的解释,有两种含义,第一,原告提出的证据足以支持其诉讼请求,从而可以将案件交付陪审团裁断;第二,原告已提出足以支持其诉讼请求的证据,如被告不能提出足以反驳的反证,法庭必然判决原告胜诉。——译者

（一）不成比例的影响

要证明一部法律具有不成比例的影响，原告必须证明该法的实际效果是对某一群体造成了相较于其他群体更重的负担。

案例 6-B

在案例 6-A 中，希拉因不符合州法对教育程度和体重的要求而失去了木匠工作。如果她希望根据平等保护条款挑战该法，她可以通过提起一个初步证明的、涉及种族歧视、性别歧视或以上两种歧视的案件，使该法受到高级别审查。撇开目的要素不说，希拉如何才能在初步证明的案件中满足不成比例要素的要求？

案例分析

关于教育程度要求，希拉可以引用她所在州的劳动力教育程度的统计数据。如果这一数据显示白人获得高中学历的比例远高于黑人，她就可以有根据地提出一项表面证据，证明该法以高于白人的比例排除黑人的资格，从而对黑人具有不成比例的影响。

相类似的是，如果希拉能够证明处于劳动年龄的人群中，男性超过160磅的比例明显高于女性，那么她就满足了初步证明的案件之影响因素要件。

虽然绝大多数平等保护案件涉及对某一群体或阶层的歧视，原告只是其中的一员，但如果原告声称仅有她一个人被有意地与类似境遇的人区别对待，且这一区别对待缺乏合理依据，那么这种"一人群体（class of one）"也可提起平等保护请求。① 换句话说，唯一的"一人群体"的平等保护诉求之前提特征就是原告自身，人们可能会认为这是"仅与我有关的"分类。在奥莱赫案中，原告声称为将她的财产与市政供水管道连接，她所在的村庄向她要求30英尺的地役权，而对其他财产所有人仅要求15英尺的地役权，法院认定原告已经提出了一项基于平等保护条款的救济请求。原告声称她是被

---

① *Village of Willowbrook v. Olech*, 528 U.S. 562, 564 (2000).

有意挑选出来接受这一不合理的且完全随意的对待的,因为她之前曾对该村庄提起一件与此无关的诉讼并获得了胜诉。法院认定"就平等保护的分析而言,一个群体中个体的数量并不重要"。①

在恩奎斯特诉俄勒冈农业部案②中,联邦最高法院认定"在公共雇佣的情况下,平等保护的'一人群体'理论不适用"。法院的理由是,"政府在处理公共雇员方面比它对全体公民行使统治权方面拥有巨大的裁量空间",所以"一人群体"理论扩展到劳动领域会将"大量主观的、个人化的评价"转化为宪法诉求,实际上把公共雇员的不满宪法化了。③ 审理恩奎斯特案的法庭因而认定,某一被解雇公共雇员声称其因上司们憎恨她而被挑选出来进行不利对待,并基于这一主张提出一个"一人群体"的平等保护诉求,对此法院不予支持。

(二) 歧视性的目的

初步证明案件的第二个构成要素是歧视性目的。该要素在华盛顿诉戴维斯案④中首次得到明确承认。该案涉及一项对哥伦比亚特区警察局招聘新职员时实行种族歧视的控告。法院认为,即便原告在提起初步证明的案件时已证明了成比例影响的要素之存在,但未能证明被告警察局有任何歧视性的目的。法院指出:"一被控种族歧视的法之不公正性质最终必须追踪到一个种族歧视目的,这是平等保护领域的一项基本原则。"⑤同一原则也适用于其他类型的歧视。⑥ 根据平等保护条款启动的高级别审查,仅适用于法律上(de jure)的歧视,而不适用于事实上(de facto)的歧视。正如法院所强调的,这两者之间区别的"关键要素"歧视"是有目的(purpose)的还是有意的(intent)"。⑦

---

① *Village of Willowbrook v. Olech*, 528 U.S. 562, 564 (2000), at 564 n.*.
② *Engquist v. Oregon Department of Agriculture*, 128 S. Ct. 2146, 2156 (2008).
③ 同上,at 2154-2155.
④ *Washington v. Davis*, 426 U.S. 229 (1976).
⑤ 同上,at 240.
⑥ 参见 *Johnson v. California*, 545 U.S. 162 (2005),在挑战政府运用"以种族为基准"来挑选陪审员行使无因回避权的合法性时,被告必须证明歧视性目的之存在。
⑦ *Keyes v. School Dist. No.1*, 413 U.S. 189, 208 (1973),着重为原文所有。

要满足初步证明案件的目的要求,原告不需要声称或证明"被挑战的行为完全基于……歧视性的目的。立法机关或行政机关依据宽泛指令作出的决定几乎不会被认为仅基于单一因素的考量,或者甚至某一特定目的是'主导性的'或'首要的。'"相反,"歧视性目的已经成为决定的动机因素……才是常态。"①这一要求的唯一例外是涉及种族歧视的选区划分,这种情形下要提起初步证明的案件需证明"种族因素是立法机关作出决定的支配性动机……"②

当一部成文法或一项政策在字面上是歧视性的,就自动证明了受挑战的法律或惯例存在歧视性动机,因为这样的话歧视意图是显而易见的。然而,如果一项措施表面上是中立的,要满足目的要素就比较困难。仅仅证明适用那些法律或惯例的人拥有预见歧视性效果的知识是不够的。"'歧视性目的'……比作出决定的意图或意识到后果的意图的涵义更丰富。"原告不仅必须主张并证明该措施"至少'部分是由于'而非仅仅'无论'其对某一可辨识群体的不利后果"仍被采用。③

诉答阶段的一个关键问题是原告必须诉称什么来使初步证明案件成立。在联邦法院,《联邦民事诉讼规则》(Federal Rule of Civil Procedure)第八条第一款第二项要求诉状包含"表明具状人有权请求救济的简明陈述"。不过,在这种情形下,原告仅仅诉称被告的行为具有歧视性目的是不够的;这类"缺乏进一步事实主张的'光秃秃的宣言'"并不符合要求。④ 根据《联邦民事诉讼规则》第十二条第二款第六项,当事人就对方未能提出有效请求可以提出撤销案件的动议,和表明被告的行为具有歧视目的"仅有可能性"相比,原告需提出更多的事实主张才能避免案件被撤销。也就是说,原告所诉称的事实必须足以证明其关于歧视性意图的主张是有根据的。"如果诉

---

① *Village of Arlington Heights v. Metropolitan Hons. Dev. Corp.*,429 U.S. 252, 265-266 (1977),着重为本书作者所加。

② *Miller v. Johnson*,515 U.S. 900, 916 (1995),着重为本书作者所加。另见本书第七章第三节第五目。

③ *Personnel Administrator of Mass v. Feeney*,442 U.S. 256, 279 (1979)。

④ *Ashcroft v. Iqbal*,129 S. Ct. 1937, 1949 (2009)。

状诉称的事实与被告的义务'刚好一致',诉讼程序就会停在'有权获得救济'的可能性和合理性之间的线上。'"①在阿西克罗夫特案中,法院的结论是诉状未达到这一标准,尽管它包含"可作出上诉人按错误目的行事的一些推论的基础"的主张,但"并不含有任何有根据地表明上诉人存在歧视性意图的事实主张"。② 法院也指出,他们特别不愿意在像阿西克罗夫特案这样的案件中放松联邦诉状规则要求,这类案件的被告是享有"免于……诉讼困扰"之权利的联邦高级官员,而这一避免诉讼困扰的目标的实现不仅取决于官员提出有条件豁免之抗辩的能力,也取决于当原告未能提出足以避免第十二条第二款第六项之撤销动议的充分事实主张时,这些官员使诉状立即被撤销的能力。

案例 6-C

在案例 6-B 中,假定在种族歧视和性别歧视的初步证明案件中,歧视性的影响这一要素成立,希拉也已证明当该法在州立法机关审议中时,许多声明反对该法规定的群体都指出该法将严重影响少数种族和女性。这足以构成歧视性目的吗?

案例分析

该证据本身不足以证明目的因素,因为尽管它无疑表明立法者受歧视性意图推动的一种可能性,但另一种可能性同样存在,即尽管该法对这些群体有不利影响,但他们不是因为该不利影响才通过该法的。希拉需提出其他证据证明歧视性目的的存在,这些证据应当足以使其请求跨越"仅有可能性"而进入"有根据的"界线之内。

虽然仅有对"可预见的、预期中的不成比例的影响"的认知不足以支持歧视性目的之认定,但法院认定"可预见的后果"可作为从中推论出歧视性

---

① *Ashcroft v. Iqbal*, 129 S. Ct. 1937, 1949 (2009), at 1949.
② 同上, at 1952, 着重为本书作者所加。

目的的"若干种证据之一"。①

（三）立法史

对一部表面中立的法律来说，原告有一些能证明目的要素存在的方法。关于措施被采用的立法史有可能揭示歧视性意图的存在。这种情况并不常见，因为那些受到罪恶目的驱动的人很少留下记录其不当行为的文件。不过，这类证据有时也可以得到。在亨特诉安德伍德案②中，阿拉巴马州1901年通过的一条宪法条款规定了褫夺犯有涉及道德败坏罪行的人的公民权，法院在认定该规定构成种族歧视后宣告其无效。原告的初步证明案件之影响要素，因有证据证明该规定褫夺黑人公民权的比例十倍于白人而得以确立。而历史学家和制宪会议中的言论则表明通过该规定的制宪会议中"白人至上的狂热四处蔓延"，从而构成了目的要素。③

（四）被通过的方式

歧视性目的有时可从受挑战的法律规定被通过的方式中推断出来。如果导致该规定被采用的过程未遵循常规程序或它背离了通常调整这类事项的实质标准，这类异常可以表明歧视性意图的存在。

案例 6-D

在案例 6-A 中，假定要求木匠具备高中文凭以及体重不少于 160 磅的法律，是一份当地报纸报道了 150 名妇女和少数种族将从联邦政府资助的木匠培训项目毕业后两天，作为应急措施被通过的。该法案由木匠兄弟会起草且未经过任何州立法机构中通常主管这类事项的任何委员会的审查。该证据是否会表明歧视性目的因素存在？

案例分析

根据该法通过的非常时机和程序，可推论出该法通过的动机在于把少数种族和妇女排除在木匠行业之外。

---

① *Columbus Bd. of Educ. v. Penick*, 443 U.S. 449, 464-465 (1979).
② *Hunter v. Underwood*, 471 U.S. 222 (1985).
③ 同上，at 229.

（五）从影响和其他情境证据中推出目的

尽管仅有不成比例的影响还不足以确立歧视性目的，但关于影响的证据与其他情境证据一起就可能满足原告的举证责任。即便没有直接证据揭示那些制定受挑战之规定的人的主观想法，"一个不公正的歧视性目的的经常可从全部相关事实中推导出来……"①

罗杰斯诉洛奇案②中就适用了这一原则。本案的争议在于，一项选出一五人委员会成员的"整体"郡选举制度存在平等保护挑战。该郡未划分选区，每个登记选民都可就所有五个委员会职位投票。这一体制的最终效果是，构成本郡登记选民少数的黑人从未当选。这一对黑人群体根本不同之影响并不构成有目的的歧视。尽管如此，联邦最高法院把该影响和其他证据相互印证，维持了下级法院关于整体选举体制是为了维系歧视性目的的裁决，证据都是情境性的——如，黑人占人口的实质多数但在登记选民中占少数；还有其他无可辩驳的证据，如对选举的种族妨碍，历史上在选民登记和教育方面的种族歧视，公立学校中的持续隔离，政治过程中的种种歧视例证，政治过程未能反映黑人群体的需求，以及对公共资金的歧视性使用等。总体上看，这些事实为地区法院提供了充足的理由，从而判定该郡采取的整体体制是为了维系种族歧视的目的。

因此，在案例 6-B 中，希拉如果仅证明该法对想要成为木匠的少数种族和妇女存在不成比例的影响，仍无法满足歧视性目的要素的构成。根据罗杰斯案，她必须出示足以说服法院的情境证据，以说明该法是基于种族歧视或性别歧视的目的而被通过和维持的。

（六）从适用中推出意图

对表面中立的成文法来说，证明该法以歧视性方式被适用的证据，也能满足原告关于目的要素的举证责任。例如，在益和诉霍普金斯案③中，联邦最高法院撤销了旧金山市的一项规章，该规章规定在木质建筑物内经营洗

---

① *Washington v. Davis*, 426 U.S. 229, 242 (1976).
② *Rogers v. Lodge*, 458 U.S. 613 (1982).
③ *Yick Wo v. Hopkins*, 118 U.S. 356 (1886).

衣店必须获得许可。虽然该规章表面上是中立的，却以如下方式执行：全部201位华裔申请人的申请均被拒绝，同时事实上每位非华裔申请人都获得了许可。这种不成比例的影响是如此地极端从而可推断"除了仇恨申请人所属的种族和国籍外别无存在理由……"①根据益和案，原告必须证明该规章以歧视性的方式运行。在案例6-B中，如果希拉能证明州遵循的常规做法是对白人和男性放弃教育程度和体重的要求，而对少数种族和女性申请人却严格执行上述要求，则情况同样如此。

（七）凯斯案推定

如果在紧密相关的其他领域，行为存在争议的行为人被认定犯有相同类型的故意歧视，也可确定歧视性目的。在这些情形下，法院根据凯斯案推定可以推断行为人当前受挑战的行为是出于相同的罪恶意图。该推定因凯斯诉第一学区案②而得名，作为一宗废止种族隔离案件，原告们能证明被告学校委员会在学区内的一部分蓄意隔离一些学校，但无法证明被告对同一区内其他学校实行隔离具备相似的目的。法院认定，就后一类学校而言，原告可通过将委员会的恶意目的从该学区的一部分事实上转移到另一部分，来证明初步证明案件中目的要素的存在。"学校委员会在一个学校系统的重要部分中进行蓄意隔离，对其行为的认定创设了一种推定，即体系内的其他隔离的学校教育并非偶然，换言之，它构成了一个学校当局设立非法之隔离的初步证明案件。"③

在凯斯案中，歧视性意图的推定适用于尽管在同一城市的不同区域但几乎同时作出的行为。凯斯案推定还被用于在历史或时间意义上将意图要素从一个时期转至另一时期。某一学校委员会在过去某个时点犯有故意歧视，则就可推定行为人"随后"或"当下"的行为具有类似动机。④

---

① *Yick Wo v. Hopkins*, 118 U.S. 356 (1886), at 374.
② *Keyes v. School District No.1*, 413 U.S. 189 (1973).
③ 同上, at 208.
④ 同上, at 210-211 & n. 17. 同参见 *Dayton Bd. of Educ. v. Brinkman*, 443 U.S. 526, 535-538 (1979)，在学校委员会数十年前曾故意在学校中实行种族隔离的情况下，采用凯斯案推定以满足目的要素构成。

尽管法院在学校隔离案件中以宽泛的形式适用了凯斯案推定,但看来法院并未将该规定用于其他类型的种族歧视案件和涉及除种族之外——如国籍和性别等的其他歧视案件。因而,凯斯案推定在废止学校隔离的情形外能否发挥任何作用,是有疑问的。

案例 6-E

在案例 6-B 中,假定希拉挑战木匠资格条件之法律的部分理由是,这一法律是由州许可委员会以种族歧视的方式执行的。根据希拉所言,所有提出申请的白人,无论体重或教育程度为何,均被授予了许可,而不符合这些条件的少数种族则被拒绝。假定该委员会文件中的统计数据能证实该不成比例影响之要素,希拉应如何证明种族歧视目的要素之存在?

案例分析

除可请求法院像益和案那样从歧视性适用中推出目的要素外,希拉还可确定该委员会过去是否被某一法院认定为采取过蓄意的种族歧视。如果存在这一认定,则希拉可请求法院援引凯斯案推定,有效地将恶意目的要素从先前事件转移到目前的案件中。不过,由于这不是一个废止学校隔离的案件,法院不太可能适用凯斯案。

如果法院允许宽泛地适用凯斯案推定,则法律歧视和事实歧视的区分几乎就将瓦解。很可能仅有极少数政府部门在历史上从未犯有蓄意的种族歧视。如果凯斯案可常规地用于挑战对种族具有不成比例影响之现行法律或惯例,那么原告总能借助过去的目的要素满足初步证明案件的构成要求。可能正是基于这一理由,法院仅将凯斯案推定适用于废止学校隔离的案件。即便在这一情形下,法院也倾向于将推定限于本质上非常相似的行为。因此,例如,学校委员会过去在雇佣教师方面有种族歧视的过失,那么在随后指控委员会在学生分配上实行种族歧视的案件中,仅有前一个事实可能不被允许在后案中使用凯斯案推定。

凯斯案推定可能也不能用于将一政府行为人之意图归因于另一政府行

为人。相反,原告的初步证明案件的意图要素必须针对争议中的每个被告分别确定。在阿什克罗夫特诉伊克巴尔案①中,联邦最高法院未接受"监管责任(supervisory liability)"理论,根据该理论,"监管者仅知晓其下属的歧视性目的并不等于监管者违宪"。因而,法院认定"每一政府官员——无论其头衔如何,仅对其自身的不当行为负责。"②

(八)目的要素的难点

即便一原告在理论上以一些不同的方式达成了初步证明案件的目的要素,在涉及诸如种族或性别的可疑标准或准可疑标准的情形下,该要素往往不可能获得满足。结果,原告的平等保护挑战常常是根据合理依据审查标准进行审查并被否决。本质上,未能证成歧视性目的改变了分类的性质。因此,在平等保护条款的意义上,一项使黑人比白人不成比例地丧失资格的职业标准不是种族歧视性的——除非运用这一标准的目的就在于基于种族的歧视。如果没有证据证明种族歧视性目的的存在,则分类——符合标准的人和不符合标准的人——就不是可疑的分类并仅受合理依据审查。

所以要求原告证明恶意意图的存在就意味着,只要原告缺乏揭示被告不当动机的资源和能力,则带歧视性目的的政府行为将在法院适用合理依据审查时得到支持。这在种族歧视领域尤其棘手,因为鲍威尔大法官(Justice Powell)指出,"如果追溯得够远的话,所有的种族隔离——无论发生在何地,是否限于学校——很可能都曾得到政府行为的支持或维护。"③有鉴于此,鲍威尔大法官和道格拉斯大法官(Justice Douglas)力主法院放弃事实上和法律上的区分,至少在废止学校隔离案件中。④

同样遭到反对的观点还有,要求提供有意识地或蓄意地进行歧视的证据往往就是提出不可能的要求——不是因为受挑战的行为不存在歧视性的

---

① *Ashcroft v. Iqbal*, 129 S. Ct. 1937, 1949 (2009).
② 同上。
③ *Keyes v. School Dist. No.*1, 413 U.S. at 228 n.12 (1973),鲍威尔大法官的协同意见和异议意见。
④ 同上,at 219-236.

偏见，而是因为该偏见是无意识的。正如联邦最高法院做过，即聚焦于歧视性目的之证据，就是创造"一个想象中的世界"，在宪法意义上，该世界中"除有意识地追求外歧视并不存在"。①

不过，法院仍坚持要求，根据平等保护条款进行高级别审查，原告必须将歧视性目的作为初步证明案件的一部分。法院在捍卫这一路径时，指出如果不成比例的影响自身足以提高司法审查标准，将"对税收、福利、公共服务、行政规制和执照等方面的一大堆成文法提出严重的问题，也许会使之无效，这对穷人和普通黑人的负担比更富有的白人的负担更重。"② 而且，法官会变成种族方面的会计，被迫衡量每一种族或少数民族群体受一被挑战的法影响所得的收益和损失。最后，不成比例影响的方法将会破坏我们关于无肤色偏见社会的理想，因为为了避免违反平等保护条款的可能，政府部门将被迫评估每个拟议行为对种族的可能影响——这是一项即便并非不可能但也令人生畏的任务。

三、对初步证明案件的反驳

一旦原告成功提出一个初步证明的案件，无论它是种族歧视、性别歧视还是会引发高级别审查的其他类型歧视，法院将给被告以反驳初步证明案件的机会。如果被告能够做到，则法院将根据合理依据审查而非严格或中度审查来评估该成文法。另一方面，如果被告未能做到，则法院将继续适用恰当水平的高级别审查。

一被告可以以下三种可能的方式：(1)通过证明影响要素不存在；(2)通过证明目的要素不存在；或(3)通过证明歧视性影响不是被告的蓄意歧视行为造成的——来反驳原告提出的初步证明歧视案件。

被告可反驳初步证明案件的第一种方式是，证明声称受被挑战的法律或惯例区别对待的人，事实上并未比其他人遭受任何更多的伤害或负担。218

---

① Charles Lawrence: "The Id, the Ego, and Equal Protection: Reckoning with Unconscious Racism", 39 *Stan. L. Rev.* 317, 325 (1987).

② *Washington v. Davis*, 426 U.S. 248 & n.14.

这类反驳典型地表现为被告证明原告据以表明不成比例影响的数据已经过时，或采用错误方法得到，或由于某种其他原因不准确。

案例 6-F

在案例 6-B 中，希拉运用统计学确立了一个种族和性别歧视的初步证明案件，该统计数据表明高中毕业的黑人比白人以及超过 160 磅的妇女比男人比例都低。被告如何反驳初步证明案件中的这一要素？

案例分析

如能证明尽管希拉的统计数据涉及通常情况下的工作年龄人口，但该法对教育程度和体重的要求并未导致以高于白人和男人的比例排除黑人或妇女，则被告即可反驳不成比例影响的存在。例如，被告的数据可能表明，23％的白人申请者因不符合高中毕业的要求而被拒绝，相比之下仅有 20％的黑人被拒绝；体重限制导致 9％的男性被拒绝，而仅有 5％的妇女被拒绝。如果被告能够拿出这些证据，该法就不是对少数种族和妇女的歧视。相反，该措施是基于教育程度和体重进行歧视的情形之一——这是仅受合理依据的平等保护审查的分类。

反驳初步证明案件的第二种手段是，证明应对受挑战的行为负责的人未受歧视性目的之驱动。在一宗原告提出的初步证明案件中，在运用凯斯案推定满足了这一要素时，被告可通过证明尽管在其他情形中存在歧视性意图，但争议行为在本案中并非出于这一动机。尽管如此，为反驳初步证明案件的这一要素，被告还必须证明其行为"完全不受"歧视性目的之"驱使"——即这一目的"不在"推动该行为的"因素之内"[1]。例如，在亨特诉安德伍德案[2]中，剥夺犯有道德败坏罪行的人之选举权，其背后的"真实目的"在于"将同等地剥夺白人穷人和黑人的选举权"，通过提出上述主张，政府试图反驳种族歧视的初步证明案件。但法院指出，这一主张不具说服力，因为

---

[1] *Keyes v. School Dist. No.1*, 413 U.S. 210.
[2] *Hunter v. Underwood*, 471 U.S. 222, 230 (1985).

第六章 平等保护:常规分类、"可疑"分类和"准可疑"分类

它"承认……对黑人进行的歧视……是该规定的一个动机因素……"①

被告反驳初步证明案件的最后一种手段是,证明歧视性目的和原告诉称之不成比例的影响之间没有关联。换句话说,被告能够通过证明有意努力地歧视是无根据的、不必要的,因为由于其他因素影响,同样的结果无论如何都会出现。

例 6-G

城建公司向埃文戴尔村请求对该村的一块土地重新分区以建设一栋十层的低收入者住房,但遭到拒绝。城建公司起诉了该村,理由是其拒绝重新分区是种族歧视。城建公司提起初步证明案件,因为纳入该拟议建设计划的绝大多数承租人为少数种族,该村的决定将产生种族上不成比例之影响,并证明该拒绝决定来自阻止少数种族迁入该村的意图之推动。该村应如何反驳城建公司这一初步证明的种族歧视案件?

案例分析

即便该村无法证明影响要素或目的要素不存在,也可通过证明基于其他理由该项目永远不应建设从而驳倒城建公司的初步证明案件。例如,该村可证明根据一项普遍适用的、限制建筑物高度不超过六层的规章,即使不存在任何种族歧视目的,重新分区的请求也会被拒绝。或者该村可表明,如果重新分区的请求得到许可,由于城建公司缺乏必须的资金,该项目仍无法建设。以上任何一种方式,该村都已证明所指控的损害并非该村的不当歧视目的造成的,那么该村的行为因而将仅仅在合理依据审查标准下予以评价。②

在某些情形下,被告仅能驳倒原告提起的初步证明案件的一部分,在这种情况下,法院将对原告案件中那些没有被驳倒的部分适用高级别审查。

---

① *Hunter v. Underwood*, 471 U.S. 222, 230 (1985), at 231.

② 参见 *Village of Arlington Heights v. Metropolitan Hons. Dev. Corp.*, 429 U.S. 252, 270 n.21 (1977).

因此,在一宗废止学校隔离案件中,原告提出了学校委员会在该区内有意地对小学和中学实行种族隔离的表面证据,被告可通过证明基于不能归责于委员会的原因,中学无论如何都会种族隔离,结果是种族歧视的初步证明案件对中学来说不成立。

为保持本章篇幅的平衡,我们将考察法院对第五修正案和第十四修正案平等保护保障之适用,首先是合理依据审查标准的情形,然后是基于可疑分类或准可疑分类,由原告提出的引发高级别审查的初步证明案件的情形。第七章我们将考察涉及基本权利的歧视适用严格审查的情形。

第三节 平等保护的合理依据标准

如果某一法律不涉及可疑分类或准可疑分类,也未涉及基本权利歧视,法院将适用合理依据标准来决定该法是否违反第五修正案或第十四修正案的平等保护规定。多年以来,合理依据平等保护标准以不断变化的效力被适用。从18世纪90年代末到19世纪30年代末,法院经常以州法和地方法存在任意的歧视为由,适用这一标准宣告这些法律无效。而同一时期,法院也温和地适用该标准以维持受挑战的分类。这一在严格和宽松适用合理依据标准之间的摇摆状态到19世纪40年代趋于结束。自那时以来,在适用这种现在有时被称为传统的合理依据标准时,法院以不同寻常的尊重态度评估大多数分类,以至于该标准常常被描述为"不起作用"。

传统的合理依据审查标准仅要求受挑战的分类存在某些可信的理由,不论这一理由是否为驱动立法机构的真实目的。仅受合理依据审查的分类在某一诉讼中"具有强烈的有效推定"且其挑战者必须"否定每一个可能支持其可信的理由……"[①]这些宣称的理由应完全依赖于"无法得到证据或经

---

① *FCC v. Beach Communications, Inc.*, 508 U.S. 307, 314-315 (1993).

验数据支持的理性推测。"①这种分类无须"以数学上的精确"标准符合所推测的结果。② 它可以外延过广、外延不足、不合逻辑和不科学,③也可涉及渐进式地实现目标,"一次一步,着手解决所涉问题在立法意图中看来最严重的问题的某一阶段"。④ 而且像通常情形那样,如果分类涉及"划界过程",那么立法机构不得不在某处划分界限这一事实"就使立法机构的裁决结果处于事实上不可审查的精确坐标上……"⑤此外,法院曾强调,由于"一部法律的每一条规定并非必须拥有同一个目标",一部法律中"占主导地位的普遍目标"看来不合理的分类,仍可能被认定为合理——如果该措施被视为为寻求"达到其他可欲的(甚至可能相反的)目标,因而产生一部平衡各种目标的法律……"⑥

案例 6-H

市议会通过了一项规定在住宅小区内进行上门推销为非法的规章。规章包括一项对毕格罗保险公司代理人的豁免,该公司代理人可在该市所有地方进行门到门销售。米勒保险公司的代理人雪莉因违反该规章而被捕并受刑事指控。她已请求法院⑦以该规章违背第十四修正案的平等保护条款为由撤销该刑事案件。法院该怎么判?

案例分析

该规章很可能是合宪的。即便我们并不知道为何市议会要通过这一规定且即便我们怀疑市议会收受了毕格罗公司的贿赂,如果对毕格罗公司优于其他上门推销者存在任何可信的合法理由,该分类将得以维持。市议会可能相信毕格罗公司的代理人比其他上门销售商更彬彬有礼,或市议会可

---

① *FCC v. Beach Communications, Inc.*, 508 U.S. 307, 314-315 (1993),at 315.
② *Dandridge v. Williams*, 397 U.S. 471, 485 (1970).
③ *Metropolis Theater Co. v. Chicago*, 228 U.S. 61, 69-70 (1913).
④ *Williamson v. Lee Optical, Inc.*, 348 U.S. 483, 489 (1955).
⑤ *FCC v. Beach Communications, Inc.*, 508 U.S. at 315-316.
⑥ *Fitzgerald v. Racing Assn. of Central Iowa*, 539 U.S. 103, 108-109 (2003),维持爱荷华州对赛马场老虎机征收比河船老虎机更高的税的法律,因为即便该法的主要目的在于通过授予赛马场经营老虎机的权利以促进其经济利益,歧视性的税收待遇可能用以推进诸如救助河流社区、推广河船历史或保存当地河船等可能的补贴目标。
⑦ 此处的法院不是联邦最高法院。——译者

能认为毕格罗公司在该市经营的时间比其他公司更长,从而赋予它更优惠待遇的公正请求。即便所有这些假定理由事实上都未驱动市议会,该分类可能因这些理由中的一个或更多而通过也就足够了。①

前面的例子已经说明,根据传统的合理依据审查标准,要认定立法作出的分类违宪几乎是不可能的。后面我们还会看到,现代法院在撤销分类规定时,有时在表面上运用合理依据标准。尽管如此,在这些情况下,法院适用的是一种事实上比传统的合理依据标准更为严格的标准。②

某一法律不符合单一的合理依据审查的极少数情形之一是,如果立法机构明确指明分类的特定目的,即未给进行审查的法院留下余地——以对其他足以维持这一规定的可信理由进行假定或推测。如果这一分类未合理地推进规定的或阐明的目标,该法将被撤销。③ 如果分类的真实目的显然非法,则该分类也可能根据合理依据审查被撤销。④

案例 6-I

一个城市防火规章禁止兄弟会或姐妹会将会所设于该市的住宅区,阐明的理由是这类会所的占有人在火灾发生时可能难以疏散出建筑物。但该城市允许其他类型的群体在住宅区设置场所,包括普通学生宿舍、小旅馆、老人院和疗养院。该市对兄弟会和姐妹会会所的歧视对待是否合理地与一合法的政府目标相关?

案例分析

可能不相关。除非该市能证明诸如在火灾发生时兄弟会和姐妹会会所

---

① 参见 New Orleans v. Dukes, 427 U.S. 297 (1976),支持了禁止小贩在城市部分区域经营的规章中的豁免规定。

② 参见第六章第七节第二目至第四目。

③ 参见 Nordlinger v. Hahn, 505 U.S. 1, 16 (1992),支持了加州财产税计划,并区别于 Allegheny Pittsburgh Coal Co. v. Webster County, 488 U.S. 336 (1989) 中,几乎相同却被宣告无效的计划,理由是在后一案中,州法指明的目的排除了对其他可信目的的信赖。

④ 参见 United States Dept. of Agric. v. Moreno, 413 U.S. 528, 534 (1973),宣告联邦食品券法无效,因为立法史揭示该法的目的在于"阻止所谓的'嬉皮士'和'嬉皮士公社'参与食品券项目"。

会将它们的使用人暴露于特别的风险中,否则歧视在字面上就是非理性的。为完成其举证责任,该市应说明考虑到火灾安全,为什么其允许学生宿舍、小旅馆、老人院和疗养院存在,而禁止兄弟会和姐妹会会所。在火灾发生时,所有类型的房子看来应同等安全且面临同等风险。就平等保护而言,在允许使用和禁止使用之间缺乏任何相关之区分的情形下,该分类无法合理地推进该市所称的火灾安全利益。

如果该规章没有指明火灾安全为其禁令之目的,通过论证对兄弟会及姐妹会会所的歧视合理地与另一合法的政府目标相关——如保持居住安宁,该市能更容易地反驳对该分类措施的平等保护攻击。因为兄弟会和姐妹会会所的使用人经常特别嘈杂喧闹,该规章对它们与其他类型群体住所所作的区分,将合理地推进在住宅区维护和平和安静的目标。尽管如此,该规定特别指明禁令的目的在于火灾安全的事实,排除了歧视的理由是住宅安宁的任何合理推断。

现在我们离开合理依据审查,转到根据第五修正案和第十四修正案平等保护规定而引发某些形式的增强审查的那些分类上。尽管如此,我们将再次考察合理依据标准,因为法院在某些情形下愿意以更大的力度适用这一标准。①

第四节 基于种族或民族的分类

一、作为可疑分类的种族

(一)早期联邦最高法院对种族问题的处理

第十四修正案通过背后的驱动力,来自阻止各州继续歧视刚刚被释放

---

① 参见第六章第七节第二目至第六章第七节第四目。

的奴隶的决心。根据内战末期在前南部邦联（Confederacy）的绝大多数地区通过的《黑人法典》（Black Codes），前奴隶一般"除非以卑微的奴仆角色外，禁止出现于城内。他们被迫驻留并耕作于土地上却无权购买或拥有它。他们不得从事许多盈利职业，并被禁止在任何当事一方为白人的案件中出庭作证。"①重建时期的国会通过了一系列民权法以禁止对前奴隶的不公正对待，同时国会也认识到了将这些保护措施铭刻于宪法以使之永久化且不可废止的重要性。为实现这一目标，国会通过了第十四修正案并提交各州批准。曾加入南部邦联的各州被要求以批准该修正案作为重新进入联邦的条件。

　　第十四修正案的历史清楚地表明，该修正案之通过所要"拯救的罪恶"就是"在那些新近被释的奴隶居住的各州，所存在的将他们作为一个群体进行极不公正的、令人痛苦的歧视的法律……"②的确，当联邦最高法院在1872年首次解释第十四修正案的平等保护条款时，"……对某一州所采取的任何并未将黑人作为一个群体，或根据其种族对之进行歧视的行为表示怀疑，怀疑的是，这类行为是否将在该规定的范围内得到认定。"③法院在早期的一些案件里适用平等保护条款撤销了州和地方歧视黑人的法律，这并不奇怪。因此，在斯特劳德诉西弗吉尼亚州案④中，法院适用该条款推翻了一项对黑人被告的犯罪指控，因为州法将黑人排除在陪审团外。六年后，法院将该条款扩张到保护华裔，认定第十四修正案要求"不论种族、肤色或国籍上的任何差异"均应平等对待。⑤

　　尽管平等保护条款的最初承诺是作为防止基于种族或民族来源而歧视的盾牌，它却在普莱西诉弗格森案⑥中遭到了几乎令其瘫痪的打击。该案中，联邦最高法院维持了路易斯安那州于1890年制定的一部"黑人（Jim

---

① *Slaughter-House cases*, 83 U.S. (16 Wall.) 36, 70 (1872).
② 同上, at 81.
③ 同上.
④ *Strauder v. West Virginia*, 100 U.S. (10 Otto) 303 (1880).
⑤ *Yick Wo v. Hopkins*, 118 U.S. 356, 369 (1886).
⑥ *Plessy v. Ferguson*, 163 U.S. 537 (1896).

Crow)"法，该法要求火车"为白人和有色人种提供平等但隔离的座位……"普莱西案解释了州法强制的种族隔离——无论是在火车车厢、公立学校或婚姻方面——都未触犯平等保护条款，因为它们是以"维护公共和平和良好秩序"为目标的"合理的法规"。① 如果这一由州强制的隔离"在有色种族身上打上劣等的烙印"，联邦最高法院指出，"不是由于在该法中发现了任何东西，而仅因有色人种选择使之建基于该法。"② 普莱西案创立的"隔离但平等"原则，实际上是将强制隔离的法律视为对少数种族未构成不成比例的影响并因而不受根据平等保护条款进行的高级别审查。在普莱西案之后，强制种族隔离的法律——只要州为黑人提供一些隔离设施——一般根据合理依据审查标准而得到支持。

19世纪40年代潮流开始转向。在是松诉美国案③中，联邦最高法院维持了政府在战时将日裔美国人从西海岸强行撤出的决定，但法院认为"任何缩减某一种族民权的法律限制都是即时可疑的"且应受"最严格的审查"。四年之后，在谢利诉克雷默案④中，法院援引平等保护条款推翻了州法院作出的执行有种族限制的一项土地合同之裁决。随着布朗诉教育委员会案⑤的判决，平等保护条款最终从由普莱西案导致的打击中恢复了过来。在布朗案及其后续类似案件中，法院断然否决了隔离但平等的理论。相反，法院指出，基于种族或民族区别对待的法律对"一个自由人是令人厌恶的"且如果"它们继续得以维持，必须证明其对完成一些得到许可的州目标来说是必要的，且独立于第十四修正案所要排除的种族歧视。"⑥

（二）严格审查的基本原理

法院对歧视少数种族的法律进行严格审查的决定，不仅与第十四修正案的目标一致，也可由民主理论的原则证明其正当性。在一个民主社会中，

---

① *Plessy v. Ferguson*, 163 U.S. 537 (1896), at 550.
② 同上, at 551.
③ *Korematsu v. United States*, 323 U.S. 214, 216 (1944).
④ *Shelley v. Kraemer*, 334 U.S. 1 (1948).
⑤ *Brown v. Board of Education*, 347 U.S. 483 (1954).
⑥ *Loving v. Virginia*, 388 U.S. 1, 11 (1967).

绝大多数决定是经过多数主义政治程序中的相互协商（give-and-take）作出的。个人和群体根据多数原则讨论并决定相关议题。即便有些群体太小了而无法获得多数，也可通过与其他群体结盟而在特定议题上胜出，并随后在其他议题上支持这些群体。在这一过程中，不可避免有人会赢，有人则会输。如果这一过程中的输家总是求助法院推翻其在政治场域里遭受的失败，就会彻底破坏民主原则。有鉴于此，联邦法院通常会对州法和联邦法的合宪性作出强烈的有利推定。

尽管如此，有时候政治过程无法令人信赖地产生对相关各方都公平的结果。在美国诉卡洛琳产品公司案[1]判决的脚注四中，斯通大法官（Justice Stone）指出了可给予"更严格的司法审查"的一些情形。其中之一是"指向特定宗教……或民族……或少数种族的"立法。斯通认为，针对分散和孤立的少数群体的偏见可能是一种特别情况，它严重倾向于限制由以保护少数群体的那些政治程序，并可能相应要求进行更深入的司法调查。当政治过程被针对作为法律调整对象的那些人的偏见所扭曲时，司法遵从就不再适用于这一过程中失败的人已获得公正对待的推定。相反，因为政治过程可能功能失调，需要更密切的司法审查以确保争议中的法不是基于敌意或伤害他人的意图。

斯通法官写下脚注四之后的岁月里，法院及评论家指出了若干类型的可能以要求高级别审查的方式扭曲立法过程的"偏见"及其相关因素。在《民主与不信任：一种司法审查理论》[2]（1980）一书中，约翰·伊利教授提出了一级歧视和二级歧视的区分。一级歧视包括公然的敌意、厌恶或伤害特定群体的纯粹意愿。二级歧视涉及对夸张地概括特定群体的负面特征及其形象，如认为该群体的所有或绝大多数成员都是愚蠢、不诚实、危险或糊涂的——而事实上该群体里具有这些特征的人仅占正常或较小的比例。如果立法者对被法律规定了义务的群体怀有其中任一形式的歧视，则立法过程

---

[1] *United States v. Carolene Products Co.*, 304 U.S. 144, 152-153 n.4 (1938).
[2] *Democracy and Distrust: A Theory of Judicial Review.*

中该群体的利益很可能被低估或完全忽视。伊利认为,如果对目标群体特点的定义含有固定不变的内容,则立法过程也会被扭曲。在这类情形中,立法者对被加重负担的群体予以同情的能力,可能受到以下事实限制:除非该特点具有普遍性,否则绝大多数立法者将永远不会处于该群体的境地且永远不用害怕会处于这一境地。如同一级歧视和二级歧视,固定不变的因素有时可能使目标群体的利益在立法过程中即便得到考虑的话也只是最低限度。而且,如果固定不变的特点是一个通常与个人的能力无关的特点,使用该特点作为分类依据即可表明一级或二级歧视的存在。最后,某些群体可能直接被法律排除在政治过程之外,这些法律拒绝赋予其选举权或有效地削弱了他们在政治场域中发出声音的能力。

上文所提出的所有关于高级别审查的原理均适用于涉及对少数种族不利的法律。就一级歧视而言,本国黑奴制和种族歧视的历史无疑使少数种族成为且往往仍为厌恶和诽谤的对象。二级歧视同样以广泛传播、夸大少数种族群体在智力、品德、勤勉和诚信方面的负面形象的形式存在。其次,种族是一个固定不变的特征,且由于绝大多数立法者是白人,挑出少数种族并进行不利对待的法律有被通过的危险,因为立法机构没有能力体会那些被歧视措施攻击的对象的感情。除此之外,即便不是所有时候,种族一般也与个人能力无关。最后,历史上少数种族曾被排除在政治过程之外——最初是公然拒绝赋予选举权,然后是通过诸如文化程度要求、人头税以及人身威胁等手段。

二、作为合宪性措施的严格审查

依据第五与第十四修正案之平等保护规定,基于种族或民族来源划分区别的法律或惯例,本质上是可疑的并普遍地应受严格审查。[①] 约翰逊案涉及的是平等保护条款受挑战的情形,法院明确拒绝对一州监狱根据种族

[①] 参见 Johnson v. California, 543 U.S. 499, 505 (2005),严格审查适用于所有政府资助的种族分类。

安置囚犯的政策降低严格审查标准。相反地,法院在约翰逊案中拒绝将本案作为"严格审查适用所有种族分类的规则之例外情形"——无论背景是什么。① 后面我们会看到,严格审查制度也适用于基于国籍的分类和与基本权利行使相关的分类。分析方法在所有这些领域都是一样的,但在涉及种族与民族歧视的案件中,严格审查的适用具有特别严格的标准。

仅在有证据表明受质疑的分类(1)被一紧迫的政府利益证明为正当且(2)这一分类与促进该利益之间恰当契合时,在平等保护条款下受严格审查的法律或惯例才符合宪法的要求。除非这两个条件都得以满足,否则这一分类将有被推翻的危险,因为其真正目的在于伤害被该法施加了负担的人或阻止他们行使宪法基本权利。②

(一) 紧迫的利益

在严格审查下检测某一分类的第一个步骤是确定其是否被一紧迫的政府利益证明为正当。紧迫的政府利益的定义意味着并非所有合法的政府利益都足够重要以至于赋予一项应受严格审查的分类以正当性。法院并未发展出任何可区分合法、重要和紧迫的政府利益的公式。但法院有时认定一项政府利益,尽管合法,但其影响不足以满足严格审查标准的这一部分。例如,法院已经认定行政便利(administrative convenience),尽管显然是一合法的州利益,但并未重要到要贴上"紧迫"标签的程度。③

在某些情况下,法院可能怀疑所主张的州利益的内在重要性。在这类情形中,法院会坚持要求为该法辩护的人"提出事实上的证据",即分类处理了"对该州来说一个真实的而非仅仅是猜测的问题。"如果缺少这一证明,法院会拒绝认可所主张之目标,因为"缺乏我们所要求的可被恰当定义为紧迫的利益之重要性。"④

---

① 参见 Johnson v. California, 543 U.S. 499, 505 (2005),严格审查适用于所有政府资助的种族分类,at 509.
② Johnson v. California, 543 U.S. at 506.
③ Frontiero v. Richardson, 411 U.S. 677, 690 (1973).
④ Bernal v. Fainter, 467 U.S. 216, 227-228 (1984).

即便一项宣称政府利益重要得足以具有紧迫资格，捍卫该法的人"必须证明所声称的目标就是立法机关作出歧视性分类的'真实目的'"，而不仅仅"对什么'驱使了立法机关'进行推断。"①而且，仅表明"某些立法者"心中有这一宣称的目的是不够的，而应该证明这一目的就是足以驱使立法者通过这一立法的目的。

最后，即便一种宣称的政府利益具有紧迫性，法院仍可能得出结论认为任何对该利益的损害都太微不足道从而无法证明争议中的分类为正当。因此，在尼奎斯特诉莫克勒特案②中，纽约州主张拒绝授予将来不打算成为美国公民的外国人以奖学金，推动了教育选民的紧迫利益，因为未支付给这些外国人的钱用到有选民资格的人身上。法院对州的主张未予认可，指出由于只有很小一部分的外国人根据该法被取消资格，把他们包括进来对州的其他紧迫目标也仅有"非实质性的影响"。③

（二）恰当契合④

如果，根据严格审查标准的第一部分，某一法院认可了一种意在为推动政府紧迫利益之分类，那么仅当这一措施与推动该利益恰当契合时，该措施才会得到支持。紧密联系意味着"争议中的分类必须'适合'"宣称的紧迫利益，且"具有高于任何其他手段的精确度"。⑤ 如果政府有其他更好地实现宣称目标的可行方式，则分类是否真的旨在推动该目标的实现就值得怀疑。相反，这种"适合"的不充分性确认了我们最初的怀疑，即这一措施的目的就在于不恰当地损害受影响的群体或阻碍宪法基本权利的行使。

考察以下类似情况。一间服装店被抢劫后，警察拦住一个携带昂贵西装在街上跑的人，他们怀疑西装是从店里偷来的，但是那个人说西装是他的。警察让他试穿西装，如果他真的这样做了，而西装剪裁得体并正好合

---

① *Shaw v. Hunt*, 517 U.S. 899, 908 n.4 (1996).
② *Nyquist v. Mauclet*, 432 U.S. 1 (1977).
③ 同上，at 11-12 n.15.
④ narrowed tailored，意为衣服的剪裁正好合适，此处意为恰当契合。——译者
⑤ *Wygant v. Jackson Bd. of Educ.*, 476 U.S. 267, 280 n.6 (1986).

身，警察可能会接受他的说辞。另一方面，如果西装很不合身——如翻边裤太长，而袖子太短，西装并非比照声称拥有它的人的身材剪裁而成，这一事实就确认了西装是为别人设计的怀疑。

法定分类之"适当"同样可描述为该分类如何正好与其宣称的目标契合。如果所采取的措施包含了与所称目标无关的人或行为，则该分类就被认为过度广泛了（即太大了）。另一方面，如果制定法不适用于人们期望包含的人或行为，则分类过于狭隘（即太小了）。就其潜在目标而言，一些法律既过于宽泛又过于狭隘。如果起草该措施以使之与宣称的目标更为契合相当容易做到，而最终恰当性远未满足的事实，就强有力地说明该措施实际上是为心目中的其他目标制定的。

法院有时会根据是否存在为达成政府宣称的目的的、更少歧视性的替代措施来进行平等保护的严格审查检验。所谓"更少歧视性"，法院的意思是就政府选择的措施而言，既非过于宽泛也非过于狭隘的替代措施，因此可以用减小对受影响群体的不成比例影响的方式完成政府之目标。如果存在这类更少歧视性的替代措施，那么根据严格审查，政府必须采用这类措施而不是其已采取的不合适的措施。

案例 6-J

某一州法要求医院急诊室的人员必须出生于美国。该法创设了以民族来源为基础的可疑分类。卡洛斯——一个出生于墨西哥后加入美国国籍的公民——挑战了该法，由于该法的规定，他未能在当地急诊室工作。州的辩护理由是，确保急诊室人员能很好地与病人和医护人员用英语交流，促进了健康与安全方面的紧迫利益。如果法院认可该利益是紧迫的，那么该法在卡洛斯的平等保护挑战后仍能幸存吗？

案例分析

根据严格审查检验的"恰当契合"方面，该法必须比其他任何可行的替代措施更"符合"宣称的健康与安全目的。在其目标上，该法过于宽泛，因为它适用于英语听说很好的外国人。该法也过于狭隘，因为它显然允许任何出生于美国但英语很差的人到急诊室工作。如果该州真的很关心英语的流利在医院的重要性,可以要求所有可能的雇员在被聘到急诊室工作前都必须通过英语熟练考试,那么州同样可达到甚至更好地达到其目标。该法与其宣传的目标如此不相适合以及还存在更少歧视性的替代措施,以上事实都强有力地说明所谓健康目标只是一个借口,该法的真实目标只是基于偏见和厌恶为来自外国的人们施加负担。因此,该法将被认定为违反了平等保护条款。

正如这个例子表明的一样,对平等保护严格审查分析的第二方面最终服务的目的与第一方面相同。两者的目的都在于确定政府是否基于非法目的而进行区别对待。在以种族为基础的分类的情形时,法院因而认为,"严格审查的目的在于,通过确保立法主体正追求一种重要目标——该目标足够重要以至于可批准运用一种高度可疑的工具,从而'驱除'对种族的非法运用。检验同时也确保所选择的措施'适合'这一紧迫目标,从而使该分类的动机为非法的种族偏见和陈规陋习之可能性几乎没有或根本不存在。"[1]

我们现在转而考察严格审查标准如何适用于基于种族或外侨的可疑分类。在下一章节,我们将返回严格审查标准,并考察该标准在涉及宪法基本权利行使时的歧视案件情况下的适用。

三、公立学校的种族隔离

(一) 布朗诉教育委员会案

在布朗诉教育委员会案(第一布朗案)[2]中,法院援引第十四修正案的平等保护条款推翻了堪萨斯州、南卡罗来纳州、弗吉尼亚州和特拉华州的法律,这些法律要求或允许在公立学校实行种族隔离。上述各州的法律规定了基于种族基础的学生分配,致使大部分学校都由全白人或全黑人的构成。

由于第一布朗案被广泛认为是现代法院对以种族为基础的分类首次适

---

[1] *City of Richmond v. J. A. Croson Co.*, 488 U.S. 469, 493 (1989).
[2] *Brown v. Board of Education*, 347 U.S. 483 (1954).

用严格审查的案件,有趣的是,法院并未真的适用严格审查标准。对各州在设立种族隔离学校是否存在着紧迫利益或各州分配学生的法是否恰当契合,上述问题都未有讨论。各州从未表明其隔离公立学校有合法的、更不紧迫之理由,这些事实解释了这些漏洞。相反,各州实际上主张原告未能提出一个种族歧视的初步证明案件。初步证据的意图因素通过四个州的制定法在表面上就是种族歧视的这一事实得以确立。然而,各州以普莱西诉弗格森案①的"隔离但平等"的原则为理由,拒绝承认其措施对那些被强迫就读于全黑人学校的黑人孩子有任何不成比例的影响。

尽管在第一布朗案中最高法院被要求推翻普莱西案,但法院并未这样做。相反,大法官们适用了"隔离但平等"原则并得出结论认为"隔离的教育设施本来就不平等。"②法院赞同"所涉及黑人与白人学校已在……建筑、课程、资格、教师工资和其它'有形的'原因方面实现了平等。"③然而,由于强制隔离对黑人学生消极的心理影响,隔离学校所提供的教育与种族融合情景下提供的教育相比是天然不平等的。"仅因其种族而将他们从其它相似年纪与资历的学生中分离出来,导致了对其在社会中所处地位的一种劣等感,从而以一种无法撤销的方式影响其心灵。"④法院认为,这种劣等感通过给予黑人孩子的学习动力以反作用而损害了教育阅历的质量。正是由于这一原因,法院指出,"在公立教育领域,'隔离但平等'原则没有一席之地。"⑤由于这些州未能给予其蓄意的种族歧视以正当理由,法院认定这种歧视违反了第十四修正案的平等保护条款。在博林诉夏普案⑥——一个与第一布朗案同日裁决的伙伴案件——中,法院认定第五修正案同样禁止联邦政府在哥伦比亚特区设立隔离学校,因为这一做法构成了"违反正当程序条款的任意剥夺……自由。"

---

① 参见第六章第四节第一目。
② 347 U.S. at 495.
③ 同上,at 492.
④ 同上,at 494.
⑤ 同上,at 495.
⑥ *Bolling v. Sharpe*, 347 U.S. 497, 500 (1954).

法院在第一布朗案中的判决意见,至少暗示了在除公共教育外的其他领域,如果对少数种族不造成任何可度量的损害,则政府实行的种族隔离可能并不违反平等保护条款。不过在第一布朗案随后几年中法院发布一系列的命令中,法院认定,即便在第一布朗案中的心理损害依据显然无法适用的情形下,公共设施中种族隔离也是违宪的。这些判决涉及公共海滩、澡堂、高尔夫球场、公园、城市公交、体育竞赛和法庭座位的隔离,显然使得普莱西案"隔离但平等"原则被默默地推翻了。如今,平等保护条款因而禁止政府实行任何公共设施的强制种族隔离。

(二) 布朗案的实施

布朗案对实行种族隔离的各学校委员会施加了何种职责起初并不明确。在第一布朗案后一年宣布的一个补救裁决中,法院指出,目标在于"达到一个在非种族基础上确立公立学校入学的制度。"[1]一些州把这指令解释为"废除种族隔离,而非融合。"在这种方式下,一州只要停止强制学生就读种族隔离学校就已经足够了;州没有义务废止其二元制学校体系,并实现单一的、融合的学校体系。在"废除种族隔离,而非融合"方式下,州采取了自由选择计划,让学生决定他们就读的学校。不足为奇的是,这一计划导致了大部分学校仍为全白人或全黑人的学校。

格林诉郡学校委员会案[2]是在第一布朗案后 14 年作出裁决的,在该案中法院断然否定了"废除种族隔离,而非融合"的方式,并认为"过渡到一个统一的、非种族的公共教育体系已经成为并最终成为要实现的结果……"。对实施公立学校种族隔离有愧的各学校委员会,"在以下方面承担着积极的义务,即应采取任何可能的步骤以转向消除种族歧视的根源与分支的统一体制。"[3]

格林案确定了一学校体制的六个部分,某一法院应通过这六个方面确定二元制体制是否已转变为统一体制。对一个完全符合第二布朗案的学区

---

[1] *Brown v. Board of Educ.*, 349 U.S. 294, 300-301 (1955), 第二布朗案。
[2] *Green v. County School Board*, 319 U.S. 430, 436 (1968)。
[3] 同上, at 437-438。

来说,这个体制的六个方面之任一方面都必须免于种族歧视。格林案的第一要素是学生入学的模式——如,每个学校的种族构成。在斯旺诉夏洛特-梅克伦堡案①中,法院指出目标是实现大致与整个学区种族构成相当的各校的种族平衡。在斯旺案中,如果整个学区的构成是71%的白人与29%的黑人,则该学区内每个学校在理想状况下应有71%-29%的种族平衡;不过,法院警告说像这样的比率应作为目标而非严格的配额。格林案的其它五个要素分别是教师分配、员工分配、学生交通,课外活动与运动设备。一些法院还附加了一个要素:整体教育质量。

要对一被认定为采取了法律上的隔离的学区实施第一、二布朗案的指令及其结果,一联邦法院必须使自身的救济适应以下情形,即处理一学校体制的所有这些要素并确保每一要素都不再被种族歧视破坏。联邦司法监督过程经常持续几十年,并可能包括以下由法院命令的措施,如重新划分入学区域,用巴士把学生运到其居住区之外的学校,修理建筑,重新分配和提高教师和职员的素质,均衡课外活动,关闭学校和新建学校。联邦最高法院已经强调,废除隔离的补救措施之具体内容可因案件不同而不同,但该"裁决的本质必须是补救性的,也就是说,它目的必须尽可能'使歧视行为的受害者恢复到没有这种行为时他们可能获得的那种地位。'"②

值得记住的是,只有在原告通过证明动机与影响而首先确立了一个初步证明的案件,联邦法院才可能介入以纠正违反平等保护条款的行为。这类要求在第一布朗案和其它早期的废除学校隔离的案件中很容易满足,因为在规定了种族隔离学校的州法中,从表面上就可以清晰地看到歧视性目的。对原告来说,在南方以外的州辨认出一个初步证明的案件要困难得多,这些州往往没有要求或授权隔离的制定法。在这些情况下,通过说明某一学区的学校未实现种族平衡,即可确立歧视性影响的存在。"宪法不得被学校的种族不平衡违反,没有更多了。"③前已说明,证明歧视性动机或目的可

---

① *Swann v. Charlotte-Mecklenburg Board of Education*, 402 U.S. 1 (1971).
② *Milliken v. Bradley*, 433 U.S. 267, 280 (1977).
③ 同上,at 280 n.14.

能很困难。①

四、区际补救措施

即使一法律上的违反行为已被证明,联邦法院施以救济仍有诸多限制,这些限制之一涉及法院救济命令的地理范围。最高法院曾多次认定,"废除种族隔离的补救措施由违宪的本质与范围确定。"②各大都市区域经常被州划分为几十个独立的学区,每一学区都由其当地的学校委员会管理。如果某一学区已被证明违反了平等保护,并不能确认相邻或周边的学区也违反了平等保护。在缺乏证据表明区际违法——即违法造成不止一个学区的隔离——的情况下,一联邦法院的补救命令必须限于已被证明违反了宪法的学区。换句话说,区域内的违法只能通过区域内的补救来纠正。

案例 6-K

亚当斯郡被划分为五个学区,每一区都由各自独立的学校董事会管理。该郡整个公立学校中白人占80%,黑人占20%。第一学区黑人占80%白人占20%,坐落在周边郊区的第二区到第五区,每区都有90%的白人和10%的黑人。针对第一区董事会的诉讼在联邦法院提起,主张由于董事会的蓄意行为,导致大部分第一区的学生就读于只有一个种族的学校。如果法官命令第一区董事会实现学校的融合,每个学校仍然有80%的黑人。法院可以增加其它四个学校董事会为被告,然后命令采取一项区际补救措施,以让每个学校都有大约80%的白人和20%的黑人吗?

案例分析

即使将其它董事会加入诉讼,纠正的范围仍限于已证明构成违反的范围。除非原告证明违宪导致了这些相邻学区的隔离,法院不得命令进行区际救济而必须将其救济限于第一区内。③

---

① 参见第六章第二节第二目。
② *Milliken v. Bradley*, 433 U.S. at 280.
③ 见 *Milliken v. Bradley*, 418 U.S. 717 (1974).

（一）证明区际违法

原告可能通过集中方式来证明区际违法。一种方式就是表明该州，一个邻近学区，或其它政府主体对有区际影响的歧视行为负有责任。然而，在证明歧视性目的要素时，原告不能用凯斯案推定去改变不同的政府行为人之意图。仅因某一学校董事会对蓄意的种族歧视负有责任并不能合理推断出其它主体的行为也受隔离意图的驱使。相反，原告必须单独证明每一政府机构各自的意图要素。

案例 6-L

在案例 6-K 中，原告还可如何证明区际违反？

案例分析

如果原告能证明该州划分或重新划分第一学区到第五学区的界限时，目的就在于隔离学校——即目的就是将该郡多数的黑人孩子集中在第一学区从而使第二到第五学区的黑人减少——的话，则原告可证明违法事实的存在。或原告也可证明州为了隔离的原因，允许住在第一学区的白人孩子就读于周边郊区的学校——即便学生通常被要求在本区入学。如果该州或一个周边郊区采取了歧视性的房屋政策，鼓励白人从第一区搬到郊区，而同时又使少数种族这样做更困难，则同样存在区际违法。通过这些方法去证明区际违法的存在，将使联邦法院实施一种区际补救措施，从而可要求校车跨越学区界限。

在所有前面的案例中，通过证明一政府行为人以及目标学区采取了蓄意的歧视行为即可确立一个区际违法行为。区际违法也可在目标学区自身的违宪行为对其他学区具有隔离影响的情况下得以证明。然而，必须有证据证明任何这类区际影响是"重大的"和由违宪行为"直接造成的"。

案例 6-M

在案例 6-L 中，假定原告能够证明第一学区的学校董事会决定减少本区的所有学校的资金，原因在于该区主要是由少数种族组成这一事实。结果是,许多白人家庭搬到了得到更多资金支持的邻近郊区的学校。这能够充分证明一个区际违法吗?

案例分析

也许能。第一学区的学校校董事会出于种族动机的拨款决定,可能在学区之间具有重大且直接的隔离影响,由董事会的行为造成的"白人搬迁"加剧了现有的第一学区与周边城郊学区之间种族不平衡。这种区际违法使得某一联邦法院实施一项包括校车跨越学区界限的区际补救措施。

原告如何确立区际违法的这些案例可能使一联邦法院如何实施区际补救措施看来很简单。现实中,原告很少能找到必要的证据使法院采取跨越学区界限的废除隔离之补救措施。

(二)对白人搬迁的回应

在缺乏证据证明区际违法时,联邦法院在处理白人搬迁时可能会遇到严重困难。白人搬迁(white flight)这一术语指白人家庭把他们的孩子从公立学校转出的过程,孩子要么被送进私立学校,要么白人家庭搬到一个临近的、公立学校主要是白人的学区。最高法院已经意识到"实施消除隔离之补救措施可能会导致'白人搬迁。'"① 对孩子进入种族隔离区域的学校很满意的白人家长,可能会阻碍该消除隔离之措施导致的融合和强制巴士政策。因为白人搬迁的存在,融合公立学校的司法努力可能会弄巧成拙,因为该学区将主要由少数种族构成,从而使任何重大的融合都不可能。

法院记录的白人搬迁的典型案例是密苏里州诉詹金斯案,涉及的是密苏里州堪萨斯城学区(KCMSD)。直至1954年,密苏里州在公立学校进行强制的种族隔离,当时,密苏里州堪萨斯城学区18.9%的学生是黑人。1954年第一布朗案判决后,该州停止实施学校种族隔离法;1977年,联邦法院发起了一个融合该学区学校的计划。1954年到1985年间,密苏里州堪萨斯

---

① *Missouri v. Jenkins*, 515 U.S. 70, 95 n.8 (1995).

城学区的黑人学生所占比例稳步增长,具体如下,1961-1962年:30%;1965年40%;1975-1976年 60%;1985-1986年 68.3%。一旦融合计划通过后,该学区的整体入学率下降了,白人入学率比黑人下降的速率更快。① 到了1985年,即便密苏里州堪萨斯城学区的每个学校都完全融合了,黑人在每个学校的占比达三分之二以上。

法院融合某一城郊校区的努力导致了白人搬迁,这并不构成一项允许法院将其补救指令扩及白人学生搬离周围学区的区际违法,因为联邦最高法院已认定这样的白人搬迁是"废除种族隔离,而非法律上的隔离"的结果。② 换句话说,这类白人搬迁引起的区际种族隔离的影响不能作为区际补救措施的理由。这并不妨碍原告试着以其它方式证明直接因果关系的存在③,但是这样的证明通常是很难的。

面对白人搬迁的威胁,联邦法院可能不愿推动像超出某一点的强制校车的补救措施,即便这意味在某些学校形成一个次佳的种族平衡。和实行可能会弄巧成拙的补救措施相比,法院越来越多地责令学区采取既避免白人孩子离开公立学校又将他们从私立学校吸引到公共体制中的方案。这一类型的普遍方案涉及使用特色学校,这类学校提供高品质、与众不同的课程,通常优于私立学校所能提供的课程。

但是,在命令某一校区采用旨在留住与吸引白人学生的政策时,联邦法院必须注意,法令不得超过对已被证明违宪之行为进行必要修正的限度。如果法院要求某一学区采取一个项目,目的在于吸引已搬迁到周边校区的非少数民族,则法院实际上是采取了一个无效的区际补救措施——除非已有一项得到证明了的区际违法。

案例 6-N

中央市学区 32% 是白人,在融合工作的五年前,80% 是白人。这种减少主要是白人大量搬迁到郊区以及注册到这个城区和私立学校的结果,能

---

① *Missouri v. Jenkins*, 515 U.S. 70, 95 n.8 (1995), at 76, 94 n.6.
② 同上, at 95.
③ 参见案例 6-M。

得到证明的违宪限于该市自身。为了补救区内违法,联邦法院已命令该市提出一个特色学校项目,部分目的在于,为了吸引郊区的白人学生到中央市的公立学校。这一补救法令是否有效呢?

案例分析

就该方案的目的——把邻近区域学生吸引回到城市——而言,它涉及的是一个实现区际目标,而这超过了被补救的区内违法的范围。因为地区法院不能直接强制区际转移学生,它也无法间接地实现相同的目标。另一方面,限制白人学生离开该市学校的需要以及/或者使白人学生从本区的私立学校离开的愿望,能够成为正当理由,则该特色学校项目就是有效的。[①]

五、大学层面的隔离补救措施

如果某一州被认定在其公立学院或大学[②]实行蓄意的种族隔离,法院对这类法律上的隔离可采取的补救措施有别于通常适用于小学和中学的措施。在小学和中学层面,种族隔离补救措施一个首要目标是实现大致符合整个学区种族构成在每个学校的种族平衡。换句话说,这一目标是实现某一学区内各学校的种族融合,而不仅仅是不再中止隔离他们。在大学层面,基于某些原因,这一目标不可行。第一,某一州的各大学的地理分布通常在州内各地,坚持每个学院和大学都实现种族平衡意味着学生可能不得不就读于一所离家几百英里——而非只有几英里——的学校,这是一个在经济上让许多人望而却步的要求。

另外,与大部分中小学不一样的是,各州立大学的功能并不相同,也无法彼此替代。每所学院可能有其独特的目标、项目、开设的课程、教员专家。强制一个学生就读于非其选择的学校将严重干涉个体形塑其教育的能力。后一问题可通过使州立学院或大学同质化得以解决,这可能强制州放弃不

---

① 参见 *Missouri v. Jenkins*, 515 U.S. 70 (1995).
② 在美国的教育体制中,college 通常是指以本科教育为主的文理学院,university 通常指包括本科教育和研究生教育的综合性大学,下文为方便行文,前者译为"学院",后者译为"大学"。——译者

能切实由每个学校提供的项目,从而严重压缩州教育课程的范围。

基于这些原因,如果某一联邦法院认定一州有意保留学校或大学的种族隔离体系,法院不能简单地命令州像中小学一样去融合这些学校。然而,该联邦法院可迫使州去放弃满足以下四个条件的任何政策、做法或要求:

1. 政策之一部分或其根源可追溯到之前法律体制;
2. 政策仍有隔离之效果,如以一种种族歧视的方式影响学生入学决定;
3. 政策缺少合理的教育上的正当理由;且
4. 政策被淘汰具有可操作性。

如果原告能够承担前两个条件已构成一项特殊政策的举证责任,则除非州能够证明该政策符合合理教育之正当理由或淘汰该政策不具可操作性,否则该政策必须被淘汰。

案例 6-O

某一州管理着四所大学——两所在北部(N-1 与 N-2),两所在南部(S-1 和 S-2)。该州被认定为基于种族而故意隔离这些大学,以使 N-1 和 S-1 主要是白人学校,而 N-2 和 S-2 历史地成为黑人学校。要进入 N-1 或 S-1 就读,学生必须有至少 15 分的 ACT 大学入学成绩;大约 70% 的白人满足了这一要求,相比之下满足这一要求的黑人只有 30%。另一方面,要入读 N-1 或 N-2,仅需 13 分或高一些的 ACT 成绩。N-1 和 N-2 的许多课程和项目都相同,S-1 和 S-2 之间也同样如此。四所大学总人数是 60% 的白人和 40% 的黑人。联邦法院应如何对州的种族歧视进行救济呢?

案例分析

法院不能命令州实现在每所大学 60% 比 40% 的种族平衡,但可坚持淘汰许多支持现有隔离项目的政策。例如,可能必须放弃对就读 N-1 和 S-1 比 N-2 和 S-2 更高的最低 ACT 分数的政策,因为该政策显然具有隔离之影响,可能缺乏合理教育之正当理由且淘汰该政策具有可操作性。实际上,如果有证据表明一种将学生的高中成绩考虑在内的更为灵活的方式可服务于州的合理的入学目标,则州可能不得不废止严格依赖统一的 ACT 最低分数的做法。

州可能不得不终止在 N-1 与 N-2 和 S-1 与 S-2 之间任何不必要的项目与课程的同质化。不必要的同质化有种族隔离的影响,因为如果南部的学生只能在 N-1 和 N-2 才可申请某一特定学位,而不是两个都可以,那么希望学习该项目的所有种族学生都将就读于同一所学校。因此,除非州能够为这种同质化提供一个合理教育的正当理由,否则这种行为就会被淘汰。[1]

六、对废止种族隔离命令的其他限制

(一) 将联邦干预程度最小化

当联邦法院在废止种族隔离案中使用其平衡的权力施加补救措施时,"必须考虑到州与地方当局在管理自己事务方面、与宪法相符的利益。"[2]这一反映了礼让与联邦主义的原则,要求联邦法院避免以一种不必要的、对州和当地政府职能进行干涉或干扰的方式行使其权力。

案例 6-P

在案例 6-N 中,假定联邦地区法院命令中央市学区开发一个旨在将学生留在该市公立学校和将住在城内的学生从私立学校吸引到公立学校系统中的特色学校项目,该项目的成本估计是 1,000 万美元。中央市学区大部分运营费用大部分来自根据州法授权征收的财产税。然而,州宪法禁止该学区将这一税收提高到足以支付该废除隔离项目的数额。联邦法院可命令提高当地财产税吗?

案例分析

法院必须采用能有效达到其补救目的之最小干预形式。对一联邦法院来说,出面征收一项州税是一种极端的做法,而且在本案中——也是不必要地介入地方政府权限。如果法院命令学区将财产税提高到需要的数

---

[1] 参见 *United States v. Fordice*, 505 U.S. 717 (1992).
[2] *Milliken v. Bradley*, 433 U.S. at 280-281.

目以及禁止适用可能会禁止行使这一权力的州宪法规定,则可达到同样的结果。①

当一联邦法院行使其惩罚藐视法庭的权力以向拒不服从的州或地方官员执行消除隔离之命令时,也适用同样的原则。在废除歧视的情形下,这一惩罚藐视法庭的权力可用于以上目的,但法院必须小心行事,行使"足以达到拟议的结果之尽可能少的权力。"②

案例 6-Q

在前面的案例中,假定负责管理中央市学区的学校委员会拒绝服从联邦法院增加地方财产税的命令。在警告该学区如不服从将导致受到藐视法庭之处罚后,法院签发了一个命令,规定如果学校委员会不在九月一号前投票提高财产税的话,委员会成员们个人将被美国执法官监禁并处以每违规一天500美元的罚款。该命令是否有效呢?

案例分析

这一命令可能无效,因为它超过了为确保遵守废止种族隔离命令之必要干预。在用监禁与罚款来威胁委员会各成员个人之前,法院首先应该尝试对学区本身施以罚款。如果这一措施在合理时间内未能奏效,法院对委员会成员个人施压才可能是恰当的。③

(二) 联邦废除种族歧视命令之期限

对废除种族歧视案件的联邦司法介入之目的在于,在可操作的程度上纠正违宪行为,然后"将州和地方对学校体制控制的权力恢复到与宪法相符的程度。"④联邦的监督"只是一种纠正过往歧视的暂时性措施。"⑤法院已经强调,"在最早的、可操作的时间内恢复地方对学校的控制权,对恢复其在我

---

① 见 *Missouri v. Jenkins*, 495 U.S. 33 (1990).
② *Anderson v. Dunn*, 19 U.S. (6 Wheat.) 204, 231 (1821).
③ 见 *Spallone v. United States*, 493 U.S. 265 (1990).
④ *Freeman v. Pitts*, 503 U.S. 467, 489 (1992).
⑤ *Board of Educ. v. Dowell*, 498 U.S. 237, 247 (1991).

们的政府体制中的固有义务至关重要。"①在实践中,联邦司法保护的时间可能持续数十年,因为法院试图在学校体制的所有方面消除过往歧视的残余。然而,一个以良好愿望遵从法院的命令的学区最终有权获得部分或全部免除联邦监管。

一联邦废除种族歧视的命令之恰当期限与该命令的合理范围紧密相关。在学校所在的地区,联邦法院可对某一学区保留司法权,唯一的目的在于确保"过去歧视的残留部分已在可操作的范围内得到了消除。"②法院不得行使其监管权去纠正那些"无法以一种邻近的方式追溯到先前的违法"的问题。③ 例如,除非这些缺陷显然可归因于以前的违宪,一联邦法院不得对某一学区保持控制——这一控制的目标在于将所有年级水平的教育项目的质量都提升到国家基准。④

即便联邦命令提出的某一特定问题一度可追溯到从前的法律上的隔离,时间的推移可能已消除了现有条件和违宪之间的任何偶然联系,这种情况下的条件已不再是联邦法院可坚持纠正的情况了。相反,法院最好放弃裁判权——至少在关于学校管理的那一特定领域是如此。

案例 6-R

15 年前,联邦法院裁定迪克逊学校委员会隔离了学区的各校。在其废止隔离的法令中,法院要求委员会达到一个 65％白人和 35％黑人的大致种族平衡,以符合该学区的整体人口构成。委员会采取了调整入学区域、创立特色学校和采取校车计划等方式,于 10 年前达成了该命令的要求,然而,在过去的几年中,在该学区的南部有四所学校有超过 80％的黑人,同时该学区整体的构成仍为 65％的白人和 35％的黑人。原告试图申请一项命令,以要求委员会纠正这四所学校的种族不平衡。法院能否支持这一诉求呢?

---

① *Freeman v. Pitts*, 503 U.S. at 490.
② 同上,at 492.
③ 同上,at 494.
④ 见 *Missouri v. Jenkins*, 515 U.S. 70 (1995).

案例分析

仅当事实上这是先前的法律体制的残留时,联邦法院才可纠正这种情况。如果委员会有证据表明这四所学校的种族不平衡不能追溯到从前的隔离,而是人口变化在人口结构上的结果,种族不平衡就会超越了法院的补救权力。不仅法院可能缺乏纠正这一问题的权力,就连委员会可能也有权要求法院放弃对学校体制中学生分配方面进行的补救性控制,或甚至要求整个废除歧视的案件最终搁置。①

在前面这个案例中,如果联邦法院终止了其对迪克逊学校委员会的管辖权,同时将委员会从废除歧视的计划排除出去,则委员会无须一联邦法院的授权即可进行自己希望的任何管理变革。这类变革废除校车计划或关闭特色学校以及对保持一个融合体系至关重要的项目。这些变化可能在该学区的各个学校产生新的种族不平衡,但是,仅当原告能确立一个新的法律上隔离的初步证明案件时,委员会的行为才违反了宪法。在证明一个初步证明的案件时,原告可基于委员会早先的法律上违反行为而援引凯斯案推定以确立其实意图。然而,委员会也可指出由于过去违法行为的存在,其是出于多年的良好愿望行事,或者证明项目的诸多变化是由于预算或其他与种族无关的原因,从而可反驳原告的主张。因此,一旦某一联邦法院放弃了对某一学区的控制——在某个时间点上总是要这样做的,仍存在"种族歧视和种族敌对的可能性……且在法定隔离的影响已消除后,其表现会以新的和微妙的形式出现。"②不过这一危险并不能使一联邦法院仅因某一学区曾经违反宪法而保持对其的无期限管辖权成为正当。

格林案要素已指出,一个联邦的废除种族隔离法令通常包括某一学校体制的许多不同方面。在某一学区已达成了与法院废除隔离计划的一致,

---

① 见 *Freeman v. Pitts*, 503 U.S. 467 (1992); *Pasadena City Bd. of Educ. v. Spangler*, 427 U.S. 424 (1976).

② *Freeman v. Pitts*, 503 U.S. at 490.

即便还有一些其他的领域尚未完成,法院也可命令部分撤销其对那些达成一致之领域的监管。在弗里曼诉皮兹案①中,法院认定,如果以下三个条件都得以满足,那么这一增加的放弃管辖权就是允许的:

1. 在撤销监管的学校体制各方面,已完全满足了与废除种族隔离命令的一致性;

2. 保持控制对达成学校体制的其他方面既不必要,也不具可操作性;且

3. 在一个合理的期限内,该学区已对整个废除种族隔离计划展现了其基于良好愿望的承诺。

案例 6-S

在案例 6-R 中,假定迪克逊学校委员会因完全达到了废除种族隔离计划中的学生分配政策要求,而使法院撤销了对这一领域的控制。该体制中的其他两个方面——达到教师分配的种族平衡和为两所先前的黑人学校更新运动设施——仍未完全达成。法院能否授权部分撤销监管的动议?

案例分析

法院应可提出放弃对各学校分配学生进行控制的动议。首先,如果该学区南端四所学校的现存的种族不平衡是由人口结构的变化引起的,且不能追溯到从前的违宪行为,则委员会完全满足了法院之法令要求实现学生分配的种族平衡的这个部分;其次,撤销对学生分配政策的控制,不会对法院在处理教师分配和运动设施这两个领域时确保其一致性的能力造成损害;第三,由于十年前委员会就已达到了学生分配领域的一致,如果委员会已表明真正承诺在种族平等原则下努力完成与废除种族隔离计划的其他方面一致,而法院对此满意的话,那么部分撤销控制是恰当的。另一个方面,如果委员会在两个保留领域所作的努力依然停滞或没什么起色,并引起了对其处于良好愿望进行融合之承诺的怀疑,那么法院不应放弃哪怕是部分的控制——直到委员会在一个合理期限内完全达到

---

① *Freeman v. Pitts*, 503 U.S. at 491.

了法院命令的所有方面。

七、平权措施

在我们讨论过的消除学校的种族隔离的案件中，被告从未严肃地声称其行为可能通过平等保护分析的严格审查。相反，所提出的仅有的典型争议在于，原告是否确立了一个法律上歧视的初步证明案件以及对一项法律上的违法行为所施加的救济是否恰当。然而，在涉及反歧视行动或良性歧视的案件中，政府通常的辩护理由是，其采纳基于种族的分类的理由在于其行为的目的在于帮助而非损害少数种族，该歧视应作为合宪而得以维持。在考察法院对平权措施的方法时，我们应该关注以下三个方面的问题：(1)恰当的审查标准是什么；(2)一项紧迫利益的构成是什么；(3)什么时候某一分类恰当契合。

（一）对平权措施的严格审查

在里士满市诉J. A.克罗森公司案①中，联邦最高法院认定，根据平等保护条款，所有基于种族蓄意歧视的法律都受严格审查——包括歧视白人的法律。克罗森案解决了一个已在法院内酝酿了十数年的争论。在加利福尼亚州立大学董事会诉巴基案②中，布伦南大法官与他的三个同事一起极力主张以下观点，即由于白人不是一个需要多数主义政治程序特别保护的"不相关联和孤立的少数群体"，基于良性目的而对白人进行区别对待的法应仅受中度审查。③ 另一方面，鲍威尔（Powell）大法官则认为在所有种族歧视案件中都应适用严格审查，因为平等保护保障的是一种个人权利，这一权利"不能在适用于某一个人时意味着一种东西，而在适用于肤色不同的另一人时意味着别的东西"。④ 在克罗森案中，法院的多数意见采纳了鲍威尔大法官在巴基案中表明的立场。克罗森案的多数意见指出严格审查对确保以下

---

① *City of Richmond v. J. A. Croson Co.*, 488 U. S. 469 (1989).
② *Regents of the University of California v. Bakke*, 438 U. S. 265 (1978).
③ 同上，at 288.
④ 同上，at 289-290.

事项是必要的,即确保所称的良性分类并非"在事实上由种族劣等和简单的种族政治之不合法概念"造成的,确保这些分类并未对分类意欲惠及的人群造成"侮辱的伤害"。① 适用了严格审查后,克罗森案推翻了弗吉尼亚州里士满的一项计划,该计划要求获得该市建筑合同的总承包人将至少30%的业务分包给少数种族的商业公司(MBEs)。

克罗森案的严格审查原则仅限于由州和地方政府采取的平权措施。在一个更早的案件——富利洛夫诉克卢茨尼克案②中,法院采用了一个更为宽松的审查标准,支持了一个由国会制定的类似的取消少数种族商业公司项目。在克罗森案后一年裁决的地铁广播公司诉FCC案③中,法院再次拒绝对"由国会批准的良性种族意识措施"适用严格审查,并裁决这类措施应根据适用于性别歧视的、不那么严格的中度审查标准进行审查。④ 法院对自身根据第五和第十四修正案适用不同的审查标准进行辩护的理由是,作为一个同级别的分支,国会理应得到各联邦法院的特别尊重。⑤

地铁广播公司案的裁决很短命,该判决在阿达兰德建筑公司诉佩纳案⑥中被推翻。该案认定,当所有其他的种族分类都受严格审查时,对国会采取的基于种族的平权项目适用宽松的审查标准,违背了"怀疑论"、"符合"、"一致"的原则。相反,法院指出,所有的种族分类都应受怀疑地审查,无论哪一个种族受到了约束,在审查标准上应该是一致的,而且在第五修正案和第十四修正案采取的平等保护分析之间也应该是一致的。裁定"所有种族分类——无论由联邦、州还是地方政府行为人施加的,进行审查之法院都必须对之适用严格审查。换言之,仅当这些分类与促进紧迫之政府利益恰当契合时,它们才是合宪的。"⑦法院这样解释道,"通过确保政府追求的

---

① 488 U.S. at 493.
② *Fullilove v. Klutznick*, 448 U.S. 448 (1980).
③ *Metro Broadcasting, Inc. v. FCC*, 497 U.S. 547 (1990).
④ 参见第六章第六节。
⑤ 同上,at 563-566.
⑥ *Adarand Constructors, Inc. v. Pena*, 515 U.S. 200 (1995).
⑦ 同上,at 227.

目标足够重要以至于需要运用一种高度可疑的手段,我们对所有种族分类适用严格审查以'驱除'对种族的不合法运用。"①

因此,法院的多数仍对所有种族分类适用严格审查,不过,法院也意识到,这一"审查并非'理论上严格,但实际上重大'……当以种族为基础的行为对促进一紧迫的政府利益是必不可少的,只要恰当契合这一要件得到了满足,则该行为就没有违反平等保护的宪法保障。"②为良性目的而将种族考虑在内时,总比意在损害一特定团体要好。法院认为,"在根据平等保护条款审查以种族为基础的政府行为时,情景具有重大影响……并非每一个受种族影响的决定都同样令人反感,严格审查的目的就在于提供一种构架,以谨慎地考察政府的决策者在特定情景下运用种族所要促进的原因之重要性和诚意。"③

(二) 紧迫的利益

在大部分平权行为的案例中,政府的目标在性质上是补偿性的——如,政府正在采取积极的步骤,以纠正或弥补过去对少数种族所犯的错误。不过,在某些平权措施案件中,目标可能是纠正之外的其他东西,例如达到学校里或国家无线电广播员的种族多元化。鲍威尔大法官在巴基案中对一所医学院的特别入学项目适用了严格审查并推翻了这一项目,他认为,各种各样的利益都可满足使平权措施为正当的需要,包括消除过往歧视的影响或达到学生群体的多元化。鲍威尔似乎并未预见紧迫利益之封闭场域,相反,某一特定目标是否紧迫可能取决于特定案件的事实。

---

① *Grutter v. Bollinger*, 539 U.S. 306, 327 (2003),省略了内文的注释;但参见 *Gratz v. Bollinger*, 539 U.S. 244, 310-302 (2003),苏特大法官加入的金斯伯格大法官之异议意见,不赞同"对所有的官方种族分类适用同样的司法审查"的主张,并提出在"种族作为达到平等之目的"时,应适用宽松的标准;*Parents Involved in Community Schools v. Seattle School District No. 1*, 551 U. S. 701, 738, 743, 837 (2007),斯蒂文斯、苏特、金斯伯格大法官加入的布雷耶大法官之异议意见。认可"一种对审查的情景方式",在这种方式下,良性运用"种族意识标准"以达到一个与种族相关的目标",应受的审查标准"并非传统意义上的'严格'一词",而是一种被法院多数意见否决了的宽松标准,肯尼迪大法官描述为"比合理依据的审查的相似物承担更多的宽松的严格审查。"同上,at 791.

② *Grutter v. Bollinger*, 539 U.S. at 327.

③ 同上。

联邦最高法院对哪些利益足以使平权措施为正当采取了更为狭隘的观点。法院承认纠正过去的歧视对现在的影响具备作为紧迫利益之条件。多年来,这可能是法院多数认定的足以支持某一以种族为基础的分类的唯一的政府利益。① 然而,在巴基案后25年裁决的格拉特诉博林杰案②中,联邦最高法院明确否决了一下观点,即"唯一能通过严格审查的政府运用种族的行为就是纠正以往的歧视。"随后法院进一步支持了密歇根州立大学法学院基于种族的入学政策,理由是"法学院在保持多元的学生构成上具有紧迫利益。"③在该案的姐妹案——格拉茨诉博林杰案④中,法院赞同以下说法,即"在教育多元化方面的利益"也可使在一个恰当契合的计划下将种族用于本科入学层面成为正当。最近,法院的多数也认为,在中小学教育层面,种族多元化的基本原理是一项紧迫的政府利益。⑤ 仅当种族的良性运用通过严格审查时,该良性运用才可得到支持,不过,纠正情形下的审查标准比教育多元化情形下更为严格。

当政府声称采用种族分类是为了实现一个良性的纠正目的,要满足其分析的紧迫之利益方面还需达到两个要求。首先,该分类必须设法纠正该实体之规范管辖内已确认的种族歧视之影响;歧视应已成为该实体本身或处于该实体权力范围内的私人主体实施的歧视,因此,某一市政委员会可根据州法获得授权以制定禁止该市政府以及该市范围内的个人或公司的种族歧视。然而,"试图减轻[过去的]社会歧视的影响并非一项紧迫之利益",因为这对采用某一种族分类来说是一个过于模糊的理由。⑥ 其次,该实体如果要采取纠正方案,"'在其采取一平权措施项目之前',必须具有一'证据上

---

① 参见 *City of Richmond v. J. A. Croson Co.*, 488 U.S. at 493,多数意见;同上,at 511,斯蒂文斯大法官协同意见。
② *Grutter v. Bollinger*, 539 U.S. 306, 328 (2003).
③ 同上。
④ *Gratz v, Bollinger*, 539 U.S. 244, 268-269 (2003).
⑤ *Parents Involved in Community Schools v. Seattle School District No. 1*, 551 U.S. at 787-790 (2007),肯尼迪大法官之协同意见;同上,at 837-845,布雷耶大法官撰写、斯蒂文斯、苏特和金斯伯格加入之异议意见。
⑥ *Shaw v. Hunt*, 517 U.S. 899, 909-910 (1996),着重为本文作者所加。

强有力的理由'以得出纠正行为为必不可少之结论",[1]换言之,在采取纠正方案之前,该实体必须已搜集到事实上能够证明需要纠正的"违反了宪法或制定法之初步证明案件"的证据。[2] 除非满足这两项要求,否则法院将认定政府并无纠正过往歧视之影响的紧迫利益。

案例 6-T

在认定受雇少数族裔在学院全体职员中严重未获充分代表后,巴克斯特州立学院的全体教职员对教员招聘采取了一项平权措施计划。根据这一计划,每一即将受雇教职员受雇的条件是另有一名黑人或拉丁裔教职员同时受雇,直至黑人和拉丁裔教职员在巴克斯特学院教职员中的比例达到这些群体在该州人口中的比例。该学院采取这一计划是在美国司法部的一项研究之后进行的,该研究发现州立学院和大学在教职员的征募中有着悠久的种族歧视的历史。玛丽在申请巴克斯特学院历史系的教职时被拒,因为她是白人。她起诉了该学院,主张该学院违反了平等保护条款。巴克斯特学院能否证明其因在纠正过往歧视上具有一紧迫利益而可采取该平权措施?

案例分析

这个学院可能无法证明其在为补救之目的而采取平权措施上具有紧迫之利益。就第一项要求而言,即使巴克斯特学院对过去在教员招聘存在的种族歧视表示内疚,州法是否授权学院的全体教职员——而非该学院理事会或其他管理主体——以采用这一雇佣计划的法定权力也是值得怀疑的。

基于以下几个原因,第二项要求可能无法被满足。巴克斯特学院几乎没有少数族裔员工这一事实本身并不违反宪法;而且歧视意图的证据也是必须的。简言之,在采取这一计划之前巴克斯特必须找出足以构成其已违反平等保护条款的结果,否则,其全体员工似乎仅依靠一项联邦的研究,而该研究并不针对巴克斯特学院的特定行为。即便国内诸多甚至多数的学院

---

[1] *Shaw v. Hunt*, 517 U.S. 899, 909-910 (1996),着重为本文作者所加。
[2] *City of Richmond v. J. A. Croson Co.*, 488 U.S. at 500.

有非法歧视的行为,这也并不说明巴克斯特也如此。此外,如果全体教职员已首先收集到巴克斯特学院过去在教员招聘过程中存在违宪歧视的证据,第二项要求可能得以满足。

案例 6-U

在案例 6-T 中,巴克斯特学院试图为其基于种族的教员招聘计划辩护的理由是,该计划的目的在于纠正其违反平等保护条款的行为。假定巴克斯特学院的纠正计划是由其理事会基于学院过去的招聘实践违反了 1964 年联邦《民权法案》第七条之规定而采取的,因为该条款禁止雇佣实践中存在种族上的不均衡结果,无论是否有种族歧视的目的,如果该学院具有"证据上强有力的理由"证明其早期的雇佣实践因违反第七条而产生了种族歧视的影响,这是否使该学院采取其种族意识雇佣纠正计划具有了紧迫利益呢?

案例分析

过往歧视的认定和计划的采用是由该学院的理事会进行的,该主题可能具有采取这类行为的法定权力,从而满足了两项要求中的第一项。至于第二项要求,在里士满市诉克罗森案中,法院指出,如果事实证据证明"违反宪法或制定法之情形"要求救济,则可采取基于种族的纠正方案。① 我们的例子看来满足这一检验,因为巴克斯特学院已表明其以往的做法违反了 1964 年的《民权法案》第七条。然而,这意味着某一政府实体和有权对过去违反宪法的行为实行基于种族意识的纠正措施一样,有权对过去违反联邦制定法的行为实施同样的措施。克罗森案似乎将二者等同起来,而对国会——以及州——授权为州和地方政府行为采取的基于种族的补救措施的能力,最近联邦最高法院表示了疑虑,认为这些措施不足以违反第十四修正案。里奇诉迪斯德法诺案②是一个根据第七条提起的案件,挑战的是纽黑文市基于种族的消防员促进计划,法院认定,根据第七条该计划是不适当

---

① *City of Richmond v. Croson*, 488 U.S. at 500, 着重为原文所有。
② *Ricci v. DeStefano*, 129 S. Ct. 2658 (2009).

的,因为没有"证据上强有力的理由"证明该市过去的做法违反了该法。然而,法院接着说:"制定法的支持并不说明本案所采取的措施因与第七条相符而具有合宪性,我们也并不认为这一符合证据上强有力的理由之标准会在将来的案件中满足平等保护条款的要求。"①斯卡利亚大法官之协同意见更是说到关键问题:"法院对……这一纠纷的解决只是推迟了梦魇时刻的到来,届时法院将不得不面对这些问题:第七条规定的影响是否或在何种程度上……符合宪法的平等保护条款保障?该问题并不容易解决。"②现在仍不明确的是,政府机构能否采取基于种族的良性补救计划以改正除过去违反宪法之外的任何其他事情。

当政府以教育多元化而非纠正作为采用种族的分类理由时,联邦最高法院在适用严格审查检验时在某种程度上更多与政府保持一致。在支持密歇根大学法学院的基于种族的多元化招生计划中,法院因而阐明:"涉及法学院的教育判决说明这样的多元性对教育的目的而言是必不可少的,这正是我们遵从的原因。"③法院指出,所涉及的"复杂的教育判断"保障了这一遵从,而且该遵从也是"为了保持与我们在宪法所禁止的限制内给予某一大学的学术决定以一定程度的遵从之传统"。④法院也认为,只要一个基于种族的招生计划之目的在于实现多样化的学生群体,"没有证据表明大学的良好愿望可推定为相反的解释。"⑤这一对州的高度遵从致使格鲁特案的四位持异议意见的大法官提出,"尽管法院引用了我们严格审查分析的表述,其对这一审查的适用就其遵从而言却是史无前例的。"⑥法院自此已明确在格鲁特案中严格审查标准的放松"在于考虑高等教育机构的特殊性",而任何

---

① *Ricci v. DeStefano*, 129 S. Ct. 2658 (2009), at 2676.
② 同上,at 2681—2682.
③ *Grutter v. Bollinger*, 539 U.S. at 328.
④ 同上。
⑤ 同上,at 329,省略了内文的注释。
⑥ 同上,at 380,伦奎斯特大法官的异议意见。

放松对"中小学的基于种族的分配"的审查都是不恰当的。①

(三) 恰当契合

即便政府有证据表明其平权措施或良性歧视计划被一紧迫利益证明为正当,除非政府能证明该措施与其目标是恰当契合并对实现该目标是必要的,否则该方案就是无效的。法院这样解释道,"恰当契合之目的要求在于确保选择的方式与紧迫之目的非常契合以至于很少或没有非法的种族歧视或偏见的分类动机之可能性。"②我们将考察法院如何在纠正的情形和教育多元化的背景下适用这一"恰当契合"之要求。

当一个平权措施计划为纠正目的而采用,有两个要求:(1)政府必须证明基于种族意识的纠正措施是在各种种族中立的纠正措施经检查并发现不适合后作为最后一种手段被采用的;(2)种族的运用仅限定在必要的幅度内。

至于第一项要求,法院已强调,对过去种族歧视的恰当纠正措施通常是针对歧视罪行采取适当的措施以及(或者)为特定歧视受害者提供救济。在政府可能选择某一基于种族进行分类的纠正措施前,这些可能适合某一特定情况的步骤以及任何其他种族中立的纠正措施必须已被考察并被认定为必要。否则,就没有证据表明平权措施对达到政府的纠正目标是必要的。

案例 6-V

在案例 6-T 中,假定巴克斯特学院有证据表明其对过去的教职员雇佣的种族歧视犯有过错,从而满足了严格审查分析检验的紧迫利益部分。该学院是否满足恰当契合要求的第一部分呢?

案例分析

仅当有证据表明该学院考虑并基于良好的理由拒绝了任何貌似可行的、纠正其过去的错误行为的种族中立之措施,该学院运用基于种族的平权计划才是合宪的。

---

① *Parents Involved in Community Schools v. Seattle School District No.1*, 551 U.S. 701, 724-725 (2007).

② *Grutter v. Bollinger*, 539 U.S. at 333.

相对于全体教职员在雇佣计划中采取的基于种族的平权措施而言,有好几种可能达到政府之纠正目标的种族中立的纠正措施。首先,该州或学院可能已惩罚或制裁那些有种族歧视行为的教员和员工,而且警告未来将对有相同行为的任何人采取类似措施。其次,州或学院可试图确定因其种族而被拒绝的教职申请者,给他们提供工作和(或)补偿损失。再次,该学院可在有大量少数族裔毕业生的大学里招聘更多少数族裔的教员。和全体教职员的平权措施雇佣计划不同的是,这些替代措施中的任何一个都未采用种族分类。该学院必须其已考虑这些措施以及任何其他的、法院能够想到的选择,并表明为什么这些措施因不恰当而未被采纳,而这将是一个难以完成的任务。

即便某一种族意识的纠正措施因缺少种族中立的替代措施而被认为正当,这一补救措施也必须以采用种族的方式被恰当契合。换言之,基于种族的纠正措施不得超出一定的时间和范围。该方案必须是暂时的,时间不得长于其要消除的种族歧视之影响。而且,任何包含在计划里的措施和目标都必须合理。纠正措施必须仅限于过去歧视的受害者群体,而非随机地包括所有族裔团体。该计划应被设定为不侮辱那些本来准备帮助的人。此外,该纠正措施必须灵活适用,可能要求包括一种弃权情形,在这一情形中严格遵守该计划可能是严酷的或不合理的。就特定的受益人是否遭受了过往歧视的影响而言,提供一个个性化的决定可能也是必要的。

案例 6-W

在案例 6-V 中,如果巴克斯特学院证明没有足以弥补过去在教员招聘中存在的歧视后果的、种族中立的措施,其种族意识计划是否满足恰当契合要求的第二部分?

案例分析

为满足这一要求,该学院必须证明运用种族的计划与纠正目标恰当契合。尽管计划是暂时的,但由于它与达到黑人和拉丁裔在本州的总人口比例密切联系,因而可能仍是过度的。在本案中,某一工作要求特定资格,相关的统计人口就是那些有资格担任这项工作的人——本案中就是大学毕业生或可能有博士学位的人。在黑人和拉丁裔中这两类人口的百分比可能比作为整体的州人口比低得多。因此,计划的持续性和百分比目标可能并非恰当契合,因为它们与达到更高的黑人和拉丁裔之紧密联系超过了纠正过去的歧视之影响必要的限度。

由于同时包括了黑人和拉丁裔,因此该计划可能失败。如果该学院先前仅歧视其中一个群体,则把另一个群体也包括在内的话,该计划就过于宽泛了。

该计划还可能过于严格而无法通过审查。该计划实际上为少数族裔留出50%的新教职。尽管这一数额是暂时的因而可能并未过度,但似乎并无在缺乏合格的少数族裔申请人的情形下的弃权条款,似乎也没有一个作出个性化决定的程序,以清除未被任何过往歧视损害的少数族裔申请人。

如果该计划未以招聘非少数族裔申请人的同等条件来招聘少数族裔教师,则可能会侮辱少数族裔。如果真是这样,一位巴克斯特学院黑人或拉丁裔教师可能被他人评判为水平较差,因为他或她是以低于严格标准得到雇佣。基于所有这些原因,该学院的教员招聘的平权措施可能不是恰当契合的。

我们已经考察了适用于纠正情形下种族歧视的恰当契合条件。在教育多元化的背景下,这一审查以一种稍有不同的方式适用,因为"恰当契合审查"是一种"必须调整以适合由运用种族达到学生主体多样化导致的不同问题,"因为"严格审查的核心目的是将有关差异考虑在内。"[①]一项种族意识的多元化入学计划仅在满足五项要求的条件下才能被认定为恰当契合。

首先,该计划不能采用配额制度,这种制度隔离了特定类别、想得到资

---

① *Grutter v. Bollinger*, 539 U.S. at 334.

格的申请人与其他人之间的竞争，例如为受优待的团体保留一定数量或比例的空额。相反，种族仅在某一申请人的情形中作为一"额外"因素，而不是将该申请人和所有其他申请人区别开来。

其次，将种族作为一"额外"因素永远不能作为一个非常关键的、成为申请人明确特点的影响因素。在某一特定情形下种族可能影响某一申请人得到支持的多样性平衡，但必须有"除种族而外，还有其他可使申请人与非少数族裔申请人相区分的多元化因素。"①因而在种族起作用的情况下，种族不能作为那一个决定性因素（例如，作为网球比赛中的抢七决胜局），以至于成为"唯一的决定性身份。"②

第三，应已存在一种"对可行的种族中立的替代措施进行严肃、出于良好意愿的考虑，从而达到大学想要达成的多元化。"③只有通过这一方式我们才能坚持认为，种族分类的运用对达到所声称的紧迫利益是必不可少的。这并不意味着大学必须真正尝试过这些替代措施，也可以认真地考虑这些措施，因为"恰当契合并不要求穷尽每一种想得到的种族中立的措施。"④大学也不必采用种族中立的方案，如抽签或降低入学标准，这类措施可产生更高的多样性，却以其他合法的目标——如保持其学生群体的学术素质——为代价。然而，种族中立替代措施已得到考虑的程度可能取决于政府从其运用种族意识方案中获得的利益，因为这些利益越少，其他方式同样有效的可能性就越大。⑤

第四，种族意识录取计划必须使非受惠种族群体成员的人未承担"过度负担"，其目的应在于"对为获该利益而参与竞争的其他无辜的群体造成最少可能的损害。"⑥与考虑一系列相关的多样性因素——包括与种族无关的

---

① *Grutter v. Bollinger*, 539 U.S. at 334, at 338.
② *Parents Involved in Community School v. Seattle School District No.1*, 551 U.S. 701, 723 (2007).
③ *Grutter v. Bollinger*, 539 U.S. at 339.
④ 同上。
⑤ 参见 *Parents Involved in Community School v. Seattle School District No.1*, 551 U.S. 704, "学区在学校入学中种族分类的极少效果使人对种族分类的必要性产生了怀疑"。
⑥ *Grutter v. Bollinger*, 539 U.S. at 341, 省略了内文注释。

因素——相比,以种族作为唯一多样性标准的计划显然不符合这项要求。

最后,"种族意识的录取计划必须限于一定时间范围内。"① 这并不意味着这类计划必须具有明确的有效期,只要明确这些计划一旦可行即行终止即可。尽管法院并未规定一个明确的持续期间限制,但法院的确指出:"我们希望自现在起 25 年后,种族偏好的运用对促进现在认可之利益将不再必不可少。"②

案例 6-X

假定除了其教员招聘中的平权措施而外,巴克斯特州立学院还采取了目的在于促进学生群体多样化的政策。根据这一政策,学院运用一种申请人应最多得到 150 分的淘汰索引。总分达到 100 或更高的申请人肯定被录取;略少于 75 分的可能会被拒绝;在 75 到 99 分之间的人可能被也接受也可能不被接受,但录取的可能性随分数而提高。在可能达到的 150 分中,至多 110 分可能参考学术表现因素,包含高中平均绩点、标准化考试分数和高中的质量;另外 40 分被赋予其他非学术因素,例如州内居民、校友关系、个人表述、个人成就或领导素质。大多数这类非学术因素附有最低分数(例如一篇优秀文章 3 分,个人成就或领导力 5 分,州内居民则 10 分)。然而,任何一个"未被充分代表的少数族裔"申请人,被界定为包括非裔美国人、西班牙人和美国原住民,自动获得额外的 20 分。结果,来自这些族群的每一个合格的申请人都被该学院录取。巴克斯特学院的学生多元化政策是否违反了宪法第十四修正案的平等保护条款?

案例分析

由于该政策显然考虑申请人的种族,因而受平等保护条款的严格审查。使学生更加多元化的目标固然符合紧迫之利益,但也必须满足法院恰当契合分析的五个步骤。该计划可能不符合第一步,因为在实践中这一自动给

---

① *Grutter v. Bollinger*, 539 U.S. at 341, 省略了内文注释, at 342.

② 同上, at 343; 但参见同上, at 376 n.13, 斯卡利亚大法官加入的托马斯大法官撰写的异议意见, 将这一观点作为"招生过程中的种族歧视将在 25 年内不合法的判决"而非仅仅作为"希望"或"预测"。

予的20分使种族成为对每一仅符合最低资格的少数族裔申请人的决定性因素。尽管并无专门为少数族裔定制的名额，20分的优惠实际上有效地排除了非少数族裔竞争同一名额的可能性。因而该计划在实践中更像是规定"淘汰索引分超过75分的少数族裔申请人自动被该学院录取。"然而由于该计划并未包含自动录取的优先权，非少数族裔竞争同一名额仍有可能——尽管他们赢得的机会是微乎其微的。即使该计划通过了第一步，却显然不符合第二步，因为种族的权重作为"附加"因素太大以至于在很多情况下具有决定性的影响。至于第三个因素，该学院在采取其明显的种族计划前是否考虑过种族中立的替代措施，这一点并不明确，其他可能的方式还包括更积极地招收少数族裔，在学校开设可能提高其兴趣的课程，增加可供奖学金的资金数额，或诸如此类的措施。如果没有证据显示其他潜在地可行的替代措施得到了认真考虑，则该政策就未满足这一方面。该政策可能也不符合第四项要求，它并未给非少数族裔的申请人增加额外负担，因为它有效地阻止了这些学生竞争同一名额。如果其他非学术因素和种族因素所占的权重一样大的话，情况就不同了，但本案中看来几乎没有——即便有的话——任何其他因素获得那么多分数。最后，该政策是否打算仅为暂时持续的政策目前尚不明确。尽管不存在设定的终止日期，至少有一点是清楚的，即一旦合理的多元化水平已实现，该计划将失效。①

到目前为止，我们已考察除法院外由政府实体和行为人实施的运用种族的纠正措施。然而，看来联邦最高法院同样被要求对州法院或联邦下级法院对基于种族的补救方案进行严格审查。在这类案件中法院有证据说明存在违反宪法或联邦制定法的情形，严格审查的紧迫利益要件可能得以满足。问题可能在于纠正措施是否恰当契合，包括要求下级法院在下达种族意识的纠正措施命令前，已考察过种族中立的每一可能替代措施。甚至在

---

① 参见 *Grutter v. Bollinger*, 539 U.S. 244 (2003)。

1995年前阿达兰德案判决前,联邦最高法院在大量的案件中对下级法院在种族歧视案件的判决进行了严格审查。阿达兰德案拒绝承认国会作为一个与联邦最高法院平等的分支并有权将种族用于纠正之目的特定偏差,明确表明"所有种族分类——无论是由联邦、州还是地方政府行为人进行的分类——都必须根据严格审查由一审查法院进行分析。"①这一表述的内容无所不包,几乎覆盖了所有政府和下级法院法官的行为。因此,除已完全确立的某些如废除学校隔离措施情形外,即便是在已证明了过去的种族歧视情形下,各联邦法院可发布种族意识的纠正措施的情况也日益罕见。

第五节　基于外国人身份的分类

一、州和地方法律的标准

(一) 严格审查的原因

和基于种族或国籍的法律一样,基于外国人身份而区别对待的州或地方法律通常被视为涉及可疑的分类,从而应受严格审查。法院早已认可,第十四修正案保护在美国司法权限内的所有人,包括美国公民和外国人。大部分基于外国人身份的分类和严格审查适用于基于种族或国籍的法律的理由一样,也是怀疑分类。② 作为"外国人",外国人身份往往是第一和第二程度偏见的对象。而且由于外国人可归化为公民,尽管外国人身份并非一种不可改变的状况,但该状况仅向一个方向变化,因此,在为外国人设定特别的负担上,立法者不受限制,从而存在使外国人某一天发现他们在同一分类的可能性。而且,由于外国人不被允许在州或国家的选举中投票,他们完全被排除在政治过程之外。

---

① *Adarand Constructors, Inc. v. Pena*, 515 U.S. at 227,着重为作者所加。
② 参见第六章第四节。

就歧视外国人的州法受严格司法审查而言,还存在一个进一步的理由,即其目的在于阻止各州干预联邦政府制定外国人进入的条件和条款的排他性权力。如果各州有权歧视外国人并仅受法院的合理依据审查,则各州将会使外国人的生活非常困难以至于联邦政府授予外国人生活在美国的许可的决定实际上归于无效。因此法院承认合法进入美国的外国人"有权在美国进入和停留在任一州,并'根据非歧视的州法律与所有公民享有同等的法律特权。'"①

案例 6-Y

保罗是一位以学生签证进入美国的法国人,他在巴克斯特学院上学并准备在取得学位后返回法国。一部州法规定,除非外国学生打算成为美国公民,否则拒绝给予学生财政资助。因为保罗没有成为美国公民的意图,该州拒绝给他奖学金。该州为该措施辩护的理由是该措施鼓励外国人成为美国公民,促进了教育现在是或将是选民的目标,并将稀有资源限于公民内部。该州是否侵犯了保罗的平等保护的宪法权利?

案例分析

这个法律很可能是违宪的。尽管该法仅拒绝向某些——而非全部——外国人提供财政资助,但仍形成了基于外国人的歧视,关键问题在于该法仅针对外国人,仅外国人受其损害。因此,该措施应受严格的司法审查。由于联邦政府在移民和归化方面具有排他性权力,因此鼓励外国人变成美国人的目的并非一个有效的州目标。而且,如果这一点被认定为一合法的和紧迫的州目标,它将事实上证明州歧视外国人的所有方式为正当。

教育全体选民的目标在理论上是紧迫的,但是,仅当该州能证明包括外国人将严重损害这一目标,教育选民的目标才能成立。如果被法律排除的外国人数量太少,该目标的影响将微乎其微从而无法发挥作用。② 然而,即使该目标被认定为紧迫,该制定法可能也未恰当契合。该法可能过于宽泛,

---

① *Graham v. Richardson*, 403 U.S. 365, 378 (1971).
② 参见第六章第四节第二目。

因为它拒绝向在社区中生活的外国人以及因而将有助于以除投票外的其他方式塑造社区未来的外国人提供帮助,该法也可能过于狭窄,因为它并未扣留为那些可能成为公民却计划迁往别州或别国的人提供的帮助。

最后,所宣称的为公民保留稀缺资源的利益并非紧迫。格雷厄姆诉理查德森案[1]推翻了州法拒绝向外国人提供福利的法律,法院认定,在将"外国人和本国的其他公民一样,在平等的基础上作出了贡献的税收"保留给公民们方面没有"特殊的公共利益"。同样的结论也体现在关于奖学金的资金分配方面。[2]

(二) 治理或政治功能

基于种族、国籍和外国人的分类被质疑的主要原因在于它们往往与合法的政府目标并不相关。在这些案件中严格审查作为一种揭露被隐藏的不适当目的的一种方式起作用。然而有两种例外情况,这时州的歧视外国人的法律极有可能因两种正当的原因而被适用。在这两个领域内,联邦最高法院因而仅仅适用合理依据的审查标准而非严格的标准。

第一个领域涉及所谓的管理功能或政治功能例外,这允许各州专门为公民保留特定的职位。这一例外适用于禁止外国人担任选举或非选举性的"和民主自治密切相关的职位"的分类。[3] 每一政府应能"将治理权限于政治共同体的经过充分训练的成员之内",这一理论为前述例外提供了正当理由。[4]

如果满足以下三个条件,可适用政治功能之例外情形:

1. 排除外国人的分类必须公平地特指相关的职位而非针对大范围的职位的取消资格。

2. 该职位必须涉及制定或执行公共政策时广泛的裁量权力。

3. 行使的权力必须对公民人群有重要的影响。

---

[1] *Graham v. Richardson*, 403 U.S. at 376.

[2] 见 *Nyquist v. Mauclet*, 432 U.S. 1 (1977).

[3] *Bernal v. Fainter*, 467 U.S. 216, 220 (1984).

[4] 同上,at 221.

258 在性质上主要是行政上或办事员的工作以及几乎不需要行使自由裁量的工作并不符合该例外的第二个要件,因此,政治功能例外并不适用于公证员。① 另一方面,警察易于列入该例外情形,因为它在执行对人民的生命有重大影响的公共政策时保有广泛的自由裁量权。②

案例 6-Z

根据一项禁止外国人获得州检察总长办公室任何职位的法律,谢里尔因不是美国公民而未获检察官职位,该州拒绝雇佣谢里尔的行为是否受严格审查,或该政治功能例外是否将审查标准减低为合理依据审查?

案例分析

州检察官职位几乎肯定是政治功能例外应适用的领域。检察官们在执行刑法时行使着巨大的、对人民的生命具有重大影响的自由裁量权,在"关于格里菲思"案③中,法院认定各州不得禁止外国人成为律师协会成员,但由于政治功能例外,检察官职位可能会被区别对待。

然而,由于检验的第一个要件,政治功能例外可能仍无法适用于本案。外国人被排除在州检察总长办公室的任何职位之外的规定对例外情形来说过于宽泛,这一禁令似乎包括了律师助手、秘书、邮件办事员以及维修人员,这些职位都不涉及与制定和执行公共政策相关的任何自由裁量权力。另一方面,如果该州的各法院已将该法解释为仅排除外国人担任检察官的情形,则可能应适用政治功能例外,且根据合理依据审查标准,该排除情形将得到支持。

(三) 非法移民的外国人

州对外国人的歧视仅受合理依据审查而不是严格审查的第二个领域,是那些对非法移民的外国人进行区别对待的法律。法院已经认定,"非法移民的外国人不得作为可疑分类,因为他们违反联邦法律在本国的出现并非259 一种'宪法上的不恰当'"。④ 如果某一州歧视了非法移民的外国人,这不是

---

① *Bernal v. Fainter*, 467 U.S. 216 (1984).
② *Foley v. Connelie*, 435 U.S. 291 (1978).
③ *In re Griffiths*, 413 U.S. 717 (1973).
④ *Plyler v. Doe*, 457 U.S. 202, 223 (1982).

对联邦权限的严重侵犯,因为就州对其承担了责任的人而言——在定义上——已违反了联邦法律,上述理由也可为这种例外作出解释。

对非法移民的外国人分类仅适用合理依据的审查标准的这些理由并不完全符合要求。作为一个分类的非法移民的外国人经常成为第一和第二程度偏见的对象,与此同时,由于没有选举权,他们完全无法在政治程序中保护自己。而且,尽管他们的身份是非法移民,但这一群体中的有些外国人事实上有权根据联邦移民法留在美国(例如,由于享有政治庇护的资格而留在美国)。如果高级别审查的目的在于为那些面临受政治程序严重损害的人提供额外的司法保护,那么针对非法移民的外国人的州法律应受比合理依据更为严格的审查。下一章我们将会看到,法院已乐于至少对某些歧视非法移民外国孩子的州法适用一种比合理依据审查更为严格的审查标准。[①]然而,普遍歧视非法移民的外国人的州法至少在现在仍受合理依据审查。

案例 6-AA

在案例 6-Y 中,在法院认定该州不得从宪法上限制对想成为美国公民的外国人的学生财政资助之后,该州修改了其法律,规定"不得向非法移民的外国人——如违反联邦移民法而出现在美国的外国人——提供大学学习的任何财政资助。"保罗是 22 岁的法国公民,以学生签证进入美国,签证已过期两个月。巴克斯特州立学院因新的州法而拒绝给予其奖学金。该学院是否违反了保罗的第十四修正案平等保护权?

案例分析

新的州法仅对非法移民的外国人进行区别对待。因此,该措施仅受合理依据审查。由于该法仅涉及大学学生,保罗不太可能以该法歧视了非法移民的外国孩子而获得一个更高的审查标准。根据合理依据审查,该法实际上肯定会得到支持,理由是其与州在阻止非法移民的外国人涌入上具有合法的利益。

[①] 参见第七章第八节第三目。

二、联邦法的标准

前已说明,州和地方对合法进入的外国人进行区别对待应受严格的司法审查。相反,对外国人进行区别对待的联邦法则受合理依据标准的审查。对外国人分类适用较为宽松的审查源于以下事实:

> 规制美国人和我们的外国参观者关系的义务已被赋予联邦政府的政治分支……排除对政治问题的司法审查的诸多理由也要求对国会和总统在移民和归化领域的决策实行较窄的审查标准。①

这一对联邦外国人分类的遵从模式也表明在极少的领域内,根据第五和第十四修正案适用的平等保护标准是不一致的。

虽然法院一般对联邦的外国人分类表示极大的认同,但也仅限于这一分类由国会、总统或在移民或归化方面负有保护国家利益的联邦机构采用时。否则,"假设该规则实际上意在服务该利益"的理由并不充分,并将适用严格责任标准。② 在汉普顿案中,法院根据平等保护理由否决了一部联邦公务员制度委员会(Civil Service Commission)制定的禁止外国人获得联邦政府工作的规则。法院强烈主张如果该规则由国会或总统或由联邦机构等"对移民和归化事务具有直接责任"的机构制定,而不是由联邦公务员制度委员会制定,则该规则肯定会获得支持,因为前者在移民和归化问题上有"直接的责任"。

第六节 基于性别或合法性的分类

一、性别作为准可疑性分类

基于性别进行分类的法律是"准可疑的"分类,根据第五和第十四修

---

① *Mathews v. Diaz*, 426 U.S. 67, 81-82 (1976).
② *Hampton v. Mow Sun Wong*, 426 U.S. 88, 103 (1976).

正案的平等保护规定,应受所谓的中等或中度审查。除非有证明表明这种歧视有"非常充足的理由",否则该歧视就是违宪的。① 法院的四位大法官一度——作为一个微弱的多数——力主性别分类应被视为"天然的怀疑"分类,并受基于种族、国籍或外国人分类同样的"严格的司法审查"。② 但是,在之后的几年,法院在严格审查和理性审查之间确立了中度标准。

实行性别分类的法律应受高级别审查的某些理由与因歧视种族、国籍或外国人而受严格审查的法律相同。虽然在立法过程中第一程度歧视或敌对并非重要因素,但第二程度歧视在歧视女性的历史中发挥着很大的作用。男性主导的立法不断制定以下法律:扩大诸如天资、能力、偏好等负面因素,从而加重女性的负担或限制其机会。就她们参与政治的过程而言,直到1920年颁布的第十九修正案才确立妇女选举权,比黑人选举权整整晚了半个世纪。即使由于女性构成了全体选民的一半,因而当今的女性不再是"分离和孤立的少数群体",但很多法律仍为一个时代的遗迹——妇女被排斥在政治之外的时代仍记录在书本中。而且,和种族、国籍一样,性别是一个不变的特征,使得以男性主导的立法机关很容易制定一些措施来增加妇女的负担,因为这些法律永远不可能适用于针对选举出来的男性身上。最后,因为男女在体质上不同,性别通常与任何合理的立法目的无关,但相较于种族,性别更容易成为一种合理的区分依据。基于以上原因,性别已被作为"准可疑"分类而非完全的"可疑"分类。

即便性别分类看来是加重了男人而非女人的负担,也应接受中度审查。1982年,法院宣布了这样一个事实:一部法律"歧视了男人而非女人并不使其免于审查或降低审查标准。"③这一判决实际上否决了先前的几个判例中

---

① 见 *Mississippi Univ. for Women v. Hogan*, 458 U.S. 718, 731 (1982).

② 见 *Frontiero v. Richardson*, 411 U.S. 677, 688 (1973), Brennan, J., Douglas, J., White, J., and Marshall, J.

③ 参见 *Mississippi University for Women v. Hogan*, 458 U.S. at 723.

适用的方法,即对男性进行歧视的法所受的审查更为宽松。①

对歧视男性的分类适用高级别审查看来有些奇怪。归根结底,由男性主导的立法机关肯定既不会对男性实行第一或第二程度的歧视,也不会对自身缺乏同情心,而且男性从未作为一个群体被排除在政治过程之外。然而,对男性的正确作用之成规间接地依赖于对女性正确作用的成规,而且,法院坚持认为审查标准不应因歧视男性的法律而降低,这一看法源于裁决某一特定的性别歧视的法加重哪一个性别的负担时的困难。例如,在密西西比州立女子大学诉霍根案中,密西西比州禁止男性进入州立的护理学院。从表面上看,该法歧视了男性,如想进入该护理学院的乔·霍根,但该法也应同样被认为歧视了女性,因为它使护理成为"女性工作"的程式观念更加固化,结果是护士工作长期以来工资较低。类似的,在施莱辛格诉巴拉德案②中,一位海军官员挑战了一部联邦法律,该法规定如果男性官员在9年内未获晋升将被解雇,而女性官员的期限则为13年。该法歧视了那些在第九年面临解雇的男性,但同样也歧视女性,因为海军舰队可很容易地延缓女性的晋升。"所有性别间的歧视最终将加重对妇女的不利,因为它们倾向于强化限制妇女角色和机会的'老观念'"③,即使前述观念并不正确,但这对当今法院在所有的性别分类中采用中度审查已足够正确了。

即使整体上来看,作为**群体**的男性和女性受到了平等对待,一部要求或允许在将性别考虑在内并对**个体**予以区别对待的法律必将涉及歧视。在 J. E. B. 诉阿拉巴马州案④中——一个涉及基于性别的无因回避,该州在陪审员选任中排除了九位男性和一位女性,而被告排除了九位女性和一位男性。即使男性和女性被平等地作为不同群体对待(每一个性别群体都失去了 10

---

① *Michael M. v. Superior Court*, 450 U.S. 464 (1981),支持了加利福尼亚州关于强奸的制定法仅惩罚男性;*Rostker v. Goldberg*, 453 U.S. 57 (1981),支持了《军事选择服务法》(*Military Selective Service Act*)要求仅男性才可在征募中登记。

② *Schlesinger v. Ballard*, 419 U.S. 498 (1975).

③ 见 *Craig v. Boren*, 429 U.S. 190, 220 n.2 (1976),大法官伦奎斯特异议意见。

④ *J.E.B. v. Alabama*, 511 U.S. 127 (1994).

位成员），但因性别而被排除的每一位陪审员都被剥夺了平等对待的权利而无论其性别。因此，法院认定基于性别歧视的初步证明案件已确立，并根据中度审查宣布政府基于性别的无因回避无效。

二、作为合宪性措施的中度审查

一旦原告已确立了性别歧视的初步证明案件，某一法院将根据中度审查标准评估这一分类，这一审查标准在最近这些年变得越来越严格，即便该标准并不像在种族和国籍案件中采用的标准那么严格。

除非为性别分类辩护的人能够为该分类找到一个"极有说服力的正当理由"，否则基于性别的分类将被认定为违反了平等保护条款。法院在美利坚合众国诉弗吉尼亚州案①中解释道："正当理由的举证责任是必须的"并要求该措施的辩护人强有力地证明以下几点：

1. 该分类服务于"重要的政府目标"，这些目标并不依赖于过时或"过于宽泛的对男性和女性不同的天资、能力或偏好的归纳"；

2. 在这些目标"描述了政府的实际目标，而不是使实际上理由不同的行为合理化"的意义上，这些目标是"真实的"，且

3. 所采取的歧视性措施与这些目标的实现是"实质关联的"。

我们将考察在中等性别歧视审查中法院如何适用以上每一个因素。

（一）重要和合理的目标

仅当性别歧视促进了一项重要的政府目标时，该歧视才会得到支持。然而，法院已不愿因一项政府提出的目标太微不足道而无法支撑某一性别歧视，从而否决这一目标。因此，和根据严格审查而进行的种族案件不同的是，纠正过去的社会歧视是一项有时可使给予女性优惠的措施为正当的目标。换言之，只要政府的目标是**合理的**，那么审查的这一部分可能就得以满足。美利坚合众国诉弗吉尼亚州案中首席大法官伦奎斯特的协同意见则是个例外，其中他否决了弗吉尼亚州提出的主张，该州认为将女性排除在弗吉

---

① *United States v. Virginia*, 518 U.S. 515, 531-534 (1996).

尼亚州军事学院(Virginia Military Institute VMI)有助于保持该学院所谓的对照方法中所包含的重要利益,在缺乏"记录中的证据可表明一种对照方法在教学法上有利"的情况下,伦奎斯特得出结论,这一目标对满足审查的这一部分而言难言重要。①

然而,由于政府目标过分依赖于对男性和女性的天资、特征或作用的宽泛归纳,法院间或将政府目标视为不合理。例如,在奥尔诉奥尔案②中,法院推翻了阿拉巴马州的一部法律,该法规定付离婚或分居赡养费的仅限于丈夫而不包括妻子。该州的辩护理由是,这一区别对待的部分原因在于这一规定加强了以下家庭模式,即"妻子发挥了一种附属的作用";法院否决了这一目标,认为它反映了"男人的主要责任在于赡养家庭及其必需品……"的"过时的观念"。③

(二)真实目的之证明

如果法院并未对政府提出的目标之重要性给予过多强调,则同样不能坚持认为该目标是"真实的"以及"真正的政府目的"而不是一种"因回应诉讼而假定或虚拟的"目的。④ 在某些情况下,立法机关已经记下了其目的——要么以文本的方式,要么在某一法律的立法史中,如果立法机关没有这么做,那么为该分类辩护的人必须找出其他的证据,以证明所声称的目标实际上就是受质疑的性别歧视之真实目的。

案例 6-BB

根据一部规定了只有女性才可入读州立护理学院的法律,乔未获许可。乔以州拒绝其入学申请违反了平等保护条款为理由提出了挑战。该州的辩护理由是这一规定服务于以下重要目标,即通过为女性提供可确保获得工作的职业训练,这一措施纠正了过去在工作场所对女性的社会歧视。法院

---

① 518 U.S. at 564.

② *Orr v. Orr*, 440 U.S. 268, 279-280 (1979).

③ 亦可参见 *Michael M v. Superior Court*, 450 U.S. at 472 n.7,指出仅起诉男性的强奸罪制定法的法律不得以保护年轻女性的美德和童贞为辩护理由,因为这一目标反映了对女性的"固定模式"。

④ *United States v. Virginia*, 518 U.S. at 533.

会接受这一主张吗?

案例分析

纠正过去对女性的社会歧视是一项可使性别歧视为正当的目标。然而,要满足这一赔偿性的目标需达到几个要求,包括证明这一目标就是该法的真实目的。如无任何证据证明该州制定法或其立法史有这样的影响,则法院会怀疑该州的良性目标。如果乔能证明护理学院作为州立大学的一部分,自一个世纪前成立以来都仅限于接收女性入学,那么法院的怀疑就得以成立。进而言之,护理是极少数几个妇女未被排除在外的专业领域之一,这一事实使人进一步怀疑州声称的纠正目标。女性要进入诸如法律、医学或工程领域可能需要特殊的协助,但在护理领域则无类似需要。因此,我们有理由怀疑法院不会接收州所声称的纠正目标就是其歧视性入学计划的真实目的。①

(三)与目标实质相关的手段

一旦有证据表明采用某一性别分类的目的在于达成一项重要而真实的政府目的,为该分类辩护的人必须同时证明该歧视性的手段与目的是实质相关的。根据审查的这一方面,法院已要求政府证明歧视对实现该目标是必要的——即没有性别中立的替代措施可良好而平等地实现这一目标。如果有可用的非歧视替代措施,那么政府实行歧视得不到任何东西。换言之,在性别歧视未与州的目标实质相关的情况下,则该歧视就是无理由的,也是不必要的。法院在奥尔诉奥尔案②中这样说道:"政府的目的也可由一性别中立的分类得以实现,同时非中立的分类因而背负着性别的固定模式的负担,在和本案相同的这种情况下,该州不得基于性别进行分类。"

案例 6-CC

某一州法规定,除非两人已经结婚,否则与年满 18 岁以下的女性发生性关系的男性构成犯罪,且仅有性关系中的男性才因这一行为受罚。该州

---

① 参见 *Mississippi University for Women v. Hogan*, 458 U.S. 718 (1982).

② *Orr v. Orr*, 440 U.S. at 283.

对这一性别分类辩护的理由是,该分类与防止青少年不合理怀孕的重要利益是实质相关的。根据该州的说法,如果女性未成年人后来被提起公诉的话,她们更不可能提出指控。假定法院将州所声称的目标认定为重要和真实,州必须提出什么证据以证明符合实质相关的要求?

案例分析

该州必须有说服力地证明以下情形,即在达到州的目标上,其性别歧视的法律比一部让性关系双方都可能被刑事起诉的性别中立的法更为有效。如果女性未成年人受罚,则仅有极少的女性未成年人会提出指控,这无疑是正确的,但州的目标并非将提出指控的数量最大化,而是减少青少年怀孕的数量。一部性别中立的法可能比仅威胁要惩罚男性的法具有更强有力的遏制作用。就其性别歧视的方式实际上比一性别中立的法更具遏制作用而言,州应负举证责任。

本案来自迈克尔·M诉高级法院案①,在该案中法院对加利福尼亚州的强奸制定法适用了合理依据审查并对该法予以支持。伦奎斯特大法官撰写的多数意见并未要求该州证明其性别歧视的法"比性别中立的法在阻止未成年女性采取性行为更为有效"。② 如今的法院可能会根据不同的审查标准判决迈克尔·M案。

案例 6-DD

根据《移民和国籍法》[Immigration and Nationality Act (INA)],非婚父母之其中一方为美国公民在海外所生子女,仅当特定的法定要件得以满足,方可被视为出生时即为美国公民。这些要件使得父亲为美国公民的孩子比母亲为美国公民的孩子更难以获得公民资格。特别是,该子女要具有美国公民资格的话,作为公民的父亲(而不是母亲)必须:(a)书面同意扶助直到其18岁且(b)孩子18岁以前给予其合法地位或正式承认这个孩子。约瑟夫是一个美国公民,他与一位非美国公民在越南生下了图安·安·阮,

---

① *Michael M. v. Superior Court*, 450 U.S. 464 (1981).
② 同上,at 496,布伦南大法官的异议意见。

6岁时图安搬到了德克萨斯,与其父共同生活至成年。然而,其父从未采取任何行动使其身份合法化或正式承认其父权。图安现年28岁,根据《移民与国籍法》因两项道德败坏行为而被驱逐到越南。他主张其不可驱逐,理由是因约瑟夫的公民身份他也是美国公民。他还进一步主张,就《移民与国籍法》的上述规定对父亲为美国公民施以相对于母亲为美国公民的额外负担的程度而言,该法违反了第五修正案的平等保护保障。政府的辩护理由是这些规定可阻止谎称父亲为美国公民的孩子提出的欺诈诉求,并帮助确保身为父亲的美国公民在较早时期获知其国外出生的子女,从而促进亲子关系以及孩子与美国之间的联系。《移民与国籍法》的规定是否无效并构成被禁止的性别歧视?

案例分析

表面上看这些规定是基于性别进行区别对待,因为这些规定使得身为美国公民的父亲将公民身份转给子女比母亲更困难。政府会主张不应适用中等审查,因为在涉及移民和归化实务时,法院传统上对政治分支表明遵从的态度。然而,本案涉及的是因出生取得国籍,因而既不涉及移民(外国人获准进入或留在美国的条件)或归化(出生后获得公民身份的程序)。因此,中度审查标准不得放宽。不过,鉴于图安要求的其实是一个可能与移民与归化局的判断相冲突的对公民身份的司法认可,一个联邦法院可能不太愿意为图安的诉求提供救济。所以,这一性别歧视肯定适用中度审查的同时,真实的标准可能不会与我们在其他情形中希望适用的标准有同等的强烈程度。

我们从中度审查的"严格"适用开始。根据这一标准,政府必须证明这些以性别为基础的分类与一项重要的政府利益是实质相关的,即一项性别中立的法不能实现与一种族歧视的法相同的目标。就阻止欺诈诉求的目标而言,由于《移民和国籍法》的另一部分已要求有"清晰而有说服力的证据"证明血缘关系的存在,则涉及这一目标的支持和认可规定完全是没有理由的,也是不必要的。就鼓励父亲发展与其子女的关心和支持的关系之目标而言,该制定法的立论基础在于一种固定模式,即父亲对非婚生子女的关心程度不如母亲——即便在多数情况下,这种一般化的结论并不是对所有的父亲或母亲都正确。如果有一项性别中立的法要求在孩子小的时候,身为公民的(无论父或母)已与孩子发展了一种最低限度的联系,包括与孩子建立联系,为孩子的成长提供支持或成为照顾孩子的人,那么政府的目标同样得以实现。因此,《移民与国籍法》仅规定了身为公民的父亲应承担支持和承认的义务,因而可能违反了第五修正案。这就是图安·安·阮诉移民与归化局案[①]中的四人异议意见的立场,不过这只是个异议意见。

图安·安·阮案中的多数意见,尽管也援引了中度审查的表述,采用了这一审查的一种不那么严格的方式,可能部分受到多数意见明确表达的看法——可称为对公民身份的司法认可的看法和表示移民与归化局在移民和归化事务上的遵从的需要——的影响。[②] 更普遍地,多数意见将《移民与归化法》施加的"歧视性"负担视为"最小限度"并认为足以与防止欺诈和促进身为公民的父亲及其子女之间的家庭关系上的政府利益相关。法院驳回了可利用非歧视性替代措施——如 DNA 测试之类的中立措施,认为这类措施是"空虚的",鉴于母亲在出生时已经出现,因此确立其母亲身份是没问题的。简言之,鉴于身为公民的母亲之身份的确定性,身为公民的父亲可予以区别对待,在设计这一区别对待时,并不要求国会以科学的准确度行事。也许解读图安·安·阮案多数意见的最佳方式是,有时发生一个案例,一个非常协调的原则与这一政策的关注点激烈冲突,使得某些大法官看到采取不那么协调的方式的需要。值得怀疑的是,这一判决将降低性别歧视案的中度审查的准入门槛。

"实质相关"的要求坚持政府可适用性别中立的替代措施时不得采取性别歧视的方式,这一要求意味着性别不得用作其他性别中立要素的替代品。

[①] *Tuan Ahn Nguyen v. Immigration and Naturalization Service*, 533 U.S. 53, 74 (2001),奥康纳大法官的异议意见。

[②] 参见 533 U.S. at 71-73。

例如,如果统计数据能够说明,平均而言女性活得比男性长,这一性别观念并不是对所有女性或男性都正确;有的女性活得比男性平均寿命长,同时有些男性寿命比女性平均寿命长。因此,将性别作为寿命的预测工具就是采用了一种既过于宽泛又过于狭窄的分类。州不应采取性别的固定模式,而应考察可能影响一个人的寿命之性别中立因素的表面以下的东西,仅当政府能证明对争议中的问题来说"性别因素本身就是一种准确的预测工具"的时候,运用性别模式才可能符合"实质相关"的要求,[①]这一证明几乎是不可能的。

案例 6-EE

某一州法规定女性工人比男性向州退休基金缴纳更高的年度保险,其理论依据是由于女性活得更长,其领取退休福利的时间也更长。政府已使这一歧视具有正当理由,理由是该歧视出于保持其退休金计划财政完整性的需要。该性别歧视有效吗?

案例分析

保持政府退休金计划的财政稳固性的目标毫无疑问是一项重要的政府目标。然而所采取的措施并非与该目标实质相关,因为政府可在不进行性别歧视的情况下达到这一目的。向男性和女性征收同等的保险得到的数额与男性和女性在性别歧视的计划下相同,通过这一方式,政府仍可保持其计划的财政稳固性。

如果政府希望基于每一个人的预期寿命征收不同数额的保险金,则政府不得将性别用作寿命的替代措施,相反,政府必须考察性别之外其他影响寿命的因素,例如吸烟、喝酒、饮食、锻炼习惯及其他。[②]

禁止使用性别模式的另一方面就是说,政府不得采用以下假定,即某一

[①] *J.E.B v. Alabama*, 511 U.S. at 139.

[②] 参见 *City of Los Angeles v. Manhart*, 435 U.S. 702 (1978),根据 1964 年《民权法》第七条,宣布类似的退休金方案无效。

性别的所有成员共同具有的特征可能对整个群体具有统计上的有效性,但对该群体的每一成员就不是这样了。每一部法律几乎都基于某些模式或假定,限速法将超速的司机都界定为危险的司机——即便这一假定并不是对所有司机都正确。相类似的是,一部法律将司机的年龄界定为18岁,假定的是18岁以下的人都不适合驾驶——即便这一模式并不是在所有情况下都正确。基于群体特征的模式或假定都是法律的素材,仅在模式涉及一个诸如种族、国籍或性别等需要高级别审查的特征时,这些特征才是不确定和一般应受禁止的。在这些情况下,存在一种危险,即政府运用了种族或性别模式——代替其他更为准确的因素,将之作为一种损害所谈论的该群体的方式。而且,依赖这类模式通常会加强对少数种族或女性的负面观念。[①]

然而,在以性别为模式以及基于不恰当地或排他性地与一个性别相联系的特征的分类之间有差别,在先前的做法通常被禁止的同时,如果后一分类不以性别模式为借口的话,则后一种分类可能通过"实质相关"的检验。

案例 6-FF

控方在一个生父确认案件中使用所有的无因回避免去了十个先前曾在生父确认诉讼中做过被告的男性的陪审员资格。检察官此举是否违反了平等保护条款?

案例分析

在 J. E. B 诉阿拉巴马州案[②]中,由于担心男性陪审员会同情被告,该州在一个生父确认诉讼中运用了除一个外所有的无因回避排除了陪审团中的男性。法院认定将性别用作偏见的替代品是违宪的;未"对某一特定性别运用模式化和贬损性的概念",[③]该州被要求透过表面去发现可能基于性别中立要素的偏见。[④] 然而,法院在 J. E. B 案中指出,"在缺乏证据证明有借口

[①] 参见第五章第七节第一目,讨论了不可反驳的推定。
[②] *J. E. B. v. Alabama*, 511 U.S. 127 (1994).
[③] 同上,at 143.
[④] 同上,at 139 n.11.

的情况下，基于不恰当地与某一性别相联系的特征的攻击也可能是恰当的。"①

在我们的这个例子里，检察官并未采用一种普遍的男性模式或假定男性会对被告有偏见。相反，检察官仅排除了那些已因生父确认诉讼被诉的人担任陪审员的可能性。这一群体在定义上仅由男性构成，但并非陪审员的性别导致其被排除，而是基于其在生父确认诉讼中被诉的事实。如果陪审员被排除而无论其性别，则检察官的这一行为并不构成性别歧视。② 换言之，如果检察官对陪审员先前涉足生父确认案件具有出于良好愿望的考虑，而不是从其性别出发进行考虑，这足以通过推翻其目的要素而反驳任何性别歧视的初步证明案件。诚然，检察官依仗的模式在于，曾在生父确认诉讼中被诉的人将会偏向生父确认诉讼中的被告，但由于这一假定取决于一个特征或特性——先前涉足一生父确认诉讼，这一特性并不要求高级别审查，依据这一假定在宪法上是不会招致反对的。因此，由于检察官的行为并不涉及性别歧视，所以并未违反平等保护条款。

（四）性别歧视和种族歧视审查的对比

前已说明，当今在性别歧视中适用的审查标准非常严格，且可能接近适用于种族、国籍和许多外国人歧视案件的严格审查。在美利坚合众国诉弗吉尼亚州案③中，法院指出，这不是"将性别分类等同于——基于所有目的——基于种族和国籍的分类"，这意味着至少在某些情况下审查的程度是相同的。④ 然而，假定这是正确的，法院已指出在几种情形下其性别和种族歧视可能导致不同结果的方式。有一种情形涉及基于"男性和女性的身体差异"而作出划分，因为当"所假定的'天然差异'不再因作为种族或国籍分类之理由而得到认可，"⑤例如，这些差别将足以允许在州立大学为男性和

---

① *J. E. B. v. Alabama*, 511 U.S. 127 (1994), at 143 & n. 16.
② 参见第六章第二节第二目。
③ *United States v. Virginia*, 518 U.S. 515 (1996).
④ 同上，at 532，着重为作者所加。
⑤ 同上，at 533。

女性设立分开的卫生间和生活设施。

法院对性别和种族进行分类的方式的第二种可能差异涉及平权措施。前已说明,种族问题中的这类项目受严格审查,而在性别案件更容易证明为正当。因此,纠正过去的社会歧视并非一项允许一种族意识之纠正方案的充分利益,但在性别案件中,纠正过去的社会歧视就可能是一项充分的目标。

最终,法院仍保留了以下可能性,即"分离但平等"原则可能允许一州为男性和女性开办单独的本科学院——即便保持种族隔离的学校和学院显然是违宪的。在美利坚合众国诉弗吉尼亚州案中,州规定女性不得入读弗吉尼亚州军事学院,理由是单一性别的学院促进了提供多元教育机会的目标。法院对这一主张未予认可,因为提供多元化的教育方式并非弗吉尼亚州军事学院仅允许男性入学政策的真实目的。法院还进一步指出,即便这就是该州的目的,由于没有单独的——也是不那么平等的——为女性设立的设施,"分离但平等"原则使得将女性排除在弗吉尼亚州军事学院之外并无正当理由。不过,法院脱离了自己的方式,并强调"我们并未质疑该州公平地支持多元教育机会的特权,"[1]指出在一种不同的事实情景中,各州可为男性和女性开办单一性别的学院。

三、合法化

中度或中等审查标准也适用于基于合法性进行分类并因而歧视非婚生儿童的法。目标在于非婚生儿童的法所适用的中度审查可能基于几个方面的原因被证明为正当。至少非婚生子女一度成为引人注目的蔑视和道德指责的对象,使人想起"杂种"一词——词典里对该词的定义是"仿造品、赝品或次品"。即便如今对非婚生子女的第一程度偏见可能非常罕见,我们的基本公平观仍认为,对法律来说,因某一个人无法控制的关系而对其施以义务是错误的,而且,由于一个孩子可被合法化,非法化的条件并非完全不可改

---

[1] 同上,at 533 n.7.

变,该条件——和外国人的条件一样——是仅向一个方向转变的,从而减少了同情心可能调和立法过程的程度。

法院将基于合法性进行歧视的法的审查标准描述为要求"法定分类……应与一项重要的政府目标实质相关"。① 同样的言辞准则早已用于性别案件。法院因而指出,"中等审查……一般适用于基于性别或非合法化的歧视性分类,"②意味着标准相同。然而,最近性别歧视的审查标准已经常接近严格审查,在合法性案件中适用的标准可能没有现在适用于性别案件那么严格。

无疑,非婚生案件的标准是很严格的,歧视应服务于一个重要的政府目标之要求,禁止政府采取"基于其父母的非法关系而惩罚非婚生子女的分类,因为'在婴儿头上留下这一谴责的印记是不合逻辑也是不公正的'。"③政府不得在分类上就将非婚生子女排除在领受——如果他们为婚生子女就应领受的——福利之外。另一方面,政府具有一项重要利益,即将通常与证明生父身份相关的问题最小化。如果某一非婚生子女试图证明生父之时间限制与政府在避免因陈旧或欺诈诉求而提起诉讼上的利益是实质相关的,则把这一时间限制作为获得各种福利的前提条件得到支持。不过,该时间限制必须合理且应正好符合实现政府目标所需的时间。

案例 6-GG

州法规定,除非生父确认诉讼在孩子的 5 岁生日前完成,否则父亲无须为非婚生子女支付抚养费,如果确认了生父身份,父亲的抚养义务不得超过婚生子女抚养费用的 50%,该法是否合宪?

案例分析

只要该制定法规定对非婚生子女支付的抚养费不超过婚生子女的 50%,该法肯定违宪。除了想要惩罚那个母亲以及因非婚关系而出生的孩子而外,我们想象不出任何设定这一 50%限制的理由。

---

① *Clark v. Jeter*, 486 U.S. 456, 461 (1988).
② 同上。
③ 同上。

法律规定的 5 年内提起生父确认诉讼的限制也是值得怀疑的。州可辩称,这一规则禁止了虚假的生父在推定的父亲无法为自己辩护时提起诉讼。法院认可了这一政府利益的重要性,但认定为达到"实质相关"审查,州必须为在意这类孩子的幸福的人留出合理的时间。而且,这一时间限制应比保护州的利益所需的时间更短。鉴于当今的科学证据经常能够证明或否认生父的诉求这一事实,允许在孩子 5 岁后方可提起诉讼这一规定,对推定父亲的损害可能是最小的。因而,5 年的时间期限可能也是违宪的。[1]

第七节　其他一些可能不被赞成的分类基础

一、拒绝认可新的"可疑"和"准可疑"类型

最高法院一直不愿承认在平等保护方面,任何新的分类基础为"可疑"或"准可疑"。因此,需要进行严格审查的"可疑"分类仅限于种族、国籍、外国人身份,同时只有性别和合法性被认为属"准可疑"分类并因此受中度审查。

最高法院已明确否认基于年龄、智力缺陷或贫困的歧视需要接受某种形式的高级别审查。[2] 克利伯恩案强有力地暗示不会认定任何新的"可疑"或"准可疑"分类。法院指出,如果将智力缺陷纳入"准可疑"的范畴,则

难以找出一种原则性的方式以区分各种各样的群体,如其他可能处于不可改变的残疾状况的群体,自身无法批准所需要的立法回应的

---

[1] 参见 Clark v. Jeter, 486 U.S. 456 (1988),认定将生父确认诉讼的 6 年时间限制作为获得儿童抚养的条件之规定违宪。

[2] 参见 Massachusetts Bd. of Retirement v. Murgia, 427 U.S. 307 (1976),基于年龄的分类应该受到合理依据的审查;City of Cleburne v. Cleburne Living Center, 473 U.S. 432 (1985),拒绝将智力缺陷视为准可疑分类;Harris v. Mcrac, 448 U.S. 297, 323 (1980),贫穷或富裕并非可疑分类。

群体,能够主张至少一部分公众一定程度偏见的群体,在这一方面需要关注的只有老年人、残疾人、精神疾病患者以及体弱者。我们无意于着手进行这一过程,也拒绝这样做。①

因此,"可疑"分类或"准可疑"分类的名单至少现在看来不会再增加了。

法院已正式拒绝认可应受更高级别审查的其他分类基准,但法院并不总是以习惯上不起作用的方式适用合理依据审查。在某些特定情形下,合理依据标准似乎以更为严格的标准进行,结果是受质疑的分类有时会被认定为违反了平等保护条款。由于法院在这些案件中并不承认其适用了除传统的合理依据审查外其他标准,我们难以明确表明适用了一种更为严格的标准。不过,一部法律未能通过合理依据审查的事实本身就强有力地说明适用的是比普通的合理依据审查更为严格的审查。我们将分析法院似乎提高合理审查标准的几种情形。在每一个例子中,每一个受到歧视的都是政治上的弱势群体,或政治上不得人望的群体。

二、跨州的差别对待

对来自其他州的人进行区别对待的州法通常受贸易条款(Commerce Clause)的审查②,第四条第二款的特权与豁免条款的审查③;或像受损的迁徙权一样受第十四修正案平等保护条款或特权或豁免条款的审查④。然而,有时候上述方式都无法使跨州歧视的法律无效。在这些情况下,一个诉讼当事人也许希望根据平等保护条款挑战这些专断和不合理的法律。

有一种强有力的观点认为,基于平等保护的目的,歧视来自他州的人的法应受高级别审查,原因在于在这些嫌疑立法的政治过程中,目标群体并未得到代表。然而,法院在这种情况下并未适用严格或中度审查,而只是偶尔

---

① 473 U.S. at 445-446.
② 参见 Christopher N. May & Allan Ides, *Constitutional Law: National Power and Federalism*,克里斯托弗·N.梅,阿兰·艾德斯:《宪法:国家权力与联邦主义》,ch. 8 (5th ed. 2010)
③ 参见同上,第八章。
④ 参见第七章第四节。

适用一种增强的合理依据审查来审查现在或之前的跨州歧视立法。[1]

案例 6-HH

在伊利诺伊州购买了一辆汽车后，诺曼从伊利诺伊州搬到了佛蒙特州。佛蒙特州要求其居民在登记从其他州购买的汽车时支付使用税。然而，如果登记者在购买汽车时是佛蒙特州居民，那么佛蒙特州会因其已在其他州支付销售税而免除使用税。当诺曼在佛蒙特州登记其汽车时，由于在购买汽车时他不是本州人，该州对他征收了全额的使用税，而不考虑他已在伊利诺伊州缴纳了销售税。佛蒙特州是否因歧视了类似诺曼这样的曾为他州公民的人而违背了平等保护条款？

案例分析

在传统的合理依据审查下，佛蒙特州的税收政策很容易得到支持。区别差别可能基于以下假设：居住在其他州的人在当购买汽车时已从那个州的公路获利。既然他们要从两个州的公路获利，则他们向两个州缴纳税款并非不公平。相反，在其他州购买了汽车的佛蒙特州居民，几乎未从购买汽车的那个州的公路获利，因而不需要向两个州缴纳税款。这种考量显然为佛蒙特州的法律提供了一个合理依据。然而，在威廉姆斯诉佛蒙特州[2]一案中，法院表面上运用了传统的合理依据审查，宣布佛蒙特州的这一税收方案无效，理由是造成了"一个违反了平等保护条款的专横区分"。对该结果的一种解释是最高法院运用了一种增强形式的合理依据审查。

三、对智力缺陷的歧视

正如我们先前提到的，在克利伯恩市诉克利伯恩生活中心[3]一案中，最

---

[1] 参见 *Metropolitan life Ins. Co. v. Ward*，470 U.S. 869 (1985)，合理依据的平等保护审查使阿拉巴马州不能对外州的公司征收比本州公司更高的税；*Zobel v. Williams*，457 U.S. 55 (1982)，合理依据的平等保护审查使阿拉斯加州给予新的居民的年分红不能比给予长期居民的少。参见第七章第四节第三目。

[2] *Williams v. Vermont*，472 U.S. 14, 22 (1985).

[3] *City of Cleburne v. Cleburne Living Center*，473 U.S. 432 (1985).

高法院明确拒绝将智力缺陷视为"需受中度审查"的"准可疑"分类的一种①,并认定"在这些案件中,平等保护条款只需一种理性的方式来满足合法的目的,"②然而法院随后却做出了如下裁判:由于拒绝批准为智力缺陷人士运营一个疗养院,克利伯恩市违背了平等保护的条款,"因为在我们看来相关的记录并未显示这一拒绝具有任何理性的基准。"③相反,法院指出,该市的行为"对我们来说似乎建立在对智力缺陷人士抱有非理性偏见的基础上……"④然而,根据通常的合理依据审查,并不需要记录中的任何内容支持受质疑的分类,仅需推断就足够了。因此,马歇尔、布伦南和布莱克门大法官对多数意见"拒绝承认有任何最小程度的合理考量"表示反对。⑤ 马歇尔写道,"也许本案所使用的方法应被称为'第二等级'的合理依据审查而不是'高级别审查'。然而无论被贴上什么样的标签,现在援引的合理依据审查确实已不是[传统的]合理依据审查……"⑥

法院在克利伯恩案中否决了该市条例的事实,并不必然意味着所有歧视智力缺陷人士的法律都无效。在克利伯恩案中,有明显的证据支持法院的结论:禁止为智力缺陷人士建立教养院是"非理性偏见"的产物,包括了该条例本身的用语——禁止"为精神病患者、弱智者、酗酒者以及药物上瘾者"提供教养院。⑦ 换言之,有明显的迹象表明该条例的真实目的是非法的,从而使法院对法案辩护者提供的假定目的显示出较以往更少的尊重。在没有证据表明存在"非理性偏见"或其它非法目的的情况下,最高法院就会支持使智力缺陷人士承担义务的法。⑧

法院在克利伯恩案所表现出来的、希望更仔细审查针对不受欢迎群体

---

① *City of Cleburne v. Cleburne Living Center*, 473 U.S. 432 (1985), at 437-438.
② 同上, at 442.
③ 同上, at 448.
④ 同上, at 450.
⑤ 同上, at 459.
⑥ 同上, at 458.
⑦ 同上, at 436 n.3, 着重为原文所有。
⑧ 见 *Heller v. Doe*, 509 U.S. 312 (1993), 认定肯塔基州的非自愿承担义务程序使得智力缺陷人士比精神病患更容易承担义务。

的"非理性偏见"的分类并非罕见。在美国农业部诉莫雷诺①一案中,法院援引了第五修正案中的平等保护方面从而推翻了一项联邦的法律——该法禁止向包括非亲属人员的家庭发放食物券。法院的结论如下:该分类的目的是"阻止所谓的'嬉皮士'和'嬉皮士公社'参与食物券项目。"②法院指出,尽管本案仅需合理依据审查,但"如果作为宪法概念的'法律中的平等保护'有何含义的话,它至少意味着一个在政治上削弱不受欢迎团体的单纯议会意愿并不能构成一项合法的政府利益。"③

四、基于性取向的歧视

在罗默诉埃文斯④案中,法院显示了一种类似的愿望,即在有必要保护一个在政治上不受欢迎团体时加强合理依据审查的愿望。罗默案主要涉及科罗拉多州宪法第二修正案,该修正案旨在撤销所有保护男同性恋和女同性恋的州和地方法律,并禁止将来采取任何立法、行政或司法行为以保护上述群体。科罗拉多州最高法院根据第十四修正案的平等保护条款认为该规定违宪,并以该规定侵犯了同性恋者参与政治的基本权利为理由而适用了严格审查。美国联邦最高法院确认了这一判决,但其理由是该规定"缺乏与合法的州利益之间的合理关系。"⑤

在罗默案中的合理依据审查并不是通常那种保守的标准。相反,法院基于两点理由而宣布科罗拉多州宪法第二修正案无效,其中任何一点在传统合理依据审查下都不会使这种分类无效。第一,这项措施将这样一种"无前例的"、"笼统的、毫无差别的阻碍强加给一个有单一命名的团体"——即男同性恋和女同性恋——诚如使之成为一种"无效形式的法案";第二,该法缺乏"一个与合法的政府目的之间的合理关系",因为它"强加了即时、持续

---

① *United States Department of Agriculture v. Moreno*, 413 U.S. 528 (1973).
② 同上,at 534.
③ 同上.
④ *Romer v. Evans*, 517 U.S. 620 (1996).
⑤ 同上,at 632.

和真正的损害,这一损害超出和掩饰了可能声称的任何合法的正当理由。"从而"会得出以下必然的推论,加诸这一群体的不利地位源于对该群体的憎恶。"①然而一种分类笼统或无先例的事实通常并不足以使之在合理依据审查下处于不利地位。同样,在这一标准下,某一法院通常也不会审查某一分类以考察其到底有多么符合期望的目标。相反,法院传统的合理依据审查标准会容忍其目的不精确、不符合逻辑及不合适的措施,对恰当与否的接近程度进行审查是高级别审查而非合理依据审查的特点。

也许有人会得出结论,认为罗默案适用了强化了的合理依据审查标准。另一方面,罗默案可被视为那种罕见的案件之一——因强有力的证据表明该措施基于非法目的得以制定,从而使一部法律无法通过合理依据审查。无论持何种观点,关键因素在于法院确信科罗拉多州第二修正案"只能解释为对这一群体的敌视。"②在这方面,这一案件与莫雷诺案非常相似③,法院以赞同的姿态援引的一个判决,撤销了一项针对"嬉皮士"的联邦法。

然而其他歧视同性恋的法律多大程度上会受类似强化了的合理依据审查仍不明确。就这一点来说,我们只能提出问题而无法解答。罗默案是否仅限于这一情形——政府将一种"笼统的、无先例的阻碍"施于男同性恋和女同性恋?或者,一旦法院确信歧视是反同性恋的仇恨之产物时是否总会引发强化了的审查标准?如果后者属实,那么法院如何确定这种仇恨?以下说法并不能让人满意,一旦缺乏妥当性引起对分类所声称的目的的怀疑时,将会适用强化了的审查标准,因为法院并无以这种方式审查妥当性的职责——除非其一开始就决定采取某些形式的强化审查。相反,如果仅有对仇恨的怀疑就足以引发强化了的审查,那么这种怀疑的依据是什么?单凭直觉是否足够?法院在莫雷诺案中援引详细的立法史以认定对"嬉皮士"的仇恨,和莫雷诺案不同的是,罗默案并未援引或根据任何说明科罗拉多州第二修正案是基于对同性恋的敌意而推动的背景材料。

---

① *Romer v. Evans*, 517 U.S. 620 (1996), at 632-635.
② 同上, at 632.
③ 参见第六章第七节第三目。

如果法院能够明确认定,由于广泛存在的对同性恋群体的第一和第二级别的歧视,因此所有歧视这些群体的法律都应受严格审查,那么前述不确定性即可消除。然而,由于法院小心翼翼地避免作出这样的决定,这类案件适用何种标准并不确定。在劳伦斯诉德克萨斯州案①中,法院否决了一项德克萨斯州的制定法,该法规定仅当肛交是"与另一同性别的个人发生时"才被认定为犯罪,本案中法院明确拒绝援引平等保护条款,投票支持仅根据正当程序条款宣布该州法无效。②奥康纳大法官在其分开的协同意见中,仅依据平等保护条款就投票支持否定这项法案。然而,在这样做的时候,她仅适用了合理依据审查,而未讨论一种更为严格的审查标准是否恰当的问题。

当法律歧视同性恋者时,一些联邦下级法院意见适用了"动态的合理依据审查"以确保该分类并未基于不被允许的歧视。根据这一方式,政府必须确切地证明一种合法的理性依据存在,而不只是宣称有这样的目的。③

许多州的高级法院将其各自州的宪法的平等保护规定解释为,要求对基于性取向进行歧视的法律采取某种形式的高级别审查。④

案例 6-II

X 州的一部法律,名为《婚姻保护法》[Marriage Protection Act (MPA)],将婚姻界定为"不同性别人之间的结合"并明确禁止向同性伴侣发放该州的婚姻证书。该法的前言规定本法的目的在于"促进男女婚姻的完善。"艾伦和梅洛迪是一对同性伴侣,她们申请 X 州的婚姻证书但因《婚姻保护法》的条件被拒。她们起诉了相关的政府当局,主张除其他之外,将《婚姻保护法》适用于她们违反了第十四修正案的平等保护条款,尤其是,她

---

① *Lawrence v. Texas*, 539 U.S. 558, 574-575 (2003).
② 参加第二章第五节第五目。
③ 参见如 *Pruitt v. Cheney*, 936 F. 2d 1160, 1164-1166 (9th Cir.), cert. Denied, 506 U.S. 1020 (1992); *Dahl v. Secretary of Navy*, 830 F. Supp. 1319 (E.D. Cal. 1993).
④ 参见如 *Varnum v. Brien*, 763 N.W.2d 862, 895-897 (Iowa 2009), 要求对准可疑分类进行中等审查; *Kerrigan v. Commissioner of Public Health*, 289 Conn. 135, 957 A.2d 407 (2008), 要求对准可疑分类进行中等审查; *In re Marriage Cases*, 43 Cal. 4th 757, 76 Cal. Rptr. 683 (2008), 对可疑分类进行严格审查。

们主张该法基于性取向和性别违宪地歧视了她们。考虑一下其主张的有效性,不要指望得出一个数学般精确的答案。这个问题引发了学说、政策和文化观点的一次复杂冲突,其中确定性至多是迷惑人的。

案例分析

我们必须首先确定恰当的审查标准。在性取向的问题上,恰当的标准在技术上是合理依据审查,然而,在罗默诉埃文斯案[1]中,法院声称适用的是遵从性的合理依据审查标准,但看来采取的是更为严格的审查。当今的法院(或任何法院)是否对禁止同性婚姻的法律使用罗默案中的"增强的"合理依据标准尚不明确。例如,在劳伦斯诉德克萨斯州案中,法院暗示婚姻具有需遵从政治判断的特殊法律地位。[2] 此外,罗默案的判决至少与目前提出的问题不同。激发罗默案中的法院之怀疑态度的因素之一是"第二修正案"代表一种"无先例的"法律形式。《婚姻保护法》包括了那些可被描述为长久以来对婚姻的构成——即一男一女的结合——的文化理解。因此,法院不可能将《婚姻保护法》认定为"可疑地"不存在先例的情形。法院在罗默案中同样表达了以下关切,即第二修正案"向一个单一名义的群体施加了广泛的、毫无区分的阻碍。"然而,《婚姻保护法》对同性婚姻的禁止被狭隘地限制为婚姻关系的特殊地位。它不像第二修正案那样有宽泛和看来无限的适用范围。当然,《婚姻保护法》确实"仅限于"同性伴侣,但在缺乏一种"广泛的、无区别的阻碍"的情况下,这并不足以引起强化审查。另一方面,如果某一法院认为《婚姻保护法》仅为反同性恋的偏见之体现或对同性结合的非理性担忧,则可适用罗默案的强化合理审查。

然而,假定某一法院会适用标准的合理依据审查。就合理性而言,《婚姻保护法》的支持者也许会主张,任何对传统婚姻模式的变动都会侵害对传统习俗的尊重,威胁婚姻对社会的价值。换言之,允许同性婚姻将以某种方式使异性婚姻作为社会稳定力量的吸引力和有效性下降。考虑到传统的合

---

[1] *Romer v. Evans*, 517 U.S. 620 (1996).
[2] 539 U.S. 588, 578;参见第二章第五节第五目。

理依据审查的"非攻击性的"特性,这一论点的支持者们并不会被要求将他们论据中的经验主义点连接起来,因为在这种背景下的理性并不能转化为科学化的精确。对《婚姻保护法》的辩护反映了一种被广泛接受的信念,即同性婚姻对一项重要的社会制度构成了威胁,这可能已经足够了。另一方面,某一法院可得出如下结论,即使合理依据审查标准要求支持者提出一些可信的证据以支持其论点,正是在此基础上,即缺乏同性婚姻对异性婚姻造成威胁的经验证据,马萨诸塞州最高法院认定,根据马萨诸塞州宪法,该州对同性婚姻的禁令无法通过合理性审查。[1] 简言之,这一问题的解决取决于某一法院适用的合理依据审查标准有多么严格。

就性别歧视而言,艾伦和梅洛迪的观点应以洛文诉弗吉尼亚州案[2]为基础。在那个案件中,法院认定禁止跨种族的婚姻作为种族歧视的一种形式引发了严格审查。在这样裁决时,法院明确否决了州政府的主张:该法并未基于种族进行歧视,因为白人和黑人都被禁止相互结婚。在本质上,法院认为该法属于种族歧视,因为它以夫妻的种族构成作为划分结婚夫妇的基础。通过类推,艾伦和梅洛迪可主张《婚姻保护法》根据将要结婚的两个人的性别构成进行分类。如果这一观点得以接受,《婚姻保护法》将作为性别歧视的一种形式接受中度审查。根据这一标准,一州将被要求为同性婚姻的禁止提供"极具说明力"的正当理由,包括该项禁令与州的目标之间实质关系的证明。然而,这种性别歧视的观点有一点跳跃,因为法院尚未在种族情形外适用过这一方法。

这一讨论中另一因素是对同性婚姻的争论是一种重要的公共争议。就结果而言,法院并不希望陷入争论。前已说明,法院已尽量在前述的劳伦斯诉德克萨斯州案中暗示,清楚地确定该案的裁决并不适用于由州界定的关系,如婚姻。

---

[1] 参见 *Goodridge v. Dept. Of Public Health*, 440 Mass. 309, 330-337, 798 N.E.2d 941, 961-965 (S.J. Ct. Mass. 2003),但参见 *Hernandez v. Robles*, 7 N.Y.3d 338 (N.Y. Court of Appeals 2006),认定对同性婚姻的限制作为促进异性关系的稳定之手段是合理的。

[2] *Loving v. Virginia*, 338 U.S. 1 (1967).

第七章 平等保护：基本权利

第一节 绪论与概述

在上一章，我们考察平等保护条款在一些情形中的适用，包括仅需合理依据审查的情形和分类基础为"怀疑"、"准怀疑"的情形，以及其他一些需要某些高级别审查的情形。现在我们转而考察以下情形中的平等保护条款，在这类情景中，分类基础没有问题，但法律以一种侵犯基本宪法权利的方式来区别对待。在仔细研究了这一平等保护原则的基础权利分支后，这一章将以简要考察另一种替代性的平等保护方式作结，这是一种我们之前已讨论过的联邦最高法院的三层次模式的替代模式，是由瑟古德·马歇尔大法官(Justice Thurgood Marshall)提出来的。

第二节 平等保护与基本权利

对以侵犯一基本宪法权利之行使为分类形式的法律，仅在经过与适用于怀疑分类同样严格的审查，才能得以维持。换言之，法律的拥护者必须证明区别对待应与服务于紧迫之政府利益恰当契合。[①]

案例 7-A

18岁的罗杰是一个3岁私生女的父亲。两年前罗杰被命令给付每月200美元的子女抚养费。由于一直处于失业状态，罗杰未能偿付抚养费并

[①] 参见第六章第四节第二目。

欠下近 5,000 美元的抚养费。最近罗杰申请结婚证明但被否决，原因是根据州法禁止任何未能履行抚养子女义务的公民结婚。罗杰起诉了，声称拒签其结婚证侵犯了其平等保护条款下的权利。那么法院该如何裁决呢？

案例分析

结婚权是一种基本宪法自由。[①] 该案中州作出了一种分类，允许一些人结婚而禁止其他一些人结婚，该分类之特征——支付子女的抚养费——不是一种要求高级别审查的分类。然而，由于法律严重地损害一个人结婚的基本宪法权利，因此该法应受严格审查。

该州可能主张，这一针对那些未能抚养其子女的区别对待服务于使未成年儿童得到照顾之紧迫利益。即便这是一种足以使干预结婚权为正当的紧迫利益，州必须用证据证明，在既不过于宽泛也不过于狭隘的意义上，结婚禁令与该紧迫的利益恰当契合。在此，婚姻禁令是过度包含的，原因在于即便在禁止一桩婚姻无法促进抚养孩子的目标时，仍实施了这一禁令。无论罗杰有没有结婚，他都不可能支付孩子的抚养费。所以，即使侵犯了罗杰的宪法权利，州什么也没得到。因此，该法违反了平等保护条款，因为其分类侵犯了结婚这一基本权利，却未能与孩子们得到充分抚养的州利益密切联系。[②]

被视为平等保护目标之基础的权利有两种类型。第一种包含正当程序自由，即有资格作为第五和第十四修正案下之基本自由的那些权益。这些正当程序自由包括宪法中列举的权利，如言论自由、宗教信仰自由，还包括一些未被列举的但又被法院认定为基本权益之自由权，如婚姻自由，选择是否怀孕及生育的自由，和决定家庭安排的权利。[③] 根据平等保护条款，可能引起严格审查的第二类基本自由就是我们所谓的平等保护自由。这些由特

---

① *Loving v. Virginia*, 388 U.S. 1 (1967).
② 参见 *Zablocki v. Redhail*, 434 U.S. 374 (1978).
③ 参见第二章。

定的默示自由权构成的自由权被视为平等保护意义上的基本自由——即便它们并不享有平等保护条款下之基本自由的地位。这些所谓的平等保护自由权包括了投票的权利，旅行的自由，以及可能也包括基本的受教育的权利。

由于某一法律在涉及一项基本的宪法自由权时区别对待将引发严格审查，法院有时坚持对该基本权利的损害应超过一个最低标准，例如，这一分类需通过实质干涉的方式侵犯或影响争议中的该权利。案例7-A很容易就满足了这一需要，因为政府完全禁止了像罗杰这样的人结婚。然而，试想一下，如果政府转而要求未能履行抚养子女义务的父母在婚前必须获得金融咨询，如果该咨询要求并未对结婚能力造成严重延迟，一法院可能判决该分类不属于严格审查之对象，因为政府并未损害或影响结婚的权利。

第三节 投票的权利

一、绝对投票权 VS 平等投票权

宪法中如何保护投票权有两种截然不同的含义。第一，在某些情况下，宪法对某一特别机构遵循的是**绝对投票权**，要求该机构必须经由普选而非任命或别的方式产生。宪法中只有两个条款明确保证了绝对投票权：第一条第二款第一项要求众议院的议员必须"由人民……选出"，宪法第十七修正案要求美国的参议员必须"由人民选举"。"人民"因而享有了投票选举众议员和参议员的联邦宪法权利，同时，第一条第二款和第十七修正案都将哪些人将享有这项权利交给各州来决定。这些宪法规定只是认为选举国会成员的投票权的资格应与政府为"该州议会人数最多议院选举人"设立的资格相一致。然而，我们将会发现，其他的宪法规定对各州在决定选民的资格上的权力进行了限制。

也许有人认为政府的共和形式条款（Republican Form of Government

Clause, Art IV, §4)暗示地授予了投票产生重要的州政府官员之绝对投票权,但是联邦最高法院从未以这种方式诠释过这一条款。我们也可以认为宪法第一条第二款以及第十七条宪法修正案表述的"在州议会人数最多议院的选举人"暗含着要求这一州机构应为普选产生的意思,但与上例相同,法院从未作如此认定。因此,宪法保证了人民对国会成员之投票权,但"并未授予对州选举的投票权"。① 比如,宪法并不能阻止洛杉矶市废除其普选市长的惯例并规定市长由市议会任命。②

宪法保护之选举权的第二种含义是,保证人民对普选产生的联邦和州官员的投票享有平等投票权。四项宪法修正案通过禁止联邦及各州政府基于特定理由选择性地否决投票权,来明确保证这一类型的投票权,这四项修正案为:第十五修正案(关于种族)、第十九修正案(关于性)、第二十四修正案(关于未缴纳税收)、第二十六修正案(关于年龄)。在赖斯诉卡耶塔诺案③中,法庭宣布夏威夷州的一项宪法规定——限制某些种族后裔对州机关理事的投票权——为无效,判定该选举限制是"显然违反了第十五修正案"。

此外,法院也对第十四修正案的平等保护条款解释为暗示地保护了平等投票权。第十四修正案投票权是"与其他有资格的选民同等参与选举过程的权利"。④ 由于这是一项基本权利,规定按选择性标准或以不平等的方式分配投票权的州和地方法通常都是严格审查的对象。对法院来说,严密审查以这一方式区别对待的法律是有意义的,因为对那些受这类法律管辖的人来说,从定义上看,就"那些本可废除不受欢迎之立法的政治程序"⑤而言,他们使用这一政治程序的权利受到了损害。

---

　① *Harris v. McRae*,448 U.S. 297,322 n.25 (1980).
　② 参见 *Rodriguez v. Popular Democratic Party*,457 U.S. 1 (1982),支持波多黎各法律,该法规定议员空缺时,由议员所在政党而非普选负责填补这一空缺;*Fortson v. Morris*,385 U.S. 231 (1966),支持乔治亚州法律,允许州议会在特定情况下选择州长。
　③ *Rice v. Cayetano*, 528 U.S. 495, 499 (2000).
　④ *Harris v. McRae*,448 U.S. at 322 n.25.
　⑤ *United States v. Carolene Products Co.*,304 U.S. 144, 152 n.4 (1938),参见第二章第三节第二目。

第十四修正案只授予了"在同一管辖权下与其他公民在平等基础上参与选举的权利",①它并未授予绝对意义上的投票权。因此,第十四修正案的投票权仅在法律的一些其他规定要求某一特定的联邦、州或地方机构通过普选产生的时候才发挥效力。在这类情况下,那些在投票权上进行区别对待的法律一般应受严格审查,这就要求政府有证据表明该举措与一紧迫的州利益存在密切联系。第十四修正案投票权的目的因而也在于**平等保护**而非正当程序。

案例 7-B

某州通过了一项法律,规定:从现在开始,该州的首席检察官将由政府官员任命而非由人民选举产生。该州公民能否以该法因损害了选民在投票上的基本自由权而违反了第十四条修正案的正当程序条款而成功地挑战该成文法?

案例分析

该诉讼将被驳回。正当程序条款下并无这类的基本自由。第十四条修正案只保护与其他公民平等基础上的投票权,在所有公民均被剥夺了选举首席检察官的权利的情况下,这一权利并未被侵犯。

────────

以下六种法律或惯例可能会侵犯平等投票权并引发严格审查:(1)选择性地否定选举权;(2)个别的选票稀释(vote dilution②);(3)稀释群体选票;(4)基于选举人的种族将他们分配到具有压倒性优势的选区;(5)否决参与投票之机会以及;(6)选票的不公平计算。下面我们将依次对这些情况进行考察。

二、选择性否定选举权

一个州可能侵犯第十四条修正案之基本投票权的一种显而易见的方

---

① *Dunn v. Blumstein*,405 U.S. 330,336 (1972).
② 指通过分配议会的席位和不正当地划分选区的手段限制某一特定团体选票的效力。——译者

式，就是附加一些条件，这些条件的后果是完全否决所选择的人群之投票权。法院已认定，"除居住、年龄及公民身份外，任何限制选举权的分类均无法成立——除非……州可以证明该分类可服务于一项紧迫的州利益。"①随后的案件将评判标准表述为涉及一种更灵活的"平衡方式"的测试，即"法院在评估一项针对某一选举法规的宪法性挑战时，(必须)权衡该挑战所主张的对选举权的损害，以及州提出的作为其规则所施加负担之正当理由的确切利益之间孰轻孰重的问题。"②这一追问需要运用"滑动指标平衡分析法(sliding-scale balancing analysis)：审查根据该争议的法规之后果不同而不同。"③根据这一方法，"无论负担看起来是多么微不足道，都不存在衡量负担严重程度的严峻考验，相关和合理的州利益'足够重要以至于使该限制为正当，而这一负担应由前述州利益证明为正当'。"④根据负担的严重程度，滑动指标平衡分析法可导致最严格的司法审查，正如适用于希尔诉斯通案那样，某一城市的法将某些特定选举的选举权限制为仅面向登记业主。

我们首先考察在希尔诉斯通案中指出的三个例外，其中的审查标准仅为合理依据之审查。对非居民及非公民选举权之否决仅受合理依据审查。这样做的事实根据在于，州和地方政府具有将投票权限定于与社区有利害关系的合理利益。否则，那些在选举日涌入只为了投一张选票的大批的外乡人就有可能掌握了该州或这一城市的命运。州和市可因而将选举权限于本辖区内的公民和真实居住的居民。这类否决仅受合理依据的审查。当公民身份的限制涉及对外国人的区别对待时，政治功能例外(political function exception)就适用于投票行为，而且严格审查也因此不会被引发。⑤

某市或某一州要求选民必须是真实居住的居民是一回事，但否决那些

---

① Hill v. Stone, 421 U.S. 289, 297 (1975)，着重为本文作者所加。
② Crawford v. Marion County Election Board, 128 S. Ct. 1610, 1616 (2008)，多元意见。
③ 同上，at 1628，苏特大法官和金斯伯格大法官之异议意见，但在运用平衡分析方面，两位大法官赞同多元意见。
④ 同上，at 1616，多元意见。
⑤ 参见第六章第四节第二目。

在规定期限内未居住在该市或该州的真正的居民的投票权又是另外一回事了。这类选举对持续居住时间的要求应受严格审查,因为这些要求暂时否定了那些辖区内事实上真实居住的居民的选举权。① 在第七章第四节,我们将会看到,由于持续居住时间的要求对基本平等保护的迁徙权产生了影响,这些要求也可能引发严格审查。

选举中年龄的限制和真实居住的要求一样,都是第十四修正案平等保护条款下合理依据审查之对象。不过,根据第二十六修正案的相关规定,任何年满 18 岁或 18 岁以上的人之选举权均不受否决。因此,某州可否决 16 岁以下的人之选举权,但不能施以年龄限制从而否决 18、19、20 岁的人或者 70 岁以上的人之选举权。除居住、公民身份以及年龄方面的资格外,其余所有对选举权的限制必须满足一种潜在的严格的滑动指标平衡测试。

案例 7-C

一部州法规定任何拖欠税款或罚金的人可不享有选举权。已失业两年的埃尔默欠缴了 35 美元汽车动产税和 300 美元的交通罚单。结果他被禁止参加最近的一次国会议员与州议员选举,埃尔默的宪法权利是否受到了侵犯?

案例分析

就州因埃尔默未缴纳财产税而剥夺其选举州在国会中之代表的权利而言,该州就违反了第二十四修正案。这一修正案仅适用于联邦选举②,禁止剥夺那些"因未能缴纳任何人头税或其他税收"的人的投票权。

尽管第二十四修正案并未保护埃尔默选举州政府官员的权利,但他可援引第十四修正案平等保护条款。在此就需要进行最为严格的审查,因为州选择性地否决了那些拖欠税款或罚金的人的选举权——这一义务是其确

---

① 参见 *Dunn v. Blumstein*, 405 U.S. 330 (1972),田纳西州相关法律规定:获得州选举权需满足在选举开始以前在州内居住满一年的要件,获得县选举权需满足在选举开始以前在县内居住满三个月的要件。以上规定使得田纳西州相关的法律规定无效。

② 即选举总统、副总统及国会议员的初选和定期选举。

实无力履行的,因而州的这一做法就导致了一项对选举权的绝对否决。该州必须证明这一区别对待对实现一项紧迫的州利益是必要的,尽管州在保障选举程序的完整性上具有优先利益,但某人未能偿付税款或罚金并未威胁到这一目标;而且,即便州在征缴税收方面具有一项紧迫的利益,但由于还有众多实现这一目的的其他方式,将否决选举权作为征缴税收之手段并无必要性。①

案例 7-D

某州制定了一部投票者身份证法,该法规定任何想在选举当天能够亲自投票的人,或想在选举日前亲自前往州法院法官助理办公室投上一票的人,必须出示由州或联邦政府发放的附有照片的身份证明,如驾驶执照、州发放的身份证或联邦护照。据估计,90%或更多达到投票年龄的州内民众均拥有以上身份证明中的一种。未能出示身份证明的人可在投票站临时投上一票,但必须在10日内前往地方法院法官助理办公室出示有效的附有照片的身份证明,或者签署一份宣誓书,以说明因其穷困和无力支付必要文件所需的费用而无法获取附有照片的身份证明。在拥有恰当的身份证明的情况下,18周岁以上但未获驾照的人可从州获取免费的附照片的身份证明。缺席投票的权利及因而免于提供附照片的身份证明仅限于特定群体的某些个人享有。该州民主党就该投票人身份证法的表面歧视②提起了诉讼,主张其侵犯了党员根据平等保护条款享有的投票权。假定该党具有起诉资格,法院应如何就其诉求的实质依据进行裁决?

案例分析

希尔诉斯通案中的合理依据之例外无一可适用于本案,因为该法并未仅将居住问题作为投票权的条件,相反,它以一种特殊方式来证明居住,这一方式有争议地把一些真正的居民排除在外。因此我们必须运用滑动指标平衡分析,根据这一分析,法院首先必须评估这一措施给某一个人之选举权

---

① 参见 *Hill v. Stone*, 421 U.S. 289 (1975); *Harper v. Virginia Bd. of Elections*, 383 U.S. 663 (1966).

② 关于表面歧视,参见第六章第一节。——译者

所带来的负担之严重程度。和案例 7-C 中的州法不同的是,本案中的法并未绝对否决任何人的投票权,而是为投票权附加了条件,即限制了个人在证明其为有权投票的本州居民上的能力。大选后十天的宽限期减轻了那些忘记携带附照片的身份证明去投票站的人的负担,也减轻了那些在投票时并不具有这类身份证明的人的负担,或那些因穷困而无法获得申请附照片的身份证明必要文件的人的负担。尽管对大多数人来说该法施加的负担并不重,但它却具有剥夺某些人选举权的实际效果,这些人如:(1)因时间、距离、费用、年龄、残疾等原因无法前往地方法院投票的人;(2)不穷困但又无法在选举后的十日内收集必要文件的人。该法对大多数人来说并未施加过重的负担,但其实际效果对某些人来说可能是巨大的。

　　就平衡中的州一方而言,法院必须考察深层次的利益并决定这些利益是否足以重要以至于使所施加的负担为正当。州基于两个理由为其附照片的身份证明法辩护:保护选举过程的完整性和可靠性,保护选民的信心从而使之愿意参与民主选举过程。这两个目标均通过一种可防止和发现选民的作假的体制得以促进。原告指出本州并无选民身份造假的文字记载,但其他州都有类似情况出现且这一个问题已在全国引起关注。允许普遍适用的缺席投票将消除这一措施所施加的负担,但和该州采用的投票体制相比,缺席投票可能更易导致作假。

　　本案可能是双方势均力敌的一个案件。州对其所采取的措施具有坚实的正当理由——尽管该措施有以下后果,即至少会在一次选举中剥夺某些有资格的选民的选举权,但之后这些人可能获得今后参与投票的必要文件。克劳福德诉马里昂郡选举委员会[①]支持了一项类似的印第安纳州制定法,理由是原告未能证明州采取的措施给任何阶层的选民施加了"过于繁重的负担要求"。在拒绝认定这是一起表面歧视的挑战时,多数意见认定"该制定法适用于印第安纳州最广大的选民,在保障'选举过程

[①] *Crawford v. Marion County Election Board*, 128 S. Ct. 1610, 1623 (2008).

的完整性和可靠性'上的有效利益足以使之具有正当性。"①与这一表面歧视之挑战相比,法院仍保留了一种可能性:代表选民之特定阶层——例如穷困者——提起一项适用中的歧视的挑战,主张该法对这些穷困者施加了一种不可接受的负担,这一挑战可能会成功。不过,在这类案件中,该制定法仅在适用于那一特定群体时才会被禁止,而非表面无效因而不能适用于所有人。②

根据滑动指标平衡测试,选择性否决选举权的规则应受潜在的严格审查,这一原则仅适用于选举行使"正常的政府"职能之公共机构。对那些不行使一般政府性权力、目的受限的特别机构,限制主要受这一机构之行为影响的人的投票权的法律,根据第十四修正案,仅受合理依据审查。③ 然而,在赖斯诉卡耶塔诺案④中,法院拒绝将特别目的区之例外扩及对基于祖先或种族的选举权之否决,在该案中,夏威夷宪法将选举夏威夷事务办公室[the Office of Hawaii Affairs（OHA）]理事的权力仅限于"夏威夷原住民"和"夏威夷人"——即被定义为自1778年以来就定居在夏威夷群岛的"人民"的后裔诸群体。作为一个面向全州的机构,夏威夷事务办公室的任务是改善夏威夷人的生活条件。法院认定,即使在一项关于平等保护条款的挑战中,夏威夷事务办公室被认定为特别目的区,也不能成为其未遵守"第十五修正案种族中立之命令"的借口……"第十五修正案具有独立的含义和效力,任一州不得因种族而否认或限制选举权。"⑤

---

① *Crawford v. Marion County Election Board*, 128 S. Ct. 1610, 1623 (2008), at 162, 着重为本文作者所加。
② 同上, at 1623。
③ *Salyer Land Co. v. Tulare Lake Basin Water Storage Dist.*, 410 U.S. 719, 726-730 (1973),支持了加利福尼亚州法,该法规定只有土地所有人才能参与贮水选区的投票。
④ *Rice v. Cayetano*, 528 U.S. 495 (2000)。
⑤ 同上, at 522。

三、个人选票被稀释:"一人一票"

(一) 问题:选票的不平等影响力

比完全否决投票权更微妙地限制个人投票权的方式是,借助某一选举方案使一些人的选票不如其他人的选票有分量。例如,州法律可能会规定,在州或地方选举中,[1]在过去一年中每多缴纳 10,000 美元的州所得税的人,即可获得一张额外选票。在这一体制下,任何人的选举权未被完全否定,但每个人选票分量却不平等。一个向州缴纳 40,000 美元所得税的人可投 5 票(1 张常规选票加 4 张额外选票),而一未向州缴纳所得税的人却只能投一票。这就涉及个人选票的稀释问题,因为一些人选票的分量远不如其他人重。这类体制是违宪的而仅有极少数例外,如选举涉及一个特别限定了目的机构(special limited-purpose entity),这类机构并未"管理诸如政府的一般职能,如街道的维修、学校运行、下水道设施、公共卫生或福利的服务等。"[2]

案例 7-E

一个 60,000 人的城镇是由一个三人组成的镇委员会管理,该镇分为 A、B、C 三个区域,每区各选举一名镇委员。A 区有 40,000 人,B 区有 15,000 人,C 区域有 5,000 人。[3] 和另一部分人相比,是否有一部分人的选举权被稀释了呢?

案例分析

确实如此。C 区的 5,000 名居民和 A 区的 40,000 名居民在镇委员会中享有的代表数和影响力是相同的。当 C 区居民投票产生一位镇委员会成员时,每人对选举结果具有 1/5,000 的发言权,而 A 区的人只有 1/40,000 的发言权。由于 C 区居民选票的影响力是 A 区的 8 倍,因此与 C 区居民的选

---

[1] 即为选出州或地方政府公职人员举行的选举。

[2] Ball v. James,451 U.S. 355,366 (1981),支持了在选举填海区主任时"一人一票"的投票方案。

[3] 见图 7-1。

举权相比,A区居民的选举权被稀释了。为避免个人选票被稀释,每一区都应包括相等数量的人口——如每区20,000人(60,000/3=20,000)。

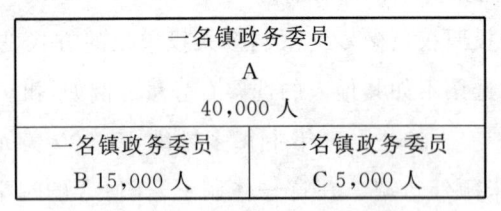

一名镇政务委员 A 40,000人	
一名镇政务委员 B 15,000人	一名镇政务委员 C 5,000人

图 7-1

个人选票被稀释的程度被称为最大(或总体)人口偏差[maximum (or overall) population deviation]。该数据衡量了最大区域和最小区域之间在超出或少于理想人口的百分比上的差别。在案例 7-E 中,理想的区域人口是 20,000 人。A 区为最大的区域,其人口比理想状况超出 100%[(40,000－20,000)/20,000＝20,000/20,000＝1 或 100%]。而最小的 C 区的人口则比理想状况少了 75%[(20,000－5,000)/20,000＝15,000/20,000＝0.75,或 75%]。如果在温度计上标记,最大区域与理想数据之间的偏差标在零度以上,而最小区域与理想数据之间的偏差则在零度以下。则最大人口偏差即为这两点之间的距离——在本案中就是 175%(也就是+100% 和－75%的差)。如果说这个例子看来很怪异的话,那么 1963 年乔治亚州议会选区间的最大人口偏差是 140%。①

选区内人口数不相当的事实并不意味着一定有个人选票被稀释,关键在于区域之间是否存在所选官员与人口之间的比例不等。案例 7-E 中就存在这种不等关系,因为所选官员与人口的比例在 A 区是 1∶40,000 而在 C 区则是 1∶5,000。

案例 7-F

假定案例 7-E 中的城镇只分为 A 和 B 两个区域。②有 40,000 人的 A

---

① 参见 *Wesberry v. Sanders*,376 U.S. 1, 2 (1964).
② 见图 7-2。

区选举 2 名镇委员,而包括 20,000 人的 B 区选举 1 名镇政务委员。在这种新的区划方案中是否仍存在选票稀释呢?

案例分析

不存在。尽管两区人口数量不同,但选举权并未被削弱,因为两区的所选官员和人口的比例是一致的——即 $2/40,000=1/20,000$。在本例中,该镇运用了一种单委员区和多委员区相结合的方式,而并未导致任何个人选票被稀释。

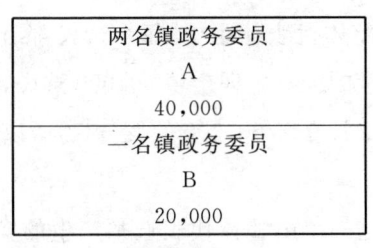

两名镇政务委员 A 40,000
一名镇政务委员 B 20,000

图 7-2

(二)"一人一票"

个人选票被稀释是严格审查的对象。根据宪法,每个人都享有在同一选举中与他人具有同等的实质重要性的选票。法院通过两个不同的来源得出"一人一票"原则。在美国众议院选举中,法院把第一条第二款第一项——众议员是"由人民"选举的——的要求解读为,指令一州立法机关在选举国会议员设立各种选区时人口应达到实质相等。在涉及州和地方选举时,法院亦从平等保护条款中提取了相同的原则。根据该条款,"某一个人对州(官员)的选举权若与该州其他地区人民的选举权相比时被实质性地稀释,则其该选举权就受到了违宪之损害。"①

在政府官员以地区为单位产生时,要遵守"一人一票"原则就需要州和地方政府"以诚实和善良愿望之努力划分选区⋯⋯各选区人口数越平均则越可行。"②换言之,每位被选官员应代表相同数量的人民。因此,在案例 7-E 中,为消除个人选票被稀释以使每人选票同等重要,该镇必须重新进行区

---

① *Reynolds v. Sims*, 377 U.S. 533, 568 (1964).

② 同上, at 577.

域划分,使每区人口在大约20,000左右。

(三) 整体代表选举方案

另一种满足"一人一票"原则的替代方式是选举出一个代表整个区域的被选实体——如以全市,全郡或全州为标准——而非以每一区域为标准。在整体代表的选举方案中,辖区内每人都投票选出同一批官员,而这些官员也代表了辖区内的所有人。在案例7-E中,要遵循"一人一票"原则,该镇也可放弃其分区选举体制而代之以整体代表选举(At-large election Schemes)的方式。在整体代表体系中,每个选民都有权选出3名委员,而每个委员代表相同数量的人——即全镇60,000选民,由于每一选民就三个委员中的任一人而言都具有1/60,000的发言权,所以每个选民的选票具有相同的重要性.

美国的参议院就是一个由整体代表选举产生的实体,来自每一州的两名参议员代表了那一州的所有人,而每一州的选民都有权选举这两名议员。相反,众议员则是在分区选举的基础上产生的。如果每一州仅有一名众议院议员,则该州可以整体代表的方式选出。然而,如果一州在国会中拥有超过一个众议员席位,那么就必须将在本州内划分出和众议员人数一样多的选区,每一选区选举一位众议员。在"一人一票"原则下,州内的国会选区划分应基于相同的人口比例是非常必要的。

(四) 重新划分选区

即便一种选区划分方案在初设时符合了"一人一票"的标准,但随着时间的流逝,个人选票被稀释仍会随时间的推移而逐渐发生,因为人口统计的变迁会改变地区间的人口平衡。在案例7-E中,如果该镇最初划分了三个各有20,000人的委员选区,这一平衡最终会因出生、死亡和移民的不规律结构而被打破。在国会的层面上,如果最近一次的每十年人口普查使某州在众议院中的席位有所变化的话,就可能要求进行议员席次之重新分配。例如,1990年的人口普查使获得授权的佐治亚州国会代表团增加了一人,令该州被分为十一个——而非先前的十个——国会选区。

因此,为保持对宪法的遵循,进行周期性的重新分配选区是十分必要的。不过,宪法并未规定"每日、每月、每年或每两年进行选区重新划分。"①任何为符合"一人一票"原则而进行这一频率调整都是不切实际的。相反,每十年进行一次联邦、州和地方层面的重新划分就足够了,即紧随根据宪法第一条第二款第三项之规定而进行的每十年一次的人口普查便可。在某些情况下,一州议会可能希望在最初的计划已经实施后再进行第二轮重新划分。例如,如果在一届议会的会期中间某一州的政治构成发生了引人注目的变化,那么这种情况就可能发生。尽管在"十年中间"重新划分并不普遍,但并无实质原则反对这一做法。②

在重新划分选区过程中必须达到的数字精确程度取决于争议中的选区划分之目的。当一州在从事本州或地区官员选举的选区划分时,法院在人口的相等的数据偏差上比国会选区划分给予更大的宽容。"州的选区划分成文法并不与国会席位的重新划分适用同样严格的标准。"③

在州和地区层面上,只要"不同地区间人口达到实质上相等,以使每个公民的选票的影响力与本州其他公民的影响力近似……"即可。④ 在州和地区层面,10%的最大人口偏差会被认为太"微小"以至于"不足以证明一个会引起反感的区别对待的表面证据案件",因而也就无需任何正当理由。⑤ 如果州有证据表明更真实的偏差对实现合理的区域划分目标——如保持各选区的紧凑和毗邻,尊重各市之间的边界以及避免现任官员之间的竞争等,则这类偏差将得到法院的支持。

另一方面,在国会选区划分的层面上,"不允许任何最小限度的人口差异,"⑥审查标准也总是很严格。宪法要求"(国会)选区划分所实现的人口

---

① *Reynolds v. Sims*, 377 U.S. at 583 (1964).
② 参见 *League of United Latin American Citizens v. Perry*, 548 U.S. 399 (2006).
③ *White v. Regester*, 412 U.S. 755, 763 (1973).
④ *Reynolds v. Sims*, 377 U.S. at 579 (1964),着重为本文作者所加。
⑤ *Gaffney v. Cummings*, 412 U.S. 735, 745 (1973);亦可参见 *White v. Regester*, 412 U.S. at 763-764 (1973)。
⑥ *Karcher v. Daggett*, 462 U.S. 725, 734 (1983).

相等'越接近越具有可行性'。"① 无论某个州可能以及达到了一个多么小的人口偏差,则通过证明更小的人口偏差之可能实现,挑战这一做法的人都可展开一个表面证据的案件。一旦该表面证据案件成立,该州就必须"证明为达到州想要达到的合法目标,其计划中的人口偏差是必要的。"② 此外,与州和地区层面的选区划分不同的是,一个州看来充其量只能证明国会选区内的"最小人口偏差"。③ 法院为维护划分国会选区采取这一非常严格的方式,原因在于,在国家层面上,平等代表的要求"高于一个州可能认为的、与选举本州和本地区立法机关代表的选区划分相关的地区利益……"④ 然而,某些国会选区的重新划分方案是在十年人口普查很久之后准备的而不是仅仅几年之内,则法院表现出对前者一定程度上更高的宽容度,因为普查的数据会随时间推移越来越不准确。⑤

案例 7-G

在 2000 年人口普查后,某州重新划分了州参议院、州议会及该州国会选区。在这些划分方案中,州参议院选区的最大人口偏差为 7%,州议会为 17%,国会选区为 0.7%。原告们对这些方案提出了质疑,并提出证据表明替代方案可使三个政府机构的选举更接近于相等,那么该州的方案合宪吗?

案例分析

州参议院方案中的最大人口偏差小于 10%,小到微不足道的程度,所以原告们未能确立一项针对该方案的表面证据平等保护的诉求。而州议会的最大人口偏差超过了微不足道的程度,因而必须经严格审查才可证明为正当,同样的情况也适用于国会选区重划方案,由于原告们已证明州应可达到更小偏差,则无论这一偏差有多小都无法忽略为微不足道。为使州议会和国会选区方案可获支持,州必须证明其两个方案之任一方案对实现一个

---

① *Karcher v. Daggett*, 462 U.S. 725, 734 (1983), at 730.
② 同上, at 740.
③ 同上。
④ 同上, at 733.
⑤ 参见 *Abrams v. Johnson*, 521 U.S. 74, 100 (1997), 尽管与完全相等仍有偏差,但赞同法院设定的国会选区划分方案,部分原因在于离上次人口普查已过去了六年。

合法之分区目标——例如保持选区的紧凑和毗邻,尊重政治分支和社区的完整,或避免现任官员之间的竞争等——都是必要的。缺乏这些证据的话,任一计划或这两个计划都会被驳回。①

四、群体选票的稀释

(一)贬低集体选票之影响力

我们已经讨论了政府通过完全否决某些人的投票权或在同等情况下稀释其选票之影响力来侵犯个人权利。还有第三种政府可能侵犯选举之基本权利的方式,即最小化或取消某一可辨认群体的投票权。这类**群体选票稀释**使"法定议会名额分配的基本目标"落了空,而该目标是为"实现公平和有效地代表全体公民"的。② 如果政府可事后削弱某一个人因投票目标而从属的团体之投票效力的话,那么保证某一公民的投票权并维持计票平等就毫无意义了。除使个人选票稀释不合法外,宪法还禁止政府蓄意否认"一特殊群体有效影响政治过程的机会"。③ 群体选票稀释通常涉及试图减损少数族裔群体的选票价值。不过,这类主张可能由政治上紧密相连的其他群体令人信服地提起,如少数民族,政党和宗教社团等。

群体选票稀释可通过几种不同的机制实现。首先,一政府实体可能由整体代表选举产生,这样一多数群体可在票数上胜过少数群体从而获得所有席位;其次,在该政府实体由以产生的选区划分方案中,选区之间的界限被蓄意划分以使某一多数团体控制每一选区的结果或不成比例地分享选区;第三,选区划分方案可能使用大选区(multimember district)而非单名议员选区(single-member district),④目的仍在于防止一少数群体实现其选举意愿。我们将以少数族裔群体为背景、逐个分析这些群体选票稀释的做

---

① 参见 Karcher v. Daggett, 462 U.S. 725 (1983).
② Reynolds v. Sims, 377 U.S. at 565-566 (1964),着重为本文作者所加。
③ Davis v. Bandemer, 478 U.S. 109, 132-133 (1986).
④ 大选区是指有权选出两位以上立法机关成员的选区,单名议员选区是指在立法机关只有一名代表的选区。——译者

法,之后我们将考察这些做法运用于其他群体的情形。

(二)通过整体代表选举的选票稀释

实现群体选票稀释的最简易方式就是通过整体代表投票计划。前已说明,在一项整体代表计划中,"一人一票"的原则总能得到满足,所以不存在个人稀释的问题,但群体选票稀释却是一种真正的危险。

案例 7-H

在案例 7-A 中,假设该镇人口的种族构成是 4,000 白人和 2,000 黑人。各小区是均衡隔离的,白人住在城镇的北部和中部,而黑人住在南部。同样假设投票遵循种族界限——白人一般投给白种候选人,黑人投给黑人候选人,这种整体代表的投票体制是如何导致群体选票稀释的呢?

案例分析

由于黑人占到总人口的三分之一,他们会希望公平地选出一名代表进入委员会。如果该镇采取分区机制,其中黑人在三区中的某一区占明显多数的话,则前述愿望就可以达成。因此,如果该市镇设立了三个委员会选区,各选区的界限从自东向西水平划分,则白人将在北部和中部选区占明显多数,而黑人则控制了南部选区。① 在这一体制下,委员会的构成——包括两个白人一个黑人——将可预期地反映该市的种族构成。

1名成员 20,000	A	
1名成员 20,000	B	
1名成员 20,000	C	

○ 白人居民
● 黑人居民

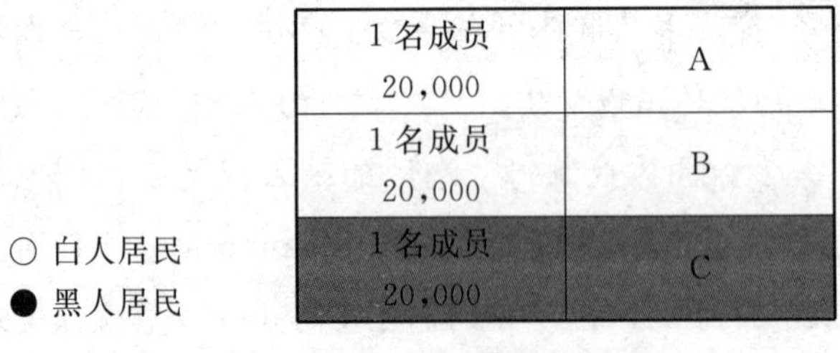

图 7-3

然而,白人可通过决定进行整体代表选举而非分区选举来蓄意抵消黑人选民的选举效力。在这一体制下,该镇的每个人都将就委员会的三个席位投票。如果每个候选人都必须竞争一个特定的席位或在每一个竞选中都是一

---

① 如图 7-3 所示。

个白人对一个黑人,则白人将获得全部三个席位,因为在本镇,白人的人数多于黑人,比例为二比一。通过这一有目的的体制,尽管存在黑人的人数占该镇人口的三分之一这一事实,黑人却无法选举任何一个委员会成员。[1]

(三)通过改划选区实现选票稀释

稀释一少数群体之选票的第二种方式是改划选区,例如,有目的地划分选区界限,使少数群体无法在任何选区或在尽可能多本来占优的选区占据多数,这样一来该群体的政治力量就被削弱了。

案例 7-I

在案例 7-H 中,我们发现如果该城镇运用了一种从东向西水平划分的选区界限,黑人有可能选出一名委员会成员。如何利用改划选区来稀释该镇的黑人选民的选票呢?

1名成员 A 20,000	1名成员 B 20,000	1名成员 C 20,000

○ 白人居民　● 黑人居民

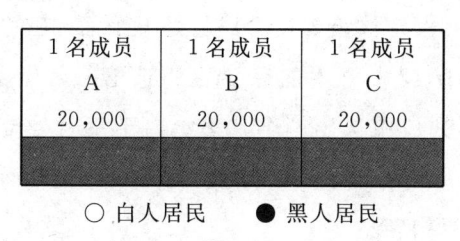

图 7-4

案例分析

这一分区方案同样可以种族为标准改划选区,以保证让白人占据委员会的全部三个席位。只需要通过蓄意地从北到南的垂直划分选区界限而非从东到西的水平划分即可达到这一目的。[2] 只要每个选区都包括 20,000 个人,则不存在个人选票稀释的问题。不过通过垂直划线而非水平划分,由于北部和中部区域几乎都是白人,则白人就将在每个选区占三分之二多数并因而能选举委员会的全部三个席位。通过这种有目的性的划分方案,白人就将完全使该镇为数众多的黑人少数群体的选票影响力归于无效。

---

[1] 参见 *Rogers v. Lodge*, 458 U.S. 613 (1982),宣布佐治亚州伯克郡委员会的以种族为动机的整体代表选举方案无效。

[2] 如图 7-4 所示。

(四) 运用大选区来稀释选票

有目的地稀释群体选票第三种方式是运用大选区而非单名议员选区以使一选区选举一名以上的代表。大选区制结合了整体选举和分区选举，由于在各选区存在的同时，至少某些选区在本选区内或整体代表的基础上选出不止一名代表。同整体代表制一样，大选区制采取"赢者全得（winner-take-all）"的原则，在这一原则下，少数派湮没而多数派的代表则超过了比例。大选区制可能剥夺一少数族裔群体的代表权，不过这一事实并不足以使之归于无效。必须有证据表明"导致提名和选举的政治程序并未平等地让争议中的群体得以参与——即这一群体的成员按自己的意愿参与政治程序和选举立法者的机会比同一选区内的其他居民要少。"①

案例 7-J

在案例 7-E 中，假定该镇委员会成员是五个而非三个且这五名成员由三个选区选出。② 有 12,000 人的 A 选区将选出一名代表，而 B,C 选区则将分别从 24,000 人口中选出两名代表。由于每名委员会成员正好代表 12,000 人，因而满足了"一人一票"原则，且无个人选票稀释。这一方案如何造成了群体选票稀释呢？

案例分析

这一分区方案使黑人实际上不可能选出一名委员会成员。A 选区包括 12,000 白人，而 B,C 选区（两个大选区）各有 14,000 白人和 10,000 黑人。假设以种族集团投票，一白种候选人无疑会赢得全为白人的 A 选区的胜利，而 B,C 两个选区的四个席位也很可能属于白人候选人，因为在这两个选区中，白人的人数多于黑人，二者的比例约为 58%∶42%。

为使这些大选区的运用归于无效并强制该镇运用五个单名议员选区，原告不仅要证明黑人不可能按自身意愿选举委员会成员，而且缺乏公平参与地方政治决策的机会，原因在于，例如其利益持续地受到该镇政党的

---

① *White v. Regester*, 412 U.S. at 766 (1973).
② 如图 7-5 所示。

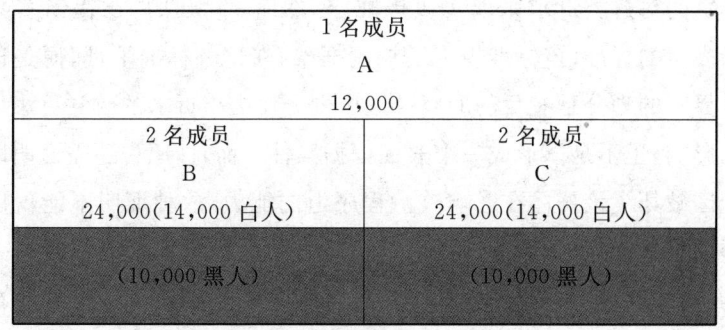

忽视。

1名成员 A 12,000	
2名成员 B 24,000(14,000 白人) (10,000 黑人)	2名成员 C 24,000(14,000 白人) (10,000 黑人)

○ 白人居民 ● 黑人居民

图 7-5

前面讨论的与群体选票稀释相关的三种方式策略本身都未违宪,这是需要强调的重点。仅在有直接或间接证据证明,整体代表选举方案、选区划分方案和大选区制的适用是为了实现一个可疑的目的——如稀释某一少数族裔群体选票的影响力,则这些方案才受严格审查。否则,这些选举方式——无论其对特定少数群体的歧视性影响为何——都仅受合理依据审查而肯定会得到维持。

(五) 选票稀释和无种族群体:偏袒的政治选区改划

迄今为止我们考察的群体选票稀释的案例涉及的都是一些指向少数民族的稀释。然而,群体选票稀释不仅在指向少数民族会引起争议,而且在适用于定义为无种族色彩群体时也是如此。平等参与政治程序的宪法权利是一种全体公民都享有的权利,并不限于少数族裔。如果某一可辨别的团体分享的是一种使其成员基于默契投票的特殊利益的话,则多数派蓄意贬低或破坏该群体在投票上的影响力的企图将受到严格审查,无论这一群体是由意大利裔、穷人、环保人士、哈西德派犹太人构成,还是由老年公民或民主党党员构成。

在戴维斯诉班德莫案①中,联邦最高法院支持了代表政治团体或成员

---

① *Davis v. Bandemer*, 478 U.S. 109 (1986).

提出的群体选票稀释的诉求的正当性。① 然而,戴维斯案的法庭之多数意见并不赞同对这类诉求采取实质标准。② 然而,下级法院已提出多数意见所清晰表达的标准,该标准规定了控制框架,在这一标准下,即便是证明了该选区界限的划分是有目的的以及选区划分使提出诉求的政党更难以选举代表的影响,也不足以形成一个表面证据案件。而且,原告还需证明政治上改划选区破坏了该群体在影响政治程序上的能力,这种证明不能仅以一两次选举的结果为理由,因为这类可能比较短暂的结果不足以证明这一受到挑战的"选举制度所设定的方式将持续降低某一选民或一选民群体在整个政治过程中的影响"。③ 更确切地说,必须有"证明表明持续挫败了多数选民之意愿或有效地否决了少数选民影响政治程序之平等机会。"④困难在于,随时间流逝,已发生了足够次数、可能满足这一标准的选举,而为与最新的十年人口普查相符合,又需要制定新的选区划分方案,然后这个过程就会周而复始,因为原告现在又必须寻求证明新的方案是一种会"持续地"损害其对政治程序影响的方案。在班德莫案中,法院因而认为,提出诉求的印第安纳州民主党未能证明"1981年的选区重划使[他们]在整个1980年代都处于少数派的地位,而[他们]也不能指望在1990年的人口普查后的选区重划中能有任何改善。"⑤

案例 7-K

假定在案例 7-E 中的 60,000 人的城镇被分为三个城镇委员区,每个区都有 20,000 人。这些选区是由委员会在上一次十年人口普查后规划的,当时该委员会由两位民主党人和一位共和党人组成,委员会划分选区界限时公开的目的在于削弱该镇 27,000 共和党人的选票影响力。通过划分选区界限以使每个选区包括 11,000 民主党人和 9,000 共和党人,委员会达成了

---

① *Davis v. Bandemer*, 478 U.S. 109 (1986), at 125-126, 多数意见;同上, at 147, 奥康纳大法官之协同意见。
② 参见同上, at 127, 四人多数意见;同上, at 161, 两人之意见。
③ 同上, at 132, 多数意见。
④ 同上, at 133, 多数意见。
⑤ 同上, at 135-136。

前述目的。三个选区的形状太过奇异,以至于它们被分别命名为"开塞钻"、"法国号"、"弗兰肯斯坦"。在按这一方案进行的前三个两年选举中,民主党人赢得了在委员会中的全部三个席位,此后,共和党人提起了诉讼,主张这一方案作为一种政治性的改划选区违反了平等保护条款。这一方案是否违宪?

案例分析

原告方不难证明这一表面证据案件的目的要素,因为委员会承认了其目的在于对共和党人区别对待。然而,认为多达三次选举足以证明歧视性影响的要素仍是不太可能的,考虑到两党在每一选区仅有55%-45%差异时,尤其如此。委员会成员不可能冒险以至完全忽视共和党选民的权益,因为他们不能保证赢得在其选区内每个民主党人的选票。某一个候选人在特定关键性议题上的立场会导致某些民主党选民跨越党派界限。因此,在缺乏证据证明共和党选民被持续性地剥夺了影响地方政治程序的机会的情况下,共和党人一直无法将本党成员选入镇委员会这一单纯的事实,本身并不能构成表面证据案件的歧视性影响因素。因此,该委员会的选区划分方案很可能在合理依据的平等保护标准下得到支持。

这个案例说明,与大多数严格审查的平等保护案件不同①,在群体选票稀释的情况下,表面证据的案件的影响要素要比目的要素更难以证明。至少在涉及政治性选区改划时,立法机关几乎肯定知晓并期待其重划选区方案之政治后果。② 问题是要满足法院提到的"提高影响"的要求。法院已以联邦主义为理由给予这一高门槛的正当性,并指出如果不这样做,联邦法院将会经常卷入"一直都被视为[州]立法机关的政治任务的预测中"。③ 最后的结果就是,非种族群体选票稀释在理论上是可诉的,同时除极少数案件

---

① 见第六章第二节第二目。
② 参见 *Davis v. Bandemer*, 478 U.S. at 128-129.
③ 同上,at 133.

外,提起一个表面证据的违宪案件是不可能的。实际上,根据一份最近的联邦最高法院多数意见,依据戴维斯案的标准,几乎没有已报道的、支持政党政治性重新划分选区诉求的案件。①

威尔瑟案未能成功适用戴维斯案的标准从而导致多数意见中有四人认为,政党政治性选区重划案件应为不可诉的政治问题。② 然而,威尔瑟案中的五人多数意见拒绝提出的推翻戴维斯案的提议。③ 不过,威尔瑟案中的同一个多数也无法就将实质性标准适用于这类诉求达成一致,使得戴维斯案中的提高影响标准在某种程度上处于一种宪法上的不稳定状态。④ 下级法院很可能继续遵循戴维斯案标准,直至最高法院作出相反的指示。但通过案例 7-K 和前面段落的说明,这类诉求的胜诉看来仍难以实现。

在拉丁美洲裔公民联盟诉佩里案⑤中,法院拒绝采用史蒂文斯大法官以"唯一动机"标准作为足以提出一项关于政治性重划选区的表面证据案件的设想。该案中,原告们质疑一项十年人口普查的中间时段重新划分选区的计划,该计划是 2003 年在共和党掌控该州立法机关后提出的。此外,原告们还主张该人口普查的中间时段计划的唯一动机只是党派政治利益。他们进一步主张,仅凭该"唯一动机"的证据即可构成一项违反平等保护之保证的表面证据。法院不赞成并认定,无论党派动机的排他性或强度如何,挑战这一计划的人都需证明受到了代表性的伤害——即证明对其代表性利益的不利影响。⑥ 多数意见并未对该代表性利益是否应在戴维斯案或其他的

---

① *Vieth v. Jubelirer*, 541 U.S. 267, 279-281 (2004),多数意见。
② *Vieth v. Jubelirer*, 541 U.S. at 281 (2004),多数意见。
③ 541 U.S. at 306,肯尼迪大法官协同意见;同上,at 317. 斯蒂文斯大法官异议意见;同上,at 343.苏特大法官和金斯伯格大法官异议意见;同上,at 355. 布雷耶大法官异议意见;亦可参见 *League of United Latin American Citizens v. Perry*, 548 U.S. 399, 414 (2006),指出威尔瑟案多数的裁决支持其可诉性。
④ 例如可参见 541 U.S. 307-308,肯尼迪大法官的协同意见,未提出明确标准但愿意允许引入这一标准;同上,at 319-327,斯蒂文斯大法官的异议意见,主张当唯一动机是党派性的利益时就构成了对平等保护条款的违反;同上,at 347-351,苏特大法官的异议意见,集中于重新划分选区的连贯性与选区划分中立原则,以及基于党派性利益对选区"合"或"分"的意图。
⑤ *League of United Latin American Citizens v. Perry*, 548 U.S. 399 (2006).
⑥ 同上,at 418-419,多数意见。

替代性标准下进行衡量作进一步说明。

简而言之,要构建一项党派出于政治目的不公正地划分选区的诉求,或更一般地说,构建一项非种族群体选票稀释的诉求,原告必须有证据表明对受影响群体进行歧视的意图以及对该群体代表性利益的不利影响。一项"极端"意图(例如唯一动机)不会改变证实不利后果的要求,确认非种族歧视的群体投票权减低的主张,原告不仅要显示该计划歧视受影响群体的意图,而且一项不利影响必须——直到法院清晰表明不同的标准——满足一项提高影响标准,至少与戴维斯案中描述的标准相类似。

五、非稀释的基于种族的选区划分

我们已经知道,投票的基本权利可能在以下情况中被侵犯:选择性否认选举权,个人选票稀释或群体选票稀释。可能侵犯投票权的第四种情况是基于种族的选区划分——即,种族被用作将人们分配到各选区的主要因素。基于种族的选区划分往往适用于设立所谓的少数中的多数(majority-minority)选区的情况,在这类选区中,少数族裔群体占选民的多数,从而增加了该群体选举自己挑选的代表的几率。

案例 7-L

在案例 7-H 中,假定镇议会的三名代表从三个委员会选区中选出,每区有 20,000 人。该镇的人口由三分之一黑人和三分之二白人组成。如果镇议会希望确保三名议员中有一名黑人,请问如何才能达到这一目标?

案例分析

议会可能采用基于种族的选区划分,划分选区界限时将人们分配到基于其种族的选区。因此,三个选区之一的 C 选区,可能被设定为几乎全是黑人选民,这样 C 选区就成为一个少数中的多数选区,因为黑人占该镇人口的少数,却占该选区多数。[①]

[①] 见上文,图 7-3。

基于种族的选区划分有时被当作种族性不公正选区划分的一种形式,不过和传统的种族性不公正选区划分不同,基于种族的选区划分并不导致群体选票稀释。与削减或取消任何群体合法的选票影响力相比,这一选区划分法反而有助于少数群体选出与其人口比例更接近的代表。这一方案可能意味着多数群体无法选出和从前同等数量的代表,不过多数群体的代表通常并未低于其人口比例应享有之份额。因此,在案例 7-L 中,假定在采取基于种族分区方案前,白人可选出议会的全部三名代表,那么新方案仍使白人能够控制三个议会席位中的两个,这正好符合其所占总人口数三分之二的比例。基于种族的选区划分也未导致个人选票的稀释,因为选区大小大致相同从而遵从了"一人一票"的原则。

即便如此,基于种族的选区划分仍受严格审查。尽管它并未造成个人或群体选票稀释,法院指出了其他三类应适用严格审查之危害。第一,基于种族的选区划分可能导致代表性的伤害,因为如果某一选区为某特定种族群体而设,可能给被选官员传达这样一个信息:"其主要责任仅为代表该群体之成员而非作为整体的全体选民"。① 第二,这一选区划分可能导致侮辱性的损害,即可能含有"冒犯和贬低的假定,该假定认为特定种族群体的选民——由于其种族身份——'想法相同,有相同的政治利益,并将在选举中会选择相同的候选人'"。② 最后,基于种族的选区划分可能对社会造成危害,因为存在"将我们分割成相互竞争的种族帮派"的危险。③

要提起一个基于种族的选区划分的表面证据案件,原告必须证明采取该分区方案的人"使传统的种族中立的分区原则处于从属地位",结果是"种族成为驱使以下决定的主要因素,即将数量巨大的选民纳入或不纳入特定选区。"④ 在种族歧视案件中,通常只要证明种族仅为"驱动因素"就足够

---

① *Shaw v. Reno*, 509 U.S. 630, 648 (1993).
② *Miller v. Johnson*,515 U.S. 900, 911-912 (1995).
③ 同上,at 912.
④ 同上,at 916.

了。① 不过,法院拒绝在基于种族选区划分的情景中采用这一标准,因为这将导致联邦对某一"主要系各州的责任或义务"领域的过度司法干预。② 由于重新划分的选区的立法机关总是知晓种族的人口统计,对法院来说,适用"驱动因素"标准太容易以至于无法对一项重新划分选区方案适用严格审查。

要证明种族是导致选区选民分配的"主要因素",有时只需知道该选区奇怪的形状以及该选区多数和少数种族的统计数据。在肖诉雷诺案中,南卡罗来纳州的选区重新划分方案中包括"形状极具戏剧性的边界线",③这一方案"表面上是如此奇特以至于'除种族外其他原因无法解释'"④法院认定仅根据前述事实就构成了一个基于种族的选区划分的表面证据案件。正如肖案指出,选区之奇形怪状并不必然具有决定性,因为这种形状可能主要由合法的政治考虑驱使,这些考虑例如对在职官员的保护或维持所选实体的党派平衡,而非种族。⑤ 如果有"更直接的证据指向立法目的",原告有证据表明种族是划分选区界限的决定性因素的话,即便一选区形状规则仍可挑战。⑥ 某一州的选区方案仍受传统的选区划分因素的驱使——如选区的完整性、毗邻性或对现任官员的保护,这一事实在适用严格审查时不具有说服力——如果法院认定这些"合法的分区原则从属于种族原则的话。"⑦

一个最近的案件说明,法院会使原告更难以确立在一项立法机关的分区方案中种族是首要决定因素的主张。伊斯利诉克罗马蒂案⑧涉及的是法院第四次审查北卡罗来纳州在 1990 年人口普查的选区重划。克罗马蒂案

---

① 见第六章第二节第二目。
② *Miller v. Johnson*, 515 U.S. at 915.
③ *Shaw v. Reno*, 509 U.S. at 633.
④ 同上,at 644.
⑤ 参见 *Hunt v. Cromartie*, 526 U.S. 541 (1999),认定特殊的形状即使恰好与所界定的种族区域或社区相吻合,在种族构成和政党倾向高度相关的情况下,也可在政治而非种族条件下解读。
⑥ *Miller v Johnson*, 515 U.S. at 916.
⑦ *Bush v. Vera*, 517 U.S. 952, 959 (1996),在一个多重动机的案件中适用了严格审查,该案中种族因素超越了保护现任官员的传统目标。
⑧ *Easley v. Cromartie*, 532 U.S. 234 (2001).

的争议焦点在于,一次为期三天的审判中提出的证据是否足以支持一地区法院的结论,即在北卡罗来纳州第二次尝试重划选区时,种族是一项决定性因素。法院①首先强调,原告要证明一立法机关重划选区方案事实上有针对种族的不公正,必须满足"苛刻的"条件。②"对划出一个少数中的多数选区,种族不仅应成为一个动机,而且还必须是立法机构决定重新划分选区的决定因素。原告必须证明一项表面中立的法律除基于种族外无法解释。"③在北卡罗来纳州"种族身份与政治联盟高度相关"的情形下,这一条件更难以满足。④ 最终,尽管适用了遵从明显错误的标准审查(deferential clearly erroneous standard of review),法庭得出结论,地区法院对种族是首要诱因的判断没有足够证据支持:

> 我们承认,记录中包含少许支持地区法院之结论的证据……然而,将所有证据放在一起,不能表明在第12区边界线的划定是以种族为首要因素的。这是因为种族在本案中与政治行为紧密相关。本质问题是,立法机关在划定第12区边界线是否因种族而非政治行为(和传统的与非种族的划区因素)。
>
> 以下我们来说明情况的普遍性:在一个像本案一样的案件中,少数中的多数选区……是争议焦点,种族身份与政治联盟高度相关,政党在抨击依法划定的边界时,必须说明,至少立法机关可通过与传统的分区原则相一致、具有可比性的替代方式达到其合法的政治目的。该党派还必须证明这些替代的分区方案可促进更重大的种族平衡。⑤

克罗马蒂案中的信息可理解为,尽管当种族因素是设置立法决定之选区的决定性因素时,应适用严格审查,但某一政党在基于上述理由挑战该选区设置时,必须为其挑战提供具有说服力的证据,并将该选区划分决定的所有相

---

① 此处指联邦最高法院。——译者
② 同上,at 241.
③ 同上,(省去了内部的引用)。
④ 同上,at 243.
⑤ 同上,at 257-258.

关情形都考虑在内。

案例 7-M

在案例 7-L 中,如果黑人聚集在城市南端,C 区作为一个黑人占大多数的区域,也许选区就不是奇形怪状也不是不规则了。① 有多大可能性证明种族歧视选区划分之存在?

案例分析

这一证据难以成立。除选区形状的证据外,原告必须证明在设立 C 选区时种族是决定性的因素。如果镇议会承认其在制定选区重划时已经考虑了种族因素,那么仍不足证明其他因素被置于种族因素之下。镇议会可能也有保持各选区完整的意愿或保护该镇南端现存之社区利益的意愿。一个法院将很容易认定,要排除以下认定——在设立 C 选区时种族是决定性的因素——的话,这些种族中立的因素发挥了足够强大的作用。

———————

如果一个基于种族选区划分的表面案件成立,该方案将受严格审查。除非能够证明该方案的采纳是为了促进一项紧迫的政府利益而且该方案与利益之间是恰当契合的,否则这一方案将被认定为违宪。

案例 7-N

假定在案例 7-M 中,某一法院认定种族就是设立 C 选区的决定因素,那么议会应如何为这一少数中的多数选区的合宪性进行辩护?

案例分析

镇议会可能有证据表明,该方案对消除过去的歧视的影响是必要的。前已说明,②如果能证明该方案背后的真实目的就是一项紧迫的利益,且议会采用这一方案时有充足的理由支持过去的歧视事实的存在,那么这就构成了一项紧迫利益。③ 因此,如果有证据显示该镇以前曾以种族为不公正

————————————
① 见前文图 7-3。
② 第六章第四节第七目。
③ *Shaw v. Hunt*, 517 U.S. 899, 907-911 & n. 4 (1996).

选区划分的依据,如识字能力测试,投票税或其他用以阻挠黑人选举议会成员的手段,如果还有证据表明由于仍作为一个种族集体投票,因此设立一个黑人占多数的选区对消除原先的歧视对现在的影响是必要的,那么这一方案就能得到支持。

在很多基于种族的选区划分案件中,各州为自己设立少数中的多数选区辩护的理由都是,美国司法部认为这对遵从联邦的《选举权法》(Voting Rights Act)是必要的。司法部负责执行该法,但联邦最高法院并不遵从司法部对该法的阐释。最高法院已经表明,即便是假定遵从该法构成了一项紧迫的政府利益(而这是法院尚未决定的问题),该院仍将对以下事项的决定权留在自己手中:即该法在特定情形下是否要求基于种族的选区划分以及政府对种族因素的运用是否与该目的恰当契合。在肖诉亨特案[1]和布什诉维拉案[2]中,在司法部已经要求北卡罗来纳州和德克萨斯州设立额外的黑人为多数的国会选区的情况下,最高法院因而采用了严格审查,宣布两州基于种族的选区划分无效。

六、参加竞选的权利

与投票的基本权利相反,不存在某一潜在的候选人竞选的基本权利。因此,每当政府规定或限制某人竞选公共职位的能力时,不会自动触发严格审查。不过如果候选人参与竞选的限制实质上干涉了其他两种宪法权利——(1)选举一位能反映自身观点的候选人的基本的平等保护权利;(2)第一修正案与他人为政治目的而结社和推广自己所选的候选人的权利,就会触发高级别审查。在这一目中,我们将从平等保护条款的角度考察对候选人竞选权利的限制,第一修正案结社权将在第八章第七节中进行考察。

对参与竞选的候选人或候选人的支持者的财产设定条件具有影响的法

---

[1] *Shaw v. Hunt*, 517 U.S. 899 (1996).
[2] *Bush v. Vera*, 517 U.S. 952 (1996).

律，法院已适用严格审查。在布洛克诉卡特案①中，法院推翻了德克萨斯州一部向候选人征收高达 8,900 美元文件归档费的制定法。在鲁宾诉潘尼希案②中，法院宣布加利福尼亚州一部为候选人设定的给付所竞选职位每年薪水的 2％ 为文件归档费的法律为无效。两部法律的影响都是为了阻止不那么富裕的群体将选票投向与其观点相同的候选人。在适用严格审查后，法院指出，要达成控制候选人的数量不至过多以及劝阻轻率的候选人等州的目标，还有其他更少歧视性的手段，例如，要求候选人在其姓名出现在选票上之前搜集特定数量的签名。为使这一文件归档费方案具有合宪性，各州必须为贫穷的候选人提供替代方式以使其有资格参选。

如果一个候选人需要收集的签名数量过大以至于独立的候选人或较小的政党无法出现在选票上，则签名的规定很可能也会引发严格审查。不过，这类规定通常会得到支持，因为"在允许候选人进入一个普遍选举时，各州可以要求参选人展示'一定数量的支持'，以防选举变得无法管理"，在"进入初选名单"的问题上也同样如此。③

只要某些限制并未使任何选民团体无法保护其选择的候选人，则将特定个人排除在参选名单中的其他类型的前述参选限制不受严格审查。因此，一项要求所有被选的城市官员都必须是本市居民的条例可能是合宪的，因为该规定尽管禁止特定个人竞选职位，但这一要求不太可能损害任何群体根据其选择选举一候选人的能力。④

最近，法院支持了一部纽约州的法律，该法规定了竞选州审判法庭的候

---

① *Bullock v. Carter*, 405 U.S. 134 (1972).
② *Lubin v. Panish*, 415 U.S. 709 (1974).
③ *New York State Board of Elections v. Lopez Torres*, 128 S. Ct. 791, 798 (2008)，州可要求试图进入州司法系统职位之初选名单的独立候选人必须在文件归档截止日期前的 37 天内获得 500 名党员的签名或 5％ 的党员签名，两者中任一数量较少的均可。亦可参见 *Jenness v. Fortson*, 403 U.S. 431 (1971)，州有权限定小党派候选人必须在为期 180 天的时间内得到 5％ 有资格选民的签名方可参选。
④ 参见 *McCarthy v. Philadelphia Civil Serv. Commn.*, 424 U.S. 645 (1976)，支持该市的雇员必须是本市居民的要求；*Beil v. City of Akron*, 660 F.2d 166 (6th Cir. 1981)，支持了竞选城市议会的人必须住在城市且必须住在其所代表的选区至少一年的规定。

选人应如何参与竞选。① 纽约州的制度为选举司法提名大会的代表规定了一个特别选举,该司法提名大会轮流为大选候选人名单选择政党的司法候选人。鉴于这一体制使司法候选人难以获得某政党提名,原告们主张,政治性政党应被要求通过一个直接初选选择其司法候选人。联邦最高法院否决了这一挑战并认定,即使该院承认在政党初选中的一项宪法上的"参加竞选权",纽约州的制度也是"完全合理的",因为它为候选人提供了两种路径使他们能使自己的名字出现候选名单中。② 首先,在代表选举的程序中,因为代表们是不受约束也不必把票投给党派支持的候选人的,任何希望被选为某一政党候选人的人可参加大会并劝说代表们选他。其次,未获某一党提名的人还可通过收集其选区内的选民签名来进入候选人名单。原告主张这类非党派候选人几乎没有获胜的机会时,法院说,"我们任何案件都未确立个人享有赢得党派提名之'公平'机会的宪法权利……一'公平机会'的构成要素是根据立法机关自身的判断是否足够合理的问题……但并非法官所能解决的宪法问题。"③

七、不平等的计票

在布什诉戈尔案④中,当在佛罗里达州各郡用不同的方式重新计算总统选票时,法院认定这一做法违反了平等保护条款。读者们或许还记得,2000年的总统选举要取决于佛罗里达州流行的选票计数,无论谁赢得了那场选举谁就赢得了选举人团(electoral college),佛罗里达州总统选举的最初计票后,候选人布什的险胜几率不超过1%的二分之一即0.5%。不过,佛罗里达州的法律要求自动的机器重新计票。在重新计票后,险胜几率仍极小且候选人戈尔要求在佛罗里达州某些特定的郡进行人工计票,根据佛罗里达州的法律,他的要求得到了允许。不必细说,我们将看到随着人工重

---

① *New York State Board of Elections v. Lopez Torres*, 128 S. Ct. 791 (2008).
② 同上,at 798.
③ 同上,at 799.
④ *Bush v. Gore*, 531 U.S. 98 (2000).

新计票,一场重要的政治/法律较量也在发展。其中包括一次激烈的争论——在打孔投票机上所投的什么选票才应计入——孔芯(chad)未脱落的选票是否应计入总票数呢?最终,在 2000 年 12 月 8 日,佛罗里达州最高法院要求州内出现"漏选票(undervotes)"的所有郡都进行手工重新计票——所谓的"漏选票",是指投票机未能制成表格且未被人工重新计票的总统选票。但该州高等法院除确认"选民之意图"外并无特别标准。因此,什么才算一张选票在郡与郡之间甚至同一郡之内都会不同。① 美国联邦最高法院,根据布什及其竞选团队发起的请愿书,暂缓佛罗里达州高级法院令并签发了调卷令(certiorari)。

在认定佛罗里达州的手工重新计票程序违反了平等保护条款时,法院依据了以下四个事实:(1)在判断选民之意图时运用了不同标准;(2)未能重新计算"过投票(overvotes)"(即可能错误地写上了不止一位总统候选人的选票);(3)鉴别一些偏袒性的重新计票;以及(4)计票者缺乏训练。②美国联邦最高法院并未将案件发回佛罗里达州最高法院重审以设定统一的标准,而是直接驳回了该院的重新计票令,从根本上终止了重新计票程序。③

根据原则的发展,最高法院把其判决描述为仅限于"某一法院下令进行全州范围内的救济"的情形。④ 尽管最高法院的平等计票规则可能适用于其他情况,但法院的意见似乎相反:"我们的看法仅限于目前的状况,因为选举程序中的平等保护的问题一般来说呈现了其复杂性。"⑤但如果一州允许州内各郡在全州范围内的选举中运用不同的计票方式——如一郡用精确度较低的穿孔卡片机而另一郡却用高度精确的电脑——则全州范围的选举就可视为对"电脑投票"郡的选民有利。人们期待着,随着时间的流逝法院

---

① *Bush v. Gore*, 531 U.S. 98 (2000), at 106-107.
② 同上, at 106-109.
③ 同上, at 110-111.
④ 同上, at 109.
⑤ 同上。

将让政治决定来选择何种机器进行投票。①

第四节 迁徙权②

迁徙权是第十四修正案保护的基本权利之一,即迁徙并居住于另一州的权利。根据平等保护条款和第十四修正案的特权或豁免权条款(Privileges or Immunities Clause)两个条款或两者中的任一条款,通过区别对待该州的新移民而阻止或不利于行使这一权利的法律将受严格审查。受第十四修正案保护的"旅行权"有点用词不当,真正要保护的并非简单地参观或通过一州的权利,而是迁移、更换住所并和该州的其他居民一样受平等对待之权利。参观或通过一州的权利,不管因商务还是娱乐,可能受其他宪法条款的保护——包括商业条款(Commerce Clause)和第四条的特权与豁免条款。③

最高法院起初将平等保护条款用于保护移居别州的新移民免受歧视他们的法律的危害。迁徙权被视为用于平等保护目的的基本权利。同样,并非所有歧视该州新移民的法律都受严格审查,相反,只有当该州对新移民的敌对足以阻止或不利于该州的移民状况才会进行严格审查。被视为过于偶然或不重要的区别对待形式并未侵犯迁徙权,因而也就不会引发严格审查。

在未否认对迁徙权案件的平等保护的同时,法院在萨恩斯诉罗伊案④中,现已认定迁徙权亦受第十四修正案特权与豁免条款之保护。⑤ 本国公

---

① *Bush v. Gore*, 531 U.S. 98 (2000), at 104. 经过当前的计票后,全国范围内的立法机构都将考察改进投票机制和机器的方式。见 *Southwest Voter Reg. Educ. Proj. v. Shelley*, 344 F.3d 914 (9th Cir. 2003) 全院庭审,拒绝全州选举中命令歧视性地使用穿孔投票机。

② 原文为 right to travel, 直译的话意为旅行权,为了更准确地表达本节的含义,译为迁徙权;为准确表达作者原意,后文有一处为直译。——译者

③ 见克里斯托弗·N.梅, 阿兰·艾德斯:《宪法:国家权力与联邦主义》第八、九章,(Christopher N. May & Allan Ides, *Constitutional Law: National Power and Federalism*)。

④ *Saenz v. Roe*, 526 U.S. 489 (1999)。

⑤ 见梅与艾德斯:《宪法:国家权力与联邦主义》,第九章第三节第一目。

民的特权与豁免权之一是"新到公民之"应"受与该州其他公民同等对待之权利"。① 根据特权与豁免权条款,如果一州法律"因其州内公民在本州居住时间未达特定期限"而对之区别对待——而不论区别对待的影响有多么"偶然",则该法将受严格审查,②但这并不意味着所有这类法律都是违宪的。

如今,根据第十四修正案,对某州新移民进行区别对待的法会受到挑战,要么援引平等保护条款,要么运用特权与豁免权条款。但运用平等保护分析需满足其侵犯方面的条件,因而更难引发严格审查。诉讼当事人几乎都更愿意援引特权或豁免权条款挑战这类歧视。虽然现在这么说还为时过早,但法院根据平等保护对迁徙权划分案件可能会被废止,就如同在建成了现代高速公路后,马路就被遗弃了。

为使本节的论述更加均衡,我们将考察在几种不同的居住要件的背景下的迁徙权——居住期限的要件,定点、固定日期居住的规定,真实的居住规定。但并非所有要件都意味着迁徙权受第十四修正案的保护。

一、居住期限要件

在平等保护条款和特权与豁免权条款下都会引发严格审查的一类法律系居住期限要件或一段等待期之规定。这类措施规定,除非新移民在本州或本郡居住了必要期限后,否则不给予新移民以某项本州其他居民享有之福利或特权。如果该利益十分关键或重要,则该州对新老居民的区别对待将被视为侵犯了迁徙权并受平等保护条款之严格审查,社会福利,医疗保障和投票权中的居住期限要件也因而应受严格审查,因为通过排他性地向新近移居该州的人施加实质负担,这些条件损害了其迁徙权。在不太重要的利益受到威胁的情况下,并不必然导致平等保护条款下的严格审查,但仍可根据特权与豁免权条款适用严格审查。

---

① *Saenz v. Roe*, 526 U.S. at 500, 502.
② 同上, at 504–505.

案例 7-O

加利福尼亚州（以下简称加州）的一部法律规定，本州新移民移居在本州的第一年申请福利时，可能收到一笔每月拨款，其数额不应高于其在原居住州应得到之数额。该制定法的目的在于将该州的福利预算削减到 11,000,000 美元每年，这项法律受到了几个有资格获得社会福利但在前一年刚从福利标准低于加州的州移居加州的居民的挑战。结果，这些原告得到的福利比在加州居住更长时间的居民每月少 200 到 400 美元。加州的这一居住期限条件违反了平等保护条款或特权与豁免权条款吗？

案例分析

尽管加州法律规定了一年的等待期，但该法可能不受平等保护条款下的严格审查。与夏皮罗诉汤姆森案[①]中福利的一年居住期限要件不同，加州并未扣留新移民的所有福利，相反，他们仍可获得和原居住州已获得或应获得的相同数额的现金。而且，新旧居民间的福利差额部分得到了额外的住房补贴和食物券津贴抵偿。因此，对迁徙之基本权利的影响可能过于次要而不会引发平等保护条款的严格审查。

不过，严格审查将根据特权或豁免权条款被适用，该条款没有类似的侵犯条件。根据严格审查，该法是违宪的。州在减少社会福利开销上的利益很重要但可能并不紧迫。即便该利益具有紧迫性，州对新移民的区别对待对达成州之目标并非必要。通过每月减少所有的福利拨款 72 美分——同等对待新移民和老居民——州也可节省同样多的钱。[②]

案例 7-P

州法规定，欲提起离婚诉讼之原告在提起诉讼前需已成为该州居民满一年。卡罗五个月前移居到本州并欲提起离婚诉讼以便她能与拉尔夫结婚。如果卡罗对该州的"一年居住期限要件"的合法性提出质疑，那么会根据平等保护条款适用严格审查吗？

---

① *Shapiro v. Thomson*, 394 U.S. 618 (1969).

② *Saenz v. Roe*, 526 U.S. 489 (1999), 根据特权或豁免权条款宣布加利福尼亚州同样的福利法为无效。

案例分析

　　该法根据居民在本州居住时间的长短来区分居民。卡罗可主张,由于在长达一年的时间内拒绝给予她就离婚向法院起诉的权利,州在其行使迁徙权时使其处于不利地位。州可作如下回应,即与社会福利,医疗保障及投票权的等待期不同,离婚判决并不涉及重要的政府利益且由等待期带来的损失并非无法弥补。一旦达到居住期限要件,卡罗即可获得其现在要求的完全相同的利益——婚姻关系的解除。对比之下,在社会福利、医疗保障和投票权的背景下,等待期内被耽搁的利益就不可挽回地丧失了。有鉴于此,州可提出一年的等待期既未侵犯迁徙的基本权利也未侵犯结婚的基本权利,因而不应适用严格审查。①

　　如果州规定了更长的等待期——如十年而非一年,则本案的结果可能会有所不同。即便利益或特权的性质仍然相同,但其间遭受的损失在很多方面现在就可能无法弥补了。换句话说,一项居住期限要件是否侵犯了平等保护的迁徙权应取决于利益的性质和等待期的时间长短。就诸如福利或医疗保障之类真正重要的利益而言,即便短暂的等待期也足以引起严格审查,而对不太重要的利益,在可得出个人的迁徙权处于不利地位之结论前可能需要较长的等待期。法院在索斯那案中已作出类似说明,指出大部分的州实行的离婚等待期在六个月到两年之间,艾奥瓦州的一年期限是最普遍的规定。

　　如果案例 7-P 中的一年离婚等待期根据特权或豁免权条款受到质疑,则可能适用严格审查,原因在于该法对本州的新移民进行了区别对待。然而这一举措可能不会被认定为违宪。在萨恩斯诉罗伊案中,法院认为,当存在以下危险时:当前的资格条件"鼓励其他州公民为获取一些轻而易举的便携的利益——如离婚或入读大学——在正好足够长的时间内居住于本州,而这些利益在其回到其原住地仍可享有",允许州设定一项居住期限要

---

　　① 参见 *Sosna v. Iowa*, 419 U.S. 393 (1975),在未适用严格审查的情况下,支持了根据平等保护条款规定的提起离婚诉讼的一年等待期。

件。① 法院对比了萨恩斯案中的福利问题,指出当新移民仍居住于该州时,这些福利将完全被消耗掉。然而,就像首席大法官伦奎斯特在其异议意见中指出:

> 这一"不可携带(you can't take it with you)"区分比实际情况更加明显……福利金是保险金的一种形式,给予贫困的个人及其家庭以达成日常生活所需的手段,使他们获得必要的培训、教育以及找工作的时间。毫无疑问,现金本身将在加利福尼亚州内消费,但如果接受福利的人留在加利福尼亚州或回到自己真实的永久居住地,那么接受这份收入的好处和找到工作或可能找到工作的机会将与接受福利的人紧密相连。相类似的是,学费补贴也是在州内"消费"的,但接受者获得了大学教育的福利而无论他去向何方。从大学教育中所获得的好处可以被其带到任何地方。因此,一份福利补助和学费补贴一样都是人力资本投资,其伴生的福利仅为"便携"……法院划定的界限本身是抽象的,而要求下级法院探索如果使社会福利这类政策的特定利益发挥作用,从而定义其本质乃至便携性。②

根据特权或豁免权条款,"便携性"的主张应受严格审查,尽管如此,该主张可否令各州保留一些居住期限要件仍有待观察。

除了提出一项便携性的主张,就某一较短的居住期限要件,某一州亦可以该要件对确保某一个人事实上已成为本州的真正居民是必要的作为抗辩理由。在萨恩斯案中,法院显然暗示了这一可能性并指出,由于原告作为加利福尼亚州的公民是无可争议的,"因而我们没有理由去考虑,如果其要求作为本州公民的真实性受到质疑,应如何衡量一位公民居住时间长短的影响。"③

---

① 526 U.S. at 505.
② 同上,at 519-520.
③ 同上,at 505.

二、定点和固定日期的居住要件

除居住期限要件而外,还有另外两种居住要件——由于其对迁徙权有极大的影响——而会引发严格审查。一种是定点的居住要件:即为获某一特定的政府优惠或特权,在某一特定时间点人们必须为该州居民,如出生时、21 岁时或大学毕业时等。第二种是定日的居住要件,要求人们必须在某一特定日期——如在 1995 年 1 月 1 日居住于该州才能享受到优惠或特权。和居住期限要件一样,定点和定日的居住要件对州内居民进行了划分;而且,这类要件通常对本州的新移民具有歧视性的影响。但和居住期限要件不同的是,定点和定日的居住要件对居民所施加的负担是永久的,因为不管一个人等待多久,他可能永远不会得到和该州其他居民同等的待遇。也正因为这种永久的影响,和居住期限要件相比,人们更容易发现定点和定日的居住要件侵犯了迁徙权以致引发了平等保护条款下的严格审查。就其区别对待该州新移民的程度而言,在任何情况下这些要件都应该受根据特权或豁免权条款进行的严格审查。

案例 7-Q

根据 Z 州的法律,若高中毕业时为 Z 州居民者有权获得州立大学的免学费待遇。泰德今年 25 岁,已在 Z 州住了 6 年。他被州立大学录取的同时却得知必须交付每年 10,000 美元的学费,因为他高中毕业时是 X 州居民。泰德根据平等保护条款和特权或豁免权条款就 Z 州的学费政策提出了挑战。该政策会被废止吗?

案例分析

由于要享有免学费的待遇,个人必须在其人生的某个节点上是该州的居民,因此该州的学费政策涉及定点的居住要件。由于相关日期会随着个人不同情况而变化,因此这不是固定日期的居住要件。这也不是居住期限或等待期的要件,因为不管泰德在该州居住多久,他永远都不符合免除学费的条件。

法院已指出,对州立大学减免学费而言,居住期限要件不构成对平等保护的迁徙权的侵害。① 不过在本案中,该州采用的定点的居住要件具有永久使新移民比原居民低一等的效果。这一永久剥夺资格的做法将使某一法院认定 Z 州的居住要件妨碍了迁徙权的行使并因此必然受严格审查。②

根据特权或豁免权条款,严格审查应该被启动,因为该法将对泰德作为相对的新来者进行区别对待。尽管该法涉及的是定点而非居住期限的要件,该州仍否认了一位相对的新居民受到和本地出生居民或长期居住居民同等对待的权利。不过,如果法院采用前述的"便携性"的主张,该法可能得到支持。另一方面,法院在萨恩斯案中讨论的便携性,其背景是一项为新移民提供的福利的暂缓。某人在该州居住的时间越长,他"拿了好处就跑"的危险性就越小。因此,即使这种担忧可能为某些类型的居住期限要件提供正当理由,"便携性"不应成为永久否认像泰德这样的人得到利益的理由,毕竟他已经在该州定居六年。

三、替代严格审查的平等保护

根据平等保护条款,如果某州法对新来者的区别对待侵犯了其迁徙权,除非有证据证明其措施对达到某一紧迫的州利益是必要的,否则该法将受严格审查并被宣布无效。如果不存在侵犯迁徙权的情形,则不会触发严格审查,平等保护审查的标准并不必然降至"不起作用的"合理依据测试。前已说明,对新近移居本州的居民的区别对待有时受一种加强版的合理依据测试的审查。

案例 7-R

B 州给予自年满 21 岁始凡居住于本州的每位居民每年 10 美元的娱乐存款,该费用可用于减免任何该州收钱的公园、海滩、营地入门费,亦可用于

---

① 参考 *Vlandis v. Kline*, 412 U.S. 441, 452-454 (1973); *Starns v. Malkerson*, 326 F. Supp. 234 (D.Minn. 1970), aff'd, 401 U.S. 985 (1971)。

② 参考 *Attorney General of N.Y. v. SotoLopez*, 476 U.S. 898 (1986),多数意见,对文职退伍军人的优待政策之定点居住要件适用了严格审查,并宣布其无效。指出尽管这项优待不如社会福利、医疗保障或投票权一样重要,但对这项优待的否定是永久而非暂时的。

减免州对垂钓、狩猎执照征收的费用。51 岁的泰德一直在 B 州生活,由于其年满 21 岁后在该州生活了 30 年因而获得每年 300 美元的娱乐存款。山姆今年也 51 岁,由于他 5 年前才搬来本州,仅获 50 美元的娱乐费。B 州侵犯了山姆的平等保护下的权利吗?

案例分析

这一娱乐存款歧视了 B 州的新居民,他们得到的娱乐存款比像泰德那样一生都在 B 州生活的旧居民要少。该存款涉及居住期限要件的一种形式,因为该州的福利与某一个人在该州居住时间的长短相联系。不过,和典型的居住期限要件不同的是,相对的新居民永远也得不到和长期居民同等的对待。但出于平等保护的目的,目前还不清楚这一居住期限方案是否阻止或妨碍了迁徙权;相反,它可能会鼓励人们移居 B 州并奖励这一做法。

即使并未侵犯迁徙权,该存款规定也基于某一个人何时定居于该州而进行了歧视,而且,这种歧视是永久的,因为山姆永远也赶不上和泰德同等的时间。因此,法院可能会采取加强版的合理依据测试。根据这一标准,该州可能声称娱乐存款方案能增进鼓励人们移居并定居于该州的利益,但这并不能使"基于居民在该州居住的时间长短,在不容置疑的真正居民之间设置固定而永久的区别"的存款规定具备正当理由。①

法院在萨恩斯诉罗伊案中将迁徙权置于特权或豁免权条款保护下之前,佐贝尔案就已裁决。如今,根据特权或豁免权条款,本案中提出的娱乐存款方案——和佐贝尔案中受挑战的发放年度红利的做法一样,极有可能受严格审查并被宣布无效。

四、真实居住的要件

将居住期限、定点、固定日期居住的要件——三者都可能侵犯迁徙权——和真实居住要件规定区别开来很重要。真实居住的要件仅要求某人

---

① *Zobel v. Williams*, 457 U.S. 55, 59 (1982), 宣布阿拉斯加州根据个人在该州生活的年数发放年度红利的方案为无效。

实际上是该州居民,以获得福利或参与某些活动。因此,居住期限、定点和固定日期的居住要件在该州居民中基于其定居于该州的时间对其作出区别对待,而真实居住的要件区分的则是该州的居民或非本州居民。这一要件并未阻碍或损害迁徙权的行使,反而鼓励并奖励人们移居该州。一旦某人因成为真实的居民而行使了这一权利,他或她就立即受到和该州所有其他居民同等的对待,并有权享有相同的优惠。由于真实居住要件并不侵犯迁徙权,因而不受平等保护的严格审查,也不会引发特权或豁免权条款下的严格审查。但由于这类要件的确偏袒本州居民而对其他州居民区别对待,根据蛰伏的商业条款(Commerce Clause)和宪法第四条第二款之特权或豁免权条款,真实居住要件可能应受相当苛刻的审查。①

真实居住的要件并不引发迁徙权问题这一事实,表明迁徙权的范围较我们目前讨论的范围要窄。法院把迁徙权定义为迁徙的权利,而不仅为四处旅行的权利。但这一定义仍过于宽泛,因为这一权利仅为移入或搬到某一州——而非移出或搬离该州——的权利,而前者才是受平等保护条款与特权或豁免权条款下的迁徙权保护的权利。如果移出的权利也是迁徙的基本权利之一部分,则真实的居住要件可能引发严格审查,因为这类要求阻碍或防止移出该州的决定。

案例 7-S

A 州的医学院系本国最好的医学院之一,该院免除该州所有真实居民的学费。在该校上学但不是该州永久居民的学生需付全额学费。索尼娅开始进入该校上学时为 A 州居民,但在二年级时其举家迁往 B 州。结果,她现在每年需付 25,000 美元的离州学费。A 州是否侵犯了索尼娅的迁徙的宪法权利吗?

案例分析

索尼娅的迁徙权未受侵犯。A 州仅对免除学费施以真实居住的要求。

---

① 参见梅与艾德斯:《宪法:国家权力与联邦主义》(May & Ides, *Constitutional Law: National Power and Federalism*), at chs. 8-9.

因为该要件鼓励人们迁入该州,无论是根据平等保护条款还是特权或豁免权条款,它都未侵犯迁徙权。该州并未划分出一种将使新居民居于较旧居民更不利地位的分类,而是在居民和非居民之间进行了区分。由于迁徙权并非默示,某一法院顶多根据平等保护条款适用增强了的合理依据审查。如果这一要件合理地促进了该州保证毕业后最有可能为本州居民提供医疗保障的人得以受教育这一目标,则该居住要件将获得支持。

A州的这一要件也未违反商业条款或宪法第四条的特权或豁免权条款。即便该要件因对离州学生施以负担而对州际贸易造成区别对待,但该州对医学院的管理也不受市场参与原则下的静止的商业条款之管辖。[1] 而且,根据特权或豁免权条款,该州有权决定让本州居民免费上州公立医学院。[2]

第五节 向法院起诉的权利

在极少数情况下,平等保护条款可能要求为穷人提供平等的向法院起诉的权利。在这些情况下,政府可能有义务为穷困的诉讼当事人提供律师,免除费用并给付诉讼费用,否则和那些更为富裕的诉讼当事人相比,他们无法有效参与法律程序。不过,法院早已不再承认一项具有广泛基础的、平等地向法院起诉的基本权利。除刑事案件外,法院仅在极少数案件中要求各州为穷人提供有效的诉诸司法的途径,这类途径通常至少一部分取决于实质性或程序性正当程序及平等保护条款。

在刑事案件中,法院已认定州有义务为贫穷的被告提供免费的审判笔录并指派律师,以充分利用第一次上诉的权利(a first appeal of right)——

---

[1] 参见梅与艾德斯:《宪法:国家权力与联邦主义》(May & Ides, *Constitutional Law: National Power and Federalism*), at §8.12.

[2] 同上,第九章第四节第二目。

一种有时也指第一层级、非自由裁量审查的程序。①这一权利并来扩展到由某一州最高法院进行的第二层级的、非自由裁量的审查。该权利无法经州最高法庭确认而扩展为第二等级的有决定权的复查程序。② 不过,当该自由裁量的范围涉及被告申请复查的实质依据时,这一权利就适用于第一层级的自由裁量审查。③

由于宪法上并不要求州规定上诉法院的体制或规定上诉审查之权利,上述各案件的裁决最好被理解为基于一种受限制的平等地诉诸于上诉法院的平等保护权利而作出的裁决。④ 然而,法院已对这一权利作出了狭义解释,强调平等保护条款并未要求州"复制一刑事被告可能私下保留的法律武器……而仅确保贫穷的被告享有足够的机会以在州的上诉程序中平等地表达自身的诉求。"⑤

在 M.L.B. 诉 S.L.J. 案中,法院将其裁决从刑事案件扩展至终止一位母亲对其两个未成年孩子的监护权的民事诉讼中。该案中密西西比州最高法院驳回了那位母亲的上诉,原因在于她无法支付 2,532.36 美元的记录准备费。但美国联邦最高法院推翻了这一裁决,并强调尽管这类诉讼的性质是民事程序,但这类程序对一名母亲有着不可逆转的毁灭性后果,使之与普通的民事诉讼相区分,也与其他诸如离婚、父权、子女的监护等家庭关系事务相区分。这些事务通常"会因当事各方的意愿或变化了环境而变化。"⑥因此,法院指出,平等保护条款要求该州为贫穷的父母提供足够完整的记录以使她能根据自己的诉求考虑采取恰当的上诉。尽管法院基于平等保护原则作出了裁决,但法院还指出,该案直接默示了父母在与子女的关系上享有的基本利益。⑦

---

① *Gideon v. Wainwright*, 372 U.S. 335 (1963); *Griffin v. Illinois*, 351 U.S. 12 (1956).
② *Ross v. Moffitt*, 417 U.S. 600, 610-612 (1974).
③ *Halbert v. Michigan*, 545 U.S. 605 (2005).
④ *M.L.B. v. S.L.J.*, 519 U.S. 102, 120 (1997).
⑤ *Ross v. Moffitt*, 417 U.S. at 616.
⑥ 519 U.S. at 127-128。
⑦ 同上,at 117-118。

在大多数其它的民事纠纷中,宪法并未要求一州为无支付能力者免去法庭费用或其它费用。判决 M.L.B.案的法庭强调,本案并未干扰"费用要件仅受合理审查的一般规则",以及"在普通案件中,一州抵消支出的收入只需要满足合理要件的一般规则"。① 像 M.L.B.案一样,极少数其它不符合这一原则的民事案件,通常都涉及一些基本权利,它们中大多数因而至少部分基于实体性或程序性正当程序及平等保护原则。

例如,在博迪诉康涅狄格州案②中为例,法院认定州有为一欲提起离婚诉讼的穷人免除法庭费用的宪法义务。由于州对调整婚姻关系之手段保有垄断权力,对于穷人来说,收费要件就成为离婚和再婚的绝对障碍。在实质性正当程序下,这一对基本权利的直接侵犯是无效的,原因在于收费要件不是实现任何紧迫的州利益的必要手段。从程序性正当程序来看,收费要件损害了一个穷人在婚姻决定上的基本自由而未向其提供听证的机会。

有人认为,博迪案创设了一种在民事案件中平等地诉诸司法的一般权利,但美利坚合众国诉克拉斯案很快就打消了这种看法。③ 该案中法院支持了一部联邦法,该法要求所有的破产请求人支付 50 美元的费用。尽管这一要求的后果在于否决了穷人诉诸破产法庭的权利,但博迪案并未强迫政府免除该费用。法院在审理克拉斯案时解释道,与博迪案相反,本案不涉及基本权益,因而仅需进行实质性正当程序下的合理依据审查。就程序性正当程序而言,尽管在支付上的无能力会损害一位债务人的财产权益,但这一剥夺财产权益的情形是否发生尚不明确。和博迪案中情形不同的是,政府对穷人由以保护其财产权益的方式并无垄断:"破产并非调整债务人与债权人关系唯一可行的方式。"④最终,根据第五条修正案中平等保护要素,由于未涉及任何基本权利,也由于财产并非一种可疑或准可疑的分类基础⑤,所

---

① 519 U.S. at 122-123.
② *Boddie v. Connecticut*, 401 U.S. 371 (1971).
③ *United States v. Kras*, 409 U.S. 434 (1973).
④ 同上,at 445.
⑤ 参见第六章第七节第一目。

以为使收费之要求为正当,仅需合理依据。

　　M.L.B.案、博迪案和克拉斯案都涉及政府是免除费用还是使穷人不享有进入审判程序或上诉法院的问题,一个相关的问题是,已经进入法庭的人们是否有权要求政府给付其特定的诉讼费用。这个问题不是向法院申诉的权利本身,却是意味着有意义的申诉的权利。法院通常根据程序性正当程序而非平等保护来处理这一问题。如果,在个案中,诉讼当事人无力支付某一特定的诉讼费用可能损害一项重要利益,法院可能要求州支付这一费用。①

　　第五章第五节已探讨了为符合程序性正当程序的要求应采取何种程序的问题。关于实质性正当程序下诉诸司法的权利的讨论,可参见第二章第六节第三目。

第六节　福利与生存

　　最高法院驳回了一项主张,即,为实现平等保护,在生活的基本需要中存在基本权利。尽管"公共福利补助的运行……包括了满足贫困人群的最基本生活需求",但这并不受"州对商业和工业之规制"之同一标准的审查。所以在决定福利、食物券、住房和医疗保障的资格时适用的分类通常仅受平等保护条款下的合理依据审查。不可否认,涉及生活基本必需品的政府决定必须符合程序性正当程序,而且一旦这类决定侵犯了一些其它的基本自由——如迁徙自由或基于种族和国籍区别对待,则这样的决定应受严格审查。政府所规定的生活必需品应与严格的法定程序所规定的一致。

---

　　① 比较 Little v. Streater, 452, U.S. 1 (1981) 和 Lassiter v. Department of Social Servs. 452 U.S. 18 (1981),前案认定,程序性正当程序要求州在一个父权的诉讼支付血检的费用,如果没有血检,一个穷人会有被错误地判定为父亲的风险;后案中,程序性正当程序并未要求州为贫困的母亲在终止亲权的诉讼中指定律师,在该诉讼中争议和证据使得有无律师都不会对案件结果发生重大变化。

案例 7-T

一州为需要的家庭按月发放福利金。补助金某种程度上根据家中未婚的、21岁以下与父母同住的孩子数量而定。史密斯家的补助金每月减少了150美元,因为他们19岁的儿子萨姆最近结婚了,萨姆和他的新婚妻子仍和父母住在一起。该州减少史密斯家的补助金的行为是否违反了平等保护条款?

案例分析

由于贫穷或富有并非一种可疑或准可疑基础的分类,高级别的审查不会基于这一基础展开,而且生存补助金中的权益也不是一项会引发严格审查的基本权利。史密斯家可以主张应适用严格审查,因为减少补助金的行为是因萨姆行使其结婚的基本权利而歧视史密斯家。不过,法院可能否定这一主张,理由是,州的行为不足以损害萨姆的结婚自由。① 州并未直接禁止其结婚,而且州还可主张每月损失150美元的间接后果并未实质性地损害这一基本自由的行使。另一方面,如果史密斯家有证据证明这一福利原则对结婚的基本自由的损害更为严重——例如除非发放全部福利金,否则萨姆和其妻不得不离婚,那么可能引发严格审查,州则需证明其对有结婚的孩子的家庭进行区别对待,其目的在于服务于一项紧迫的州利益。②

———————————

最高法院不愿认定以下事实,即政府拒绝发放生存补助侵犯了一项基本自由权,使得政府更易于运用其对这些补助的控制权在事实上"赎买"人民的宪法权利。通过以领受者放弃其宪法权利为条件而向其提供福利和医疗保障,政府可实现上述目的。从前,根据违宪条件原则,任何这类政府补助的附加条件都必须受严格审查,然而,现代法院已大大限缩了这一原则。结果是,对已违背政府意愿地行使了受保护的自由的人来说,根据合理依据的审查标准,歧视性地否决其享有的公共福利通常能够得到支持。

———————————

① 参见第二章第四节第四目。

② 参见 Bowen v. Gilliard, 483 U.S. 587 (1987),在否决福利法侵害了一项基本自由后,根据合理依据平等保护测试支持了福利法;Lyng v. Castillo, 477 U.S. 635 (1986),同前案。

案例 7-U

前文第二章第五节第四目中，妇女享有决定是否堕胎的基本自由权。正当程序条款因而禁止某一州——通过规定怀孕的前六个月堕胎为犯罪——直接干预这一决定。① 假定州转而试图通过拒绝支付堕胎的医疗费用同时又同意支付生育费用间接地影响这一决定，对选择实施堕胎以行使其自由权的妇女来说，这一区别对待是否引发平等保护条款下的严格审查？

案例分析

这个问题的答案取决于法院是否认定这一歧视地拒绝给付补助足以侵犯一名妇女选择生育或堕胎的基本权利，在哈里斯诉麦克雷案中，② 法院认定在联邦公共医疗补助制度的管理中，即便堕胎在医学上是必要的，这一区别对待也不会引发严格审查。在法院看来，这种选择性的拒绝给付补助可能影响一位想生育孩子的贫穷妇女的决定，同时并未侵犯或阻碍其选择堕胎的基本自由之行使。法院进而根据合理依据的审查标准支持了这一区别对待的资格原则。

第七节　享有基础教育的权利

教育权益是受正当程序条款保护的自由。③ 但无论在正当程序条款下还是在平等保护条款之下，教育都不是一项基本权利。因此，对某一个人获得教育之能力具有不利影响的州或地方立法，仅受正当程序和平等保护的合理依据审查，如果情况正好相反的话，则联邦法官们实际上可变成本国公立学校的监督者。实际上，州和地方教育机构的每一个决定都应在严格审

---

① *Planned Parenthood v. Casey*, 505 U.S. 833 (1992).
② *Harris v. McRae*, 448 U.S. 297 (1980).
③ 参见 *Pierce v. Society of Sisters*, 268 U.S. 510, 534-535 (1925)，指导"儿童教育"的"家长文库"；*Meyer v. Nebraska*, 262 U.S. 390, 339 (1923)，"获取有用知识"的文库。见第二章第三节第一目。

查的视野下受司法审查,结果是许多教育政策都归于无效,因为某一联邦法院认定这些政策都未与服务于某一紧迫之州利益恰当契合。这一干涉与联邦最高法院的看法相反——联邦最高法院时不时地认定教育是一个特定地归于地方政府管辖的范围。

不过,一般意义上的教育上的权益和获得最低限度的充分教育之权益是不同的。就平等保护条款下获取"最低限度的充分教育是一项基本权利"而言,联邦最高法院对其可能性还未有定论,因此"歧视地侵犯这一权利的行为"的法律"将受高级别平等保护审查"。① 如果最高法院打算承认这一基本权利的话,那么否认某些孩子获得基础教育的机会、同时又为其他孩子提供这一机会的法,将受平等保护条款下的严格审查,同时也不会仅适用高级别审查,因为有些孩子的教育机会低于其他孩子。仅当一项歧视性的法的影响过于严重以至于完全拒绝承认某些孩子获得最低限度的充分教育时,严格审查才会启动。

在普莱勒诉无名氏案②中,在这些情形下适用高级别平等保护审查的根据都有说明,该案中,一部德克萨斯州的法律将非法外籍儿童排除在公立学校之外,法院推翻了该法。法院认同教育并非一项"基本权利",因而,"一州在为其人口提供教育时,无须为教育方式的每一种差异的必要性作出解释。"③不过,我们将在第七章第八节第三目中看到,法院在普莱勒案中适用的是中级审查而非合理依据审查,部分原因在于基础教育在促进平等方面的特殊作用。代表多数意见的布伦南大法官指出,完全"拒绝给予某些孤立的儿童群体教育对平等保护条款的目标之——废除政府之障碍以促进个人价值的实现——造成了冒犯。"④在一份分开的协同意见中,布莱克门大法官指出,"特定权益必须与平等保护分析中的特定之处相符合",例如,选举权"在平等保护的条件下,就是一项重大权利",因为它保障了"个体的政

---

① *Papasan v. Allain*, 478 U.S. 265, 285 (1986).
② *Plyler v. Doe*, 457 U.S. 202 (1982).
③ 同上,at 223,着重为作者所加。
④ 同上,at 221-222。

治平等"。① 享有基础教育权也发挥类似的作用,因为它有助于保障经济与社会的平等。因此,歧视性地"否认教育权就类似否认选举权:前者使个人降格到二等社会地位,后者则使之永远处于政治上的劣势。"②根据这一路径,尽管正当程序条款和平等保护条款都无法阻止一州废除投票选举某一职位的权利,也无法阻止一州关闭公立学校,但这两项权利中的任一项的歧视性剥夺都会引发严格或中级的平等保护审查,因为处于危险中的利益——选举以及获得基础教育——是维护公平之根本。

现代法院仅根据合理依据标准支持教育法的那些案件,与最低限度的充分教育的权利是一项平等保护的基本权利之认定不相符合。前述案件都涉及这样的情形,尽管受质疑的区别对待减少了一些孩子受教育的机会,但这一区别对待也终结了否决任何人享有最低限度的充分教育的缺陷。③

案例 7-V

埃尔蒙市学校委员会采取了一项政策,要求所有在该公立学校上学的学生穿着售价 50 美元的规定校服。目的在于减少团伙暴力。结果,琼斯家的三个孩子因父母无法承担校服费而被迫辍学。该市校服政策是否违反了平等保护条款?

案例分析

由于财富不是一种可疑的分类标准,该政策对穷人的区别对待不会引发高级别的平等保护审查。该政策的后果是完全否决了一些儿童获得基础教育的机会,而高等法院则不得不认定这构成了一项基本的平等保护权。如果法院在此案中认定这一权利确实存在,则该政策将受严格审查,因为它已显然侵犯了这一权利。另一种选择是,某一法院如果遵循普莱勒案的话,

---

① *Plyler v. Doe*, 457 U.S. 202 (1982), at 233.
② 同上,at 234.
③ 参见如 *Kadrmas v. Dickinson Public schools*, 487 U.S. 450, 459-460 (1988),州法允许一些学校委员会收取学校巴士交通费,对这一州法给予支持,认定这并未阻碍任何孩子上学;*Papasan v. Allain*, 478 U.S. 265 (1986),一部州法导致各校之间的经费差异为每生 75 美元,该法得到了支持;*San Antonio Indep. School Dist. v. Rodriguez*, 411 U.S. 1 (1973),支持了各校之间生均经费差异达 40%的州学校财务系统。

可能会使之受中度审查。无论是哪一种情况，在适用于买不起校服的孩子时，该政策不可能通过审查。尽管州在防止团伙暴力方面可能有一项紧迫的利益，但该政策并非达成前述目标并使歧视最小化的手段，该市可为无力购买校服的孩子买校服。

第八节　平等保护的滑动指标法

一、三层次模式的问题

前已说明，最高法院适用平等保护条款的方式一般涉及一种三层次模式。在这一模式下，"可疑的"分类或涉及关于一基本权利的区别对待受严格审查，基于性别或合法性的准可疑分类受中度审查，而大部分其他分类受合理依据审查。

由于法院不愿增加可疑和准可疑分类的名单，也不愿认定新的基本权利，这一三层次模式已经日益静止和僵化。为了进一步确定，法院在某些合理依据的案件中适用了比该模式中规定的稍微严格一些的审查，但法院这样做的时候并不承认传统的三层次模式发生了任何变化。

二、马歇尔的滑动指标处理法

瑟古德·马歇尔大法官一贯力主最高法院放弃平等保护的三层次模式，代之以一种更灵活的分析，以将被"可疑分类"和"基本权利"的固有关注掩盖的那些区别考虑在内。马歇尔写道："所有非'基本'的权益和所有非'可疑'的分层都不相同，对法院来说，为实现平等保护的目的，放弃所有非基本权利和所有非可疑分层都相同的借口正是时候。"① 马歇尔极力主张法

---

① *Massachusetts Bd. of Retirement v. Murgia*, 427 U.S. 307, 321 (1976), 马歇尔大法官异议意见。

院采用一种"多样化的审查标准"来取代主流的分层模型,这一标准的强度取决于(1)分类的基础或特征,(2)权益负面影响的重要性。这些因素的重要性越显著,政府在证明受质疑的分类为正当上的负担就越重。

马歇尔之因素一,即分类特征,在某些方面遵循的是法院对在区分特征是"可疑"还是"准可疑"这一问题的关注。不过他主张的方式更为灵活,并认识到除了在法院的模式下达标的那一部分之外,还有一些群体——由于偏见、陈规陋习或歧视的历史——仍需从政治程序中增加保护。有鉴于此,马歇尔提出,对歧视诸如穷人、精神迟缓和年长的群体的法应给予一定高级别的审查。

马歇尔之因素二,受分类影响之权益的性质,反映了大多数人对"基本权利"的关注,但差异仍在于这一因素比法院的要么全有要么全无(all-or-nothing)的方式更富弹性。一项权益不受极严格的审查这一事实,并不必然意味着这一权益在单纯的合理测试中根本不值得保护。马歇尔极力主张,通过考虑宪法所依赖于其上的权利保障的程度,使每一种权益都被置于某一范围之内。"由于特定宪法保障和非宪法权益之间关系日益紧密,非宪法权益变得更为根本,且在这一权益基于歧视受到侵害时司法审查的程度必须相应作出调整。"①沿着这一路径,马歇尔可能会对某些权益给予特别保护,例如生存、住房、医疗保障、就业和教育等,所有这些权益都影响了一个人参与民主社会及行使宪法赋予的民事和政治权利的能力。

三、普莱勒诉无名氏案

迄今为止,最高法院并未放弃平等保护的三层次模式,也未采用马歇尔提倡的滑动指标方式。不过,法院间或表现出解决平等保护案件时日益增长的灵活性——即马歇尔极力捍卫的那种灵活性。因此,在学理层面上,原本仅由严格审查和合理依据审查构成的两层次模式已发展为一种加入了基

---

① San Antonio Indep. School Dist. v. Rodriguez, 411 U.S. 1, 102-103 (1973),马歇尔大法官异议意见。

于性别和合法性的分类的中度审查的三层次模式。而且,前已说明,最高法院有时也适用一种加强版本的合理依据审查,尽管并未承认适用除最低限度审查外的任何方式。

也许最高法院最接近于应用马歇尔之弹性的滑动指标方式的案件当属普莱勒诉无名氏案①。本案中,法院推翻了德克萨斯州的一部法律,该法否认非法移民儿童可享有政府为其他儿童提供的免费公立教育。起草多数意见的布伦南大法官小心翼翼地阐述了法院传统的平等保护的三层次模式,他承认本案的确不具严格审查之资格。"非法移民不能被视为一种可疑的分类……而教育权也不是基本权利……"②而德克萨斯州并未基于性别、合法性等引发中度审查的标准而进行区别对待。不过,布伦南大法官说,"在这类案件中,除涉及[该制定法]是否对某一可疑阶层进行区别对待,或教育权是否为基本权利之类的抽象问题外,还涉及更多其他的问题。[德克萨斯州的制定法]在对其无能力地位未予考虑的情况下,为特定的儿童阶层设定了终生的苦难。"法院认为不得不将这些现实情况考虑在内,而且,令异议者惊讶的是,拒绝适用三层次模式要求的合理依据标准。相反,法院适用了一种中度审查,认为"该州必须证明分类之合理采用在于其所使用之目的。"③为满足这一标准,州必须证明其区别对待实际上"促进了某些实质性的州利益"。④ 德克萨斯州未能证明上述事实,则该制定法因而被认定为违反了平等保护条款。首席大法官伯格在其异议意见中精准地指出,多数意见背离了法院在平等保护案件中的传统路径——"通过将可能被称为准可疑阶层和准基本权利分析的碎片拼凑在一起,"从而"对这些案件的事实延伸出一种与习惯相结合的理论。"⑤

法院在普莱勒案中采用的分析方式已非常接近于马歇尔长期提倡的模

---

① *Plyler v. Doe*, 457 U.S. 202 (1982).
② 同上,at 223.
③ *Oyama v. California*, 332 U.S. 633, 664-665,墨菲大法官协同意见。同上,at 226.
④ 同上,at 230.
⑤ 同上,at 244.

式,多数意见指出,分类基础具有使该法的受害者无力控制的特性。而且,处于危险中的权益——"基础教育"对个人和社会都极具重要性。马歇尔大法官实际上加入了布伦南的多数意见——尽管他撰写了一份只有一段的协同意见,隐隐约约地力劝法院正式放弃其"在平等保护分析上的僵化方式"并代之以"一种允许各种层次审查的方式"。① 布伦南及多数意见证实了处于马歇尔之滑动指标方式之核心的那种灵活性和灵敏性,但他们也只是对平等保护的三层次模式说说而已。

---

① *Oyama v. California*, 332 U.S. 633, 664-665,墨菲大法官协同意见。*Plyler v. Doe*, 457 U.S. 202(1982),at 231.

第八章 第一修正案：
言论及出版自由

第一节 绪论与概述

和前面一样,我们从宪法文本开始。文字是简单而直接的:"国会不得制定剥夺言论自由或出版自由的法律。"简单的规定中蕴含着力量,这一直白的禁止看起来排除了任何限制或惩罚受保护行为的立法,任何这样的法律都不行。但是本章会证明,简单的文本并未解释为缺乏原则,而这些规则极少——如果有的话——以绝对的口吻论及言论和出版自由。实际上,就像其他受宪法保护的权利一样,言论自由和出版自由都是依背景而定和有条件的,规定了人类想象力可以企及的各种可能性。然而,文本并非无意义,决绝的口吻至少表达了一种对言论自由和出版自由强烈的宪法保障,这是我们讨论的起点。

对言论及出版自由的宪法保障源自一系列哲学观点,有些强调了表达自由对人类发展或自我实现的重要性,有些则指出了表达自由在一个民主政体中的关键作用,另外一些则将表达自由视为检验谬误和发现转瞬即逝之真理的唯一途径。鉴于第一修正案原则的多样性,所以我们可以发现以上任一哲学主张都曾被法院作为判决依据,这并不令人惊讶。不过,在这些判决意见中占主导地位的还是强调政治言论在第一修正案核心目的中所处中心地位,原因不在于政治言论天然地就比其他类型的言论更有价值,而在于我们的自治体制依赖于自由的探讨和辩论,也在于集中的政府权力有可能通过压制反对意见而封锁信息、扭曲辩论。因此,在法院看来,第一修正案代表了"对以下原则的强有力保障,即对于公共事务的辩论应当是不受阻碍的、坚持不渝的和广泛公开的。"[1]

---

[1] *New York Times v. Sullivan*, 376 U.S. 254, 270 (1964).

然而，政治言论也不是一个僵化的范畴。相反，实际上所有言论都能基于与政治言论一样的重要性而得到保护，除非某个言论被认定属于特定的弱保护言论[1]的范畴——商业言论和淫秽言论就是典型。因此，言论及出版自由几乎完整地保护了无论是深刻的、还是无聊的所有主题的评论与辩论，政治言论不过是这些言论类型的核心而已。

从分析的角度看，我们会发现言论和出版自由原则与分析平等保护和正当程序等问题有许多相似之处。例如，对政治言论施加的"基于内容的限制"应受严格审查，既需存在一项紧迫的政府利益，也要适用最小限制方式的标准。某一言论类型离作为第一修正案之核心的政治言论的距离越远，则司法审查的力度也将随之减弱，与平等保护中的三层模型或滑动指标模式一样。因此，商业言论应受中度审查。不仅如此，第一修正案与其他宪法条款在分析上的相似性还表现在，某些特殊的第一修正案原则在某些特殊的情形中被发展出来以解决特定问题。这些特定原则往往反映了严格审查、中度审查或合理依据审查[2]的某一特定范例。

类似的是，我们会看到用于审查政府的行政法规的实质性正当程序分析模式以一种内容中立的方式对言论施以限制。尽管具体的审查标准——时间、地点和方式——以对言论施以限制的方式表达，但是审查之诸要素却和正当程序中适用的权衡模式非常类似。

第二节 基本问题

一、概念界定：言论和媒体

言论和出版条款（Speech and Press Clause）禁止对"言论或媒体自由"的剥夺。从文字上看这一禁止仅限于口头语言或印刷文字。但是在实践

---

[1] 原文为 lesser protected expression，后文也会译作"较少保护的言论"。——译者
[2] 原文为 strict, mid-level, or rational basis scrutiny，最后一种也被译作"合理审查"，见后文。——译者

中,该条款是否包括更广泛的表达活动?例如,它是否包括油画的公开展出——如毕加索的《格尔尼卡》?或者它是否包括斯特拉文斯基的《春之祭》的公开演出?后现代风格的建筑是否算作言论?一次抗议人群将鲜血泼在国会台阶上的抗议游行又如何?以上问题的答案都是肯定的(或大致是肯定的),这些都是受第一修正案保护的表达形式——至少是一定程度的保护。实际上,"言论自由"和"出版自由"常与另外一个更具包容性的概念互换使用,即"表达自由"。

总体而言,言论和出版条款包括了一系列的表达活动或行为——即意图传播某种信息且能被接收方合理理解的行为。法院在德克萨斯州诉约翰逊案①中表示,第一修正案提供的保护"不只是口头语言或书面文字作结"②,也不只是建国的那一代人所能享有的媒体而已。在恰当的情况下,包括舞蹈、音乐、艺术、建筑、摄影、行为艺术、街头标识、游行、静坐、广告、广播、电影、网络乃至《辛普森一家》③在内的媒体形式都受第一修正案保护。这并不意味着这些活动都受绝对保护,而只是说它们都属于广义的表达自由的范畴,从而有机会根据第一修正案发展出的有关原则获得法律保护。

最高法院对表达活动的处理的典型案例是斯彭斯诉华盛顿州案④。该案中,一名大学生将粘有和平标识的美国国旗挂在其寝室的窗户上,他的目的是抗议当时美军对柬埔寨的入侵以及在肯特州立大学发生的学生被杀事件。根据一制定法,该大学生被控"不当使用"美国国旗并被定罪。

法院认为该定罪违反了第一修正案而推翻了对他的判决。在解释为什么这名学生的行为构成受保护的表达时,法院强调了两点:行为的性质和行为发生时的背景。就行为性质而言,国旗在传统上就被作为一种表达形式,

---

① *Texas v. Johnson*, 491 U.S. 397 (1989).
② 同上,at 404.
③ 美国著名动画片。——译者
④ *Spence v. State of Washington*, 418 U.S. 405 (1974).

也是广为接受的表达形式,本案对美国国旗的使用也符合这一传统。① 就行为发生的背景而言,鉴于展示国旗的时间点与入侵柬埔寨和肯特州立大学的流血事件如此的接近,"大多数人很难忽视该犯罪嫌疑人所想传递的信息"。② 综合行为的性质和背景,这名学生的行为显然是表达性的,从而应作为第一修正案含义范围内的言论看待。

在美利坚合众国诉奥布莱恩案③中,法院表示,并非所有的表达活动都会被视作言论:"我们不承认以下观点,即只要行为人意在传递一种观点,那么无论任何行为都可以被贴上'言论'的标签。"不过,法院在实践中未适用这一限制。相反,法院要么接受争议中的行为具备足够的表达性从而具备受第一修正案保护的资格的主张,要么至少假定如此。例如在奥布莱恩案中,法院就"假定"在法庭台阶上焚烧征兵卡的行为属于对征兵的抗议,从而属于第一修正案含义内的言论,这是一种基于行为之性质和发生背景的公正的假定。④ 当然,在某些时候,最高法院也可能主张某个特殊的活动不属于第一修正案所指称的言论,尽管其具备一定的表达性。

案例 8-A

俄克拉荷马城的默拉联邦大厦曾发生过著名的俄克拉荷马爆炸案,爆炸发生当天是联邦调查局对德克萨斯州韦科市的大卫教派据点实施清剿的一周年纪念日。爆炸的目的之一是抗议所谓的政府对韦科事件的掩盖。另一个目的则是表达对联邦政府的总体不满。这次爆炸能否(或应否)被视为第一修正案下的表达活动?

案例分析

显然,这一行为——爆炸的性质不像展示国旗或在游行中臂缠黑纱

---

① *Spence v. State of Washington*, 418 U.S. 405 (1974), at 410.
② 同上。
③ *United States v. O'Brien*, 391 U.S. 367, 376 (1968).
④ 参见 *Clark v. Community for Creative Non-violence*, 463 U.S. 288, 293 (1984), "假定"在拉法叶特广场过夜的行动作为无家可归者状况的一种示威行为构成言论。

那样明显地属于表达。但另一方面,有人也可主张,恐怖主义爆炸就其本义而言传递了一种恐怖讯息。默拉大厦爆炸案的背景也可增加对该事件之表达性质的确信,选择韦科行动周年纪念日就是为了——实际上也做到了——传递一个"特定的"信息,至少和斯彭斯案中国旗抗议所传递的信息一样明显。那么,爆炸算不算言论呢?在某种意义上,这并不重要。第一修正案不会以任何形式保护这样一种骇人听闻的行为——无论人们如何界定这一行为的特征。因此法院可"假定"爆炸属于言论,同时适用恰当的检验标准来轻松地处理任何有关第一修正案的抗辩,但将恐怖主义爆炸认定为言论本身就有违常理。鉴于该行为的反道德性质,某一法庭完全可以宣布,即便那些偶尔适用于非常规表达方式的"假定",在本案中也不能适用。如同法院经常暗示的那样,如果并非所有意在传播某种信息的行为都可被视为言论的话,则恐怖主义行为显然可以作为这类被排除在外的行为的选项之一。

在处理表达行为的难题时,法院有时会区分纯粹言论(pure speech)和象征言论(symbolic speech),后者指的是非语言的交流方式,这两者的区别可以通过奥布莱恩案的有关事实来说明。假定一个人想对征兵进行抗议,他可以发表一通演说来表明其观点,也可像奥布莱恩案中一样烧掉其征兵卡,以这种象征性的肢体语言来表示反对。前者就是纯粹言论的典型,后者则是象征言论的典型(或者叫表达行为)。是不是两种形式的言论都能获得同等程度的第一修正案的保护呢?答案是肯定的——尽管在有些案件的判决书中,法院判决的表达方式会让人对此有所怀疑。

在奥布莱恩案中,法院在对侵犯象征言论的行为进行宪法评估时试图采用一种特殊的检验标准:

我们清楚地认为,如果政府的某一行政法规是在政府的宪法权力范围内;如果该措施促进了某一重要或实质性的政府利益,如果该项政府利益与压制言论自由无关,而且如果该措施对所声称的第一修正案自由的附带限制不超过其对实现上述政府利益之必须,则该措施就能获得充分的证成。①

根据这条标准,法院认为第一修正案并不禁止政府对奥布莱恩焚烧征兵卡的行为进行惩罚。基于案件事实,法院认为政府的管制措施意在促进重要的政府利益——保持征兵卡的完整,而不在于惩罚那些抗议者的反征兵观点。这里的潜台词是,奥布莱恩可以自由地采用其他不会影响上述政府利益的方式来传播其观点。正因为政府不可能仅因奥布莱恩说出其对征兵的反对意见就惩罚他,所以人们或许会觉得纯粹言论能获得比象征言论更多的宪法保护,其实也不然。

奥布莱恩案的检验标准和法院通常用以解决"内容中立的言论规制"的"时间、地点、方式"标准无甚区别(尽管措辞上略有不同)②。如果政府的言论管制措施未针对言论内容,则两个标准都适用中度审查;如果政府的管制措施是基于言论内容的,则两个标准都不会被采用。换句话说,奥布莱恩焚烧征兵卡的行为之所以可罚的原因在于该惩罚不是基于奥布莱恩试图传递的信息,而是其传播该信息的方式。如果奥布莱恩用泼墨手法在一法院的外墙写上"停止征兵"这几个字,这么"纯粹"的言论形式也未见得就能比他在本案中实际做出的象征言论更能使其免于法律惩罚,因为在法院外墙上挥毫泼墨是破坏公共财产。在这两种情形下,政府关注的都是言论的形式,而不是内容。另一方面,如果政府惩罚奥布莱恩的理由就是源自于对其反征兵观点的反感,那么就算他采取了"象征性的"、而不是纯粹的表达方式,宪法也不会允许政府因此惩罚他。总之,象征言论规则就是"时间、地点、方式"标准的翻版,这一点我们将会在本章第四节谈到。因此,不要认为象征言论是一种获得较少法律保护的言论形式。

事实上,纯粹言论和象征言论之间的所谓区别是很微弱的。任何言论都有象征性。以河马(hippopotamus)一词为例,它指代我们用以说明某种长着大头、很厚的皮肤和四肢短小的大型食草性半水生哺乳动物的简称。

---

① 397 U.S. at 377.
② 参见 *Clark v. Community for Creative Non-Violence*, 468 U.S. at 298 & n.8,注意两个检验标准之间的关联。

以"河马"来指称这类动物更简单,也更有趣。"Hippopotamus"这个词本身不是指我们常说的河马,它是我们想要描述的某种动物的语言表征。一张河马的图片也不等于就是"hippopotamus"这种动物,这同样也只是一个象征。其实,《韦氏新世界词典(第三版)》(Webster's Third New World Dictionary)就是同时通过文字和图画来描述"hippopotamus"一词。文字和图画都具象征性,都是言论,也同样有资格获得第一修正案的保护。①

总而言之,言论与出版条款的各部分共同保护着广泛的表达自由,它包括了传统的和非传统的交流方式。显然,一个人的表达方式越传统,法庭就越容易发现该行为的表达元素。但无论如何,只要表达活动被认定为言论,即可获得第一修正案的充分保护。

在本章当中,除非有更为精确的描述方式,否则我们会用"言论"来指代各种受第一修正案保护的表意活动。

二、受保护的言论和不受保护的言论

不是所有类型的言论或表达都有资格获得第一修正案的保护,有些特定的言论类型已被法院认定为可被禁止,因为其完全处于第一修正案的保护之外。因此,这些言论一般来说不受宪法的保护。可被禁止的言论类型包括"挑衅语言"、淫秽言论、少儿色情言论和虚假、误导的商业言论。不过,我们将会看到,在某些情况下,政府对那些通常可被禁止的言论之限制也可能违反第一修正案。②

在处理第一修正案的案件时,明智的做法就是先确定涉案言论是否受第一修正案保护。如果分析的结果是该言论不是宪法上应受保护的类型——如淫秽言论——则第一修正案下的分析通常到此为止。另一方面,如果涉案言论类型处于第一修正案保护范围内,那么接下来就应按照某个

---

① 要知道,有些教授和法官依然认为有一种特定的象征言论原则。如果你不能证明他们的错误所在,那么请直接适用上述的奥布莱恩案的检验标准,并假装你在进行一项颇有独特意义的审查。

② 参见第八章第三节第八目。

合适的第一修正案审查标准来检验政府是否有权惩罚或限制该言论。正如后面我们会看到，政治言论作为第一修正案之核心地位的言论类型，也可能受到惩罚——只要政府的管制措施满足了"显然而现实的危险"标准。①

研读法院的判决理由时，要注意以下事实，即不受保护的言论（unprotected speech）一词通常在两种完全不同的意义上使用。有时，它指的是如同挑衅语言或淫秽言论之类的言论，这些言论可被禁止的原因在于其没有资格获得第一修正案的保护；在其他情况下，这一术语被用以描述本应受宪法保护，但根据个案的特殊情境而应受惩罚的言论。在本章，除特别说明外，"不受保护的言论"指的是像淫秽言论这样完全处于第一修正案保护范围外的言论。

三、有关事前限制的难题

历史上，相对于政府对表达采取的其他类型的限制措施，各法院对"事前限制"抱有更多的质疑。一般而言，事前限制在以下情形下发生：(1)政府实施的审查机制或许可机制；(2)出版禁令。判定事前限制的关键在于政府干预表达的时间点。假如政府的干预阻止了某一表达行为的发生——即政府干预发生在表达发生之前——那么该政府行为就是事前限制。例如，假定政府申请并获批一项司法禁令以禁止某报出版特定种类的信息，则通过在出版前申请并获得禁令，政府便在潜在出版人和实际出版行为之间置入了法律障碍。这就是典型的事前限制，该限制在表达行为之前发生。

事前限制与事后惩罚之间有重要的区别。后者是指政府于表达行为完成之后对其所施加的限制。也就是说，言论已经做出了，言说者"事后"受到了惩罚。假定一部制定法规定出版特定信息是重罪，违反这条规定的报纸出版人将受事后惩罚——在出版行为完成后对其施加刑事处罚。尽管该法意在阻止特定信息的出版，但是政府的干预仅在出版完成后才发生。根据定义，这种事后惩罚显然就不属于事前限制。

---

① 参见第八章第三节第二目。

案例 8-B

麦特洛勒克斯市设立了一个电影审查委员会，该委员会有权为在该市公映的电影"颁发许可"，未获得许可的电影不得公映。电影必须提交委员会进行审查以获得许可。只要提交审查的电影被认定为"淫秽"就不予许可。与此相反，临近的路洛尔勒克斯市已通过了一部条例规定任何"淫秽"电影的公映行为都是重罪，该条例由本地的市检察官负责通过刑事程序来执行。麦特洛勒克斯市的做法是否构成事前限制？

案例分析

构成事前限制。理由很简单，电影公映前必须提交委员会进行审查和许可。既然政府的干预先于电影的任何公映行为，那么这种许可机制就是事前限制。路洛尔勒克斯市的条例则相反，仅构成事后惩罚。尽管该条例的目的就在于阻止淫秽电影的公映，且可能相当有效地做到了这一点，但政府的干预行为仍在电影公映后才出现。因此，这种对言论的限制是事后的。

简而言之，事前限制和事后惩罚之间的核心区别就是政府干预与表达行为在时间上的前后关系。只有先于表达行为的政府干预才构成事前限制。

尽管事前限制和事后惩罚都受第一修正案的审查，但通常认为事前限制对第一修正案所保护的自由构成了更严重的侵犯。只要事前限制的法律仍具效力，它就完全压制了潜在的表达。政府在进行事前限制时实质上扮演了审查者的角色。当然，刑事惩罚的可能性也对言论或出版构成了强烈而有效的威慑，并且在有些情况下，刑事起诉和事前限制一样有效地阻止了出版，但这种威慑未被视为事前限制，而事前限制仍然是最让人厌恶的一种对表达行为的限制。

事前限制特别遭人厌恶的一个原因在于，一个人的言论活动即便本身是受宪法保护的，他仍可能因违反一项禁令或其他类型的事前限制而受到惩罚；换句话说，公民遭遇违反事前限制的指控时，常常很难以该限制措施违宪作为抗辩理由。通常,对挑战一项事前限制之合宪性的唯一方法只能先遵守它,然后再在法院质疑其有效性,这当然会对想要发表的言论造成很长时间的滞后。与此相反,对某一仅将特定言论规定为犯罪的法来说,坚信该法违宪的言说者可违反该法。在接下来的刑事程序中,第一修正案可作为充分的抗辩理由直接提出。换而言之,第一修正案可为违反某项限制言论的刑事法律的人提供保护,却无法为违反事前限制措施的人提供保护。

司法上对事前限制的反感在两个著名案件中得到集中表现。第一个案件就是尼尔诉明尼苏达州①。在该案中,一名地方检察官向法庭申请禁令,试图禁止一份"恶毒的、捕风捉影的、诽谤性的报纸"——名为"周六报(*The Saturday Press*)"——继续出版。② 这份报纸已报道了一系列广受瞩目、可能涉嫌诽谤的文章,指称当地警察部门和政府官员的一系列玩忽职守行为,包括公职腐败等。经过庭审,该报纸的出版被认定为扰乱公共秩序而被取缔,而出版人被"终身禁止……创作、编辑、出版、发行、持有、销售或以任何其他方式出版恶毒的、捕风捉影的、诽谤性的报纸。"③任何违反此禁令的行为都将导致出版人被判藐视法庭罪。

尽管禁令是该报纸已发表的内容所导致的结果,但该法庭命令并未针对已发表之内容的惩罚,而是针对报纸出版人之后的出版行为。对未来的出版行为而言,政府的干预先于出版,从而压制了任何此类内容的出版。因此,禁令构成事前限制,下级法院的禁令因而也是高度可疑的。之所以如此,是因为在最高法院看来,无论是基于历史、还是合理的法哲学,事前限制都是极其令人厌恶的,尤其是在批评公职人员的言论方面。④ 然而,尼尔案中最高法院未对事后惩罚表达同样的反对。

过去将近150年来都不曾对涉及公职人员渎职行为的言论进行事前限制,这一事实很有意义,它说明我们坚定地认为这类限制违反了宪

---

① *Near v. Minnesota*, 283 U.S. 697 (1931).
② 同上,at 703.
③ 同上,at 706.
④ 同上,at 714-717.

法。公职人员的品行和作为对媒体开放,可自由辩论和讨论。他们可通过诽谤法所提供的救济和惩罚措施来对抗不实的指控,而不应通过限制报纸和期刊的出版来达到这一目的。①

简言之,事后惩罚有可能通过宪法的审查,但是事前限制却只可能在最为例外的情况下才能做到这一点。就这一点,法院提出了我们现在所称的"军队例外",即事前限制有可能合宪的例外情形:"没有人会质疑政府采取措施避免对其征兵活动的阻挠,避免泄露军队调动的日期,或人数和地点。"②这一"例外"可被视为某种最严格的司法审查标准。

《纽约时报》诉美利坚合众国案③代表了对事前限制的强烈(违宪)推定的一种更为戏剧性的适用。在一般被称为"五角大楼文件案"(Pentagon Papers Cases)的该案中,联邦政府的行政分支试图申请针对纽约时报和华盛顿邮报的禁令,以阻止其公布一份叫《美国越南政策决策过程的历史》(History of U.S. Decision-making Process on Viet Nam Policy)的机密文件的内容。当时,越南战争远未结束,因此政府声称公布该文件会影响美国在越南战场的行动。但法院拒绝颁发禁令。全体法官一致的意见中有三段措辞隐晦的文字,指出对事前限制之违宪性的"强烈推定",并宣布政府"远未满足施以事前限制之正当性所需的充分举证责任"。④ 因此,即便是在战时背景下,政府以国家安全为由提出的主张也无法充分满足所谓"军队例外"的要求。尽管本案判决对政府不利,但是部分大法官表示他们不一定会对出版后的刑事指控采取与本案相同的态度。⑤

全体法官一致的判决仅用以解决"五角大楼文件案"一案,而在其他案件中实际上并未用过。不过,本案中分别署名的那部分判决理由仍向我们提示了恰当的审查标准。布莱克和道格拉斯两位大法官认可的是一种近乎

---

① *Near v. Minnesota*, 283 U.S. 697 (1931), at 718-719.
② 同上, at 716.
③ *New York Times v. United States*, 403 U.S. 713 (1971).
④ 同上, at 714.
⑤ 同上, at 732-斯图尔特大法官加入、怀特大法官撰写的协同意见;同上, at 748, 伯格首席大法官之异议意见;同上, at 759, 布莱克门大法官之异议意见。

绝对的、对事前限制的禁止；①布伦南大法官的表述说明了一种非常严格的审查标准："因此，只有政府主张并证明文件的出版会不可避免地、直接地、立刻地引发某种情况并将我国已派出的军队置于危险中，才能令法院支持颁布一项暂时性的禁令。"②其他大法官对事前限制则显得没那么在意。尽管怀特大法官和斯图尔特大法官都同意，"根据我国宪政体制下媒体享有的对抗事前限制的特别法律保护"，本案事实不支持对文件出版实施禁令，但是他们拒绝颁布禁令的部分理由在于缺乏对禁令进行授权的一部制定法。③ 马歇尔大法官的意见也强调缺乏法定授权。④ 当然，这三位持异议意见的法官同意颁发禁令以禁止文件出版。判决票数本身并未暗示任何类似于绝对禁止事前限制的东西。该判决主要表明了对事前限制的"强烈违宪推定"的认可，但如何解释和适用这一标准仍不清晰。

案例 8-C

《现代雇佣兵》月刊打算发表一篇叫做《五个简单步骤制作属于你的热核装置》的文章。文章作者 G.I.琼斯是一名核物理学家，搜集的绝大多数信息都来自未加密的信息源。不过，这篇文章第一次讲解了如何将看似不相关联的一些概念结合起来用于建造一台热核装置。政府根据《原子能法》(Atomic Energy Act)的一个条款申请了禁止该文出版的禁令。该条规定，对任何试图公布受限制信息的行为，政府"如果有理由相信该信息会用于损害美国或有利于任何外国"，即有权颁发禁令。尽管政府怀疑琼斯的文章是否真的会导致核武器的初步制造，但是政府有关专家声称该文的出版有可能给某个中等国家提供足够信息，从而加快其发展热核武器的速度。假设琼斯的文章包含有《原子能法》定义的"受限制的信息"，那么联邦地区法庭是否应当颁发禁令呢？

---

① *New York Times v. United States*, 403 U.S. 713 (1971), at 714, 720.
② 同上, at 726-727.
③ 同上, at 730-731.
④ 同上, at 740.

案例分析

由于政府的干预先于文章的出版,那么如果法庭颁布禁令,就会构成事前限制。和所有事前限制一样,其合宪性将受到强烈质疑。如果我们持绝对主义的立场,则该案就很简单——不允许事前限制。然而,绝对主义观点从未在最高法院赢得过多数。不过,根据布伦南大法官几近绝对的观点,很可能也会得出相似的结论。政府顶多能证明某个中等国家"有可能"因这篇文章而加速其核能力的发展,这种推测出来的后果很难被视为"不可避免的、直接的、立刻的"。另一方面,该禁令获得了法定授权,而潜在危害也相当严重。联邦地区法院的法官可合理地认为在这种情况下,"军队例外"已获满足,且这一结论可能被最高法院维持。① 根据"五角大楼文件案"的情况,至少有五名大法官可能支持这一结论。

"强烈违宪推定"规则的不确定性在内布拉斯加出版协会诉斯图亚特② 案中有所改良。一名州初审法庭法官在一件多项谋杀指控案件开庭前发布了一项禁令,禁止新闻媒体"出版或广播犯罪嫌疑人所作的认罪或坦白陈述的内容"。该封口令的目的在于保护犯罪嫌疑人受第六修正案保护的"获得公平和无偏私的审判之权利"③。联邦最高法院认定,尽管有这一强烈的州利益——即保护犯罪嫌疑人的宪法权利,该法官的禁令仍无法通过宪法审查。事前限制是非常令人厌恶的,尤其是在强调时效性的新闻报道的情境中。④ 因此,按照某种非常接近严格司法审查的方式,法院审查了州利益、该禁令的限制范围和替代这一禁令的、对第一修正案原则侵犯较少的其他方式。最终,法院判定该禁令对促进上述州利益并非必需。

让我们跳出新闻报道的背景。对事前限制的违宪推定的强烈程度取决

----

① 参见 *United States v. Progressive, Inc.*, 467 F. Supp. 990 (W.D. Wis.);上诉驳回,610 F. 2d 819 (7th Cir. 1979),根据类似情形颁发了禁令。

② *Nebraska Press Assn. v. Stuart*, 427 U.S. 539 (1976).

③ 同上,at 541.

④ 同上,at 560-561.

于其所欲限制的言论之性质。回想一下案例 8-B,麦特洛勒克斯市的审查机制意在阻止淫秽电影的公映,审查程序则构成事前限制。但是,我们稍后会发现,最高法院所定义的淫秽言论是不受第一修正案保护的言论类型。因此,地方社区在选择一定的方式对其认定为淫秽的言论进行管制或禁止上被赋予了更多空间。因此,如果麦特洛勒克斯市的审查机制中嵌入了以下程序性保障,则事前限制可得到支持。这些程序性的保障是:(1)审查委员会必须承担举证责任,证明电影符合宪法所定义的淫秽标准;(2)做出审查决定的程序持续时间应尽可能短;(3)必须保证有及时的司法审查程序审核该淫秽认定,包括某种迅速的纠纷解决机制。① 总之,以下两方面相结合即可反驳对事前限制的违宪推定,一方面是受管制言论本身不受欢迎的性质,另一方面是有程序性的保障机制来确保只有不受欢迎的言论才会被限制。

四、过于宽泛和模糊原则

禁止起诉方主张第三方的宪法权利是通行的起诉资格要件(rule of standing),过于宽泛原则(the Overbreadth Doctrine)为第一修正案诉讼创设了起诉资格的特殊例外,这一原则允许以下情形,即某一法律在适用于某公民时表面上是合宪的,但该公民仍可以该法在适用于他人或在其他情形下违反第一修正案为由主张该法违宪。过于宽泛的抗辩之核心意义在于,即便受质疑的法可能有某些合宪的适用方式,但其过于宽泛的程度触及了受保护的言论活动,并对人们的其他未进入诉讼程序的第一修正案权利构成威胁,以至于整部法律都应被撤销。

因为适用过于宽泛原则会导致本身可被合宪适用的法整体被宣布无效,或以字面审查的方式被宣布无效②,所以法院一般都不愿以"最严格的

---

① *City of Littleton v. Z.J. Gifts D-4, LLC*, 541 U.S. 774, 780-781 (2004); *Freedman v. Maryland*, 380 U.S. 51, 58-60 (1965).

② 原文为 facial invalidation,是指在审查法律之合宪性时,并不结合诉讼中案件背景,而仅从法律文本的字面判定其违宪。通常法院在宣布某法律违宪时,会采用"该法或该条款在适用于何种情形时或在解释为何种含义时构成违宪"这样的表述,强调宪法、法律之含义与个案事实之关联性,因此,以字面审查的方式宣布某法违宪是比较严厉的审查方式。——译者

标准"适用这原则。于是,适用过于宽泛原则有若干限制。首先,如果某一法律基于某种合理的、有限的、符合宪法的解释,且这一解释避开了"过于宽泛"的考量,则该法就不会归于无效。然而,法院也不会接受某一看来为正在审理的案件而编造的狭义解释。①

第二,被质疑的法必须"实质上"过于宽泛。尽管这是一个模糊的要件,但这意味着,如果某一法律仅在极少数情形下的适用是违宪的,则不能根据过于宽泛原则判定其违宪。法律的过于宽泛必须是"实质上的——不仅在绝对的意义上,而且从该法一般性的、正当的适用范围上理解都是如此"②。在衡量其实质性时,如何确定相关法律之范围是很关键的。例如,如果某市条例禁止在公园发表演讲,"那么该法是单独适用、还是作为一系列对学校、市政广场和市议会大厅内的表达自由的管制政策之一部分就很重要。"③不仅如此,法院不愿仅凭可能性或无证据支持的假定事实就判定某法之过于宽泛是"实质上的",相反,过于宽泛的程度应根据证据实事求是地予以证明。④

第三,除非受质疑的法本身"专门针对言论或与言论必然相关之行为——如罢工纠察或示威",⑤而不是针对诸如侵入他人土地这类本身不具表达性、只是有时为言论自由而采取的行为,否则过于宽泛的主张几乎无法成功。最后,通常情况下,当诉讼人采取某些种类的表达活动时,过于宽泛原则也会被援引。至于当事人并未参与任何形式的表达活动、但受质疑的法确实触及了受保护言论,在这种情况下过于宽泛原则能否适用,最高法院

---

① 注意,法院可限制联邦法律的适用范围,但任何对州法律的狭义解释都必须基于州法院的判决。
② *United States v. Williams*,128 S. Ct. 1830,1838 (2008),着重为原文所有。
③ *Virginia v. Hicks*,539 U.S. 113,125 (2003),苏特大法官协同意见。
④ *Washington State Grange v. Washington State Republican Party*,128 S. Ct. 1184, 1193-1195 (2008)。
⑤ *Virginia v. Hicks*,539 U.S. at 124,法庭意见;另参见 *Los Angeles Police Dept. v. United Reporting Publishing Corp.*,528 U.S. 32 (1999),对某部禁止公开某些警方记录的法律提出过于宽泛的挑战是不可能的,因为该主张并非基于"言论"。

暂未回答。①

再来谈模糊原则(the Vagueness Doctrine)。因模糊而无效原则是指任何刑事法律都必须合理地描述其所禁止的行为。该原则的前提在于根植于"正当程序条款"的两个考量——刑事法的潜在规范对象应被公平地告知何种行为受禁止;同时,负责执法的官员未被授予专断性的执法裁量权。②在处理可能侵犯第一修正案权利的法律时,这些正当法律程序方面的考量具有特殊的意义。一部模糊的法律可能把受保护的言论活动纳入其模棱两可的适用范围,从而因威慑受保护的言论而与过于宽泛原则相冲突。在这种情形下,过于宽泛的主张和因模糊而无效的主张在本质上是一样的——因为模糊造成了过于宽泛。另外,一部适用于言论活动并授予执法官员专断权力以定义该法适用范围的模糊法律会造成以下风险,即允许执法者根据言论内容进行选择性执法,这种授权方式本身就是违宪的。在第一修正案的规则体系中,模糊的法律和实质上过于宽泛的法律一样,从字面上即可判定违宪。

在全国有色人种协进会诉巴顿案③中,法院说明了上述原则对第一修正案在宪法上的重要性:

> 之所以应避免法律的模糊和过于宽泛,不是由于这类法律缺少对犯罪嫌疑人的公平警告,也不是因为这些法律对立法权力的笼统委托,而是因为——就第一修正案的意义而言——容忍一部可能会不加区分和不恰当地适用的刑事法律是危险的。第一修正案上的权利和自由是脆弱的、容易被侵犯的,而且是这个社会极为珍视的。施加刑罚的可能性对这些权利之行使所造成的恐吓力度不亚于实际的刑罚。因为第一修正案之自由需要呼吸的空间才能存活,所以政府对这个领域的管制必须精细而具体。④

---

① *Virginia v. Hicks*, 539 U.S. at 124.
② *Papachristou v. City of Jacksonville*, 405 U.S. 156, 162 (1972).
③ *NAACP v. Button*, 371 U.S. 415 (1963).
④ 同上,at 432-433.

案例 8-D

罗克韦尔市的一部条例禁止"任何人在市政公园作出扰乱秩序的或具有挑衅性的行为"。在一个清爽的秋日午后,比利正在公园内闲逛。他想要表达自己与大自然亲密无间的联系,于是就脱掉衣服,在满地落叶中手舞足蹈。他以违反上述条例的名义被捕。假定有一部规定得很详细的法律禁止比利这样的公开裸奔行为,那么比利能否援引过于宽泛原则或模糊原则成功地挑战该条例的合宪性?

案例分析

要成功地援引过于宽泛原则,比利必须证明该条例实质上过于宽泛。他应能成功地做到这一点。"扰乱秩序的或具有挑衅性的"这种字眼可有非常宽泛的适用方式,会把很多受保护言论包括进来。比如,一个共和党人可能觉得一个民主党人说的所有话都是扰乱秩序的或具有挑衅性的,尽管这个民主党人完全有权利发表那些言论。另外,这种潜在的过于宽泛也是模糊性的典型。按照其文字——"扰乱秩序或者具有挑衅性",这部条例的适用范围很不清晰。既没有给潜在的违法者提供恰当的告知,还给基于言论内容的选择性执法留下了机会。因此,除非通过某种合理的、狭义的解释把该条例的适用范围限定在一定程度内,否则该条例就是过于宽泛的和模糊的,也因而可从字面判定其违宪。

在考察某一特定行为是否属于一部刑法禁止之列时,"可以预见的某些疑难案件"这一事实并不意味着在宪法意义上就消除了该制定法的模糊性,因为"实际上根据任何一部制定法,疑难案件都是能够想象得到的。"[1]在刑事案件中,那种所谓"疑难问题"的解答主要依靠合理怀疑标准:即必须排除合理怀疑才能够定罪。导致一部刑事法律无效的模糊,"与其说是在审理中有时难以判定法律所规定的犯罪事实是否已被证据证明这种不确定性,倒

---

[1] *United States v. Williams*, 128 S. Ct. 1830, 1846 (2008).

不如说是上述犯罪事实本身的不确定性。"①因此,一部法律如果根据被告人的行为是否"扰人"或"不雅"——这完全是缺少立法定义的主观判断——来实施刑事处罚,则会因模糊而无效,因为法律规定的入罪事实——"扰人"或"不雅"——究竟是什么意思并不清楚。② 相反,如果一部法律将使用"挑衅语言"这种行为定罪,并将挑衅语言定义为那种"就其表达方式会造成伤害或有可能即刻引发对和平秩序的破坏的语言"③,则不构成违宪,即便在某个案件中被告所用的语言是否符合上述定义仍是一个待解决的"疑难问题"。④

第三节　基于内容的言论限制

一、基于内容的限制之构成

基于言论内容的限制是指,某法律的适用是由该言论所传播之信息的实体或内容导致的。在尼尔诉明尼苏达州案中,下级法院发出的禁制令针对的是未来拟出版的任何"恶毒的、捕风捉影的或诽谤性的"报纸,这些特征只能从出版物的实体或内容才能表现出来。相类似的是,在五角大楼文件案中,政府试图申请的禁制令针对的也是阻止被告方报纸出版特定的事实信息——基于言论内容的措施。基于内容的言论限制被视为对第一修正案之自由的最严重侵犯,因为政府利用法律的强制力,通过事前限制或事后惩罚的压制方式来干扰公共舆论——仅因政府认为应在某种程度反对某些言论。基本的假定是,基于言论内容的限制都是可疑的。不过,如果争议的言论类型属于受较少保护的一类,则该假定(或司法审查)的强度会减弱。

---

① *United States v. Williams*, 128 S. Ct. 1830, 1846 (2008)。
② 同上。
③ *Chaplinsky v. New Hampshire*, 315 U.S. 568, 572 (1942).
④ 参见第八章第三节第三目。

或者,法院会通过解释将基于内容的问题排除掉,从而避免对某部基于言论内容的限制法律进行严格审查。①

对被认定为基于内容之言论的限制有几种不同形式。一种是针对特定主题或话题的限制——例如,某一法律禁止公共机构在其文件信封上注有政治信息,或禁止公布加密信息;另一种是针对特定观点的限制——例如,某法禁止批评战争行为,或禁止教授进化论;还有一种是由言说者的身份导致的限制——例如,某法禁止劳工组织或宗教团体使用公共礼堂。上述这些并不全面,基于内容的限制亦可采取其他形式。

在某一具体案件中要确定基于内容的限制之类型可能比较困难。比如,一部禁止放映不雅电影的法律是对主题或话题的限制呢,还是对观点的限制——因为在理论上该法试图限制对性的某一特定态度之表达?后面我们会看到,有时候有必要确定是哪一种基于内容的言论限制,因为相对于其他类型的限制而言,观点限制在一定情况下会受到法院更为严格的对待。②

不过,假如政府能证明某一法律针对的是言论的**次级效应**(secondary effects),那么根据上述几种标准本应成为基于内容的限制的这一法律,却有可能被法院按与内容无关的限制来对待。所谓次级效应是指那些不是对言论的听众造成的效应。例如,法律禁止放映不雅电影的原因在于不雅电影被认为有可能鼓励婚姻不忠,这就构成基于内容的限制,因为该法针对的是此类电影对直接观影者造成的影响。另一方面,如果制定该法是为了保护周边社区免受常与此类所谓"成人剧院"相伴随的犯罪行为之干扰,那么根据次级效应原则,该法会被视为与内容无关的言论限制,因为其颁布是为了应对不雅电影的次级效应。在色情之外的其他情境中,这一原则适用的

---

① 参见 National Endowment for the Arts v. Finley, 524 U.S. 569 (1998),一部适用于国民艺术赞助计划的法律要求在发放津贴的时候考虑(艺术作品的)"通常的体面标准",法院将该规定解释为建议性的而非规制性的。

② 参见第八章第五节第三目。

程度则是一个有待观察的问题。①

在接下来的章节中，我们会考察一系列意在判定各种基于内容的言论限制之合宪性原则。这些原则是法院在处理不断出现的有关言论自由的难题之过程中形成的。须记住的是，其中每一种原则都是第一修正案之深层价值的反映，并基于涉案之言论与法院所认定的第一修正案之核心价值的接近程度采取不同的审查标准。

我们将会看到，法院在评估基于内容的言论限制之合宪性时主要采用三种不同的检验标准。第一种方式是，适用一种已定型化或规则化标准，该标准是针对某类特定的受保护言论而创设的。例如，"清晰而即刻的危险"标准用以审查对鼓动非法行为的言论所作的限制，而商业言论标准则主要适用于对商业广告进行限制的审查。第二种方式是，判定所涉言论是否属于依宪法不受保护或可被限制的言论类型。这类例子包括"挑衅言论"原则以及"淫秽言论"标准。最后一种方式是，如无定型化或规则化标准之存在且涉案言论也是受第一修正案保护的类型，则法院可能采取一种特定的权衡标准来决定该限制能否因恰当契合于所欲达到的一紧迫政府利益而判定为合宪。

二、鼓动非法行为："清晰而即刻的危险"标准

清晰而即刻的危险标准是最高法院的第一个、或曰最初的第一修正案原则。此标准最经常地适用于那些对鼓动非法行为的言论进行限制的法律，不过也会在更为宽泛的背景中适用，包括对社会抗议或批评公共事务进行限制的法律。"清晰而即刻的危险"标准现已发展为一种特定形式的严格审查标准，仅当确有必要追求某一实质性的、根本性的政府利益，且言论所呈现的危险致使政府除惩罚言说者外别无选择的情况下，才会判定这种限制性的法律合宪。

---

① 对比以下两案：City of Renton v. Playtime Theatre, Inc., 475 U.S. 41 (1986)，适用次级效应原则维持对成人剧院的限制法律，和 Boos v. Barry, 485 U.S. 312 (1988)，拒绝在一个涉及政治言论的案件中适用次级效应原则。

这个原则一开始是不讨好的。在申克诉美国案①中，两名被告被控多项违反 1917 年《间谍法》(Espionage Act)的行为。指控源于被告向潜在的被征兵人员散发传单要他们抵制征兵。在庭审中，被告主张其享有散发传单的第一修正案权利。不过，他们还是被定罪了。最高法院维持了下级法院的判决，对有关第一修正案的抗辩显得几乎无动于衷。霍姆斯大法官(Justice Holmes)写道：

> 我们承认，被告在传单中所说的话在很多场合和平常的时候均属其宪法权利。但是行为的性质取决于实施行为的背景……对言论自由的最严格保护也不会允许一个人在剧院里谎称失火并引发恐慌……每个案件中的问题在于，被使用的言论就其使用之背景和其性质而言是否造成了一种清晰而即刻的危险，而这些言论的实质危害是国会有权予以遏制的。这是一个接近度和程度的问题。当一个国家处于战时，和平时期可以说的很多话就成为对作战的阻力，那么只要还有人在前线战斗，这些言论就是无法忍受的，并且没有哪个法院会认为它们受任何宪法权利的保护。1917 年《间谍法》第四条既惩罚对征兵的实际阻碍，也惩罚阻碍征兵的预谋。如果被诉行为(言论或散发传单)的趋势及其意图是一致的，我们就不必等到行为已经得逞才将其视为一种犯罪。②

法院并未对案件事实适用任何"清晰而即刻的危险"标准，也未对接近度、程度或背景进行考察。相反，最高法院只是简单地推定了支持定罪和惩罚的相关情形，那些传单显然有可能引起一种不良趋势。

在申克案判决的一周后，法院又在两份判决中维持了根据《间谍法》对被告的定罪。霍姆斯大法官撰写了这两份判决意见，但都未提及他在申克案中使用的"清晰而即刻的危险"等字句。第一个案件是弗罗沃克诉美国案③，有充分理由维持对被告的定罪，因为"可能已认定报纸的出版是在星

---

① *Schenck v. United States*, 249 U.S. 47 (1919).
② 同上, at 52.
③ *Frohwerk v. United States*, 249 U.S. 204 (1919).

星之火可以燎原的地方,这一事实广为人知并得到了散发报纸的人的证实。"①第二宗案件是德布斯诉美国案②,被告因发表了一个演讲而被定罪——在演讲中他称赞了抵制征兵的人的勇气和牺牲精神。将其定罪是因为其听众会效仿这一行为。有关第一修正案的讨论被降级为对申克案语焉不详的引证了。

在此时此刻,"清晰而即刻的危险"看起来顶多就是判决意见中的过渡语句,和言论自由没什么关系。但是,重大变迁即将到来,这种变迁的迹象在申克案、弗罗沃克案、德布斯案后六个月就出现了。改变的时机则是另一宗《间谍法》案件——艾布拉姆斯诉美国案③,法院再次否决了当事人提出的第一修正案抗辩。但是,尽管本案事实与之前的几个先例相似,霍姆斯大法官却和布兰戴斯大法官一同发表了反对意见:

> 我们每年——要不就是每天——都不得不使我们的救济建立在某些基于并不完美的知识的预言上。尽管这一尝试是我们体制的一部分,我仍认为,我们应永远警惕以下企图,即中止我们厌恶并确信预示着死亡的意见之表达——除非这些言论表达即刻地对法律的合法且明示之目的造成了迫在眉睫的威胁,以至于只有立即阻止这些表达才能拯救我们的国家……把恶毒言论留给时间去纠正会造成即刻的危险,只有出现了这一紧急状况,才能对"国会不得制定剥夺言论自由的法律"这一彻底的禁令创设例外。④

除了反对法庭意见的表态⑤,霍姆斯的异议意见反映了一种对表达自由的新的、对言论更具保护性的视角。从这一视角出发,除非"即刻"对某一"合法且明示之"政府目的造成了"迫在眉睫的"威胁,否则鼓动非法行为的言论必须受到保护。换句话说,除非限制性的法律与促进某一重要目的是

---

① *Frohwerk v. United States*, 249 U.S. 204 (1919), at 209, 着重为本文作者所加。
② *Debs v. United States*, 249 U.S. 211 (1919).
③ *Abrams v. United States*, 250 U.S. 616 (1919).
④ 同上, at 630-631, 着重为本文作者所加。
⑤ 同上, at 627.

恰当契合的,否则言论自由应当优先。

布兰戴斯大法官在惠特尼诉加利福尼亚州案①中发表了雄辩的协同意见,从而将霍姆斯的上述思路往前推进了一步。布兰戴斯提出了一个高度保护言论的标准,而且最重要的是,该标准可由法院基于个案适用。

> 要证明对言论自由的压制为正当,应有合理依据令人担心下述情形的出现,即如果该自由言论成为事实,会造成严重恶果;应有合理依据使人相信所引起的危险是迫在眉睫的,应有合理依据令人相信所欲阻止的危害是严重的……即便鼓动了违法行为——无论这一鼓动在道德上多么应受谴责,也不是否决言论自由的正当理由——只要这种鼓动(advocacy)未构成煽动(incitement),且无证据表明这种鼓动会立即引发实际行动。我们必须牢记鼓动与煽动之间、准备与实施之间、集会和阴谋之间的巨大差异。要支持一项对"清晰而即刻的危险"的判定,就必须证明,要么是迫在眉睫的严重暴力即将发生或得以提倡,要么是过去的行为使人有理由相信这一倡议行为正在计议之中。②

法院在赫恩登诉劳里案③中采纳并适用了布兰戴斯在惠特尼案中提出的标准——煽动、即刻性或紧迫性、危害的严重性。在赫恩登案中,被告人因其拉人加入共产党而被定罪——在某种程度上,共产党的目标为武力推翻政府,从而被视为具有严重危害。尽管被告人参与了公共集会并散发了共产主义的文字作品,但并无证据显示其以任何形式鼓动了**即刻**的违法行为。因此,尽管有证据表明,被告人参与**倡导**某一信奉非法行为的主义,但没有证据表明他自己曾煽动任何人采取这一行为,或者说作为其行为的迫在眉睫的后果的非法行为是**即刻**的。最高法院推翻了对他的定罪,并认定缺少煽动和紧迫性是本罪无法成立的关键。④ 总之,本案不存在清晰而即

---

① *Whitney v. California*, 274 U.S. 357, 372 (1927), 布兰戴斯大法官撰写,霍姆斯大法官联署的协同意见。亦可见 *Gitlow v. New York*, 268 U.S. 652, 672 (1925), 霍姆斯大法官撰写、布兰戴斯大法官联署的异议意见。

② 274 U.S. at 376.

③ *Herndon v. Lowry*, 301 U.S. 242 (1937).

④ 同上,at 260-264.

刻的危险去限制第一修正案规定的对言论的假定保护。

在赫恩登案后，法院开始将"清晰而即刻的危险"标准适用于倡导非法行为以外的情形。① 在一宗这类案件中，法院将第一修正案的"最低强制"描述为"实体危害必须极其严重，并且紧迫程度也必须极高，方可对言论进行惩罚"。② 霍姆斯在申克案中作出的论述已经成为相当强大和广为接受的原则，其中蕴含的则是有利于言论自由的强烈推定。

案例 8-E

为迫使卡车司机加入一个工会，香农袭击了某些不愿加入的司机并因此被定罪。在一次宣判前聆讯中，香农的律师要求因其系初犯而对香农予以缓刑。在宣判前，一家当地主流报纸对前述请求撰写了社论，将香农描绘成一个"呆子和暴徒"，并要求法院判处其最高限的刑期。这篇社论的结束语是这样的："如果斯科特法官对香农处以缓刑将是一个严重错误，对香农的处理正是社区需要的反面教材。"由于这篇社论，斯科特法官认定该报蔑视法庭并处罚金 1,000 美元。判词中，斯科特法官解释到，这个社论威胁到"未审结案件的公平审判。"根据现代的"清晰而即刻的危险"标准，这项蔑视法庭的罪名应当被支持吗？

案例分析

该判决可能无法获得支持。尽管干扰未审结案件之公平审判（机会）的干扰是一项最为严重的危害，也是政府完全得到授权可予以阻止的行为，但是相关事实并未证明该报社论会导致这一危害的发生，更不用说这一危害的紧迫性了。说一个法官会犯一个"严重错误"这样的话看来全属报纸对公共利益的评论权。换个角度讲，我们应该有理由相信一位法官有足够的度

---

① 参见 Terminiello v. Chicago, 337 U.S. 1, 4-5 (1949), 破坏和平; West Virginia State Bd. of Educ. v. Barnette, 319 U.S. 624, 633-634 (1943), 拒绝向国旗敬礼; Cantwell v. Connecticut, 310 U.S. 296, 308-309 (1940), 传教; Thornhill v. Alabama, 310 U.S. 88, 104-105 (1940), 劳工示威。

② Bridges v. California, 314 U.S. 252, 263 (1941).

量容忍这样的批评。①

当然人们也完全可以提出相反的主张。社论的目的明显是向法官施压,而如果加上法官即将参与竞选连任这一事实的话,那么干预判决的可能性就变得更真实了,而威胁也更为紧迫——如果该报在当地很有口碑或很有实力,就更是如此。如果该案审理特别臭名昭著,那么效果也是一样。从这个角度看,确实存在某种对司法的"清晰而即刻的危险"的实质可能性,即法官会让其判决符合该社论的要求。② 不过,第一修正案的假定优势一般仍胜过上述这类说辞。

上述例子应该至少说明两个要点:第一,"清晰而即刻的危险"标准发展到今天,对言论自由的重视已超过了即便是非常重要的政府利益。只有具体的事实对政府利益造成了迫在眉睫的危险,才允许干预言论自由。这一标准与严格审查标准之间的相似性是显而易见的。对言论的限制仅限于避免一种极其严重的危害——即"紧迫的政府利益",且该言论立竿见影地导致了该危害的发生。此外,法律必须严密设计为以对言论最少限制或最少干预的方式来实现政府利益。第二,也是更为相关的,即"清晰而即刻的危险"标准——甚至第一修正案提供的任何保护——都是强烈的事实驱动(fact-driven)的,案件背景就是全部。因此,每宗特定案件所阐述的内容都必须通过该案的特定事实来理解。

背景的重要性可以从丹尼斯诉美国案③中看出来。在该案中,清晰而即刻的危险这一标准看来偏离了前述言论保护主义的模式。根据《史密斯法》(Smith Act),该案被告因图谋创建鼓动非法推翻美国政府的美国共产党而被定罪。但并无证据表明被告正在策划推翻政府之具体计划或实施了

---

① 参见 *Bridges v. California*, 314 U.S. at 271-275, 根据相似事实得出了类似结论;与 *Craig v. Harney*, 331 U.S. 367 (1947); *Pennekamp v. Florida*, 328 U.S. 331 (1946) 等两案一致。

② *Bridges v. California*, 314 U.S. at 299-300, 弗兰克福特大法官异议意见。

③ *Dennis v. United States*, 341 U.S. 494 (1951).

破坏行动。实际上,相关证据只是证明,被告阴谋策划建立一个教授和宣传共产主义信仰的组织,而这些马克思、列宁、斯大林所拥护的信条中就包含了暴力颠覆和产业革命的合理性和不可避免性。被告援引第一修正案,主张其有权教授这些信仰。

在本案的多元意见——即在某些情况下被最高法院视为权威性意见①中,首席大法官文森(Chief Justice Vinson)声称要采用他所谓"霍姆斯·布兰戴斯"版本的清晰而即刻的危险之标准,但实际上却采用了一个更倾向于政府利益的法律论证。"在每个案件中,[各法院]都必须追问,'危害'的严重性——结合其发生的或然性——是否足以证明以下情形为正当,即对言论自由的限制以避免该危害的发生。"②换句话说,根据这种模式,潜在危害越是实质性的危害,则该危害就越不可能实现,因为政府将限制推行这一危害之言论。

显而易见的是,暴力推翻政府和社会制度是一种实质性的危害。③ 用多元意见的话来说,"这是任何社会的终极价值,因为如果一个社会无法保护其制度架构免遭国内武装袭击,那么随之而来的就是其他下位价值也无法受到保护。"④至于即刻性,尽管本案未显示任何即刻性,但这种"紧迫性的缺乏"早已被危害的实质性和该违法行为一旦时机成熟就会发生的可能性抵消了。在多元意见中,清晰而即刻的危险标准"并不意味着,直到暴动即将发生,即万事俱备、只欠东风的状态,政府才能采取行动。"⑤鉴于当时冷战格局正在形成以及全球共产主义运动带来的威胁,法院认定了清晰而即刻的危险之存在,并维持了对被告的定罪。法院未将本案与赫恩登诉劳里案相区分,但也许赫恩登案中的被告仅被作为一个单独的行为人,而非某

---

① 一般情况下,只有形成明显多数的判决意见才是权威的,多元意见意味着无法形成过半数的多数,但和其他意见相比,多元意见获得的支持最多。多元意见的权威性一般是有限的,且不具先例效力。——译者
② 341 U.S. at 510, 引用 *United States v. Dennis*, 183 F. 2d 201, 212 (2d Cir. 1950).
③ 341 U.S. at 509.
④ 同上。
⑤ 同上。

一全国性阴谋的一部分。同样的,或许冷战的背景改变了人们对于共产主义运动所带来的威胁的判断。

案例 8-F

莱斯特系反政府人士,他认为所有形式的政府都是压迫自由与个人主义的巨大阴谋,他还认为暴力行动是与政府这个不道德的"利维坦"作斗争的正当手段。为了宣扬自己的观点,莱斯特写了一本小册子阐述其理念,其中主张使用密谋和暴力的方式与政府的力量进行对抗,比如对公共建筑实施爆炸等。他每周至少一次会站在公共建筑旁边免费散发他的小册子。基于上述行为,莱斯特被控违反一项刑事法律,该法规定"鼓动暴力的适用以推翻或实际攻击任何政府机构"属于犯罪。"清晰而即刻的危险"标准是否能在此种情形下保护莱斯特?

案例分析

丹尼斯案之前的清晰而即刻危险标准要求证明同时存在极其严重的危害和极高的即刻发生概率,如果适用这一标准,则在现有证据下,莱斯特的行为应可获得保护。尽管这一危害是极其严重的,但是案件事实并未表明任何即刻发生的可能性,顶多就是在将来可能有某个人受了莱斯特的鼓动实施了暴力行为。或者换句话说,莱斯特并未进行煽动,而只是表达了主张——而这是受法律保护的。因此,这种情况下言论仍能得到更多容忍。另一方面,如果我们适用丹尼斯案的权衡标准,可能会得出相反的结论。基于危害的严重性,加之对当前国内恐怖主义的切实隐忧,相对较小的发生可能并不足以"抵消"危害的严重性,从而也难以阻止对莱斯特行为的起诉。

但是,丹尼斯案是否应适用于案例 8-F 描述的那种情形呢?其实,从杰克逊大法官(Justice Jackson)在丹尼斯案中发表的协同意见中可找到可能的答案。杰克逊大法官认为,清晰而即刻的危险可作为一个有用的司法工具去衡量若干不相关联的抗议行为——"街头的狂热演讲,或散发煽动性的

小册子,或举着红旗进行游行的狂热分子,或一群拒绝向国旗行礼的小学生"——所受检控的合宪性。[1] 在上述情境中,法官可基于对案件事实的考察来判断危害和即时性的程度。但对"组织良好的、全国范围的阴谋",如共产党,则清晰而即刻的危险标准之"语言陷阱"就要求法官对"若干无法衡量的要素进行评估。"[2]因此,杰克逊大法官认为该标准在这种情况下并不适用。如果采用杰克逊的方法,莱斯特散发煽动性小册子的做法看来可适用丹尼斯案之前的清晰而即刻的危险标准——因为其行为并非有组织的全国性阴谋的一部分。照这样说,清晰而即刻的危险标准实际上包含了两条有些差异的分支。

法院对勃兰登堡诉俄亥俄州案[3]的判决可能就表明该标准确实有两个分支。在本案中,法院回到了布兰戴斯大法官在惠特尼案中表述的清晰而即刻的危险标准,不过,有些奇怪的是法庭并未使用"清晰而即刻的危险"这一表述。在勃兰登堡案中,一名三K党领袖被控违反一项州法,该法禁止发表任何支持"犯罪、破坏、暴力或非法的恐怖主义方法作为实现工业或政治革新的手段之职责、必要性和正当性"[4]的言论。检控主要基于被告在三K党集会上的两次演说。在其中一场演说中,他说,"我们不是什么复仇组织,但是如果我们的总统、国会、最高法院继续压迫白种人,那么就有可能需要采取某些复仇行动。"[5]在另一场演说中,他针对黑人和犹太人发表了种族主义言论。法院推翻了对其的定罪。在法院看来,主张非法行为本身不能被惩罚,除非"这一主张就是为了引起或造成即刻的违法行为并确有可能引发或造成此种行为。"[6]

勃兰登堡案并未推翻丹尼斯案,相反,杰克逊大法官在丹尼斯案之协同意见中所主张的区别对待在勃兰登堡案中得到了默示接受和适用。在言论

---

[1] 341 U.S. at 568.
[2] 同上,at 570.
[3] Brandenburg v. Ohio, 395 U.S. 444 (1969).
[4] 同上,at 444-445.
[5] 同上,at 446.
[6] 同上,at 447.

为公开和不加掩饰的情形下,布兰戴斯大法官在惠特尼案之协同意见中提出的审查标准就是检验有关检控行为合宪性的合适工具。在言论为隐秘的情形下——且作为某些有组织阴谋的一部分,那么丹尼斯案的多数意见所采取的权衡标准就是评估相关利益的最合适方法。当然,有人会说涉及三K党的案件完全属于第二种类型。但是,勃兰登堡案中的被告人未参与秘密的或暗地的行动;相反,对他的检控是基于其关于其组织哲学的公开演讲,且还是当着一个电视剧组的面。

案例 8-G

假定莱斯特这次不是孤零零的传单散发者了,而是"美国立即解放"组织的领导人,该组织的目的在于通过犯罪和暴力在合众国内建立一个独立的国家。再假定"美国立即解放"组织有几百名成员,他们秘密集会讨论自己的纲领、战略并为独立作培训。这些成员宣示·旦时机成熟,他们就要实现独立建国的目标。如因莱斯特对该组织的领导而起诉他阴谋鼓动违法推翻X州政府,而且如果他援引第一修正案作为抗辩理由,那么某一法院应(将)适用哪个版本的"清晰而即刻的危险"标准?

案例分析

有人会说,只有一种清晰而即刻的危险标准——即勃兰登堡案中适用的那种,这是法院在该领域的最新表态。根据这一标准,莱斯特仅在违法行为发生之可能性得以证明的基础上才会被定罪。缺乏这类证据的话,恰当的救济则是更多的言论。无论导致莱斯特被诉的演讲是公开还是秘密,这一点都是正确的。另一种看法则将丹尼斯案中的权衡方法作为检测合宪性的更合适工具。这种观点基于以下推定,即对莱斯特的控诉并非基于其公开演讲(就像勃兰登堡案中的公开演讲),而是基于其与言论有关的"美国立即解放"组织的秘密活动。根据这一观点——与杰克逊大法官在丹尼斯案中提出的观点相似,本案中有关行为的秘密性和地下性使得适用更为传统的清晰而即刻的危险标准既不实际、又不明智。政府不应该等到"非法行为即将发生";相反,法庭在决定是否惩罚莱斯特时,必须衡量危害的实质性和其发生的可能性。判决结果显然既主观也依赖于具体事实。

总之,清晰而即刻的危险标准是要讲情境的。丹尼斯案和勃兰登堡案中所描述的准则都旨在权衡政府利益和个人的表达自由权。适用哪一个标准以及适用到什么程度都取决于案件事实、所感知到的危险以及政府阻止言论所引发的真实危害的机会。

三、挑衅言论、真实威胁和仇恨言论

挑衅言论(fighting words)是指那些"就其存在而言会导致伤害或将会立刻引起妨害治安之情形"的语言。① 这些言论被视为很少或完全没有表达观点,因此属于完全不受第一修正案保护的言论类型。② 不过,尽管该定义聚焦于这类言论本身的危害性或挑衅性质,在实际操作中,对挑衅性言论(不受保护)原则(fighting words doctrine)的适用很大程度上——如果不是完全意义上的话——取决于这些可能的危害言论或挑衅言论的使用情境。因此,并不存在天生就属于挑衅语言的言论。③ 而且,在某些特定的充满愤怒气氛的情况下或以一种容易引发暴力还击的方式说出的言论,正常情况下不会被人们贴上"挑衅言论"的标签。

案例 8-H

阿尔是一个典型的自由派,他对于任何比新政(New Deal)④偏右⑤的东西都极度反感,而且他认为保守派的脱口秀节目主持人们尤其令人厌恶。一天晚上阿尔正在散步,却碰上了布什·利姆博——著名的(有时也因为他

---

① *Chaplinsky v. New Hampshire*, 315 U.S. 568, 572 (1942).
② 同上。
③ *Cohen v. California*, 403 U.S. 15, 22-26 (1971), 本案判决意见中提到,即便是"操(fuck)"这个词也不能仅凭"其本身就容易引起暴力还击"这种理论而把它从词典中清除出去。
④ New Deal, 即罗斯福总统在1930年代所主导的一系列加强经济调控和社会保障的政策和举措的泛称。——译者
⑤ 在美国的政治学谱系中,"右"是指经济上减少国家干预、社会政策上维护传统价值观的立场,此处的"比新政偏右"即指相对罗斯福的政策而言,要更少限制经济自由。——译者

很胖)保守派互动电台节目主持人。阿尔追上去对着布什的脸大声叫道,"你是个大肥白痴!"就在布什准备将对方打倒在地时,一名警察介入并以引发破坏治安的名义逮捕了阿尔。阿尔使用的语言是"挑衅语言"并从而不受第一修正案保护吗?

案例分析

有可能。上述语言本身的侵犯性不会使其自动地被归入挑衅言论的行列,但是鉴于说话的情境和方式,则法庭可能会认定阿尔毫无克制的表达是以一种可能引起不假思索的暴力还击之方式作出的。① 果真如此的话,即可适用"挑衅言论"的标签,且该言论不受保护。不过,阿尔的骂人话如果相对温和倒有可能阻却挑衅言论不受保护原则的适用。假如他使用的语言更具挑衅性——如那个四字母单词,②则更容易贴上"挑衅言论"这一标签,因为在一种怒目相视的情形下说出那个字导致破坏治安的可能性大大增加了。

再假如,阿尔出版了一本书,名叫《布什·利姆博是个大肥白痴》。即便这一贬义词汇在面对面说出时会构成挑衅语言,但作为书名却不属此类。这种情形缺乏的是挑衅言论不受保护原则所必须的即时性,即便书名包含那个极其挑衅的字眼,可能仍不构成挑衅言论。

从上述例子可以看出,挑衅言论不受保护原则可能只是清晰而即刻的危险标准的一种特殊适用方式。③ 根据该原则,仅在以容易引起立刻且严重的危害的方式和情境下使用侵犯性或挑衅性的语言——尤其是面对面的话语相向之后的暴力还击——才可以被惩罚。鉴于这种现实情况,有些评论者主张应放弃"挑衅言论"这一术语。他们认为,与其把这类言论作为不

---

① 参见 *Chaplinsky v. New Hampshire*, 315 U.S. 568 (1942),面对面冲着警察喊"他妈的诈骗犯"或"他妈的法西斯"都被认定为挑衅言论。

② 即前面所述的"操"。——译者

③ *Feiner v. New York*, 340 U.S. 315, 319-320 (1951); *Terminiello v. Chicago*, 337 U.S. 1, 2 (1949).

受第一修正案保护的类型,倒不如将其列入第一修正案保护范围内——但在满足清晰而即刻的危险之标准时,允许对其进行惩罚。不过,法院仍继续将挑衅言论作为不受保护的一类言论。①

法院还认定,"真实威胁"(true threats)也不受第一修正案保护。如果某一个人"针对特定个人或群体以十分严肃的方式表达了将施以非法暴力行为的意图"②,即构成"真实威胁"。与挑衅言论会立即引发暴力不同,真实威胁言论带来的危害在于对暴力可能发生的合理恐惧。因此,真实威胁可视为挑衅言论的某种变体,只是其不要求存在面对面的语言挑衅。"宪法上可禁止的、给他人造成的紧张不安就是一种真实威胁,例如向某个人或一群人发出威胁,试图使其处于害怕身体伤害或死亡的恐惧中。"③因此,在某人房前的草坪上点火焚烧十字架从而引发恐惧的行为构成不受宪法保护的真实威胁——即便房主此刻并不在家。

与挑衅言论不受保护原则紧密关联的是仇恨言论(hate speech)问题。近年来,有些群体——尤其是一些高校——试图管制嘲笑或贬损少数族裔、妇女、男同性恋者、女同性恋者及其他被认为极易遭受语言暴力的群体之言论。支持管制者认为,上述人群都是某些根深蒂固的偏见的受害者,对语言暴力放任自流的态度会使这些偏见恶化。然而,这类的仇恨言论并非不受保护的言论类型,而且由于政府对这类言论施加的限制被认为"基于内容的限制",所以必须接受第一修正案的严格审查。结果,各法院一直都不愿意支持这类限制措施。④ 相似的是,在 R. A. V. 诉圣保罗市案⑤中,最高法院裁定一部市政条例违宪,该条例禁止展示任何"会在人群中基于种族、肤色、信仰、宗教或性别而引发愤怒、警觉或不满的"标志物。尽管政府将该条例的适用限于挑衅言论——即不受保护的言论类型,最高法院还是判定该法

---

① 参见例如 *Virginia v. Black*, 538 U.S. 343, 359 (2003).
② *Virginia v. Black*, 538 U.S. at 359.
③ 同上,at 360.
④ 参见例如 *Doe v. University of Mich.*, 721 F. Supp. 852 (E.D. Mich 1989),推翻了密歇根大学的言论条例。
⑤ *R.A.V. v. City of St. Paul*, 505 U.S. 377, 380 (1992).

作为基于言论内容的限制而在字面上构成违宪,因为法条设定的禁止取决于挑衅言论传递的内容。①

四、对诽谤(及其他侵权行为)的言论自由限制

在里程碑式的纽约时报诉沙利文案②判决中,法院抛弃了一种长期的司法惯例,即有关诽谤的普通法在分类上是游离于第一修正案施加的限制之外的。在后沙利文案时代的第一修正案法理中,诽谤法不再是州法的自留地③。相反,法院在沙利文案中表明了"一个对以下原则郑重且全方位的承诺:公共议题的讨论应是不受阻碍、坚持不渝和广泛公开的,且这一讨论完全可能包含激烈、刻薄、有时令人不快的对政府和公共官员的尖锐抨击,"④在这一原则下,诽谤和其他以言论为前提的侵权行为(如故意施以情绪上的痛苦)必须间或为扩张中的宪法言论自由让路。

沙利文案的判决缘于纽约时报刊登的一个整版广告引发的争议。这则广告宣传对民权运动的支持,同时在其他信息外还描述了某些据称发生在阿拉巴马州蒙哥马利市的特定反民权行为,且这些行为被视为得到了当地警察局长的协助。作为回应,蒙哥马利市的警察局长起诉纽约时报(还有其他被告)诽谤,主张其受到该广告中若干事实错误的诽谤。根据阿拉巴马州法律,如果某出版物系"关于"原告,且其意在损害原告之"名誉"或"使其受公众谴责",则该出版物被视为"实质诽谤"(libelous per se)。⑤ 一旦实质诽谤成立,则被告只能通过举证有关出版内容属实作为抗辩。本案中的广告中确实包含了发生于蒙哥马利市的事件的失实报道,而根据阿拉巴马州州法,这些不实部分可认定为指向警察局长。经过审判,陪审团裁定警察局长获得50万美元的赔偿。

---

① 同上,at 391-393,参见第八章第三节第八目。
② *New York Times v. Sullivan*, 376 U.S. 254 (1964).
③ 传统上,诽谤法是普通法,所以基本上属于州法的范围,联邦无权置喙。——译者
④ 同上,at 270.
⑤ 同上,at 267.

最高法院推翻了该判决,并认定第一修正案禁止"公共官员基于其公务行为的诽谤性失实报道而获得赔偿,除非他能证明有关报道是出于'实质恶意'(actual malice)——即明知不实或由于过失而无视是否属实。"[1]不仅如此,实质恶意的证明必须基于"极具说服力的清晰性"(convincing clarity)[2]。

法院这一相当严厉的标准之理据在于民主社会中公共讨论的重要性。如果这种讨论是不受阻碍、坚持不渝和广泛公开的,那么参与者须能无惧于在探求真理、寻求共识和要求民主责任的过程中存在不实报道的风险。如果不是这样,那就会对公共话语的表达方式和范围都施加危险的威慑。总之,暂时的失实报道之代价远小于压制下的沉默造成的危险。

然而,这种不实报道的风险不包括明知或基于过失的不实报道,因为这两者都未对参与公共讨论贡献任何善意的意愿。因此,根据沙利文案,在批评公共官员的情境中,明知或基于过失的不实报道不具备第一修正案价值,从而不受第一修正案的保护。实质恶意标准的目的在于,在公共讨论的背景下,保证只有这类不受保护的言论才受诽谤法的调整。

(一)实质恶意标准施加的举证责任

在适用实质恶意标准的案件[3]中,实质恶意标准将一种近似科学的元素注入到原告的表面证据案件中。这项标准其实和通常意义上的"恶意"没有任何关系。相反,该标准要求提出诽谤告诉的原告证明,被告出版诽谤性失实报道的行为要么是明知失实,要么就是全然不顾所报道内容的真伪。"明知失实"就是其字面意思——被告必须已知其出版的诽谤内容是假的。"全然不顾真伪"则是比前者退后了一步,是指原告要证明被告对其出版物的真实性抱有严重的疑虑[4];或出版者"知悉其内容不实的可能性……极

---

[1] *New York Times v. Sullivan*, 376 U.S. 254 (1964),at 279-280.
[2] 同上,at 285-286.
[3] 我们会在后面再论及这一论题。
[4] *St. Amant v. Thompson*, 390 U.S. 727, 731 (1968).

高"。① 仅疏忽（negligence）或未能遵守职业标准并不足以满足前述任一标准。② 对实质恶意的证明必须是清楚且具说服力③，这是一种介于优势证据④和排除合理怀疑之间的证明力度。⑤

案例 8-I

奥利芙系市法院法官的候选人。当地一份叫做先锋报的报纸则支持其竞争对手——现任法官。在投票前一周，现任法官的助理因与正在市法院审理的案件有关的几起受贿行为而被定罪。第二天，《先锋报》发表一篇报道，其中援引"一位匿名线人"的话，声称被奥利芙的贿赂以作出不利于该助理的指控。报纸对该线人原话的引用是准确的，但是其中对奥利芙参与行贿的描述则完全不实。奥利芙从未见过此人，也未参与任何行贿行为。只需要有限的一点调查，《先锋报》就能够发现实情。此外，检察官应已告诉过该报，已经有若干物证和证人证言证实了该线人针对助理的证词，而奥利芙并未在此事中发挥任何作用。那么有关奥利芙的不实报道是否属于"明知"或"全然不顾真伪"呢？

案例分析

本案需视情况而定。单单是该报纸在调查过程中的冒失和不专业都不足以构成实质恶意。不过，该报有限的（或根本不存在）调查可能支持以下暗示，即他们曾怀疑过线人的可靠性，但并不愿意把这些疑虑弄清楚。当然，仅有这一暗示也不能算作清楚且具说服力。但如果奥利芙能证明先锋报明知某些事实可能证明该线人的爆料有误但又不去追踪这些重要的线索，则证明实质恶意的可能性就会大多了。如果有的线索和《先锋报》对现

---

① Harte-Hanks Communications v. Connaughton，491 U.S. 657，667 (1989)，其中援引 Garrison v. Louisiana，379 U.S. 64，74 (1964)。

② 491 U.S. 664-666。

③ 同上，at 657。

④ 原文为 a preponderance of the evidence，即优势证据规则，一般用于民事案件中，即一方只要提供超过对方的证据就能够证明某一事实，类似于简单多数规则。——译者

⑤ proof beyond a reasonable doubt，排除合理怀疑是刑事程序中的证据规则，即检方必须提供充分可信的证据证明被告有罪，以至于使陪审团或法官相信不存在任何能够判定被告无罪的合理推断，否则就必须认定被告无罪。这相当于绝对多数规则。——译者

任法官的支持态度有关,就更是如此。在这种情况下,认为《先锋报》明知可能不实仍公布了有关报道就可能是恰当的。①

实质恶意标准隐含了一个要求,即由原告来证明诽谤言论的虚假性。要证明被告明知言论不实就需证明诽谤言论的确虚假;要证明被告全然不顾是否属实实际上也要求出版物的确不实。换句话说,在涉及实质恶意的案件中,言论的真实性并非被告的抗辩手段;相反,真实性的缺失——即虚假性——则是原告之起诉理由的一个要素。当然,这一要素的举证责任仅在于优势证据规则。因此,在案例 8-I 中,奥利芙只需按照优势证据的要求证明其未参与行贿行为即可。

虚假性同样还要求所指控的诽谤包含了对事实的宣示,而不仅仅是观点的表达。事实的宣示可以是虚假的,但是观点则不可能是假的——无论其多么荒谬或恶毒。因此,观点的表达受到绝对保护。但是,如果涉案的观点合理地暗示了特定虚假和诽谤性的事实之存在,那么这一表述会被作为事实之宣示对待。换句话说,法庭不会允许被告将事实宣告伪装为观点表述。案例 8-I 中有关奥利芙贿赂潜在证人的说法是事实宣告。即便报纸把说法改为线人"有观点认为"奥利芙参与行贿,结论仍然相同。前一种情况是直接宣称行贿的事实;后者则是合理地暗示了这一事实的存在。②

对夸张和模仿秀等言论也是类似的处理方法。在这类情况下,如果适用实质恶意标准,那么除非有关言论可被认为合理地隐含了某一错误的事实宣告,否则上述两种艺术形式都将得到绝对保护。因此,在《好色客杂志》诉福尔韦尔案③中,对著名的宗教电视明星及其母亲进行恶毒模仿的行为被认定为不可诉,因为没有哪个理性的人会将该模仿秀——姑且称之为

---

① 参见 *Harte-Hanks Communications*, 491 U.S. at 685-693, 基于类似理由确认了实质恶意的认定。

② 参见 *Milkovich v. Lorain Journal Co.*, 497 U.S. 1 (1990)。

③ *Hustler Magazine v. Falwell*, 485 U.S. 46 (1988)。

模仿秀——理解为宣告了某个事实,无论是暗示还是明示。好色客案之所以重要还因该潜在侵权行为不是诽谤,而是蓄意的精神损害。尽管如此,适用了沙利文案标准,且赔偿仅以原告证明言论虚假性和实质恶意为前提。

（二）适用实质恶意标准的情形

首先,实质恶意标准适用于由公共官员提出的、以言论为前提的侵权诉请,例如诽谤或故意精神损害。公共官员被广泛地定义为包括了所有民选官员以及竞选上述职位的候选人——前述例子里面的奥利芙就是这类候选人。同时,公共官员也包括政府雇佣而执掌一定职位且基于其职权有可能对政府事务行使裁量权的任何人,或该职位的重要性使得公众在"该官员的资质与表现方面存在特定的利益"。① 这一定义排除了像门卫、文员、打字员这样的政府雇员,但是明确包含了公立学校教师、警员、游乐场管理员、社工及类似人员。

如果诉讼由**公众人物**（public figures）提出,同样适用实质恶意标准。公众人物是指那些"深入参与重要的公共问题之解决过程的人,或由于其名望而在广受关注的事件中有影响的人。"②法院随后基于该原则的需要而认定了两类公众人物。第一类是指那些"因其所处职位拥有的权力和影响力而无论如何都被认为是公众人物的人。另外普遍的在于,这类被划定为公众人物的人也将自身置于特定社会争议问题之解决前沿。"③应该注意,根据这一标准,这些人作为公众人物的身份的原因往往在于其参与有关公共事务的个人选择。法院表示,非自愿成为公众人物的例子是很少的。

案例 8-J

"大男孩"比尔·巴茨是新成立的全国橄榄球联盟球队纽约防卫者队的首席教练。有一名纽约的体育记者写了好几篇关于巴茨及其非常规训练方

---

① *Rosenblatt v. Baer*, 383 U.S. 75, 85-86 (1966),本案中一名县立滑雪场的主管被认定为属于公共官员。

② *Curtis Publishing Co.v. Butts*, 388 U.S. 130, 164 (1967),首席大法官沃伦(Chief Justice Warren)的协同意见。

③ *Gertz v. Robert Welch, Inc.*, 418 U.S. 323, 345 (1974).

法的文章,其中包括其引入非法类固醇使用的指控。如果巴茨起诉这名记者诽谤,那么巴茨会被认定为公众人物吗?

案例分析

可能会。像巴茨那样接受了一个极受关注的职位的人属于公众人物,尤其是就与该职位有关的新闻报道而言。①

但是,假设巴茨的妻子——贝弗莉——提出了离婚申请,而这名记者写了篇文章把贝弗莉描述成"贝蒂·福特康复中心的热门申请人"②,再假设,贝弗莉举办了一个新闻发布会解释其为何要离开巴茨。那么贝弗莉是否成为公众人物了呢?恐怕没有。贝弗莉嫁给一个公众人物并未自动使她自己也成为公众人物,无论公众或传媒认为其婚姻或离婚是多么有料的一件事。重要的在于没有任何事实表明贝弗莉占据了一个拥有很大权力和影响力的职位;她也未将自己推向某个公共争议问题的前沿。只要新闻发布会未用以影响其离婚程序之结果,则贝弗莉不会就此成为公众人物。③

(三) 私人原告提起诉讼的审查标准

最高法院的若干大法官一度试图将实质恶意标准适用于任何牵涉"公共利益或整体利益"的言论。④ 这样的话,无论原告的身份如何,都将适用这一标准。但是,法院拒绝采纳这种观点,而将实质恶意标准限定适用于公共官员或公众人物提起的诉讼。⑤ 特别值得注意的是,法院在格茨案中认定由私人原告——如既非公共官员亦非公众人物——提起的诽谤诉讼中,只要原告证明被告因疏忽而发表了有关原告的虚假事实报道,实际损害(actual damage)的赔偿责任可以成立,而这也符合宪法第一修正案。⑥ 而要获得惩罚性赔偿(punitive damages)或推定利益赔偿(presumed dam-

---

① 参见 *Curits Publishing Co. v. Butts*, 338 U.S. 130 (1967).
② Betty Ford 康复中心是著名的戒毒康复机构。——译者
③ 参见 *Time, Inc. v. Firestone*, 424 U.S. 448 (1976).
④ *Rosenbloom v. Metromedia, Inc.*, 403 U.S. 29, 43 (1971).
⑤ *Gertz v. Robert Welch, Inc.*, 418 U.S. 323 (1974).
⑥ 亦可参见 *Philadelphia Newspapers, Inc. v. Hepps*, 475 U.S. 767, 768 (1986).

age),则需要证明实质恶意的存在。①

有关私人原告的诽谤诉讼还存在一个问题——而这一问题有可能传导至公共官员或公众人物之诽谤诉讼情境中。在私人原告诉讼中,仅当争议中的诽谤问题牵涉某项公共关切时,原告要获得推定利益赔偿或惩罚性赔偿必须满足实质恶意之要求。如果不是这样(即不牵涉公共关切),则根据一个更宽松的、也更普遍的标准来判定是否给予惩罚性赔偿或推定利益赔偿。② 法院在审理邓恩及布拉德斯特里特案时就下列问题表态,即在无关公共关切的情形下,是否应放弃格茨案的疏忽标准③;也未提及公共官员或公众人物能否主张诽谤案未涉及公共关切从而避免适用沙利文案的审查标准。这两个问题都未有定论。

邓恩及布拉德斯特里特案之另一个未决的问题是,"公共关切(a matter of public concern)"究竟是什么意思。法院在该案中认定一份错误指责某公司信用的私人信用报告与公共关切无关,但在作出以上判决时,法院未说明适用这一标准的方法。④ 唯一的衡量标准是与格茨案的事实进行比较。在格茨案中,法院毫无保留地认定,一位律师陷害了一位警察,说这位警察系共产主义阴谋之主谋,公开指控这一律师的言论关涉公共关切。尽管人们可以感知到这两个案件的事实差异——一个是私人报告、一个是公开指控,但到目前为止,仍缺乏规则化的指导标准来区分上述事实。因此有评论者认为,是否属于公共关切这一区分应当废止。

再以案例 8-J 为例。作为一个私人原告,贝弗莉·巴茨能否不经由实质恶意标准就获得推定利益赔偿或惩罚性赔偿?这取决于该诽谤言论是否涉及公共关切。注意,对贝弗莉的诽谤来自其药物依赖疾病的隐晦事

---

① *Gertz*, 418 U.S. at 349.
② *Dun & Bradstreet, Inc. v. Greenmoss Builders, Inc.*, 472 U.S. 749 (1985),多元意见及协同意见。
③ 但参见 *Dun & Bradstreet*, 472 U.S. at 774,怀特大法官之协同意见,认为不应适用格茨案中的责任标准。
④ 参见 472 U.S. at 789,布伦南大法官在本案反对意见中指出一家当地公司的信用报告是关涉公共关切的,因为该报告所包含的信息涉及当地的普遍利益。

实。当然,从贝弗莉的角度看,不管这一隐晦事实正确与否,诽谤话题涉及的都是一个纯私人的问题,而不应受公共审查。一个人的个人生活可比作邓恩及布拉德斯特里特案中的私人信用报告——即仅限于少数人了解。另一方面,社会各阶层中愈演愈烈的药物依赖疾病显然属于公共关切。我们越是避免谈论这一话题,就越有可能让更多的人遭受这种广泛传播的问题之折磨。简言之,某一问题究竟是否属于公共关切其实并无清晰的分界线。

(四) 第一修正案对诈骗诉讼的限制

如果在诈骗诉讼中被诉为欺诈的行为包括了表达成分,则法院也会适用第一修正案。例如,在伊利诺伊州根据马迪根的告发而对电话推销协会提出之诉[1]中,伊利诺伊州向一个受雇于非营利性的退伍军人组织(Viet-Now)为其募捐的营利性募捐公司(电话推销员协会 Telemarketers)提起了诈骗诉讼。[2] 根据相关募捐协议,电话推销员协会可保留85%的从伊利诺伊州募得的毛收入。但根据伊利诺伊州检察官的指控,电话推销员协会在其募捐过程中一直都宣称其募得资金的绝大部分都将直接进入退伍军人组织的账户。而且,一个潜在的捐赠人被告知90%的捐款都将汇给退伍军人组织,而另一个捐赠人则被告知其捐款不会用于员工薪资,因为"所有工作人员都是义工"[3]。最高法院需要决定的是,根据慈善募款营销的第一修正案权利,该诈骗诉讼可否继续进行。

最高法院首先确认了之前三桩案件的先例效力。这三桩案件均关涉州法对专为非营利组织募捐的营利性公司的善款提留比例所作之限定,而这些限定均被裁定违宪。[4] 实际上,法院解释道,这三个案件的判决认定这些

---

[1] Illinois ex rel. Madigan v. Telemarketing Associates, 538 U.S. 600 (2003).
[2] 总检察长或其他人根据私人的告发代表国家以国家名义提起诉讼,这类案件的标题通常如下:State ex rel. Doe v. Roe.——译者
[3] 同上,at 608.
[4] Schaumburg v. Citizens for a Better Environment, 444 U.S. 620 (1980),该案中提留比例为25%;Secretary of State of Md. v. Joseph H. Munson Co., 467 U.S. 947 (1984),本案中提留比例为25%,并保留降低这一比例的权利;Riley v. Nat'l Fed. of Blind of N.C., Inc., 487 U.S. 781 (1988),本案中推定35%的提留太高了。

提留比例限制非法剥夺了慈善组织基于第一修正案所享有的募捐权。不过,法院也反复强调,第一修正案并不保护诈骗活动或故意撒谎。实际上,"绍姆堡案、芒森案和赖利案都小心翼翼地留出了一定空间,使得诈骗指控能够保护公众免于虚假的或误导性的慈善募款。"①

在认可伊利诺伊州检察官有权继续其诈骗指控程序的同时,法院对伊利诺伊州法总结如下:

> 不实陈述本身并不能使得募款人承担诈骗责任。正如伊利诺伊州判例法所一再申明的那样,要证明被告负有诈骗责任,原告必须证明被告在进行不实陈述的时候明知其陈述内容不实;而且,原告还需证明被告在陈述时故意误导听众且成功地做到了这一点。为了加重原告的举证责任,上述证明都需要基于清晰且具说服力之证据。②

法院还指出,"在其他情景中,本裁定要求的严格举证已被认定为为受保护的言论留出足够空间。"③总之,根据第一修正案,"若募款人以欺骗捐赠人为目的而作出不实或误导陈述,则各州仍可提起诈骗指控。"④

五、竞选资金、竞选支持以及对倡议程序的限制

(一) 竞选资金和竞选支持

第一修正案已被解释为限制政府管制政治竞选资金之权力的一种手段。⑤ 关键在于,支持候选人竞争公职的支出被认为与竞选行为所传达的信息密不可分,从而被视为政治言论。结果,这些支出——如在报纸上登广告以支持候选人——获得了第一修正案最严格的保护。这类同等保护也适用于支持公投活动的支出。⑥ 一位大法官曾谐谑地作出如下评价,就第一

---

① 538 U.S. at 617.
② 同上,at 620.
③ 同上,引用了前引之纽约时报诉沙利文案。
④ 同上,at 624.
⑤ 主要参见 *Buckley v. Valeo*, 424 U.S. 1 (1976).
⑥ *Citizens Against Rent Control v. Berkeley*, 454 U.S. 290 (1981).

修正案而言,"钱说了算"。①

尽管法院也认可,在预防腐败或预防在竞选和公投过程中的腐败现象方面,政府利益具有重要性和正当性,但却很少认定该政府利益足以使限制候选人或其支持者的直接支出的行为为正当。直接的效果就是,任何一级政府——包括联邦、州、地方政府——都不能限制一个政治候选人在竞选中花费的资金数额。在无法限制某一候选人的全部个人支出的情况下,任一级政府也不能惩罚比自己的对手花费了更多自有资金的富有候选人,如给予富有候选人的对手以法定的募款便利,而这些便利是不会给予富有候选人的。② 与之类似的是,个人或独立的政治团体为支持候选人(或一动机)而花费的直接支出也不得限制——只要这些支出是"独立的",且不是伪装的给该候选人的捐助。③ 所谓"独立的",意味着该资金不得为应候选人之要求或与之合作而作出的捐助。

不过,法院允许政府限制营利性的和某些非营利性的公司的政治捐助,理由是,在维护理念界的健全以防止其受巨额商业财富的腐蚀性影响上,政府具有紧迫之利益。④ 但是,如果一个非营利性公司的宗旨不是聚敛财富而是推广某些理念,则这些"辅选组织"花钱支持自己观点的自由不得受限。⑤

案例 8-K

《联邦竞选法》(Federal Election Campaign Act, FECA)禁止任何公司

---

① 424 U.S. at 262,怀特大法官之协同意见和异议意见。

② *Davis v. Federal Election Commn.*, 128 S. Ct. 2579 (2008),一部联邦法规定在联邦选举中,凡竞选资金账户超过一定金额的候选人之对手,其法定私人捐助限制可以放宽,而该法被裁定违宪。

③ *Federal Election Commn. v. National Conservative Political Action Commn.*, 470 U.S. 480, 493 (1985).

④ 参见 *McConnell v. Federal Election Commn.*, 540 U.S. 93 (2003),维持了限制公司或工会组织使用其一般财政基金支持联邦选举的法律;*Austin v. Michigan State Chamber of Commerce*, 494 U.S. 652 (1990),允许政府要求这类商业公司使用由自愿捐助形成的专用账户的资金支持竞选。

⑤ *Federal Election Commn. v. Massachusetts Citizens for Life*, 479 U.S. 238 (1986).

从自己的经营性账户拨款支持竞选联邦公职的任何候选人。"公民生命权组织",一家宗旨在于推广反堕胎理念的非营利性机构,使用其机构账户的资金为一位反堕胎的国会议员候选人打了一则广告。这笔广告投入既非该候选人要求的,也非与其合作的结果,在这一意义上,这笔经费是独立的。《联邦竞选法》能否合宪地适用于本案?

案例分析

恐怕不能。尽管国会可限制营利性公司的"非专设"账户的支出,但不能对非营利性公司——如"公民生命权组织"——这样做,因为该类组织的目的不在于追求财富,而在于推广某种理念。根据严格审查标准,在涉及营利性公司时,政府在保护联邦选举不受未分离的公司财务之腐蚀上的利益是紧迫的,但在面对像公民生命权组织这样的非营利性机构时该利益并非紧迫。①

不过,政治支出与政治捐款之间具有重要区别。尽管政府限制政治竞选中支出的权力受第一修正案严格限制,从而需接受严格审查,但其对个人向政治竞选所做捐款的总额进行限制的权力则要大得多,且仅受较为宽松的司法审查。② 对公司——包括非营利的支持机构的捐款限制也是如此。③对此法院作出了以下表述,"对政治捐款的限制仅作为'最低限度的'言论限制看待,根据第一修正案,这一言论限制仅受相当宽松的司法审查,因为捐款更多地处于政治言论的边缘地带而非核心。"④这说明一个事实,即通过资金捐助所表达的政治诉求顶多是含糊不清的;就其对候选人言论的影响而言,对捐款的限制无非是迫使候选人扩大其支持者的基础。因此,"并未要求对捐款的规制与一紧迫之政府利益恰当契合,相反,只要对捐款所作的

---

① *Federal Election Commn. v. Massachusetts Citizens for Life*, 479 U.S. 238 (1986).
② *Buckley v. Valeo*, 424 U.S. at 20-21; *Nixon v. Shrink Missouri Government PAC*, 528 U. S. 377 (2000),根据巴克利案标准,支持了政府对捐款施加的限制。
③ *Federal Election Commn. v. Beaumont*, 539 U.S. 146 (2003).
④ 同上,at 161.

限制与一项实质性政府利益较为契合从而满足不那么严格的要求,则涉及对结社权进行重大干涉的这一捐款之限制即可通过司法审查"。① 根据这一路径,政府在预防腐败或腐败现象上的利益通常都足以忽略所有对言论自由的最低限度影响。

但不要误以为较为宽松的司法审查标准就一定意味着这类限制捐款的法律会得到法院的支持。在兰德尔诉索雷尔②案中,一部对捐款施加了的确相对较低的数额上限的佛蒙特州州法被法院裁定违宪。由三位大法官签署的多元意见指出,该州对捐款上限作出的规定"实质性地低于本庭之前认可的上限,也低于其他各州的一般规定,州法的捐款限制的存在,使之具有脱离第一修正案监管的危险。"③例如,根据佛蒙特州州法,在每次州长选举期间,任何个人、公司或政治团体可捐数额上限实际上仅 200 美元,几乎是我们在巴克利案中认可之上限的二十分之一。④ 在判定该上限限制违反第一修正案时,多元意见解释道,规定如此低的捐款上限导致了一种很大的风险,即它削弱了向"在任官员发起挑战的候选人组织有效竞争的能力"。⑤不幸的是,鉴于本案未形成多数意见,因此到底多低的上限才是太低并无标准。在很大程度上,这一问题的裁决取决于专家证人证词的说服力,即专家证人就某一特定上限限制对挑战在任者的竞选人发起有力挑战造成总体影响所作的证词。

需要注意的是,法律对独立的竞选支出的保护提供了一个规避捐款限制的相当简便的方法。不能捐给某一候选人的资金可用以支持该候选人,只要该支出是"独立的"。⑥ 当然,如果某第三方对某一候选人的支出不是

---

① *Federal Election Commn. v. Beaumont*, 539 U.S. 146 (2003),at 162,删掉了文内的引注。
② *Randall v. Sorrell*, 548 U.S. 230 (2006)。
③ 同上,at 253。
④ 同上。
⑤ 同上,at 255。
⑥ *Federal Election Commn. v. National Conservative Political Action Commn.*, 470 U.S. 480 (1985);亦可参见 *Colorado Republican Federal Campaign Commn. v. Federal Election Commn.*, 518 U.S. 604 (1996),即"科罗拉多案之一"。某一政党在正式提名本党候选人之前用于攻击对方候选人的支出被视为独立的支出从而完全受法律保护。

"独立的"——如他们与那名候选人有合作关系——则这些支出在功能上等同于捐赠,从而应受《联邦竞选法》的限制。

在联邦选举委员会诉科罗拉多州共和党联邦竞选委员会案[①]中,科罗拉多州共和党对《联邦竞选法》的一个条款提出质疑,该条款规定,一个政党基于合作关系而为某个国会议员候选人花费的支出在功能上等同于对该候选人的捐款。共和党主张,其合作关系的支出应得到与独立支出相同的宪法保护。[②] 共和党解释说,某一政党候选人的其他支持者之非独立支出受《联邦竞选法》之管辖,与之不同的是,某一政党存在的唯一意义就是支持其候选人担任公职。因此,在共和党看来,无论其支出独立与否,某一政党对与其有关联的候选人的支持就是该党的最核心使命,也就是参与政治表达。而政府一方则认为,对防止规避《联邦竞选法》对捐款的合理限制而言,将政党基于合作关系的支出也视为捐款是必要的。"如果一政党对与其合作的候选人享有不受限制的捐款权,就会诱使一般个人和其他非政党捐赠者把钱捐给该党以帮助其中意的候选人,同时还规避了原先的捐款限制。"[③]法院认为,本案事实支持了政府的主张,而且没有理由将基于政治动机而向候选人付出合作支出的个人与政党区别对待,并认定"政党基于合作关系的支出与真正的独立支出不同,应受规避捐款最低限度之限制。"[④]

法院在麦坎内尔诉联邦选举委员会案[⑤]中也采取了某种类似的方法。麦坎内尔案对 2002 年的《两党竞选改革法》(Bipartisan Campaign Reform Act,BCRA)提出了合宪性质疑。本案的一个待裁决问题牵涉该法的第一条,该条规定了一系列的限制条款,禁止全国性的政党"募集、接受、调动、花

---

① *Federal Election Commission v. Colorado Republican Federal Campaign Committee*, 533 U.S. 431 (2001),即"科罗拉多案之二"。
② 根据前引之科罗拉多案之一,真实的独立支出是受保护的。
③ 同上,at 446.
④ 同上,at 465.
⑤ *McConnell v. Federal Election Commn.*, 540 U.S. 93 (2003).

费任何软钱①"。② 在《两党竞选改革法》出台前,联邦选举资金的规制上的一个重大漏洞就是所谓硬钱和软钱的区分。按照《联邦竞选法》,硬钱是指对一联邦候选人竞选的直接捐款,这类捐款受《联邦竞选法》的严格限制;另一方面,"软钱"则是那些捐给全国性或地方性政党的钱,这些钱被政党用于州或地方选举,或其他混合目的——如鼓励提升投票率的活动。这些资金本质上不受《联邦竞选法》限制。但是慢慢地,软钱也开始间接用于支持联邦选举的候选人了。比如,某政党可能用软钱来投放"政策广告",其中提及候选人的名字及其在特定政策上的立场,但并未明确要求看到广告的人投票或不投给任一候选人。毫不奇怪,"随着软钱可使用途径的扩展,全国性的政党募集和使用的软钱数量也爆炸式地增长了。"③截止到2000年,民主共和两党竞选支出中有42%是软钱。④ 而且,对每一个捐款人来说,软钱捐献的数额大大多于可捐赠的硬钱。

《两党竞选改革法》将全国性政党"从软钱事业中拯救出来",一系列的限制性规定使得软钱捐款变得不合法了。⑤ 但是,该法案第一条中的某些限制在语言表述上似乎将全国性政党对软钱的支出也包括进来了。换句话说,有些条款实际上规定了全国性政党既不能"接受也不能使用"从特定渠道募得的资金。法院无疑将这些"支出"限制认定为用以防止政党规避《两党竞选改革法》的软钱限制条款之机制。其理念在于,如果不允许使用任何这类资金,则政党接受这类资金的愿望也会降低。⑥ 由于未对独立支出进行限制,因此评估这一整套软钱控制机制可适用更为宽容的司法审查标准。根据这一标准,法院在麦坎内尔案中裁定维持这些限制条款,并表示"有实质性的证据可支持国会之主张,即大量对全国性政党的软钱捐款增加了腐

---

① 原文为 soft money,与 hard money(硬钱)相对应,指任何公司、联盟、个人可向政党捐献的"非联邦资金"。——译者
② P409 注释⑤,at 133.
③ 同上,at 124.
④ 同上。
⑤ 同上,at 133.
⑥ 同上,at 138-139.

败或腐败现象的风险"。①

在麦坎内尔案中,法院还驳回了对《两党竞选改革法》第二条之合宪性的表面质疑。该法第一条针对的是全国性政党,相较而言第二条针对的是公司(包括非营利性机构)和工会。之前的联邦法禁止这类主体参与"以明示条款表态支持或反对某位明显指定之联邦公职候选人的活动"②,其所禁止的是一些"特定词汇",如"请投给"、"选他"、"支持他"、"把你的票投给"、"史密斯进国会"、"不要投给"、"打败"、"拒绝"等等。③ 只要小心地避开这些字眼,明确支持或反对某位候选人的广告仍可散播,国会就是想通过第二条弥补这一漏洞。该条规定,在每次联邦初选或大选前30天至60天的空白期内,公司和工会不得使用其不指定用途基金进行任何"辅选宣传(electioneering communication)"——如"明显指定之联邦公职候选人"的宣传内容,或,如涉及一国会议员席位时,指向该候选人选区的宣传内容。根据该条之规定,无须包括"特定词汇",甚至无须包括指向某一选举的宣传内容。麦坎内尔案的原告主张,第二条的字面意义过于宽泛,因为该条对"辅选宣传"的定义包括了一些应受宪法保护之言论。既然第二条直接指向政治言论而非政治捐款,因此应受严格审查。但法院驳回了这一表面指控,理由是,原告并未承担其主要的举证责任——即证明"过于宽泛"是实质性的。法院认为,"即便我们假定[第二条]将禁止一些受宪法保护的公司言论和工会言论,除非该条适用于受保护之言论系实质性的,否则,这一假定也不能'使禁止该法的所有实施为正当'——'不仅在绝对意义上如此,而且也与该法的常规正当适用范围相关'。"④

因此,对基于个案而提起的对《两党竞选改革法》第二条指控而言,麦坎内尔案并未作出决定。几年后,这类指控的案件就出现了,即联邦选举委员

---

① McConnell v. Federal Election Commn., 540 U.S. 93 (2003),at 154.
② Buckley v. Valeo, 424 U.S. at 44,着重为作者所加。
③ 同上,at n.52.
④ 同上,at 207, 内文引文省略。

会诉威斯康星生命权组织案①,本案中,法院裁定该法第二条的空白期条款不得适用于被认定为涉及"支持议题之言论"(issue advocacy),但可适用于代表或反对某一特定候选人之"表达态度之言论"(express advocacy)。法院适用了这一严格标准并认定,政府未能证明紧迫利益之存在。保护选举活动免于腐败或腐败现象、防止公司财产干扰政治过程等目标,或许可禁止代表某一候选人的"表达态度之言论";但这些目标不足以使这些规定适用于"支持议题之言论"为正当。由于"支持议题之言论"和"表达态度之言论"的区别始终不明晰,所以法院采取的是一种清晰界限标准,即"宁可错放政治言论,不可错杀政治言论"②的策略。根据这一标准,如果一则广告"可以被合理地解释为未指向支持或反对某一特定候选人……"③,则可被认定为包含了"支持议题之言论",而非"在功能上等同于表达态度之言论"。如果,在这种宽泛定义下某一广告构成"支持议题之言论",即不必受空白期条款的制约——除非有证据表明禁止这一特定广告为实现某一紧迫之政府利益所必需。

案例 8-L

威斯康星生命权组织是一个从事观念传播的非营利性组织。2004 年 8 月,在威斯康星州民主党初选之前不到 30 天的时候,该组织投放了一则电台广告,鼓励州选民联系本州的国会参议员,劝说参议员们不要在参议院发表为推迟该州联邦法官的表决程序而进行的冗长演讲④。这则广告以"婚礼"为题,一开头有个牧师问,"谁能将这位新娘嫁给这个男人?"新娘父亲就说,"作为新娘的父亲,我当然可以。不过,我倒愿意跟大家分享安装隔板墙的诀窍,现在请你先把隔板扶起来……"接着画外音响起,"有时,拖延一项重要决定是不公平的。"广告的结束语是,"和范戈尔德参议员和科尔参议

---

① Flederal Election Commn. v. Wisconsin Right to Life, Inc., 551 U.S. 449 (2007).
② 同上,at 456-457.
③ 同上,at 476.
④ 这里的"冗长演讲"原文为 filibuster,即参议员的长时间辩论或演说,专指用来拖延时间、以阻挠某项立法程序的战术。——译者

员联系,请他们出面反对冗长演说。"尽管该广告并未表达对范戈尔德参议员的看法,但是威斯康星生命权组织的网站明确表示该组织反对其连任参议员;来自民主党的范戈尔德赞成利用冗长演说阻止布什总统提名的共和党法官获得通过。根据《两党竞选改革法》第二条,威斯康星生命权组织会因投放该广告而受罚吗?

案例分析

这则广告显然属于《两党竞选改革法》第二条的管辖范围,因为范戈尔德正在竞选连任,广告也指向了他(本案中点了他的名)、广告受众是他在威斯康星州的选民。根据有利于保护言论自由的假定,由于这则广告可被合理地视为并未指向支持或反对某一特定候选人,因而将被认定为属于"议题"而非"竞选"言论。广告批评了这名参议员过去一贯采取冗长演说来阻止总统的法官提名的做法,并呼吁他抛弃这一策略。尽管威斯康星生命权组织强烈反对范戈尔德参议员连任,而且许多听众可能也了解这一点,但这种"背景因素"并未改变这一电台广告的性质。电台听众也不会仅从广告得知该组织反对该参议员连任。①

(二) 对民众立法程序的限制

绝大多数州法都经由下列程序而制定,即议会通过某议案然后交由州长签署生效。但是,按照所谓的倡议程序(initiative process),有些州的法律可由人民直接制定,即人民可投票赞成或否决事前征集足够数量的签名、印制在全州选票上的这一提案。宪法对一州是否实施这一倡议程序持中立态度,而且一州如果准备采取这一程序,该州仍然保留有"保护这一程序的完整性和可靠性的一定余地。"②然而,就州限制倡议程序介入政治表达的意义而言,这些限制都必须受第一修正案的严格审查。③ 我们已经看到,在

---

① 参见 *Federal Election Commn. v. Wisconsin Right to Life, Inc.*, 551 U.S. 449, 473-474 (2007). 本案 5 比 4 的意见认为,"背景因素"应极少在法庭的考察过程中起重要作用,因为采纳这些因素会与清晰界限标准的目的背道而驰。威斯康星生命权组织的广告属于"支持议题之言论",依宪法不受《两党竞选改革法》第二条之规制;反对意见则基于背景因素而得出了相反结论。

② *Buckley v. American Constitutional Law Foundation*, 525 U.S. 182, 191 (1999).

③ 同上,at 191 & n.12.

这一背景下，州对竞选捐款的限制应受第一修正案审查。① 相似的是，通过设定倡议能出现在选票上的资格要求，从而为这一程序设置特定限制，如果这类措施限制了政治言论之核心，则这类限制措施也应受严格审查。

这方面的两个重要案件是迈耶诉格兰特案②和前文提到的巴克利诉美国宪法基金会案。在迈耶案中，法院裁定一项禁止有偿签名征集的禁令无效，因为该禁令通过禁止了一动议的支持者传播其观点的能力而违宪地削弱了核心的政治言论。③ 该州提出的禁止理由是，要提升草根阶层对倡议的支持和拉平该程序的阶层差异，该理由未通过严格审查。④ 在巴克利案中，法院同样适用严格审查标准，推翻了三项施于征集签名程序的限制：第一项限制是要求征集签名的人必须是登记选民；第二项限制是征集签名的人必须佩戴显示其姓名的个人身份徽章；第三项限制是信息披露要求，强制披露每一个征集签名者的姓名、住址和向其支付的报酬总额。法院认定，上述任一限制措施均通过实质性地减少愿意参与征集签名的人数的方式限制了政治言论，从而削弱了倡议支持者传播其观念的能力。法院进一步指出，州为这些措施提出的主要正当理由——保护倡议程序的完整性——要么无法胜任，要么可通过更少限制的措施实现。⑤ 不过，法院的确在巴克利案中表明，一州可"合理地［要求］倡议程序之发起人披露谁向征集签名者支付报酬以及支付了多少。"⑥

六、商业言论

商业言论——即目的在于促成某项商业交易的言论——一度完全不受第一修正案保护。商业言论本质上等同于商业活动。因此，联邦、州和地方政府有权以管制商业活动的同等程度管制商业言论。例如在瓦伦丁诉克里

---

① *Citizen Against Rent Control v. Berkeley*, 454 U.S. 290 (1981).
② *Meyer v. Grant*, 486 U.S. 414 (1988).
③ 同上, at 422-423.
④ 同上, at 425-428.
⑤ 525 U.S. at 195-196, 203-204.
⑥ 同上, at 205.

斯滕森案①中,法院认定,一部禁止为营利性潜艇展览散发传单的"基于言论内容的"地方法规不存在什么合宪性问题。州也可以自由地管制这一"领地",丝毫不用担心会有什么第一修正案冲突。②

法院以类型化的方式将商业言论完全排除于第一修正案之外的做法逐渐遭遇了批评、修正,乃至最后的废除。③ 下文将进一步说明,如今法院对基于商业内容而限制言论的法律采取了一种中度审查标准。因此,尽管法院不再将商业言论视为不受保护的言论,但商业言论得到的保护仍比政治言论要少,这显然基于以下推定,即商业言论至少在某种程度上被排除在第一修正案保护的核心价值之外。所以,当我们把某一言论贴上"商业言论"的标签时,就降低了保护这一言论的审查力度。

(一) 商业言论的定义

言说者期望从表达性活动中获利这一单纯的事实并不必然将这一活动转换为商业言论。例如,很多动画片就是为营利而制作的,但是动画片不会自动成为商业言论,④而书籍或报纸——尽管绝大多数都以营利为目的——也未被视为涉及商业言论。⑤ 就这些媒体而言,营利动机通常与并不必然构成商业言论的表达内容同时存在。例如,一部营利性的电影可能讲述了一只小猪及其朋友们在农场里的故事,正是这一表达内容构成言论的特质。

法院一直都难以提出一个令人满意的对商业言论的定义。它曾经把商业言论定义为"仅与言说者及其受众的经济利益相关的表达"⑥;或指"至多为

---

① *Valentine v. Chrestensen*, 316 U.S. 52 (1942).

② 同上,at 54.

③ *Cammarano v. United States*, 358 U.S. 498, 514 (1959),道格拉斯大法官的协同意见; *Bigelow v. Virginia*, 421 U.S. 809 (1975); *Virginia Bd. of Pharmacy v. Virginia Consumer Council*, 425 U.S. 748 (1976).

④ *Joseph Burstyn, Inc. v. Wilson*, 343 U.S. 496, 501 (1952).

⑤ *New York Times v. Sullivan*, 376 U.S. 254, 266 (1964); *Smith v. California*, 361 U.S. 147, 150 (1959).

⑥ *Central Hudson Gas & Elec. v. Public Serv. Commn.*, 447 U.S. 557, 561 (1980),着重为作者所加。

促成一项商业交易的言论"①。更晚近的案件中,法院试图限缩其定义,即"提出商业交易之邀约[系]认定'商业言论'的标准。"②不过这些定义都不是技术上的定义,而只是就判定特定言论能否被视为"商业言论"而给出了常识性的标准。归根结底,如经综合考量,某一信息之目的与内容属"完全商业性的"——如意在提出某项商业交易的——则传递该信息的言论就是商业言论。③ 如果不是这样,则商业言论标签和较低的审查标准就不恰当。

某一特定商品的价格广告显然属于商业言论,而政治广告——即便其目的在于募集捐款——就不是。前者鼓励听众或读者去购买某产品;而后者则鼓励受众参与某一政治议题。在这两类言论类型之间还有一系列微妙的变种,其中有的言论对商业交易的邀约可能不那么明显,但仍为其核心内容;有的言论和某一公共事务紧密相关,因而排除了仅为商业言论的可能性;有的言论中同时包含商业性的内容和非商业性的内容。这些变种并无精确的标尺,而且不幸的是,法院常也以令人疑惑的方式适用"商业言论"的标签。不过,我们都是凡人,应根据每个案件的事实来探究其隐藏的言论价值,而关键在于常识。

案例 8-M

水星公司的业务是生产和经营一系列款型的运动鞋和运动服。该公司的商标是一条划过天际的闪电,其口号是"该你上场!"。水星公司正在电视上投放三段不同类型的广告。第一段由一位著名的职业篮球运动员出演。在广告中,他谈到了水星公司为他开发的系列运动鞋。在广告结尾,他拿着一只鞋,对着镜头说,"该你上场!"第二段广告则是一系列让人印象深刻的竞技场面,其中和水星公司的唯一直接关联就是广告结尾处出现了一组水星公司的商标和口号的画面。第三段广告则表现了几个女孩进行各种运动的画面。画外音提及了年轻女孩参与运动的重要性,特别强调了如建立自

---

① Virginia Bd. Pharmacy v. Virginia Consumer Council, 425 U.S. 748, 762 (1976),着重为作者所加。
② City of Cincinnati v. Discovery Network, Inc., 507 U.S. 410, 423 (1993),着重为原文所有。
③ Friedman v. Rogers, 440 U.S. 1, 11 (1979)。

信、避免早孕、获得好成绩、保持身体健康等。这则广告结束时同样以水星公司商标和口号作结。如果有任何商业言论的话,这些广告中哪一个属于商业言论?

案例分析

第一段广告是商业言论。尽管那名球星没有直白地邀请观众去买鞋,但其中的信息明显提出了一个商业交易的邀约:买鞋吧。同样毫无疑问的是,这则广告的目的就是为了给新款运动鞋做促销。总之,根据常识,该广告的内容和目的十分相符,即属于"严格意义的商业性"。

第二段广告在营销方式上就微妙一些了。只看竞技画面的话并不包括商业交易之目的,而是对运动的艺术表现。这样说来,这些画面应获得第一修正案的完全保护。但竞技画面和公司商标的同时出现是否改变了这一结论呢?换言之,这则广告中的商业元素是否盖过了艺术元素?很可能是这样。当我们综合考虑这种商业与艺术并列的模式所传递的隐晦信息以及水星公司借此提升品牌形象的目的,那么就可以说这则广告总体上就是商业言论。例如在纽约州立大学董事会诉福克斯案[①]中,法院裁定,在一个商业性特百惠晚会上出现的非商业性演讲——该言论包含财政责任等内容——本身并不能减少整个活动的商业意味,该晚会本质上就是一种营销。[②] 而且,晚会上的商业言论和非商业言论并非"不可分离地结合在一起",以至于其中一方无法在缺少另一方的情况下得以传播。[③]

第三段广告更为微妙。它的确宣传了水星公司,但却通过与本质上属于公益广告的内容相联系而做到的,这里并无直接的营销。尽管水星公司可通过该广告获益,但不会必然导致该广告成为商业言论。例如,在比奇洛诉弗吉尼亚州案[④]中,堕胎广告的营利性并不一定导致该广告成为商业言

---

① *Board of Trustees of the State University of New York v. Fox*,492 U.S. 469 (1989)。

② 同上,at 473-475。

③ 同上,如果商业言论被认为属于非商业言论的必然附带品,则可能会被认为减弱了商业性,但是其获得法律保护力度既可能增强,也可能减弱,这取决于该"非商业言论"的性质和法律地位。——译者

④ *Bigelow v. Virginia*,421 U.S. 809,822 (1975)。

论,因为其中也包括涉及"公共利益"的非商业性内容,即堕胎服务的信息。第三段水星公司广告同样包含了有关公益的信息,因此我们可以说,这则广告不是商业言论。即便存在商业交易的邀约,至多也只是公益信息的一个间接效果。另一方面,广告中商业成分和非商业成分并非不可分割地联系在一起,女孩们参与运动的重要性可在不提及水星公司的情况下予以宣传。① 当然,有人会说,不应当允许商业广告——包括公司商标和口号——通过加入公益信息作为开场白从而把自己的商业性质改变为更受保护的类型。可是如果我们采取后一种路径,则报道全球饥荒的电视纪录片也可被视为商业言论,因为其赞助商是通用食品公司。归根结底,我们需要决定的是第三段广告是更接近福克斯案中的特百惠晚会还是更接近比奇洛案中的堕胎广告,在此"正确"答案恐怕难以找到。

上述案例表明,在包含有或多或少的"严格意义的商业内容"以及未与其他言论类型——比如提供有偿代售代购服务或公布价目表等行为——相纠缠的情况下,商业言论还比较容易界定。当信息的内容或语境越来越模糊和复杂时,言论中的商业属性可能就要让位于第一修正案的考量,这一考量要求更加精确的审查标准。目前唯一的办法只能是小心权衡、依赖常识以及有效说理。

(二) 保护商业言论的根据

在可能范围内尽可能定义了商业言论后,接下来我们需要考察的是对限制商业言论的法律应施以的宪法审查标准。这方面的两个主要案件分别是前文提及的弗吉尼亚州药店委员会诉弗吉尼亚州消费者协会案②和中央哈德逊燃气及电力公司诉公共服务委员会案③。前者创设了将商业言论作

---

① 即公益内容具有其独立性,而不是附属于商业内容,以至于在司法层面可以分开处理。——译者
② *Virginia Board of Pharmacy v. Virginia Consumer Council*, 425 U.S. 748 (1976).
③ *Central Hudson Gas & Electric v. Public Service commission*, 447 U.S. 557 (1980).

为受宪法保护的言论类型并且为该保护提出了根据；后者考察了根据弗吉尼亚州药店委员会案发展起来的法律并将该法转化为审查标准，以审查限制商业言论的法律之合宪性。

弗吉尼亚州药店委员会案的争议在于，弗吉尼亚州的一部法律禁止注册药剂师公示处方药的价格。被禁止的言论是商业性言论，正如法院所说，"我们的药剂师并不打算评论任何文化的、哲学的或政治的……话题，他们所想要表达的'观点'仅仅是：'我打算把甲处方药以乙价格卖给你'。"① 摆在法院面前的问题是，这一言论的商业性质是否使之自动被排除于第一修正案保护之外。

法院从三个方面考察了这个问题：广告方、消费者及整个社会。就广告方而言，言说者具有经济动机这一事实本身并不能将该言论排除在第一修正案的保护之外。在许多难以计数的情形中，由经济动机驱动的言论都受保护的类型——劳动争议就是一个最好的例子。② 其次，"就特定消费者在商业言论自由流通中的利益而言，该利益绝不小于——目前为止若未大于的话——其在每天最紧要的政治议题中的利益。"③法院注意到，"贫困的、患病的，尤其是上了年纪的人"不仅觉得这种信息有用，而且可能至关重要。④ 最后，从整个社会的角度看，很多商业广告都包含有关公共利益的信息，而更为重要的是，在我们的自由经济体制中，商业信息的自由流通对作出正确的经济决策是不可或缺的。⑤ 总之，商业言论在我们的社会经济体制中扮演了重要角色，因此，这种言论应受第一修正案保护。

在认定商业言论受第一修正案保护的同时，法院并未完全排除政府对商业言论的规制。例如，法院认为，在州政府处理虚假或误导广告的问题上，"不存在什么障碍"。⑥ 同样，法院强调了本案中的价格广告在任何意义

---

① 425 U.S. at 761.
② 同上，at 762-763.
③ 同上，at 763.
④ 同上，at 763-764.
⑤ 同上，at 764-765.
⑥ 同上，at 771-772.

上都不是非法交易。① 不过,就非虚假、非误导的商业广告及并非营销非法活动的商业言论进行限制的法律而言,法院并未就衡量其合宪性提出标准。有的大法官或一些评论人士认为,这表明只要不是虚假的、误导的,或有关非法活动的商业言论即可得到完全保护。② 不过,法院并未采纳这一观点。

(三) 中央哈德逊案标准

现在,规制商业言论的法律根据"中央哈德逊案标准"接受审查,这一"四步骤分析标准"是法院在中央哈德逊燃气及电力公司诉公共服务委员会案③中提出的。这个标准实质上就是修改过的中度审查标准。根据该标准的第一条,我们需要考察涉案的商业言论是否为误导性言论或涉及非法活动。如属二者之一即不受第一修正案保护,政府可对其进行规制乃至完全禁止。因此,禁止报纸刊登色情服务广告的法律将被裁定合宪,且无须诉诸第一修正案审查(假设该法域色情服务是非法的)。不过,如果商业言论既非误导性言论也与非法活动无关,那么该言论应受第一修正案保护,只有满足以下三个额外条件政府才能对其进行规制:

- 政府在进行规制上的利益具实质性;
- 该规制必须直接促进上述政府利益;且
- 对言论的更少限制无法达成上述利益。

例如,在中央哈德逊案中,公用事业不得用于电力使用的推广广告。由于这一禁止未针对误导性的广告或推广非法活动的广告,所以其合宪性就取决于是否满足上述三个条件。

实质性政府利益要件引起了一项价值判断,即判断政府利益的重要性。任何不是细微末节的政府利益均可满足该要件。中央哈德逊案中,节能和保持公平的电费构成均被视为实质性的政府利益。在更一般的意义上,凡意在保护公民和居民的健康、安全或福利的法都能轻易满足这一要求。不

---

① 425 U.S. at 772.

② 参见 44 *Liquormart, Inc. v. Rhode Island*, 517 U.S. 484, 518 (1996),托马斯大法官(Justice Thomas)的协同意见。

③ *Central Hudson Gas & Electric v. Public Service Commission*, 447 U.S. at 561-566.

过，如果法院认定政府主张的利益是虚假的或纯粹基于某种牵强附会的因果关系，则无法满足该要件。① 几乎没有法律因无法满足该要件而被废除。

中央哈德逊案标准的第三项和第四项要件考察的是相关法律在促进政府利益时的"度"。根据"直接促进"之要件，如果一部规制商业言论的法对促进政府利益无效或逻辑关系过于遥远，则不能得到法庭支持。对该要件而言并不存在数学公式。在中央哈德逊案中，法院认为禁止促销广告可直接服务于州在节能上的利益，因为"广告与用电需求之间存在紧密的联系。"② 不过，推销广告与保持公平的电费构成之间的逻辑关联则被视为过于牵强，没有证据表明用电需求的增加改变了公平的电费构成。

第四项要件要求法律与推进政府利益恰当契合。如果该法被认为在适用范围上过于宽泛，或另有其他同样有效、但对言论更少限制的方案存在，则这部法律不会得到法庭支持。中央哈德逊案中的法律就是根据这一标准被废除的，因为该法禁止推广即便是高效的电力使用——即超过了达成节能目标之必需，此外还存在比完全禁止所有广告更为温和的措施。当然，第四项并未要求州采取"最少限制方法"③，而是一种合理适度的方法。这是一种比最少限制方法更为灵活，但也不像合理依据审查那么地尊重政府意见的方法。④

总的来说，法院并未以一致的方式来适用中央哈德逊案标准。有时，法院采取了"合理性"的说辞使州政府具有更多的空间以规制商业言论；有时，法院又以对规制的强烈违宪推定来适用这一标准。因此，我们不要被法院在中央哈德逊案中看似直白的"四步骤分析"迷惑，以为这项标准一定会推导出明确的结论或者形成了一系列稳定的判例。就像平等保护案件中的情况一样，中度审查标准比严格审查标准和合理依据标准显得易变多了，而商

---

① *Linmark Assoc., Inc. v. Township of Willingboro*, 431 U.S. 85 (1977), 本案中法庭认为政府所主张的立法是为了减少白种人口迁徙现象，而这一说法没有得到证据的支持。

② 447 U.S. at 569.

③ *Board of Trustees of the State Univ. of N.Y. v. Fox*, 492 U.S. 469, 475-481 (1989).

④ *Florida Bar v.Went for It, Inc.*, 515 U.S. 618 (1995).

业言论的判例法正好印证了这一点。

案例 8-N

波多黎各允许获得执照的赌场经营赌博业务。这些赌场可通过打广告来推动旅游业,但不被允许面向"波多黎各的社会大众"发放营销广告。这一限制的目的在于减少波多黎各居民的赌博需求,进而保护其健康、安全和福利。更重要的是,该限制措施的目的还在于避免当地犯罪活动的增加——比如卖淫和政府腐败、防止有组织犯罪向当地社区渗透、保护波多黎各的道德及文化特点。这一对商业言论的限制合理吗?

案例分析

答案取决于适用中央哈德逊案标准的严格程度。前两步分析应该没有争议。既然该法针对的广告既非误导、也未关于非法活动,则波多黎各政府就不能将其抗辩建立在第一条要求之上。同样,波多黎各政府主张的利益为实质性利益,这一点应也可达成共识,因为防止犯罪是政府的头号目标。困难在于该标准第三项和第四项要件的适用。这部法规是否直接促进了政府主张的利益?如果是这样,那么是否存在一种可同样促进上述利益的更少限制言论的措施?

从更尊重政府权力的立场来看,我们可以主张,这一广告禁止直接促进了政府主张的利益。中央哈德逊案已认可以下观点,即广告增加了人们对产品的需求,则禁止当地广告应能避免居民对赌博需求的增加,而如无需求增加则应减少与赌博相关之犯罪的发生率。然后,因为"某些"广告可能降低这一宽泛限制的有效性,所以一个更少限制言论的措施可能不足以促进政府利益。以上正是法院在波多黎各波萨达斯协会诉旅游公司案[①]中的 5 票多数意见的思路。

另一方面,从一个更倾向于言论自由的立场来看,波多黎各政府的目标和禁止广告的措施之间的联系实在"太远"。根本无从知道这一禁令是否影

---

① *Posadas de Puerto Rico Assocs. v. Tourism Co.*, 478 U.S. 328, 340-344 (1986),以下简称"赌场案"。

响到当地居民赌博活动的数量,禁止广告也难以防止与赌博相关的犯罪。实际上,鉴于赌博的流行程度及赌博还被用以促进和发展旅游业这一事实,该禁令可能根本就无法达成其目标。而且,就第四项要件而言,波多黎各政府还有其他一些更少限制言论的方法来实现同样的目标,包括直接禁止当地居民参与赌博。[1]

在更晚近的一个案件中,法院采取了与上文类似的论证思路,裁定一项禁止广播媒体中播放赌场广告的联邦法不得适用于赌博合法化的州。[2] 在中央哈德逊案标准中的"直接促进"要素时,法院认定政府未能提供证据证明禁止赌场广告能真正减少赌博需求进而减少与赌博相关的社会问题。尽管本案的判决意见[3]未建立在这一点上,但判决意见还是表明政府不能仅靠猜测来判断广告禁令与政府试图促进的利益之间的可能关系。[4] 不过,这一特定的广告禁令的致命伤在于以下事实,即"其本身及相关法规已被各种例外规定和内在不一致破坏了,以至于政府不能指望能够有所改进。"[5] 例如,该禁令就不适用于印第安人保留区。本质上,禁令缺乏一致性使得我们不可能认为其与政府主张的利益是恰当契合的。因此,大新奥尔良地区广播案是近年来法院更严格适用中央哈德逊案标准的又一例证。

尽管中央哈德逊案标准说起来很容易——至少文字表述上如此——但是其适用却有很大变数,取决于案件的背景情况和人们对适用这一标准的严格程度的感知。法院看来已转向了一种更加保护言论自由的适用方式。例如在44酒类超市公司案中,法院一致裁定推翻一部禁止为零售酒类打价

---

[1] 参见 44 *Liquormart, Inc. v. Rhode Island*, 517 U.S. 484, 509-510, 531-532 (1996),本案多数意见抛弃了赌场案中的观点。
[2] *Greater New Orleans Broadcasting Assoc, Inc. v. United States*, 527 U.S. 173 (1999).
[3] holding,相对"说理意见"——dicta 而言,"判决意见"是直接具备先例效力的规则性的文字。——译者
[4] 同上,at 189.
[5] 同上,at 190.

格广告的州法。尽管未形成多数意见,但主体意见的大致趋向反映了相对严格地适用中央哈德逊案标准。①

案例 8-O

某州律师协会的一项规定禁止人身伤害律师在意外事故发生后的 30 天内向事故受害者或其亲属直接寄送营销邮件。这项规定是为了杜绝律师以"糟糕的"方式侵犯"事故受害者或其家属特别脆弱和私密的情感",从而保护法律职业共同体那"摇摇欲坠"的名声。根据第一修正案,这一规定合宪吗?

案例分析

我们必须首先判断该州所管制的是不是商业言论。因为营销邮件提出了一项律师与其潜在委托人之间的商业邀约——显然是一个商业行为——因此涉案言论至少可被主张为商业性言论。但是,如果律师的推销中也包含了描述受害者权利的文字,或解释了快速调查之重要性的文字,或建议其避免轻率的赔偿协议的文字,那么"商业性"的标签是否还是合适的?难道这一"推销"与相关的非商业言论不是"不可分割地联系在一起吗"?——就像比奇洛诉弗吉尼亚州案中的情形一样?例如,我们假定这一营销出现在一次空难后,而航空公司显然会立即获得法律咨询,而且甚至也想快速达成赔偿协议。在这种情况下,受害者获得法律代理的利益难道只是"商业性的"吗?在佛罗里达州律师协会诉"找到它"公司案②中,5 票赞成的多数意见未经过任何论述就认定,这种直接邮寄的"广告"是商业言论,只能得到"中度"审查标准的保护。反对意见认为,考虑到可能的非商业层面以及受害者在获得法律信息上极为重要的利益,至少在适用中央哈德逊案标准时应更为严格。③

---

① 亦可参见 Rubin v. Coors Brewing Co., 514 U.S. 476 (1995),本案中最高法院推翻了一项禁止在啤酒标签上标注酒精含量的联邦法律,因为该法律没有能够直接促进政府有关减少暴力的目标。

② Florida Bar v. Went for It, Inc., 515 U.S. 618, 622-623 (1995).

③ 同上,at 636-637.

假定这一言论是商业性言论,我们接下来就要判断这项言论是否为误导性的言论或涉及非法交易。由于州律师协会的规定中未区分误导性或非误导性的法律营销,也未区分合法或非法交易,因此涉案的营销言论不能被认定为具有误导性或涉及非法交易。因此,我们必须进一步适用中央哈德逊案标准中的另三个部分。

州的利益是实质性的吗?当然,杜绝律师协会成员采取令人憎恶的做法进而提升法律职业群体的名声不是小事。这又引发了下一个问题,即直接邮寄信件进行法律推销是否令人憎恶的做法,而这个问题的答案取决于我们如何评价受害者通过这些营销而获得法律信息的相对重要性。换句话说,我们如何认定这些言论的核心价值是讨论实质性的前提。不过,在佛罗里达州律师协会案中,法院的多数意见认为州利益是实质性的,因为一般而言,就各职业团体之实践应在其范围之内而言,各州具有紧迫利益。[1] 本案的反对意见对利益的实质性问题着墨更多,并认为州在法庭上的循环论证套路表明这一规制不过是"纯粹而直白的审查制度"[2]。因此,在反对意见看来,实质性要件并未得到满足。

这一规定是否直接促进了州利益取决于证明手段和目的之间关系的证据。如果州可证明直接向事故受害者邮寄法律服务营销的方式损害了法律职业群体的名誉,则禁止这类营销将有助于解决这一问题。在佛罗里达州律师协会案中,多数意见和少数意见在这一点的证据是否充分上未达成一致,多数意见认为证据是充分的[3],少数意见则认为并非如此[4]。

最后,这项规定必须经过与促进州利益的目的恰当契合。这里的判断标准是**合理适度**。显然,有无数方法可以克服律师给人们留下的那种"幸灾乐祸"[5]的形象。至少,州律师协会可对直接邮件的内容施加限制以确保任

---

[1] *Florida Bar v. Went for It , Inc.*, 515 U.S. 618, 622-623 (1995), at 625.
[2] 同上, at 640.
[3] 同上, at 627-629.
[4] 同上, at 640-641.
[5] 原文为 ambulance chasing,意为"追逐救护车",此处意译为"幸灾乐祸"。——译者

何的法律营销都符合职业标准。佛罗里达州律师协会案中的多数意见似乎更多地遵循州律师协会的判断,从而弱化了这一争议。这一规定的适用范围有限且暂时,加之受害者还有其他渠道可了解其权利,使得多数意见相信手段与目标之间的关联度是合理的。而反对意见则认为,这项规定撒了一张大网,把商业言论和非商业言论都网了进来,从而使手段与目的之间的关联不具合理性。

最后这个案例进一步说明了法院曾提出的观点,即"划定一条清晰的界限从而将商业言论设定为一种单独言论类型是多么困难。"① 由于商业言论仅受中度审查标准之保护,因此如果不能将商业言论从非商业言论中区分出来的话,会使对非商业言论的保护减弱。可能正是为了回应这一危险,法院近年来限缩了商业言论的定义,同时在适用中央哈德逊案标准时也加强了审查力度。② 不仅如此,一些大法官力主关于合法活动的真实的、非误导性的商业言论应受第一修正案的完全保护。③

七、直白的性言论——淫秽和色情

直白的性言论,无论其形式是视频呈现(比如现场表演、影片、照片等),还是语言描绘(例如书、杂志、歌曲等),在第一修正案的位阶中都处于相对较低的位置。理由有很多,最典型的理由在于,直白的性言论对表达观点作用极小或几乎没有作用。的确,有人会说直白的性言论多数时候都未表达

---

① *City of Cincinnati v. Discovery Network*, *Inc.*, 507 U.S. 410, 419 (1993).

② 参见 *Thompson v. Western States Medical Center*, 535 U.S. 357 (2002),推翻了一项联邦法,该法禁止药店广告促销化学合成药物;*Lorillard Tobacco Co. v. Reilly*, 533 U.S. 525 (2001),推翻了一项禁止雪茄广告和无烟烟草广告的州法;*Greater New Orleans Broadcasting Assoc*, *Inc. v. United States*, 527 U.S. 173 (1999),推翻了一项联邦法,该法禁止在赌博合法化的区域内播出博彩广告。

③ 参见 *44 Liquormart*, *Inc. v. Rhode Island*, 517 U.S. 484, 518 (1996),托马斯大法官之协同意见;*City of Discovery Network*, *Inc.*, 507 U.S. at 431-438,布莱克门大法官之协同意见。

观点,而仅是用以引起某种动物性反应的感官刺激。但评论者指出这类观点中存在着明显的文化偏见,并认为言论的性内容不应导致降低来自第一修正案的保护。① 然而,这种更自由化的观点从未成为法院的主流。

(一) 淫秽的定义

从法律原则的角度,淫秽(obscenity)与色情(pornography)之间有一条法定界限。下文将进一步界定的淫秽完全不受第一修正案保护,但是色情——法律上并不"淫秽"的直白的性言论——却受到宪法的保护。可以想见,这种区分有些模糊,但却很重要,因为这一定义通常决定了犯罪和仅属下流之间的区别。

在多年的原则混乱后,法院在米勒诉加利福尼亚州②案中采取了下述定义淫秽的标准:

(a)"一个普通人,依据当代的社区标准(contemporary community standards)",从作品整体的角度看,是否会认为激起了淫欲;(b)该作品是否以一种公然冒犯的方式描绘或描述了已被有效之州法明确定义了的性行为;(c)该作品是否从整体上缺乏严肃的文学、艺术、政治或科学价值。③

需要注意的是,这一定义的焦点在于言论的性质本身,而非其意图、效果或危险的趋势。无须证明清晰而即刻的危险之存在,即不必证明有实质恶意,不必证明存在实质关联,什么都不必证明。相反,该言论本身的性质就暗示了危险的存在。因此,规制淫秽言论的"原则性标准"只是定义了一类完全处于第一修正案保护范围之外的言论而已。一旦言论符合这一定义,即受法律规制而无需诉诸进一步的宪法分析。所以,关键在于理解这一定义。

---

① 参见 Roth v. United States, 354 U.S. 476, 508-514 (1957),大法官道格拉斯和布莱克的反对意见。

② Miller v. California, 413 U.S. 15 (1973).

③ 同上,at 24.

米勒案定义①的头两个要素是立足于当代社区标准的角度,而当代社区标准是指居住在当地——而非全国——社区的普通人的标准。因此,这类当地标准很大程度上取决于陪审员选取范围以及候选陪审员的看法。这些看法可能来自庭审中列出的证据,也可能来自法庭提供的指导。不过,对涉及淫秽的犯罪指控并不要求在当地标准的问题上引入专家证词。

适用当代社区标准时需考察两个方面:涉案材料是否构成性方面的淫欲和是否构成公然冒犯。激起淫欲指刺激了淫荡的、放荡的欲望,要满足这项标准,就是指一个理性的陪审员根据当代社区标准可认为涉案材料引致了不恰当的性渴望,显然这是一个主观的、有弹性的标准。同样,是否以一种公然冒犯的方式描绘或描述了性行为也需要这位理性的陪审员作出同样主观的判断。因此,在较大的、都市型社区中可被接受的性言论在一个较小的、闭塞的社区的人看来很可能即属"公然冒犯"。

米勒案标准中的"淫欲"和"公然冒犯"要素在一定程度上被稀释了,因为对淫秽言论还有进一步的要求,即可被公平地认定为"硬"色情(hard-core pornography)——如对纯粹的性行为或类似行为的图画式的、直白的表现。② 换言之,当地标准的敏感性被全国性的最低限度宽容中和了。例如在詹金斯诉佐治亚州案③中,法院根据米勒标准认定,地方陪审团不能判定迈克·尼克尔斯(Mike Nichols)的电影《猎爱的人》④属于公然冒犯。尽管性是这部电影的主题,但对这一主题的处理方式与硬色情的那种图画式表现相去甚远,因而不能认定该电影属于淫秽。

米勒案标准的第三要件——是否缺乏严肃的文学、艺术、政治或科学价值——通过一种全国性的理性人标准来判定,允许专家证词但并不强求。⑤ 这一标准经常胜过地方社区对淫欲和公然冒犯的认定。在卢克·雷科兹公

---

① 即 *Miller* 案中形成的定义,称"米勒定义"。——译者
② 413 U.S. at 25.
③ *Jenkins v. Georgia*, 418 U.S. 153 (1974).
④ 原文为 Carnal Knowledge,按国内通行的说法译为《猎爱的人》,获第 44 届奥斯卡金像奖(1972 年)。——译者
⑤ *Pope v. Illinois*, 481 U.S. 497 (1987).

司诉纳瓦罗案[1]中,一联邦地区法院认定 2 号直播船员节目的纪录片"想多淫荡就多淫荡"构成淫秽,但上诉法院推翻了这判决。州未满足其根据米勒案标准第三要件应承担的举证责任,其能提供的证明淫秽的证据只有该纪录片本身。而被告方却提供了两位流行音乐评论家和一个政治学者的专家证词,他们都认可这一纪录片的艺术和政治价值。

还应注意的是,在判断米勒案标准的第一要件和第三要件是否满足时,被诉的材料"作为整体"来审视。即,该作品必须从整体上激起了淫欲。因此,一部艺术作品中被诉构成淫秽的片段不能被从整体中割裂出去。也因此,纳瓦罗案中的歌词"想多淫荡就多淫荡"不能与其乐曲分割开。同时,一部本来可能被认定为淫秽的电影——其中一个镜头是一对情侣一边听着约翰·菲利普斯·索萨的经典嘻哈一边做爱——也不能仅依据单个片段来判断,因为这部作品在整体上具有严肃价值。区别就在于究竟是假的"艺术"表现还是真正完整的艺术追求。

案例 8-P

新近上映的电影《终结者 2007:一位狂暴的奥德赛》横扫了票房纪录。主演阿诺德·施瓦辛格——著名的健身猛男——在这部科幻惊悚片中穿越于过去和未来之间。有一个镜头中,他裸体奔跑;而在另一个镜头中,他和一个雌雄同体的机器人做爱。不过,这个镜头播出时实际上看不见什么东西,只有两个影子在上下跳动,好像一个很大的仓鼠洞。这部电影确实包含有大量的暴力,其中有个镜头直接展现了可怕的混乱场景,且最后阿诺德还讲出了他著名的台词:"只要时机一到,我一定会回到这里。"这部电影评级为 PG-13。奥米戈什小镇一位检察官出席了这部电影在当地的首映。现在他起诉剧院老板违反了该镇的反淫秽条例。根据米勒案标准,陪审团能支持这项指控吗?

案例分析

很可能不会。尽管法院采纳了当地社区标准来认定淫荡和公然冒犯,

---

[1] *Luke Records, Inc. v. Navarro*, 960 F.2d 134 (11th Cir.), *cert. denied*, 506 U.S. 1022 (1992).

但仍保留了一个全国性认定"直白"的最低标准,而即便是一敏感的当地社区也必须容忍这项全国标准。无论人们如何评价阿诺德的电影,它显然不是法院在创设米勒案标准时所考虑的那类内容。尽管这部电影激起了很多本能反应,但是上述内容中没有什么意味着激起了性淫欲。这部电影的公然冒犯的部分也与对性行为的图画式描绘无关。暴力——无论其何等可怕——终究不属淫秽(尤其在没有对性的图画式描绘时)。同样,就其本身而言,裸体也不是淫秽。① 总之,即便当地社区标准遭到挑战,它仍应屈服于全国性的最低宽容标准。最后,考虑到阿诺德以前的作品,很可能从整体上看,其电影具有丰富的文学、艺术、政治乃至科学价值——尽管我们不必考察这一点。上述两方面足以支持我们的观点了。

案例 8-Q

假设,另有一部不同的电影,叫做《侵入者 2007:一个性奇人》,由琼尼·霍特——情色爱好者心目中的英雄人物主演。这部电影几乎没有台词,基本上就是性、性、还是性,且所有这些都以一种直观细节的方式呈现出来。有一些镜头倒是有点幽默感,就像某些流行的搞笑科幻剧一样。不过总体上这部电影就是关于琼尼·霍特永不停歇的性爱团体的。这部电影算是淫秽吗?

案例分析

估计算是。可以看出,《侵入者 2007》显然意在激起观影者的性兴趣。这种兴趣是否属于"淫荡"则取决于相关社区中陪审团对当代标准的看法。同样的,公然冒犯也是摆在陪审团面前的一个问题,也适用当代社区标准。不过,该市条例必须明确界定了以公然冒犯的方式进行描绘的性行为。而且,在上述两项判断中,陪审团的判断都必须受最低容忍之全国标准的限制。但如果电影可被公平地认定为"硬色情"——我们必须看了电影才确知答案,则全国标准不能优先于陪审团的判断。最后,米勒案标准第三要件会问及这一作品整体上是否缺乏文学、艺术、政治或科学价值。这是一个全国

---

① *Schad v. Borough of Mount Ephraim*, 452 U.S. 61, 66 (1981).

标准,陪审团将依据这一标准来判断电影中有限的幽默元素(或其他产出价值)能否使该影片不只是原始的硬色情而已。

我们应该清楚,米勒案标准对淫秽的定义顶多是对一个高度主观的判断提供了一点语言上的多样性而已。斯图尔特大法官对淫秽问题不假思索的一句话——"我看到的时候我就知道了"——看来同样(对判断淫秽)有用,而且不会显出法律人的优越感。① 但无论如何,米勒案的三要素分析仍是规制淫秽问题的定义和标准。

由于根据米勒案构成淫秽的言论完全不受第一修正案保护,因此其可能受到事后惩罚和事前限制方式的压制。就前一种情形而言,一个例子就是个人在家中持有淫秽材料的有限(且不断缩水)的宪法性特权。② 在这一特权以外,政府只需遵守刑事程序中的可用原则以惩罚制造或传播淫秽材料的行为。如试图在淫秽材料传播前确保事前限制,则政府必须举行迅速的听证并承担证明淫秽存在的举证责任。③ 如果这项听证是行政性的,则仅当一司法实体对淫秽作出迅速认定,方可继续事前限制。④

(二) 非淫秽的直白性言论——色情

色情——即法律意义上并非淫秽的直白性言论——属第一修正案认可并保护的言论,无论人们认为这些言论多么"不堪、冒犯、丑陋",仍是如此。⑤ 因此,对色情言论施加的基于内容的限制一般都根据传统的严格审查标准进行审视。⑥

例如,在花花公子娱乐集团案中,法院推翻了一项联邦法,该法在实际

---

① *Jacobellis v. Ohio*, 378 U.S. 184, 197 (1964).
② *Stanley v. Georgia*, 394 U.S. 557 (1969);不过在 *Osborne v. Ohio*, 495 U.S. 103 (1990)拒绝将该持有权扩展到儿童色情领域。
③ *Freedman v. Maryland*, 380 U.S. 51, 58-59 (1965).
④ 同上,参见第八章第二节第三目。
⑤ *United States v. Playboy Entertainment Group Inc.*, 529 U.S. 803, 826 (2000).
⑥ 同上,at 813.

效果上要求主要播放性导向节目的有线电视网将其放送信号的时段限定在儿童不大可能观看的时间(即晚十点至早六点之间)。这一规制为基于内容的限制,因为放送的内容之主题触发了这一规制。因此,政府有义务举证,证明这一规制与达成一项紧迫的政府利益是恰当契合的。政府的目的在于避免儿童观看性导向的节目——这些孩子的父母可能反对孩子观看。而主要问题在于以下可能性,即未订制性导向频道的用户偶尔会遭遇"信号溢出",使之能完整地或部分地看到这些节目。但在法院看来,政府未能指明"信号溢出"所导致问题的实际严重程度,同时也根本未选取最小限制的方法来达成其目标。就第二点而言,有线电视网可为其用户提供屏蔽设备来阻挡任何的非授权信号,从而使得这些频道可二十四小时工作。由于未能满足严格审查标准中的这一要件,该法被宣布违宪。

然而,在两种情况下,法院对基于内容对非淫秽色情言论的限制适用严格审查。第一种情况涉及规定色情影院和书店的开设地点的"分区法" (zoning laws)。实际上,各城市有权对上述产业的选址进行限制,要么强制其分散以免形成"红灯区"[1];要么要求其集中以避免问题的传播[2]。简言之,只要市政府未完全压制所谓的成人娱乐,即可对媒体经营者进行地点限制。[3] 很显然,如果适用于政治言论的话,则前述两种限制都不可接受,规定售卖政治倾向书籍的书店相互隔开1,000英尺以避免顾客之间的潜在冲突的分区法将受到最严格的审查,并且会很容易被裁定违宪。

第二种情况涉及一种完全不受第一修正案保护的非淫秽色情言论形式。在纽约州诉费伯案[4]中,法院裁定传播儿童色情作品将受到刑事检控——所谓儿童色情是指法律上非淫秽但却直白表现了真实的儿童性行为的电影或照片。法院的理由是,鉴于这些对儿童性行为进行描绘的言论的

---

[1] Young v. American Mini Theatres, Inc., 427 U.S. 50 (1976).
[2] City of Renton v. Playtime Theatres, Inc., 475 U.S. 41 (1986).
[3] 参见 City of Los Angeles v. Alameda Books, Inc., 535 U.S. 425 (2002),本案支持了一项市政条例,其规定在一栋建筑里面至多只能开设一家"成人"娱乐店。
[4] New York v. Ferber, 458 U.S. 747 (1982).

"一般价值,如果不是毫无价值的话"以及这些被拍照的真实儿童遭受伤害和虐待,"抛开第一修正案来处理这些言论是可以的。"[1]因此,即使在技术上不构成米勒标准下的淫秽言论,儿童色情作品也不能获得第一修正案的任何保护。

案例 8-R

1996年的《防止儿童色情法》(CPPA)规定任何传播"儿童进行的直白性行为的图像——包括照片、影片、绘画,或电脑合成图像和绘画,或相当于儿童所进行的直白性行为的图像"的行为为非法。也就是说,《防止儿童色情法》既禁止真实的儿童色情传播,也禁止"虚拟的(virtual)"的儿童色情传播。虚拟儿童色情作品可以动画片或电脑成像的方式来描绘儿童。这一法定禁止不要求政府证明涉案材料构成米勒案所定义的淫秽材料。就该法禁止传播非淫秽的虚拟儿童色情而言,《防止儿童色情法》是否违反了第一修正案?

案例分析

关键问题在于,《防止儿童色情法》所定义的虚拟儿童色情作品是否不受第一修正案保护。认为不受保护的观点将限制虚拟儿童色情作品与纽约州诉费伯案的判决理由联系起来,该案的判决理由聚焦于以下事实,即在制作真实的儿童色情作品过程中儿童受到了虐待。传播这种作品导致了对参演儿童的伤害并产生了诱导更多对儿童进行罪恶剥削的经济利益。由于制作虚拟儿童色情作品的过程中没有真正的儿童参与,所以该案的理由不能直接适用于《防止儿童色情法》。确实,由于真人版儿童色情作品的非法性质,虚拟儿童色情的存在减少了真人版作品的制作动机。

政府可能还主张,禁止虚拟儿童色情作品之所以必要,是因为这些作品的存在会鼓励恋童癖们采取非法行为。不过这种论调与第一修正案的原则相冲突,因为仅仅是促进非法行为的言论倾向并不足以成为禁止这一言论的理由。相反,费伯案中真人版儿童色情作品则与地下犯罪活动形影不离。

---

[1] *New York v. Ferber*, 458 U.S. 747 (1982), at 764.

在阿什克罗夫特诉言论自由联盟案①中,法院裁定《防止儿童色情法》对虚拟儿童色情的禁止违反了第一修正案,因其剥夺了"参与众多合法言论的自由"。法院根据前文列出的理由区分了费伯案,并认定政府的正当理由并不充分,因为法院暗示,该禁止规定的广度应包括当时广受好评的电影,如《交易》和《美国丽人》,其中都包含描绘未成年人的"看来像是"进行"直接性行为"——的镜头。②

在阿什克罗夫特诉言论自由联盟案判决一年后,国会通过了一部新的制定法以期抑制儿童色情的泛滥。与之前的法律将持有这些作品规定为犯罪不同,这部 2003 年的《今日剥削儿童法》(2003 Exploitation of Children Today Act)规定,"明知"包含"真人版未成年人进行直白性行为的视觉描绘内容"的作品仍做广告、推广、散播或促销的,构成犯罪。该法对相关内容的定义精准地复制了纽约州诉费伯案和米勒诉加利福尼亚州案中认定为可禁止的那些内容的定义方式。由于该法"制定得很仔细",只惩罚"发出邀约提供或要求获得儿童色情作品的行为——即被第一修正案排除在外的行为",所以法院在美国诉威廉姆斯案③案中驳回了一项对该法的表面质疑,认为该法既非过于宽泛、也非过于模糊。法院也认同,在某些情况下一些处在第一修正案保护范围内的行为会受该法管制——"例如发生在外国的某些暴行的记录镜头——士兵强奸当地小孩就是一例。"④法院指出,尽管"上述例外的存在不会导致该法构成实质上过于宽泛,但当然仍可成为适用中的争议对象。"⑤

(三) 不雅或恶俗言论

使用不雅或恶俗的语言是受第一修正案保护的——只要使用该语言的

---

① *Ashcroft v. Free Speech Coalition*, 535 U.S. 234, 256 (2002).
② 同上, at 246-248.
③ *United States v. Williams*, 128 S. Ct. 1830 (2008).
④ 同上, at 1844.
⑤ 同上, 参见第八章第二节第四目。

语境不会引发其他一些的限制第一修正案的原则。因此，如果包含有不雅言论的内容从整体上符合米勒案标准对淫秽的定义，仍会失去第一修正案的保护。同样，如果不雅言论出现在可能引发公共骚动的场景中，则"挑衅言论"规则可能发挥作用。另一方面，如果这类言论只是有些冒犯，或仅在不合时宜的场合中采用，则适用第一修正案的完全保护。不过，我们将会看到，在大众媒体的场景中有些特殊的规则会适用于不雅言论。

标志性的案件就是科恩诉加利福尼亚州案①。该案中的被告因穿了一件印有"操他妈的征兵"的夹克衫而被判妨碍和平罪（convicted of disturbing the peace）。当时被告正在一个县法院的走廊里，有妇女和儿童在场。尽管有些看到这些字眼的人觉得被冒犯了，但没有证据表明会引起任何争吵。法院推翻了这项定罪。在判决意见中，法院简介提及了一种相当复杂的言论形式：

> 很多语言表达都满足了两项交流功能：其不仅传播了相对准确并可独立解释的观点，也表达了难以名状的情绪。事实上，人们选择词语既因其情绪要素也因其认知要素。我们不能认同以下观点，即宪法在关注个体言论的认知内容的同时，却对情感功能毫不在意，而实际上情感功能可能常常是人们所想表达的信息中更为重要的部分。②

基于上述观点，法院裁定州没有权力"把公共语言净化到只有最古板的人才满意的程度……因为，尽管此处讨论的那个著名的字眼③确实比其他文字更为恶俗，但对一个人而言俗不可耐的东西却是另一个人的赞美诗，这种情况的确存在。"④

法院对俗不可耐和赞美诗的观点在通讯委员会诉帕西菲卡基金会案⑤中就没那么慷慨了。该案中法院采取了一种很谨慎的方式来处理一个午间

---

① *Cohen v. California*, 403 U.S. 15 (1971).
② 同上，at 26.
③ 指"操"（fuck）。——译者
④ 同上，at 25.
⑤ *FCC v. Pacifica Foundation*, 438 U.S. 726 (1978).

电台节目中播放的乔治·卡林(George Carlin)针对"脏话"发表讽刺性脱口秀的问题。根据一位听众的投诉,联邦通讯委员会(FCC)对电台发出了一项禁令,禁止其在儿童可能收听的时段播送"不雅的"脱口秀。这项禁令警告电台如再有类似节目播出即遭包括吊销执照在内的惩罚。法院基于几项综合因素维持了该禁令的合宪性,其中首要的几个理由包括:第一修正案给予广播媒体以较少的保护①,节目播出时儿童正在收听这一事实,惩罚程度的相对较轻,以及法院认为的语言本身的冒犯性和价值不大。②

(四)不雅言论与互联网

最高法院已清晰地表明第一修正案完全适用于发生在互联网环境中的信息交流。③ 正如审理雷诺案时法院所言,"就适用于这一媒体的第一修正案审查级别而言,之前的判例没有提供进行审查的理由。"④在直白性言论的情形中,这意味着对非淫秽的"不雅"言论的限制受紧迫之州利益审查,包括要求州采取最少限制措施。⑤ 简言之,在广播媒体问题上被弱化了的第一修正案的保护并未适用于互联网。

雷诺案的争议涉及 1996 年《信息文明法》(Communication Decency Act of 1996,CDA)中的两个条款。第一个条款规定,明知系"淫秽或不雅"的材料,仍通过任何远程传播设备——包括互联网——向 18 岁以下的人传播,构成犯罪。第二个条款规定,如果利用电脑向 18 岁以下的人发送或展示任何"公然冒犯"、涉及"性器官或排泄器官的相关行为"的材料,也构成犯罪。⑥ 两个条款都适用于所有商业性或非商业性的互联网使用,包括电邮、聊天室和网页。《信息文明法》为其刑法上的禁止规定了两个肯定的抗辩方式。第一种抗辩要求被控违反规定的一方当事人证明"其本着善意,已采取合理、有效和恰当的行动……限制未成年人获取"上述被禁止材料;第二项

---

① 参见第八章第八节。
② 同上,at 742-751.
③ *Reno v. ACLU*, 521 U.S. 844, 869-870 (1997).
④ 同上,at 870.
⑤ 同上,at 874.
⑥ 同上,at 857-861.

抗辩方式则是,被告通过"要求上网者验证信用卡、借记卡、成人身份识别码或成人身份信息"等手段控制了对上述材料的获取。①

法院裁定这两个禁止条款都是违宪的,因其禁止了非淫秽材料的传播。在很大程度上,法院这样判决是因为其认为信息文明法未能定义操作性条件。由于"不雅"和"公然冒犯"词义可能的弹性,一个人无法自信地"假定以下严肃地讨论的话题不会触犯《信息文明法》,即计划生育措施、同性恋、本院帕西菲卡案附录中提出的第一修正案争议或监狱强奸的后果等话题。"②因此,"鉴于本法覆盖范围的模糊边界,其无疑会压制言论本应受宪法保护的人发出的声音。"③在判决意见的稍后部分,法院再次强调了这一观点,"宽泛、未定义的'不雅'和'公然冒犯'等术语覆盖了大量具有严肃教育价值或其他价值的非色情言论。"④

法院确实承认政府在避免未成年人接触非淫秽但直白的性言论方面有着正当的利益。不过鉴于成年人享有获得这类言论材料的权利,法院判定《信息文明法》违宪:

> 我们同意,《信息文明法》作为一部管制言论内容的法律缺乏第一修正案所要求的精确性。在限制了未成年人获得那些可能有害的言论信息的同时,这部法律实际上压制了大量此类成年人有权获取并彼此分享的言论。如果还有更少限制的措施可达成这部法律肩负的使命,则其目前对成年人造成的负担就是不可接受的。⑤

在认定还存在更少限制言论的方法时,法院肯定了地区法院的结论,即"目前面向用户的可用软件已经表明,有一种合理有效的方法可使父母在认为直白的性言论和其他内容不适合孩子们看的时候进行阻止,而这种技术很快就能够广泛应用开来。"⑥法院同时驳回了政府方的主张,即政府认为

---

① Reno v. ACLU, 521 U.S. 844, 869-870 (1997), at 861.
② 同上,at 871.
③ 同上,at 874.
④ 同上,at 877.
⑤ 同上.
⑥ 同上,at 877.

《信息文明法》中的肯定抗辩条款与该法的禁止性条款是恰当契合的。法院认为这些肯定抗辩条款要么是技术上不能实现,要么是经济上难以实现——至少就非商业性互联网用户而言。

为回应法院在雷诺案中的判决,国会通过了《网上儿童保护法》(Child Online Protection Act,COPA)。该法禁止任何人"故意或明知有关信息对未成年人有害或其中包含有害信息,仍通过互联网在州际或国际商业行为中进行有商业目的的传播致使未成年人能接触到这类信息。"[①]在参照米勒案的淫秽标准并稍作修改后,该法定义了"对未成年人有害的信息"。因此,米勒案标准与《网上儿童保护法》相结合的第一部分判断合法性的方式就是,"根据当代社区标准,一个普通人从信息的整体角度并考虑未成年人的**特性**,是否会认定该信息意在引发淫欲……"[②]由此可见,《网上儿童保护法》与《信息文明法》的重要差别至少有二:(1)只对商业性的互联网行为适用;(2)以一种修正过的米勒标准来定义有害信息。

在一项针对该法提起的表面诉讼中,一联邦地区法院以提起诉讼的组织已证明存在实体上胜诉的可能性[③]为由裁定禁止执行该法。第三巡回上诉法院维持了这一判决,认为《网上儿童保护法》中的"当代社区标准"使该法过于宽泛——因其给予地方社区以凌驾于全国话语之上的权利。最高法院基于狭义理由(on narrow grounds)推翻下级法院的判决:

> 我们仅仅认定以下事实,就第一修正案的目的而言,《网上儿童保护法》依照[来自于米勒案的]社区标准来定义"对未成年人有害的信息",这一做法就其本身而言并未使得该法构成实质上的过于宽泛。我们不打算讨论该法是否因其他原因构成实质性的过于宽泛,或是否构

---

① 47 U.S.C.§231(a)(1).
② 同上,at §231(e)(6)(A),着重为原文作者所加。
③ 原文为 the organizations challenging it had established a likelihood of success on the merits,此处地方法院处理的是衡平法诉讼,给出的禁止执行法律的禁令也是衡平法上的司法救济形式。提起违宪审查请求的一方并未完全意义上地履行其举证责任,只是证明存在在"实体问题"上胜诉的可能性,而为避免法律被错误地执行所造成的后果,因此可以基于此"胜诉可能性"要求法庭裁决禁止令。——译者

成违宪地过于模糊,或是否地区法院正确得出以下结论,即一旦该诉讼程序全部完成则该法有可能无法通过严格审查。①

包括协同意见和反对意见在内,法院的多数大法官都表达了一种担忧,即如将地方社区标准应用于互联网领域会违反第一修正案。② 但除史蒂文斯大法官外,大家都认为,在一项表面指控中判定是否违反第一修正案为时尚早。

在本案重审过程中,第三巡回上诉法院再次支持了地区法院发布的针对该法的临时禁制令(preliminary injunction)③。上诉法院肯定了地区法院的观点,即原告有可能在实体问题上获胜,因为除了别的问题外,政府未能反驳原告的一种可能主张,即《网上儿童保护法》所施加的言论限制并非实现政府保护未成年人免于接触网上有害信息这一目标的最少限制方法。④ 最高法院认可上诉法院的判决。⑤ 最高法院认为,地区法院并未滥用其自由裁量权。本案争议中的另一主要措施是过滤软件,最高法院认定过滤软件比《网上儿童保护法》"更少地限制了言论自由",同时也可能"比《网上儿童保护法》更有效"。⑥ 不过,最高法院并未认定《网上儿童保护法》违宪。相反,最高法院认定,鉴于政府方未能有效反驳原告的这一特定主张(即还存在更少限制的措施),则地区法院发布临时禁制令并未滥用裁量权。政府仍可在一个实体审判中就过滤软件的便利性和有效性提起诉讼。在重审中,地区法院经过了对实体问题的审理,裁定《网上儿童保护法》违宪,因为政府承担以下举证责任,即证明《网上儿童保护法》比过滤软件能更有效且更少限制地达成政府目的。⑦

---

① *Ashcroft v. ACLU*, 535 U.S. 564, 585-586 (2002).
② 参见同上, at 586, 奥康纳大法官协同意见;同上, at 589, 布雷耶大法官协同意见;同上, at 591, 肯尼迪大法官及其他大法官之协同意见,以及同上, at 602, 史蒂文斯大法官的异议意见。
③ 起诉后作出判决前法院签发的禁制令,禁止被告实施或继续某项行为。——译者
④ *American Civil Liberties Union v. Ashcroft*, 322 F.3d 240, 266-271 (3d Cir. 2003).
⑤ *Ashcroft v. ACLU*, 542 U.S. 656 (2004).
⑥ 同上, at 667.
⑦ 参见 *American Civil Liberties Union v. Mukasey*, 534 F.3d 181 (3d Cir. 2008), cert. denied, 129 S. Ct. 1032 (2009).

这一领域另一个最近的判决涉及对《儿童互联网保护法》(Children's Internet Protection Act, CIPA)提起的一项表面指控。[1] 争议的核心在于一系列资助公共图书馆为其用户提供互联网服务的联邦财政支出项目。根据《儿童互联网保护法》，所有接受这类联邦政府资助的图书馆都必须安装过滤软件以屏蔽淫秽的、儿童色情或对未成年人有害的"视频描绘"信息。不过，《儿童互联网保护法》的确允许所资助的各图书馆关闭过滤设备以帮助"真正做研究或其他有合法目的的行为"。[2] 美国图书馆联合会(American Library Association)质疑《儿童互联网保护法》中"过滤"条款的合宪性，理由是其违反了第一修正案。最高法院在未形成多数意见的情况下驳回了这一表面质疑。由首席大法官伦奎斯特执笔，四位大法官联署的多元意见认为不存在违宪的问题。根据该多元意见，《儿童互联网保护法》并未诱使图书馆侵犯其成年用户的权利，因为这些成年用户对图书馆馆藏的特定内容并不享有权利。"绝大多数图书馆已将色情内容排除在其馆藏之外，因为它们认为这些内容不适合放入馆藏。我们不打算把这些图书馆的决定列入司法审查范围，由于图书馆作出这些决定的理由和法院一样，因此区别对待图书馆屏蔽网络色情信息的决定几乎没什么意义。"[3]而且，由于该法允许图书馆在合适的情况下关闭过滤设备，因而也消除了任何违反言论自由的可能性。肯尼迪大法官给出了协同意见，但指出他虽赞成法院的判决意见，但认为就过滤软件屏蔽服务的无效或不便而言，仍存在适用时争议的可能性。[4] 布雷耶大法官的协同意见也有差不多的结果。[5] 本案的两份异议意见都认为作为基于内容的言论限制，《儿童互联网保护法》未与所要促进的政府目的恰当契合。[6] 因此，鉴于这些协同意见和异议意见，《儿童互

---

① United States v. American Library Association, 539 U.S. 194 (2003).
② 20 U.S.C. § 9134 (f) (3); 47 U.S.C. § 254 (h) (6) (D).
③ 539 U.S. at 208.
④ 同上，at 215.
⑤ 同上，at 215-221.
⑥ 同上，at 220,参见史蒂文斯大法官的异议意见;同上，at 231,苏特大法官撰写、金斯伯格大法官联署的异议意见。

联网保护法》中的过滤软件要求仍有可能在适用时受到挑战。

八、对不受保护言论类型的内容歧视

我们知道有一些特定类型的言论——如挑衅言论、真实的恐吓、淫秽言论和儿童色情——处于第一修正案保护范围之外，因此一般不会受宪法保护。但是，法院已经认定，政府不得区别对待各类不受保护的言论，致使某些观点或意见优越于其他观点或意见。如果政府这样做，则第一修正案会发挥作用，除非政府能证明这种区别对待为达成某一紧迫的政府利益之必要，否则这类歧视措施将被推翻。

正基于此，法院在 R. A. V 诉圣保罗市案①中推翻了一项将特定类型言论入罪的市政条例。尽管该条例针对的是"挑衅言论"——即通常不受法律保护的类型，但该市只禁止那些会基于"种族、肤色、价值观、宗教信仰或性别"等原因激起愤怒的挑衅言论。由于以区别对待同属不受保护之言论的方式限制了某些特定的观点或意见，这一市政条例引发了第一修正案的适用。在一个特定的权衡标准后，法院认为该条例对实现该市之紧迫目标——即与种族主义、性别歧视和其他偏执信念作斗争——并非必要，因为禁止所有挑衅言论同样能够很好地实现上述目标。

不过，在 R. A. V 案中，法院对这一不得区别对待原则确认了一项例外，即允许禁止不受保护言论但并不禁止争议中的整个该类型言论。法院这样说道：

> 当基于内容而区别对待不同类型言论的理由完全构成争议中的整个类型的言论都可禁止的核心原因时，则对观念和观点的区别对待就不存在什么了不得的危险。之前，对判定整个言论类型都被排除在第一修正案保护之外来说，这一理由都足够中立，那么这一理由对区别对待该类型之内的不同言论来说也是足够中立的。②

---

① *R.A.V. v. City of St. Paul*, 505 U.S. 337 (1992).
② 同上，at 388.

由此，联邦政府有权"仅将直接针对总统的暴力威胁言论入罪……因为暴力威胁言论之所以被排除于第一修正案之外的原因，在适用于总统本人时具有特别效力。"[1]同样，一州亦可选择仅禁止最核心的淫秽言论，理由是这类淫秽言论对社区造成的伤害最大。换言之，无论是州政府还是联邦政府，都不必禁止所有可禁止的言论类型以达到禁止该类言论中的某些部分。但是，如果某些可禁止的言论在某一特定的不受保护的言论类型之内被禁止，则该禁止的理由必须以这一言论的类型使之无法受到保护为前提，而不能以该言论试图传递的任何其他信息为前提。

案例 8-S

琼斯为了吓唬一下他的黑人新邻居，在邻居家前草坪上点燃了一个巨大的木十字架。他希望把他们吓到搬离本区。他被捕后受到一部州法指控，该法规定，"任何人，具有恐吓他人或某一群体的故意，在他人房产上、高速公路上或其他公共场所，焚烧或引起焚烧十字架，都是非法的。"第一修正案能为对这一指控提供抗辩理由吗？

案例分析

不能。焚烧十字架意在传递一种威胁和恐吓的信息。因此，这一行为构成真实的威胁，属不受保护的言论类型。[2] 这部州法未将所有构成真实威胁的行为包括在内，增加了适用 R.A.V 案的可能性，因为该法在一个可禁止的言论类型之内进行了区别对待，致使仅某些真实威胁言论为非法。但是，与 R. A. V 案中的制定法不同的是，本案中的州法并非出于恐吓之外、焚烧行为传递特定信息而专门禁止这一行为。相反，聚焦于焚烧十字架可视为对这一言论类型的部分禁止的一个例证，其理由正是"争议中的整个言论类型都是可禁止的类型"，也就是说，焚烧行为具有的特定恐吓性。法院在一个与案情类似的案件[3]中认定，"与 R. A. V 案中涉及的制定法不同，弗吉尼亚州的这一制定法并未因该言论牵涉'某一特定的不受欢迎的话

---

[1] *R.A.V. v. City of St. Paul*, 505 U.S. 337 (1992).
[2] 参见第八章第三节第三目。
[3] *Virginia v. Black*, 538 U.S. 343, 362 (2003).

题'而被单独拎出来予以禁止。"而且,在法院看来,州有权将禁止规定仅聚焦于焚烧十字架,"因为焚烧十字架是一种特别恶毒的恐吓形式。"①但是,这个案件的异议意见认为该州法因基于内容的区别对待而不可接受,因为这一单独禁止的前提在于与十字架相关联的普遍意识形态。②

值得注意的是,弗吉尼亚州诉布莱克案中的制定法包括以下规定,即将焚烧十字架的行为视为存在恐吓意图的初步证明证据。判决意见中由四位大法官组成的多元意见认为这一证据推定存在一种风险,即对实际上进行政治表达而非恐吓表达的人进行定罪处罚。③ 苏特大法官的协同意见以及有另两位大法官参与的异议意见中也表达了类似的想法。④

九、强制言论

除对政府限制或惩罚言论的权力进行制约以外,第一修正案限制了政府强迫发表言论的措施。因此,政府不能强迫任何人承认某一特定意识形态信仰。⑤ 同样,在个人不赞成某一意识形态时,政府也不能强迫其使用其财产去传达这一意识形态信息。例如在伍利诉马里兰州⑥案中,法院支持了一对耶和华见证会信徒夫妇的第一修正案权利,即他们有权拒绝在由州政府颁发给他们的执照盘上展示该州的座右铭"不自由、毋宁死"。这个夫妇提出了宗教、道德和政治上的反对意见。法院认定该州政府不得强迫他们成为传递州意识形态的工具。

这些原则还适用于强制个人为他人的言论提供资助的法律。在阿布德诉底特律教育委员会案⑦中,法院认定尽管政府有权要求其雇员缴纳工会

---

① *Virginia v. Black*, 538 U.S. 343, 362 (2003), at 363.
② 同上, at 380, 苏特大法官, 异议意见。
③ 参见同上, at 363-367, 奥康纳大法官之意见的第四部分。
④ 参见同上, at 384-387。
⑤ 参见 *West Virginia State Bd. of Educ. v. Barnette*, 319 U.S. 624 (1943), 认定强制向国旗敬礼违宪, 稍后第九章第五节第二目还会进一步讨论。
⑥ *Wooley v. Maryland*, 430 U.S. 705 (1977).
⑦ *Abood v. Detroit Board of Education*, 431 U.S. 209 (1977).

会费,但反对工会的非会员所缴纳的钱不得在集体谈判情形外被用于政治或意识形态方面的目的。在达文波特诉华盛顿教育协会案①中,法院裁定第一修正案并不禁止各州再进一步,即要求政府雇员工会事先征得非会员的明确同意,然后才能将他们所缴纳的费用用于政治目的,而不是将反对的责任放在个体身上。在决定可向非会员收缴的费用之合理范围时,法院认为地方工会可收取一些上缴到其全国组织的费用,包括用于并不直接惠及地方雇员的诉讼活动——如果这些诉讼与集体谈判存在合理的关联,且如果这些资金的安排方式最终能基于地方工会与全国工会的组织联系而惠及地方会员从而被认为其有互利性。② 类似原则也适用于工会会费之外的情形。③

在威斯康星大学诉索斯沃斯案④中,法院区分了阿布德案和凯勒案。该案的争议在于对一州立大学向学生收取的强制费用提出的质疑,该费用的一部分被用于资助各类学生组织,其中有些组织从事的是政治性,或意识形态化倡导活动。发起诉讼的学生们主张,他们被迫资助了一些他们不赞成的政治和意识形态立场,从而违反了阿布德案和凯勒案中适用的原则。不过,法院解释道,根据那两个案件中的特定情况发展出来的规则并不能很好地转化到公立大学的语境中,本案中收取的费用被用于资助各类学生组织的言论而不是大学本身的言论。法院的结论是,只要从学生那里强制收取的费用在资助学生组织时本着观点中立的立场,就未侵犯学生的结社权或言论自由权。不过,法院的确指出,学生们投票表决同意或否决费用分配的公投程序(referendum procedure)违反了观点中立原则。就这一争议,该

---

① *Davenport v. Washington Education Association*, 551 U.S. 177 (2007).
② *Locke v. Karass*, 129 S. Ct. 798 (2009).
③ 参见 Keller v. State Bar of Cal., 496 U.S. 1 (1990),强制收取的律师协会会费不得用于政治目的或意识形态目的;参见 *United States v. United Foods, Inc.*, 533 U.S. 405 (2001),对某一食品的一般性广告进行强制补贴,而该补贴又不是一更广泛的管理计划或市场监管计划的一部分,则作为政府强制言论违反了第一修正案。但亦可参见 *Johanns v. Livestock Marketing Assn.*, 544 U.S. 550 (2005),如果受到资助的言论系政府言论而非私人组织之言论,则未违反"强制补贴"原则。
④ *University of Wisconsin System v. Southworth*, 529 U.S. 217 (2000).

案被发回重审。

十、特殊权衡标准

如果对本应受保护的言论所施加的基于内容的限制未能进入前述我们讨论过的任一司法认可之原则模式中,则其合宪性将通过一项特殊的权衡标准来判断,即追问这一限制与所服务的一项紧迫之政府利益恰当契合。[1]要满足这样的检验标准,政府必须证明限制措施并未"不必要地限制受保护之言论"[2],尽管特殊权衡标准借用了平等保护之严格审查[3]标准,这一标准确实给法官(以及法院)留下了一些空间,以决定一项紧迫之政府利益的构成以及在何种情况下一项限制言论的措施可被视为与该利益恰当契合。当然,这一空间应在保护言论自由的强烈倾向下运用。

案例 8-T

X 州宪法规定由普选产生所有的法官,包括州最高法院的大法官们。但是,禁止竞选法官候选人发表其在"有争议的法律或政治议题上的观点"。如果说这一"发表意见条款"在关于"有争议的法律或政治议题"今后应如何判决上禁止了法官候选人获得公职,那么这一限制是否违反了第一修正案呢?

案例分析

由于对法官候选人的言论施加的基于内容的限制不属于任何特定的言论类型,因此对其合宪性的判断取决于该限制措施是否可被完全地视为与促进一紧迫之政府利益恰当契合。在为"发表意见条款"辩护时,X 州可能宣称,法官在履职时必须中立和表现出中立的形象,在这个意义上,法官职位与其他民选职位不同。这一必要的中立性既包括对个案的中立,也包括对未知情形的一般态度。对候选人言论的限制意在促进上述利益,其所限

---

[1] *Republican Party of Minnesota v. White*, 536 U.S. 765, 774-775 (2002); 另参见 *R.A.V. v. City of St. Paul*, supra, 第八章第三节第八目。

[2] *Brown v. Hartlage*, 456 U.S. 45, 54 (1982).

[3] 参见第七章第二节。

制的只不过是最容易减损中立原则的那类言论,即看来使法官候选人承诺对某些特定案件采取某一特定观点的言论。

法院在明尼苏达州共和党诉怀特案①以一个5∶4的多数判决意见驳回了类似主张。怀特案中涉及的言论限制措施比上述案例更精细也更复杂,但法院的判决理由仍具教益。斯卡利亚大法官撰写的多数意见赞成州政府在推动司法对各党派的中立方面具有紧迫之利益,但也指出"发表意见条款"与促进这一利益未能恰当契合,因为它并未限制"支持或反对特定党派的言论,而是限制了支持或反对特定观点的言论。"②就法官对法律观点保持中立而言,法院认为,促进这类中立性的利益并非紧迫。用法院的话来说,"法官对某一案件的相关法律问题不存有事先的立场从来未被视为公正司法的必要条件并具有充分理由。最起码,我们几乎不可能找到一个对法律没有预先立场的法官。"③

怀特案的异议意见认为,法官职位和法官选举过程与政治职位和大选过程的差异足以支持州政府对法官候选人的言论限制。④ 不过,值得注意的是,怀特案中实际限制比上文讨论的要精细和复杂得多。

十一、政府雇员和其他政府项目志愿参与人的言论自由权

政府雇员不会因其受雇于政府就自动地失去行使言论自由的权利。⑤不过,其表达自由权可能比未受雇于政府的人受到更多的限制。例如,最高法院一直以来都支持《哈奇法案》(Hatch Act)⑥中禁止联邦雇员积极参与政治竞选活动之规定的合宪性。⑦ 显然,这一限制在适用于普通民众时就

---

① *Republican Party of Minnesota v. White*, 536 U.S. 765 (2002).
② 同上,at 776.
③ 同上,at 777.
④ 536 U.S. at 796, 史蒂文斯大法官之异议意见;同上,at 803,金斯伯格大法官之异议意见。
⑤ *Pickering v. Board of Education*, 391 U.S. 563 (1968).
⑥ Hatch Act,以参议院 Carl Hatch 的名字命名。——译者
⑦ *United States Civil Service Commn. v. National Assn. of Letter Carriers AFLCIO*, 413 U.S. 548 (1973).

违宪了,但对政府雇员而言,理念在于如果公务员获准参与党派政治活动,则政府将无法有效和公正地运转。另一方面,如果政府对其雇员施加了过于广泛的言论限制而又无法提出合理的、与受雇关系有关的理由,则法院也会撤销这一禁止。① 总体而言,每当政府试图限制其雇员之言论权利,法院都会努力采纳一种中间路线,一方面考虑政府雇员对公共问题发表评论的权利,另一方面考虑政府维护公共事业的效率和有效性的利益。在非雇佣情形下,即政府试图限制志愿服务人员的言论自由权时,也适用相似的原则。

先来看政府雇员的情形。这个领域中不断出现的冲突就是政府部门要限制其雇员发表批评雇主之言论权。在上文提及的皮克林诉教育委员会案中,最高法院支持了一个公立学校的教师的第一修正案之权利,认为其有权发表一封批评其雇主——即当地教育委员会的管理能力的信。法院对其判决思路作如下解释,"我们认定,在这样一个当事教师并无故意或过失的失实言论的案件中,其行使自己的权利对重要的公共议题发表言论不应导致其被开除公职。"②在某种程度上,认可这一权利的前提在于公众获知这类信息的合法利益。

一般来讲,政府雇员的言论自由权——包括皮克林案中得到法院认可的权利——受两方面的重要限制。首先,要受到宪法保护,言论须属"公共关切",而不仅仅是工作机构内部的人事问题;③其次,该雇员在其言论中的利益必须超过政府在维护工作效率和有效性方面的利益④。就第二要素而言,假定雇员发表了有关"公共关切"的言论,则政府须证明其言论只会阻碍工作效率或有效性,才能排除第一修正案对其权利的保护。⑤ 这个两步骤

---

① 参见 United States v. National Treasury Employees Union, 513 U.S. 454 (1995),有法律规定,禁止联邦雇员因发表演讲或撰写文章而接受任何的报酬,不论是否与雇员的工作职责有关。该法被裁定违宪。
② 391 U.S. at 574.
③ Connick v. Myers, 461 U.S. 138, 145-146 (1983).
④ 同上, at 146-147; Rankin v. McPherson, 483 U.S. 378, 388 (1987).
⑤ Rankin, supra, 483 U.S. at 388-389.

的标准有时被称作皮克林-康尼克标准(Pickering/Connick test)。

案例 8-U

罗密欧是桑迪·依戈市的警察,他录制了一段视频,在视频中他脱去制服,用一些露骨、色情动作指挥交通。他在易趣网上的成人专区出卖了一些视频拷贝,并把自己标签为执法人员。该市知道这一情况后,以其行为不配做警察为由解雇了他。罗密欧向联邦法庭提起了对该市诉讼,认为其第一修正案的权利受到侵犯。该市依据皮克林案和康尼克案要求法院驳回其请求。法院该怎么判?

案例分析

为使其言论成为受保护的言论,罗密欧必须证明其言论属于公共关切。换言之,他必须满足皮克林-康尼克标准的第一个要素。尽管在确定某一表达行为是否属于公共关切上并无特定准则,但看来罗密欧的所作所为应不属此类。皮克林-康尼克标准之公共关切意在使政府雇员有能力为公众提供有价值的信息,也可能包括一名政府雇员对一般政治话题的开放式评论。罗密欧的言论不符合任一条件。本案应被驳回。

最高法院基于类似事实在一个案件中一致裁定有关言论不属公共关切。警察的"行为根本未向公众说明[警署]功能或运作的任何方面。"[①]也未涉及任一更大的政治信息。因此,鉴于其言论不属公共关切,这位警察没有理由主张其第一修正案权利。而且,即便这段视频包含了公共关切的问题,法院在罗伊案中也指出该警察的行为对"其雇主的使命和运作不利"[②],因而强有力地说明其诉求亦无法满足皮克林-康尼克标准的第二要素。

最高法院在加瑟蒂诉赛瓦约斯案[③]中再度适用了皮克林-康尼克权衡标准。在这个案件中,有一名地区副检察官声称其第一修正案权利被侵犯,因

[①] 参见 *City of San Diego v. Roe*, 543 U.S. 77, 84 (2004).
[②] 同上。
[③] *Garcetti v. Ceballos*, 547 U.S. 410 (2006).

为他在向其长官提交了一份在一未决案件中某一警员所做的有可能是虚假证词的备忘录后,就遭遇了一连串工作上的报复措施。不过,这份备忘录未向公众公开,而是作为该副检察官工作职责一部分直接向其上司报告的。法院认为这位副检察官的言论不受第一修正案的保护,因为备忘录是根据其职责撰写的。鉴于此,其言论不构成皮克林-康尼克标准中的"公共关切"要素。"我们认定,当政府雇员根据其职责发表言论时,该言论并非第一修正案意义上的公民言论,而宪法也未将这些言论从其上司的监管中剥离出来。"[1]鉴于第一修正案在保护学术自由方面的关键作用,法院暗示这一明确标准[2]不得用于"学术研究或教学活动中的言论"。[3] 但除这一特定的情形外,本案确立的标准将政府雇员的言论自由权限制在了其职责范围以外的言论上。

目前为止我们已经讨论了一些在某种程度上限制或惩罚政府雇员言论自由的法律。但是,这里有一个重要的区分,即政府对个人权利施加的限制和政府拒绝帮助人们——政府雇员或一般民众——行使其权利。政府对言论的限制会引发高级别的司法审查,与此同时,政府未能帮助人们行使这些权利并不违反第一修正案。因为第一修正案保护的正是"免于被政府剥夺言论自由的权利",政府"没有义务去资助特定观点的表达,包括政治观点。'一立法机关决定不资助对某一基本权利的行使并未侵犯该权利,因而就不受严格审查'。"[4]

法院将适用于政府雇员言论的原则扩展到私人主体自愿与政府形成的其他类型关系中。在这类情形中,皮克林-康尼克权衡标准会用以判断言论限制措施是否违反第一修正案。在田纳西州中学运动协会诉布伦特伍德高

---

[1] *Garcetti v. Ceballos*,547 U.S. 410 (2006),at 421.
[2] bright-line test,也作 bright-line rule,是与 balancing test(权衡标准)相对的一个规则,意为明确的判断标准,指在法律存在两种以上的解释时,给予明确的判断标准。——译者
[3] 同上,at 425.
[4] *Ysursa v. Pocatello Education Assn.*,129 S. Ct. 1093,1098 (2009),一部州法禁止削减政府雇员薪资转而资助工会的政治活动,法院认定该法并未侵犯工会的第一修正案权利,因此仅受合理依据审查。

中案①中，最高法院采用这一标准进行判决时认定，作为非营利性会员组织的田纳西州中学运动协会在以州的名义管理包括345所公立和私立学校在内的校际体育活动时，对某一会员学校在招募学生参加体育项目时使用了"不当的宣传方式"进行惩罚并未违反第一修正案。"政府在保证工作场合的效率上利益在某些情形中能够超越其雇员的言论自由权，同样，体育联盟为执行其规则也能够在有些时候限制其自愿会员的言论。"②法院愿意假定那所学校的教练在招募新人时的言论是"作为普通公民表达公共关切"的③，从而满足了皮克林-康尼克标准的第一要素；由于该标准的第二方面也由此引发，田纳西州中学运动协会"仅可施加为保证州支持的高中体育联盟的有效管理所必须的言论限制。"④法院认为这一要求已被满足，因为"田纳西州中学运动协会的主张符合常识，即针对中学生的强买强卖式的招募方式会导致对学生的剥削，扭曲高中运动队里的竞争，并营造一种体育成绩比学术成绩更重要的氛围。"⑤因此，该校的第一修正案权利未被剥夺。

第四节　内容中立的言论限制：
　　　　　时间、地点和方式标准

政府有时候通过以下方式间接限制言论，即并不针对言论的内容而是对表达活动所处的环境施加影响。根据定义，这种所谓的"时间、地点和方式"限制就是内容中立的限制。这类限制不是着眼于言论的主题或信息，或言说者的身份，而是针对与发表言论的环境有关的一些因素。例如，一项市政条例禁止在城市街道上使用扩音器就是一种时间、地点和方式的限制，该

---

① *Tennessee Secondary School Athletic Association v. Brentwood Academy*, 551 U.S. 291 (2007).
② 同上，at 299.
③ 同上，at 300.
④ 同上。
⑤ 同上。

条例禁止在所有时段、在特定地点的一种特定的表达方式,该禁令的适用不管表达者的身份或其传达的内容。同样的,如果有一部法律将损毁公共财产规定为犯罪,当其适用于某一用油漆在政府大楼墙壁上乱涂乱画的人时,只要刑罚不是以涂画表达的信息为前提,该法即可视为时间、地点和方式的限制。

一、内容的中立性

时间、地点和方式限制只要"[1]其正当理由与所管制的言论内容无关……[2]与所服务的一重要政府利益恰当契合并……[3]为表达活动留出了足够的其他渠道",就是合宪的。① 这一标准的第一要素,即内容的中立性,是整个论证过程的关键。一部法律如果不以任何形式关联于言论的主旨或话题、所表达的观点或表达者的身份,即构成内容中立。换言之,内容中立的法仅关注表达的时间、地点和方式。② 不过,前已说明,一部看上去基于内容的法如果涉及"次级效应"原则,可能被认定为内容中立的限制。③

我们经常会遇到看上去针对时间、地点和方式,却隐含了一个与内容相关之动机的法律或法规。例如,假定有一州法禁止在投票日当天在距离投票站100英尺的范围内散发竞选材料。从字面上看,该法只针对言论的时间(投票日当天)、地点(投票站)和方式(散发材料),但适用该法的动机却取决于所散发材料上的政治内容。因此,这部法律不能被视为时间、地点和方式限制,而是一部基于内容的限制政治言论的法。④

案例 8-V

一部市政条例禁止在小学或中学的教学时段在距离其150英尺范围内的街道或人行道上进行示威。这部条例不禁止和平的劳工示威。这部条例

---

① *Clark v. Community for Creative Non-Violence*, 468 U.S. 288, 293 (1984).
② 参见 *City of Erie v. Pap's A.M.*, 529 U.S. 277 (2000),多元意见裁定禁止公开裸体行为属内容中立的言论管制。
③ 参见第八章第三节第一目。
④ 参见 *Burson v. Freeman*, 504 U.S. 191 (1992).

能被认定为时间、地点和方式限制吗？

案例分析

不能。即便这一条例的确规定了表达活动的时间、地点和方式，但其具体适用却取决于示威传递的信息之内容。劳工示威获许，而其他内容的示威却被禁止。因此，这部条例必须按基于内容的言论限制来考察。①

案例 8-W

科罗拉多州的一部制定法禁止任何人在距离医疗机构入口方圆100英尺范围内，在未获得他人同意的情况下，故意与他人接近8英尺的距离以内"散发传单或手册，展示某种标识，或进行口头抗议、说教或劝诱……"制定该法部分原因在于解决由堕胎抗议者造成的围堵医疗机构的问题。不过，这一措施适用于所有医疗机构，包括那些与计划生育服务无关的医院，其理由是州政府对保护医疗机构出入口的正常秩序存在正当利益。这部法律内容中立吗？

案例分析

这部法律看起来是内容中立的法。该法的适用不考虑言论的总体主题、具体议题、表达者的身份以及表达者的具体观点。而且这里的情形也不表明政府试图压制某个特定的信息，相反，科罗拉多州施加的是一种"地点"限制而不论表达者所欲传递的信息。因此，与案例 8-V 的情况不同，本案的法律适用不取决于所传播信息的内容。当然，人们可以争辩说"口头抗议、说教或劝诱"构成了内容限制，因为只有这些形式的言论被该法禁止，而一个友好的问候就不会被禁止。在一个类似案件中，法院裁定这类表述不是基于言论内容的限制，而仅为意在保证该法仅适用于政府最希望避免其后果的言论类型，即对患者和医护人员进行当面骚扰的言论。②

---

① *Carey v. Brown*, 447 U.S. 455, 460-461 (1980); *Police Dept. of Chicago v. Mosley*, 408 U.S. 92, 95-96 (1972).

② *Hill v. Colorado*, 530 U.S. 703 (2000).

如果表面中立的时间、地点和方式限制的法律赋予执法者过大的裁量权,也违反了内容中立原则,"过大的裁量权有可能演变为压迫某种特定观点的手段。"①在夏特尔斯沃斯诉伯明翰案②中,法院推翻了一项市政条例,该条例授予该市委员会以下权力,即基于其对"公共福利、和平、安全、健康、文明、良好秩序、道德或方便"的观念来决定是否许可某项游行申请。在法院看来,这些模糊和主观的标准在批准游行申请上授予了委员会几乎"不受限制的和绝对的权力"。③ 该权力被滥用的可能性超出了宪法的容忍度。④另一方面,对某些游行许可法规也予以支持,某些游行许可法规将执法官员的裁量权限制在仅就公共安全和便利而对游行进行合理的时间、地点和方式的限制上,法院对这类法规给予了支持。⑤

二、与促进一重要政府利益恰当契合

时间、地点和方式标准的第二要件是一种与中度审查标准很像的"手段-目的(means/ends)"分析。限制措施是否与促进某一重要政府利益恰当契合。答案取决于一系列基于事实的考量,包括:

- 被规制的言论活动之性质;
- 所主张的政府利益之重要性;
- 言论限制的范围;
- 是否存在同样有效、但更少限制言论的其他措施;
- 法院对限制措施是否真正实现了该政府利益的评判。

就受规制言论的性质而言,要注意的是,言论类型越传统,法院就越同情第一修正案权利受损之主张。其他因素的考量或多或少都有些不证自明。

---

① *Heffron v. International Soc. for Krishna Consciousness*, 452 U.S. 640, 649 (1981).
② *Shuttlesworth v. Birmingham*, 394 U.S. 147 (1969).
③ 同上,at 150.
④ 参见第八章第二节第四目,讨论了模糊性。
⑤ *Cox v. New Hampshire*, 312 U.S. 569 (1941).

法院在纽约守望塔圣经及宗教书籍团体诉斯特拉顿村案①中对以上几个要件都进行了说明。这个案件中,两个宗教团体对一部村条例提出了表面质疑:如未事前在市长处登记并取得许可,该条例禁止在本村任何直接登门的推销或游说行为。这一内容中立的条例中规制的言论类型既包括商业活动,也包括宗教传道、政治宣传以及其他非商业性的散发传单行为。法院以其与第一修正案对言论自由的保护不符为由推翻了该条例。"一部要求对这类言论行为进行许可申请的法律与我们的民族精神和宪法传统相去甚远。"②

法院的推理首先即指出本案所涉言论具有高度价值且处于第一修正案核心地位。在援引了一长串的先例后,法院强调了"游说和发传单作为传播观念之手段的历史重要性"。③ 不过,由于该村在"预防诈骗、犯罪以及保护居民隐私方面"④具有重要且正当之利益,因此对直接登门的言论的保护本质上并非绝对。然而,鉴于这类言论的传统意义和其本身的价值,以及这一特定限制的范围——即显然也包括邻居之间的政治交流,该许可要件未能与所要促进的利益恰当契合。法院特别总结道,预防诈骗这一利益未能支持将该条例适用于"[并未要求资助的]请愿者、竞选团队,或为某些不受关注的事业征集签名的人"。⑤ 就预防犯罪而言,法院认为,"即便未授予许可也不可能阻止犯罪分子去敲人家的门并进行一些不受该法调控的谈话"。⑥ 最后,法院解释说,用更少言论限制的替代措施完全可保护居民的隐私,如树一块"不要推销"牌子,这种标志"加上居民们不可置疑的拒绝与不速之客进行交谈的权利,就能为不喜欢推销的人提供足够的保护。"⑦

---

① *Watchtower Bible and Tract Society of New York, Inc. v. Village of Stratton*, 536 U.S. 150 (2002).
② 同上,at 166.
③ 同上,at 162.
④ 同上,at 164-165.
⑤ 同上,at 168.
⑥ 同上,at 169.
⑦ 同上,at 168.

案例 8-X

洛斯·安吉尔市禁止在该市的任何街道、人行道或市内公园里派发"传单"。"传单"被定义为包括所有形式的书面文件,包括传单、单页、小册子、海报以及其他类似东西。该禁令的实施不考虑传单上的内容。声称的政府利益是为了避免乱扔纸屑。这一条例与所要促进的重要政府利益恰当契合吗?

案例分析

不属于。尽管避免在市内乱扔纸屑可能的确是一项重要的政府利益,可是这部条例却全然禁止了一种确立已久的交流方式,并以一种远远超过实现上述利益之必要限度的方式来达到其目的。只对扔垃圾的人进行惩罚的法对实现政府目标同样有效且更少限制。鉴于这一禁令的广度、受影响的言论活动之性质以及更少限制措施的可行性,这一条例违宪。[1]

案例 8-Y

一部联邦行政法禁止在最高法院大楼周围的人行道上举行一切形式的和平示威。该法的目的在于保护最高法院所在区域的完整,保护来法院办事的人,以及保持该区域的良好秩序和庄严。这一法规是否与所欲促进的重要政府利益恰当契合?

案例分析

鉴于最高法院的性质、功能和地位,显然政府在保护其周边环境的安全、秩序和庄严上具有强烈的、因而也是重要的利益。接下来的问题就在于完全禁止和平示威是否与要促进的这些利益"恰当契合"。看起来并非如此。完全禁止远远超出了实现所声称之目的的必要限度。从定义上看,和平示威既未威胁任何人的人身或财产,也不会减损法院的庄严——至少在法院周围的人行道上不会。而且,还有大量比完全禁止更少限制的替代方案可以选择,例如限制集会人数、标语的尺寸等等。[2]

---

[1] 参见 *Schneider v. State*, 308 U.S. 147 (1939).

[2] 参见 *Untied States v. Grace*, 461 U.S. 171, 181-184 (1983),根据同样事实得出相同结论。

尽管这一中度审查显得很严厉,但是恰当契合标准的适用对政府来说并不总是那么致命,例如克拉克诉创新性非暴力联合会案①。该案涉及对国家公园服务处(National Park Service,NPS)的法规提起的第一修正案,该规定禁止在国家公园的指定露营区域外露营。华盛顿特区的各纪念公园都没有设定这样的露营区,包括拉法叶特公园和国家广场。创新性非暴力联合会(Community for Creative Non-Violence,CCNV)试图展示无家可归者的困境,从国家公园服务处获许在拉法叶特公园和国家广场上树立了临时的帐篷区。但创新性非暴力联合会要求在这些"象征性帐篷"里睡觉的请求因一项内容中立的露营禁令而被拒绝了。最高法院承认在象征性帐篷里睡觉是一种受第一修正案保护的言论,同时维持了国家公园服务处的规定,认为这是有效的时间、地点和方式限制。用法院的话来说,"我们认为,保持位于首都核心地段的公园的吸引力和完整状态,随时接纳成千上万参观和享受此地的游客,这些都是政府的实质利益,而禁令与这些利益是恰当契合的。"②

总之,适用这一"手段-目的"分析要求小心处理事实与大量的常识性要素。

案例 8-Z

重新考虑案例 8-W 的案情。假定其中的规定之所以出台是因为保护本州公民健康与安全的传统治安权力。而且,州政府希望保证不受阻碍地进出医保机构以及避免当面抗议给患者带来可能的心灵创伤。这一措施是否与欲促进的重要政府利益恰当契合?

案例分析

政府所主张的利益无疑非常重要。走进医疗机构的人通常都在与各种

---

① Clark v. Community for Creative Non-Violence, 468 U.S. 288 (1984).
② 同上, at 296, 亦可参见 Heffron v. International Socy. for Krishna Consciousness, 452 U.S. at 650-656, 本案裁定维持一项法规,其禁止在集市上特定摊位以外的区域进行面对面推销。

生理和心理疾病作斗争。从健康的角度看，消除面对面抗议对个人造成的额外创伤看来也相当重要。（一位好律师当然会举出证据证明这一点）但是，受规制的言论是政治言论。因此，任一法院都必须仔细考察这一限制措施以评判其与所要促进的利益是否恰当契合。这很大程度上取决于其限制的范围。在此 8 英尺的限制规定在一个相当明确的区域内适用，即距离任何医疗机构入口处 100 英尺范围内。而且，这一规定未禁止该范围内的所有言论形式，也未对口头表达的内容或方式抑或使用的标志牌的类型进行限制。仅有的限制就是与抗议对象之间 8 英尺的距离，而且即便是这项限制也并未禁止抗议者向路人发放传单；当然路人也完全可以拒绝该传单，或者走上前去接受该传单。这样看来，在这个 100 英尺的范围内其实有足够的表达方式可传播几乎任何的信息，甚至在与他人距离 8 英尺之内也是如此。另外也没有任何法律或事实表明会对 100 英尺的区域外的抗议有何限制。鉴于对言说者表达信息能力的限制是有限的，同时也鉴于该措施有效地消除了面对面抗议带来的问题，在不存在其他创造性替代措施的情况下，看来这一规定与欲促进的重要利益是恰当契合的。① 将此处的结论与案例 8-BB 做个比较，你能发现区别何在吗？

三、表达的替代渠道

时间、地点和方式标准的第三个要件是要求言论限制措施留出足够的替代途径使言论得以表达。当然，如果某一法律的效果就是不留下任何可能的时间、地点和方式，以至于有关信息无法被传播，则这项要求就未获满足。除这种确定的结论外，尚没有定型的规则可用以决定究竟怎样的替代渠道才满足这一要求。不过，只要可以使用传统的交流方式，则这项要求就满足了。例如在克拉克诉创新性非暴力联合会案中，法院不假思索地认定，没有证据表明"有关无家可归者之困境的言论"无法通过媒体或其他途径表

---

① 参见 *Hill v. Colorado*, 530 U.S. 703 (2000)，本案依据与上述相似的事实作出了判决。

达,从而满足了这一要件的要求。①

案例 8-AA

明尼苏达集市是一个向公众展览各种产品、服务、娱乐和其他有意思的东西的年度盛会。除非在各自指定的摊位上,否则将近1,400个参展者不允许进行产品售卖或募集资金。克里希纳一家租用了集市上的一个摊位,但除了在这个摊位募款而外,他们还申请在整个集市的125英亩范围内进行募款。集市的管理方依据前文提及的内容中立之规定拒绝了其请求。假定对这种巡回式募款的限制与促进一项重要的政府利益是恰当契合的,这一规定是否给言论留出足够的替代渠道呢?

案例分析

是。这一限制不适用于集市范围以外,因此给克里希纳一家保留了大量的表达机会,而且在集市内他们仍可以在自己的摊位上募款。这可能与克里希纳一家期望的方式不同,但如无证据表明其他表达渠道要么不可能、要么不足以展示,则时间、地点和方式标准的这项要件应易于满足。②

如果案件所涉言论属于法院认定为价值较低的类型,则替代渠道要件可能会被稀释得几乎没有意义。例如在伦顿市诉娱乐时光剧院公司案③中,一部分区法将放映成人电影的影院驱赶至该市的周边地区。尽管该法的适用涉及电影内容,但法院仍认定其属于内容中立的限制,因为该法着眼于这些影院为周边社区带来的次级效应。④ 在适用时间、地点和方式标准时,尽管影院一方举证说从实际效果来看,该市允许开办成人影院的5%的地段在商业上是不可行的,但法院仍认定该标准的第三要件已被满足。因此,在这种成人色情言论的特定情形中,替代言论渠道不必充足甚至不必有

---

① 468 U.S. at 295.
② 参见 Heffron v. International Socy. for Krishna Consciousness, 452 U.S. at 654-655.
③ City of Renton v. Playtime Theatres, Inc., 475 U.S. 41 (1986).
④ 参见第八章第三节第一目。

效。

四、事前限制

有些时间、地点和方式限制实施起来如同事前限制——例如,有市政条例规定,在城市街道上游行必须在其发起人从该市某一专门办公室获得许可后才能举行。只要行使裁量权的官员之权力仅限于实施合理的时间、地点和方式限制,这类内容中立条例即可获得支持。① 然而,一旦条例授予执行官员专断的裁量权从而可能造成基于言论内容的区别对待,那么该条例会被推翻。②

五、禁制令

法庭有权对规制言论之时间、地点和方式方面的行为发出禁制令——只要"该禁制令的规定为实现某一重要的政府利益,而未对言论施加超过必要限度的限制",且该禁制令的目的不在于压制言说者所欲传达的信息。③ 法院将这项标准描述为,要求比标准的时间、地点和方式限制"更严格地适用"第一修正案原则。④ 这项标准的最新运用是对在堕胎诊所进行抗议的人们发出的禁制令。

案例 8-BB

计划生育诊所是一家提供堕胎服务的私营医疗机构。过去的几年来,该诊所和堕胎抗议者一直存在冲突,他们每天都在这家医疗机构周围的空地上抗议。抗议行为包括堵塞车辆出入口和医院入口、与员工或患者进行颇具挑衅意味的当面对峙、偶尔的肢体袭击。诊所申请发出禁制令以避免抗议者干扰医院的运作。初审法庭发出了一份禁制令,在进出医院的人和

---

① 可以对比 *Cox v. New Hampshire*, supra, 第八章第四节第一目,支持了游行许可要求; *Watchtower Bible and Tract Society of New York, Inc.*, supra, 第八章第四节第二目,宣布门对门募款许可的要求为无效。
② 参见 *Shuttlesworth v. Birmingham*, supra, 第八章第四节第一目。
③ *Madsen v. Women's Health Center, Inc.*, 512 U.S. 753, 765 (1994).
④ 同上。

车辆周围划定了一个15英尺的缓冲区,另在医院大门、车辆进出弯道和停车场出入口也划定了15英尺的缓冲区,抗议者进入到上述缓冲区内则构成藐视法庭。这两方面的禁制令是可以接受的时间、地点和方式的限制吗?

案例分析

尽管这项禁令只针对堕胎抗议者的行为,不过目的并不在于压制其观点或传递的信息,而在于规范其抗议行为——包括堵塞出入口等——的次级效应。因此,这项禁制令可被视为内容中立。

就政府利益的重要性而言,标准与中度审查标准类似,即要求政府证明有一些重要的政府利益处于危险中。维护公众安全、并保障妇女寻求"与妊娠有关的医疗服务"之权利一直以来都被视为重要的政府利益——尤其是在涉及堕胎抗议的情形中。①

剩下的问题就变成缓冲区的设置是否超过了促进上述重要政府利益之必要。在申克案中法院根据类似案情判定,在人和车辆周围设定缓冲区过度侵犯了基本的言论权利,从而不可能在不违反禁制令的同时进行正常的交谈或分发传单。但是,作为保证安全和自由进出所必须的措施,在医院出入口设置的缓冲区得到了支持。

六、有关版权的特殊问题

根据宪法第一条第八款第八项的规定(即版权条款),国会有权向作者授予在"一定时间内"出版其作品的"排他性的权利"。1976年建立的版权法体系授予自然人的联邦版权保护所覆盖的区间是从作品诞生的时刻到作者去世后50年。1998年《版权期限延长法》(Copyright Term Extention Act of 1998,CTEA)把现时和将来的版权保护又延长了20年。在埃尔德雷德诉阿什克罗夫特案②中,法院被提请考虑《版权期限延长法》在适用于现存版权时是否超越了版权条款对国会的授权,如未越权,是否违反了第一

---

① 参见 Schenck v. Pro-Choice Network of Western N.Y., 519 U.S. 357, 375-376 (1997).
② Eldred v. Ashcroft, 537 U.S. 186 (2003).

修正案。法院对第一个问题的回答是应由国会来决定,就版权条款的目的而言多长时间为"一定时间",只要国会的决定是合理的,法院都会尊重其选择。法院引用了"国际关系考量"和"人口、经济和技术的变化"作为支持国会通过该法律的合理根据。①

埃尔德雷德案原告同时也提出《版权期限延长法》延长版权违反了第一修正案,因为这一内容中立的言论限制措施并无足够的正当理由。法院否决了这一主张,认为"版权条款和第一修正案通过的时间很接近,这说明在起草者看来,版权所拥有的一定的垄断地位与言论自由原则是相容的。的确,版权制度的目的就在于*促进发明和自由言论的出版*。"②此外,法院还解释说,版权法包括"与第一修正案相容的内容:第一,它区分了观点和表达,且只是对后者提供版权保护……第二,'合理使用'抗辩能够帮助公众不仅可运用版权作品里的事实和观点,更可在特定情形下使用其表达方式。"③法院并未认定版权法"整个体系都免受"第一修正案审核。"但,诚如本案中情形,当国会未改变传统的版权保护方式时,进一步追加第一修正案的审查就没有必要。"④

第五节 公共论坛的性质

前文讨论的基于言论内容与内容中立的限制都有一个假定,即涉案言论都发生在第一修正案可完全适用的情景中。然而,在确认这一假定前,我们需要先行判定表达活动发生地的地产属性。为此,我们需要区分私人财产和公共财产。

政府试图限制在私人拥有的地产上(或涉及利用私人拥有的地产)——

---

① *Eldred v. Ashcroft*, 537 U.S. 186 (2003), at 205-206.
② 同上, at 219, 着重为原文所有。
③ 同上。
④ 同上, at 221。

例如书籍、报纸、宣传栏、电影院,或某一家的前草坪——发表的言论时,该言论受到第一修正案相关审查标准的最完整保护。也就是说,对受保护言论的基于内容的限制必须受严格标准的审查或某一特别适用的原则标准(doctrinal test)的审查,而内容中立的限制则受标准的时间、地点、方式的司法审查。

另一方面,如果表达活动发生于政府所拥有的地产上,则第一修正案的保护力度取决于这一特定地产的分类——即公共论坛、指定公共论坛还是非公共论坛。根据这一所谓的论坛原则,公共地产的某一部分如何分类具有至关重要的意义。在公共论坛和指定公共论坛上,第一修正案都提供完全保护(和在私人地产上一样),但在争议中的地产被视为非公共论坛时,保护的力度明显地减弱。

一个传统的公共论坛就是一个根据长久的传统被用于"意见的自由交换"的公共设施。① 街道、人行道、公园都属此类,即"长久以来被人们铭记着都为公共使用,目的在于集会、公民之间交流想法以及讨论公共事务"的那些地方。②

指定公共论坛是指传统上虽不属公共论坛,但政府有意将其用于表达活动的公共设施,例如大学的会议室或者市政报告厅。只要这些设施仍用于表达活动,第一修正案的完全保护在合理定义的范围内得以适用,政府就可以限制指定公共论坛的范围(如将大学会议室限定仅注册学生可用)——在这种情形下就应被称为受限的指定公共论坛,政府也可撤销全部指定。

有些公共设施——例如社保办公室或法院审判庭,尽管也有表达活动发生,但既非传统上的公共论坛也非指定的公共论坛,那么就属于非公共论坛,此时第一修正案的保护仅以有限方式适用。法院这样说道:

> 非依传统或指定而进行公共交流论坛的公共设施是根据不同标准进行管理的。我们已经认定,并不是仅因政府拥有或管理着某一地产

---

① *Cornelius v. NAACP Legal Defense & Educ. Fund*, 473 U.S. 788, 800-802 (1985).
② *Hague v. CIO*, 307 U.S. 496, 515 (1939);亦可参见 *Frisby v. Schultz*, 487 U.S. 474, 481 (1988).

就等于第一修正案必然保证言论可以进入该地产。除时间、地点、方式的限制外,州还可为其预期目的保留该论坛,如交流性质或其他什么活动,只要这种限制是合理的,且不是仅因官员不同意言说者的观点就压制该言论。①

简言之,在非公共论坛,只要政府保持观点的中立性——即未基于对任何特定言论支持或反对态度而决定是否允许使用该论坛,即可自由地对言论施加合理限制,包括最基于言论内容的限制。

最后需要说明的是,到目前为止我们讨论的都是政府对私人主体的言论进行调控或禁止时,第一修正案会对政府施予何种限制。当政府本身就是言说者时,言论和出版自由条款不发挥作用。因此,根据"最近创设的政府言论原则"②,政府可以任何自己愿意的方式调整自己的言论,如支持某些观点和反对其他观点。而且,政府选择进行言说的论坛地点并不影响这一分析。所以,即便在构成公共论坛的地产上——即第一修正案严格限制政府规制私人主体的表达活动之能力的地点,言论和出版自由条款绝不限制政府发表自己的言论之能力。

一、传统的公共论坛

鉴于第一修正案适用于非公共论坛的保护更为有限,因此判定某一特定设施是否属于公共论坛就至关重要。确实,有关公共论坛的认定常常是言论自由案件的开始,对这一问题的考察都从判定涉案论坛是否公共论坛开始。这一考察包括两方面:第一部分包括几乎自动包含在内的公共论坛;第二部分主要涉及将公共论坛的范围扩大到更新型的场景的可能性。

首先,街道、人行道和公园一般被视为传统公共论坛,第一修正案完全适用于这些场所。③ 因此,如果某一案件所涉表达活动发生于街道、人行道

---

① Perry Educ. Assn. v. Perry Local Educators' Assn., 460 U.S. 37, 46 (1983).
② Pleasant Grove City, Utah v. Summum, 129 S. Ct. 1125, 1139 (2009).
③ 参见 Frisby v. Schultz, 487 U.S. 474, 481 (1988),本案中确认此标准适用于居民区街道。

或公园,则公共论坛的门槛就轻松通过了,不过必须满足公共性的要求。如果街道、人行道或公园有其特定的或限定的使用范围——即不是通常意义上的公共大街或公共公园——则不能适用传统"公共论坛"的标签。所以,军事基地内的街道就不是传统公共论坛;①或者,完全位于邮局地产上的一条连接邮局停车场和邮局办公楼的人行道也不是传统公共论坛。② 可能我们同样也可以说专门用于保护自然环境或历史遗产的国家公园也不是传统公共论坛。当然,除上述情况外,通常的街道、人行道和公园都是传统公共论坛。

尽管从理论上讲,传统公共论坛这一类型会涵盖许多除街道、人行道和公园外的其他公共设施,但实际操作中却不一定,主要原因就在于法院不愿意将这一概念扩展到上述特定场景之外。③ 某一地方能否列入传统公共论坛分类的理论门槛在于,证明涉案的地产或设施就其主要的,或历史的目的而言就是意见自由交换的地方。④ 当然,这是一个比较奇怪的标准,因为街道、人行道和公园其实并不是因为符合这个标准而构成传统公共论坛的——例如人们会认为一条街道的主要目的是提供从此地到彼地的通道。法院也曾表示传统公共论坛的一个特征是"公众不受阻碍的进入"。⑤ 只要"主要的和历史的目的"和"不受阻碍的进入"这两个条件还有效,我们就不应指望传统公共论坛的分类还会有什么重大变化。⑥

案例 8-CC

有一个叫做星际启蒙协会的组织,人们一般称其为"依兹社",该组织试图在人群聚集的场所推广其理念。推广方式包括散发免费的手册和鼓励捐款。他们觉得机场是个绝佳的推广场所,而且有几个依兹社的成员定期都

---

① *Greer v. Spock*, 424 U.S. 828, 835-837 (1976).
② *United States v. Kokinda*, 497 U.S. 720, 727-728 (1990).
③ 但参见 *Edwards v. South Carolina*, 372 U.S. 229, 235 (1963),此案中将州议会大楼外的场地视为传统公共论坛。
④ *Cornelius v. NACCP Legal Defense & Educ. Fund.*, 473 U.S. at 801-802.
⑤ *Arkansas Educ. Television Commn. v. Forbes*, 523 U.S. 666, 678 (1998).
⑥ 参见 *United States v. American Library Association*, 539 U.S. 194 (2003),本案判定公共图书馆的网上空间不属于传统的或拟制的公共论坛。

会在布埃纳·维斯塔国际机场进行募款,该机场是位于弗吉尼亚州的一座市政设施。在大量旅客投诉后,市政府出台了一项条例,在机场地产内禁止所有的面对面营销。依兹社成员对该法规提出挑战,认为机场是一个传统公共论坛。他们的理由包括好几项要素:机场通道和街道、人行道的相似性;机场表达活动的传统;其他交通枢纽——如火车站和汽车站——在表达活动上的相似历史和传统。总之,他们认为言论自由与机场的总体特征是相符的,而这种相符性使得机场成为传统公共论坛。请评价上述论断。

案例分析

上述论据当然是有可能成立的。任何经由机场旅行过的人都知道,各种表达活动——包括散发传单和面对面营销——都发生在机场,就如同发生在城市的街道上一样。而且,鉴于当今机场走道两旁有大量的商铺和小贩,则将之与街道和人行道类比的说服力更强了。但是,如果更严格地聚焦于传统公共论坛的追问的话,这一论述就不那么充分了。如果适用主要及历史目的这一标准,则机场的主要目的在于自由交换意见这一说法就难以为继。尽管表达活动的确在机场发生——包括航空公司的广告、甚至旅客间的闲谈,但机场特定主要目的仍是为空中旅行提供营利性的服务。按照这一标准,则与街道和人行道以及公车站和火车站的类比就不合适。①

上面案例中的分析可能有个小问题。自 1992 年的国际克利须那神信仰团体案判决后,法院的人员构成已发生变化,并可能对传统公共论坛采取一种更灵活的分析路径,从而和依兹社的人思路类似。事实上,有四个大法官在前案中采取了一种更为务实的路径,力主"假如案件所涉地产之客观、物理特征及政府许可的公众对其进入和使用的方式说明表达活动与上述使

---

① 参见 *International Socy. for Krishna Consciousness, Inc. v. Lee*, 505 U.S. 672, 679-683 (1992).

用方式相符,则该设施就是公共论坛"。① 因此,我们也不应假定传统公共论坛的分析仍局限于主要的及历史的目的标准。总之,我们对这一问题的论述应考虑更具包容性的思路。

二、指定公共论坛

一公共设施无法被认定为传统公共论坛时,有可能被认定为指定公共论坛。该标准聚焦于政府的意图。但在此处,和处理传统公共论坛的定义时一样,法院设置了一个实质性(或许模糊的)障碍。即,当且仅当政府意图将某一非传统公共论坛的设施开放给广泛的公众群体用于表达活动时,才构成指定公共论坛。因此,指定公共论坛不得因政府无作为或一般公众进入而创设,②甚至也不得因政府对某设施的"选择性"开放而构成。③ 因此,当州立大学出台一项政策,将教室开放给学生社团用作会议室,那么构成指定公共论坛所必要的意图就形成。④ 然而,由于该校的意图为仅向学生社团开放教室,因此该设施是一个有限的、仅前述团体可用的公共论坛。另一方面,如果学生社团只是偶然用了教室而未被校方反对,则即便对他们而言也未构成指定公共论坛。如校方准许的是学生社团选择性、非常态的使用,也不存在指定公共论坛的问题——尽管何为选择性使用、何为固定使用之间的界限并不清晰。

佩里教育协会诉佩里地方教育者协会案⑤的事实很能说明问题。该案涉及一学区的内部邮件系统的"论坛"地位问题。该系统的主要用途是服务学校。但该邮件系统向一工会开放,该工会被选定为本学区教师的劳资谈判代表。此外,有些民间团体,如女童子军、幼童军、基督教青年会等,则偶尔获准进入该系统。另一作为竞争对手的工会组织也试图进入该内部邮件

---

① 505 U.S. at 693-703,肯尼迪大法官撰写,布莱克门、史蒂文斯、苏特大法官联署之协同意见。
② 参见 International Socy. for Krishna Consciousness, Inc. v. Lee, 505 U.S. at 680.
③ Perry Educ. Assn.v. Perry Local Educators' Assn., 460 U.S. at 47.
④ Widmar v. Vincent, 454 U.S. 263, 267 (1981).
⑤ Perry Educ. Assn. v. Perry Local Educators' Assn., 460 U.S. 37 (1983).

系统,其理由是学区①已创设了一个指定公共论坛。法院不同意。他们认为民间社团的"有限准入"并未使内部邮件系统转化为指定公共论坛。② 法院未给出具体论证过程,但想必,要证明政府存在创设指定公共论坛的意图,必须证明"准入使用"更具经常性。这一司法审慎强调了这一分析的性质。指定公共论坛不因意外或偶然向表达活动开放而成立,相反,仅当政府有明确而肯定的意图创设,才构成指定公共论坛。

案例 8-DD

AETC 是阿肯色州的公共广播电台。在 1992 年大选期间,该电台决定播出涉及竞选联邦和州公职各候选人的一系列辩论会。其中一场辩论在角逐第三国会众议员选区的候选人之间展开。AETC 邀请了共和党和民主党的候选人,却拒绝了一名叫做拉尔夫·福布斯的独立候选人。AETC 因认为福布斯基本上未获该选区选民支持而决定不邀请他。他们相信,电台节目时段有限,将注意力集中在两个主要政党上更合适。请问 AETC 的辩论是传统公共论坛还是指定公共论坛?

案例分析

我们当然可以在抽象意义上说公共电台"主要的和历史的目的"就是观点的自由交流。当然,从这类电台的历史表现和运行来看,它们与街道、人行道和公园相去甚远。而且,自由的观点交流也往往被电台管理者的"编审判断"过滤。可能最重要的在于,公众从未享受"不受阻碍地参与"公共电台节目的权利。与此类似的是,即便我们仅聚焦于将电视辩论节目作为传统公共论坛,历史上也从未表明这类辩论中存在一般的公众准入权。法院不太可能宣布公共电台播出的辩论构成传统公共论坛。

那么我们接下来要讨论的就是指定公共论坛的问题。仅就电视辩论而言,并不能表明 AETC 的行为证明了以下意图,即将这些辩论会向广泛的公众群体开放并用作意见交换。相反,AETC 所做的顶多就是邀请特定党

---

① 学区是公权力机构,在司法程序上具有政府的地位。——译者
② *Widmar v. Vincent*, 454 U.S. 263, 267 (1981), at 47.

派在非公共论坛上参与表达活动。这些辩论既非传统公共论坛,也非指定公共论坛。①

即便构成指定公共论坛,政府可基于言论主题或言说者身份对论坛的使用加以限制。②"只要从论坛所服务的目的来看所进行的划分是合理的,且观点中立",则有限公共论坛(limited public forum)就会得到法院支持。③因此,专为推广烹调技术而设的有限公共论坛不必对一般的时髦议题开放(和关于葡萄干的话题正好相反④);一个专为学生创设的有限公共论坛也不必对非学生群体开放。在佩里教育协会案中,法院解释说,即便若干个民间团体进入学区邮件系统并构成了指定公共论坛,但该论坛的使用仍可被限制为仅供类似团体使用。⑤

"观点中立"原则适用于兰姆教堂案,该案系对一公立学区政策提出的合宪性质疑,这一政策允许当地居民将学校设施用于"社会、民间,或娱乐活动",但不得用于任何"宗教目的"。⑥ 根据该政策,学区不允许某福音派组织放映有关基督教视角下青少年教育问题的系列电影。法院认定,学区对该用途的拒绝构成非法的观点歧视。法院指出,"本案所涉系列电影无疑是该学区政策允许的主题,阻止其放映仅因其从某一宗教性的视角来阐述这一主题。"⑦在缺乏紧迫州利益的情况下,这一观点歧视无法成立。

---

① 参见 Arkansas Educ. Television Commn. v. Forbes,523 U.S. 666 (1998),根据类似事实作出相同判决。
② Rosenberger v. Rector and Visitors of Univ. of Va.,515 U.S. 819, 829 (1995),指定公共论坛可限制为"供特定团体使用或用于讨论特定话题"。
③ 参见 Lamb's Chapel v. Center Moriches Union Free School Dist.,508 U.S. 384, 392-393 (1993)。
④ 时髦议题(current events),有关葡萄干的话题(currant events),两词仅差一个字母。——译者
⑤ 460 U.S. at 47.
⑥ 508 U.S. at 387.
⑦ 同上,at 394.

案例 8-EE

米尔福德中心学校允许当地居民在学校放学之后使用学校设施教育和艺术辅导，促进社区福利的社会、民间、休闲和娱乐性的活动及其他活动。根据这一政策，类似男童子军这样的世俗组织获准使用学校设施，以促进男孩的道德和精神成长。一位当地居民达琳，发起了一个名叫好消息俱乐部的民间基督教组织，该组织专为 6-12 岁儿童开设。她申请在学校举行每周的例行课后聚会。她这样描述俱乐部聚会："每次聚会一开始就点名，每名孩子都会被点到，如果谁能立即吟诵一段圣经诗句，就会得到某种奖赏。接着大家会一起唱歌和做游戏，其中也包括学习圣经诗句的游戏。然后我会给大家讲一个圣经故事，并解释如何在日常生活中遵循其中的道理。聚会将以祈祷的方式结束。最后，我会分发礼品和圣经诗歌以作纪念。"学校拒绝了申请，理由是这些活动——包括唱歌、学习圣经故事、背诵经文和祈祷——等同于宗教崇拜，都是被学校的社区使用政策禁止的行为。请问米尔福德中心学校是否构成观点歧视？

案例分析

答案取决于如何看待好消息俱乐部所举办活动的性质。如果这些活动的目的在于通过圣经学习促进道德和精神成长，那么学校看来就构成了不可接受的观点歧视，因为该学区的确允许持世俗观点的团体举办活动以促进上述价值，而在这个特定话题上，只有宗教观点被拒之门外。基于类似事实，最高法院的一个多数意见就是这样判决的。用法院的话来说，"就言论自由条款的意义而言，我们看不出该俱乐部通过基督教的方式和其他组织通过团队合作、忠诚和爱国主义的方式所进行的教育有何逻辑差异。"①

但是，如果我们认为好消息俱乐部的活动是宗教崇拜或传教，那么就和其他被学校允许的世俗组织活动有区别了。这是好消息俱乐部案中异议意见的观点。苏特大法官说，"毫无疑问，好消息俱乐部使用学校设施的目的不仅是从基督教的视角来探讨某个话题，而是一场福音派的崇拜活动，并劝

---

① *Good News Club v. Milford Central School*, 533 U.S. 98, 111 (2001).

诱孩子们皈依基督教。"①当然,鉴于本案多数意见的观点,我们完全可以假定,最高法院以及联邦下级法院会对在开放学校设施方面对宗教观点不友好的政策保持怀疑态度。②

三、非公共论坛

最后,如果非官方表达活动发生的场所既非传统公共论坛,又非指定公共论坛,那么就自动成为非公共论坛。(最高法院有时也用有限公共论坛指代非公共论坛)因此,判断政府设施是否属于此类就是经由排除程序决定的问题。和在有限公共论坛中一样,非公共论坛上的私人言论可依据某一合理标准而被限制,只要这一理由与该论坛的目的相关且限制不涉及观点歧视。③

案例 8-FF

"联合路径"是一个专为联邦雇员发起的慈善活动,通过其募集的资金将用于参与这一项目的组织。所参与的组织限于为个人提供直接的健康或福利服务的非营利性慈善机构。每个这类组织就可在活动出具的回单上"声明"其资金需要。法律服务和政治宣传组织被排除在该活动之外,排除的理由在于"一美元花在食物和住房上比花在诉讼或政治宣传中更有用"。而且,政府也认为这一排除策略避免了活动的政治倾向性。有一个政治宣传组织挑战这条限制规定的合宪性,认为其限制了政治言论自由。假设这一活动是一个非公共论坛,这一基于内容的言论限制能通过司法审查吗?

案例分析

应该可以。尽管将政治宣传排除在外的政策就是基于内容的对政治言论的限制,但是该论坛的非公共性质降低了相应的司法审查标准。只要该限制措施合理且观点中立,就能得到支持。这一限制似乎能够满足以上两个要求。认为直接花在食物和住房上的钱比花在法律诉讼和政治宣传上的

---

① 同上,at 138,苏特大法官之异议意见。
② 亦可参见案例 9-I,从禁止设立国教条款的角度探讨了同一个问题。
③ *Arkansas Educ. Television Commn. v. Forbes*, 523 U.S. at 682.

更有用当然是合理的。即便与此相反的观点同样合理时也仍然如此——同样可以认为倾向于政治的理由是合理的。就观点中立而言,这一排除政策表面上没有显示任何赞同或反对某一政治观点。法律诉讼或政治宣传的说明本身并非观点,只是用以推广某一观点的工具。因此,除非能证明该限制措施——无论是其目的还是适用中的效果——反映了对某种观点的偏见,否则即可得到支持。①

四、公立学校的学生言论

前面我们研究了公立学校的言论问题,其背景是学校官员是否创设了一个指定公共论坛供学生以外的人使用其设施进行表达活动。② 现在,我们要讨论的是公立学校学生自己的言论权利。问题在于,当他们在学校里或参与学校发起的项目时,第一修正案在多大程度上保护其权利。法院已明确说明,学生们并未"在学校门口放弃其言论及表达自由的宪法权利",③但和政府在其他场景中的规制相比,学校对学生言论的规制更为容易。

法院的很多判例都表明,对学生言论的第一修正案保护程度随所涉言论的性质和言论发生的场合而改变。在所涉言论为政治言论且未严重影响学校活动时,宪法保护会处于最高水平。在廷克案中,法院认定公立学校不能因学生戴臂章表达其"对敌视越南政策的不满以及主张停火,并传播其观点进而试图影响其他人"而惩罚他们。④ 这些显然为政治性言论,仅在学校官员合理地认为其会"严重而实质性地干扰学校的工作和纪律时"才可予以惩罚。⑤ 法院指出,如无任何类似关切的依据,"避免总是与一个小众观点相伴生的不安与不满的单纯愿望",并不足以为压制学生言论提供正当理由,这类

---

① 参见 *Cornelius v. NACCP Legal Defense & Educ. Fund*, 473 U.S. 788, 806-813 (1985),基于相似的案情,裁定论坛为非公共论坛,因此适用较低的审查标准。
② 参见第八章第五节第二目。
③ *Tinker v. Des Moines Independent Community School Dist.*, 393 U.S. 503, 506 (1969).
④ 同上,at 514.
⑤ 同上,at 513.

言论只涉及"沉默的、消极的意见表达,并未破坏任何秩序与和平。"①

在贝瑟尔第403学区诉弗雷泽案②案中,法院适用了一个低一些的审查标准,支持了公立高中对弗雷泽的惩戒权,他在学校集会上发表了一个演讲,充斥着"直白、露骨、绘声绘色的性比喻"。③ 如按廷克案标准——联邦下级法院也是这么做的——显然学校没有惩罚这名学生的依据,因为其言论未造成失序或威胁。但是,最高法院拒绝适用廷克案标准,判定"学区对弗雷泽下流、不雅的言论进行的惩罚完全处于被允许的权限内"。④ 尽管法院并未解释为何本案不遵循廷克案,但其指出"廷克案中臂章所表达的政治信息和[弗雷泽]言论的淫秽内容之间是有区别的"。⑤ 就调和这两个案件之间的差异而言,弗雷泽案表明,尽管下流和不雅的言论属于第一修正案的保护范围,但在公立学校的背景下,其受到的保护比政治言论要少得多。考虑到弗雷泽案中,其受罚并不因学校不同意其观点,而只是"保证高中集会能够正常进行"⑥,这一点就更好理解了。

最后,法院已明确表示,公立学校的官员在承担学校管理职责时拥有更大的干涉学生言论的权力。在黑兹尔伍德学区诉库尔迈耶案⑦中,一个公立高中报社的学生社员因校方拒绝刊登他们的两篇文章起诉其学校。上诉法院根据廷克案支持了学生一方,认为没有证据表明"被审查的文章会严重影响教学活动或造成学校实质性的混乱。"⑧最高法院推翻了这一判决,并指出"只要校方有基于教学管理需要的合理考量,可对学校主办的表达活动中学生言论的风格和内容进行编审控制,这并不违反第一修正案。"⑨

因此,在公立学校学生言论的问题上,关键在于尽可能从法院的上述三

---

① Tinker v. Des Moines Independent Community School Dist., 393 U.S. 503, 506 (1969), at 508.
② Bethel School District No.403 v. Fraser, 478 U.S. 675 (1986).
③ 同上,at 678.
④ 同上,at 685.
⑤ 同上,at 680.
⑥ 同上,at 683,布伦南大法官在判决中之协同意见。
⑦ Hazelwood School District v. Kuhlmeier, 484 U.S. 260 (1988).
⑧ Kuhlmeier v. Hazelwood School District, 795 F.2d 1368, 1375 (8th Cir. 1986).
⑨ 484 U.S. at 273.

个判例中找出应适用何种审查标准,即究竟是廷克案中的严格标准还是弗雷泽案和库尔迈耶案中更顺从政府的审查标准。

案例 8-GG

弗里德里克是一名高中生,他因挥舞横幅而被校长停课,该事件发生在教学时段内学校允许的校外活动中,这是一个经过学校门口街道的 2002 年冬奥会火炬传递长跑活动。正当火炬手和摄像人员经过的时候,弗里德里克和他的朋友们从学校对面的街上放下了一个 14 英尺长的横幅,上面写着"以耶稣的名义水吸大麻"。校长立即命令他们撤掉横幅。弗里德里克拒绝服从,于是横幅被没收,弗里德里克也被停课十天。校长解释其理由时说,她认为这条横幅鼓励了非法吸毒,而这违反了学校的既定政策。校董事会支持校长的做法,他们认为"水吸"是指一种吸食大麻的方式,弗里德里克是在"宣传非法吸食毒品,其言论不是政治性言论。他不是主张大麻的合法化或推广某一宗教信仰,他就是在学校活动愚蠢地展示了鼓动非法吸食毒品的信息,并借着火炬传递和电视直播来传播其观点。"如果弗里德里克根据第一修正案质疑其停课惩罚,法庭会否判定学校侵犯了其言论自由权呢?

案例分析

虽然弗里德里克的受罚行为发生于校园外,法庭可能仍会判定他是在参与校方主办的活动。因为该行为发生于教学时段并作为学校的日常活动之一,处于学校官员的监督和监控之下。因此,弗里德里克的行为构成学校言论。假如其行为发生在同一地点但在放学后或周末,即没有学校监管,那就不是一个学校言论案件,而第一修正案就会在完整意义上适用。相反,在学校言论案件中,宪法保护的力度会减弱。

接下来的问题是弗里德里克的言论性质。如果其言论被认定为政治言论,即主张大麻的合法化,则本案应受廷克案约束而弗里德里克肯定胜诉。从现有证据看,他拒绝取下横幅的行为未引起严重或实质性地破坏学校教学秩序——当时没有在上课,甚至教室外活动也发生在校园之外。也有可能弗里德里克可提出其言论的确是政治言论,或者他在以某种方式推广基督教。但是,几乎没有证据表明这一点,而学校负责人认为他就是想在电视上露脸。

如果弗里德里克展示横幅的行为不是政治言论或宗教言论,则法律保护的力度要小多了。本案显然就不属上述的第三类情况,因为这里不存在学生报纸或学校出版物之类。因此,本案属于第二种情况,即适用弗雷泽案中相当宽松的审查标准,即仅要求学校的举措"合理地与正当的教学考量相关"。这一标准将很容易被学校满足:学校命令了弗里德里克拿下横幅是为了阻止他传播以下信息,即学校对其学生的滥用毒品问题不那么关切。①

第六节 政府言论

目前为止我们讨论的情形都是政府规制或禁止发生于公共设施的由私人主体参与的言论活动。根据论坛原则(forum doctrine),在这些情况下,即便该地产被视为非公共论坛,第一修正案对言论自由的保护仍可适用,当然其保护力度取决于地产的性质。不过,如果所涉言论是政府自己的言论,那么论坛原则就不起作用了,因为言论自由条款意在保护私人言论免受政府干预,而非限制政府自身的言论。正如法院近期指出,"言论自由条款限制了政府对私人言论的规制;它并不规制政府言论。"②

即便"政府从私人资源获得帮助以发布政府主导的信息",同样的规则仍然适用,因为政府将私人主体当做自己的代理机构的做法并未改变政府在发表言论这一事实。③

当政府涉及私人主体时,可能不太好辨别到底政府只是借助于私人主体来发布政府的信息,从而与言论自由条款无关;还是在对私人主体的言论自由权进行限制,进而导致第一修正案充分适用。

---

① 参见 Morse v. Frederick, 127 S. Ct. 2618 (2007),根据实质类似的事实作出同样判决。
② Pleasant Grove City, Utah v. Summum, 129 S. Ct. 1125, 1131 (2009).
③ 参见 Rust v. Sullivan, 500 U.S. 173 (1991),政府可以要求在政府资助的计划生育机构任职的医生不得与其病患讨论堕胎事宜,理由是政府可能将医生作为其代理来传达政府的特定观点。

案例 8-HH

普罗森格罗夫市建了一个有 15 个永久性景点的公园,其中 11 个由私人团体或个人捐赠。这当中包括了一个老粮仓、一个许愿井、一个"9·11"纪念碑,以及一个叫做老鹰兄弟会的民间团体于 1971 年捐给市里的一座"十诫"纪念碑。这些纪念碑要么直接反映了该市的历史,要么就是由那些与城市有紧密联系的人捐赠的。一个总部在该市郊区的叫做"至善会"的宗教组织要求市政府接受并树立其捐赠的刻有该组织 7 条箴言的石碑,这一纪念碑与"十诫"纪念碑的尺寸类似。普罗森格罗夫市以该石碑不符合其选择标准为理由拒绝了该组织的要求,至善会提起了针对该市的诉讼,声称公园属传统公共论坛,市政府接受"十诫"纪念碑却拒绝他们的"七箴言"纪念碑属于基于内容的言论歧视,违反了第一修正案的规定。请问言论自由条款在这种情况下适用吗?

案例分析

市政公园是用于演讲、游行和其他表达活动的传统公共论坛。[1] 因此,如果公有雕塑作品的永久展示是论坛原则的适用对象的话,则言论自由条款就会发挥作用,这就像市政府允许一个基督教言说者在公园集会上讨论十诫而拒绝至善会的人进行类似的演说时,言论自由条款也会适用一样。另一方面,如果这些展示被视为政府言论,至善会就不能指控普罗森格罗夫市基于言论内容歧视不同私人主体进而违反了言论自由条款。同样,如果这一政府言论发生于其他传统公共论坛上,或者政府明显倾向于某一宗教的观点,也都不存在言论自由条款的适用问题,因为言论自由条款在政府作为言说者时不适用。因此,关键问题就在于,市政府在公园内展示雕刻作品的行为如何定性,是市政府给私人言论提供了一个公共论坛还是市政府表达了自己的言论。

在犹他州普罗森格罗夫市诉至善会案[2]中,法院根据上述事实裁定,该

---

[1] 参见第八章第五节第一目。
[2] *Pleasant Grove City, Utah v. Summum*, 129 S. Ct. 1125 (2009).

市的永久纪念碑展示属政府言论。由八位大法官组成的多数意见指出,"政府长期以来都用纪念碑向公众发表言论"。① 纪念碑由私人捐赠而非政府自己出资和运作这一事实并未造成任何不同,因为最终纪念碑传递的都是政府的观点。法院还认为,参观纪念碑的人不可能认为是除政府外别的什么人在表达,因为是该市自己挑选了用于永久展出的作品。在挑选时,该市"考虑了美学、历史和当地文化等基于内容的因素。因此,被选定的纪念碑意在传递一些政府信息——事实上也做到了,从而构成政府言论。"② 另外,就临时言说者或临时展示而言,这种情况下可被公园接纳的展品数量随时间的流逝实际上没有限制,与之不同的是,"很难想象一个公园会向任何想要表达的人开放以安装永久性纪念碑。"③ 因此,"如果公园被视为传统公共论坛并用于树立私人捐赠的纪念碑,则绝大多数公园恐怕都不得不选择拒绝所有这类捐赠。而如果适用论坛原则导致的必然结果是关闭这些论坛,则显然就不应适用这一论坛标准。"④ 相反,根据政府言论原则,该市的展示不受言论自由条款的制约。

苏特大法官发表的协同意见反对多数意见将所有公共纪念碑均认定为政府言论的做法。但他仍赞成根据一种更为灵活的"理性参观者标准(reasonable observer test)",本案中的纪念碑是属于"一个理性和充分了解的参观者会理解其属政府言论,并明了其与政府出于义务而允许置于公共地产上的私人言论之间的区别。"⑤

本案中的事实实际上也提出了第一修正案中的禁止设立国教条款问题,不过普罗森格罗夫案当事人并未要求法庭回答这一问题。不过,在早先的另一案件——凡·奥登诉佩里案⑥解决了这一问题。该案也有一个由老

---

① *Pleasant Grove City , Utah v. Summum*, 129 S. Ct. 1125 (2009),at 1132.
② 同上,at 1134.
③ 同上,at 1137.
④ 同上.
⑤ 同上,at 1142.
⑥ *Van Orden v. Perry*, 545 U.S. 677 (2005).

鹰兄弟会捐赠、竖立在德克萨斯州州府广场上的十诫纪念碑。①

如果政府不是采取自己的表达活动,而是资助或帮助私人言论,则这种资助行为就不会被视为政府言论,而可能被视为等同于政府创设了一个有限或非公共论坛,因为公共地产被私人主体用于发表私人言论。在这种情形下,言论自由条款和观点中立规则就会在完全意义上适用。

案例 8-II

法律服务机构②是一个联邦创设的组织,其职责是将国会拨款分配给为穷人提供法律服务的地方组织,包括与联邦或州福利项目有关的法律事务。自1996年始,国会禁止法律服务团体向那些代表当事人对联邦或州的福利法发起合宪性挑战的地方组织提供资助,这些受资助组织的律师只能在常规福利事务中代表当事人。如果在案件中出现宪法问题,接受法律服务机构资助的律师必须拒绝处理并解除委托。请问这一对政府资助律师之言论禁止是否构成非法的观点歧视? 或者说,法律服务机构的资助项目是否属于对私人言论的帮助从而受第一修正案之禁止——即不得存有观点歧视;或,如同拉斯特诉沙利文案和犹他州普罗森格罗夫市诉至善会案一样,资助是否为政府借以表达其所赞同的观点之方式,从而不适用言论自由条款?

案例分析

在法律服务机构诉维拉兹克兹案③中,法院认定法律服务机构的资助禁止政策构成对私人言论的非法观点歧视。联邦政府对私人言论的赞助发生在一个有限或非公共论坛——即对抗式司法系统中。禁止对州或联邦的福利法进行合宪性的质疑之所以是观点歧视,是因为不允许律师对州和联

---

① 参见下文第九章第二节第四目,讨论冯·奥登案。

② Legal Service Corporation. Corporation 在美国指的是具有法人身份的注册机构,语义上与企业(enterprise)和公司(company)有一定差别。——译者

③ *Legal Services Corp. v. Velazquez*, 531 U.S. 533 (2001).

邦福利法持有某种特定的观点。实际上,"违宪"的观点被禁止了。因此,和拉斯特案、普罗森格罗夫市案不同,本案中政府并未付钱或委托代理人来帮助传播政府的观点。相反,政府在本案中限制了律师基于其委托人的立场所发表的私人言论,且所针对的论坛——即法庭——本身是依赖于参与者的言论的。在裁定该禁止政策违宪的同时,法院更指出对律师言论的这一限制"严重威胁司法功能",因为其削弱了司法机关解释和适用法律的能力。[①]

读者可能会认为拉斯特案和维拉兹克兹案之间区别很模糊,因为拉斯特案中的医生给病患提供咨询时也可能被视为——社会公众也认为——发表了私人言论。两案判决之间的紧张关系告诉我们,每一案件中都可能有超越第一修正案范围的其他政策考量,正如拉斯特案中潜藏的堕胎争议和维拉兹克兹案中干预司法权的问题。因此,在政府资助行为中究竟是否引入第一修正案的分析,往往取决于法院如何认定该资助行为的性质——是资助政府自己的信息表达还是资助私人言论——而这种性质的认定可能反过来引发某种第一修正案之外的考量。

第七节　第一修正案上的结社权

法院在两种语境下谈论结社权(the right of association)。第一种涉及由正当程序条款下的隐私权所保护的亲密关系——如婚姻关系、亲子关系以及家庭关系。[②] 第二种——即本节的研究对象——保护的是聚合为小规模团体或参加大规模组织从而进行合法活动的个人们的自由,例如"言论、集会、请求赔偿和补偿,以及宗教信仰"的自由。[③]

尽管该第一修正案的结社权未在宪法的文本中提及,但在受第一修正

---

① *Legal Services Corp. v. Velazquez*, 531 U.S. 533 (2001), at 546.
② 参见从第二章第五节第一目到第二章第五节第三目的内容。
③ *Roberts v. United States Jaycees*, 468 U.S. 609, 618 (1984).

案保护的明示自由中已有暗示。对上述明示自由的行使可推导出人们进行对话和联合行动的自由，否则那些明示权利也会变得毫无意义。因此，结社权保证了人们共同去实践去第一修正案权利的自由——包括与谁联合及其为什么目的而联合。

对表达性质的结社权的潜在侵害包括将参加特定组织规定为犯罪、给参加不受政府欢迎的组织的人施加特别的困难、强迫公布本应处于秘密状态的成员名单、干预组织的内部运作，以及对某组织参与政治过程设置障碍等。不过，要注意的是这些潜在危害仅与向表达活动施加反向影响之障碍的程度相关。不仅如此，结社权也暗示了不结社的权利。因此，尽管政府可能要求某一行业的从业人员加入工会，但政府却不能要求个体支持该工会组织的政治宣传，也不能在缺乏强有力的正当理由的情况下强迫某一组织接纳与其理念不一致的个人作为会员。

如言论自由一样，结社自由也不是绝对的；但是，该权利仍被视为**基本权利**。因此，对该权利的侵犯"仅在——限制措施是为了实现紧迫的政府利益、与压制观点无关，且不可能经由某个更少限制结社自由的方式予以实现——的情况下才是正当的。"① 在适用这一特定的权衡标准时，"最少限制方法"和"恰当契合"这类术语常用以描述该标准的最后一项要求。但无论采取什么表述，违宪审查的标准都是严格标准。

案例 8-JJ

民权运动中期，阿拉巴马州的总检察官曾提起一项衡平法诉讼，要求法院禁止全国有色人种协进会在该州活动。总检察官声称根据阿拉巴马州州法，该组织不符合在州内开展业务的要求。全国有色人种协进会则主张可以开展争议活动的第一修正案权利。作为总检察官诉求的一部分，州法院命令全国有色人种协进会向总检察官提交一份成员名单。由于害怕遭到报复，该组织拒绝执行命令，因而被判定藐视法庭。在本案的情形下，强制提交名单是否侵犯了全国有色人种协进会的结社权？

---

① Roberts, 468 U.S. at 623.

案例分析

是的。强迫某一组织公布其成员信息将造成一种寒蝉效应,降低了成员加入组织的意愿并进而削弱了其传播理念的能力。当遭遇报复的可能性真实存在时,除非该州能证明公开信息为达成某一紧迫利益所必需,否则强制公开信息就违反了结社权。在全国有色人种协进会诉阿拉巴马州案[①]中,法院根据类似案情认定,不存在支持公开信息的紧迫州利益。

在一些反复出现的结社权问题中,法院已采取了更为精确的原则来处理特定诉求。不过在这些案件中,法院的分析仍保持了严格的审查力度。

案例 8-KK

希尔赛德教育委员会要求(辖区内)所有教师宣誓,保证他们未参与任何"主张非法推翻政府"的组织。这项宣誓规则的目的在于,通过把颠覆分子排除在教师行列之外,从而保护公共教育系统免遭颠覆。海斯作为蒙面民兵运动的成员,因拒绝宣誓而被从高中体育老师的职位上开除。蒙面民兵运动确实主张暴力推翻所有政府,请问海斯遭解职是否侵犯了其结社权?

案例分析

除非这项宣誓被解释为仅适用于这类组织中的积极分子,且该成员明知该组织的违法目标并存在促进该非法目标的意图,否则就侵犯了其结社权。[②] 只有在这种情况下,宣誓原则才属于保护国家免于被颠覆这一州之紧迫利益的"最少限制方法"。[③]

但是,结社权并不保护所有结社,而仅保护与受第一修正案保护之活动有关的结社。因此,一个意在为合伙人谋求经济利益的法律合伙是不受结

[①] NAACP v. Alabama, 357 U.S. 449 (1958).
[②] Keyishian v. Board of Regents, 385 U.S. 589, 606-610 (1967).
[③] 参见 United States v. Robel, 389 U.S. 258, 265-268 (1967).

社权保护的,至少就其采取的营利性活动而言是如此。尽管第一修正案的确保护商业言论,但为经济收益而联合的权利未被认定为一项第一修正案权利。另一方面,如果该法律合伙的目的在于通过诉讼推广其政治理念,则受法律保护。推广政治理念是一项典型的第一修正案权利,而结社权是为集中公众力量来从事这一表达活动而"量身定做"(tailor-made)的权利。①

但是,假定上述法律合伙有点复杂:尽管这一合伙创设的本来目的在于经济利益,但是也通过为无家可归者提供免费法律援助的方式实质性地参与了表达活动。该律师事务所的主要经济目标是否就排除了结社权的适用呢?或者这些表达活动能够将一个商业企业转化为言论组织吗?在其他一些集合了经济、社会、表达活动等混合目标的组织中,都会遇到同样的问题。

法院尚未提供解决这类问题的办法。相反,只要有关组织参与了任何受法律保护的活动,法院关心的是其所声称的政府对结社权的限制是否实质上影响了那些受保护的活动。不过,奥康纳大法官呼吁要拿出一个更为明确的审查标准。例如在罗伯茨案中,她就说结社权应只适用于那些"其占主导地位的活动是受保护之表达活动"②的组织。尽管在大部分案件中根据奥康纳的方法得出的结论和法院实际得出的结论基本相似,但这种路径蕴含了降低对第一修正案结社活动的保护力度之风险。

案例 8-LL

青年商会是一个全由男性组成的会员制组织,该组织促进和训练良好的销售及明智的管理艺术。商会声称其为会员提供的培训使得他们在商业世界中更具竞争力。除培训项目外,商会的一个主要活动就是招募会员和售卖会员资格。全国总部官员80%的时间都用于招募新会员——他们称之为客户。不过,青年商会的章程的确规定,该组织的一个目标在于在青年人中推广"正宗的美国精神和市民文化"。另外,商会也时不时在政治议题和公共议题中发表观点。明尼苏达州根据本州的《公共设施法》(Public

---

① 参见如 NAACP v. Button, 371 U.S. 415 (1963),本案裁定全国有色人种协进会赞助民权诉讼的行为是受到第一修正案保护的表达活动。

② 468 U.S. at 636,着重为本书作者所加。

Accommodation Act)命令青年商会接纳女性会员。商会辩称强制其接纳女会员因剥夺了男性会员不与女性结社的权利而侵犯了男会员的结社权。假设本案诉讼资格不存在问题,青年商会能主张一项第一修正案上的表达性结社权吗?明尼苏达州《公共设施法》的适用会侵犯该结社权吗?

案例分析

如果我们根据奥康纳大法官在罗伯茨案中主张的分析路径,那么鉴于青年商会总体上的商业属性,其附带性的表达活动将不足以使其成为受第一修正案结社权之保护的社团。不过,根据法院所采纳的更为宽松的分析路径,我们可以说本案至少牵涉了结社权,因为该组织参与了一些受第一修正案保护的活动。根据这一路径,需要考察的问题不在于商会是否属表达性质的社团,而是强制其接纳女会员是否侵犯了该组织宗旨中的表达成分。在罗伯茨案中,法院基于相似案情认定未侵犯结社权。首先,对商会表达活动的任何侵犯都是微不足道的;其次,就其牵涉的结社权问题而言,州政府消除性别歧视的利益是紧迫性的,也与压制言论无关,而且所采用的方法也是达成政府目的的最少限制方法。[1]

案例 8-MM

美国童子军是一个私营的、非营利性的组织,专注于向年轻人灌输其一系列的价值观,该组织实现上述价值观的方式是聘请成年领队花时间陪伴童子军的成员,指导并鼓励他们参与露营、射箭和钓鱼。该组织宣称同性恋行为与其价值观不符,尤其与童子军的誓词不符——誓词要求每个童子军"道德正直"(此处不含双关语),同时也不符合童子军规章——其要求童子军的行为是"干净的"。美国童子军并不专门向年轻成员教授性知识——他们不会因为这方面的良好表现而获得奖章!相反,该组织引导童子军们从他们的父母、导师或专业人士那里获得这方面的知识。不过,童子军的确有一个成文规定,即不允许公开声明的同性恋者担任领队。这项规定基于以

---

[1] 亦可参见 *Board of Directors of Rotary Intl. v. Rotary Club of Duarte*, 481 U.S. 537, 548-549 (1987),本案适用的标准来自 *Roberts* 案。

下理念,即同性恋与童子军誓词和规章不符的。达尔是一名成年人,当美国 434
童子军得知他是一名公开声明的同性恋者并且还是同性恋者权利积极分子
后,撤销了他在新泽西童子军中助理领队的职务。他向新泽西州高级法院
提起诉讼,认为其解职违反了新泽西州《公共设施法》——该法禁止基于性
取向的歧视。该法院根据州法支持了其请求,并进一步裁定该法的适用未
侵犯美国童子军第一修正案上的表达性结社权。本案事实涉及美国童子军
的表达性结社权吗?假设答案是肯定的,那么新泽西州法律要求美国童子
军接纳达尔作为成年领队的做法是否侵犯了上述结社权?

案例分析

美国童子军显然参与了表达活动,这一表达活动就是其向年轻人灌输
价值观念的一部分。例如,童子军誓词宣布,"以我的名誉发誓,我将尽我所
能服务于上帝和我的国家,遵守法律;每时每刻都帮助别人;使我自己保持
身体强壮、精神振作、道德正直。"与此相似,童子军的规章也规定,"一个童
子军应该是:值得信任、忠诚、乐于助人、友善、礼貌、善良、守纪律、乐观、节
俭、勇敢、爱干净和恭谦的人。"许多童子军的活动都围绕上述价值而展开。
美国童子军还主张,"道德正直"和"干净"的理念中就包含了对同性恋的反
对。且该组织声称禁止同性恋者担任领队的政策就是基于这种反对。因
此,一旦同性恋者获准担任童子军领队,那么其中所暗示的对同性恋的认可
将与童子军组织所欲传播的观念不符。由此,达尔担任领队会实质性地阻
碍该组织的表达性结社权。

一个相反的观点基于以下事实,美国童子军并未针对性进行任何表达
活动。童子军誓词和规章都未提及性的问题;该组织也未以任何方式、通过
任何童子军活动来灌输异性恋的价值观。实际上,美国童子军对这一问题
保持了沉默,并要求领队建议有这类疑问的童子军成员去请教其父母、精神
导师或专业人员。如果是这样,那么一个成年领队的性取向对童子军的表
达活动应无明显影响。从这个角度看,新泽西州《公共设施法》的适用并未
阻碍、甚至未涉及美国童子军的结社方面的表达权利。

在有这类案情的案件中,大法官们的观点产生了5∶4的对立。多数意

见认同童子军从事表达活动的特征,认为其中包括了对同性恋的反对观点。① 反对派则强调了美国童子军在性的话题上并未进行表达活动,而这正是此前新泽西州最高法院处理该案时的观点。②

由于多数意见认定美国童子军的表达性结社权受到了限制,所以必须适用紧迫之州利益标准。在这个问题上,新泽西州最高法院已经说明,州利益在于消除"我们的社会中歧视带来的破坏性后果。"③该法院还认定,为达成前述目标州侵犯的言论并未超过必要限度。在解决这个问题时,美国联邦最高法院仅说明了相关审查标准并在未进行详细论证的情况下得出了结论:"新泽西州《公共设施法》中包含的州利益并不足以表明对童子军的表达性结社权的这一严重干涉是正当的。"④当然,最高法院可不必进行分析就作出判决,但学生可能需要思考一下新泽西州所主张的利益,并解释为何该利益是紧迫的,或不紧迫的,以及《公共设施法》是否以一种最少限制言论的方式促进了这一利益。

在州政府规制选举活动的情形中,法院则是采取一种审查标准的变种来处理结社权案件。如果对结社权施加的负担被认定为严重负担,则适用严格审查标准,州的行政法规必须被证明是与实现一项紧迫的州利益恰当契合的。⑤ 不过,如果施加在结社权上的负担被视为不严重,州政府"重要的规制利益(important regulatory interests)"将足以支持限制结社权的措

---

① *Boy Scouts of America v. Dale*,530 U.S. 640 (2000).
② *Dale v. Boy Scouts of America*,160 N.J. 562, 613, 734 A.2d 1196, 1223-1224 (1999).
③ 160 N.J. at 619-620, 734 A.2d at 1227-1228.
④ 530 U.S. at 659.
⑤ 参见如 *Tashjian v. Republican Party of Conn.*,479 U.S. 208 (1986),适用了严格审查裁定一项州法违宪。当该州的政党希望将党内初选向所有选民开放以增加新的支持者时,该州法要求在初选中投票的人必须是该党党员;*Eu v. San Francisco County Democratic Central Commn.*,489 U.S. 214 (1989),适用严格审查裁定一项州法违宪。该法禁止政党管理机构在党内初选中表态支持候选人,同时也对政党管理机构的组织和运作进行规定。

施,而无须与实现那些规制利益恰当契合。① 在区分何为"严重"负担、何为"不严重"的负担上并无明确的标准。相反,这种区别的实质就是看州政府的规定在多大程度上损害了一政党或候选人行使其第一修正案核心权利的能力。

案例 8-NN

1996 年,一部加利福尼亚州的选举令——第 198 号法令,该法令将州内初选从封闭模式(closed primary)改为空白或开放模式(blanket or open primary)。在封闭式初选中,只有某一政党的党员才能投票选举该党候选人;而在开放式初选中,非党员可参与某党的候选人投票。因此,某一政党的登记党员可参与另一政党候选人的产生过程。每党赢得最多票数的初选候选人就成为该党竞逐大选的候选人,尽管很多支持票不是来自该候选人本身所属党派。有四个政党提起了质疑这一做法的诉讼。这四个政党都禁止非党员参加党内初选投票,目的在于只允许本党党员选举本党候选人并由其在大选中代表该党立场。第 198 号法令是否对这些党的结社权造成了严重负担?

案例分析

是的。第 198 号法令强迫某一政党调整其候选人产生模式,即允许可能抱持与该党不同观点的非党员参加该党公职候选人的投票。由于候选人代表了投票支持他的人们的集体立场,因此开放式初选会严重影响某一政党在大选中向其选民传递观点的能力。事实上,让非党员参加初选投票可能改变一党之观点,因为可能选出一个与该党持有不同立场的候选人。第 198 号法令对各政党造成的潜在负面影响得到了一个地区法院庭审记录的支持,该庭审记录包括长达四天的专家证言和很多物证展示。② 鉴于第 198 号法令对政党的显著负面影响,其必须与所促进的某一紧迫的州利益恰当

---

① *Timmons v. Twin Cities New Party*, 520 U.S. 351, 358-359 (1997).
② *California Democratic Party v. Jones*, 984 F. Supp. 1288, 1292-1293 (E.D. Calif. 1997).

契合。① 法院随后在加利福尼亚州民主党案中认定该州的利益在这种情况下并非紧迫利益,州所主张的利益包括产生更能代表选民的候选人、超越党派意见进而扩大候选人辩论、使本来无权投票的人群享受有效的投票权、促进公平、为选民提供更多选择、增加投票率、保护隐私等。②

437　　尽管法院在加利福尼亚州民主党案中认定州法对政党的结社权施加了"严重"的负担,因而适用了严格审查标准,但在别的案件中又毫不犹豫地将有关负担认定为"较轻的",因此采取了一种更为宽松的审查标准。③

案例 8-OO

假设最高法院在加利福尼亚州民主党诉琼斯案④判决后,华盛顿州——初选程序与琼斯案中被废除的相同——修改了其选举法。根据华盛顿州新的制定法,初选仍只有一轮,每个候选人都会宣布各自的政党偏好,然后他们的名字及其指定政党偏好会出现在选票上——无论他们本身多么讨厌自己选择的所属政党。选民在投票时可以任意选择票面上的候选人,而不论候选人的政党偏好或选民自己的政党属性。每一职位的候选人中得票最高和第二高者将进入大选,同样不论其申明的政党偏好。因此,大选可能使两个表达了相同政党偏好的人相互竞争。每位候选人的政党偏好都印制在选票上,且从初选到大选期间都不得改变。尚无任何根据该法进行的选举开始前,民主党和共和党就联合提起诉讼要求宣布该选举制度违宪。他们声称新的制度严重侵犯了其结社权,因为其剥夺了政党提名自己的候选人的能力并迫使政党与其事实上并不认可的候选人合作。原告主张,该

---

① 参见 *California Democratic Party v. Jones*, 530 U.S. 567 (2000),根据类似事实作出相同的裁决。

② 同上,at 582-586.

③ 参见 *Clingman v. Beaver*, 544 U.S. 581 (2005),允许政党只让本党党员和已登记独立选民参与初选投票的州法未对结社权施加严重负担;*Timmons v. Twin Cities Area New Party*, 520 U.S. 351, 363 (1997),禁止候选人在选票上同时代表多个党派的州法对结社权的负担"虽然并非微不足道",但也并不严重。

④ 参见案例 8-NN。

制定法应根据琼斯案被判定字面违宪，因为该法允许非党员的初选选民去选择某政党的候选人。根据琼斯案，华盛顿州的新程序是否无效？或者，这两个案件在宪法是否可以区分？

案例分析

在华盛顿州农庄兄弟会①诉华盛顿州共和党案②中，法院认为琼斯案对本案无约束力，因为与加州的开放式初选不同，华盛顿州的初选不是为了选择政党的候选人，而仅仅是统计了选民对候选人的偏好，这些候选人在选票上公示了各自的所属政党。在随后的大选中，各政党有权认可或不认可在开放初选中胜出的候选人，而不论某一候选人是如何表述其政党倾向。该法律或初选未将候选人视为政党的提名候选人。华盛顿州的选举法规也特别指明，初选"并非用以决定一政党之候选人，而是将众多候选人筛选为两名以为大选做准备。"因此，各政党仍可自由提名其候选人，但不得通过将候选人放在初选选票上来达到这一目的。

法院赞同"选民们可能会把候选人发表的政党倾向声明错误理解为政党的支持表态，但是"，法院还指出，"不能仅因选民弄错的可能性就从字面上判决［该法］违宪。"③而且，就这种选民错误理解的可能性而言，本案和加利福尼亚州民主党诉琼斯案不同，本案缺少评判华盛顿州州法的可能影响的证据，因为地区法院在受理诉讼后不到两个月就发布了支持原告的简易判决。④⑤ 最高法院已指出，这部新法律在实施中可消除任何可能的误解，如在选票上印制"醒目的声明，提示选民政党倾向只是候选人自己的宣示，而非政党的官方表态。"⑥由于存在合宪适用该法的"至少某些方式"，因此

---

① Grange，原意为农庄，在本案中指一个历史较为悠久的非政府组织，更多详细信息参见 http://www.wa-grange.org。——译者
② *Washington State Grange v. Washington State Republican Party*，128 S. Ct. 1184 (2008).
③ 同上，at 1193，着重为原文所有。
④ 原文为 summary judgment，即简易判决，是指法庭针对案件双方无明显争议的全部或部分诉请，不经交叉盘问或质证等环节而直接下达判决。——译者
⑤ *Washington State Repub. Party v. Logan*，377 F. Supp. 2d 907 (W.D. Wash. 2005).
⑥ 128 S. Ct. at 1194.

该制定法"就其字面而言并未对政党的结社权施加严重负担……"①原告所主张的相反观点"是基于对选民误解之事实假定,而这只能在个案适用时才能评判……"②法院在适用了一个更为宽松的审查标准后,支持了这一制度,理由是其促进了"在选票上为选民提供更多信息这一州声称的利益。"③

第八节 有关媒体的特殊问题

第一修正案的文本指的是"言论自由"和"媒体自由"。尽管曾有一位大法官认为宪法专门提到了媒体就说明媒体应被赋予超过一般公众的特殊法律保护,④不过法院从未采纳这一观点。实际上,言论自由和媒体自由都被认作是更具包容性的表达自由的一部分。但是,在特别涉及媒体的案件中,法院并未忽视媒体在我们的表达自由体制中的特别地位。本节我们将考察一些在媒体自由案件中的特殊问题。

一、知情权

一直以来,媒体业界都主张一种知情权,以便掌握政府有可能独享的一些信息。但是,法院的判决已经清晰表明,媒体并不比社会大众整体拥有更多的获知政府所控制之信息的权利。⑤ 当然,在霍钦斯诉 KQED 媒体公司案⑥中,法院以 3∶1∶3 的判决⑦裁定,媒体与社会公众"平等"的知情权必须保证媒体能"有效地"获得信息,并因此将媒体的特殊需求考虑在内。例

---

① 128 S. Ct. at 1194, at 1187,着重为本文作者所加。
② 同上。
③ 同上,at 1195.
④ 参见 Potter Stewart, "Or of the Press," 26 Hastings L.J. 631 (1975).
⑤ *Saxbe v. Washington Post Co.*, 417 U.S. 843 (1974);*Pell v. Procunier*, 417 U.S. 817 (1974).
⑥ *Houchins v. KQED, Inc.*, 438 U.S. 1 (1978).
⑦ 即三个支持意见、一个协同意见、三个异议意见,另外两名大法官弃权。——译者

如,获得信息就必须使用麦克风或其他设备,而同样情形下一般公众是不被允许使用这些器材的。不过,这一判决结果是由于斯图尔特大法官在反对意见和多元意见之间摇摆而形成的,因而其先例效力有限。

二、参与刑事司法程序

尽管法院不愿意承认获知政府掌控信息的一般性权利,但是在里士满报业公司诉弗吉尼亚州案①中,法院裁定公众与媒体都拥有参与刑事审判的第一修正案权利。这一权利的前提在于刑事审判公开的历史传统和公众了解刑事程序所发生事情的权利。这一权利的后果就在于,如无证据证明不公开审判有助于某一紧迫之州利益——通常是为了保证对被告的公平和保护证人,以及所采取的措施与促进这一利益恰当契合,不得向公众或媒体封锁刑事审判。②

例如,在环球报业公司案中,法院废除了一部州法,该法要求审判庭法官在所有涉及受害人为18岁以下的性犯罪案件的刑事案件中排除媒体和公众参与。法院认同州在保护性犯罪中的未成年受害人免遭进一步心理创伤和难堪上的利益之紧迫性,但认为该州利益可通过一个更少限制的非强行法来实现,即根据每个案件的具体情况来判断是否需要不公开审理。③

有些评论者认为里士满报业公司案中确立的参与刑事审判的权利可作为创设一个内涵更为丰富的"知情权"之基础,以向公众提供尽可能全面的受政府掌控的信息,④但是法院迄今为止尚未接受这一提议。

三、刑事程序中的禁言令

和参与刑事审判权相伴随的是将刑事程序中获得的有关信息出版的权

---

① *Richmond Newspapers*, *Inc. v. Virginia*, 448 U.S. 555 (1980).
② *Globe Newspaper Co. v. Superior Court*, 457 U.S. 596, 606-607 (1982).
③ 同上,at 608,亦可见 *Press-Enterprise Co. v. Superior Court*, 464 U.S. 501, 510-513 (1984),对陪审团接受审核的誓言适用相同的标准。
④ 参见 Anthony Lewis, "A Public Right to Know about Public Institutions: The First Amendment as Sword," 1980 Sup. Ct. Rev. 1.

利。因此,禁止媒体报道正在进行的刑事程序的禁言令(gag order)是高度可疑的,尽管这里存在出版权和被告人获得公平审判权之间的冲突。如法院在内布拉斯加州出版协会诉斯图尔特案①所认定的,作为事前限制,司法机关发出的禁言令应受严格审查——"对言论和出版的事前限制是最严重和最不可容忍的对第一修正案权利的侵犯。"②

尽管法院在内布拉斯加州出版协会案中并未认定这类封口令本身就一定无效,但多数意见和协同意见的要旨表明,允许这种禁令存在的情形几乎不存在。这并不意味着第一修正案上的出版权就自动地胜过了受第六修正案保护的公平审判权,相反,对事前限制的高度质疑要求审理案件的法院寻求协调上述两个权利的办法。至少,审理案件的法院需要专门判定确实不存在更少限制言论的方法来保护审判的完整性。法院在内布拉斯加州出版协会案中提出了一连串的方法:改变审理地点、推迟审理、对潜在陪审员进行问卷调查、对陪审团提出有力的和明确的指导以及将陪审团封闭起来。③在绝大多数案件中,这些措施都能避免对媒体发布禁言令。

目前为止,法院尚未将内布拉斯加州出版协会案的规则适用于民事审判,因此或许封口令在民事审判当中更容易得以维持。④

四、发布真实的、合法获得的信息

法院一向支持媒体发布从公共渠道合法获得的真实信息的权利。尽管这一权利并非绝对,但对该权利的任何可能侵犯都会遭遇实质上的严格司法审查。因此,只有在有关限制措施"与最高等级的州利益恰当契合"时,报纸或其他大众传媒才能被惩罚。⑤

这是一项难以满足的标准。例如在佛罗里达星报案中,州政府准备对

---

① *Nebraska Press Assn. v. Stuart*, 427 U.S. 539, 559 (1976).
② 参见第八章第二节第三目。
③ 同上,at 563-564.
④ 参见 *Seattle Times Co. v. Rhinehart*, 467 U.S. 20 (1984),支持了限制媒体在诽谤案件中发布从证据交换程序获得之信息的法律。
⑤ *Florida Star v. B.J.F.*, 491 U.S. 524, 541 (1989).

公布强奸受害者姓名的行为施加民事责任——即疏忽大意的责任,而受害者的名字是在一份警务报告中偶然出现的。法院同意,保护强奸受害者的隐私是一项"最高等级"的利益,但州政府所采取的措施却未与宪法规定相契合。这样判定的理由有三:首先,政府可将受害者的名字从警务报告中删除以保护其隐私;其次,疏忽大意的责任过于宽泛——即便在该受害者的身份在当地社区已广为人知的情况下也是如此;最后,这一禁令制裁措施不够精确,因其仅针对大众传媒。[1]

案例 8-PP

在教师工会与当地一个学校董事会正在进行集体谈判的过程中,一个未透露身份的人非法窃听并记录了工会一方两名谈判代表之间的谈话。在被窃听的谈话中,一名谈判代表说,"我们应该去他们家拆掉他们的门廊。"一盘记录这次谈话的磁带被交给了一个电台评论员,随后其在一段报道该谈判结果的新闻中播放了整盘磁带。工会谈判代表起诉了这名评论员要求赔偿,其依据是一部联邦法律,其创设了对任何"明知或有理由知道有关信息是通过窃听有线、口头或电子交流所得,向他人故意泄露任何有线、口头,或电子交流之内容的行为……"提起诉讼的私人权利。[2] 假定该法的规定已被满足,其适用是否违反了第一修正案?在回答这一问题时,请考虑法庭在面对此类问题时会重点考察什么事实,以及惩罚该报道的正当理由可促进什么的利益。

案例分析

本案的案情与佛罗里达星报诉 B. J. F 案不同,尽管这两个案件都涉及真实信息的报道,但本案却存在非法窃听私人谈话的问题——虽然谈话主题为正当的公众关切。说得更明白点,问题就在于佛罗里达星报案承认的媒体权利能否适用于以下情形:即某人发布了其合法获得的公众关切的真

---

[1] 参见 *Smith v. Daily Mail Publishing Co.*, 443 U.S. 97 (1979),支持了媒体享有报道合法获得的未成年犯罪指控中被告人姓名的权利;*Cox Broadcasting v. Cohn*, 420 U.S. 469 (1975),支持媒体享有报道从法庭记录中获得的强奸及谋杀犯罪受害人姓名的权利。

[2] 18 U.S.C. § § 2511 (1) (c), 2520 (c) (2).

实信息,但他知道或应该知道该信息本身是通过非法方式获取的。法院根据类似事实认定报道享有特权。① 对法院来说,关键因素在于信息是真实的,电台评论人未参与非法行为——他通过合法方式获得信息,而且被窃听的谈话主题是一个合理的公众关切。为捍卫该法的合宪性,美国联邦政府介入了该诉讼,并为该法中的禁令提出了两项正当理由——"首先,消除当事人窃听他人谈话的动机之利益;其次,最大限度地减少谈话被非法窃听的人的损失。"②法院否决了上述理由,至少就该特定案件而言如此。对于第一条,法院认为,在绝大多数案件中,通过惩罚有过错的窃听者即可威慑非法窃听,对第二手信息发布者的威胁效应不足以支持这种对纯粹言论行为的限制。就第二条理由而言,法院承认,政府保护隐私权的利益有时可超越第一修正案——例如商业机密的案件或纯粹隐私性质的家庭对话等,但在报道一项公众关切的主题时——如本案的情形,政府保护隐私的努力必须让位于发布合法获得的真实信息的权利。

五、保护秘密线索

在布兰兹伯格诉海斯案③中,法院否决了以下主张,即新闻报道者要求获得一项第一修正案权利以保护秘密线人免于在刑事调查中被传召、为大陪审团作证。记者们认为强制公开其秘密线索将损害其第一修正案上的获取信息权。尽管未主张绝对特权,但记者们声称政府只能在满足了实质上紧迫之州利益标准时才能限制该权利。法院完全否决了这一主张,认定在大陪审团的善意调查中不存在此项权利。

在布兰兹伯格案后,只要大陪审团是基于善意进行刑事调查,记者就不再享有拒绝向大陪审团透露秘密线人的宪法权利。但是,法院也表示,如果大陪审团的调查"不是出于善意……不是出于执法目的、而是为了破坏记者与其线人之间的关系而对媒体进行的官方骚扰不具正当理由,"则"情况会

---

① *Bartnicki v. Vopper*, 532 U.S. 514 (2001).
② 同上, at 529.
③ *Branzburg v. Hayes*, 408 U.S. 665 (1972).

完全不同"。① 除此之外,记者享有的任何这类特权都必须基于法定的"保护罩"之下。很多州已通过了此类法律,有些明确赋予记者们以绝对特权,使之在大陪审团调查程序中拒绝透漏秘密线索。②

六、强制开放媒体版面:平面媒体

在迈阿密先驱出版公司诉托尼洛案③中,一部州法要求各报为其曾在评论版批评过的选举候选人提供用于回应批评的版面。这一获得报纸版面权利的支持者们认为,包括电视、电台在内的现代媒体对公众能获得的信息拥有广泛的乃至垄断性的控制,而且考虑到经济因素,与这些信息巨人竞争基本是不可能的。制定法赋予个人的这一权利旨在确保公众能获得更为广泛的信息,而不是只能从信息垄断者处获悉。不过,法院认为,强制提供报纸版面对媒体的编辑权(editorial judgment)构成了实质上基于内容的言论限制,最终的效果为破坏公共辩论,因其导致了媒体在重要的公共议题上避开争议。在未提供更多分析的基础上,法院认定该法无效。

法院对托尼洛案的判决意见以一些令人费解的话语作结:"尚待证明的是,政府对这一关键程序的规制如何与发展到现在为止的第一修正案对媒体的保护保持一致。"④尽管这段话看似要引出更多讨论,但托尼洛案的原则已牢固确立并相当绝对,可能的理论基础在于,政府对编辑权的监控就是不符合第一修正案,政府不能强迫媒体刊登其不愿意刊登的内容。可能的例外在诽谤法的领域。尽管最高法院尚未解决这一问题,但可能的情形是,一旦法庭认定诽谤者构成过错责任,则针对媒体发出的撤销构成诽谤之内容的法庭命令就是合法的救济措施。⑤ 可以说,政府在为发生的损害提供救济上具有紧迫之利益,且承认受害人拥有请求撤销相关报道的权利也与

---

① *Branzburg v. Hayes*, 408 U.S. 665 (1972), at 707-708.
② 参见如 Alabama Code 1975, §12-21-142; Kentucky Rev. Stat. Ann. §421.100; Nevada Rev. Stat. §49.275 以及 Ohio Rev. Code Ann. §§2739.04, 2739.12.
③ *Miami Herald Publishing Co. v. Tornillo*, 418 U.S. 241 (1974).
④ 同上, at 258.
⑤ 参见同上, at 258-259, 布伦南大法官撰写, 伦奎斯特大法官联署之协同意见。

前述利益恰当契合。

最后一点：托尼洛案的判决意见未提及一个早些时候的判决，法院在这一案件中支持了类似的强制广播媒体开放其节目时段①。这两个案件的不同处理方式可能是广播媒体的特点导致的，接下来我们就讨论这一主题。

七、第一修正案与现代科技

（一）广播媒体

包括电台和电视台在内的广播媒体都是借助电磁波频段传播其信息。根据以下理论——即电磁频段是一种由公众托管的稀缺商品，联邦政府逐渐形成了一套针对广播频段的管理模式，以保证这些频段用于"公共利益、便利或需要。"②法院接受了稀缺理论，③其结果是适用于传统媒体、可能构成违宪的措施可适用于广播媒体。法院还接受了另一个理论，即广播媒体"极具影响力"的性质会引起其他媒体类型中不那么明显的隐私问题。实际上，广播内容以侵入家庭的方式干涉了个人隐私权，因为人们除了换台外几乎无法抵御这类信息。在听众或观众中包含儿童的情况下，这类潜在的侵入性更成问题。

在广播媒体和平面媒体方面最明显的区别对待在于，前者要受基于内容的许可制度的管制，而这类管制如施于平面媒体则会违反事前限制原则。④ 另外，一旦拿到了许可证，广播业者也不能任意使用分配给它的频段，而要受旨在促进公共利益、便利和需要的基于内容的规制。⑤

从两个案件的对比中可以看出这一对不同媒体的区别对待，即法院对

---

① Red Lion Broadcasting Co. v. FCC, 395 U.S. 367 (1969).
② Communications Act of 1934, 47 U.S.C. § 309 (a) (1988).
③ National Broadcasting Co. v. United States, 319 U.S. 190, 213 (1943).
④ 参见 City of Lakewood v. Plain Dealer Publishing Co., 486 U.S. 750 (1988)，支持了对一项许可制度的挑战。该许可授予市长能驳回使用街道报刊亭的申请的极大裁量权。
⑤ 参见 FCC v. Pacifica Found., 438 U.S. 726 (1978)，本案支持了联邦通信委员会管制电台广播中的不雅语言的权力。

迈阿密先驱出版公司诉托尼洛案[1]和红狮广播公司诉联邦通信委员会案[2]的不同判决。前案中法院认定州不能强制报纸刊登对政治人物之社评的回应文字,强制开放报纸版面与报纸掌控其编辑内容的权利相冲突。然而在红狮案中,法院却毫不犹豫地支持了联邦通信委员会要求广播媒体创设回应权的权力——尤其是按照"公平原则"回应人身攻击的权利和回应政治评论的权利。在法院看来,"尽管广播媒体显然也是与第一修正案之权益相关联的媒介……但不同媒体之间特征上的区别足以支持我们对不同的媒体适用不同的审查标准。"[3]法院所依据的主要区别就是广播频段的稀缺性。由于这种稀缺性,获得许可的广播业者在享有权利的同时也负有服务于公共利益的义务,而且联邦通讯委员会可以合理地判定,一项对人身攻击和政治评论予以回应的权利反映了维持第一修正案关切的恰当平衡,这一关切保证了公众能获得最广泛的信息,而仅对广播业者的编辑权造成有限的干预。

红狮案中认可的规制意义上的媒体版面获得权(administrative right of access)并未变成一项宪法上强制的权利(a constitutionally mandated right),所谓宪法上强制的权利是指,源自宪法、无须国会立法或行政法规的授予即可由司法机关认可和适用的权利。因此,在哥伦比亚广播公司诉民主党全国委员会案[4]中,法院认定,广播业者可自行制定政策,拒绝接受有关公共议题的付费评论广告,而这符合第一修正案。第一修正案并未创设这一宪法权利,立法或行政法规也未授予这一权利。[5] 结合红狮案的规则,这说明尽管广播业者根据经由立法授权的行政规制可能需要提供其节目时段——例如公平地回应人身攻击,但在没有这种规制的情况下,广播业者享有相对来说不受限制的编辑自由并拒绝他人使用其资源。

案例 8-QQ

一部联邦法律规定,广播业者如果"故意或多次未向竞选联邦公职的合

---

[1] *Miami Herald Publishing Co. v. Tornillo*, 418 U.S. 241 (1974).
[2] *Red Lion Broadcasting v. FCC*, 395 U.S. 367 (1969).
[3] 同上, at 386.
[4] *Columbia Broadcasting Co. v. Democratic National Committee*, 412 U.S. 94 (1973).
[5] 同上, at 121-132.

法、适格的候选人提供其电台的合理时段,或(未能)允许其购买合理的时间段,可能被吊销营业执照。① 弗里德里卡·S系加利福尼亚州第85国会选区的共和党候选人,她多次试图购买当地一个电视台的时段,但每次都被拒绝。联邦通信委员会受理了S女士的申诉之后,举办了公开听证会,并裁决该电视台违反了上述法律规定。其裁决的一部分是,联邦通讯委员会命令电视台卖给S女士"一段合理的节目时间"。电视台声称该命令违反了其掌控其节目内容的第一修正案权利,请评价该主张。

案例分析

S女士并不是请求一项宪法上的版面权,而是根据一项国会立法主张其利益。因此,最合适的先例就是红狮案。根据该判例,问题在于国会在此立法中是否合理平衡了广播业者、候选人和公众之间的第一修正案权利。鉴于本案涉及的媒体时段的有限性——即竞选联邦公职的合法、适格候选人所要求的合理的电视台时段——以及有关信息的重要性——即政治言论,可以认为国会立法合理考量了相关利益,并在公共利益的基础上控制了干预媒体的程度。所以,根据该法律给予S女士一定的时段不会侵犯电视台的第一修正案权利。②

不要以为上述讨论就表示政府对广播媒体施加基于内容限制的权力就是不受限制的。除政府创设有限的媒体版面(或时段)获得权,或促进公共事务之讨论,以及处理不雅言论外,其他类型的施于广播媒体的基于内容之限制仍受与平面媒体案件同样力度的审查。例如在联邦通信委员会诉加利福尼亚州妇女选民联盟案③中,法院适用了实质上的严格审查标准,推翻了一部联邦法律——该法律禁止接受公共广播机构(Corporation for Public Broadcasting)赞助的各非商业性电视台对公共议题进行"内容编辑"。审查

---

① 47 U.S.C. § 312 (a) (6).
② 参见 CBS, Inc. v. FCC, 453 U.S. 367 (1981).
③ FCC v. League of Women Voters for California, 468 U.S. 364 (1984).

标准的提高是由于所管制之言论性质——即对公共议题的评论言论，媒体类型并未以任何形式改变审查标准。法院区分了其在红狮案中采用的更为宽松的标准，因为红狮案中政府对媒体的干预促进了言论自由，而非减少了言论自由。

（二）新兴技术

作为最高法院处理广播媒体案件之核心法理的资源稀缺性理论（scarcity rationale）一直都饱受批评。当今，该理论的事实基础已变得更为可疑。随着有线电视、光纤的出现，以及不断扩张的信息高速公路，那种广播业者只能使用有限的"频段"的观点已经站不住脚了。根本上说，这一新的现实应该引致一种新的法理，其最重要的特征应结合电子媒体和平面媒体的相关审查标准，当然，由于各种新媒体的不同特征以及传统习惯难以消失，我们也可以寄望一些分歧的出现。[①]

特纳广播系统公司诉联邦通信委员会案[②]，又称第一特纳案，解决了适用于新兴言论技术（speech technologies）的第一修正案法理的一些初步问题。在这个案件中，有线电视网络运营商对1992年的《有线电视消费者保护和竞争法》（Cable Television Consumer Protection and Competition Act of 1992）中的所谓"强制传送"条款提出合宪性质疑，这些条款要求有线电视网络运营商专门拿出一定数量的频道来播送地方电视台的信号。政府在为这些条款辩护时声称，有线电视运营商应受根据红狮案确定的、适用于广播媒体的更为宽松的第一修正案审查。而运营商们则辩称，这一规制为基于内容的言论限制，从而应适用严格审查标准。法院否决了双方的观点。

法院首先认定，有线电视网络的物理特征与广播媒体不同——广播的特征使得对其进行某些规制是合宪的。对有线电视网络而言，既不能采纳稀缺性理论，也不能采纳频段干预理论。因此，对有线电视网络运营商之言

[①] 参见 Note, "The Message in the Medium: The First Amendment on the Information Superhighway," 107 Harv. L. Rev. 1062 (1994).

[②] *Turner Broadcasting System, Inc. v. FCC*, 512 U.S. 622 (1994)，即第一特纳案。

论的任何限制措施必须按"已有的第一修正案规则"①——而非宽松的标准——来处理。但是,这并不意味着在适用这些规则时,有线电视网络的特点完全不予考虑。因此,法院否决了以下主张,即迈阿密先驱出版公司诉托尼洛案要求自动撤销强制传送条款,法院认为,将平面媒体与有线电视网络进行类比不恰当:

把此案比作托尼洛案忽略了报纸和有线电视之间的一个重要技术差异。尽管日报和有线电视网络运营商都可能在某一特定地域拥有垄断地位,但是有线电视网络有更大的能力来控制其媒介。无论一份日报在当地的垄断地位多么稳固,也不可能阻止读者们购买其他出版物——无论是当地的周报、还是其他城市出版的日报。因此,当一份报纸主张对自己的版面内容的专属控制权时,并未阻碍其他报纸向同一区域有兴趣的读者售卖其产品。

而对有线电视来说并非如此。一旦用户订制了有线电视节目,则其电视机就和有线电视网络连接起来,使得有线电视运营商能像瓶盖子或守门员一样,控制了绝大多数(如果不是全部的话)进入用户家中的电视节目。因此,由于拥有有线电视言论的重要传送渠道,一家运营商可阻止其用户获得该运营商排除在外的节目。所以,与其他媒体的言说者不同,有线电视网络运营商只要转动一下旋钮就可以使竞争对手的声音归于静默。②

最后,法院认定,对有线电视网络而言,强制传送条款属于内容中立的言论方式限制,从而应适用中度审查标准——即时间、地点、方式标准。该案件被发回并要求按上述标准重审。在重审中,地区法院维持了强制传送条款,而最高法院最终也予以支持。③

就我们所讨论的议题而言,两个特纳案的判决的核心意涵在于,已有的第一修正案的规则会适用于新兴的信息技术,但同时也会考虑按这些新兴技术的特有属性来适用那些规则。平面媒体不同于广播,有线电视既不同

---

① *Turner Broadcasting System, Inc. v. FCC*, 512 U.S. 622 (1994),即第一特纳案,at 639.
② 512 U.S. at 656.
③ *Turner Broadcasting System, Inc. v. FCC*, 520 U.S. 180 (1997),即第二特纳案。

于广播也不同于平媒,而互联网在集中了上述媒体的特质的同时也具备自身的独特性。总之,把新旧媒体进行类比的做法仅在以下意义上是有用的,即在解决问题时,新旧言论媒介拥有某些共同的第一修正案上的特点。否则,适用第一修正案的各项规则必须考虑新兴媒体的特有属性。①

---

① 参见 Denver Area Educ. Telecommunications Consortium, Inc. v. FCC, 518 U.S. 727, 744-745 (1996),多元意见认为,对儿童作为言论之听众的情形而言,将有线电视与广播电视进行类比是准确的,因此规制有线电视网络中的不雅言论是可行的,这种规制程度可与对广播媒体的规制保持一致。网络不雅言论的法律限制的相关内容,参见第八章第三节第七目。

第九章 第一修正案：宗教自由

第一节 绪论与概述

第一修正案规定："国会不得制定有关确立国教和禁止宗教信仰自由……之法律。"这句话包含的两个条款，通常也被称为禁止设立国教条款（Establishment Clause）和信仰自由（Free Exercise）条款，它们从形式上将宗教自由的宪法原则分为两个学说领域，每一领域都有其独特的准则和方法。一般而言，禁止设立国教条款禁止政府偏向某一特定信仰、宗教组织，或在信仰与无信仰中倾向于前者（尽管这一限制的范围发展迅速）；同时，信仰自由条款限制政府利用威权干涉宗教信仰和实践。总而言之，两个条款目的都在于通过限制政府过度干涉宗教事务的能力来保障宗教自由。两个条款均通过第十四修正案对各州产生效力。

作为一个基本问题，尽管"宗教"系禁止设立国教条款和信仰自由条款的共同保护客体，法院从未在宪法语境中对宗教进行定义。通常，某一法院会接受任何认为一套特定的信仰构成某一宗教，且并非无关紧要的主张。当然，"宗教"一词包涵了所有有组织系统的信仰，无论是以某一最高存在还是某种类似的超常规权威为前提。无论这一信仰体系是多么离奇，抑或这一信仰体系的传承是否久远，都是如此。在某种意义上，宗教存在于信徒的内心。因此，即便某一法院可能探究某人宗教信仰的真诚与否，但不可置疑信仰的正当性或可信度。尽管联邦最高法院[①]认为单纯的哲学和个人信仰并不具有宗教的资格，但哲学和宗教之间的界限并不明晰，法院也无法区分

[①] 非经特别注明，本章中的"法院"均指"美国联邦最高法院"。——译者

这种差别。因此,可以假定像存在主义哲学一类的思想并不构成宗教——尽管当事人当然可以相反理由提出一个案件。

下文中我们将考察法院根据宗教自由的条款发展出来的若干准则,首先考察禁止设立国教条款,再到信仰自由条款。我们也将详细分析两个条款之间重合的领域。学生对本领域学习过程中首要的困难在于,法院未能确定对宗教自由条款的相对连贯的解释。由于这一不断发生的不稳定性,不能将宗教自由条款案件归纳为简单的程式,而必须从多维的法理学视角来考察。

第二节 禁止设立国教条款:主旨、理论与测试

禁止设立国教条款规定:"国会不得制定有关设立国教的法律。"这些词语已被解读为限制两类政府行为:

- 区别对待各宗教的行为以及
- 普遍促进宗教的立法

有关这些一般类目的各种细分方式将在下文进行探讨。不过,这里很重要的问题在于,第二类行为的范围和内容是法院中引起激辩的主题,激辩的核心在于有关禁止设立国教条款两种相互矛盾的解释——"分离论(separationism)"和"中立论(nonpreferentialism)"。相关论点在一系列源自两种解释方式的妥协中不断复杂化。当然,学生不必深陷于理论之中以理解法院在禁止设立国教条款上的法理,但对这些特定学说及其变化形式的恰当熟悉有助于透彻理解这一法理。以下是简要的概述。

一、分离论

通常被称为政教分离的分离论,占据了禁止设立国教条款的法理的主导地位达近50年。分离论的前提是宗教与政府分离,两者对另一方都会造

成损害。① 在埃弗森案中,法庭通过回顾宗教迫害和对弱势宗教的不宽容支撑了分离论的论点。从这一论点的角度看,禁止设立国教条款有时被形容为教堂与国家间的一堵"隔离墙"——这是从托马斯·杰弗逊(Thomas Jefferson)那里借来的隐喻。

尽管如此,法院对分离论的依赖并未在教堂和国家之间设立一道坚不可摧的屏障。从现实主义的角度看,政府与宗教之间的某些互动是不可避免的,发展了的分离论法理也认可这一必然性。因此,教区学校当然有权管理治安和消防事务,即使这些事务——至少是间接地——促进学校的宗教使命。不过,总的来说,分离论的主旨是在合理范围内尽可能保持宗教和政府的分离。② 在适用时,它意味着政府无权设立官方认可之教会;倾向于某一宗教多于另一宗教;通过法律特别地援助某一宗教或所有宗教;或支持、拨款,乃至教学或传播宗教。③

二、中立论

另一方面,中立论则否定了"隔离墙"的隐喻,它转而以下列理念为前提:只要不对某一宗教或宗教团体有偏爱或偏袒,政府可对宗教或宗教机构提供援助。中立论的支持者将宗教迫害和不宽容的历史解读为对防止宗教或教派间歧视的象征,而不是要求政府完全远离宗教领域。他们强调自第一届国会——即批准第一修正案的那届国会起,美国推进了大量的宗教活动,从而为禁止设立国教条款的含义作出了解读。例如,第一届国会两院共同通过决议将感恩节作为"一个公众感恩和祈祷的节日,以感激的心感谢全能的上帝所给予的众多重大的恩惠"。简而言之,在中立论的支持者看来,只要政府未在宗教间进行差别对待,即可享有促进宗教的自由。④ 近年来,

---

① Everson v. Board of Educ., 330 U.S. 1, 9-16 (1947).
② 参见 McCreary County v. ACLU, 545 U.S. 844 (2005),应用了分离论模式;Lee v. Weisman, 505 U.S. 577, 609 (1992),苏特大法官的协同意见,为分离论模式辩解。
③ Everson, 330 U.S. at 15-16.
④ 参见 McCreary County v. ACLU, 545 U.S. at 885,斯卡利亚大法官的异议意见,为中立论模式辩解;Wallace v. Jaffree, 472 U.S. 38, 91 (1985),伦奎斯特大法官的异议意见,同前。

中立论在法院内部越来越具影响力。

三、折中的方式

　　法院通过或多或少借鉴分离论和中立论这两种相互矛盾的理论，对禁止设立国教条款进行至少三次折中的尝试。首先，法院在某些场合将分离论对政府行为的范围限制为设立一个宗教的许可[①]，从而缓和了分离论的约束。于是，一般性地援助宗教的政府行为只要不涉及批准宗教设立，将不会违背这一分离论的变体。[②] 从这一观点看，学校一天开始时的片刻静默为学生祈祷提供了机会，但这并不必然意味着对宗教或祈祷者有任何来自政府的许可。

　　接下来，法院也使用了一种强制性检验以确定政府可能推进一看似中立的宗教行为的限度。在李诉韦斯曼案[③]中，法院认定一公立高中无权邀请宗教人士在高中毕业仪式中吟诵与宗教教派无关的祈祷，因为考虑到内容和参加者的年龄，祈祷者的诵读将会强制无意愿的学生参加宗教活动。[④]

　　最后，法院有时运用传统和历史的实践来定义禁止设立国教条款的范围，其理念在于禁止设立国教条款不应被解释为禁止已长久存在并成为我们社会习惯一部分的那些宗教活动。例如，自约翰·马歇尔起，所有最高法院的开庭期[⑤]都会从以下声明开始："愿主保佑美利坚合众国及这个可敬的法庭。"而法院坚持这一传统的习惯并不会违反禁止设立国教条款。[⑥]

四、莱蒙检验

　　在20世纪70年代前期，法院试图将禁止设立国教条款的法理简化为

---

① *Wallace v. Jaffree*, 472 U.S. at 56.
② 亦参见 *Lynch v. Donnelly*, 465 U.S. 668, 690 (1984), 奥康纳大法官的协同意见。
③ *Lee v. Weisman*, 505 U.S. 577 (1992).
④ 参见 *Santa Fe Independent School Dist. v. Doe*, 530 U.S. 290 (2000), 使用强制性检验以禁止在高中足球赛时进行学校支持的祈祷。
⑤ all sessions of the Supreme Court，指每年美国联邦最高法院从每年9月至次年6月开庭的时间，6月至9月为夏季闭庭期，期间法院不审理任何案件。——译者
⑥ 参见 *Marsh v. Chambers*, 463 U.S. 783 (1983), 支持州有权聘请牧师为立法机关开会进行祈祷。

一个简单的三段公式,这也就是如今通常所说的莱蒙检验[1]。根据莱蒙检验,政府的行为:

- 必须拥有世俗的目的;
- 必须具备既不促进也不抑制宗教的基本效果;
- 不能促进与宗教的过分瓜葛。

莱蒙检验主要是分离论的产物,因而也是与法院内部更倾向于中立论者的主要争议的论题。[2] 此外,正如下面将要讨论的,莱蒙检验时常被法院忽略,从而使这一检验并未作为一种合宪性的方法而完全可信。不过,莱蒙检验在法院对禁止设立国教条款的司法审查中仍占据重要部分;2005年,它再次得到了法院的多数意见的认可。[3]

莱蒙检验的世俗目的这一要素意味着一部法律必须具有非宗教目的。这并不表示一项被质疑的法之唯一目的必须是世俗的,而是政府应当阐明该法律的举足轻重的世俗目的。因此,一项已通过的促进宗教的法律并不一定无效——只要这个法律同时拥有一个世俗的目的。总体而言,法院在适用这一要素时倾向于遵从政府的判断。

尽管如此,如果事实证明一项法律唯一或主要的目的是宗教性的,法院将基于此判定该法无效。因此,在埃柏森诉阿肯色州案[4]中,法院判定一部旨在禁止公立学校教师教授进化论的阿肯色州法无效。法庭认为,根据提交的证据,之所以制定该法无疑是为了阻止教授一种与《创世纪》相冲突的学说。[5]

法院最近适用莱蒙检验中世俗目的的要求是在前面提及的麦克雷里郡

---

[1] *Lemon v. Kurtzman*, 403 U.S. 602 (1971).
[2] 参见 *McCreacy County v. ACLU*, supra, 545 U.S. at 885, 斯卡利亚法官的异议意见。
[3] *McCreacy County v. ACLU*, supra, 545 U.S. at 859-864.
[4] *Epperson v. Arkansas*, 393 U.S. 97 (1968).
[5] 同上, at 107, 亦参见 *Santa Fe Independent School Dist. v. Doe*, 530 U.S. at 309, 得出如下推论:某一学区的选择在家庭足球赛前进行祈祷之学生的政策,其目的在于促进公众祈祷; *Stone v. Graham*, 449 U.S. 39, 41 (1980), 以要求在公共教室张贴"十诫"为"主要"目的的法律是宗教性的。

诉美国民权联盟(ACLU)案①中。这一 2005 年的案件的争议点在于,政府强制在郡法院展示"十诫"(Ten Commandments)是否违反禁止设立国教条款。地区法院颁布了一项针对郡行为的临时禁令,理由是郡的命令有违莱蒙检验中"世俗目的"之要求。第六巡回法院的分庭维持这一判决。联邦最高法院也以 5 票的多数维持原判,并特别重申了莱蒙检验中"世俗目的"之要求的有效性。法庭的多数意见认为,目的要素仅在该院的 4 个先前的判决中具有决定性意义,②并得出结论,认为对世俗目的的要求仍是"禁止设立国教条款"法理中的关键要素:

> 我们的分析之标准基于以下原则:"第一修正案要求政府保持在各宗教之间中立以及宗教与非宗教间的中立。"如果政府立法的表面上和主要的目的在于促进宗教,就违背了禁止设立国教条款之核心价值所倡导的政府之宗教中立,当政府的表面目标是支持一方时便失去了中立性。表明其目的在于青睐某一信仰多于另一信仰,或依附于某一宗教,是与"经历了多年的宗教战争后理解并认识到自由与社会稳定需要尊重所有公民宗教观点的宗教宽容"相冲突的。③ 通过表明支持宗教,政府"向……非追随者传递的……信息是'他们是局外人,不是政治共同体的正式成员,同时也向信奉者传递信息,他们是局内人,是受恩宠的成员……'"④⑤

此外,在确认地区法院的临时禁令裁定时,最高法院明晰了目的要素不可——通过允许"对世俗性的公然主张"以压倒对所质疑行为的真实目的之审查——被轻视。⑥ 此外,这种深入探究应根据全面的证据和通常的认识来进行。因此,郡在临时禁令生效后旨在恢复世俗性目的的举动无法——孤立地看——消除在郡法院张贴"十诫"行为之宗教上的驱动的整个背景。

---

① *McCreary County v. ACLU*, *supra*.
② 545 U.S. at 859 & n.9.
③ *Zelman v. Simmons-Harris*, 536 U.S. 639, 718 (2002), 布雷耶大法官之异议意见。
④ *Santa Fe Independent School Dist. v. Doe*, 530 U.S. 290, 309-310 (2000).
⑤ 545 U.S. at 860.
⑥ 同上, at 863-864.

尽管麦克雷里案中最高法院强烈肯定了目的要素，我们仍需谨记还有 4 人激烈反对多数意见的立场。① 同时，由于麦克雷里案裁决后，该案多数意见方的奥康纳大法官就退休了，其职位被塞缪尔·阿利托大法官取代，其在这类事务上的立场更接近于异议方。多数意见起草者的苏特大法官也已退休。换言之，未来情势将会有变化。

案例 9-A

X 州制定了一项法律，要求在每个上课日开始时应有静默时刻。这项立法的目的之一是为学生提供在校祈祷的机会。另一个目的是在教室中营造安静的氛围以促进学习。该制定法是否违反了莱蒙检验的第一要素？

案例分析

没有。尽管该法律的通过部分受宗教因素的驱动，仍存在足以满足可适用于莱蒙检验的该第一要素之尊重标准的世俗目的。另一方面，如果州通过的法律仅要求静默祈祷，则违反了世俗目之要求，这样的法律并无任何合理的可识别的世俗目的。② 此外，如果州的静默祈祷时刻立法被质疑违背了世俗目之要求，则州为使该法制定之"世俗化"而附加类似于"冥想"之类的词汇的努力，可能会与法院在麦克雷里案中所告诫的内容相抵触，即公然努力避免世俗目的之要求不能压倒对目的本身的质疑且必须将所有检验目的之证据包括在内，包括最初的目的。

与相当罕见的世俗目的判决相反，莱蒙检验的第二要素——即法律不得具备促进或抑制宗教的基本效果——常常作为认定法律因违反禁止设立国教条款而无效之理由。并无特别途径可确定法律的效果是否"基本"。因此，莱蒙检验的这方面的标准相当主观，使之成为一个更为一般化的司法裁决的方便替代，使得某一特定法律或政府行为在非世俗的目的上越走越远。例如，对一项允许公立学区将数学课本借给教会学校就读的学生的法律来

---

① 545 U.S. at 885，斯卡利亚大法官之异议意见。
② 参见 Wallace v. Jaffree, 472 U.S. 38 (1985).

说，其基本效果是什么？一个严格的分离论者会主张，基本效果是通过降低教会学校的运营成本促进该教派机构完成其使命。然而，不那么严格的观点则可能倾向于认为基本效果是为所有适龄公民推动世俗教育以促进州利益。在这一检验整体的灵活考量下，上述两种论点都不一定正确或错误。一般来说，援助越具实质性和越直接，某一法院就越有可能判定该行为促进了宗教。

最后，莱蒙检验过分牵连标准的目的在于确保宗教与政府间的互动不演变为政府过分深入地介入宗教事务或宗教机构。为判断是否存在过分牵连，法院已经审查了所涉及的宗教机构之性质；政府援助的性质（即援助是财务上的还是非现金的实物服务）；以及由此产生的宗教机构与政府间的互动。

案例 9-B

X州通过立法为教会学校中教授纯世俗性课程（例如数学）的教师提供津贴。此举目的在于平衡教会学校相关教师与他们在公立学校同事的收入。为了确保州的资金不被用于宗教用途，例如对宗教的讲授，所有有教师参与本项目的教会学校必须同意接受州官员的定期审查。这一审查项目是否导致了宗教与政府间的过分牵连？

案例分析

略带争议地算可以。拒绝州介入一宗教机构的运作，并要求州对特定课程的教学是以世俗还是宗教方式教授进行判断，这看来是过分牵连了。事实上，财政性的援助使天平的一边向过分牵连倾斜，因为法院一向认为禁止设立国教条款排斥对宗教机构的直接财政援助。①

应该注意，过分牵连要素使得州在试图援助宗教机构时陷入左右为难的境地。如果州不采取行动确保资金只用于世俗用途，那么显然有可能法

---

① 参见 *Lemon v. Kurtzman*, 403 U.S. at 614-622.

院会认定州项目的基本效果是促进宗教。如果州尝试审查公共支出,则过分牵连的可能性又会赫然加大。

关于莱蒙检验最后要说的是:在与前述麦克雷里郡诉美国民权联盟案同一天裁决的冯·奥登诉佩里案①中,最高法院以 5 票多数裁定在德克萨斯州议会大厦广场上树立题写"十诫"的纪念碑并不违反禁止设立国教条款。该纪念碑是州议会 1961 年从老鹰兄弟会收到的礼物,17 个其他的纪念碑和 21 处历史性标志一起和它坐落于州议会大厦广场,这些建筑都赞美德克萨斯州的历史。冯·奥登案裁决的意义不在于结果——从结果上看它与麦克雷里案是表面上冲突的,而在于这些相关的裁决中浮现出的令人困惑的原则。特别是由伦奎斯特首席大法官撰写的冯·奥登案 4 人多数意见,拒绝适用莱蒙检验②并转而采用中立论模式分析以强调州一贯的行为对国家宗教遗产的意义。③ 加入了麦克雷里案多数意见的布雷耶大法官在冯·奥登案中附议并贡献了关键的第五票。他也拒绝将莱蒙检验作为本案的恰当方法论。的确,他解释了没有一种检验方法足以成为在"边界线"案件中实施禁止设立国教条款之措施。④ 根据布雷耶大法官的意见,在这类案件中法官必须根据禁止设立国教条款的整体目的来评估事实,这也就是他表达为某种一般意义上的促进宗教自由和宗教宽容,以及防止以宗教为名的分裂。不幸的是,他并未解释冯·奥登案何以成为"边界线"案件或什么样的案子可成为这样的案件,他也没有解释为何不能根据莱蒙检验形成同样的结果,因为设置这个纪念碑不违反莱蒙检验并不那么显而易见。

因而,在同一天,最高法院的多数意见将莱蒙检验认定为分析潜在地违反禁止设立国教条款的恰当方法,而另一组多数意见则拒绝受莱蒙检验之拘束。区别仅仅在于某一位大法官的令人困惑的裁量。是什么导致了这一对莱蒙检验的异常态度?简而言之,我们不能将莱蒙检验作为排他地解决

---

① *Van Orden v. Perry*, 545 U.S. 677 (2005).
② 同上,at 685-686.
③ 同上,at 687-694.
④ 同上,at 699-701.

禁止设立国教条款案件的审查方法,相反,我们应全面考虑分离论和中立论领域所有的可能性,特别是考虑到近期法院构成的变化时更是如此。另一方面,如果能说服某一法院所争议的法律或行为不具任何世俗目的,则莱蒙检验极有可能控制最后的结果。

第三节 禁止设立国教条款的适用:宗教间的歧视

在政府行为不得对各宗教进行歧视的语境中,一个普遍的共识是政府不可设立官方宗教、青睐某一宗教胜过其他宗教(这也等同于同一情形),或对某一宗教比其他宗教更不友善。分离论者可轻易得出结论,认为任何这类行为违反了莱蒙检验,而中立论的支持者会认为歧视的做法与中立的基本信条相矛盾。如果我们考察某一法律被视为在宗教之间以任一方式进行歧视时,这种学说上的一致将显而易见。

一、禁止官方"设立"宗教

首先,禁止设立国教条款的文本剥夺了国会一切旨在为美利坚合众国设立或选定官方宗教的权力。任何这类法律将被视为"设立国教的法律"。此外,禁止设立国教条款试图阻止美利坚合众国干涉州立宗教——这类宗教在《权利法案》通过时便已存在。事实上,禁止设立国教条款的目的之一便是阻止这种干涉。因此,一项旨在取缔弗吉尼亚州官方宗教的国会法令将被认定为一项"关于设立国教的法",从而侵犯禁止设立国教条款。

禁止设立国教条款的后一方面已不再重要。禁止设立国教条款与第十四修正案合并适用,对州设立官方宗教的保障已转变为一道宪法性障碍以阻止州行使这种权威。因此,正如国会无权为美利坚合众国设立一个官方宗教,州和地方政府在各自管辖权范围内也无权如此行事。简言之,在禁止设立国教条款下,联邦、州和地方政府都不得设立、资助或促进官方或已设立的宗教。任何这类企图本质上都是无效的。

二、对给予偏爱地位的限制

人们可能会认为,真的设立官方宗教的问题是罕见甚至不存在的。例如,国会从未通过一项法律明确设立一个官方的国教。州或地方政府作类似尝试的现代实例至多是一种怪异的情形。然而,禁止设立国教条款不仅限于禁止创立官方宗教。它也禁止政府对任何宗教或宗教团体给予偏爱地位。因此,政府不可征税以支持任何特定信仰的牧师、拨款以推进某一宗教的修行及传教,或通过法律使政府的行为顺应特定宗教的教义。在任一种情形中,政府都是给予某一宗教偏爱地位,尽管这并不是明显地"设立"官方宗教,但实际上做了同样的事情。

案例 9-C

尤尼蒂市教育委员会在大量的社区支持下决定,推动基督教教义在学校系统的传播。尽管在尤尼蒂市学校就读的学生并未被要求皈依基督教,所有的学生将被要求修《新约》课程,并且所有的课程将在基督教信仰的指引下教授。该项目是否违反了禁止设立国教条款?

案例分析

是的。禁止设立国教条款禁止教育委员会采取这类行为。尽管教育委员会并未明示地选定基督教作为官方的地区性宗教,它将基督教置于偏爱地位因而违犯了禁止设立国教条款。

无论根据分离论还是中立论方式分析本例都能得到相同的结论。根据分离论的学说,教育委员会的行为违反了莱蒙检验中的基本效果要素,因为它积极地推动了一个特定的宗教观点。此外,它也违背了莱蒙检验的第一要素,因为该市很难给这一法令赋予世俗目的。从中立论的观点来看,教育委员会的政策使得对基督教的违宪偏爱超过了诸如佛教、印度教、伊斯兰教或犹太教等其他宗教,因此违背了中立说理论之中立前提。折中的观点看来,诸如许可和强制的分析也能引出相同的结论:教育委员会认可了基督教并强制传播该教之教义。最后,在传统和历史的实践中,并无令人信服的主张说明可在这类背景下限制禁止设立国教条款之适用。

———————

先前的讨论已指出,在政府行为给予某一宗教以偏爱地位的情形中,只有一种结论——政府给予偏爱地位的行为侵犯了禁止设立国教条款。在这一意义上说,对"偏爱地位"问题的分析相当很简单。一旦形成了一种偏爱,违宪就是其必然结果。

这一情形的唯一困难在于判断某一受质疑的法律或政府行为是否实际上给予某一宗教以偏爱地位。对这一判断,不存在特别的检验方法。事实上,"偏爱地位"这一标签只是法庭解释事实和所呈现的情景时的一个结论。在分析这一问题的过程中,以莱蒙检验的方式追问政府的唯一目的是否为取悦于某一宗教或这是否为法律的基本效果,可能会有所助益。

案例 9-D

尤尼蒂市制定了一项星期日歇业法,禁止在星期日进行任何"非必要"的商业活动。绝大多数零售店都包含在此项禁令范围内。这项法律是否因给予特定宗教或宗教团体以偏爱地位而违反了禁止设立国教条款?

案例分析

答案可能是肯定的。历史上,制定星期日歇业法的公开目的在于促进星期日礼拜——这可能违背了世俗目的之要求。此外,相对于星期日无礼拜活动的宗教,那些将星期日设定为礼拜日的宗教看上去获得了偏爱地位——这可能违背了基本效果的要求。前述要素的结合看上去的确通过星期日礼拜来给予某些宗教以偏爱地位。

从另一方面看,法院可以将星期日歇业法解释为促进休息和疗养等世俗目的,而非直接偏向某些宗教之修行的活动。即便这类法律一度具有宗教意味,但其现代基础已被习惯、习俗和文化的变迁世俗化。同样,尽管某些宗教会因本法而受益,人们同样可论证其基本效果和目的一样是世俗化的,即休息和疗养。在这一对事实的解释中,任一宗教都未获偏爱地位,分离论和中立论学说均未被违反。①

三、限制给予不利地位

正如政府无权给予某一宗教偏爱地位一样,政府也无权使任何宗教处于不利地位。这类行为往往指歧视特定宗教的行为。基本原则几乎和前述关于偏爱地位的讨论一样。一项给予某一宗教偏爱地位的法律显然歧视了所有其他宗教。因此同样,一项歧视特定宗教的法律便给予了其他宗教偏爱地位。然而,两种路径产生不同的后果。偏爱地位的情形聚焦于某一宗教获得了特殊的利益,而歧视情形的焦点在于一种宗教受到不利对待。问题是一样的,因为政府设立了偏袒。因为问题是相同的,无论是偏爱地位或歧视情形的解决方法也都是一样的。在分离论和中立论看来,结果也是一样的。因此,一项歧视某一宗教的法律必须满足莱蒙检验以符合分离论的要求,同一法律必须符合中立的原则以满足中立论的要求。折中的方式同样如此。

法院在福勒诉罗德岛州案②中就适用了这一反歧视原则。福勒案的诉因源于一项地方规章被解释为禁止耶和华见证会在公园内进行祈祷,却允许天主教和新教在同一公园进行宗教活动。法院认为这一区别待遇违反了第一修正案,因为它"通过间接方式给予一种宗教偏爱"。③ 福勒案的裁决强调政府区别对待某一宗教与政府给予某一宗教偏爱地位间的相同性。任一行为均提供了审查另一行为的视角。

对教派的偏爱也可根据从平等保护条款发展而出的标准进行审查。④ 法院在拉森案中解释道,当"一项州法[导致了]教派偏爱,我们的先例要求

---

① 参见 McGowan v. Maryland, 366 U.S. 420 (1961),赞成星期日歇业法未违犯禁止设立国教条款。
② Fowler v. Rhode Island, 345 U.S. 67 (1953).
③ 同上,at 70.
④ 参见第七章第二节;Larson v. Valente, 456 U.S. 228, 246-251 (1982),使用平等保护的标准评价教派偏爱之于禁止设立国教条款的合宪性。

我们将该法视为可疑,且在判断其合宪性时适用严格审查"。① 在该案的诉因中,一项州法免除宗教组织根据州慈善法案的报告义务——但仅当某一组织所收到的半数以上捐助来自成员或隶属组织时才是如此。因为联合教会从非成员中获得大量捐助,因而不具豁免资格。法院认为,这项州法通过有选择地豁免特定宗教组织造成了教派偏爱。在审查了州为这一有选择豁免提出的正当理由后,法院总结道,这种偏爱并未"紧密地配合"对一项"紧迫之政府利益"的推动。② 因此,这种偏爱违反了禁止设立国教条款。

第四节　禁止设立国教条款的实践：无歧视性的宗教促进

政府与禁止设立国教条款相冲突的第二种方式是其行为既不偏爱或抑制任何特定之宗教或宗教团体,而是规定了一般地为宗教提供支持或帮助。和偏爱地位和歧视的情形不同——这两种情形中有一种观点的和谐,这种情形所涉及的非歧视性地促进宗教充满了冲突和不和谐。我们将在下文中陈述这些理论。

非歧视性的促进可来自两种形式。第一种形式涉及的是意在一般地推进宗教值的政府行为。这类政府支持的例子是州法规定在公立学校设立祈祷的静默时刻。即便这一法律是宗派中立的,仍促进了宗教从而应列入本类。第二种,政府对宗教的帮助可能是某一项目的结果,该项目的目的并不在于以任何方式促进宗教,但实际上仍具促进宗教之影响。这一形式的一个例子就是,某一州资助的项目允许公立学校将教科书借给私立学校而不考虑私立学校的宗教或非宗教性质。尽管宗教机构看上去与政府计划没有关系,但如果私立的宗教学校加入这一计划,政府就可被描述为为这些宗

---

① *Fowler v. Rhode Island*, 345 U.S. 67 (1953), at 246.

② 同上,at 251.

教机构提供支持和帮助。简而言之,这类行为包括有意促进宗教的法和通过其他中立标准规定对宗教提供支持的法。

在这一分类中要解决的问题是,政府以上述两种方式促进宗教的行为是否与禁止设立国教条款相冲突。对这个问题的回答很大程度上取决于人们对所争议的特定问题采用的理论。

分离论和中立论之间的冲突格外明显。根据严格的分离论,政府不得支持、帮助甚至促进宗教或宗教机构的发展;虽然该理论在某些适用中已有了明显缓和,但是这一理论整体上仍要求政府对宗教不提供任何支持。所以,政府不可将宗教价值置于非宗教价值之上,也不可为宗教机构提供任何直接支持。不过,在中立论下,对政府推进宗教发展或者支持宗教机构的权力则无限制。只要政府未设立对个别宗教或宗教机构的偏爱,则政府可自由地促进宗教发展——如,对非宗教进行区别对待和支持各宗教机构。

案例 9-E

尤尼蒂市学校委员会制定了一项政策,要求每天开始教学前都应设有"一个宁静的冥想或祈祷的时刻"。一个信奉无神论的学生对此提出了挑战,理由是该政策旨在公立学校中推行祈祷并违反了禁止设立国教条款。在援引莱蒙检验的同时,她主张尽管所规定的"宁静的冥想"时刻可能具有一个世俗目的,但"或祈祷"的表述除在公立学校的环境中推行宗教以外别无目的。她还主张多出来的这个词的主要作用就是推进宗教修行。

案例分析

根据分离论和莱蒙检验,这个学生提出了一个非常合理的观点。但根据中立论的观点,她的观点就是不成立的。即便该法的规定确实推进了公立学校中的祈祷,但该规定是以一种中立的方式进行的,且未特别偏爱任何特定宗教。如果法院采纳了中立论,则这个学生成功的唯一希望就是以某种方式说服法院,一项推行静默祈祷的政策事实上并不中立,且的确使某些特定宗教得到了偏爱或受到了抑制。

第九章　第一修正案：宗教自由　515

研究禁止设立国教条款法理的这一类别，最有效的方法就是考察那些涉及了推行宗教的争议的背景。我们所选择的两个背景——为教会学校提供公共援助以及公立学校中的祈祷——为实践中的这一分类提供了一种直接的概览，同时，就政府对宗教的帮助这一领域而言，也暗示了法院可能行进的方向。理解这一领域的关键并不在于强记所有特定的后果——这无疑是一个使人头昏脑涨的过程，而在于理解特定的结果是如何根据关于禁止设立国教条款的恰当范围之潜在理论和主观判断得出的。

一、对教会学校的公共援助

近 50 年来，在法院关于对教会小学和中学的公共援助问题的判决中，某种形式的分离论提供了重要的主题。[①] 当然，根据绝对严格适用的政教分离理论，任何情况下都不得允许任何此类援助。归根结底，这一观点在于，如果禁止设立国家条款的某一目的在于阻止政府从税收和支出方面给宗教机构以支持，则一旦政府为一些宗教机构提供公共援助，该目的就有可能被推翻。

不过法院从未采纳这么僵化的观点。相反，分离论已被缓和为允许政府在某种程度上支持教会学校——特别是当这一支持要么作为普遍的公众健康和安全计划的一部分，要么明确指向学生而非学校时。简而言之，分离论在慢慢缓和，以避免对宗教的敌对情绪。

案例 9-F

尤尼蒂市为父母报销其子女上下学的公共交通费用。这项报销针对所有就读于公立和私立学校的孩子。该项目的很大一部分经费将用于将子女送进当地的天主教学校去的父母的费用。该方案是否违反了禁止设立国教条款？

案例分析

根据运用莱蒙检验的分离论方法，该市的报销计划并未违反禁止设立

[①] *Everson v. Board of Educ.*, 330 U.S. 1 (1947).

国教条款。该计划有一个世俗目的——为学龄儿童提供安全的交通,且其基本效果也在于提供了交通,而非为宗教提供援助。也不存在过度牵连,因为援助所指向的是父母,使得州对学校事务的参与微乎其微。①

465　　我们不能把案例 9-F 理解为对教会学校的公共援助总是或一般都能得到法院的认同,也不能假设案例 9-F 的简化反映了法院在这一领域法理的整体简化。事实上,法院接受不甚严格的分离论的一个结果就在于,对判例法体系来说,妥协与所赞成的潜在理论同等重要。此外,中立论的出现和处于分离论与中立论之间重要的折中论的出现,导致了一种有些复杂的法理和一大堆看似混乱的结果。

　　法院在沃尔曼诉沃尔特案②中的判决,为上述现象提供了一个很好的范本。沃尔曼案的争议焦点是一部规定了为教会学校提供各种援助的州制定法的合宪性问题,其援助形式包括:教科书及教学材料和设备的出借项目,提供标准化的测试和评分服务的项目,为学生提供诊断和治疗服务的项目,为进行实地考察提供公共汽车运输服务的项目等。法院判定其中的一些项目无效(出借教学材料和设备的项目和为实地考察提供公共运输服务的项目),并支持了其他项目(出借教材,提供标准化的测试和评分服务的项目,为学生提供诊断和治疗的服务项目)。只有两位大法官完全赞同上述结果,其余七名大法官对这些处置的不同部分都提出了协同意见或异议意见。法院判决意见的执笔者,布莱克门大法官指出,"教会和国家之间必须保持的隔离墙是'一个取决于某一特定关系中的所有情景的模糊不清的和可变的障碍'"。③

　　这种不确定性并不意味着分离论就是错误的。不过,这也意味着法院在将该理论应用于教会学校受公共援助的情形时,并未成功地发展出一种

---

①　参见 *Everson v. Board of Educ.*, 330 U.S. 1 (1947).
②　*Wolman v. Walter*, 433 U.S. 229 (1977).
③　同上, at 236, 引用 *Lemon v. Kurtzman*, 403 U.S. at 614.

一致而连贯的方法。这一失败的一种可能的解决方法就是,采用一种更为严格的政教分离模式,允许除与一般的健康和安全相关的公共服务外,不向教会学校提供任何实质性的公共援助。目前法院肯定不是朝着这个方向努力的。

法院的一些现任成员力主的另一种方法可能是采取某种形式的中立论模式。这一模式的应用将创造一个非常不同的法理景观:只要公共援助未导致对任何特定的宗教或宗教团体的偏好,即可允许对教会学校进行公共援助。一州可出借教科书、胶片、投影仪和不可重复使用的工作簿,也可为去动物园或博物馆的旅行提供协助,还可为教师提供薪金支持等等。[①] 认可和强迫的折中论也支持政府为教会学校提供更加广泛的援助。[②]

不过,这种一致性的代价可能是大量的公共基金的潜在开支花在了对宗教机构支持方面。就中立论的支持者所关注的方面而言,这一理论受到了修正。因此,拥护中立论者无疑会比分离论的支持者更赞同政府给予教会学校援助,而不愿意允许给予这类机构以直接的财政援助的态度也调和了这种慷慨。根据这一修正后的中立论,对一教会学校进行直接补贴可能不被批准,但给予子女就读于这类学校的父母以补贴则可得到允许。事实上,一些中立论派的大法官暗示了这一可能性。[③]

目前看来,法院正逐渐走向中立论模式,至少在政府援助直接指向学生(或家长)而非学校本身时是如此。例如,在佐布勒斯特诉卡塔利那丘陵学区案[④]中,法院认定,政府设立的为"普遍教派"的天主教教会学校内一听力有障碍的学生支付手语翻译工资的项目并未违反禁止设立国教条款。有两个因素被认为起了决定性作用。首先,该项目从宗教角度看是中立的——如其没有偏向性;其次,政府的援助未直接指向学校,而是针对该学生。本质上看,个人的选择充当了政府和宗派机构之间的缓冲。因此,该个人选择

---

① 参见 *Mitchell v. Helms*, 530 U.S. 793 (2000),支持了这类项目的合宪性。
② 同上,at 837,奥康纳大法官之协同意见。
③ *Lee v. Weisman*, 505 U.S. 577, 631 (1992),斯卡利亚大法官之异议意见。
④ *Zobrest v. Catalina Foothills School District*, 509 U.S. 1 (1993).

在宗教背景下——而非在一公立学校中——花费政府资助,不得归因于政府。①

在阿戈斯蒂尼诉费尔顿案②中,法院再次对中立论表示赞同。阿戈斯蒂尼案中的核心问题在于,公共雇员能否为在教会学校上学的学生提供现场辅导。所争议的这一项目的目的在于,为教会学校的学生提供同公立学校学生一样的辅导。换言之,这个计划在宗教上是中立的。但法院早已认定,根据莱蒙检验中的基本效果和过度牵连要素,阿戈斯蒂尼案中的这类项目违反了禁止设立国教条款。③ 在阿戈斯蒂尼案中,各方当事人主张,前述判决中的法理基础已被后来的判例法削弱。法院同意否决阿圭勒案和鲍尔案。在这种情况下,法院重申了莱蒙检验的三个标准,但重新解释了第二个和第三个要素,即基本效果和过度牵连要素——以一种抛弃了其先前的分离论多数特征的方式。

为充分了解阿戈斯蒂尼案的判决,有必要进一步阐释阿圭勒案和鲍尔案。在鲍尔案中,法院审查了密歇根州学区采取的一个类似于"共享时间"的项目。在认定该计划违反了禁止设立国教条款的同时,法院引用三个要素,从而创设了一种不许可的基本效果:(1)一位公立学校教师出现在教会学校会产生一种实质风险,即该教师或多或少地涉及其学生的宗教教化;(2)教师的出现创设了教堂和国家之间的象征性联盟;(3)这种帮助使教会学校更易于追求其宗派目标,从而推进了其宗教使命。阿圭勒案中所争议的项目就有过度牵连的额外缺陷,因为该案中学校委员会安装了监控系统,目的在于确保其公共雇员在教会学校教学时未反复灌输宗教。

就鲍尔案而言,法院在阿戈斯蒂尼案中解释道,决定鲍尔案的诸多因素不再被视为足以构成一个不允许的基本效果了。这样做使形式超越实质,

---

① 参见 *Rosenberger v. Rector & Visitors of the Univ. of Va.*, 515 U.S. 819 (1995), 州立大学支付了某一学生宗教社团印刷社团报纸的费用,未被认定为违反了禁止设立国教条款,部分原因在于费用是由大学直接支付给印刷人的,该印刷人充当了大学与学生宗教组织之间的缓冲。

② *Agostini v. Felton*, 521 U.S. 203 (1997).

③ *Aguilar v. Felton*, 473 U.S. 402 (1985); *School Dist. of Grand Rapids v. Ball*, 473 U.S. 373 (1985).

也会忽略鲍尔案判决后法理上的发展,特别是适用于上面提及的佐布勒斯特诉卡塔利那丘陵学区案时更是如此。简言之,政府雇佣的、在宗教机构教授非宗教课程的教师,不再被假设为会受宗教的影响,也不再被假设为其出现创设了一种政府与宗教之间的象征性的联系。事实上,教会学校直接受益于政府资助的辅导项目这一事实,并未产生推进宗教的基本效果。之所以如此,原因有二:首先,这种援助——如,辅导——直接指向学生;其次,只要这一辅导项目未复制已由这些机构提供了的服务,从而减轻了这些机构本应付出的成本,则其基本效果仍是世俗的。

就阿圭勒案和过度牵连,法院在阿戈斯蒂尼案中的解释是,这一要素"是对一制定法之效果进行考察的一方面",实质上等同于莱蒙检验的第二个和第三个要素。[①] 因此,只有那些具有推进和抑制宗教的牵连才与禁止设立国教条款相冲突。从这个角度看,无论是政府与宗教机构之间的行政合作,还是由这一合作项目导致的潜在政治分歧——单独而言——都足以产生过分牵连。必须有些证据能说明政府的参与——以足以满足"效果"检验的方式——具有了推进或抑制宗教的效果。此外,尽管法院暗示,州的"无孔不入"的监视可能导致在提升或抑制宗教方面的过分牵连,但总数合理的监视以保证政府雇员未进行宗教灌输,仍在宪法范围内。

因此,在否决了鲍尔案和阿圭勒案的法理基础并推翻了这两个判例的同时,法院确认了其早些时候在阿圭勒案中推翻的现场辅导项目的合宪性。在这样的裁决下,法院强调了从宗教的角度看该项目是中立的,指向的是学生而非机构,且该项目进行了精心的设计以避免促进实施该项目的教会学校之宗教目标。

法院对米切尔诉赫尔姆斯案[②]的判决揭示了更多在禁止设立国教条款法理中的错误标准。米切尔案的争议是一个联邦项目——州和地方教育机构获得联邦资金购买教育材料和设备,这些地方教育机构可将这些资料和

---

① 521 U.S. at 233.

② *Mitchell v. Helms*, 530 U.S. 793 (2000).

设备租赁给各自辖区内的公立和私立中小学。联邦资金不可用于替代现有方案,而仅能用于补足整体课程。可购买的物资包括图书馆的材料——如一般的流通书籍和参考资料,以及教学用计算机软件和硬件。项目中所购物品在性质上必须是世俗的,且任何所购物品不得用于宗教目的。所以,如果一台电脑是根据该项目购买的,电脑可出借给教会学校,但该校不得将该计算机用于宗教课程的讲授。

案件的具体争议是,该联邦项目是否与莱蒙检验中的第二方面,即基本效果相冲突。当事各方显然都承认该项目具有一世俗目的,因而并未向法庭提出过分牵连的诉求。

法院支持了这个项目,但未形成多数意见。由托马斯大法官(Justice Thomas)撰写,首席大法官伦奎斯特、斯卡利亚大法官、肯尼迪大法官加入的四人多数意见采取的是一种确凿无疑的中立论立场。在多数意见看来,效果因素仅在对源于阿戈斯蒂尼案判决的两个问题的考察中得以考量,且这两个问题都集中于"中立性"的问题。政府的项目是否试图灌输宗教?选择接受援助者时是否参考了宗教因素?如果这两个问题的答案都是肯定的,则效果因素和中立原则都受到了侵害。如果答案是否定的,则该项目应被视为中立(如无偏向性),并在宪法的范围内。鉴于该项目下购买的设备和材料本身都是世俗的且禁止了宗教用途,则第一个问题的答案就是否定的,项目本身也未灌输宗教。至于第二个问题,没有证据显示受助人的选择根据的是宗教标准。事实上,援助的发放完全基于在一所学校就读的学生人数。简言之,政府的项目是中立的,因而也在宪法的范围内。

多数意见还认定,教会学校将设备转作宗教用途的可能性与宪法无关。只要政府本身未参与这一转用途,就不违背禁止设立国教条款。"政府的计算机或者投影仪本身——即便正在播放相关内容时——并不灌输宗教信息。"[1]实际上,多数意见认为,任何将设备转为宗教用途的行为都不应归因于政府而应由私人行为者负责。最后,尽管并非本案的一个争议,但多数意

---

[1] 530 U.S. at 823.

见暗示,只要政府本身并未促进教会学校宗教使命,则对教会学校的直接财政援助应为可行。①

奥康纳大法官提出了布雷耶大法官加入的协同意见,并称这一多数意见的理由具有"前所未有的广度"。②她赞同援助项目是合宪的,但强烈反对多数意见赋予中立性的"突出重要性",也反对多数意见认为的将政府援助转作宗教用途在宪法上可行的观点。前者是一个应在"不允许的效果"分析中予以考虑的因素,而后者——根据其估计——将导致对宗教的违宪认可。对奥康纳来说,这一援助项目的合宪性由多种因素汇合而成的:中立性,给予援助的世俗标准,援助是补充性的而非替代性的事实,任何教会学校都未收到政府资金的事实,购买和出借的物品都是世俗的事实,任何事实上转作他用的证据是微不足道的事实,以及项目内防止转做他用的充分保障。基于上述情况,奥康纳大法官和布雷耶大法官认为该援助项目既未促进也未支持宗教。

由苏特大法官撰写,斯蒂文斯大法官和金斯伯格大法官加入的异议意见,清晰地说明了他们反对多数意见的中立主义模型和政府援助转作宗教用途具有合宪性之看法。异议意见的关键问题在于,政府援助支持的是教会学校的宗教使命还是世俗使命。解决这一问题需要考虑诸多因素,如政府在分配援助时的中立性,援助的形式(如金钱、服务、课本和设备),从政府到宗教机构的直接或间接途径,将援助转作宗教用途的可能性,对受助人来说该援助的相对重要性。简而言之,该异议要求一种与奥康纳大法官采用的方式相似的多要素分析,其协同意见与该异议意见之间最重要的区别在于,该异议意见将援助转作宗教用途置于决定性的地位。换言之,一台计算机易于转作宗教用途的事实,使异议意见认为这类援助的规定是违宪的。

对米切尔案判决和现行的州关于政府为教会学校提供援助的法,我们还能说些什么呢?将多数意见和协同意见结合起来,看来比较清楚的是,在

---

① 530 U.S. at 819 n.8.

② 同上,at 837.

某些情况下,政府可为教会学校提供一些援助,而这些援助有可能转作宗教用途。在这个意义上说,前述沃尔曼诉沃尔特案中给我们留下的相反印象被推翻了。不过,将协同意见和异议意见结合起来,同样清楚的是,当援助直接指向学校时,法院并未采取中立论模式,而且政府援助真正转向宗教目的是违宪的。此外,这相同的协同和异议多数继续关注援助的形式以及援助汇集到宗教机构的方式。法院的大多数——持协同意见和异议意见的人——都要求一种多要素评估去决定援助之规定是否对某一宗教机构起到了不被允许的促进或抑制的影响。因此,协同意见主张稍微宽松的标准去评估潜在的违宪效果,因而可能为模棱两可的案件提供解决问题的关键。

案例 9-G

有超过 75,000 名学生在英纳市学区登记。近几年,该学区提供的教育已远远不够了。例如,仅有十分之一的九年级学生可通过一个基本的水平考试。几乎有三分之二的高中生辍学或者不能毕业。为解决这些缺陷,州给居住于该学区的低收入家庭提供了四个选择。根据这些选择,这类家长们可让自己的孩子:(1)进入地方公立学校但获得 360 美元的补助,用以支付 90% 辅导费用;(2)进入一家参与的私立学校,可获得政府的学费补助用以支付 90% 的学费,最高可达到 2,250 美元;(3)进入区内的十所独立的"社区学校"之一(即学区内有权设置自己的教学体系和学术标准的公立学校,并由独立的校董事会运行);或(4)进入区内 23 个公立特色学校之一。根据学费补助选择,选择让孩子入读私立学校的家长可从一个参与该项目的学校名单中选择。州并未区分这些学校是否有宗教归属,不过,参与该项目 56 个私立学校中有 46 所(82%)的学校有宗教归属。参与项目的私立学校不得基于种族、国籍或宗教歧视学生。学费补助的管理方式是给父母一张补助总额的支票,然后家长将支票背书给所选的私立学校。州为公立学校——包括社区学校和特色学校——提供的资金,大约双倍于为每位入读私立学校的学生提供的学费补助。在最近的学年里,学区内居住的超过 75,000 名学生中,有超过 1,400 名的学生获得了辅导费资助,3,700 名学生获得了入读私立学校的学费资助(其中超过了 96% 的学生入读的是有宗教归属的学校),1,900名学生入读社区学校,还有12,000名学生入读地方特色学校。学费资助项目是否违反了禁止设立国教的条款?

案例分析

我们从分离论模型和莱蒙检验开始。世俗目的方面看来很容易满足。学费资助项目的目的在于,当公立学校体系有缺陷时给家长以为其子女选择教育机构的可能。这显然是一个合理也合法的世俗目的。下一个问题是,该学费资助项目的基本效果是否促进或抑制了宗教。至于后者,由于私立教会学校也自愿参与该项目,那么就该项目具有抑制宗教的基本效果而言,似乎并无争议。不过,就是否促进宗教而言,分离论者可能会认为学费拨款——可能会用于宗教指导的直接花费——的基本效果在于因资助了该指导而促进了这些学校的宗教使命。96%的学生利用拨款入读有宗教归属的学校的事实,进一步支持了上述论点,并使之与前述的佐布勒斯特诉卡塔利那丘陵学区案相区分,在佐布勒斯特诉卡塔利那丘陵学区案中,法院支持了一个联邦项目,该项目为就读于教会学校中的失聪学生支付手语翻译工资。在佐布勒斯特案中的资助范围没那么广,且更多地与学生个人相联系而非与教会学校的总体宗教使命相联系。一个分离论者还可能主张这种学费补助项目会造成过分牵连,因为州的非歧视政策还要求州对参与该项目学校的课程和活动进行监督。

当然,最近几年,分离论已经有了重大缓和。在莱蒙检验必须考察是否支持宗教的意义上,诸多事实看来更多地说明了州的中立而非支持。不过,人们也可以提出,学费资助的总额暗示了某种支持的存在。但是,鉴于该项目面向所有学校敞开——无论教会学校还是非教会学校,这一论点看来不是一个特别有力的主张。而且,对住在本学区内的家庭来说,有着广泛的世俗选择,包括学费拨款、社区学校和特色学校,这些选择与任何认为存在宗教认可的看法不相符合,例如,除非人们将学费资助项目从各种可能选择中完全独立出来。相类似的是,上述事实看来也未满足强制模式。除非已存事实说明,对父母来说,唯一现实的选择就是有宗教归属的学校,否则把认可或强制作为本案理由将非常困难。

如果采取一种中立论的路径,则解决方案就相当简单。学费资助项目在关于宗教学校和非宗教学校上是完全中立的。在这种情况下,禁止设立国教条款在这一"中立的"项目中不会被牵涉进来。事实上,严格的中立论允许州在宗教学校和非宗教学校中更偏向于前者,只要州未偏向任何特定宗教即可。

案例 9-G 的基础是泽尔曼诉西蒙斯-哈里斯案[1]的法院判决。该案中争议的项目由俄亥俄州制定,以解决被描述为克利夫兰市学区所面临的前所未有的危机。俄亥俄州制定的学费资助项目与案例 9-G 提及的项目一样。在首席大法官伦奎斯特的观点影响下,法院在泽尔曼案中支持了该学费资助项目。有趣的是,法院的意见集中于莱蒙检验的前两个要素(但未引用莱蒙案),并认定既存在世俗目的,也不存在促进或限制宗教的基本效果。在回答首要影响问题时,法院分析的重点在于流向私立学校的钱是家长们"真正的个人选择"的结果。[2] 同时,在这一中立的州立项目中,所作出的个人选择不仅包括了私立的宗教或非宗教学校,也包括了公立学校。"当政府的援助项目在涉及宗教时为中立,且所提供的援助是直接指向各阶层的公民时,则该直接为宗教学校提供的政府援助实际上是一种公民出于自身真实而独立的自由选择的结果,这一项目不被轻而易举地适用禁止设立国教条款。"[3]多数意见也得出结论,该州项目并未支持宗教:"我们已反复认定,任何理性的观察者都不会认为,在一个给予私人选择的中立项目中,政府给予宗教学校的援助仅为数量众多的私人个体的独立选择之结果,而这意味着政府支持之认可。"[4]绝大多数的学费拨款都流向了教会学校,只要政府项目并未促进上述结果,则学费拨款流向教会学校就被视为无关。[5]

---

[1] *Zelman v. Simmons-Harris*, 536 U.S. 639 (2002).
[2] 同上,at 652-653.
[3] 同上,at 652.
[4] 同上,at 654-655.
[5] 同上,at 657-658.

法院内的分离论者——斯蒂文斯大法官、苏特大法官、金斯伯格大法官和布雷耶大法官——提出了异议。斯蒂文斯大法官的简要异议意见中将州立项目的特性描述为授权"将公共资金用于支付向成千上万的文法学校孩子灌输特定的宗教信仰……"①。有三位异议者加入了苏特大法官冗长的异议意见,认为该项目的基本效果就是促进宗教。在得出这一结论时,苏特大法官指向的是参与该计划的教会学校的大比例,学费拨款的数额和这些拨款可被用于宗教目的的事实,以及非教会的私立学校不可能在经济上与可从更大的宗教机构获得补助的教会学校竞争。在他看来,尽管该项目形式上是中立的,但是实际效果却并非中立。② 加入了法院意见的奥康纳大法官也撰写了一份协同意见,对苏特大法官所说的事实提出了异议,特别是就所谓非教会的私立学校与教会私立学校竞争能力问题的不同看法。

虽然法院在泽尔曼案的多数意见中并未采取严格的中立论观点以允许一州将宗教置于非宗教之上,但多数意见也的确采取了一种更为限缩形式的中立论,即,就州对待处境相似的宗教和非宗教机构而言,禁止设立国教条款之禁止可能启动州的中立性。

二、公立学校中的祈祷

假定尤尼蒂市学校委员会制作了一份祈祷词,要求所有学生和愿意参加晨会的教师都必须在每个上学日早晨背诵。祈祷词是非宗派的:"全能的上帝,我们承认我们依赖您,我们祈求您的祝福赐予我们的父母、我们的老师和我们的国家。"那么学校委员会的这一行为是否违反了禁止设立国教条款?

根据严格适用的分离论,答案是肯定的,法院在恩格尔诉瓦伊塔尔案③中的判决就是如此。原因很简单:该法直接推动了宗教活动,而这样做就使教会与国家之间的隔离墙归于无效——无论祈祷词是否意在无宗派的还是

---

① *Zelman v. Simmons-Harris*, 536 U.S. 639 (2002), at 684.
② 同上, at 686.
③ *Engle v. Vitale*, 370 U.S. 421 (1962).

学生是否未被迫加入晨会,学校委员会这种推动宗教活动的行为已足以违反禁止设立国教条款的原则。莱蒙检验是在恩格尔案后采纳的,也规定了同样的结果。学校董事会的这一行为并无可辨识的世俗目的,即使有世俗目的,推动公立学校祈祷的基本效果也是促进宗教。

根据中立论的路径,学校委员会行动的合宪性取决于如何诠释委员会的祈祷词。如果祈祷词被假定为非宗派的——即未设立任何特定宗教或宗教团体的偏好地位——那么委员会的行为就是合宪的。只要委员会并未偏向或抑制某一特定宗教,即可自由促进宗教。另一方面,如果祈祷词被解释为仅推行了某一特定宗教的信仰,则学校委员会的行为就违背了中立原则。换言之,后一种事实建构将使得问题脱离现有分类并将其纳入对不同宗教的区别对待,这我们先前已有讨论。如果是这样,学校所认可的祈祷仪式就是违宪的。①

与其对教会学校的公共援助的判决不同的是,在这种情形下法院已合理地坚持了先例,即学校的祈祷,至少是由政府资助的学校的祈祷根本不被允许。因此,在涉及这一特定的子类别时,获得遵循先例支持的分离论的理论,可能仍为占统治地位的原则。②

假定我们的学校委员会并未支持或推进任何特定的祈祷活动,只是一般地推动祈祷——为愿意祈祷的学生按照自己选择的方式提供一个祈祷的机会。那么这一行为是否违反了禁止设立国教条款呢?在华莱士诉贾弗利案③中,法院面对着阿拉巴马州的一部制定法,该法授权公立学校进行一段时间的静默以进行"冥想或者自愿祈祷"。虽然该法并未支持任何特定宗教和授权进行任何特定祈祷,法院仍认定该法违反了禁止设立国教条款。多

---

① 参见 *Epperson v. Arkansas*, 393 U.S. 97 (1968),废止了禁止在公立学校进行进化论的教学的具有宗教动机的法,因为这种法律与莱蒙检验中具有世俗目的的原则相违背;*Abington School Dist. v. Schemp*, 374 U.S. 203 (1963),认定公立学校不得要求在每个上学日必须进行从主祷文和《圣经》的段落中抽取背诵的祈祷。

② 参见 *Lee v. Weisman*, 505 U.S. at 632-636,斯卡利亚大法官之异议意见,主张禁止设立国教条款的历史渊源不应被解释为禁止在公立学校毕业典礼上进行宗教祈祷。

③ *Wallace v. Jaffree*, 472 U.S. 38 (1985).

数意见的分析集中于莱蒙检验中的世俗目的元素。在分析了该法的立法史和前身后,法院得出结论,认为该法的目的就在于促进宗教。事实上,法院得出的结论是"该制定法没有世俗目的"。① 法院因而认定该法因不被允许地支持宗教而无效。

由伦奎斯特大法官撰写的异议意见,挑战了被多数意见作为根据的潜在分离论模式。在异议意见看来,禁止设立国教条款的目的并不在于防止政府采取相对于"非宗教"而言偏向宗教的行动。相反,该条款的目的在于防止创设一个由政府资助的宗教以及排除教派之间的区别对待。阿拉巴马州的制定法并未做到上述两项,而只是一般性地推进了宗教。禁止设立国教条款并没有规定撤销该法的依据。和多数意见相比,伦奎斯特的意见为中立论模式提出了一个经典的陈述和适用,强调了分离论与中立理论之间的实际差异。

这一紧张关系同样出现在公立学校毕业典礼的祈祷中。在李诉韦斯曼案②中,法院认定在高中或初中的毕业典礼上邀请牧师进行非宗派性的祈祷的做法违反了禁止设立国教条款。这一结论直接源于分离论。该受挑战的做法具备促进宗教的基本效果,给予学区以非宗派祈祷的指引,导致了教会与国家之间的过度牵连。但是,多数意见忽视了莱蒙检验,而依赖于强制模式,并得出结论认为毕业典礼上的学生在心理上受胁迫而参加祈祷。

从李案判决中派生出的"规则"有些难以辨别。多数意见的五位大法官中的四位加入了坚决批判分离论主题的协同意见,并把"强制"作为禁止设立国教条款的一个尽管不必要但充分的要素。③ 同样还是这些大法官们倾向于通过莱蒙检验。另一方面,四位持异议意见的大法官对他们所称的多数意见的"代用品,'同行压力'的精神强制"检验提出了严厉批评。④ 异议意见还主张禁止设立国教条款不得作以下解释,即使广为接受的文化遗产

---

① *Wallace v. Jaffree*,472 U.S. 38 (1985),at 56,着重为原文所有。
② *Lee v. Weisman*, 505 U.S. 577 (1992).
③ 同上,at 599,布莱克门大法官之协同意见;同上, at 609,苏特大法官之协同意见。
④ 同上,at 641,斯卡利亚大法官之异议意见。

之历史实践归于无效的手段。根据异议意见的估计,在公开仪式上,包括在公立学校的毕业仪式上向上帝祈祷,正是这样的历史实践。此外,异议意见还提出一个中立论的主题,认为非宗派的祈祷一事并未违反禁止设立国教条款的任何真实原则——实际上,任一宗教都未获优先地位。

唯一支持"强制"概念构成违反禁止设立国教条款之本质的大法官是多数意见的撰写人肯尼迪大法官。据推测,如果缺乏强制概念的话,他就可能加入异议意见,从而使得强制要素成为李案判决的必要组成部分。因此,李案的判决成为分离论原则和中立论原则之间达成妥协的一个例子。在这种妥协下,促进且强制人们参与宗教活动的政府行为违反了禁止设立国教条款,而仅促进宗教是被允许的行为。

案例 9-H

1995 年之前,一位当选为圣达菲高中学生自治会牧师的学生进行了祷告,该祷告有时显然是基督教的祷告,通过学校的公共广播系统在校内足球赛前进行。这种做法得到了学区认可和推动,也是学校资助的赛前活动的一部分。圣达菲高中是一所公立学校,且这个学区也是该州的一个政治分支。学生中的大多数人是坚定的南方浸礼教会教徒。摩门教和天主教的学生反对这种做法,并根据禁止设立国教条款提起了诉讼。在诉讼过程中,该学区修改了政策,授权了两个学生选举。第一个选举是以少数服从多数的表决方式决定是否应在足球比赛前进行祈祷;第二个则是选出一个可选择和传播这些祈祷的个人。这一新政策是否违宪?

案例分析

让我们从莱蒙检验开始。首先,新政策是否具有一个世俗目的呢?有人认为该政策的世俗目的在于树立良好的运动员精神和积极的竞争环境。但事实上,不论是基于历史还是基于政策本身的考量,这种祈祷都无法促进这些理想实现。鉴于新政策正是源于学区先前在高中足球赛前直接推行祷告的做法,因此看来新政策只是保持这一做法同时又避免受到禁止设立国教条款的挑战而已。如果唯一目的在于推行祷告,则新政策就是违宪的——即,没有世俗目的;其次,即使新政策拥有一个世俗目的,其基本效果看来也在于通过刻意创设一种手段来达到推行祷告的目的,且推行祷告的目的也已经达到了;第三,鉴于该政策由学区制定并监督,则该二重选举过程就导致了教会和国家之间的过度牵连。因此,经典的分离论将认定该政策违宪。

从支持与强制模型中也可得出类似结论。根据前者,学区对一宗教予以认可,即祈祷,可能还是基督教的祈祷,学区创设了一种体制,使该祈祷可利用学校的设施在学校主办活动中得以推行,且祈祷是在参与活动的人可能会认定学校对祈祷认可的情形下进行的。与之相反的观点则认为,学区并未认可祈祷,而只是给学生以决定自己是否愿意参与该活动的选择。但是,正是学区通过利用学校设施蓄意地提供这一宗教集会,而非学生在一场足球比赛前自发地祈祷。就强制要素而言,我们必须了解出席或参与比赛的学生是否在有压力的情况下参加了祈祷活动。该案的强制要素可能没有李诉韦斯曼案那么强烈——李案中的活动是一个学生参与具有重大强制性的毕业典礼。另一方面,对参与足球比赛的人,包括球员、拉拉队员、乐队成员和球队的支持者,顺应这一压力的情况可能和在毕业仪式上差不多。因此,即使是根据中间立场,该政策也违反了禁止设立国教条款。

最后,根据中立论模型,我们可能需要更多关于祈祷性质的事实。如果这种祈祷相当不具宗派性,则中立论不可能认定其违反禁止设立国教条款。另一方面,如果这种祈祷的内容显然属于基督教,中立论的原则可能就受到了侵犯。不过,即便这种祈祷具有明显的宗派色彩——正如托马斯大法官在前述米切尔诉赫尔姆斯案中指出,该行为可能并未违反政府的中立原则。根据中立论的这一观点,祈祷的选择不应归因于学校,而是源于个人的选择。同样,法院的某些大法官可能会认定,在高中足球比赛中祈祷是我们在公共仪式上援引上帝之名的历史文化的一部分,这些祈祷并未违背禁止设立国教条款。

面临着类似情形的法院认定,学区的二重选举制度违反了禁止设立国教条款。在法院看来,学区的政策有三大缺陷:首先,根据莱蒙检验,法院的结论是该政策并不具有世俗目的。在考察了政策表面以及采取政策的背景后,法院认为该政策唯一目的就是促进宗教活动;其次,法院认定,通过授权大多数学生选择在学校主办的活动中进行祈祷,学区的行为已经支持了宗教活动。此外,这些参加足球比赛的人将合理地认为这种祈祷是学区支持的;最后,基于李诉韦斯曼案,法院的结论是,学校主办的足球比赛前的祈祷会因其他学生参加比赛而强制参与,其中一些人是出于其课外责任被迫到场的。① 三个异议意见者(首席大法官伦奎斯特,斯卡利亚大法官和托马斯大法官)对多数意见之依据莱蒙检验进行裁决作出了批评,即批评他们拒绝信任学区之世俗目的,并指出多数意见没有意识到祈祷是由一个学生选择并主持而不是由学区本身的代表进行的。②

假设一个毕业班上进行告别演说的人在致辞时感谢了上帝并请求其同学加入感恩的行列。这样的演说是否违反了禁止设立国教条款呢?根据法院的现有法理,一个强有力的论点是没有。如果适用莱蒙检验的话,法院的分离论者可能认定无任何违背禁止设立国教条款的情形。首先,只要演说者的选择基于非宗教性标准,则莱蒙检验所要求的世俗目的很容易就被满足了;其次,有人肯定会认为学校参与了该演讲的基本效果在于承认了这个学生的非宗教成就使之具有向本班致辞的荣誉——尽管,如果这一演讲完全是宗教性的,则这种观点就显得不太有说服力了;第三,除非学校控制了演说的内容,否则教会和国家之间并未存在过度牵连。

支持或强制的方式也会得出相同的结论。学校并未支持演说的内容,对演者要向上帝表示感谢,也没有任何由州施加的强制。当然,更多事实可能会改变这些问题的结论。因此,如果学校明确表示,演说者是代表学校讲话的,那么就会出现一个截然不同的结论。最后,中立论的支持者不会就任何向上帝表示感谢的演讲表示反对,而且他们也肯定不会反对一所宗教

---

① *Santa Fe Independent School District v. Doe*, 530 U.S.290 (2000).
② 同上,at 318-323.

上中立的学校政策允许一个非常杰出的学生向毕业班致辞。①

案例 9-I

米尔福德中央学校允许本地居民在学校放学后使用学校设施,除了别的活动以外,还包括如"教育或艺术方面的指导,或有关增进社会福利的社会的、公民的、康乐的和娱乐的用途。"该政策使得各种各样的世俗团体都使用了学校设施。达琳,一个本区居民发起了"好消息俱乐部",这是一个为6至12岁的孩子开办的私人基督教组织。她提交了申请,要求每周在学校举办放学后的活动。达琳在申请中这样描述俱乐部的活动:

> 每次会议以点名的方式开始。点到每个孩子的名字时,如果这个孩子背诵了《圣经》的诗句就可得到嘉奖。然后社团的成员唱歌和做游戏,参加一些如学习《圣经》诗句类的其他活动。然后,我会朗读一个《圣经》故事并解释这个故事如何适用于社团成员的生活。最后,会议将在祈祷后结束。我会分发这些嘉奖并分配要背诵的《圣经》诗句。

米尔福德中央学校拒绝其请求,理由是,拟议中的用途——唱歌、听《圣经》课、背诵《圣经》及祈祷——就等同于宗教崇拜,按该学校的说法,允许这一用途将违反禁止设立国教条款,这样做对吗?

案例分析

很可能不对。首先,从分离论的角度看,米尔福德中央中学的政策具有世俗目的,即宗教中立地促进社区福利,而且,从赞同标准来看在性质上也是世俗的。政策的文本和该政策已被用于允许一大批世俗团体进入的事实都说明了前述结论。而且,在缺乏证据表明该政策的主要受益人已成为宗教团体时,其基本效果就不在于促进宗教而在于促进社区福利。同时,该俱乐部与该校之间看来也没有过度牵连。准入政策也未要求该学校对好消息俱乐部从事活动的内容进行监管。再者,从支持或强制的角度来看,在缺乏

---

① 参见 *Westside Community Bd. Of Educ. v. Mergens*, 496 U.S. 226 (1990),法院的多数意见认定一项学校政策未违反莱蒙检验之原则,即允许基督教徒的俱乐部和其他非宗教俱乐部一样在公立高中校园开展活动,但有另两名大法官认为该政策的中立性满足了禁止设立国教条款之要求。

支持相反结论的事实的情况下,这一纯粹私人的利用学校设施并不意味着米尔福德中央中学对俱乐部使命的认可,而且仅仅是允许利用设施本身也不构成政府强制其加入好消息俱乐部的形式。最后,根据中立论模式,这一宗教上中立的准入政策并未违反禁止设立国教条款。

在好消息俱乐部诉米尔福德中央学校案①中,法院根据极为类似的事实得出了一个相似的结论。对法院来说,关键在于学校的设施也对其他社团开放使用,且"该俱乐部的聚会是在放学后举行,非由学校发起,向所有获得家长同意的学生开放,并非仅向俱乐部成员开放。"②更明确的是,法院认为,允许好消息俱乐部使用学校设施,并不意味着对宗教的支持,也不代表对宗教活动的强制。用中立论的条件来看,法院进一步指出"允许俱乐部在学校操场发言将保证对宗教的中立,而非威胁……"③法院并未就争议中的学校是一所小学的事实给予专门的关注。

苏特大法官对好消息俱乐部案的异议意见并非不赞成多数意见对禁止设立国教条款原则的适用,而是质疑了这一事实记录在解决禁止违反国教争议中是否得到了充分发展。异议意见还表达了对俱乐部聚会时间和地点的关注——就在放学后的教室里,这种做法"在孩子心目中肯定意味着官方的认可"。④

总而言之,法院在关于公共学校里的祈祷上的法理基本一致。法院不会允许公立学校在教室内或其他学校活动中的发起祈祷活动,包括一些在性质上为无宗派的祈祷。分离论在这类情形中已经取得并将继续占主导地位。另一方面,在公立学校校园内,真正志愿的、由学生带领的祈祷并不违反禁止设立国教条款。同时,允许在类似情况下宗教和非宗教社团通过利

---

① *Good News Club v. Milford Central School*, 533 U.S. 98 (2001).
② 同上,at 113.
③ 同上,at 114.
④ 同上, at 144,亦可参见案例 8-EE,说明了这一问题在公共论坛方面的体现。

用学校设施的中立的准入政策也不会违反禁止设立国教条款。

三、其他情形

对政府推动或为宗教或宗教机构提供帮助的政府行为提出违反禁止设立国教条款的诉讼，也可在各种其他情形中提起，包括公开摆放具有宗教象征的物品（特别是在假期），对宗教机构免税，在公立学校中为宗教研习留出时间，为教会学院和大学提供帮助，宗教机构参与政府的世俗项目，以及代表政府权力的宗教机构。在公立学校的祈祷和对小学与中学的公共援助的情境中所提出的主旨、技术和争论也包括在此类情形中。因此，我们可以预见的是，这种向中立性移动的趋势将对上述各种子类别的法理产生影响，同时，莱蒙检验将继续受到批判并被间歇地放弃。不过，同样可以预见的是遵循先例仍对法院在这些子类别中所采取的方向具有一定影响。

案例 9-J

一些纳税人向联邦法院提起诉讼，根据禁止设立国教条款，挑战的是冬季假期期间在市政厅的圆形大厅内摆放耶稣诞生场景和大烛台的行为。只要这些装置的建造、维护和拆卸的花费不由该市负担，该市同意进行这一展示。法院应如何裁判呢？

案例分析

从分离论的角度看，这一展示违背了莱蒙检验的第一和第二个标准。我们很难看出这两种具有非常明显的宗教象征的展示之世俗目的，而且有人可认为这种展示的基本效果在于促进了宗教。相似的是，根据支持模式，该市看来将政府与显而易见的宗教使命联系在一起，从而支持了这两种宗教展示。另一方面，强制模式并不一定得出相同结论。市政厅的路人无须以任何形式认可这一展示。而且，从中立论的角度看，只要该市的政策对各种宗教象征的态度是中立的，则未违反禁止设立国教条款。相似地，在把历史和传统作为禁止设立国教条款的措施时，我们可以很容易得出结论，该展示在可接受的政府行为范围内。简而言之，对这个问题的回答取决于分析这一问题的决定性视角。①

案例 9-K

总统通过行政命令,支持了一项"以信仰和社区为基础的倡导项目"〔Faith-based and Community Initiative(FBCI)〕。该项目的指导原则是"以信仰为基础的慈善团体应能与其他慈善机构在同等基础上竞争,以获得公共资金为公众提供服务"。所以,在该项目下,向需要帮助的人提供社会服务的宗教组织有资格获得联邦资金的直接资助。获得联邦资金的宗教组织不得将联邦经费用于宗教崇拜、指导、传教或类似活动。此外,这些机构的宗教活动必须与其受资助的活动相分离,不过两种活动可在同一地点进行。因此,一个联邦资助的工作培训项目可在教堂内的某个房间进行,而《圣经》的研习团体在另一个房间活动。获得该项目资助的机构不得基于宗教归属进行区别对待,也不得要求基金项目的参与者参加宗教活动。不过,他们也可邀请参与者参与其宗教服务——包括祈祷,只要明确一点,即这类参与是非强制的。以信仰和社区为基础的倡导项目是否违反了禁止设立国教条款?

案例分析

首先,和项目资金直接从政府到宗教组织的凭证相比,以信仰和社区为基础的倡导项目并非如此。因此,看似重要的私人选择,即在凭证制度的情形下将政府资金直接交给宗教机构,与泽尔曼案中出现和显然相关的私人选择,在本案中并未出现。相反,资金直接交给了宗教机构。缺乏私人选择的介入(以及可能还缺乏资金总额),可能会使该项目更接近某些大法官认为不可接受的对宗教的认可。当然,鉴于直接给付和缺乏私人选择,分离论者可能会认定构成违反禁止设立国教条款。不过,以信仰和社区为基础的倡导项目意在使联邦资金用于宗教中立的私人社会服务,使得这一问题更

---

① 可将 *Lynch v. Donnelly*, 465 U.S. 668 (1984)——认定了市政府允许在假日展示既包括世俗象征、也包括宗教象征的政策之合宪性——与 *County of Allegheny v. American Civil Liberties Union*, 492 U.S. 573 (1989)——裁定在郡法院内展示马槽违反了禁止设立国教条款——进行对比。

类似泽尔曼案支持了的凭证制度。如果真实的标准就是中立的或非偏向性的,那么该项目并未与禁止设立国教条款冲突。当然,中立论者可主张该资金的基本效果在于推动了世俗社会服务项目。最后,我们对违反禁止设立国教条款之可能性的认识,有可能取决于获得资助的项目之性质以及宗教与政府资助的活动重合的程度。因此,在一个为成年人提供的就业培训项目中邀请参与者进行祈祷,与幼儿园的孩子被要求参与祈祷或宗教活动可能会受到不同的对待。在这种情形下,强制检验在分析时可能就成为一个重要因素,对这一问题的回答仍未有定论。①

第五节 信仰自由条款

信仰自由条款规定:"国会不得制定任何……禁止宗教信仰自由……的法律。"这一表述已被解释为保护个人坚持自己选择信仰的宗教教义与信仰的权利。作为一个实际问题,对宗教信仰的这一保护是绝对的。对信仰自由的一个推论是公开个人选择的信仰之权利。对这一权利的侵犯一般应根据传统的、严格的言论自由标准进行审查。

信仰自由条款同样保护受宗教驱动的行为,但保护程度不及对信仰之权利与公开自己的信仰之保护。尽管受宗教驱动之行为一度受严格审查标准之保护,但当今的法院对这种行为采取的是一种不那么热切的态度。只有那些因行为的宗教性而特别规制这类行为的法律才受高级别审查,对行为之宗教性未予关注而直接规制该行为的法律则不受这种严格审查。

一、信仰与行为的区别

在根据信仰自由条款决定适用恰当强度的司法审查时,信仰和行为之

---

① 参见 Hein v. Freedom from Religion Foundation, Inc., 551 U.S. 587 (2007),以 5:4 的票数裁决如下,对根据总统的以信仰和社区为基础的倡导项目召开的会议之合宪性提出的诉讼,纳税人不具起诉资格。

间的区别经常发挥着关键性的作用,与此同时,并无判断一部法律是否规制信仰或行为的明确界限。有时候,信仰与行为之间的差异远非显而易见。例如,在麦克丹尼尔诉帕蒂案①中,一部法律取消了"福音书的神职部长们"参加州宪法会议的资格。尽管七位大法官都认为这一规定违反了信仰自由条款,但法院并未形成多数意见。三位大法官认为该法侵犯了个人信仰的权利,因为其适用取决于这些信仰的强度——即信仰的强度足以令其选择神职。因此,这些大法官认为该法侵犯了宗教信仰自由应获之绝对保护。不过,四位大法官认为该法主要指向宗教行为——即作为神职人员所采取的行为——因而该行为不受适用于宗教信仰自由应获得之同等严格的保护。不过他们的确都赞成该法违反了信仰自由条款,只是基于更为谦抑的标准而已。

484 尽管对判断某一特定法律是否规制信仰或行为缺乏明确的界限标准,一个有效判断其区别的方式是考察受质疑的法之规制重点。如果一部法律规制的重点在于个人从中得出的思想进程或心理结论,则该法就是以限制信仰为中心,并应受信仰自由条款之绝对禁止。另一方面,如果这种规制重点在于由其思想过程和心理结论而产生的外部行为,则该法就是以行为为中心也不受绝对禁止。在大多数案件中,思想进程与外部行为的区别将从受挑战的法和特定事实的互动中显示出来。

案例 9-L

迪基是某一宗教团体的成员,该团体绝对禁止对人类使用暴力。基于其宗教信仰,迪基拒绝在美国宪法规定的所有公民都有义务用武器对抗外来侵犯的认可宣誓上签字。正因为其拒绝签字,迪基未获得一所公立学校老师的职位。如果迪基根据信仰条款挑战政府行为,该案会被作为涉及信仰或行为的案件对待吗?

案例分析

尽管在宣誓上签字(或拒绝签字)的行为可被公正地视为行为,但政府

---

① *McDaniel v. Paty*, 435 U.S. 618 (1978).

的关注点并不仅在于其所拒绝签字的内容本身,即某一特定的信仰。最终,迪基未获雇佣是因为其信仰。因此,政府行为与绝对禁止对信仰的规制相冲突。

另一方面,如果迪基被征召入伍参加战争(假定他没有资格享受法定的拒服兵役者的身份)并因其信仰而拒绝服兵役,则任何因拒绝战斗而实施的惩罚可能涉及对其行为的规制。尽管迪基的拒绝是以信仰为前提的,政府关注的重点并非其信仰问题,而是其外部行为。适用这一因拒绝战斗而实施的惩罚无须考虑个人的动机,而且,如果迪基的拒绝是基于怯懦的话,结果也是一样的。因此,政府的行为不会与绝对禁止对信仰的规制相冲突,并将在适用于受宗教驱使的行为的不那么严格的标准下进行审查。

二、对宗教信仰的保护

对宗教信仰的保护在本质上是绝对的。个人或团体有权信仰其选择的任何信仰,无论这些信仰多么不可信、有害或愚蠢。正如法院这样说道:

> 信仰自由条款意味着,首先以及首要的是,相信并信奉任何人希望相信的宗教教义。因此,第一修正案显然排除了所有"类似宗教信仰的政府规制"。政府不可强迫确认宗教信仰,惩罚政府认为教义错误的宗教表达,不可以因宗教观点和地位而使某些宗教无资格,不可运用政府权力支持或反对某种宗教权力或教条。[①]

这种情形下提出的最重要的一个案件是西弗吉尼亚州教育委员会诉巴尼特案[②]。在那个案件中,一个耶和华见证会(Jehovah's Witnesses)团体提起诉讼,要求禁止一项西弗吉尼亚州的法律,该法要求所有公立学校的学生必须参加每天向国旗致敬和向美国宣誓效忠的仪式,见证会反对强制地向国旗致敬和向国家效忠,理由是致敬和宣誓违背了《圣经·出埃及记》第20章:4-5,其中道:"不可跪拜那些像,也不可侍奉他,因为我耶和华你的神

---

① *Employment Div. v. Smith*, 494 U.S. 872, 877 (1990),着重为原文所有。
② *West Virginia State Board of Education v. Barnette*, 319 U.S. 624 (1943).

是忌邪的神,恨我的,我必追讨他的罪,自父及子,直到三四代。"见证会认为向国旗致敬和宣誓都违背了《圣经》的训诫。

尽管受质疑的法在一定程度上指向的是行为——即向国旗致敬和宣誓仪式,法院将州法解释为首先指向个人所信仰的公共认同。结果,法院认定州法因强迫见证会确认一种他们未与社会共享的信仰而违反了第一修正案,法院宣布:

> 如果我们的宪法思想中有任何固定的明星,那么这一思想就是,没有任何官员——地位尊贵或机灵的官员,能够规定在政治上、民族主义上、宗教上或其他方面的意见上何为正统,或强制公民用语言承认其信仰或按其信仰行为。如果有任何允许例外的情形,则这些情形现在发生在我们身上。①

巴尼特案立场和原则在后来的案件中不断得到遵循,特别是在宗教信仰的案件中。②

案例 9-M

皮特被控犯有邮件欺诈,基于皮特推动"我能"的运动和他宣称自己的以下信仰——自己被指定为上帝的使者,他与耶稣握过手以及他可通过赋予的力量治疗顽疾,该控诉控告他图谋欺诈。根据第一修正案,陪审团可以基于皮特所声称的宗教信仰事实上是错误的这一结论判他有罪吗?

案例分析

不可以。尽管陪审团可审查皮特在宣称的这些信仰——如,皮特是否真的怀有所声称的信仰——时的良好愿望,但陪审团不得试图判定这些信仰正确与否。这样做就赋予了政府决定宗教信仰和教义正确与否的权力并从而惩罚那些被认定为怀有"错误"信仰的人,从而破坏了信仰自由。③

---

① *West Virginia State Board of Education v. Barnette*, 319 U.S. 624 (1943), at 642.
② 参见 *Torcaso v. Watkins*, 367 U.S. 488, 495-496 (1961),裁定一部州法违宪,该法要求个人必须确认信仰上帝才可获得政府职位。
③ 参见 *United States v. Ballard*, 322 U.S. 78 (1944).

在这个案例中,和在巴尼特案中一样,决定是否违宪的前提基于一个单纯的追问——即该受争议的政府行为是否直接指向宗教信仰。对这个问题的肯定回答直接导致违宪的认定,这里没有利益平衡,要么严格,要么相反。在这个意义上,对信仰的保护是绝对的。

(一) 宣示宗教信仰的权利

对宗教信仰的保护也包括自由并公开地宣示个人信仰的权利。在坎特维尔诉康涅狄格州案[1]中,法院指出,"任何人不得质疑以下命题,即一州不得制定成文法以完全否定布道和传播宗教观点的权利。"同时,正如政府不得宣称任何特定宗教信仰为错误或异端邪说一样,政府也不得仅因不得人心的表达或令人不快的宗教观点与一些从宗教角度看来是广为接受的正确观点相悖而宣布这些观点为非法。

然而,宣示个人的宗教信仰之权利并非绝对。这一权利同宪法第一修正案中宣示个人的政治信仰之权利基于同样的出发点。在这两种情况下政府都不能因这些信仰被视为错误的、有害的或者甚至是危险的就去镇压这一表达信仰的权利。但是,正如我们在第八章看到的,政府有时可限制这种表达——如果这一表达满足一种非常严格的司法审查标准的话。因此,通过演讲宣示自己的宗教信仰或推进宗教教条并非在任何情况下都被保护。一般情况下,给予宗教表达的保护不同于——即便真的有的话——给予言论自由的一般保护,以内容为基础的、对个人表达宗教观点的能力进行的限制受到的司法审查,与以内容为基础的、对政治演说的限制的司法审查同样严格。

案例 9-N

坎特维尔是一个耶和华见证会信徒。他认为劝说人教并展示各宗教组织的腐败是他的责任。基于这些信仰,坎特维尔在街边向两个陌生人介绍了自己,经他们同意后为他们播放了一段严厉批评天主教会的录影。虽然两个人都被录影上的话激怒了,并且威胁坎特维尔如果他不走开就要把

---

[1] *Cantwell v. Connecticut*, 310 U.S. 296, 304 (1940).

他胖揍一顿,但暴力并未发生。尽管如此,坎特维尔被判犯有煽动破坏和平罪。判决坎特维尔有罪是否违反了其言论自由或信仰自由的权利?

案例分析

该判决违反了坎特维尔的言论自由权。在一个事实类似的案件中,联邦最高法院撤销了被告的有罪判决,裁定是,由于他只是表达了令其听众觉得受到冒犯的观点,不得对其受第一修正案保证的言论自由判决有罪。法院只是附带地提及信仰自由条款,并未对该条款进行分析。①

不过,如果宗教演说的确清晰而明显地表达了对公共安全的威胁,那么和政治演说一样,应受政府的限制。

案例 9-O

复仇天使崇拜是一个现代神启宗教,该教认为得救的唯一路径就是迅速报复敌人。该教的成员被教导为,他们每个人都有责任向以任何方式危害本教的任何人寻求报复。政府可否宣布灌输该信仰为非法?

案例分析

不一定。政府不得仅因该信仰表达了一种邪恶而有害的观点而宣布灌输这一信仰为非法。但是如果政府能证明,灌输这一学说的情形会导致一种清晰而即刻的危险,如对某一特定个人的特定损害,那么根据言论自由和信仰自由的条款,特意传播这种观点将受到取缔或惩治。②

同样的,对宗教言论的以内容为基础的限制应受严格审查,同时内容中立的限制取决于时间、地点和方式等各方面的标准。

案例 9-P

隶属于罗马天主教会的宗教组织哥伦布骑士,希望发起一个不同宗教

---

① *Cantwell v. Connecticut*, 310 U.S. at 307-311.
② 参见第八章第三节第二目。

团体间的游行,以庆祝"宗教在美国"为主题。该组织所希望组织游行的城市要求游行的发起者必须申请并取得许可才可游行,如果有幸得到许可,还要在活动进行过程中遵循各种规则,以促使活动安全而有效地使用城市街道。第一修正案的什么标准可用以评估这一游行许可要求的合宪性?

案例分析

因为这两种申请许可的过程和规则看来都是内容中立的,则用以评估该市游行许可程序和规则的恰当标准就只是适用一般游行的时间、地点和方式标准。由这一计划中的游行所传播的信息之宗教性并未改变这些标准。

言论自由和表达个人信仰的自由的一致性意味着,对宗教言论的表达自由的保护不可低于对其他言论自由的保护。在罗森伯格诉弗吉尼亚州立大学校长及监事会案①中,法院认定一州立大学不得仅因学生的出版物拥护了某一宗教观点就拒绝给予资助。基于第一修正案中对于言论自由的保护,拟议中的出版物之宗教性质不能降低由第一修正案保障的言论自由保护。本案中州的拒绝并非观点中立,结果是违反了保护公共论坛言论所需的严格标准。② 法院还认定,根据中立原则资助该出版物并不违反禁止设立国教条款。③

(二)传教士的纠纷

当政府试图介入某一教会内的教阶纠纷时,则对宗教信仰的保护也包括在内。例如,在长老会派诉胡尔教会案④中,某一总教会组织介入了两个本身是该总教会成员的地方教会的纠纷中。该纠纷涉及地方教会为总教会

---

① *Rosenberger v. Rector & Visitors of the University of Virginia*, 515 U.S. 819 (1995).
② 参见第八章第五节第二目。
③ 参见第九章第四节第一目,亦可参见 *Watchtower Bible and Tract Society of New York, Inc. v. Village of Stratton*, 536 U.S. 150 (2002),针对一向住户上门拉票的宗教组织适用限制言论自由的原则。
④ *Presbyterian Church v. Hull Church*, 393 U.S. 440 (1969).

代管的特定财产之所有权。提出争议时,地方教会退出了该总教会,并随后主张对财产的所有权。地方教会认为,总教会组织已放弃了特定的教义信条从而放弃了其对该财产的权益。这一观点和州法一致,而且在州法院的一次审判后,地方教会的立场得到了陪审团的支持。但联邦最高法院推翻了这一裁决并认定,如果解决某一争端需要法院对宗教教义的争议进行裁决,则法院不得介入教会内部的财产纠纷。该总教会是否已放弃先前的教义信条即属此类,因此不得通过州或联邦法院的司法决议进行裁度。

同样,信仰自由条款禁止法院介入涉及某一教会或宗教的内部运行时产生的纠纷——至少在缺乏证据表明存在欺诈或欺骗的情况下。

案例 9-Q

塞尔维亚东正教神圣教会取消并解除该教会的美国-加拿大教区主教的职务。该被解除职务之主教认为这一行为违反了教会的内部规定,他在州法院提起了诉讼以寻求复职。法院应接受这个救济请求吗?

案例分析

即使我们假定教会的这一行为违背了其内部的管理规定,第一修正案禁止法院介入该教会的决策,至少在缺乏证据表明存在欺诈或欺骗的情况下。[①]

当然,某一教会所涉争议为一种法律上的争端并不限制司法机构或政府解决这种争端。第一宪法修正案只是表明,解决这一争端要求司法机关或政府不得介入某一宗教原则之争议或涉及某一教会的内部规则即规范的适用争议。

三、对出于宗教动机的行为的保护

前已说明,信仰自由条款也保护出于宗教动机的行为——尽管这种保护可能不如对宗教信仰的保护那么有力。短语"出于宗教动机的行为"意味

---

① *Serbian Orthodox Diocese v. Milivojevich*, 426 U.S. 696 (1976).

着行为的采取须与个人的宗教信仰相关,如饮葡萄酒是一个天主教集会的一部分,吃佩奥特掌(仙人掌的一种)则与美洲原住民人教会(Native American Church)的教义相关,而另一出于宗教动机的行为的例子则是,一位教会派(Quaker's)信徒基于其经典拒绝携带武器对抗另一个人。这些例子的关键点在于采取或不采取某一行为所显示的宗教动机。如果缺乏这样一个宗教动机,那么饮葡萄酒、吃仙人掌和拒绝携带武器,都只是世俗的行为从而也就不具有受信仰自由条款保护的资格。

对出于宗教动机的行为之保护取决于所涉法律之类型。出于这些目的,可能侵犯了宗教行为的法律可分为以下三类:(1)由于宗教之性质或仅当从事某一行为的目的在于宗教时,对该宗教行为进行规制或限制的法;(2)不考虑行为本身的宗教性而对之进行规制的法;(3)规范非宗教行为但附带地对宗教活动造成负担的法。对以上三种类型的法在信仰自由条款下的后果将在下文讨论。

(一) 对出于宗教动机的行为的蓄意限制

信仰自由条款严格地限制了政府制定以下法律之权力,即因某一出于宗教动机的行为之宗教性或这一行为仅出于宗教目的采取时而规制该行为的法。在信仰自由条款的含义内,这样的法律并非中立,因为这类法律利用宗教作为适用政府权力的标准。缺乏中立性导致了一个该法无效的推定,该推定仅在满足了严格审查后方可推翻。因此,只有当政府证明受质疑的法通过最少的可行限制措施推进了一项紧迫的利益时,该法才可得到支持,在信仰自由条款下,能够满足这一标准的例子极为罕见。

并不是所有规制了出于宗教动机的行为之法律均属此类。关键的问题在于政府的行为是否蓄意指向宗教。比如,一部法律用特定措辞禁止了圣礼饮用葡萄酒,就是因其宗教性质而规制行为,而一部无论任何情形下均禁止消费葡萄酒的法律就不属此类。第一个例子说明的是一部法律指向对某一宗教活动的蓄意限制,第二个例子说明的则是一部中立的法,该法只是自身范围内涉及了某一宗教活动。后一类型的法中所涉及的信仰自由将在下一目讨论。

涉及蓄意规制宗教行为的代表性的案例是卢库米·巴巴录·阿耶教会有限责任公司诉海厄利亚市案①。该案争议在于某市的一系列条例禁止在该市范围内在仪式或祭祀上杀害动物。这些条例的制定主要针对萨泰里阿教(Santaeria)，该教的祭祀仪式包括动物牺牲。一个萨泰里阿教会向联邦法院提起了诉讼以禁止该条例的执行。该教会的主张是条例的规定违反了信仰自由条款。对法院来说，关键问题在于这些条例的批准是否以争议中的活动之宗教性为理由，如果答案是肯定的，那么条例将受严格的和被推定为重大的审查。

法院从两个角度对这一"理由"进行探索，每一个角度的目的都在于判断该法的真实目的是否为限制宗教活动。首先，法院考察了这些城市条例就其批准与所禁止的活动之宗教性之间不相关联的意义上是否中立。这些条例并未通过这个检验。各条例的文本——运用了诸如仪式和牺牲，以及导致条例通过的事件——表明了对萨泰里阿教的憎恨，都明确显示了这些条例的目的就在于限制宗教活动。这些条例还包括对持屠宰执照者的豁免，看来是赞成世俗的屠杀动物并进一步表明了中立目的之缺乏。

其次，法院要考虑在其实际效果上，这些条例是否存在普遍适用性。换句话说，即法院要考察这些条例的范围是否包括一大批相关活动以促进一个合理的立法目的，或者这些条例是否将其整个负担置于具有宗教性质的活动上。在后一种情况下可推断，这些措施之所以制定是因为其对这一宗教活动的影响。在此，法院指出，正如城市所提出的立法的目的在于防止对动物的不人道待遇和促进公共健康，则条例的实质是欠缺包容性的，因为对法律保护权的剥夺仅在这些利益受到出于宗教动机的行为之威胁时才适用，结果，这些条例不能被视为具有普遍适用性。

由于这些条例既不中立也不具有普遍适用性，法院得出结论，其制定是由于——而不限于——其对一宗教活动的影响。因此，法院适用了严格审查。该市所声称的利益——对动物的人道对待和公共健康——尽管可能在

---

① *Church of the Lukumi Babalu Aye, Inc v. City of Hialeah*, 508 U.S. 520 (1993).

抽象意义上是紧迫的,但在这些情形下并未被视作紧迫,因为这些条例对促进这类利益没什么贡献。因此,同样地,这些条例过于宽泛和欠缺包容性,从而不能与促进该市所声称之利益紧密结合。总之,条例未通过严格审查之检验。

卢库米·巴巴录·阿耶教会案是一个不同寻常的案件,因为各种事实和情形显然表明了,该市行为的目的就在于限制萨泰里阿教的宗教活动。更为典型的是,在对禁止出于宗教动机的行为之政府行为提起的信仰自由案件中,要证明政府蓄意限制某一宗教活动更加困难。

案例 9-R

华盛顿州设立了"承诺奖学金",奖励资格根据高中生的成绩、家庭收入和进入州内被认可的大学确定。该奖学金可用于宗教和非宗教的学校。乔舒亚获得了奖学金并被州内的一所获得认定的学院录取,但是当他宣布其专业为教区管理时其奖学金被撤销了。华盛顿州提出的理由是州法禁止政府资助宗教课程。这一行为是否违反信仰自由条款?

案例分析

我们应该注意,在某种意义上,这个案例中的问题与案例 9-G 及其后附带的材料所呈现的问题是相反的。案例 9-G 中的问题在于,政府通过间接的凭证制度向宗教教育提供资金,而是否选择宗教教育取决于家长的选择时,政府的这一行为是否违反禁止设立国教条款。在泽尔曼诉西蒙斯-哈里斯案中,法院根据与案例 9-G 类似的事实认定未违反禁止设立国教条款,因为在泽尔曼案中争议的项目对待宗教和非宗教机构是技术中立的。[①]

本案中,问题在于某一政府机构在为私立学院中的非宗教研习提供了学费资助的同时,是否应为同样的这些机构内的宗教研习提供资助。换言之,问题就在于,政府为私人教育提供资金时在宗教和非宗教之间是否中立。基于同样的事实,最高法院认定未违反信仰自由条款。尽管处于争议中的承诺奖学金项目表面上对宗教并非中立,但法院并未适用在前述卢库

---

① 参见第九章第四节第一目。

米·巴巴录·阿耶教会案中确立的违宪性推定,在法院看来,政府这种非中立态度只不过反映了其避免确立由纳税人支持宗教机构和宗教活动之价值的一种合理愿望而已。法院将此案与卢库米案进行了辨析:

> 在卢库米案中,海厄利亚市将屠杀特定种类的动物视为犯罪。我们认为,该法律试图限制萨泰里阿教以动物为牺牲的仪式。本案中,州政府是以一种非常温和的方式使宗教处于不利地位(我们姑且这么说)的,它未对任何种类的宗教服务或仪式施加罪名或民事制裁,也未剥夺其神职人员参与社区内政治活动的权利,也没有要求学生获得政府资助和自己的宗教信仰中任择其一。政府只是选择不资助一种不同类别的课程。①

法院论证的最终结果是,严格审查并不适用于该州的开支项目,因此,承诺奖学金计划尽管看来缺乏中立性仍得到了支持。

总而言之,如果个人可证明政府采取了特别旨在限制宗教活动的行为,则该政府行为应受严格审查,同时还要求有一项紧迫的政府利益以及促进该利益的最少限制的手段。不过,如果受质疑的行为可完全视为中立或具有普遍适用性,则不能适用这一严格的宪法标准。更为严格的宪法标准也不可自动适用于介于宗教和非宗教活动、缺乏中立性的政府开支项目。除非有证据表明这种支出项目旨在限制某一宗教仪式或活动,否则由前述卢库米·巴巴录·阿耶教会案确立的违宪性推定就不会被触发。不过,还应注意到,如果某一开支项目要求某一个人违背自己的宗教信仰以获得政府资助,则会触发根据后文在案例 9-U 后面讨论的舍伯特诉弗纳案②中的严格审查标准。

(二) 对出于宗教动机的行为的非蓄意规制

前已说明,如果一部法律特别指向禁止某一宗教活动,则在信仰自由条

---

① *Locke v. Davey*, 540 U.S. 712, 720 (2004).
② *Sherbert v. Verner*, 374 U.S. 398 (1963).

款的含义中这一行为就"禁止"了宗教信仰自由。但是,如果一部法律从信仰自由条款的角度看是中立的,但其实际禁止了一些具有宗教性质的活动,那么这样的法律是否也被视为"禁止"了信仰自由呢?

例如,假定一部法律禁止在任何情况下食用仙人掌,如果一个人作为美洲原住民教会的成员希望出于宗教目的食用仙人掌,但该法禁止这一行为,那么该法的确"禁止"了某一宗教活动——即便该法的目的并不在于限制这类宗教活动。那么这类非蓄意的禁止——例如,一种源于不同的、具有普遍适用性的法的禁止——是否与信仰自由条款相冲突呢?

法院对这一问题并未达成一致。最重要的两个案件是威斯康星州诉约德案①和就业部诉史密斯案②。在约德案中,法院对一项惩罚了宗教动机行为、中立的制定法适用了严格审查制度。而在史密斯案中,法院却认定无须对这样一部制定法进行严格审查。我们将依次分析这两个案件。不过,诚如法律现在的立场,一项普遍适用的中立的法不应仅因该法禁止了其范围内出于宗教动机的行为而受严格审查。

在威斯康星州诉约德案中,一项威斯康星州的强制入学法要求居住在该州的所有的孩子在16岁前必须入读公立或私立学校,有人对该法提起了信仰自由条款诉讼。子女受该法管辖的阿门宗派的父母们在孩子们读完八年级后,拒绝送他们继续上学,因为他们认为继续就读将威胁孩子的精神救赎从而违背其宗教根本原则。联邦最高法院认定义务入学法的实施违反了阿门宗派的父母们的信仰自由权利。

约德案涉及的既不是对信仰的规制也不是对出于宗教动机的行为的蓄意限制。不过,法院认定威斯康星州的强制入学法不能适用于阿门宗派的孩子们,除非州政府可证明这样做可促进"至高利益",而这一利益非经采取限制阿门宗派的宗教自由之措施"无法达成"。——本质上,除非州政府可通过严格审查之标准。

① *Wisconsin v. Yoder*, 406 U.S. 205 (1972).
② *Employment Division v. Smith*, 494 U.S. 872 (1990).

然而，约德案和后来的一些案件并未确立对宗教活动的总体豁免。约德案适用的高级别审查对受质疑的法来说并不一定是性命攸关的。例如，在美利坚合众国诉李①案件中，阿门旧秩序教会（Old Order Amish）的一个成员声称，作为雇主缴纳社会保障税违背了其宗教原则。尽管宗教与政府之间存在冲突，法院认定政府行为未违反信仰自由条款。"通过表明完成某一高于一切的政府利益至关重要，政府可使限制宗教自由为正当"。② 不过，一般来说，在约德案之后，即便政府并未蓄意针对宗教活动，规制或禁止某一具有宗教性的行为之政府行为受到了根据信仰自由条款进行的某种形式的严格审查。

案例 9-S

尤尼蒂市教育委员会为更好地利用过度拥挤的学校设施，投票将学校的工作日由每周五天延长到六天。根据这一新计划，所有学生都被要求每学年中至少三分之二的时间里星期六也要到校上课。为了避免对偏袒的各种指控，学校委员会拒绝认定周六上课规则的任何例外。一些学生反对这一新政策，理由是其信仰的宗教要求他们在周六——他们的安息日——不能工作。学校委员会的这个政策是否违背了信仰自由条款呢？

案例分析

虽然该委员会的政策规制的是行为而非信仰，且尽管该政策是中立的也具有普遍适用性，但该政策无疑妨害了宗教信仰自由，因为它要求一些学生采取违背自己信仰的行为。根据约德案的原则，只有在委员会能确认该政策服务于一项至高利益且以一种必不可少的方式促进该利益时，该政策方可适用于那些学生，在本案中委员会不太可能证明这一事实。

所有这些在就业部诉史密斯案③的判决中发生了变化。史密斯案涉及

---

① *United States v. Lee*, 455 U.S. 252 (1982).
② 同上，at 257.
③ *Employment Division v. Smith*, 494 U.S. 872 (1990).

一部俄勒冈州的制定法,该法规定占有佩奥特仙人掌为犯罪,这是一种从特定仙人掌中提取的致幻药物。美洲原住民教会的成员对这一制定法的合宪性提出了挑战,因其宗教仪式需在教会的宗教仪式上使用佩奥特掌。无人主张该法的制定特别旨在限制美洲原住民教会,争议中的法律无疑是中立和具有普遍适用性的。该教会的宗教活动恰好进入该法的普遍禁止性条款之范围,就像约德案中的阿门宗派父母们一样。法院在史密斯案中认定,由于受质疑的法并"未特别指向"美洲原住民教会的宗教活动,因此该案并不牵涉信仰自由条款。根据史密斯案,信仰自由条款对出于宗教动机的行为之保护限于卢库米·巴巴录·阿耶教会案中的情形,即某一法律特别指向限制某一宗教活动之情形。

史密斯案对信仰自由条款的重新解释的部分前提在于就该条款在一个多元化的社会中的恰当范围之政策考量。根据法院的意见:"因为'我们是一个世界主义的国家,由信仰几乎每一种想得到的宗教的人组成',而且正因为我们尊重和保护这一宗教差异,因此在适用于宗教的反对者时,我们无法承受以下推测之无效,即对行为的每一种规制并不是为了保护一项至高利益。"①这一政策判断的代价在于,某一少数宗教的价值和活动——例如美洲原住民教会——可能在多数的政治进程中受到忽略。因此,尽管根据史密斯案,少数宗教的活动可能不是被蓄意镇压,但也会因多数宗教并不进行而受到多数的无意干预并成为牺牲品。

案例 9-T

维根市通过了一部法律,禁止任何蓄意杀害动物的行为而无论杀害动物发生的背景如何。该条例的目的在于保护动物、促进健康和素食主义生活方式。在通过该法时,市议会就已意识到萨泰里阿教会成员在该市范围内以动物为牺牲。该条例是否违反了信仰自由条款?

案例分析

根据史密斯案,除非萨泰里阿教会成员能确信该条例的特定目的就在

---

① 494 U.S. at 888,引用 *Braunfeld v. Brown*,366 U.S. 599,606 (1961)。

于禁止其宗教活动,否则信仰自由条款就不能提供保护。市议会已意识到条例会适用于萨泰里阿教会成员这一事实并不足以说明条例缺乏中立性。鉴于条例的中立性和普遍适用性,信仰自由条款并不能发挥作用从而阻止该条例适用于萨泰里阿教会的活动。

就这样,史密斯案从根本上改变了法律。直到这一 1990 年代的判决前,具有普遍适用性的中立的法哪怕只是恰好禁止了宗教活动一般都会受严格审查,而在史密斯案之后,这类法律再也不会触发信仰自由条款了。奇怪的是,约德案并未被推翻,相反,法院将约德案区分为涉及一种混合情形,即信仰自由条款与另一项基本宪法权利——父母有权决定其子女的教育——相一致,从而明显改变了约德案判决的基本原理。根据史密斯案,就中立但恰好规制和禁止了出于宗教动机的行为的法律而言,如果对其提出信仰自由方面的挑战,那么仅在这一挑战与违反另一基本宪法权利的主张相一致时,这样的法律才会受到高级别审查。

案例 9-U

我们对案例 9-S 中的事实进行修改,公立学校的学生们试图请求学区豁免其周六上学的要求,声称周六上学与其宗教信仰及活动相冲突。假定已提起一个代表他们利益的恰当案件,他们会胜诉吗?

案例分析

根据史密斯案的判例,学生无权提起信仰自由的诉求,因为学校要求他们周六上学的政策是中立和具有普遍适用性的,同时学区的这一要求并未损害学生们的任何基本宪法权利。

然而,如果这些学生的家长想阻止他们的孩子周六上学,那么根据史密斯案对约德案的修正,父母的决定孩子教育的基本权利与潜在的信仰自由诉求一起,可能就会作为一个"混合"案件触发高级别审查。

总而言之，某些中立且具有普遍适用性的法律一度曾因具有禁止宗教活动的效果而受严格审查，仅仅是因为法律禁止了某些宗教活动，但到现在，当事人如果挑战这类法律的话，应同时声称侵犯了另外一项基本权利，这样才会导致高级别审查。尽管有些大法官已经提出重新考虑史密斯案，但时至今日没有现象表明有五名大法官愿意推翻这一判决。

（三）对出于宗教动机的行为的附带负担

一部法律本身可能并未禁止或规制出于宗教动机的行为，却可能使个人参加宗教活动更加困难。这种法律可被称为给信仰自由活动造成了间接负担。例如，如果一部州法规定任何寻求失业救济的个人必须空出从周一到周六的工作时间，这一规定会对任何其宗教要求周六休息的人开展宗教活动产生影响。尽管法律并未要求任何人周六工作，但该法的确对其宗教信仰把周六作为休息和礼拜的神圣日子的人造成了严重负担。这一负担实际上是法律强制的一种选择结果——要么违背宗教的原则，要么放弃一项重要的政府福利。这一负担是否等同于"禁止"某一宗教活动，从而足以触发信仰自由条款的保护？

在舍伯特诉弗纳案①中，法院对这个问题给予了肯定的回答。舍伯特案中的事实如前一段所述，诉讼是由一个安息日耶稣复临论者提起的，她声称州政府强制她违背自己的宗教戒律以获得领取失业救济的资格，从而违反了信仰自由条款。法院赞同这一选择的确给原告的信仰自由权施加了实质性负担，且这一选择只能由一"紧迫的政府利益"证明为正当，由于未认定存在这样的利益，法院裁定原告不应仅因其无法在周六工作而被拒绝给予失业救济。②

案例 9-V

托马斯是一个耶和华见证会教徒，其受雇于一家装配工业用金属板材

---

① *Sherbert v. Verner*, 374 U.S. 398 (1963).

② *Cf. Bob Jones Univ. v. United States*, 461 U.S. 574 (1983)，法院认定，在消除种族歧视上的利益足够紧迫，从而使对宗教组织施加负担具有正当性，该宗教组织主张了一项保持种族歧视政策的宗教权利。

的铸造厂。铸造厂关闭后,他被转移到了一个生产军事武器的部门。托马斯自认为与其宗教信念一致,他不能在这个部门工作。由于这个公司剩下的所有部门都涉及军事武器的生产,于是他申请暂停工作。其要求被拒绝后他辞职并申请了失业保险。尽管已经认定其辞职的原因在于其信仰,但其失业保险申请也被拒绝了,因为根据州法其宗教动机并不被认为是其自愿终止工作的"正确理由"。如果我们适用舍伯特案的原理,托马斯是否有一个好的诉求?

案例分析

根据舍伯特案的判例,政府拒绝给予托马斯失业保险的行为对其遵守宗教信念的能力造成了负担,为使否决这些至关重要的利益具有正当性,州必须证明其已选择了"为达成某些紧迫的政府利益之最少限制的方式"。①

然而,舍伯特案中采取的方式并不是每次都适用于政府采取的与个人宗教信仰不一致的行为。相反,舍伯特案只适用于政府的行为是如此严重以至于强迫某一个人违背自己宗教原则的情形。② 信仰自由条款并不要求政府在纯粹的内部的运作时也采取符合或促进个人的宗教戒律的行为。③

案例 9-W

美国林业局宣布了要在某一国家森林内铺一条路,这条路会严重损害美国原住民部落进行宗教活动的神圣地区。一些部落主张,建造这条路因使其部落成员不能进行神圣的宗教仪式而违反了信仰自由条款。法院会支持其诉求吗?

案例分析

其诉求将被拒绝。尽管这一做法会对部落的宗教活动产生重大影响,

---

① *Thomas v. Review Bd.*, 450 U.S. 707, 718 (1981).

② 参见 *Locke v. Davey*, 540 U.S. 712 (2004),州奖学金项目要求不得将奖学金用于"灵修神学"的学习,认定这不构成强制。

③ 参见 *Bowen v. Roy*, 476 U.S. 693 (1986),政府可使用个人的社会安全号码,即便个人认为这么做违反了其宗教戒律。

但是信仰自由条款并不限制政府以恰好与某一宗教原则团体相冲突的方式使用自己土地的权力。政府并未规制或禁止任何宗教活动,也未强制任何人为接受政府救济而违背其宗教信仰。①

简言之,根据舍伯特案,某一法律仅在对个人遵从其宗教信念的能力施加负担的情况下才受严格审查,所施加的负担是指强迫个人在获取宝贵的政府救济和坚持宗教原则之间任择其一。否则,本身并未禁止或规制宗教活动的政府行为不受根据信仰自由条款进行的审查,即便该行为可能使某一个人实践其宗教更为困难时也是如此。

问题仍然存在,即舍伯特案和其后的一连串案件的原则在就业部诉史密斯案的判决中是否仍然有效。逻辑上看来这些原则不再有效。如果实际上禁止了出于宗教动机的行为之中立的法不再受制于信仰自由条款,那么仅对宗教活动施加了负担的法看来也不可能成为信仰自由的保护对象。实际上,一项禁止所产生的影响比施加负担产生的影响要严重得多,而如果较小的干涉获得更多保护会显得很怪异。不过,史密斯案并未推翻舍伯特案的判决,相反,法院对舍伯特案可能的适用范围作出了限制,而这与判例法的多数情况相悖,即表明舍伯特案及其后果仅限于失业救济的情形,或更普遍地说,仅限于政府的项目意在与个别化的豁免相协调的类似情形。我们也许可安全地假定舍伯特案在失业救济和其他类似情形下仍为一有效判例,除此而外,舍伯特案的继续适用仍然存疑。

第六节 为宗教提供便利

根据就业部诉史密斯案,对主张采取哪怕是受法律禁止的行为的个人

---

① *Lyng v. Northwest Indian Cemetery Protection Assn.*, 485 U.S. 439 (1988).

来说,第一修正案并不要求政府豁免这些违反了具有普遍适用性的法律的个人。但是,法院在史密斯案中也明确说明,只要政府愿意也可对这种宗教行为进行豁免。因此,宪法既未要求也未排除对宗教信仰和活动的合理便利(reasonable accommodation)。在史密斯案的语境下,这意味着,宪法并未要求俄勒冈州认可将美洲原住民教会成员食用仙人掌作为其刑事药品法的例外,但是,如果俄勒冈州愿意,也可将这一在宗教中使用仙人掌的行为作为例外。

然而,尽管对某一宗教活动提供便利可能是由推进宗教的信仰自由的愿望造成的,但任何对宗教活动提供便利的行为如果给予该宗教以优先地位,则会有违反禁止设立国教条款的危险。为使政府自愿给予宗教的便利符合禁止设立国教条款,必须符合三个要件,我们将依次进行讨论。

首先,这种给予宗教的便利仅能抵消或减轻政府根据法律对其施加的一种特别负担。[①] 对使用仙人掌和其他被管制的物质的豁免就应满足这一原则,因为这种豁免只是解除了政府自身通过刑法施加的负担。[②]

案例 9-X

哈希蒂姆村的所有居民都是严格正统的犹太教成员。大部分生活在那里的孩子都就读于村内的私立教会学校。一些有学习障碍的孩子就读于附近有特殊教育项目的公立学校。但是这些孩子的父母担心,就读于公立学校将对孩子的宗教信仰产生不良影响。为回应这些担忧,政府为该村建立了一个新的学区。设置这一新学区的目的在于为村内有学习障碍的孩子设立一个政府资助的特殊教育项目。这一新学区的创设是否意味着为宗教提供便利,或这是否违反了禁止设立国教条款?

案例分析

该政府行为很可能是违宪的。与缓和政府施加的负担相比,通过授予某一特别的宗教教派以政府权力,促进了该教派的宗教目标,这一政府行为

---

① *Cutter v. Wilkinson*, 544 U.S. 708, 720 (2005); *Board of Educ. of Kiryas Joel v. Grumet*, 512 U.S. 687, 705-707 (1994).

② *Gonzales v. O Centro Espirita Beneficente Uniao Do Vegetal*, 546 U.S. 418 (2006).

给予了某一特别的宗教教派以特殊利益。①

其次,这种便利必须是教派中立的。② 作出相反的行为就违反了禁止设立国教条款中的非歧视性原则。宗教上歧视不可能满足莱蒙检验和中立性原则的要求。同样的,这种宗教歧视也不可能符合严格审查之平等保护标准。因此,如果仅仅对美洲原住民教会以使用仙人掌的豁免的话,可能对其他将仙人掌作为其仪式一部分的宗教构成歧视,从而违反了这个原则。③

第三,法院有时强调,为了不违反禁止设立国教条款,便利必须在宗教与非宗教之间保持中立。④ 但是,在首席主教团体诉阿莫斯案⑤中,法院适用的是放松了的莱蒙检验,支持了对1964年《民权法案》第七条的豁免,该条允许不同于其他雇主的宗教组织利用宗教作为雇佣和解雇员工的标准。法院陈述道:"当政府出于正当目的解除对一些宗教活动的管制时,我们没有理由要求这种豁免行为也给世俗实体带来好处。"⑥法院聚焦于莱蒙检验的前两个要素,并得出结论,首先,缓解政府给宗教活动所施加负担的行为是一个可允许的世俗目的;第二,《民权法案》第七条的基本效果并不在于促进宗教,而在于允许宗教在没有政府干预的情况下运行。因为利于所有宗教的豁免并未偏向任何宗教,因此中立论的支持者也会得出同样的结论。

案例 9-Y

尤尼蒂市学校委员会设置了一个"放松时间"的计划,允许公立学校的

---

① Board of Educ. of Kiryas Joel v. Grumet, 512 U.S. at 706,认定一个类似的安排违反禁止设立国教条款。

② Larson v. Valente, 456 U.S. 228 (1982)。

③ 但参见 Peyote Way Church of God, Inc. v. Thornburgh 922 F.2d 1210 (5th Cir.1991),,除对美洲原住民教会使用仙人掌的行为进行豁免外,拒绝宗教进行豁免,认定以上行为并未违反禁止设立国教条款和平等保护原则。

④ 参见 Texas Monthly, Inc. v. Bullock, 489 U.S.1 (1989),违宪的税赋豁免只适用于宗教出版物。

⑤ Corporation of Presiding Bishop v. Amos, 483 U.S. 327 (1987)。

⑥ 同上,at 388;与此案一致: Cutter v. Wilkinson, 544 U.S. at 724。

学生每天在这个时间内离开学校但以参加宗教指导为前提,只有参加一个宗教指导项目的学生才可离开学校。该项目是一种对宗教的合法便利吗?

案例分析

首先,该项目是否减轻了政府对宗教施加的负担?也许。因为学生被要求入学,且就读于公立学校的学生不能在校园内接受宗教指导,一个允许公立学校的学生离开学校参加宗教指导的项目的确缓解了强制入学要求带来的负担。然而,这种负担并未使学生无法进行宗教修行,只是限制了他们接受宗教指导的时间,因此,这一负担是相当轻微的。

其次,这一项目是否对不同宗教进行了区别对待?没有,该项目是中立的。

最后,这个项目是否在宗教和非宗教之间使宗教处于有利地位?是的。因为学生无法离开学校参加非宗教活动。不过,当我们在阿莫斯案中适用莱蒙检验的话,或采用中立论的理论的话,这种区别可能并非至关重要。①然而,根据严格适用的莱蒙检验,该项目看来就是违宪的。未参加该项目的学生实际上是被学校俘虏了,因为他们无法参与这一校外的宗教指导活动,这看上去违反了分离论的原则,包含了莱蒙检验中的第一和第二个要素,即政府不能普遍地促进宗教。

总之,政府可对宗教信仰和宗教活动给予便利以允许宗教信仰自由,但如果要这样做,政府不得违反了禁止设立国教条款中的基本原则。在这种情形下,法院已经采取了禁止设立国教条款的一种中立论路径,允许政府为宗教活动提供便利,同时并不要求为类似的世俗活动提供类似的利益。

---

① 参见 *Zorach v. Clauson*, 343 U.S. 306 (1952),法院支持了一个相似的项目。

第十章　持有和携带武器的权利

第一节　绪论与概述

第二修正案条文规定:"纪律良好的民兵队伍,对于一个自由国家的安全实属必要;故人民持有和携带武器的权利,不得予以侵犯。"在解释这段文本时,关键问题在于这段话是确立了个人为私人和非军事用途的"持有和携带武器"的一般性权利,还是仅创设一种特别的权利,将其范围限制在纪律良好的民兵队伍之需求内。直到现在,联邦最高法院支持的是后一种更狭义的观点。因此,在具有标志性意义的美利坚合众国诉米勒①案中,被告被指控因运输短筒散弹枪进行州际贸易而违反了《国家枪械法》(National Firearms Act)。被告辩称,除其他事项外,这一指控侵犯了其第二修正案的携带武器权。法院不同意被告的辩护,认为第二修正案的"明显目的"在于确保受国家训练和受联邦政府监管的"(民兵的)武力得到延续和仍然有效。"②换言之,携带武器权是一种促进一些州在自我保存上的利益之手段,通过武装市民来维持民兵的力量从而起到自我保护的作用。③在法院看来,米勒案被告这一高度个性化的诉求不在修正案中设定的范围之内:

> 没有任何证据显示占有或使用,这种全长小于18英寸枪管的枪支,与保存或使得民兵的管制更有效率之间具有合理关系,在此情况下,我们不能说第二修正案保障了持有和携带此类器械的权利。④

---

① *United States v. Miller*, 307 U.S. 174 (1939).
② 同上,at 178.
③ 同上,at 179.
④ 同上,at 178.

米勒案判决的重要意义在于,持有和携带武器的权利与社会的集体自卫相关,而不以任何方式与个人占有或拥有枪支的自主利益相关。

米勒案的实践意义在于,第二修正案对个人持有武器的权利给予极少保护或甚至没有保护。此外,由于法院先前认定第十四修正案并未吸收第二修正案,规制枪支所有权的法完全豁免于就第二修正案提出的挑战。[1] 根本而言,从个人权利的角度看,在19至20世纪,第二修正案几乎没什么实践结果。

然而,法院在米勒案中对第二修正案的解释也并非没有争议。在20世纪后半段,持枪权的倡导者认为,第二修正案应更宽泛地解释为包括一项个人持有和携带武器的独立权利,而不涉及在维持民兵上的任何政府利益。在哥伦比亚特区诉海勒案[2]中,法院重新考虑了米勒案并采纳了这一更具包容性的观点。本章将考察海勒案的判决及该案的一些潜在结果。不过,应该记住的是,海勒案后的持有和携带武器权是法理学仍无终点的新发展领域。

第二节　哥伦比亚特区诉海勒案[3]

一、解释第二修正案

哥伦比亚地区诉海勒案中的争议在于,哥伦比亚地区的一部法律禁止了"在家拥有可用的枪支是否违背了宪法第二修正案"。[4] 这一问题的答案很大程度上取决于法院如何解释第二修正案:

　　本案的双方当事人提出了对修正案完全不同的解释。(哥伦比亚

---

[1] 参见第一章第三节。
[2] *District of Columbia v. Heller*, 128 S. Ct. 2783 (2008).
[3] *District of columbia v. Heller*.
[4] 128 S. Ct. at 2787-2788.

特区)……认为修正案仅保护因与民兵服役有关的拥有或携带枪支的权利。(海勒)则主张修正案保护了与民兵服役义务无关的个体拥有武器之权利,以及为传统上合法的目的运用这一武器——如在家自卫——的权利。①

根据海勒案的五人多数意见,对这些解释性的选项的选择对法院来说仍未有定论,因为在他们看来,美国诉海勒案的判决"并不打算成为一种对第二修正案的全面考察。"②

多数意见对第二修正案分析从将修正案分割为两个部分开始,即法院所说的第二修正案的"序言条款"("纪律良好的民兵队伍,对于一个自由国家的安全实属必要")和"执行条款"(公民持有和携带武器的权利不得予以侵犯)。③ 然后法院从执行条款开始对每一条款进行了逐字逐句的考察,而对执行条款着墨最多。经过细致的文本研究和历史背景材料的分析,法院得出结论,执行条款承认和保障了一种预先存在的权利,即所有美国人拥有出于对抗和自卫的目的而携带武器之权利。法院在结论中总结道:"将这些所有的文本材料放在一起,我们认为它们保障了个人出于对抗而拥有或携带武器的权利,这一涵义得到第二修正案的历史背景的强有力确认。"④

随后,法院考察了序言条款,以确认该条款与所确定的执行条款的意义是否吻合,以及序言条款是否以任何形式限制了执行条款的范围。⑤ 法院得出结论,认为这两个条款互相吻合,而且序言条款为持有枪支权的法典化作出了解释——保有国家的民兵力量,这一解释并未将持有和携带武器的权利限于与民兵相关的使用。换言之,序言条款本身并无执行力。

因此,我们完全可以感知到,第二修正案的序言条款宣布了该权利法典化的目的:可以防止民兵的削减。序言条款并不认为保有民兵是

---

① 128 S. Ct, at 2789.
② 同上,at 2814.
③ P558 注释④,at 2789.
④ 同上,at 2797.
⑤ 同上,at 2799-2802.

美国人民重视这一古老权利的唯一理由,最毋庸置疑的是,这一权利对自卫和捕猎来说更为重要。①

因此,法院的多数意见认为,第二修正案禁止了对拥有和携带枪支这一预先存在的权利的侵犯,且该权利并不仅限于军事用途,也包括了所有传统上合法的武器使用,包括自卫。事实上,法院认为,自卫,尤其是在家自卫正是"第二修正案权利的核心"。②

法院以一个重要的附加说明为第二修正案的讨论作结:

> 和大多数权利一样,受第二修正案保障的权利并非无限制的。从布莱克斯通到19世纪的案例,学者和各法院反复解释认为这一权利并非一项可以任何方式和任何目的持有和携带任何武器的权利。例如,19世纪考察这一问题的各法院的多数意见认为,禁止携带隐藏的武器的禁令并不违反宪法第二修正案和类似的州立法。尽管我们现在并未对第二修正案的全貌进行详尽的历史分析,我们的判决意见不应用于质疑长久存在的禁止重刑犯和精神病人持有枪支的法律、禁止在诸如学校和政府等敏感区域携带枪支的法律或是对武器的商业销售设立条件和资格的法律。③

在上述段落的脚注中,法庭进一步阐明,"我们举出这些假设的法律规制措施仅仅是作为例子,我们的列举远未穷尽。"④简言之,第二修正案保护为个人用途而持有和携带武器的权利,但该权利的范围可受限制,应与传统相一致,根据恰当之情形,在占有和使用之争议超出了自卫的核心价值时尤其如此。

由斯蒂文斯大法官主笔的四人异议意见认为,应将第二修正案的保护限定于"民兵"的语境下。为达成这一相反的结论,异议意见基于一系列与多数意见运用过的文本和历史论证:

---

① 128 S. Ct, at 2801.
② 同上,at 2817.
③ 同上,at 2816-2817.
④ 同上,at 2817, n.26.

> 第二修正案的制定是为了保障各州中每一州的人民有权维持一支管理优良的民兵。这是对在宪法批准过程中提出的顾虑的一个回应,顾虑在于国会解除州民兵武装并创立国家常备军的权力会对各州主权造成不可容忍的威胁。无论修正案文本还是其支持者的论证都无法证明其旨在限制任何立法机关规制平民使用火器的权力。特别是,没有任何迹象表明修正案的制定者们希望在宪法中将普通法上的自卫权奉为圭臬。①

这里的关键不是在于对宪法文本的恰当解读会造成不同的理性思考——显然这些思考有所不同。相反,关键在于海勒案中5∶4的裁决表明了,在值得注意的不赞同方面有一个新的法律议题。因此,作为宪法学的学生,我们必须以开放的心态去面对未来可能的发展,包括可能出现的对多数意见的重新审视。另一方面,鉴于海勒案的多数意见中提出的附加说明②,法院的判决意见的实际效果将比其首次呈现时狭窄很多。这表明关于第二修正案权利的真正战场在于该附带意见的范围,而非这个判决本身。

二、第二修正案的适用

在确立了持有和携带武器权的私人用途范围和该权利以自卫为中心后,对法院来说,仍需审查争议中的哥伦比亚特区法律之合宪性。正如法院所言,这部法律"完全禁止在家持有手枪"且"要求任何合法的火器在家应被拆卸或安装扳机锁,以使其不能使用"。③ 本质上,该法律解除了拥有枪支居民的武装。结果,法庭轻而易举地总结道,对手枪的禁令和要求其他火器不得使用的法律违反了第二修正案。对于前者,法庭认为:

> 自卫的固有权利已成为第二修正案的核心。对手枪的禁令相当于禁止了整类被美国社会为这一合法目的而首选的武器。此外,这项禁令延伸至家庭这一对自身、家人和财产极需自卫的场合。在对我们适

---

① 参见第一章第三节,at 2822,史蒂文斯大法官之异议意见。
② 同上。
③ 同上,at 2817。

用于明示列举的宪法权利的任何审查标准下,禁止在家使用"国民最为青睐用于保护家庭和家人的武器"将无法通过合宪性审查……

这并不是说——如上诉者所言,只要允许禁止持有其他火器(如长枪)就能允许禁止持有手枪。我们已经指出,美国人民已将手枪作为典型的自卫武器就足以说明这个问题了。一公民有很多理由可能更愿意将手枪作为家庭自卫武器:它易于储存在紧急状况下容易拿到的地方,不会轻易被袭击者改变方向或抢走,身材不高大而无法拿起和瞄准长枪的人更容易使用;可只用一只手将它指向劫匪,另一只手拨打报警电话。无论什么理由,手枪都是美国人最常用的家用自卫武器,完全禁止其使用的法律是无效的。①

就不得使用的规定,法庭达成了一个类似的结论,指出对火器的要求"使公民不可能用它们实现自卫这一核心的合法目标,因而是违宪的"。②

相当清楚地是,法院所提出的附带意见,认可了对拥有火器实行限制可能是合宪的,但并不足够广泛以支持一项绝对禁止家庭持有传统自卫武器的法律。

第三节 海勒案的适用

海勒案有关第二修正案的法律仍处于雏形期。尽管如此,已有大量对各式各样与火器相关的禁令和行政法规适用了海勒案结论的判决。时至今日,仍无显著的趋势表明根据海勒案标准大量的涉枪法规被宣告无效,之所以如此,部分原因在于以下事实,即海勒案中争议的禁枪法规是本国最"严厉"的枪支条例之一。③ 其他并不是那么严厉的枪支管制法可在法院的附带意见中寻求庇护,从而为这类规定创造了广泛的可能性。

---

① 参见第一章第三节,at 2817-2818。
② 同上,at 2818。
③ 同上。

另一个尚待解决的问题是海勒案对州和地方禁枪或枪支管制立法的潜在影响。在普雷瑟诉伊利诺伊州案①中,联邦最高法院认定第二修正案未被第十四修正案吸收。② 因为海勒案中涉及的哥伦比亚特区立法属联邦立法,法院没有机会审查这一问题。③ 尽管如此,法院暗示吸收的问题也许到了重新审视的成熟时刻,④各联邦巡回法院对这一问题的看法也开始出现冲突。⑤ 最高法院现在同意予以审查的一个案件就涉及这一问题。⑥

案例 10-A

在1999年科罗拉多州哥伦拜恩高中死亡12名学生和1名教师的枪击案发生后,加州的一个郡通过了一项条例规定在任何郡所有的建筑中携带或持有火器构成轻罪。尽管这一法令并未提到枪支展览,它的实际效果是使在郡所有的露天广场举办枪支展览都成为违法。拉塞尔经营的业务就是在加州范围内举办枪支展览。他已提起诉讼,主张该郡的条例侵犯了其第二修正案权利。根据联邦最高法院在哥伦比亚特区诉海勒案中设立的标准,他的主张能得到支持吗?

案例分析

恐怕不能。首先,与海勒案不同的是,该案并不涉及联邦立法。因此,除非联邦最高法院推翻对普雷瑟诉伊利诺伊州案⑦的判决——在这个案件中法院认为第二修正案未被第十四修正案吸收,否则拉塞尔不能以第二修正案作为其主张的法律依据。另一方面,前已说明,管辖加州的第九巡回法院在海勒案后的一个判决中已经认定,第二修正案已被第十四修正案中的

---

① *Presser v. Illinois*,116 U.S. 252 (1886).
② 参见第一章第三节。
③ 参见 128 S. Ct. at 2813,n.23.
④ 同上。
⑤ 试比较 *Maloney v. Cuomo*,554 F.3d 56,58-59 (2d Cir.),*cert. Pending* (2009),携带武器的权利未被第十四修正案吸收;以及 *Nordyke v. Steel*,563 F.3d 439,457 (9th Cir.),*reh'g en banc ordered*,575 F.3d 890 (9th Cir. 2009),携带武器的权利被第十四修正案吸收。
⑥ 参见 *McDonald v. City of Chicago*,2009 WL 1631802 (2009),已颁发调卷令。
⑦ *Presser v. Illinois*,116 U.S. 252 (1886).

正当程序条款吸收。① 因此在第九巡回法院，拉塞尔也许（至少是现在）可坚持其第二修正案主张。

如果拉塞尔获许坚持其第二修正案的主张，郡也可能反驳，主张其条例因规制"敏感区域"的枪支持有而在宪法上是可以接受的。② 当然，拉塞尔也可回应，认为"敏感区域"的分类标准应限于学校和政府建筑——也就是海勒案中所列举的例子。然而海勒案中明确说明其所列举的可接受的规制（包括对"敏感区域"的假定）并不意味着排他性。③ 此外，如果"敏感区域"被解释为包括大量人员集合的公共集会区域，郡露天市场看来当然属于该原则限制范围之内。最后，这里的法规与海勒案中被驳回的对在家持枪的限制有着天壤之别，这也表明这一限制并不严格的条例很可能通过合宪性审查。另一方面，一种对"敏感区域"更为严格的解释也许能支持拉塞尔的主张，因为郡露天市场并不是特别"敏感"。鉴于海勒案并未对除学校和政府建筑以外的"敏感区域"之可能范围提供标准，我们无法断言法院会如何解决这个问题。

第九巡回法院根据类似的事实支持了一个类似的条例，解释道这"并未妨碍个体在家使用可用的火器自卫，这是海勒案分析这项权利的核心……禁止在公共不动产中持有火器符合海勒案认可的第二修正案为'敏感区域'所设的例外情形。"④

案例 10-B

《国家枪械法》规定任何人"接受或持有一个未在'国家枪械注册流转记录（National Firearms Registration and Transfer Record）'中登记在其名下的枪械"为违法。⑤《国家枪械法》将"枪械"定义为"破坏性的设备"⑥，这一

---

① 参见 *Nordyke v. Steel*, 563 F.3d 439, 457 (9th Cir. 2009).
② *Heller*, supra, 128 S. Ct. at 2817.
③ 同上, at 2817, n.26.
④ *Nordyke v. Steel*, supra, 563 F.3d at 460.
⑤ 26 U.S.C. §5861 (d).
⑥ 同上, §5845 (a) (8).

定义囊括了"任何爆炸性的……炸弹"[①]。戴维因协助和支持非法持有爆破筒从而违反前述规定而被起诉和定罪。在审判中,戴维以违反第二修正案为由对指控提出异议。地区法院驳回了其异议,戴维提起了上诉。上诉法院应如何处理戴维第二修正案的主张?

案例分析

上诉法院应维持地区法院的判决,因为法院在海勒案中阐释道,"第二修正案所保障的权利并非无限",且"这一权利并不是一项在任何情形下以任何方式或为任何目的都可持有和携带任何武器的权利"。[②] 此外,海勒案中法院还进一步解释,将受第二修正案保障的武器种类限于为"惯常情形用途","为限制携带'危险和非常规武器'的历史传统所支持"。[③] 根据这些标准,爆破筒——一种危险和非常规武器——绝非第二修正案所保障的武器。此外,与海勒案中的手枪不同,爆破筒不是守法公民为合法目的而持有的典型武器。[④]

[①] 26 U.S.C. § 5845 (f) (1) (A).

[②] 128 S. Ct. at 2816-2817.

[③] 同上,at 2817.

[④] 参见 United States v. Tagg, 572 F.3d 1320 (11th Cir. 2009),基于类似事实作同样的判决;亦可参见 United States v. Fincher, 538 F.3d 868, 870, 873-874 (8th Cir. 2008), cert. denied, 129 S. Ct. 1369 (2009),在海勒案判决后,认定持有机枪不受第二修正案保障。

案例列表*

A

Abington School Dist. v. Schemp, 374 U. S. 203 (1963), 474
阿宾顿学区诉谢姆普案
Abood v. Detroit Board of Educ., 431 U. S. 209 (1977), 397, 398
阿布德诉底特律教育委员会案
Abrams v. Johnson, 521 U.S. 74 (1997), 294
艾布拉姆斯诉约翰逊案
Abrams v. United States, 250 U. S. 616 (1919), 349
艾布拉姆斯诉美国案
Adamson v. California, 332 U. S. 46 (1947), 11, 79
亚当森诉加利福尼亚州案
Adarand Constructors, Inc. v. Pena, 515 U.S. 200 (1995), 245, 255
阿达兰德建筑公司诉佩纳案
Adickes v. Kress & Co., 398 U.S. 144 (1970), 14, 23
阿迪克斯诉克雷斯公司案
Adkins v. Children's Hosp., 261 U.S. 525 (1923), 63, 66
阿德金斯诉儿童医院案

Agins v. City of Tiburon, 477 U.S. 255 (1980), 135
阿金斯诉蒂布龙市案
Agostini v. Felton, 521 U.S. 203 (1997), 466-468
阿戈斯蒂尼诉费尔顿案
Aguilar v. Felton, 473 U.S. 402 (1985), 466-467, 468
阿圭勒诉费尔顿案
Allegheny Pittsburgh Coal Co. v. Webster County, 488 U.S. 336 (1989), 222
阿利盖尼匹兹堡煤业公司诉韦伯斯特郡案
Allgeyer v. Louisiana, 165 U. S. 578 (1897), 9, 62, 75, 78, 120
阿尔热耶诉路易斯安那州案
Allied Structural Steel Co. v. Spannaus, 438 U.S. 234 (1978), 164, 165, 167, 169
联合建筑钢铁公司诉斯潘瑙斯案
Amalgamated Food Employees Union v. Logan Valley Plaza, 391 U. S. 308 (1968), 17, 18
联合食物雇员联盟诉洛根谷购物中心案
American Civil Liberties Union v. Ashcroft, 322 F.3d 240 (3d Cir. 2003), 394
美国民权同盟诉阿什克罗夫特案
American Civil Liberties Union v. Muka-

---

* 案例列表和索引中页码为原书页码,即本书边码。

sey, 534 F.3d 1032 (3d Cir. 2008), 394

美国民权同盟诉马卡西案

American Manufacturers Mutual Ins. Co. v. Sullivan, 526 U.S. 40 (1999), 16, 18, 26, 30, 182

美国共同制造商公司诉沙利文案

Ancata v. Prison Health Services, 769 F. 2d 700 (11th Cir. 1985), 20

安卡塔诉监狱卫生服务中心案

Anderson v. Dunn, 19 U.S. (6 Wheat.) 204 (1821), 240

安德森诉邓恩案

Anderson v. King County, 158 Wash. 2d 1, 138 P.3d 963 (2006), 90

安德森诉金县案

Andrus v. Allard, 444 U.S. 51 (1979), 144

安德勒斯诉阿拉德案

Anonymous v. City of Rochester, 13 N.Y. 3d 35, 2009 WL 1585815 (N.Y., June 9, 2009), 124

匿名者诉罗切斯特市案

Aptheker v. Secretary of State, 378 U.S. 500 (1964), 77, 122

阿普特克诉国务卿案

Arkansas Educ. Television Commn. v. Forbes, 523 U.S. 666 (1998), 416, 419-420, 422

阿肯色州教育电视委员会诉福布斯案

Arnett v. Kennedy, 416 U.S. 134 (1974), 186-187

阿内特诉肯尼迪案

Ashcroft v. American Civil Liberties Union, 535 U.S. 564 (2002), 393-394

阿什克罗夫特诉美国民权联盟案

Ashcroft v. American Civil Liberties Union, 542 U.S. 656 (2004), 394

阿什克罗夫特诉美国民权联盟案

Ashcroft v. Free Speech Coalition, 535 U.S. 234 (2002), 389, 390

阿什克罗夫特诉言论自由联盟案

Ashcroft v. Iqbal, 129 S. Ct. 1937 (2009), 211, 216

阿什克罗夫特诉伊克巴尔案

Atkins v. Virginia, 536 U.S. 304 (2002), 129

阿特金斯诉弗吉尼亚州案

Attorney General of N.Y. v. Soto-Lopez, 476 U.S. 898 (1986), 316

纽约州检察长诉索托-洛佩兹案

Austin v. Michigan State Chamber of Commerce, 494 U.S. 652 (1990), 366

奥斯汀诉密歇根州商会案

B

Bains LLC v. Arco Products Co., 405 F. 3d 764 (9th Cir. 2005), 74

贝恩斯有限责任公司诉阿考产品公司案

Ball v. James, 451 U.S. 355 (1981), 290

鲍尔诉詹姆斯案

Barron v. Mayor & City Council of Baltimore, 32 U.S. (7 Pet.) 243 (1833), 2, 6, 11

巴伦诉巴尔的摩市长及市议会案

Bartnicki v. Vopper, 532 U.S. 514 (2001), 442

巴特尼基诉沃珀案

Beil v. City of Akron, 660 F.2d 166 (6th Cir. 1981), 308-309

毕尔诉阿克伦市案

Bell v. Maryland, 378 U.S. 226 (1964), 21
贝尔诉马里兰州案
Bellotti v. Baird, 443 U.S. 622 (1979), 124
贝洛蒂诉贝尔德案
Benton v. Maryland, 395 U.S. 784 (1969), 12-13
本顿诉马里兰州案
Bernal v. Fainter, 467 U.S. 216 (1984), 227-228, 257-258
伯纳尔诉费恩特尔案
Bethel School District No. 403 v. Fraser, 478 U.S. 675 (1986), 423-424
贝瑟尔第403学区诉弗雷泽案
Bigelow v. Virginia, 421 U.S. 809 (1975), 373, 375-376, 381
比奇洛诉弗吉尼亚案
Bishop v. Wood, 426 U.S. 341 (1976), 184
毕晓普诉伍德案
Blum v. Yaretsky, 457 U.S. 991 (1982), 19
布卢姆诉亚雷特斯基
BMW of North America, Inc. v. Gore, 517 U.S. 559 (1996), 70, 72-75
北美宝马公司诉戈尔案
Board of Directors of Rotary Intl. v. Rotary Club of Duarte, 481 U.S. 537 (1987), 97, 433
扶轮国际董事会诉杜阿特"扶轮国际"俱乐部案
Board of Educ. v. Dowell, 498 U.S. 237 (1991), 241
教育委员会诉道尔案
Board of Educ. of Kiryas Joel v. Grumet, 512 U.S. 687 (1994), 500, 501
科亚斯·乔尔教育委员会诉格鲁梅特案
Board of Regents of State Colleges v. Roth, 408 U.S. 564 (1972), 180, 184
州立大学董事会诉罗思案
Board of Trustees of the State Univ. of N.Y. v. Fox, 492 U.S. 469 (1989), 375-376, 379
纽约州立大学董事会诉福克斯案
Board of Trustees of the State Univ. of Alabama v. Garrett, 531 U.S. 356 (2000), 51-52
阿拉巴马州立大学董事会诉加勒特案
Bob Jones Univ. v. United States, 461 U.S. 574 (1983), 498
鲍勃·琼斯大学诉美国案
Boddie v. Connecticut, 401 U.S. 371 (1971), 195, 320-321
博迪诉康涅狄格州案
Bolling v. Sharpe, 347 U.S. 497 (1954), 231
博林诉夏普案
Boos v. Barry, 485 U.S. 312 (1988), 347
布斯诉巴里案
Bowen v. Gilliard, 483 U.S. 587 (1987), 323
鲍恩诉吉利阿德案
Bowen v. Roy, 476 U.S. 693 (1986), 499
鲍恩诉罗伊案
Bowers v. Hardwick, 478 U.S. 186 (1986), 110-111
鲍尔斯诉哈德威克案
Boy Scouts of America v. Dale, 530 U.S. 640 (2000), 434-435
美国童子军协会诉戴尔案
Brandenburg v. Ohio, 395 U.S. 444

(1969), 354-355

勃兰登堡诉俄亥俄州案

Branzburg v. Hayes, 408 U. S. 665 (1972), 443

布兰兹伯格诉海斯案

Braunfeld v. Brown, 366 U. S. 599 (1961), 496

布朗费尔德诉布朗案

Bray v. Alexandria Women's Health Clinic, 506 U.S. 263 (1993), 41

布雷诉亚历山德莉亚女子卫生诊所案

Brentwood Academy v. Tennessee Secondary School Athletic Association, 531 U. S. 288 (2001), 15, 34-35

布伦特伍德学会诉田纳西州中学体育协会案

Bridges v. California, 314 U. S. 252 (1941), 350-351

布里奇斯诉加利福尼亚州案

Brown v. Board of Education, 347 U.S. 483 (1954), 224, 230-232, 233

布朗诉教育委员会案

Brown v. Board of Education, 349 U.S. 294 (1955), 232

布朗诉教育委员会案

Brown v. Hartlage, 456 U.S. 45 (1982), 398

布朗诉哈特利奇案

Brown v. Legal Foundation of Washington, 538 U.S. 216 (2003), 140

布朗诉华盛顿法律基金会案

Buckley v. American Constitutional Law Foundation, 525 U. S. 182 (1999), 372-373

巴克利诉美国宪法基金会案

Buckley v. Valeo, 424 U. S. 1 (1976),

365, 367, 370

巴克利诉瓦莱奥案

Bullock v. Carter, 405 U.S. 134 (1972), 308

布洛克诉卡特案

Burson v. Freeman, 504 U. S. 191 (1992), 404

伯森诉弗里曼案

Burton v. Wilmington Parking Auth., 365 U.S. 715 (1961), 25-27, 29, 36

伯顿诉威尔明顿停车管理局案

Bush v. Gore, 531 U.S. 525 (2000), 309-310

布什诉戈尔案

Bush v. Vera, 517 U.S. 952 (1996), 305, 307

布什诉维拉案

C

Calder v. Bull, 3 U. S. (3 Dall.) 386 (1798), 64

考尔德诉布尔案

Califano v. Jobst, 434 U.S. 47 (1977), 88

卡利法诺诉乔布斯特案

California Democratic Party v. Jones, 984 F. Supp. 1228 (E.D. Cal. 1997), 436

加利福尼亚民主党诉琼斯案

California Democratic Party v. Jones, 530 U.S. 567 (2000), 436-437, 438

加利福尼亚民主党诉琼斯案

Cammarano v. United States, 358 U.S. 498 (1959), 373

卡玛纳诺诉美国案
Campbell v. State Farm Mutual Automobile Ins. Co., 98 P. 3d 409 (Utah 2004), 73
坎贝尔诉州农场联合汽车公司案
Cantwell v. Connecticut, 310 U. S. 296 (1940), 350, 486, 487
坎特韦尔诉康涅狄格州案
Caperton v. Massey, 129 S. Ct. 2252 (2009), 196
卡珀顿诉马西案
Carey v. Brown, 447 U. S. 455 (1980), 405
凯里诉布朗案
Carey v. Population Servs. Intl., 431 U. S. 678 (1977), 86
凯里诉国际人口服务案

CBS, Inc. v. FCC, 453 U.S. 367 (1981), 446
哥伦比亚广播公司诉联邦通信委员会案
Central Hudson Gas & Elec. v. Public Serv. Commn., 447 U.S. 557 (1980), 374, 376, 377-379, 380-381, 383
中央哈德森燃气及电力公司诉公共服务委员会案
Chaplinsky v. New Hampshire, 315 U.S. 568 (1942), 346, 356
查普林斯基诉新罕布什尔州案
Chicago, Burlington & Quincy Railroad Co. v. Chicago, 166 U.S. 226 (1897), 9-10
芝加哥、伯灵顿及昆西铁路公司诉芝加哥案
Christopher v. Harbury, 536 U.S. 403 (2002), 127-128

克里斯托弗诉哈伯里案
Church of Lukumi Babalu Aye, Inc. v. City of Hialeah, 508 U.S. 520 (1993), 491-492, 493, 496
卢库米·巴巴鲁·阿耶教会诉海厄利亚市
Citizens Against Rent Control v. Berkeley, 454 U.S. 290 (1981), 365, 372
反对租金控制的市民(组织)诉伯克利市案
City of Akron v. Akron Center for Reproductive Health, Inc., 462 U.S. 416 (1983), 101, 103-104
阿克伦城诉阿克伦生殖健康中心案
City of Boerne v. Flores, 521 U.S. 507 (1997), 46-53
伯尼市诉弗洛里斯案
City of Chicago v. Morales, 527 U.S. 41 (1999), 107, 123
芝加哥市诉莫拉莱斯案
City of Cincinnati v. Discovery Network, Inc., 507 U.S. 410 (1993), 374, 383
辛辛那提市诉发现网络公司案
City of Cleburne v. Cleburne Living Center, 473 U.S. 432 (1985), 273, 275-276
克利本市诉克利本生活中心案
City of Erie v. Pap's A.M., 529 U.S. 277 (2000), 404
伊利市诉帕普. A. M公司案
City of Lakewood v. Plain Dealer Publishing CO., 486 U.S. 750 (1988), 445
莱克伍德市诉老实人出版公司案
City of Littleton v. Z.J. Gifts D-4, LLC, 541 U.S. 774 (2004), 342
利特尔顿市诉Z.J案
City of Los Angeles v. Alameda Books, Inc., 535 U.S. 425 (2002), 388

洛杉矶市诉阿拉米达书店公司案
City of Los Angeles v. David, 538 U.S. 715 (2003), 193
洛杉矶市诉戴维案
City of Los Angeles v. Manhart, 435 U. S. 702 (1978), 268-269
洛杉矶市诉曼哈特案
City of Monterey v. Del Monte Dunes at Monterey, Ltd., 526 U.S. 687 (1999), 144, 151, 153, 157
蒙特利市诉蒙特利市的德尔·蒙特·杜内公司案
City of Renton v. Playtime Theatres, Inc., 475 U.S. 41 (1986), 347, 388, 411
伦顿市诉娱乐时间剧院公司案
City of Richmond v. J. A. Croson Co., 488 U.S. 469 (1989), 230, 244-249
里士满市诉 J. A. 克罗森公司案
City of Rome v. United States, 446 U.S. 156 (1980), 54-55
罗马市诉美国案
City of San Diego v. Roe, 543 U.S. 77 (2004), 402
圣地亚哥市诉罗伊案
City of Santa Barbara v. Adamson, 27 Cal. 3d 123, P. 2d 436 (1980), 99
圣巴巴拉市诉亚当森案
City of West Covina v. Perkins, 525 U.S. 234 (1999), 186
西科维纳市诉珀金斯案
Civil Rights Cases, 109 U.S. 3 (1883), 38-39, 40
民权系列案
Clark v. Chrysler Corp., 436 F. 3d 594 (6th Cir. 2006), 74

克拉克诉克莱斯勒公司案
Clark v. Community for Creative Non-Violence, 468 U.S. 288 (1984), 334, 335, 404, 409, 410
克拉克诉创新性非暴力联合会案
Clark v. Jeter, 486 U.S. 456 (1988), 271-273
克拉克诉杰特案
Cleveland Board of Educ. v. Loundermill, 470 U.S. 532 (1985), 187, 189, 191, 195
克利夫兰教育委员会诉劳恩德密尔案
Clingman v. Beaver, 544 U.S. 581 (2005), 437
克林曼诉比弗案
Cohen v. California, 403 U.S. 15 (1971), 356, 390-391
科恩诉加利福尼亚州案
Cohen v. Cowles Media Co., 501 U.S. 663 (1991), 22
科恩诉考尔斯媒体公司案
Colorado Republican Federal Campaign Comm. v. Federal Election Commn., 518 U.S. 604 (1996), 368
科罗拉多州共和党联邦竞选委员会诉联邦选举委员会案
Columbia Broadcasting Co. v. Democratic Natl. Comm., 412 U.S. 94 (1973), 445-446
哥伦比亚广播公司诉民主党全国委员会案
Columbus Board of Educ. v. Penick, 443 U.S. 449 (1979), 212
哥伦布教育委员会诉佩尼克案
Commonwealth v. O'Neal, 339 N.E. 2d 676 (Mass. 1975), 130
马萨诸塞州诉奥尼尔案

Connecticut Department of Public Safety v. Doe, 538 U.S. 1 (2003), 190
康涅狄格州公共安全部诉无名氏案
Connick v. Myers, 461 U.S. 138 (1983), 401-403
康尼克诉迈尔斯案
Cooper Industries, Inc. v. Leatherman Tool Group, Inc., 532 U.S. 424 (2001), 70-71
库珀工业公司诉莱瑟曼工具集团公司案
Coppage v. Kansas, 236 U.S. 1 (1915), 62, 65
科皮奇诉堪萨斯州案
Corfield v. Coryell, 6 F. Cas. 546 (C.C.E.D. Pa. 1823), 4
科菲尔德诉科里尔案
Cornelius v. NAACP Legal Defense & Educ. Fund, 473 U.S. 788 (1985), 414, 416, 422
科尼利厄斯诉全国有色人种协进会法律保护及教育基金案
Corporation of Presiding Bishop v. Amos, 483 U.S. 327 (1987), 501-502
首席主教团体诉阿莫斯案
County of Allegheny v. American Civil Liberties Union, 492 U.S. 573 (1989), 481
阿利盖尼郡诉美国民权联盟案
County of Sacramento v. Lewis, 523 U.S. 833 (1998), 60, 129, 184
萨克拉曼多郡诉刘易斯案
Cox v. New Hampshire, 312 U.S. 569 (1941), 406, 411
考克斯诉新罕布什尔州案
Cox Broadcasting v. Cohn, 420 U.S. 469 (1975), 441
考克斯广播公司诉科恩案
Craft v. Vanderbilt Univ., 18 F. Supp. 2d 786 (M.D. Tenn. 1998), 28
克拉夫特诉范德比尔特大学案
Craig v. Boren, 429 U.S. 190 (1976), 262
克雷格诉博伦案
Craig v. Harney, 331 U.S. 367 (1947), 351
克雷格诉哈尼案
Crawford v. Marion County Election Board, 128 S. Ct. 1610 (2008), 285-286, 288-289
克劳福德诉马里恩郡选举委员会案
Cruzan v. Director, Missouri Dept. of Health, 497 U.S. 261 (1990), 85, 115-118
克鲁赞诉密苏里州卫生部门主管案
Curtis Publishing Co. v. Butts, 388 U.S. 130 (1967), 362
柯蒂斯出版公司诉巴茨案
Cutter v. Wilkinson, 544 U.S. 709 (2005), 500, 502
卡特诉威尔金森案

D

Dahl v. Secretary of Navy, 830 F. Supp. 1319 (E.D. Cal. 1993), 278
达尔诉海军部长案
Dale v. Boy Scouts of America, 160 N.J. 562, 734 A.2d 1196 (1999), 435
戴尔诉美国童子军协会案
Dandridge v. Williams, 397 U.S. 471 (1970), 92, 220, 322

丹德里奇诉威廉斯案
Daniels v. Williams, 474 U. S. 327 (1986), 183-184
丹尼尔斯诉威廉斯案
Davenport v. Washington Education Assoc., 551 U.S. 177 (2007), 397
达文波特诉华盛顿教育协会案
Davidson v. Cannon, 474 U. S. 344 (1986), 126
戴维森诉坎农案
Davidson v. New Orleans, 96 U. S. 97 (1878), 58, 64
戴维森诉新奥尔良案
Davis v. Bandemer, 478 U. S. 109 (1986), 295-296, 300-301, 302, 303
戴维斯诉班德莫案
Davis v. Federal Election Commn., 128 S. Ct. 2759 (2008), 366
戴维斯诉联邦选举委员会案
Dayton Board of Educ. v. Brinkman, 443 U.S. 526 (1979), 215
代顿教育委员会诉布林克曼案
Debs v. United States, 249 U. S. 211 (1919), 349
德布斯诉美国案
Demore v. Hyung Joon Kim, 538 U.S. 510 (2003), 122
德莫尔诉金亨俊案
Dennis v. Sparks, 449 U. S. 24 (1980), 23, 24, 33
丹尼斯诉斯帕克斯案
Dennis v. United States, 341 U. S. 494 (1951), 352-354, 355
丹尼斯诉美国案
Denver Area Educ. Telecommunications Consortium, Inc. v. FCC, 518 U.S. 727 (1996), 448
丹佛区教育电信财团公司诉联邦通信委员会案
DeShaney v. Winnebago County Dept. of Social Servs., 489 U.S. 189 (1989), 84, 125-126, 128
德沙尼诉温纳贝戈郡社会服务部门案
District of Columbia v. Heller, 128 S. Ct. 2783 (2008), 13, 506-510, 511, 512
哥伦比亚特区诉赫勒案
Doe v. University of Mich., 721 F. Supp. 852 (E.D. Mich, 1989), 358
无名氏诉密歇根大学案
Dolan v. City of Tigard, 512 U. S. 374 (1994), 153, 155-157
多兰诉泰格德市案
D.R. by L.R. v. Middle Bucks Area Vocational Technical School, 972 F. 2d 1364 (3d Cir. 1992), 127
由 L. R. 代表的 D. R.诉中巴克斯区职业技术学校案
Dred Scott v. Sandford, 60 U. S. (19 How.) 393 (1857), 3, 61
德雷德·斯科特诉桑福德案
Dun & Bradstreet, Inc. v. Greenmoss Builders, Inc., 472 U. S. 749 (1985), 363-364
邓恩及布拉德斯特里特公司诉青苔（格林莫斯）建造公司案
Duncan v. Louisiana, 391 U. S. 145 (1968), 12-13, 79
邓肯诉路易斯安那州案
Dunn v. Blumstein, 405 U.S. 330 (1972), 284, 286
邓恩诉布卢姆斯坦案

Dusenberry v. United States, 534 U.S. 161 (2002), 185
杜森伯里诉美国案

E

Easley v. Cromartie, 532 U.S. 234 (2001), 305-306
伊斯利诉克罗马蒂案
Edmonson v. Leesville Concrete Co., 500 U.S. 614 (1991), 36
埃德蒙森诉利斯维尔混凝土公司案
Edwards v. South Carolina, 372 U.S. 229 (1963), 416
爱德华兹诉南卡罗来纳州案
Eisenstadt v. Baird, 405 U.S. 438 (1972), 86, 99
艾森施塔特诉贝尔德案
Eldred v. Ashcroft, 537 U.S. 186 (2003), 413-414
埃尔德雷德诉阿什克罗夫特案
El Paso v. Simmons, 379 U.S. 497 (1965), 166
埃尔·帕索诉西蒙斯案
Employment Division v. Smith, 494 U.S. 872 (1990), 47, 485, 494, 495-497, 499-500
就业部诉史密斯案
Energy Reserves Group, Inc. v. Kansas Power & Light Co, 459 U.S. 400 (1983), 159-160, 164
能源储存集团公司诉堪萨斯电力公司案
Engle v. Vitale, 370 U.S. 421 (1962), 473-474
恩格尔诉瓦伊塔尔案

Engquist v. Oregon Department of Agriculture, 128 S. Ct 2146 (2008), 209-210
恩奎斯特诉俄勒冈州农业部案
Epperson v. Arkansas, 393 U.S. 97 (1968), 453, 474
埃珀森诉阿肯色州案
Eu v. San Francisco County Democratic Central Commn., 489 U.S. 214 (1989), 435
尤诉旧金山郡民主中央协会案
Evans v. Abney, 396 U.S. 435 (1970), 22
埃文斯诉阿布尼案
Everson v. Board of Educ., 330 U.S. 1 (1947), 451, 464
埃弗森诉教育委员会案
Ewing v. Mytinger & Casselberry, Inc., 339 U.S. 594 (1950), 192
尤因诉迈廷格卡斯尔伯里公司案
Exxon Shipping Co. v. Baker, 128 S. Ct. 2605 (2008), 74
埃克森轮船公司诉贝克案

F

FCC v. Beach Communications, Inc., 508 U.S. 307 (1993), 220-221
联邦通信委员会诉比奇通讯公司案
FCC v. League of Women Voters of Cal., 468 U.S. 364 (1984), 446-447
联邦通信委员会诉加利福尼亚州妇女选民联盟案
FCC v. Pacifica Foundation, 438 U.S. 726 (1978), 391, 392, 445
联邦通信委员会诉帕西菲卡基金会案

Federal Election Comm. v. Beaumont, 539 U.S. 146 (2003), 367

联邦选举委员会诉博蒙特案

Federal Election Commn. v. Colorado Republican Federal Campaign Committee, 533 U.S. 431 (2001), 368-369

联邦选举委员会诉科罗拉多州共和党联邦竞选委员会案

Federal Election Commn. v. Massachusetts Citizens for Life, 479 U.S. 238 (1986), 366-367

联邦选举委员会诉马萨诸塞州生命权组织案

Federal Election Commn. v. National Conservative Political Action Comm., 470 U.S. 480 (1985), 366, 368

联邦选举委员会诉全国保守政治运动委员会案

Federal Election Commn. v. Wisconsin Right to Life, Inc., 551 U.S. 449 (2007), 370-372

联邦选举委员会诉威斯康星州生命权组织案

Feiner v. New York, 340 U.S. 315 (1951), 357

费纳诉纽约州案

Ferguson v. Skrupa, 372 U.S. 726 (1963), 68-69

弗格森诉斯库鲁帕案

First English Evangelical Lutheran Church of Glendale v. County of Los Angeles, 482 U.S. 304 (1987), 151

格伦代尔第一英语福音派路德教会诉洛杉矶市案

Fitzgerald v. Racing Association of Central Iowa, 539 U.S. 103 (2003), 221

菲茨杰拉德诉中央爱荷华州竞赛联合会案

Flagg Bros. v. Brooks, 436 U.S. 149 (1978), 18, 32

弗拉格兄弟诉布鲁克斯案

Flax v. DaimlerChrysler Crop., 272 S.W.3d 521 (Tenn. Sup. Ct. 2008), 75

弗拉克斯诉戴姆勒-克莱斯勒公司案

Fletcher v. Peck, 10 U.S. (6 Cranch) 87 (1810), 170

弗莱彻诉佩克案

Florida Bar v. Went for It, Inc., 515 U.S. 618 (1995), 379, 381-382

佛罗里达律师协会诉"找到它"公司案

Florida Prepaid Postsecondary Education Expense Bd. v. College Savings Bank, 527 U.S. 627 (1999), 50-51

佛罗里达预付高等教育费用委员诉大学储蓄银行案

Florida Rock Indus., Inc. v. United States, 18 F.3d 1560 (Fed. Cir. 1994), 148

佛罗里达滚石工业公司诉美国案

Florida Rock Indus., Inc. v. United States, 42 Fed. Cl. 21 (1999), 148

佛罗里达滚石工业公司诉美国案

Florida Star v. B.J.F., 491 U.S. 524 (1989), 441-442

佛罗里达星报诉B.J.F案

Foley v. Connelie, 435 U.S. 291 (1978), 258

福利诉科妮莉亚案

Fortson v. Morris, 385 U.S. 231 (1966), 284

福特森诉莫里斯案

44 Liquormart, Inc. v. Rhode Island, 517 U.S. 484 (1996), 377, 380, 383

44 酒类超市公司诉罗德岛州案
Fowler v. Rhode Island, 345 U. S. 67 (1953), 461
福勒诉罗德岛州案
Freedman v. Maryland, 380 U. S. 51 (1965), 342, 387
弗里曼诉马里兰州案
Freeman v. Pitts, 503 U.S. 467 (1992), 241-243
弗里曼诉皮茨案
Friedman v. Rogers, 440 U.S. 1 (1979), 374
弗里德曼诉罗杰斯案
Frisby v. Schultz, 487 U.S. 474 (1988), 414, 416
弗里斯比诉舒尔茨案
Frohwerk v. United States, 249 U.S. 204 (1919), 349
弗罗维克诉美国案
Frontiero v. Richardson, 411 U.S. 677 (1973), 227, 261
弗兰蒂洛诉理查森案
Fuentes v. Shevin, 407 U.S. 67 (1972), 173
富恩特斯诉谢文案
Fullilove v. Klutznick, 448 U. S. 448 (1980), 244-245
富利洛夫诉克卢茨尼克案

G

Gaffney v. Cummings, 412 U. S. 735 (1973), 294
加夫尼诉卡明斯案
Garcetti v. Ceballos, 547 U. S. 410 (2006), 402-403
加瑟蒂诉塞巴洛斯案
Garrison v. Louisiana, 379 U. S. 64 (1964), 360
加里森诉路易斯安那州案
General Motors, Inc. v. Romein, 503 U. S. 181 (1992), 159, 160, 161, 162
通用汽车公司诉罗敏案
Georgia v. McCollum, 505 U. S. 42 (1992), 36
乔治亚州诉麦科勒姆案
Gertz v. Robert Welch, Inc., 418 U. S. 323 (1974), 362, 363
格茨诉罗伯特·韦尔奇公司案
Gideon v. Wainwright, 372 U. S. 335 (1963), 319
吉迪恩诉温赖特案
Gilbert v. Homar, 520 U.S. 924 (1997), 194
吉尔伯特诉霍马尔案
Gitlow v. New York, 268 U. S. 652 (1925), 349-350
吉特洛诉纽约州案
Globe Newspaper Co. v. Superior Court, 457 U.S. 596 (1982), 439-440
环球报业公司诉高等法院案
Goldberg v. Kelly, 397 U.S. 254 (1970), 196
戈德堡诉凯利案
Gonzales v. Carhart, 550 U. S. 124 (2007), 106-108
冈萨雷斯诉卡哈特案
Gonzales v. O Centro Espirita Beneficente Uniao Do Vegetal, 546 U. S. 418 (2006), 500
冈萨雷斯诉 UDV 教会案

Good News Club v. Milford Central School, 533 U.S. 98 (2001), 421, 479-480

好消息俱乐部诉米尔福德中央学校案

Goodridge v. Department of Public Health, 440 Mass. 309, 798 N.E. 2d 941 (Mass. 2003), 89, 280

古德里奇诉公共卫生部案

Goss v. Lopez, 419 U.S. 565 (1975), 184

戈斯诉洛佩兹案

Graham v. Richardson, 403 U.S. 365 (1971), 256-257

格雷厄姆诉理查德森案

Gratz v. Bollinger, 539 U.S. 249 (2003), 245, 246, 255

格拉茨诉博林杰案

Greater New Orleans Broadcasting Assoc. Inc. v. United States, 527 U.S. 173 (1999), 380-381, 383

大新奥尔良地区广播联合公司诉美国案

Green v. County School Board, 391 U.S. 430 (1968), 232, 242

格林诉郡学校董事会案

Greenholtz v. Nebraska Penal Inmates, 442 U.S. 1 (1979), 120

格林赫兹诉内布拉斯加州刑事囚犯（中心）案

Greer v. Spock, 424 U.S. 828 (1976), 416

格里尔诉斯波克案

Gregg v. Georgia, 428 U.S. 153 (1976), 129

格雷格诉乔治亚州案

Griffin v. Breckenridge, 403 U.S. 88 (1971), 41

格里芬诉布雷肯里奇案

Griffin v. Illinois, 351 U.S. 12 (1956), 319

格里芬诉伊利诺伊州案

Griswold v. Connecticut, 381 U.S. 479 (1965), 78-84, 86

格里斯沃尔德诉康涅狄格州案

Grutter v. Bollinger, 539 U.S. 306 (2003), 245-246, 249, 250, 252-253

格鲁特尔诉博林杰案

H

Hague v. CIO, 307 U.S. 496 (1939), 414

黑格诉美国产业工会联合会案

Halbert v. Michigan, 545 U.S. 605 (2005), 320

哈尔伯特诉密歇根州

Hampton v. Mow Sun Wong, 426 U.S. 88 (1976), 203, 260

汉普顿诉黄慕孙案

Harper v. Virginia State Board of Elections, 383 U.S. 663 (1966), 287

哈珀诉弗吉尼亚州选举委员会案

Harris v. McRae, 448 U.S. 297 (1980), 128, 273, 284, 323

哈里斯诉麦克雷案

Harte-Hanks Communications v. Connaughton, 491 U.S. 657 (1989), 360

哈特-汉克斯通信诉康诺顿案

Hawaii Housing Authority v. Midkiff, 467 U.S. 229 (1984), 134

夏威夷房屋管理局诉米德基夫案

Haywood v. Drown, 129 S. Ct. 2108 (2009), 44

海伍德诉德朗

Hazelwood School District v. Kuhlmeier, 484 U.S. 260 (1988), 424
黑兹尔伍德学区诉库尔迈耶案
Heart of Atlanta Motel, Inc. v. United States, 379 U.S 241 (1964), 37
亚特兰大中心汽车旅馆公司诉美国案
Heffron v. International Soc. For Krishna Consciousness, 452 U.S. 640 (1981), 406, 409, 411
赫夫龙诉国际克利须那神信仰团体案
Hein v. Freedom from Religion Foundation, Inc. 551 U.S. 587 (2007), 482
海因诉免于宗教自由基金会案
Heller v. Doe, 509 U.S. 312 (1993), 276
赫勒诉无名氏案
Hernandez v. Robles, 7 N.Y. 3d 338 (2006), 89-90, 280
埃尔南德斯诉罗布尔斯案
Herndon v. Lowry, 301 U.S. 242 (1937), 350, 353
赫恩登诉劳里案
Hewitt v. Helms, 459 U.S. 460 (1983), 121
休伊特诉赫尔姆斯案
Hill v. Colorado, 530 U.S. 703 (2000), 406, 410
希尔诉科罗拉多州
Hill v. Stone, 421 U.S. 289 (1975), 285-287, 288
希尔诉斯通案
Holden v. Hardy, 169 U.S. 366 (1898), 67
霍尔登诉哈迪案
Holly v. Scott, 434 F.3d 287 (4th Cir. 2006), 20
霍利诉斯科特案

Homar v. Gibert, 63 F. Supp. 2d 559 (M.D. Pa. 1999), 194
霍马尔诉吉尔伯特案
Home Building & Loan Assn. v. Blaisdell, 290 U.S. 398 (1934), 168
住房建造与贷款协会诉布莱斯德尔案
Houchins v. KQED, Inc., 438 U.S. 1 (1978), 439
霍钦斯诉KQED媒体公司案
Hudgens v. NLRB, 424 U.S. 507 (1976), 18
赫金斯诉国家劳资关系委员会案
Hudson v. Palmer, 468 U.S. 517 (1984), 191
赫德森诉帕默案
Hudson Water Co. v. McCarter, 209 U.S. 349 (1908), 166-167
赫德森供水公司诉麦卡特案
Hunter v. Underwood, 471 U.S. 222 (1985), 212, 218-219
亨特诉安德伍德案
Hunt v. Cromartie, 526 U.S. 541 (1999), 305
亨特诉库洛马迪案
Hurtado v. California, 110 U.S. 516 (1884), 10
乌尔塔多诉加利福尼亚州案
Hustler Magazine v. Falwell, 485 U.S. 46 (1988), 361
好色客杂志诉福尔韦尔案
Hutchins v. District of Columbia, 188 F.3d 531 (D.C. Cir. 1999), 124
哈钦斯诉哥伦比亚特区案

I

Illinois ex rel. Madigan v. Telemarket-

ing Associates, 538 U.S. 600 (2003), 364-365

伊利诺伊州根据马迪根的告发诉电话销售联盟案

Ingraham v. Wright, 430 U.S. 651 (1977), 192

英格拉哈姆诉赖特案

In re Employment Discrimination Litigation Against the State of Alabama, 198 F.3d 1305 (11th Cir. 1999), 45

针对阿拉巴马州的相关就业歧视诉讼案

In re Griffiths, 413 U.S. 717 (1973), 258

格里菲斯相关案件

In re Marriage Cases, 43 Cal. 4th 757, 76 Cal. Rptr. 3d 683 (2008), 278

婚姻相关案件

International Society for Krishna Consciousness, Inc. v. Lee, 505 U.S. 672 (1992), 417-418

国际克利须那神信仰团体诉李案

J

Jackson v. Metropolitan Edison Co., 419 U.S. 345 (1974), 18

杰克逊诉大都会爱迪生公司案

Jacobellis v. Ohio, 378 U.S. 184 (1964), 387

雅各贝里斯诉俄亥俄州案

Jacobson v. Massachusetts, 197 U.S. 11 (1905), 114

雅各布森诉马萨诸塞州案

J.E.B v. Alabama, 511 U.S. 127 (1994), 262, 268, 269-270

J. E. B 诉阿拉巴马州案

Jenkins v. Georgia, 418 U.S. 153 (1974), 385

詹金斯诉佐治亚州案

Jenness v. Fortson, 403 U.S. 431 (1971), 308

詹内斯诉福特森案

Johanns v. Livestock Marketing Assn., 544 U.S. 550 (2005), 398

约翰斯诉家畜市场协会案

Johnson v. California, 543 U.S. 499 (2005), 227

约翰逊诉加利福尼亚州案

Johnson v. California, 545 U.S. 162 (2005), 210

约翰逊诉加利福尼亚州案

Jones v. Alfred H. Mayer Co., 392 U.S. 409 (1968), 38-39

琼斯诉艾尔弗雷德·H. 迈耶公司案

Joseph Burstyn, Inc. v. Wilson, 343 U.S. 496 (1952), 373

约瑟夫·伯斯泰因公司诉威尔森案

K

Kadrmas v. Dickinson Public Schools, 487 U.S. 450 (1988), 325

卡德拉马斯诉迪金森公立学校案

Karcher v. Daggett, 462 U.S. 725 (1983), 294-295

卡彻诉达盖特案

Katzenbach v. McClung, 379 U.S. 294 (1964), 37

卡岑巴赫诉麦克朗案

Katzenbach v. Morgan, 384 U.S. 641 (1966), 42, 45-46, 47, 50, 53

卡岑巴赫诉摩根案
Keller v. State Bar of California, 496 U. S. 1 (1990), 398
凯勒诉加利福尼亚州律师协会案
Kelo v. City of New London, Conn., 545 U.S. 469 (2005), 134-135
克洛诉康涅狄格州新伦敦市案
Kennedy v. Louisiana, 128 S. Ct. 2641 (2008), 129
肯尼迪诉路易斯安那州案
Kerrigan v. Commissioner of Public Health, 289 Conn. 135, 957 A.2d 407 (2008), 278
克里根诉公共卫生委员案
Keyes v. School Dist. No. 1, 413 U.S. 189 (1973), 210, 214-217, 218, 234, 242
凯斯诉第一学区案
Keyishian v. Board of Regents, 385 U.S. 589 (1967), 431
Keyishian 诉董事会案
Keystone Bituminous Coal Assn. v. DeBenedictis, 480 U.S. 470 (1987), 144-145, 146
基斯通沥青煤矿公司诉迪贝内迪克特斯案
Kimel v. Florida Board of Regents, 528 U.S. 62 (2000), 51
基梅尔诉佛罗里达董事会案
Korematsu v. United States, 323 U.S. 214 (1944), 224-225
是松诉美国案
Kuhlmeier v. Hazelwood School District, 795 F.2d 1368 (8th Cir. 1986), 424
库尔迈耶诉黑泽尔伍德学区案

L

Lamb's Chapel v. Center Moriches Union Free School District, 508 U.S. 384 (1993), 420
兰姆教堂诉中莫里切斯自由学区联盟案
Larson v. Valente, 456 U.S. 228 (1982), 461-462, 501
拉森诉瓦伦特案
Lassiter v. Department of Social Services, 452 U.S. 18 (1981), 321
拉西特诉社会服务部案
Lassiter v. Northampton Election Board, 360 U.S. 45 (1959), 46
拉西特诉北安普顿选举委员会案
Lawrence v. Texas, 539 U.S. 558 (2003), 85-86, 110-112, 278, 279-280
劳伦斯诉德克萨斯州案
League of United Latin American Citizens v. Perry 548 U.S. 399 (2006), 294, 302-303
拉丁裔美国公民联合会诉佩里案
Lee. v. Weisman, 505 U.S. 577 (1992), 451, 452, 466, 474, 475-476, 477, 478
李诉韦斯曼案
Legal Services Corp. v. Velazquez, 531 U.S. 533 (2001), 429
法律服务机构诉维拉兹克兹案
Lemon v. Kurtzman, 403 U.S. 602 (1971), 453-457, 464, 465, 467, 468, 474, 475, 476, 477, 478, 481, 501, 502-503
莱蒙诉库尔茨曼案

案例列表　581

Lincoln v. Case, 340 F.3d 283 (5th Cir. 2003), 74
林肯诉凯斯案
Lindsey v. Normet, 405 U.S. 56 (1972), 128
琳赛诉诺美特案
Lingle v. Chevron U.S.A., Inc., 544 U.S. 528 (2005), 135, 147
林格尔诉舍夫龙美国公司案
Linmark Assocs., Inc. v. Township of Willingboro, 431 U.S. 85 (1977), 378
林马克联合公司诉威灵伯勒镇案
Little v. Streater, 452 U.S. 1 (1981), 321
利特尔诉斯特里特案
Lloyd Crop. v. Tanner, 407 U.S. 551 (1972), 17-18
劳埃德公司诉塔纳案
Lochner v. New York, 198 U.S. 45 (1905), 62-67, 75-76, 78, 79, 125
洛克纳诉纽约州案
Locke v. Davey, 540 U.S. 712 (2004), 493, 499
洛克诉戴维案
Locke v. Karass, 129 S. Ct. 798 (2009), 397-398
洛克诉卡拉斯案
Loretto v. Teleprompter Manhattan CATV Corp., 458 U.S. 419 (1982), 138, 140
洛雷托诉电子提词器曼哈顿有线电视公司案
Lorillard Tobacco Co. v. Reilly, 533 U.S. 525 (2001), 383
洛里拉德烟草公司诉赖利案
Los Angeles Police Dept. v. United Reporting Publishing Corp., 528 U.S. 32 (1999), 344
洛杉矶警察部门诉联合报道出版公司案
Louisiana v. New Orleans, 109 U.S. 285 (1883), 160
路易斯安那州诉新奥尔良案
Loving v. Virginia, 388 U.S. 1 (1967), 86-87, 225, 280, 282
洛文诉弗吉尼亚州案
Lubin v. Panish, 415 U.S. 709 (1974), 308
卢宾诉潘尼希案
Lucas v. South Carolina Coastal Council, 505 U.S. 1003 (1992), 140, 142-143, 146, 147, 148, 149, 150, 151
卢卡斯诉南卡罗来纳州海岸委员会案
Lugar v. Edmondson Oil Co., 457 U.S. 922 (1982), 16, 29-31, 33, 36-37
卢格诉埃德蒙森油业公司案
Lujan v. G&G Fire Sprinklers, Inc., 532 U.S. 189 (2001), 194-195
卢汉诉G&G灭火仪器公司案
Luke Records, Inc. v. Navarro, 960 F.2d 134 (11th Cir. 1992), 385
卢克·雷科兹公司诉纳瓦罗案
Lynch v. Donnelly, 465 U.S. 668 (1984), 452, 481
林奇诉唐纳利案
Lynch v. Household Fin. Corp., 405 U.S. 538 (1972), 70
林奇诉家庭财务公司案
Lyng v. Castillo, 447 U.S. 635 (1986), 92, 323
林诉卡斯蒂略案
Lyng v. Northwest Indian Cemetery Protection Assn., 485 U.S. 439 (1988),

499

林诉西北印第安墓地保护协会案

M

Madsen v. Women's Health Center, Inc., 512 U.S. 753 (1994), 412

马德森诉妇女卫生中心案

Malloy v. Hogan, 378 U.S. 1 (1964), 13

马洛伊诉霍根案

Maloney v. Cuomo, 554 F.3d 856 (2d Cir. 2009), 13, 510

马洛尼诉科莫案

Marbury v. Madison, 5 U.S. (1 Cranch) 137 (1803), 53

马伯里诉麦迪逊案

Marks v. United States, 430 U.S. 188 (1977), 104

马克斯诉美国案

Marsh v. Alabama, 326 U.S. 501 (1946), 17-18, 19

马什诉阿拉巴马州案

Marsh v. Chambers, 463 U.S. 783 (1983), 453

马什诉钱伯斯案

Massachusetts Board of Retirement v. Murgia, 427 U.S. 307 (1976), 273, 327

马萨诸塞州退休委员会诉穆尔吉亚案

Mathews v. Diaz, 426 U.S. 67 (1976), 122, 260

马修斯诉迪亚斯案

Mathews v. Eldridge, 424 U.S. 319 (1976), 187-189, 190, 192, 193, 195

马修斯诉埃尔德里奇案

McCathy v. Philadelphia Civil Service Commn., 424 U.S. 645 (1976), 308

麦卡锡诉费城市民服务协会案

McConnell v. Federal Election Commn., 540 U.S. 93 (2003), 366, 369-370

麦康奈尔诉联邦选举委员会案

McCreary County v. American Civil Liberties Union, 545 U.S. 844 (2005), 451, 452, 453-455

麦克雷里郡诉美国民权联盟案

McCulloch v. Maryland, 17 U.S. (4 Wheat.) 316 (1819), 42-43, 54

麦卡洛克诉马里兰州案

McDaniel v. Paty, 435 U.S. 618 (1978), 483

麦克丹尼尔诉帕蒂案

McDonald v. City of Chicago, 2009 WL 1631802 (2009), 13, 510

麦当劳诉芝加哥市案

McDonald v. Santa Fe Trail Transp. Co., 427 U.S. 273 (1976), 41

麦当劳诉圣达菲交通运输公司案

McGowan v. Maryland, 366 U.S. 420 (1961), 460-461

麦高恩诉马里兰州案

Meachum v. Fano, 427 U.S. 215 (1976), 121

米恰姆诉法诺案

Memphis v. Greene, 451 U.S. 100 (1981), 41

孟菲斯市诉格林案

Memphis Light, Gas & Water Div. v. Craft, 436 U.S. 1 (1978), 185-186

孟菲斯市供电、天然气及供水部门诉克拉夫特案

Mendez v. County of San Bernadino, 540

F.3d 1109 (9th Cir. 2008),74
门德斯诉圣贝纳迪诺县案
Metro Broadcasting, Inc. v. FCC,497 U.S. 547 (1990),245
默特罗广播公司诉联邦案
Metropolis Theatre Co. v. Chicago,228 U.S. 61 (1913),220
大都会剧院公司诉芝加哥案
Metropolitan Life Ins. Co. v. Ward,470 U.S. 869 (1985),274
大都会人寿保险公司诉沃德案
Meyer v. Grant,486 U.S. 414 (1988),372
迈耶诉格兰特案
Meyer v. Nebraska,262 U.S. 390 (1923),75-76,77,78,79,93,324
迈耶诉内布拉斯加州案
Miami Herald Publishing Co. v. Tornillo,418 U.S. 241(1974),443-444, 445,447
迈阿密先驱出版公司诉托尼洛案
Michael H. v. Gerald D.,491 U.S. 110 (1989),93-94
迈克尔 H.诉杰拉尔德·D 案
Michael M. v. Superior Court,450 U.S. 464 (1981),261,264,265-266
迈克尔·M.诉高等法院案
Milkovich v. Lorain Journal Co.,497 U.S. 1 (1990),361
米尔科维奇诉洛兰期刊公司案
Miller v. California,413 U.S. 15 (1973),384-389,390
米勒诉加利福尼亚州案
Miller v. Johnson,515 U.S. 900 (1995),210,304,305
米勒诉约翰逊案

Milliken v. Bradley,418 U.S. 717 (1974),234
米利肯诉布拉德利案
Milliken v. Bradley,433 U.S. 267 (1977),233,239
米利肯诉布拉德利案
Mississippi University for Women v. Hogan,458 U.S. 718 (1982),53,260-262,264
密西西比州女子大学诉霍根案
Missouri v. Jenkins,495 U.S. 33 (1990),240
密苏里州诉詹金斯案
Missouri v. Jenkins,515 U.S. 70 (1995),236-237,241
密苏里州诉詹金斯案
Mitchell v. Helms,530 U.S. 793 (2000),465-466,468-470,477
米切尔诉赫尔姆斯案
M.L.B. v. S.L.J.,519 U.S. 102 (1997),320,321
M. L. B 诉 S. L. J 案
Moore v. City of East Cleveland,431 U.S. 494 (1977),82-83,90,91,92-93
摩尔诉东克利夫兰市案
Moose Lodge v. Irvis,407 U.S. 163 (1972),25-26
穆斯·洛奇诉艾维斯案
Morrissey v. Brewer,408 U.S. 471 (1972),177
莫里西诉布鲁尔案
Morse v. Frederick,351 U.S. 393 (2007),425
莫尔斯诉弗雷德里克案
Mount Healthy School District v. Doyle,429 U.S. 274 (1977),197

赫尔斯山学区诉多伊尔案
Mugler v. Kansas, 123 U.S. 623 (1887), 62
马格勒诉堪萨斯州案
Mullane v. Central Hanover Bank and Trust Co., 339 U.S. 306 (1950), 185
马兰诉中央汉诺威银行及信托公司案
Muller v. Oregon, 208 U.S. 412 (1908), 63-64, 67
马勒诉俄勒冈州案
Munn v. Illinois, 94 U.S. 113 (1877), 62, 68-69
芒恩诉伊利诺伊州案
Murray's Lessee v. Hoboken Land & Improvement Co., 59 U.S. (18 How.) 272 (1856), 58
默里之租户诉霍博肯土地及开发公司案

N

NAACP v. Alabama, 357 U.S. 449 (1958), 430-431
全国有色人种协进会诉阿拉巴马州案
NAACP v. Button, 371 U.S. 415 (1963), 344, 432
全国有色人种协进会诉巴腾案
National Broadcasting Co. v. United States, 319 U.S. 190 (1943), 444
全国广播公司诉美国案
National Collegiate Athletic Assn. v. Tarkanian, 488 U.S. 179 (1988), 33-34
全国大学生运动协会诉塔坎尼安案
National Endowment for the Arts v. Finley, 524 U.S. 569 (1998), 346

全国艺术基金会诉芬利案
Near v. Minnesota, 283 U.S. 697 (1931), 339-340, 346
尼尔诉明尼苏达州案
Nebbia v. New York, 291 U.S. 502 (1934), 65-66
内比亚诉纽约州案
Nebraska Press Assn. v. Stuart, 427 U.S. 539 (1976), 342, 440
内布拉斯加州出版协会诉斯图尔特案
Nevada Department of Human Resources v. Hibbs, 538 U.S. 721 (2003), 51-52
内华达州人力资源部诉希布斯案
New Orleans v. Dukes, 427 U.S. 297 (1976), 221
新奥尔良市诉杜克斯案
New York v. Ferber, 458 U.S. 747 (1982), 388, 389, 390
纽约州诉费伯案
New York State Board of Elections v. Lopez Torres, 128 S. Ct. 791 (2008), 308, 309
纽约州选举委员会诉洛佩兹·托里斯案
New York Times v. Sullivan, 376 U.S. 254 (1964), 23, 332, 358-359, 363, 373
纽约时报诉沙利文案
New York Times v. United States, (Pentagon Papers Case), 403 U.S. 713 (1971), 340-341, 346
纽约时报诉美国案(五角大楼文件案)
Nixon v. Shrink Missouri Government PAC, 528 U.S. 377 (2000), 367
尼克松诉施林克密苏里州政府政治行动委员会案
Nollan v. California Coastal Commis-

sion, 483 U.S. 825 (1987), 138, 154, 155

诺兰诉加利福尼亚州海岸委员会案
Nordlinger v. Hahn, 505 U.S. 1 (1992), 222

诺德林格诉哈恩案
Nordyke v. Steel, 563 F.3d 439 (9th Cir. 2009), 13, 510, 511

诺代克诉斯蒂尔案
Northwest Austin Municipal Utility Dist. No. 1 v. Holder, 129 S. Ct. 2504 (2009), 55-56

西北奥斯汀市政设施第一区诉霍尔德案
Nunez v. City of San Diego, 114 F.3d 935 (9th Cir. 1997), 124

努涅斯诉圣地亚哥城案
Nyquist v. Mauclet, 432 U.S. 1 (1977), 228, 257

尼奎斯特诉莫克勒特案

O

Oregon v. Mitchell, 400 U.S. 112 (1970), 53

俄勒冈州诉米切尔案
Orr v. Orr, 440 U.S. 268 (1979), 263-264, 265

奥尔诉奥尔案
Osborne v. Ohio, 495 U.S. 103 (1990), 387

奥斯本诉俄亥俄州案
Overton v. Bazzetta, 539 U.S. 126 (2003), 98

奥弗顿诉巴泽塔案
Oyama v. California, 332 U.S. 633 (1948), 328

奥雅玛诉加利福尼亚州案

P

Palazzolo v. Rhode Island, 533 U.S. 606 (2001), 143, 149

帕拉佐洛诉罗德岛州案
Palko v. Connecticut, 302 U.S. 319 (1937), 10-12

波尔冠诉康涅狄格州案
Papachristou v. City of Jacksonville, 405 U.S. 156 (1972), 122-123, 344

帕帕克里斯托诉杰克逊维尔市案
Papasan v. Allain, 478 U.S. 265 (1986), 324, 325

帕帕森诉阿兰案
Parents Involved in Community Schools v. Seattle School District No. 1, 551 U.S. 701 (2007), 245, 247, 249, 253

家长介入社区学校组织诉西雅图第一学区案
Parham v. J.R., 442 U.S. 584 (1979), 114

帕勒姆诉 J.R.案
Pasadena City Board of Education v. Spangler, 427 U.S. 424 (1976), 242

帕萨迪纳市教育委员会诉斯潘格勒案
Paul v. Davis, 424 U.S. 693 (1976), 83

保罗诉戴维斯案
Pell v. Procunier, 417 U.S. 817 (1974), 439

佩尔诉普罗坎尼尔案
Penn Central Transp. Co. v. City of New York, 438 U.S. 104 (1978), 145, 147,

148

潘中央交通公司诉纽约市案

Pennekamp v. Florida, 328 U. S. 331 (1946), 351

彭尼坎普诉佛罗里达州案

Pennsylvania Coal Co. v. Mahon, 260 U. S. 393 (1922), 142

宾夕法尼亚煤业公司诉马洪案

Pentagon Papers Case. See New York Times v. United States

五角大楼文件案。参见纽约时报诉美国案

Perry v. Sindermann, 408 U. S. 593 (1972), 182

佩里诉辛德曼案

Perry Education Assn. v. Perry Local Educators' Assn., 460 U.S. 37 (1983), 415, 418-419, 420

佩里教育协会诉佩里地方教育者协会案

Personnel Administrator of Massachusetts v. Feeney, 442 U.S. 256 (1979), 211

马萨诸塞州人事主管诉菲尼案

Peyote Way Church of God, Inc. v. Thornburgh, 922 F.2d 1210 (5th Cir. 1991), 501

佩奥特仙人掌上帝教会诉索恩伯格案

Philadelphia Newspapers, Inc. v. Hepps, 475 U.S. 767 (1986), 363

费城报业公司诉赫普斯案

Philips Morris USA v. Williams, 549 U. S. 346 (2007), 71

菲利普斯·莫里斯美国诉威廉姆斯案

Philips v. Washington Legal Foundation, 524 U.S. 156 (1998), 133, 140

菲利普斯诉华盛顿法律基金会案

Pickering v. Board of Education, 391 U. S. 563 (1968), 400-403

皮克林诉教育委员会案

Pierce v. Society of Sisters, 268 U.S. 510 (1925), 76, 77, 79, 93, 324

皮尔斯诉姐妹会案

Planned Parenthood v. Casey, 505 U.S. 833 (1992), 101-110, 112, 117, 323

计划生育组织诉凯西案

Pleasant Grove City, Utah v. Summum, 129 S. Ct. 1125 (2009), 415, 426-428

犹他州普莱森特格罗夫市诉至善会案

Plessy v. Ferguson, 163 U. S. 537 (1896), 9, 224, 231

普莱西诉弗格森案

Plyler v. Doe, 457 U.S. 202 (1982), 258-259, 324-325, 326, 327-329

普莱勒诉无名氏案

Poe v. Ullman, 367 U.S. 497 (1961), 12, 89

波诉厄尔曼案

Poelker v. Doe, 432 U.S. 519 (1977), 84

普尔克诉无名氏案

Police Dept. of Chicago v. Mosley, 408 U.S. 92 (1972), 405

芝加哥警察局诉莫斯利案

Polk County v. Dodson, 454 U.S. 312 (1981), 37

波克郡诉多德森案

Pope v. Illinois, 481 U.S. 497 (1987), 385

波普诉伊利诺伊州案

Posadas de Puerto Rico Assocs. v. Tourism Co., 478 U.S. 328 (1986), 379-380

波多黎各波萨达斯协会诉旅游公司案

Presbyterian Church v. Hull Church, 393 U.S. 440 (1969), 489

长老会派教会诉赫尔教会案
Press-Enterprise Co. v. Superior Court，464 U.S. 501 (1984)，440
出版事业公司诉高级法院案
Presser v. Illinois，116 U.S. 252 (1886)，13，510，511
普雷瑟诉伊利诺伊州案
Pruitt v. Cheney，963 F.2d 1160 (9th Cir. 1992)，278
普鲁伊特诉切尼案

R

Randall v. Sorrell，548 U.S. 230 (2006)，367-368
兰德尔诉索雷尔案
Rankin v. McPherson，483 U.S. 378 (1987)，401
兰金诉麦克弗森案
R.A.V. v. City of St. Paul，505 U.S. 377 (1992)，358，395-396，398
R. A. V.诉圣保罗市案
Red Lion Broadcasting Co. v. FCC，395 U.S. 367 (1969)，444，445-446
红狮广播公司诉联邦通信委员会案
Regents of the University of California v. Bakke，438 U.S. 265 (1978)，244，246
加利福尼亚大学董事会诉巴基案
Reitman v. Mulkey，387 U.S. 369 (1967)，28，32
莱特曼诉马尔基案
Rendell-Baker v. Kohn，457 U.S. 830 (1982)，18-19，27，28
伦德尔-贝克诉科恩案
Reno v. American Civil Liberties Union，521 U.S. 844 (1997)，391-393
雷诺诉美国民权联盟案
Renton v. Playtime Theatres, Inc.，475 U.S. 41 (1986)，347
伦顿诉娱乐时间剧院公司案
Republican Party of Minnesota v. White，536 U.S. 765 (2002)，398，399-400
明尼苏达州共和党诉怀特案
Reynolds v. Sims，377 U.S. 533 (1964)，292，293，294，295
雷诺兹诉西姆斯案
Reynolds v. United States，98 U.S. 145 (1879)，89
雷诺兹诉美国案
Ricci v. DeStefano，129 S. Ct. 2658 (2009)，249
里奇诉德斯特法诺案
Rice v. Cayetano，528 U.S. 495 (2000)，207，284，289
赖斯诉卡耶塔诺案
Richmond Newspapers, Inc. v. Virginia，448 U.S. 555 (1980)，82，439，440
里士满报业公司诉弗吉尼亚州案
Riley v. National Federation of Blind of North Carolina, Inc.，487 U.S. 781 (1988)，364-365
赖利诉全国盲人联合会北卡罗来纳州分会案
Roberts v. United States Jaycees，468 U.S. 609 (1984)，97，430，432，433
罗伯茨诉美国青年商会案
Rodriguez v. Popular Democratic Party，457 U.S. 1 (1982)，284
罗德里格斯诉大众民主党案
Roe v. Wade，410 U.S. 113 (1973)，81，86，99-105，108-110，112-113，118，

128

罗伊诉韦德案

Rogers v. Lodge, 458 U.S. 613 (1982), 213-214, 297

罗杰斯诉洛奇案

Romer v. Evans, 517 U.S. 620 (1996), 112, 276-278, 279

罗默诉埃文斯案

Roper v. Simmons, 543 U.S. 551 (2005), 129

罗泊诉西蒙斯案

Rosborough v. Management & Training Corp., 350 F.3d 459 (5th Cir. 2003), 20

罗斯博罗诉管理及培训公司案

Rosenberger v. Rector & Visitors of the University of Virginia, 515 U.S. 819 (1995), 420, 466, 488-489

罗森博格诉雷克托及弗吉尼亚大学访问者案

Rosenblatt v. Baer, 383 U.S. 75 (1966), 361-362

罗森布拉特诉贝尔案

Rosenbloom v. Metromedia, Inc., 403 U.S. 29 (1971), 363

罗森布鲁姆诉地铁媒体公司案

Ross v. Moffitt, 417 U.S. 600 (1974), 320

罗斯诉莫菲特案

Rostker v. Goldberg, 453 U.S. 57 (1981), 261

罗斯特克诉戈德堡案

Roth v. United States, 354 U.S. 476 (1957), 383

罗思诉美国案

Rubin v. Coors Brewing Co., 514 U.S. 476 (1995), 381

鲁宾诉库尔斯酿酒公司案

Ruckelshaus v. Monsanto Co., 467 U.S. 986 (1984), 133

拉克尔肖斯诉孟山都公司案

Runyon v. McCrary, 427 U.S. 160 (1976), 40

鲁尼恩诉麦克拉里案

Rust v. Sullivan, 500 U.S. 173 (1991), 426, 428, 429

拉斯特诉苏利文案

Rutherford v. United States, 438 F. Supp. 1287 (W.D. Okla. 1977), 113

拉瑟福德诉美国案

S

Saenz v. Roe, 526 U.S. 489 (1999), 53, 311, 313, 314, 316, 317

萨恩斯诉罗案

Saint Francis College v. Al-Khazraji, 481 U.S. 604 (1987), 41

圣·弗兰西斯学院诉阿尔-卡兹拉吉案

Salyer Land Co. v. Tulare Lake Basin Water Storage Dist., 410 U.S. 719 (1973), 289

萨利尔土地公司诉图莱里湖域储水区案

San Antonio Independent School Dist. v. Rodriguez, 411 U.S. 1 (1973), 325, 327

圣安东尼奥独立学区诉罗德里格斯案

Sandin v. Conner, 515 U.S. 472 (1995), 177-178

桑丁诉康纳案

Santa Fe Independent School District v.

Doe, 530 U.S. 290 (2000), 452, 453-454, 478
圣达菲独立学区诉无名氏案
Saxbe v. Washington Post Co., 417 U.S. 843 (1974), 439
萨克斯比诉华盛顿邮报公司案
Schad v. Borough of Mount Ephraim, 452 U.S. 61 (1981), 386
谢德诉芒特伊弗雷姆自治市案
Schaumburg v. Citizens for a Better Environment, 444 U.S. 620 (1980), 364
绍姆堡诉为更好环境奋斗的公民（组织）案
Schenck v. Pro-Choice Network of Western New York, 519 U.S. 357 (1997), 413
申克诉西纽约人工流产合法网络（组织）案
Schenck v. United States, 249 U.S. 47 (1919), 348-351
申克诉美国案
Schleifer v. City of Charlottesville, 159 F.3d 843 (4th Cir. 1998), 124
施莱弗诉夏洛茨维尔市案
Schlesinger v. Ballard, 419 U.S. 498 (1975), 262
施莱辛格诉巴拉德案
Schneider v. State, 308 U.S. 147 (1939), 408
施奈德诉（新泽西）州案
School District of Grand Rapids v. Ball, 473 U.S. 373 (1985), 467-468
大急流城学区诉鲍尔案
Seattle Times Co. v. Rinehart, 467 U.S. 20 (1984), 441
西雅图时报公司诉莱因哈特案
Secretary of State of Maryland v. Joseph H. Munson Co., 467 U.S. 947 (1984), 364
马里兰州州务卿诉约瑟夫·H.芒森公司案
Serbian Orthodox Diocese v. Milivojevich, 426 U.S. 696 (1976), 489
塞尔维亚东正教教区诉米利沃切维奇案
Shaare Tefila Congregation v. Cobb, 481 U.S. 615 (1987), 41
沙阿尔·特菲拉教会诉科布案
Shapiro v. Thompson, 394 U.S. 618 (1969), 312
夏皮罗诉汤普森案
Shaw v. Hunt, 517 U.S. 899 (1996), 228, 307
肖诉亨特
Shaw v. Reno, 509 U.S. 630 (1993), 304-305
肖诉雷诺案
Shelley v. Kraemer, 334 U.S. 1 (1948), 20-22, 29-30, 36, 225
谢利诉克雷默案
Sherbert v. Verner, 374 U.S. 398 (1963), 493, 498-500
舍伯特诉弗纳案
Shuttlesworth v. Birmingham, 394 U.S. 147 (1969), 406, 412
夏特尔斯沃斯诉伯明翰案
Skinner v. Oklahoma, 316 U.S. 535 (1942), 77
斯金纳诉俄克拉荷马州案
Slaughter-House cases, 83 U.S. (16 Wall.) 36 (1872), 8-9, 41, 62, 68, 223-224
屠宰场案
Smith v. Allwright, 321 U.S. 649 (1944), 17

史密斯诉奥尔赖特案
Smith v. California, 361 U. S. 147 (1959), 373
史密斯诉加利福尼亚州案
Smith v. Daily Mail Publishing Co., 443 U.S. 97 (1979), 441
史密斯诉每日邮报出版公司案
Sosna v. Iowa, 419 U.S. 393 (1975), 87, 313-314
索斯纳诉爱荷华州案
Southwest Voter Registration Education Project v. Shelley, 344 F.3d 914 (9th Cir. 2003), 310
西南选民注册教育计划诉谢利案
Spallone v. United States, 493 U.S. 265 (1990), 240
斯伯隆诉美国案
Spence v. State of Washington, 418 U.S. 405 (1974), 333
斯彭斯诉华盛顿州案
St. Amant v. Thompson, 390 U.S. 727 (1968), 360
圣阿曼特诉汤普森案
Stanley v. Georgia, 394 U. S. 557 (1969), 387
斯坦利诉乔治亚案
Starns v. Malkerson, 326 F. Supp. 234 (D. Minn. 1970), 316
斯塔恩斯诉马尔科森案
State v. J. P., 907 So. 2d 1101 (Fla. 2004), 124
(佛罗里达)州诉J. P案
State Farm Mutual Automobile Insurance Co. v. Campbell, 538 U. S. 408 (2003), 71-73, 74, 75
国家农场自动化保险公司诉坎贝尔案

Stenberg v. Carhart, 530 U. S. 914 (2000), 104, 105, 106, 112
斯滕伯格诉卡哈特案
Stone v. Graham, 449 U.S. 39 (1980), 454
斯通诉格雷厄姆案
Stone v. Mississippi, 101 U. S. 814 (1880), 170
斯通诉密西西比州案
Strauder v. West Virginia, 100 U.S. (10 Otto) 303 (1880), 9, 224
斯特劳德诉西弗吉尼亚州案
Street v. Corrections Corp. of America, 102 F.3d 810 (6th Cir. 1996), 20
斯特里特诉美国修正公司案
Suitum v. Tahoe Regional Planning Agency, 520 U.S. 725 (1997), 148-149
休塔姆诉塔霍区规划局案
Sunday Lake Iron Co. v. Township of Wakefield, 247 U.S. 350 (1918), 207
森迪雷克制铁公司诉怀特菲尔德镇案
Swann v. Charlotte-Mecklenburg Board of Education, 402 U.S. 1 (1971), 232
斯旺诉夏洛特-梅克伦堡教育委员会案

T

Tahoe-Sierra Preservation Council, Inc. v. Tahoe Regional Planning Agency, 535 U.S. 302 (2002), 138, 143
塔霍-西拉保护区委员会诉塔霍区规划局案
Tashjian v. Republican Party of Connecticut, 479 U.S. 208 (1986), 435
塔什吉安诉康涅狄格州共和党案

Tennessee v. Lane, 541 U.S. 509 (2004), 51-52
田纳西州诉莱恩案
Tennessee Secondary School Athletic Assn. v. Brentwood Academy, 551 U.S. 291 (2007), 188, 403
田纳西州州中学运动协会诉布伦特伍德高中案
Terminiello v. Chicago, 337 U.S. 1 (1949), 350, 357
特米内洛诉芝加哥案
Terry v. Adams, 345 U.S. 461 (1953), 17
特里诉亚当斯案
Texas v. Johnson, 491 U.S. 397 (1989), 333
德克萨斯州诉约翰森案
Texas Monthly, Inc. v. Bullock, 489 U.S. 1 (1989), 501
德克萨斯月刊公司诉布洛克案
Thomas v. Review Board, 450 U.S. 707 (1981), 498
托马斯诉评审委员会案
Thompson v. Consolidated Gas Utilities Corp., 300 U.S. 55 (1937), 133
汤普森诉压缩天然气设施公司案
Thompson v. Western States Medical Center, 535 U.S. 357 (2002), 383
汤普森诉西部国家医疗中心案
Thornburgh v. American College of Obstetricians & Gynecologists, 476 U.S. 747 (1986), 81-82, 101, 104
索恩伯格诉美国妇产科学院案
Thornhill v. Alabama, 310 U.S. 88 (1940), 350
桑希尔诉阿拉巴马州案

Time, Inc. v. Firestone, 424 U.S. 448 (1976), 362
时报公司诉费尔斯通案
Timmons v. Twin Cities New Party, 520 U.S. 351 (1997), 435, 437
蒂蒙斯诉双城新党案
Tinker v. Des Monies Independent Community School District, 393 U.S. 503 (1969), 423-424
廷克诉德·莫尼斯独立社区学区案
Torcaso v. Watkins, 367 U.S. 488 (1961), 485-486
托卡索诉沃特金斯案
Tower v. Glover, 467 U.S. 914 (1984), 37
陶尔诉格洛弗案
Town of Castle Rock, Colorado v. Gonzales, 545 U.S. 748 (2005), 180-181
科罗拉多州罗克堡镇诉冈萨雷斯案
Troxel v. Granville, 530 U.S. 57 (2000), 94-97
特罗克赛尔诉格兰维尔案
Tuan Ahn Nguyen v. Immigration and Naturalization Service, 533 U.S. 53 (2001), 266-268
图安·安·阮诉移民与归化服务中心案
Turner Broadcasting System, Inc. v. FCC, 512 U.S. 622 (1994), 447-448
特纳广播系统公司诉联邦通信委员会案
Turner Broadcasting System, Inc. v. FCC, 520 U.S. 180 (1997), 448
特纳广播系统公司诉联邦通信委员会案
Twining v. New Jersey, 211 U.S. 78 (1908), 10
特文宁诉新泽西州案

TXO Prod. Corp. v. Alliance Resources Corp., 509 U.S. 443 (1993), 70
TXO产品公司诉联盟资源公司案

U

United States v. American Library Assoc., 539 U.S. 194 (2003), 394-395, 416-417
美国诉美国图书馆协会案
United States v. Ballard, 322 U.S. 78 (1944), 486
美国诉巴拉德案
United States v. Burzynksi Cancer Research Institute, 819 F.2d 1301 (5th Cir. 1987), 113
美国诉博金柯西癌症研究所案
United States v. Carlton, 512 U.S. 26 (1994), 160
美国诉卡尔顿案
United States v. Carolene Products Co., 304 U.S. 144 (1938), 67-68, 76-77, 79, 225-226, 284
美国诉卡洛琳产品公司案
United States v. Dennis, 183 F.2d 201 (2d Cir. 1950), 352
美国诉丹尼斯案
United States v. Fincher, 538 U.S. 868 (8th Cir. 2008), 512
美国诉芬彻案
United States v. Fordice, 505 U.S. 717 (1992), 239
美国诉福戴斯案
United States v. Grace, 461 U.S. 171 (1983), 408

美国诉格雷斯案
United States v. Kokinda, 497 U.S. 720 (1990), 416
美国诉柯金达案
United States v. Kras, 409 U.S. 434 (1973), 321
美国诉克拉斯案
United States v. Lebeau, 985 F.2d 563 (7th Cir. 1993), 113
美国诉勒博案
United States v. Lee, 455 U.S. 252 (1982), 494-495
美国诉李案
United States v. Miller, 307 U.S. 174 (1939), 505-506
美国诉米勒案
United States v. Morrison, 529 U.S. 528 (2000), 50
美国诉莫里森案
United States v. National Treasury Employees Union, 513 U.S. 454 (1995), 400
美国诉全国财政部雇员联盟案
United States v. O'Brien, 391 U.S. 367 (1968), 333-334, 335-336
美国诉奥布赖恩案
United States v. Playboy Entertainment Group Inc., 529 U.S. 803 (2000), 387-388
美国诉花花公子娱乐集团公司案
United States v. Progressive, Inc., 467 F. Supp. 990 (W.D. Wis. 1979), 342
美国诉进取(组织)公司案
United States v. Robel, 389 U.S. 258 (1967), 431
美国诉里贝尔案

United States v. Salerno, 481 U.S. 739 (1987), 107
美国诉萨莱诺案
United States v. Tagg, 572 F. 3d 1320 (11th Cir. 2009), 512
美国诉塔格案
United States v. United Foods, Inc., 533 U.S. 405 (2001), 398
美国诉联合食物公司案
United States v. Virginia, 518 U.S. 515 (1996), 263, 264, 270, 271
美国诉弗吉尼亚州案
United States v. Williams, 128 S. Ct. 1830 (2008), 343, 345, 390
美国诉威廉斯案
United States Civil Service Commn. v. National Assn. of Letter Carriers AFL-CIO, 413 U.S. 540 (1973), 400
美国民权服务委员会诉全国邮递协会案
United States Dept. of Agriculture v. Moreno, 413 U.S. 528 (1973), 222, 276, 277
美国农业部诉莫雷诺案
United States Trust Co. v. New Jersey, 431 U.S. 1 (1977), 167, 170-172
美国信托公司诉新泽西州案
University of Wisconsin System v. Southworth, 529 U.S. 217 (2000), 398
威斯康星州大学诉索斯沃斯案
Usery v. Turner Elkhorn Mining Co., 428 U.S. 1 (1976), 200
尤塞里诉特纳·埃尔克霍恩矿业公司案

V

Vacco v. Quill, 521 U.S. 793 (1997), 118, 119-120
瓦冦诉奎尔案
Valentine v. Chrestensen, 316 U.S. 52 (1942), 373
瓦伦丁诉克里斯滕森案
Van Orden v. Perry, 545 U.S. 677 (2005), 428, 457
凡·奥登诉佩里案
Varnum v. Brien, 763 N.W.2d 862 (Iowa 2009), 278
瓦纳姆诉布赖恩案
Vieth v. Jubelirer, 541 U.S. 267 (2004), 302
维斯诉朱伯利埃尔案
Village of Arlington Heights v. Metropolitan Housing Dev. Corp., 429 U.S. 252 (1977), 210, 219
阿灵顿海茨村诉
Village of Belle Terre v. Boraas, 416 U.S. 1 (1974), 92, 97
贝尔·特尔村诉博拉斯案
Village of Willowbrook v. Olech, 528 U.S. 562 (2000), 207, 209
威洛布鲁克村诉博拉斯案
Virginia v. Black, 538 U.S. 343 (2003), 357, 396-397
弗吉尼亚州诉布莱克案
Virginia v. Hicks, 539 U.S. 113 (2003), 343, 344
弗吉尼亚诉希克斯案
Virginia Board of Pharmacy v. Virginia Consumer Council, 425 U.S. 748 (1976), 373, 374, 376-377
弗吉尼亚州药店委员会诉弗吉尼亚州消费者协会案
Vitek v. Jones, 445 U.S. 480 (1980),

114, 183, 196
维泰克诉琼斯案
Vlandis v. Kline, 412 U.S. 441 (1973), 199, 316
弗兰蒂斯诉克兰案

W

Walker v. Sauvinet, 92 U.S. 90 (1876), 13
沃克诉索温奈特案
Wallace v. Jaffree, 472 U.S. 38 (1985), 452, 455, 474-475
华莱士诉贾弗利案
Washington v. Davis, 426 U.S. 229 (1976), 203, 210, 213, 217
华盛顿(特区)诉戴维斯案
Washington v. Glucksberg, 512 U.S. 702 (1997), 116, 118-119
华盛顿诉州格卢克斯伯格案
Washington v. Harper, 494 U.S. 210 (1990), 113
华盛顿州诉哈珀案
Washington State Grange v. Washington State Republican Party, 128 S. Ct. 1184 (2008), 343, 438
华盛顿州农庄兄弟会诉华盛顿州共和党案
Washington State Republican Party v. Logan, 377 F. Supp. 2d 907 (W.D. Wa. 2005), 438
华盛顿州共和党诉洛根案
Watchtower Bible and Tract Society of New York, Inc. v. Village of Stratton, 536 U.S. 150 (2002), 407, 489
纽约守望塔圣经及宗教书籍团体诉斯特拉顿村案
Webb's Fabulous Pharmacies, Inc. v. Beckwith, 449 U.S. 155 (1980), 137-138
韦布医药公司诉贝克威思案
Webster v. Reproductive Health Services, 492 U.S. 490 (1989), 101
韦伯斯特诉生殖卫生服务中心案
Weinberger v. Salfi, 422 U.S. 749 (1975), 200
温伯格诉萨尔菲案
Wesberry v. Sanders, 376 U.S. 1 (1964), 291
维斯伯里诉桑德斯案
West v. Atkins, 487 U.S. 42 (1988), 37
韦斯特诉阿特金斯案
West Coast Hotel Co. v. Parrish, 300 U.S. 379 (1937), 66, 67
西海岸旅馆公司诉帕里什案
West River Bridge Co. v. Dix, 47 U.S. (6 How.) 507 (1848), 170
西江桥梁公司诉迪克斯案
Westside Community Board of Education v. Mergens, 496 U.S. 226 (1990), 478
韦斯特赛德社区教育委员会诉默根案
West Virginia State Board of Education v. Barnette, 319 U.S. 624 (1943), 350, 397, 485, 486
西弗吉尼亚州教育委员会诉巴尼特案
Whalen v. Roe, 429 U.S. 589 (1977), 81, 86, 110, 112
惠伦诉罗伊案
White v. Regester, 412 U.S. 755 (1973), 294, 298
怀特诉里杰斯特案
Whitney v. California, 274 U.S. 357

(1927), 349-350, 354
惠特尼诉加利福尼亚州案
Widmar v. Vincent, 454 U. S. 263 (1981), 418
威德马尔诉文森特案
Wilkinson v. Austin, 545 U. S. 209 (2005), 178
威尔金森诉奥斯汀案
Williams v. Philip Morris Inc., 340 Ore. 35, 127 P.3d 1165 (2006), 74
威廉姆斯诉菲利普·莫里斯公司案
Williams v. Vermont, 472 U. S. 14 (1985), 275
威廉姆斯诉佛蒙特州案
Williamson v. Lee Optical, Inc., 348 U. S. 483 (1955), 68-69, 220-221
威廉姆森诉李氏眼镜公司案
Willow Inn, Inc. v. Public Service Mutual Ins. Co., 399 F.3d 224 (3d Cir. 2005), 75
柳树旅馆公司诉公用服务共同公司案
Wisconsin v. Yoder, 406 U.S. 205 (1972), 494-497
威斯康星州诉约德案
Wolff v. McDonnell, 418 U. S. 539 (1974), 59, 176
沃尔夫诉麦克唐纳案
Wolman v. Walter, 433 U.S. 229 (1977), 465, 470
沃尔曼诉沃尔特案
Woodson v. North Carolina, 428 U.S. 280 (1976), 129
伍德森诉北卡罗来纳州案
Wooley v. Maryland, 430 U. S. 705 (1977), 397
伍利诉马里兰州案

Wygant v. Jackson Board of Education, 476 U.S. 267 (1986), 228
威甘特诉杰克逊教育委员会案

Y

Yee v. City of Escondido, 503 U.S. 519 (1992), 141
伊诉埃斯孔迪多案
Yick Wo v. Hopkins, 118 U. S. 356 (1886), 9, 214, 215, 224
益和诉霍普金斯案
Young v. American Mini Theatres, Inc., 427 U.S. 50 (1976), 388
扬诉美国袖珍剧院公司案
Young v. Harper, 520 U.S. 143 (1997), 121, 177
扬诉哈珀案
Youngberg v. Romeo, 457 U. S. 307 (1982), 85, 120, 121, 126
扬伯格诉罗密欧案
Ysursa v. Pocatello Education Assn., 129 S. Ct. 1093 (2009), 403
伊瑟萨诉波卡特洛教育协会案

Z

Zablocki v. Redhail, 434 U. S. 374 (1978), 87, 90, 282
扎布洛茨基诉里德赫尔案
Zadvydas v. Davis, 533 U. S. 678 (2001), 121-122
扎德维达斯诉戴维斯案
Zelman v. Simmons-Harris, 536 U.S. 639

(2002), 454, 472-473, 482, 492
泽尔曼诉西蒙斯-哈里斯案
Zied-Campbell v. Richman, 2007 WL 1031399 (M.D. Pa., March 30, 2007), 52
齐多-坎贝尔诉里奇曼案
Zobel v. Williams, 457 U.S. 55 (1982), 274, 317

佐贝尔诉威廉姆斯案
Zobrest v. Catalina Foothills School Dist., 509 U.S. 1 (1993), 466, 467, 471
佐布里斯特诉卡塔利那丘陵学区案
Zorach v. Clauson, 343 U.S. 306 (1952), 502
佐拉克诉克劳森案

索 引

A

Abortion 堕胎 99-110

Affirmative action 平权措施 244-245

Alienage classifications 基于外国人身份的分类 255-260

Arms, right to keep and bear 持有和携带武器的权利 12-13, 505-512

As-applied challenges 适用中的争议 107-110

Association 结社（权）97-99, 429-438

At-large election schemes 整体代表选举方案 292-293

B

Badges and incidents of slavery. See Thirteenth Amendment 奴隶制的标志及事件，参见第十三修正案

Ballot, access to 参加竞选的权利 307-309

Bill of Rights《权利法案》2, 6-7, 9-13

Black Codes《黑人法典》5

Bona fide residency requirements, See also Durational residency requirements; travel 真实居住的要件，亦可参见居住期限要件；迁徙权 318-319

Brandeis, Louis 路易斯·布兰戴斯 349-350

C

Carolene Products footnote four 卡洛琳公司案之脚注四 76-77

Civil Rights Acts 民权法案

42 U.S.C. §1981《美国法典》42卷1981条 39

42 U.S.C. §1982《美国法典》42卷1982条 38-39

42 U.S.C. §1983《美国法典》42卷1983条 16, 43, 44, 54

42 U.S.C. §1985 (3)《美国法典》42卷1985条 40

Civil Rights Act of 1866, 1866年《民权法》5-6

Civil Rights act of 1964, Title VII 1964年《民权法》248, 269

Compelling interest test 紧迫之利益标准 83-86, 227-230, 246-249

See also Strict scrutiny. 亦可参见严格审查

Contraceptives 避孕用具 78

See also Privacy; Substantive due process 亦可参见隐私权、实质性正当程序

Contracts Clause 合同条款 2, 159-172

Balancing test 平衡审查 166-169

Contractual obligation 合同义务 160-162

Impairment 损害 163-164

Implied terms 暗示的（合同）条件 161-162

Reserved powers doctrine 权力保留主义 166-169

State party to contract 州作为合同一方当事人 169-172

Substantiality 实质性 164-166

Courts, access to 向法院起诉的权利 127-128

D

Death caused by government officials 政府官员导致的死亡 130

Death penalty 死刑 129-130

Discrimination. See Equal protection Clause. 歧视。参见平等保护条款

Due process. 正当程序

See Procedural due process; Substantive due process 参见程序性正当程序，实质性正当程序

Durational residency requirements 居住期限要件 312-314

See also Bona fide residency requirements; Travel 亦可参见真实居住的要件、迁徙权

E

Economic due process 经济的正当程序 61-75

See also substantive due process. 亦可参见实质性正当程序

Education 教育权 324-326

Elections 选举权 283-310

Associational rights 结社权 429-438

Enforcement power, Civil War Amendments 对内战修正案的执行权 37-56

See also Fifteenth Amendment 亦可参见第十五修正案

Fourteenth Amendment 第十四修正案

Thirteenth Amendment 第十三修正案

Equal Protection Clause 平等保护条款 203-329

Affirmative action 平权措施 244-255

Alienage classifications 基于外国人身份的分类 255-260

See also Suspect classifications 亦可参见可疑分类

As-applied challenges 适用中的争议 207-208

Bona fide residency requirement 真实居住的要件 318-319

Class-of-one theory 一人群体理论 209-210

Compelling interest test 紧迫之利益标准 227-228, 246-249

See also Strict scrutiny 亦可参见严格审查

De jure 法律上 210-217

See also Equal Protection Clause, Intent 亦可参见平等保护条款，意图

Design 意图 207

Discriminatory purpose 歧视性目的 210-217

See also Equal Protection Clause, Intent 亦可参见平等保护条款，意图

Disproportionate impact 不成比例的影响 208-210

Durational residency requirements 居住期限要件 312-314

Facial 表面上的 206-207

Fixed-point and fixed-date residency 定点和定日的居住要件 315-316

Fundamental rights 基本权利 281-329

Access to ballot 参加竞选的权利 307-

309
  Access to courts 向法院起诉的权利 319-321
  Education 教育权 324-326
  Right to vote 投票权 283-310
  Strict scrutiny 严格审查 281-283
  Travel 迁徙权 310-311
  Unequal vote count 不平等的计票 309-310
  Welfare and subsistence 福利与生存 322-323
Gender classification 基于性别的分类 260-271
Gerrymandering 改划选区 297-303
Impact 影响 208-210
Intent 意图 210-217
  Allegation of 对意图之主张 211
  Attribution of 归因于意图 214-216
Interdistrict remedies 区际补救措施 233-237
Intermediate scrutiny 中度审查 262-271
Invidious discrimination 激起嫉恨的歧视 210-217
Keyes presumption 凯斯案推定 214-216
Legitimacy 合法化 271-273
Mentally retarded 智力缺陷 275-276
Mid-level scrutiny 中度审查 262-271
Narrowly tailored 恰当契合 228-230, 250-255
  See also Strict scrutiny 亦可参见严格审查
Nondilutional race-based districting 非稀释的基于种族的选区划分 303-307
Nonsuspect classifications 非可疑分类
  Age 年龄 273
  Mental retardation 智力缺陷 275-276
  Sexual orientation 性取向 276-280
  Wealth 财富 273

One person, one vote 一人一票 292
Out-of-state residents 跨州居民 274-275
Prima facie case 初步证明案件 208-217
  Rebuttal of 对初步证明案件的反驳 217-220
Purpose. *See* Equal Protection Clause, Intent 目的。参见平等保护条款, 意图
Quasi-suspect classifications 准可疑分类 255-260
  Gender 性别 260-271
  Legitimacy 合法性 271-273
Racial classifications 基于种族的分类 223-255
  See also Suspect Classifications. 亦可参见可疑分类
Rational basis 合理依据 220-224
Reapportionment 重新划分选区 293-295
Residency requirements 居住要件 312-316
Schools. *See* Suspect classifications 学校。参见可疑分类
Separate but equal 隔离但平等 224, 230-233
Sexual orientation 性取向 276-280
Sliding scale 滑动指标 326-329
Standards of review 审查标准 205-206
Strict scrutiny 严格审查 225-230, 244, 255-257
Substantial relationship test 实质性关系审查
  See Intermediate scrutiny. 参见中度审查
Suspect classifications 可疑分类 223-260
  Affirmative action 平权措施 244-255
  Alienage classifications 基于外国人身份的分类 255-260
  Federal laws 联邦法 260
  State and local laws 州和地方法律

255
  Brown v. Board of Education 布朗诉教育委员会案 230-233
  Racial classifications in general 一般意义上基于种族的分类 223-255
  Segregation in public schools 公立学校的种族隔离 230-243
   Colleges 大学 237-239
   Desegregation orders 废止种族隔离命令 239-243
   Interdistrict remedies 区际补救措施 233-237
   White flight 白人搬迁 235-237
  Undocumented aliens 非法移民的外国人 258-259
Equal protection liberties. *See* Equal Protection Clause, Fundamental rights 平等保护自由 参见平等保护条款, 基本权利
Equal protection, state constitutions 平等保护, 各州宪法 278
Establishment Clause 禁止国教条款
  See Freedom of religion 参见宗教信仰自由
Expression. See Freedom of speech and press 表达。参见言论和媒体自由

F

Facial challenges 表面挑战 107-110, 343-346
Family integrity 家庭的完整性 90-97
Federalist Papers 联邦党人文集, 1
Fifteenth Amendment 第十五修正案 53-56
  Congressional enforcement power 国会的强制执行权 54-56
First Amendment 第一修正案
  See Freedom of religion; Freedom of speech and press 宗教自由言论和媒体自由
Fourteenth Amendment 第十四修正案 2-37, 41-53
  Citizenship Clause, 公民权条款 3-4
Congressional enforcement power 国会的强制执行权 41-53
Due Process Clause 正当程序条款 4-5, 7, 57-130, 173-201
  See also Procedural due process; Substantive due process 亦可参见程序性正当程序、实质性正当程序
Equal Protection Clause 平等保护条款 4-5, 7, 203-329
  See also Equal Protection Clause 亦可参见平等保护条款
History 历程 2, 5-9
Incorporation doctrine 吸收原则 9-13
Privileges or Immunities Clause 特权或豁免条款 4-7
Text 文本 3-5
Freedom of expression 表达自由
  See Freedom of speech and press 参见言论和媒体自由
Freedom of movement 行动自由 120-124
Freedom of religion 宗教自由 449-503
  Accommodation of religion 为宗教提供便利 500-503
  Establishment Clause 禁止国教条款 450-482
   Aid to parochial schools 对教会学校的援助 464-473
   Ban on officially established religions 禁止官方设立宗教 458
   Coercion test 强制性的审查 452
   Discrimination between religions 宗教间的歧视 458-462
   Disfavored status 不利地位 461-462

索引 601

  Endorsement 许可 452
  Faith-based initiative 以信仰为基础的举措 481-482
  History and tradition 历史和传统 452-453
  Holiday displays 假日布置 480-481
  Lemon test 莱蒙检验 453-457
  Nonpreferentialism 中立论 451-452
  Prayer in public schools 公立学校中的祈祷 473-480
  Preferred status 偏爱地位 458-461
  Promotion of religion 推行宗教 462-482
  Separationism 分离论 451
  Tuition assistance and voucher 学费资助和凭证 470-473
  Wall of separation 隔离墙 451
Free exercise Clause 信仰自由条款 483-500
 Belief 信仰 483-490
 Conduct 行为 483-484，490-500
  Incidental burdens 附带负担 490-500
  Nonpurposeful regulation 非蓄意的法律规制 494-497
  Purposeful regulation 蓄意的法律规制 490-493
 Ecclesiastical disputes 传教士的纠纷 489-490
Freedom of speech and press 言论和媒体自由 331-448
 Access to criminal proceedings 参与刑事程序的权利 439-440
 Access to information 知情权 439
 Access to press 开放媒体版面 443-444
 Association，right of 结社权 429-438
 Broadcast media 广播媒体 444-446
 Campaign advocacy 竞选支持 365-372
 Confidential sources 秘密线索 443

 Content-based restrictions 基于内容的限制 346-403
  Actual malice. *See* Freedom of speech and press，Content-based restrictions，Defamation 实质恶意　参见言论和媒体自由、基于内容的限制
  Ad hoc balancing 特殊权衡标准 347-348，398-400
  Advertising. *See* Freedom of speech and press 广告，参见言论和媒体自由
  Advocacy of unlawful conduct. *See* Freedom of speech and press，鼓动非法行为，参见言论和媒体自由
  Campaign advocacy 竞选支持 370-372
  Campaign financing 竞选资金 365-372
  Censorship. *See* Freedom of speech and press，Prior restraints 审查制度，参见言论和媒体自由，事前限制
  Clear and present danger test 清晰而即刻的危险检验 348-356
  Commercial speech 商业言论 373-383
  Central Hudson test 中央哈德逊案标准 377-383
  Compelled speech 强制言论 397-398
  Defamation 诽谤法 358-364
   Actual malice 实质恶意 359-364
   Public figures and officials 公众人物和官员 361-362
   Punitive damages 惩罚性赔偿 363-364
  Defined 明确的 332-336
  Fighting words 挑衅语言 356-358
  Fraud 欺诈 364-365
  Government permits 政府许可 403-411
  Government program participants 政府项目参与人 403
  Government refusal to support 政府拒

绝支持 402-403
　　Hate speech 仇恨言论 358
　　Indecent speech 不雅言论 390-391
　　Initiative process 倡议程序 372-373
　　Internet and indecency 互联网与不文雅 391-395
　　Obscenity 淫秽 383-387
　　Pornography 色情 387-390
　　Public employees 政府雇员 400-403
　　Secondary effects 次级效应 347
　　Sexually explicit speech 直白的性言论 383-395
　　True threat 真实威胁 357
　　Unprotected, speech 不受保护的言论 336-337, 383-387
　　　　Miller test 米勒案标准 383-387
　　　　Viewpoint restrictions 观点限制 346, 395-397
　　　　Vulgar 粗俗的 390-391
　Content-neutral restrictions 内容中立的限制 403-414
　Copyright 版权 413-414
　Developing technologies 新兴技术 447-448
　Expressive conduct 表达行为 332-336
　Gag orders 封口令 440-441. *See also* Freedom of speech and press, Prior restraints 亦可参见言论和媒体自由、事前限制
　Government speech 政府言论 415, 425-429
　Initiative process 倡议程序 372-373
　Injunctions 禁制令 337-342, 412-413
　Nonpublic forum 非公共论坛 415, 421-422
　Overbreadth 过于宽泛 343-346
　Pentagon Papers Case 五角大楼文件案 340-341, 346

　Press 媒体 332-336
　Prior restraints 事前限制 337-342, 411-412
　Public forum 公共论坛 414-421
　　Designated 拟制的公共论坛 415, 418-421
　　Traditional 传统的公共论坛 414, 416-418
　Public records 公共记录（档案）441-442
　Pure speech 纯粹言论 332-336
　Right of reply 答复权 443-444
　Right to know 知情权 440-441
　Speech 言论 332-336
　Streets, sidewalks, and parks. *See* Freedom of speech and press, Public forum 街道、人行道和公园，参见言论和媒体自由、公共论坛
　Students speech in public schools 公立学校中的学生言论 423-425
　Subsequent punishments. *See* Freedom of speech and press, Prior restraints 随后的惩罚，参见言论和媒体自由、事前限制
　Symbolic speech 象征性言论 332-336
　Time, place, and manne 时间、地点和方式 403-411
　Truthful information 真实信息 441-442
　Unprotected speech 不受保护的言论 336-337, 395-397
　Vagueness 模糊性 343-346
　Viewpoint neutrality 观点中立, 346-347, 395-397, 403-406
Free Exercise Clause. *See* Freedom of religion 信仰自由条款。参见宗教自由
Fundamental rights 基本权利 78-130. *See also* Equal Protection Clause, Fundamental rights; Substantive due process. 亦可参见平等保护条款、基本权利、实质

性正当程序

G

Gays and lesbians 男同性恋和女同性恋 110-112, 276-280
　　See also Equal Protection Clause, Sexual orientation, Substantive due process, Noneconomic due process, Sexual intimacy 亦可参见平等保护条款,性取向,实质性正当程序,非经济的正当程序,性关系
Gender classifications 基于性别的分类 260-271
Gerrymandering 划分选区 297-303
Government speech 政府言论 415, 425-429
Group vote dilution 群体选票的稀释 295-303

H

Hamilton, Alexander 亚历山大·汉密尔顿 1
Hearing, right to. 听证的权利
　　See Procedural due process 参见程序性正当程序
Holmes, Oliver Wendell 奥利弗·温德尔·霍姆斯 348-350
Homosexuality. 同性恋
　　See Equal Protection Clause, Sexual orientation, Substantive due process, Noneconomic due process, Sexual intimacy 参见平等保护条款、性取向、实质性正当程序、非经济的正当程序、性关系

I

Incorporation doctrine 吸收原则 9-13
Intermediate scrutiny 中度审查 262-273
Intimate association 亲密关系权 97-99
Irrebuttable presumption doctrine 不可反驳的推定原则 197-201

J

Jefferson, Thomas 托马斯·杰斐逊 451
Just Compensation Clause. See Takings Clause 公平补偿条款。参见征收条款

L

Liberty. See Equal Protection Clause; Procedural due process; Substantive due process; *specific freedoms* 自由。参见平等保护条款、程序性正当程序、实质性正当程序、特殊自由
Liberty to contract 缔约自由 61-70
Life 生命 115-120, 128-130
Lochner era 洛克纳案时期 61-67, 75-77

M

Madison, James 詹姆斯·麦迪逊 2
Marital privacy 婚姻隐私 86-90
Marriage 婚姻 86-90
Marriage Protection Amendment《婚姻保护修正案》89
Medical treatment 医疗措施 112-114

Lifesaving hydration and nutrition 维持生命的水和营养 114-117
Mentally retarded, discrimination against 对智力缺陷的歧视 275-276
Multimember districts 大选区 298-300

N

Narrowly tailored 恰当契合 228-230, 250-255, 406-410
　　See also Strict scrutiny 亦可参见严格审查
Necessary and Proper Clause 必要和适当性条款 38, 41-42
Ninth Amendment 第九修正案 80-81
　　See also Substantive due process 亦可参见实质性正当程序
Noneconomic due process 非经济的正当程序 61, 75-130
　　See also Substantive due process 亦可参见实质性正当程序
Nonparental visitatio 非亲缘探视权 94-97
Nonsuspect classification 非可疑分类 273-380

O

One person, one vote 一人一票 289-295
Out-of-staters, discrimination against 对跨州区民的歧视 274-275

P

Parental rights 亲权 92-94
Parent-child relationship 亲子关系 92-94

Penumbras and emanations 灰色地带与延伸领域 78-79
Personal autonomy 个人自治 86-120
Privacy 隐私权 78, 86-120
Privileges and Immunities Clause 特权和豁免条款 2, 4, 7, 8, 274, 318
Privileges or Immunities Clause 特权或豁免条款 4-7, 274-275, 315-316, 318
Procedural due process 程序性正当程序 173-201
　　Custom and practice 习惯和惯例 182-183
　　Deprivation 对权利的剥夺 183-184
　　Harmless error 无害的错误 188
　　Hearing requirement 听证要求 186-196
　　　　"Bitter with the sweet" 苦中带甜（好坏都照单全收）186-187
　　　　Formality 形式 195-196
　　　　Independent decision maker 独立决策者 196
　　　　Postdeprivation 剥夺后 191-195
　　　　Predeprivation 剥夺前 189-191
　　Irrebuttable presumption doctrine 不可反驳的推定原则 197-201
　　Liberty 自由 175-178
　　Mathews v. Eldridge test 马修斯诉埃尔德里奇案标准 187-189
　　Notice 告知 185-186
　　Postdeprivation remedies 剥夺后救济 196-197
　　Property 财产 178-182
　　Substantive due process compared 对照的实质性程序 58-59, 173
Protection and care, right to 获得法律保护和照顾的权利 125-127
Public employee's free speech 政府雇员的自由言论 400-403
Public school student's fee speech 公立学

校学生的自由言论 423-425
Punitive damages 惩罚性赔偿 70-75

Q

Quasi-suspect classifications 准可疑分类 260-271

R

Race-based districting 基于种族的选区划分 303-307
 See also Right to vote 亦可参见投票权
Racial classifications 基于种族的分类 223-255
Racial discrimination 种族歧视
 See Equal Protection Clause, Suspect classification 参见平等保护条款、可疑性分类
Rational basis test 合理依据审查 67-69, 220-223
Reapportionment 重新划分选区 293-295
Reconstruction 战后重建 5-7
Regulatory takings 限制型征收 141-151
Religion 宗教 See also Freedom of religion 亦可参见宗教自由 449-503
Republican form of government 政府的共和形式 283
Residency requirements 居住要件 312-319
Right to die 自主死亡的权利 115-120
 See also Substantive due process, Noneconomic due process, Medical treatment; Substantive due process, Noneconomic due process, Suicide 亦可参见实质性正当程序、非经济的正当程序、医疗措施；实质性正当程序、非经济正当程序、自杀
Right to vote 投票权 283-310

S

Same-sex marriage 同性婚姻 80-90, 112, 278-280
Second Amendment 第二修正案 12-13, 505-512
Section five enforcement power 第五款执行权 41-53
 See also Fourteenth Amendment, Congressional enforcement power 亦可参见第十四修正案、国会的强制执行权
Segregation in public schools 公立学校中的种族隔离 230-243
 See also Equal Protection Clause, Suspect classifications 亦可参见平等保护条款、可疑分类
Selective denial of the franchise 选择性否定选举权 285-289
Sexual intimacy 性关系 110-112
Sexual orientation 性取向 276-280
Slavery. See Thirteenth Amendment 奴隶制，参见第十三修正案
Speech. See Freedom of speech and press 言论。参见言论和媒体自由
Standards of review 审查标准 60-61, 205-206, 281, 283, 332, 398-399, 453-457
State action doctrine 州行为条款 13-37
 Joint activity 联合行为 23-28
 Judicial enforcement 司法强制执行 20-23
 Lugar test 路加标准 29-36
 Public function 公共职能 16-20
 State actor anomaly 异常的州行为之行

为人 36-37
State endorsement 州的认可 28-29
Symbiotic relationship 共生关系 25-28
State courts, enforcement of federal rights in 联邦宪法权利在州法院得到执行 44
Strict scrutiny 严格审查 83-86, 225-230, 244-246, 255-257
Subsistence benefits 生存利益 322-323
Substantive due process 实质性正当程序 57-130
　Economic due process 经济的正当程序 61-75
　　Liberty to contract 缔约自由 62-70
　　Punitive damages 惩罚性赔偿 70-75
　　Rational basis test 合理依据审查 67-70
　Fundamental rights model 基本权利模式 83-86
　Lochner era 洛克纳案时代 61-67, 75-76
　Noneconomic due process 非经济的正当程序 61, 75-130
　　Abortion 堕胎权 99-110
　　Access to courts 向法院起诉的权利 127-128
　　Death penalty 死刑 129-130
　　Family integrity 家庭的完整性 90-97
　　Freedom of movement 行动自由 120-124
　　Impingement 干涉 84-85
　　Intimate association 亲密关系权 97-99
　　Lif 生命 128-130
　　Marital privacy 婚姻隐私 86-90
　　Marriage 婚姻 86-90
　　Medical treatment 医疗措施 112-114
　　　Lifesaving hydration and nutrition 维持生命的水和营养 115-117
　　Nonparental visitation 非亲缘探视权 94-97

Parental rights 亲权 92-94
Parent-child relationship 亲子关系 92-94
Penumbras and emanations 灰色地带与延伸领域 78-79
Personal autonomy. *See* Privacy 个人自治。参见隐私权
Privacy 隐私权 78-79, 86-120
Procedural due process compared 对照的程序性正当程序 58-59
Protection and care (法律上的)保护和照顾 125-127
Same-sex marriage 同性婚姻 89-90, 112, 278-280
Sexual intimacy 性关系 110-112
Suicide 自杀 118-120
Undue burden test 过度负担审查 102-107
Suicide 自杀 118-120
Suspect classifications 可疑分类 223-260, 273-280

T

Takings Clause 征收条款 131-157
　Building permits. *See* Takings Clause, Conditions on use permits 建设许可。参见征收条款给予许可的条件
　Condemnation 征收 131-133
　Conditions on use permits 给予许可的条件 152-157
　　Essential nexus 实质关联性 154-155
　　Rough proportionality 基本比例 155-157
　Constructive taking 构成上的征收案件 132-133
　De facto taking 事实上的征收案件 132-133
　Denominator problem 分母问题 144-146

Destroying all use or value 剥夺财产价值或使用价值 142-146
Eminent domain 征用权 131-132
Inverse condemnation 反向征收 131-133
　　Approach to analyzing 分析反向征收的进路 136
Investment-based expectations 投资预期 147-148
Just compensation 公平补偿 131-133
Nuisance exception 妨害例外 149-151
Partial deprivations 部分征收 146-149
Personal property 动产 133，144
Physical invasion or occupation 实际占有或侵夺 137-141
Public use 公共用途 133-135
Regulatory takings 限制型征收 133，137-138，141-151
Remedies 救济措施，151
Seizure. See Takings Clause, Physical invasion or occupation 没收。参见征收条款、实际占有或侵夺
Temporary takings 临时征收 140，151
Thirteenth Amendment 第十三修正案 5，38-41
　　Congressional enforcement power 国会的强制执行权 38-41
Travel 迁徙权 310-321

U

Undocumented aliens 非法移民的外国人 258-259
Undue burden test 过度负担审查 103-107
Unenumerated rights. See Substantive due process 未被列举的权利，参见实质性正当程序

V

Vote dilution 选票稀释 289-303
Voting rights 投票权 53-56，283-310
　　Absolute right 绝对(投票)权 283-284
　　At-large scheme 整体代表选举方案，292-293，296-297
　　Ballot access 参加竞选 307-309
　　Equal right to 选举的平等权 284-285
　　Gerrymandering 划分选区 297-298
　　Group vote dilution 群体选票的稀释 295-303
　　Multimember districts 大选区 298-300
　　One person, one vote 一人一票 289-295
　　Political gerrymandering 依政党划分选区 300-303
　　Race-based districting 基于种族的地区划分 303-307
　　Reapportionment 重新划分选区 293-295
　　Selective denial 选择性否定(选举权) 285-289
　　Unequal vote count 不平等的计票 309-310
　　Vote dilution, individual 个人选票稀释 289-295

W

Welfare and subsistence 福利与生存 128-129，181，196，322-323

专有名词[①]

A

abolition movement 废奴运动
acceptance 承诺

C

Child Pornography Prevention Act of 1996 1996年《防止儿童色情法》
compensatory damages 补偿性救济
consideration 对价
Copyright Clause 版权条款

D

defamatory statement 诽谤言论
de minimis impairment 最小损害
discrimination by design 有意设计的歧视
discriminatory application 歧视性的适用

E

election system 选举制度

executive abuse of power 行政权力滥用

F

facial discrimination 表面上的歧视
foreclosure 终止抵押品赎回权
Fraternal Order of Eagles 老鹰兄弟会
fraud actions 诈骗诉讼
full judicial determination 终极司法认定程序

G

gender discrimination 性别歧视

H

Holy Synod of the Serbian Orthodox Church 塞尔维亚东正教神圣教会

I

impartial adjudication of a pending case 未审结案件的公正审判

[①] 鉴于原书附有索引,专业名词列表仅包括译者认为有必要进行说明的一些名词,以字母为序。——译者

individual rights 个人权利

K

Knights of Columbus 哥伦布骑士（教会）

L

least burdensome means 最小代价手段
least restrictive means 最少限制方法
liberty interest in marriage 婚姻自主权

M

Magna Carta《大宪章》

N

negative liberty 消极自由

O

offer 要约
operative clause 执行条款

P

permanent invasions 永久性侵占
physician-assisted suicide 安乐死
plurality opinion 多元意见
predeprivation hearing 剥夺前听证
prefatory clause 序言条款

primary elections 初选
prior hearing 事前听证
privilege against compulsory self-incrimination 个人不得自证其罪的特权

R

reasonable expectations of the contracting parties 合同当事各方的合理期待
restraining order 禁制令
right of marital privacy 婚姻内隐私权
right of privacy 隐私权
right to a jury trial 获得陪审团审判的权利

S

Santeria religion 萨泰里阿教
selective incorporation 选择性包含
Seventh-Day Adventist 安息日耶稣复临论者
stare decisis 遵循先例
statutory entitlements 制定法上的权利

T

temporary regulatory takings 临时规制型征收
total incorporation model 完全吸收模式
trial-type hearing 审判式听证
trimester framework 三月规则

U

unduly burden 过重负担

V

viewpoint-neutrality principle 观点中立原则

大法官名录[1]

A

Alito，Samuel（1950—　）
　　阿利托，2006 年至今在任

B

Black，Hugo（1886—1971）
　　布莱克，1937—1971 年在任
Blackmun，Harry（1908—1999）
　　布莱克门，1970—1994 年在任
Brandeis，Louis（1856—1941）
　　布兰戴斯，1916—1939 年在任
Brennan，William J.（1906—1997）
　　布伦南，1956—1990 年在任
Breyer，Stephen（1938—　）
　　布雷耶，1994 年至今在任
Burger，Warren E.（1907—1995）
　　伯格，1969—1986 年在任，第 15 任首席大法官（1969—1986）

C

Cardozo，Benjamin N.（1870—1938）
　　卡多佐，1932—1938 年在任

D

Douglas，William O.（1898—1980）
　　道格拉斯，1939—1975 年在任

F

Frankfurter，Felix（1882—1965）
　　弗兰克福特，1939—1962 年在任

G

Ginsburg，Ruth Bader（1933—　）
　　金斯伯格，1993 年至今在任
Goldberg，Arthur（1908—1990）
　　戈德伯格，1962—1965 年在任

H

Harlan，Marshall John（1833—1911）
　　哈兰，1877—1911 年在任
Holmes，Wendell Oliver（1841—1935）
　　霍姆斯，1902—1932 年在任
Hughes，Charles Evans（1862—1948）

---

　　[1]　译者制作。本附录列出的大法官仅为本书中出现过的大法官，为方便读者查阅，我们以大法官的姓为序进行排列并加上了大法官的生卒年和在任时间。

休斯，1910—1916、1930—1941 年在任，第 11 任首席大法官（1930—1941）

J

Jackson，Robert H.（1892—1954）
杰克逊，1941—1954 年在任

K

Kennedy，Anthony（1936— ）
肯尼迪，1988 年至今在任

M

Marshall，Thurgood（1908—1993）
马歇尔，1967—1991 年在任
Murphy，Frank（1890—1949）
墨菲，1940—1949 年在任

O

O'Connor，Sandra Day（1930— ）
奥康纳，1981—2006 年在任

P

Powell，Lewis F.（1907—1998）
鲍威尔，1972—1987 年在任

R

Rehnquist，William（1924—2005）
伦奎斯特，1972—2005 年在任，第 16 任首席大法官（1986—2005）
Roberts，Glover John（1955— ）
罗伯茨，2005 年至今在任，第 17 任首席大法官（2005— ）

S

Scalia，Antonin（1936— ）
斯卡利亚，1986 年至今在任
Souter，David（1939— ）
苏特，1990—2009 年在任
Stevens，John Paul（1920— ）
史蒂文斯，1975—2010 年在任
Stewart，Potter（1915—1985）
斯图尔特，1958—1981 年在任
Stone，Harlan F.（1872—1946）
斯通，1925—1946 年在任，第 12 任首席大法官（1941—1946）

T

Thomas，Clarence（1948— ）
托马斯，1991 年至今在任

V

Vinson，Moore Frederick（1890—1953）
文森，1946—1953 年在任，第 13 任首席大法官（1946—1953）

W

Warren，Earl（1891—1974）

沃伦,1953—1969 年在任,第 14 任首席大法官(1953—1969)

White, Raymond Byron (1917—2002)
怀特,1962—1993 年在任

译 后 记

终于在电脑中敲下最后一个字符。

两年多的时间,在这部译稿中"摸爬滚打",在长出一口气的同时,内心开始盘点这本书得以面世的过程中需要感谢的人。

首先浮现在脑海中的是与我的英语初中老师沈习娥初识的情形。那是1982年的初春,懵懂的我随父亲走进了贵阳一中的初一课堂,心里不免忐忑——此前在一所郊区中学里尚属拔尖,不知到了这全省知名的学校,会不会跌落谷底。果然,下马威就在眼前:英语课一上课,老师从进教室门的那一刻开始就没说过中文,她一边讲,一边问,底下的同学大声、整齐地回答"Yes,I see."个头矮小却因刚进班级只能坐在最后一排的我完全被打懵了,老师到底在说什么呀?我怎么一句都听不懂?时至今日,当时的惶惑、无助以及周围的高个同学飞过来的鄙夷表情仍深印心中。

好在这种情况并未持续太久,沈老师很快就和父亲商量了一个绝妙的"换工计划":我们两家都住在同一个大院里,沈老师的两个儿子因文革中未受系统教育且已经工作,只能参加成人高考,所以由父亲给他们补习数学,沈老师则接过了给我补习英语的"重任"。慢慢地,老师上课时讲的英语可以听懂了,考试题目似乎也逐渐变得易如反掌。印象中特别深刻的是,好几次小测验我都发现题目原先在沈老师家就做过,心生疑虑但从不敢造次发问,只是自己当上老师以后才意识到,老师其实是在煞费苦心地树立我英语学习的信心。

不记得这个"换工计划"到底持续了多长时间,但记忆中我的英语成绩很快就名列前茅,我如愿进入贵阳一中的高中。沈老师教给我的学习方法一直伴随我到如今,牢固的语法知识,有效的学习方法,在那个年代尚属不错的听力水平使我有信心面对任何英语考试。谢谢您,我亲爱的沈老师!

第二个要感谢的人是为我的教育倾尽全力的父亲。父亲16岁初中毕业就不得不响应毛主席的号召"到广阔的农村去",十多年修理地球的经历并未消磨他的意志,他曾经白天为铝厂背水泥,晚上就着灯光自学高中数学。被抽调到公社中学教书后,他一边自学一边教学,最终和他的学生一同踏进了文革后的第一届大学课堂。曾想读书而不得的他对我的教育超乎寻常地重视:他上大学的那一年我开始上小学,每次从学校回来,他的行囊里总有各种主题、各种类型的课外书,虽然家里只有妈妈有工资,可任何时候给我买书,父亲从不犹豫;自我识字始就教我心算——走在田间小路上,父母二人牵着我的手,不准掰指头、不准出声地练习两位数乘法,等等。自我上初中后,他更敏锐而坚定地认为新时代第一重要的科目是英语,所以先买唱片,很快又以"惊人"的价格买回了最早的砖头录音机和英语音标磁带。进入贵阳一中以后,我的英语成绩让他着急,于是制定政策:每天中午必大声朗读并背诵英语课文,而他就在这读书声中午睡,任何小动作从来都瞒不过他的眼睛;每天检查英语课文的背诵,若有一个磕巴,等待我的轻则批评重则拳头,这一要求一直持续到高中毕业。当年我是多么憎恨这些严苛的要求啊,可回头去看,没有这些要求,哪有后来英语学习的兴趣和自觉!

的确,英语学习是一条漫长的道路——从我第一次接触英语到如今,三十年已经过去了,而我仍在努力前行。感谢一路上鼓励我,帮助我,为我提供帮助的师友、学生们!

感谢本书的责任编辑王兰萍老师。她的支持、信任与宽容给了我坚持下来的动力。我永远无法忘记的是,她通过越洋电话、邮件说服我为外国法制史学会纪念文集撰写文章,正是她的坚持使我得以盘点师从张学仁教授以来的林林总总,也完成了身为弟子应尽的本分。在本书编辑过程中,王老师尊重我对全书解读的同时也给了我中肯的建议,让我见识了专业编辑的认真负责,更使我的翻译水平更上层楼。

感谢协助本书翻译的武汉大学法学院宪法与行政法学 2010 级博士班的黄明涛、朱道坤、刘文戈和其他恕篇幅有限无法一一列举的同学们,从某种程度上说,这本书就是师生之间教学相长的一个明证。而今你们都已毕业并走上工作岗位,祝愿你们一切顺利。感谢我的研究生白露,她神速地浏览、校对,为我节省了大量的时间。

　　最后要感谢的是我的丈夫陈韶华和女儿陈昊沄。丈夫永远无条件地支持我的工作,这本书的翻译有相当一部分是我在美国哈佛大学访学期间完成的,为了给我节约时间,他会"赶走"跟我们相熟的学生并向他们阐释理由:我每天就晚上这会儿可以干活,不要占用我的时间;因为我晚上睡得晚,所以他包揽了每天早上6点起床为孩子准备早餐、送她上校车的任务;周末本是全家出游、领略美国风情的好时候,但我忙于干活,没空安排行程,不谙英语的他会带女儿出门买菜、去图书馆、去海边喂鸽子。回国以后,每当我松懈的时候,也是他时不时提醒、催促我完成译作。没有丈夫的欣赏、爱与关怀,我无法完成这部作品。女儿虽然未必清楚我在做什么,但从小她就知道,进我的房间需要先问"妈妈是不是在工作",这些年来,我极力想做一个陪在她身边的好母亲,但随着她的成长,仍有诸多遗憾难以弥补,只好安慰自己说:她的理解乃至崇拜是我继续前进的动力,或者说,对孩子来说,身教比言传更重要。这是我对自己的要求,也是我能送给孩子的最好礼物。

图书在版编目(CIP)数据

美国宪法：个人权利、案例与解析/〔美〕艾德斯，
〔美〕梅著；项焱译.—北京：商务印书馆，2014
（威科法律译丛）
ISBN 978-7-100-07394-3

Ⅰ.①美… Ⅱ.①艾…②梅…③项… Ⅲ.①宪法—
研究—美国 Ⅳ.①D971.21

中国版本图书馆 CIP 数据核字(2014)第 039701 号

所有权利保留。
未经许可，不得以任何方式使用。

威科法律译丛

美国宪法：个人权利
案例与解析
（第五版）

〔美〕阿兰·艾德斯 克里斯托弗·N.梅 著
项 焱 译

商 务 印 书 馆 出 版
（北京王府井大街36号 邮政编码 100710）
商 务 印 书 馆 发 行
北京瑞古冠中印刷厂印刷
ISBN 978-7-100-07394-3

2014年4月第1版　　　开本 787×960　1/16
2014年4月北京第1次印刷　印张 40¼
定价 86.00 元